資治通鑑

图文注释本

三

周国林　主编

岳麓書社·长沙

第三册目录

资治通鉴卷第七十六

魏纪八　起昭阳作噩，尽旃蒙大渊献，凡三年。

邵陵厉公下

嘉平五年　春，正月，朔，蜀大将军费祎与诸将大会于汉寿，郭循在坐；祎欢饮沉醉，循起刺祎，杀之。祎资性泛爱，不疑于人。越嶲太守张嶷尝以书戒之曰："昔岑彭率师，来歙仗节，咸见害于刺客[①]。今明将军位尊权重，待信新附太过，宜鉴前事，少以为警。"祎不从，故及祸。

诏追封郭循为长乐乡侯，使其子袭爵。

王昶、毌丘俭闻东军败[②]，各烧屯走，朝议欲贬黜诸将，大将军师曰："我不听公休[③]，以至于此。此我过也，诸将何罪？"悉宥之。师弟安东将军昭时为监军，唯削昭爵而已。以诸葛诞为镇南将军，都督豫州；毌丘俭为镇东将军，都督扬州。

三国铁剑镞

是岁，雍州刺史陈泰

求救并州并力讨胡，师从之。未集，而新兴、雁门二郡胡以远役，遂惊反。师又谢朝士曰："此我过也，非陈雍州之责！"是以人皆愧悦。

> 习凿齿论曰[④]：司马大将军引二败以为己过，过消而业隆，可谓智矣。若乃讳败推过，归咎万物，常执其功而隐其丧，上下离心，贤愚解体，谬之甚矣！君人者，苟统斯理以御国，行失而名扬，兵挫而战胜，虽百败可也，况于再乎！

光禄大夫张缉言于师曰："恪虽克捷，见诛不久。"师曰："何故？"缉曰："威震其主，功盖一国，求不死，得乎？"

【注释】

①"昔岑彭"三句：岑彭、来歙，东汉初将领，皆为刺客所杀，详见本书卷第四十二汉光武帝建武十一年（35）。 ②东军：魏分三路征伐吴国，东关在东路，故称东关的军队为东军。 ③公休：诸葛诞的表字。 ④习凿齿（？—约383）：东晋史学家。字彦威，襄阳（治今湖北襄阳市）人。少博学，以能文著称。曾为桓温僚属，转任荥阳太守。著有《汉晋春秋》五十四卷，记述东汉至西晋史事，书中记三国历史，以蜀汉为正统，曹魏为篡逆。

二月，吴军还自东兴。进封太傅恪阳都侯，加荆、扬州牧，督中外诸军事。恪遂有轻敌之心，复欲出军，诸大臣以为数出罢劳，同辞谏恪；恪不听。中散大夫蒋延固争[①]，恪命扶出。因著论以谕众曰："凡敌国欲相吞，即仇雠欲相除也。有雠而长之，祸不在己，则在后人，不可不为远虑也。昔秦但得关西耳，尚以并吞六国。今以魏比古之秦，土地数倍；以吴与蜀，比古六国，不能半也。然今所以能敌之者，但以操时兵众，于今适尽，而后生者未及长大，正是贼衰少未盛之时。加司马懿先诛王凌，续自陨毙，其子幼弱而专彼大任，虽有智计之士，未得施用，当今伐之，是其厄会；圣人急于趋时，诚谓今日。若顺众人之情，怀偷安之计，以为长江之险可以传世，不论魏之终始而以今日遂轻其后，此吾所以长叹息者也！今闻众人或以百姓尚贫，欲务闲息，此不知虑其大危而爱其小勤者也。昔汉祖幸已自有三秦之地，何不闭关守险以自娱乐，空出攻楚，身被创痍，介胄生虮虱[②]，将士厌困苦，岂甘锋刃而忘安宁哉？虑于长久不得两存者耳。每览荆邯说公孙述以进取之图[③]，近见家叔父表陈与贼争竞之计[④]，未尝不喟然叹息也！夙夜反侧，所虑如此，故聊疏愚言，以达一二君子之末。若一朝陨没，志画不立，贵令来世知我所忧，可思于后耳。”众人虽皆心以为不可，然莫敢复难。

丹阳太守聂友素与恪善，以书谏恪曰：“大行皇帝本有遏东关之计，计未施行；寇远自送，将士凭赖威德，出身用命，一旦有非常之功，岂非宗庙神灵社稷之福邪？宜且按兵养锐，观衅而动。今乘此势欲复大出，天时未可而苟任盛意，私心以为不安。”恪题论后，为书答友曰：“足下虽有自然之理，然未见大数，熟省此论，可以开悟矣。”

滕胤谓恪曰：“君受伊、霍之托，入安本朝，出摧强敌，名声振于海内，天下莫不震动，万姓之心，冀得蒙君而息。今猥以劳役之后，兴师出征，民疲力屈，远主有备，若攻城不克，野略无获，是丧前劳而招后责也。不如按甲息师，观隙而动。且兵者大事，事以众济，众苟不悦，君独安之？”恪曰：“诸云不可，皆不见计算，怀居苟安者也，而子复以为然，吾何望乎？夫以曹芳暗劣，而政在私门[⑤]，彼之民臣，固有离心。今吾因国家之资，藉战胜之威，则何往而不克哉！”三月，恪大发州郡二十万众复入寇，以滕胤为都下督，掌统留事。

【注释】

①中散大夫：职官名，职掌为顾问应对，无常事，品秩为六百石，地位在谏议大夫上。　②介胄（zhòu 纣）：披甲戴盔。虮（jǐ 挤）：虱子的卵。③“每鉴”句：荆邯向公孙述提出建议之事，见本书卷第四十二汉光武帝建武六年（30）。　④“近见”句：家叔父，指诸葛亮，诸葛亮的奏表，见本书卷第七十一魏明帝太和二年（228）。　⑤私门：权豪之门。本处指司马氏。

夏，四月，大赦。

汉姜维自以练西方风俗，兼负其才武，欲诱诸羌、胡以为羽翼，谓自陇以西，可断而有。每欲兴军大举，费祎常裁制不从，与其兵不过万人，曰："吾等不如丞相亦已远矣[1]；丞相犹不能定中夏，况吾等乎？不如且保国治民，谨守社稷，如其功业，以俟能者，无为希冀徼幸，决成败于一举；若不如志，悔之无及。"及祎死，维得行其志，乃将数万人出石营[2]，围狄道[3]。

吴诸葛恪入寇淮南，驱略民人。诸将或谓恪曰："今引军深入，疆埸之民，必相率远遁，恐兵劳而功少；不如止围新城[4]，新城困，救必至，至而图之，乃可大获。"恪从其计，五月，还军围新城。

诏太尉司马孚督军二十万往赴之。大将军师问于虞松曰："今东西有事，二方皆急，而诸将意沮，若之何？"松曰："昔周亚夫坚壁昌邑而吴、楚自败[5]，事有似弱而强，不可不察也。今恪悉其锐众，足以肆暴，而坐守新城，欲以致一战耳。若攻城不拔，请战不可，师老众疲，势将自走，诸将之不径进，乃公之利也。姜维有重兵而县军应恪，投食我麦，非深根之寇也。且谓我并力于东，西方必虚，是以径进。今若使关中诸军倍道急赴，出其不意，殆将走矣。"师曰："善！"乃使郭淮、陈泰悉关中之众，解狄道之围；敕毌丘俭按兵自守，以新城委吴。陈泰进至洛门[6]，姜维粮尽，退还。

扬州牙门将涿郡张特守新城，吴人攻之连月，城中兵合三千人，疾病战死者过半，而恪起土山急攻，城将陷，不可护。特乃谓吴人曰："今我无心复战也。然魏法，被攻过百日而救不至者，虽降，家不坐；自受敌以来，已九十余日矣，此城中本有四千余人，战死者已过半，城虽陷，尚有半人不欲降，我当还为相语，条别善恶，明日早送名，且以我印绶去为信。"乃投其印绶与之。吴人听其辞而不取印绶。特乃投夜彻诸屋材栅，补其缺为二重，明日，谓吴人曰："我但有斗死耳！"吴人大怒，进攻之，不能拔。

【注释】

①丞相：指诸葛亮。　②石营：地名，在今甘肃礼县西北。　③狄道：县名，治今甘肃临洮县。　④新城：城名，指合肥新城，在今安徽合肥市西。　⑤"昔周"句：周亚夫，汉初名将，坚壁昌邑事，见本书卷第十六汉景帝三年（前154）。　⑥洛门：地名，又作落门聚，即今甘肃武山县东落门镇。

会大暑，吴士疲劳，饮水，泄下、流肿，病者太半，死伤涂地。诸营吏日白病者多，恪以为诈，欲斩之，自是莫敢言。恪内惟失计，而耻城不下，忿形于色。将军朱异以军事迕恪，恪立夺其兵，斥还建业。都尉蔡林数陈军计，恪不能用，策马来奔。诸将伺知吴兵已疲，乃进救兵。秋，七月，恪引军去，士卒伤病，流曳道路，或顿仆坑壑，或见略获，存亡哀痛，大小嗟呼。而恪晏然自若，出住江渚一月，图起田于浔阳；诏召相衔，徐乃旋师。由是众庶失望，怨讟兴矣[①]。

汝南太守邓艾言于司马师曰："孙权已没，大臣未附，吴名宗大族皆有部曲，阻兵仗势，足以违命。诸葛恪新秉国政，而内无其主，不念抚恤上下以立根基，竞于外事，虐用其民，悉国之众，顿于坚城，死者万数，载祸而归。此恪获罪之日也。昔子胥、吴起、商鞅、乐毅皆见任时君，主没犹败[②]，况恪才非四贤，而不虑大患，其亡可待也。"

八月，吴军还建业，诸葛恪陈兵导从，归入府馆，即召中书令孙嘿，厉声谓曰："卿等何敢数妄作诏？"嘿惶惧辞出，因病还家。

恪征行之后，曹所奏署令长职司，一更罢选，愈治威严，多所罪责，当进见者无不竦息。又改易宿卫，用其亲近；复敕兵严，欲向青、徐。

【注释】

①讟（dú 独）：怨言。　②"昔子胥"句：子胥，指伍员，春秋末楚国人，其父伍奢为太子师傅，以直谏被杀，子胥逃往吴国，渐得吴国君主赏识，辅助吴王阖庐整军经武，一举攻楚灭郢（今湖北江陵县北），受封于申（今河南南阳市北）。吴王夫差时，受任为大夫，参赞国事，因反对与越国和解、反对北上争霸，遭到诬陷，被赐令自杀。吴起之事，见本书卷第一周安王二十一年（前381）。商鞅之事，见本书卷第二周显王三十一年（前338）。乐毅之事，见本书卷第四周赧王三十六年（前279）。

孙峻因民之多怨，众之所嫌，构恪于吴主，云欲为变。冬，十月，孙峻与吴主谋置酒请恪。恪将入之夜，精爽扰动，通夕不寐；

又，家数有妖怪，恪疑之。旦日，驻车宫门，峻已伏兵于帷中，恐恪不时入，事泄，乃自出，见恪曰："使君若尊体不安，自可须后，峻当具白主上。"欲以尝知恪意，恪曰："当自力入。"散骑常侍张约、朱恩等密书与恪曰："今日张设非常，疑有他故。"恪以书示滕胤，胤劝恪还。恪曰："儿辈何能为？正恐因酒食中人耳。"恪入，剑履上殿，进谢还坐。设酒，恪疑未饮。孙峻曰："使君病未善平，有常服药酒，可取之。"恪意乃安。别饮所赍酒，数行，吴主还内；峻起如厕，解长衣，著短服，出曰："有诏收诸葛恪。"恪惊起，拔剑未得，而峻刀交下，张约从旁斫峻，裁伤左手，峻应手斫约，断右臂。武卫之士皆趋上殿，峻曰："所取者恪也，今已死！"悉令复刃，乃除地更饮。恪二子竦、建闻难，载其母欲来奔，峻使人追杀之。以苇席裹恪尸，篾束腰，投之石子冈[①]。又遣无难督施宽就将军施绩、孙壹军[②]，杀恪弟奋威将军融于公安，及其三子。恪外甥都乡侯张震、常侍朱恩，皆夷三族。

临淮臧均表乞收葬恪曰："震雷电激，不崇一朝[③]；大风冲发，希有极日；然犹继之以云雨，因以润物。是则天地之威，不可经日浃辰[④]；帝王之怒，不宜讫情尽意。臣以狂愚，不知忌讳，敢冒破灭之罪，以邀风雨之会。伏念故太傅诸葛恪，罪积恶盈，自致夷灭，父子三首，枭市积日，观者数万，詈声成风[⑤]；国之大刑，无所不震，长老孩幼，无不毕见。人情之于品物，乐极则哀生，见恪贵盛，世莫与贰，身处台辅，中间历年，今之诛夷，无异禽兽，观讫情反，能不憯然[⑥]？且已死之人，与土壤同域，凿掘斫刺，无所复加。愿圣朝稽则乾坤，怒不极旬，使其乡邑若故吏民收以士伍之服[⑦]，惠以三寸之棺[⑧]。昔项籍受殡葬之施，韩信获收敛之恩，斯则汉高发神明之誉也。惟陛下敦三皇之仁，垂哀矜之心，使国泽加于辜戮之骸，复受不已之恩，于以扬声遐方，沮劝天下，岂不大哉？昔栾布矫命彭越[⑨]，臣窃恨之，不先请主上而专名以肆情，其得不诛，实为幸耳。今臣不敢章宣愚情以露天恩，谨伏手书，冒昧陈闻，乞圣明哀察。"于是吴主及孙峻听恪故吏敛葬。

【注释】

①石子岗：地名，在今江苏南京市南郊。 ②"又遣"句：其时，施绩

驻守江陵，孙壹驻守武昌。 ③崇：终尽，充满。 ④浃（jiā 佳）辰：十二日。浃，是遍的意思，日辰从子至亥共十二辰，故十二天称为浃辰。 ⑤詈（lì 利）：骂。 ⑥憯（cǎn 惨）然：形容心中悲惨。 ⑦士伍：没有爵位的平民。秦汉时期，一般平民都有公士以上的爵位（民爵），无爵位者社会地位低下。当时官吏犯罪，常被贬黜为士伍。三国的吴国，当与之没有多大差别。 ⑧三寸之棺：古代下等的棺材。按礼制，庶人棺材最低为四寸，使用三寸之棺表明死主地位极低下。 ⑨“昔栾布”句：栾布，汉代梁大夫，梁王彭越被杀，栾布违反诏令，奏事于彭越首级前，祠而哭之。其事详见本书卷第十二汉高帝十一年（前196）。

初，恪少有盛名，大帝深器重之，而恪父瑾常以为戚，曰：“非保家之主也。”父友奋威将军张承亦以为恪必败诸葛氏。陆逊尝谓恪曰：“在我前者吾必奉之同升，在我下者则扶接之；今观君气陵其上，意蔑乎下，非安德之基也。”汉侍中诸葛瞻，亮之子也。恪再攻淮南，越巂太守张嶷与瞻书曰：“东主初崩[①]，帝实幼弱，太傅受寄托之重[②]，亦何容易！亲有周公之才，犹有管、蔡流言之变[③]，霍光受任，亦有燕、盖、上官逆乱之谋[④]，赖成、昭之明以免斯难耳。昔每闻东主杀生赏罚，不任下人，又今以垂没之命，卒召太傅，属以后事，诚实可虑。加吴、楚剽急，乃昔所记，而太傅离少主，履敌庭，恐非良计长算也。虽云东家纲纪肃然，上下辑睦，百有一失，非明者之虑也。取古则今，今则古也，自非郎君进忠言于太傅[⑤]，谁复有尽言者邪？旋军广农，务行德惠，数年之中，东西并举，实为不晚，愿深采察！”恪果以此败。

吴群臣共议上奏，推孙峻为太尉，滕胤为司徒。有媚峻者言曰：“万机宜在公族，若承嗣为亚公[⑥]，声名素重，众心所附，不可量也。”乃表峻为丞相、大将军，督中外诸军事，又不置御史大夫；由是士人失望。滕胤女为恪子竦妻，胤以此辞位。孙峻曰：“鲧、禹罪不相及，滕侯何为？”峻与胤虽内不沾洽，而外相苞容，进胤爵高密侯，共事如前。

齐王奋闻诸葛恪诛，下住芜湖，欲至建业观变。傅相谢慈等谏，奋杀之，坐废为庶人，徙章安[⑦]。

南阳王和妃张氏，诸葛恪之甥也。先是恪有迁都之意，使治武昌宫，民间或言恪欲迎和立之。及恪被诛，丞相峻因此夺和玺绶，徙新都[8]，又遣使者追赐死。初，和妾何氏生子皓，诸姬子德、谦、俊。和将死，与张妃别，妃曰："吉凶当相随，终不独生。"亦自杀。何姬曰："若皆从死，谁当字孤？"遂抚育皓及其三弟，皆赖以获全。

【注释】

①东主：吴国在蜀国的东面，故称吴国君主为东主。　②太傅：指诸葛恪。　③"亲有"句：周公辅佐周成王之初，管叔、蔡叔造谣说周公将不利于成王，随之发动叛乱。周公东征三年，乱事才平定。　④"霍光"句：燕王刘旦等人的逆乱之谋，见本书卷第二十三汉昭帝元凤元年（前80）。　⑤郎君：汉代以来，门生故吏称长官或师门子弟为郎君。　⑥承嗣：滕胤的表字。亚公：司徒地位仅次于太尉，故称亚公。　⑦章安：县名，治今浙江台州市椒江区北章安。　⑧新都：郡名，治今浙江淳安县西北。

高贵乡公上[1]

正元元年　春，二月，杀中书令李丰。初，丰年十七八，已有清名，海内翕然称之。其父太仆恢不愿其然，敕使闭门断客。曹爽专政，司马懿称疾不出[2]，丰为尚书仆射，依违二公间，故不与爽同诛，丰子韬，以选尚齐长公主。司马师秉政，以丰为中书令。是时，太常夏侯玄有天下重名，以曹爽亲，不得在势任，居常怏怏；张缉以后父去郡家居[3]，亦不得意；丰皆与之亲善。师虽擢用丰，丰私心常在玄。丰在中书二岁，帝数召丰与语，不知所说。师知其议己，请丰相见以诘丰，丰不以实告；师怒，以刀镮筑杀之，送尸付廷尉，遂收丰子韬及夏侯玄、张缉等皆下廷尉，钟毓按治，云："丰与黄门监苏铄、永宁署令乐敦，冗从仆射刘贤等谋曰：'拜贵人日，诸营兵皆屯门，陛下临轩，因此同奉陛下，将群僚人兵，就诛大将军；陛下傥不从人，便当劫将去耳。'"又云："谋以玄为大将军，缉为骠骑将军；玄、缉皆知其谋。”庚戌，诛韬、玄、缉、铄、敦、贤，皆夷三族。

夏侯霸之入蜀也，邀玄欲与之俱，玄不从。及司马懿薨，中领军高阳许允谓玄曰：“无复忧矣！”玄叹曰：“士宗④，卿何不见事乎！此人犹能以通家年少遇我，子元、子上不吾容也⑤。”及下狱，玄不肯下辞，钟毓自临治之。玄正色责毓曰：“吾当何罪？卿为令史责人也⑥。卿便为吾作！”毓以玄名士，节高，不可屈，而狱当竟，夜为作辞，令与事相附，流涕以示玄；玄视，颔之而已。及就东市，颜色不变，举动自若。

李丰弟翼，为兖州刺史，司马师遣使收之。翼妻荀氏谓翼曰：“中书事发，可及诏书未至赴吴，何为坐取死亡？左右可同赴水火者为谁？”翼思未答，妻曰：“君在大州，不知可与同死生者，虽去亦不免？”翼曰：“二儿小，吾不去，今但从坐身死耳，二儿必免。”乃止，死。

初，李恢与尚书仆射杜畿及东安太守郭智善，智子冲，有内实而无外观，州里弗称也。冲尝与李丰俱见畿，既退，畿叹曰：“孝懿无子⑦；非徒无子，殆将无家。君谋为不死也⑧，其子足继其业。”时人皆以畿为误，及丰死，冲为代郡太守，卒继父业。

正始中，夏侯玄、何晏、邓飏俱有盛名，欲交尚书郎傅嘏，嘏不受。嘏友人荀粲怪而问之，嘏曰：“太初志大其量⑨，能合虚声而无实才。何平叔言远而情近⑩，好辩而无诚，所谓利口覆邦国之人也⑪。邓玄茂有为而无终⑫，外要名利，内无关钥，贵同恶异，多言而妒前；多言多衅，妒前无亲。以吾观此三人者，皆将败家；远之犹恐祸及，况昵之乎？”嘏又与李丰不善，谓同志曰：“丰饰伪而多疑，矜小智而昧于权利，若任机事，其死必矣！”

【注释】

①高贵乡公：即曹髦（241—260），字彦士，沛国谯（今安徽亳州市）人，曹丕之孙，254—260 年在位。髦少好学，正始五年（244），封郯县高贵乡公；嘉平六年（254），司马师废皇帝曹芳，迎髦为帝。在位期间，不甘为司马氏傀儡。甘露五年（260），亲率宿卫攻司马昭，为昭手下成济杀害。死后无谥，史称高贵乡公。　②“司马懿”句：司马懿称疾不出事，

见本书卷第七十六魏邵陵厉公正始八、九年（247、248）。 ③"张缉"句：张缉自东莞召回，见本书卷第七十六魏邵厉公嘉平四年（252）。 ④士宗：许允的表字。 ⑤子元、子上：司马师、司马昭的表字。 ⑥"卿为"句：自汉以来，公府有令史，廷尉有狱史，负责处理具体事务。夏侯玄指责钟毓亲自审案，越俎代庖，是秉承公府旨意，充当了公府令史的角色。 ⑦孝懿：李恢的表字。 ⑧君谋：郭智的表字。 ⑨太初：夏侯玄的表字。 ⑩何平叔：即何晏，晏字平叔。 ⑪"所谓"句："利口覆邦国"，语出《论语·阳货篇》"恶利口之覆邦家者"。利口，意为花言巧语、能言善辩。 ⑫邓玄茂：即邓飏，飏字玄茂。

辛亥，大赦。

三月，废皇后张氏。夏，四月，立皇后王氏，奉车都尉夔之女也。

狄道长李简密书请降于汉。六月，姜维寇陇西。

中领军许允素与李丰、夏侯玄善。秋，允为镇北将军、假节、都督河北诸军事[①]。帝以允当出，诏会群臣，帝特引允以自近；允当与帝别，涕泣歔欷。允未发，有司奏允前放散官物，收付廷尉，徙乐浪[②]，未至，道死。

吴孙峻骄矜淫暴，国人侧目。司马桓虑谋杀峻，立太子登之子吴侯英；不克，皆死。

帝以李丰之死，意殊不平。安东将军司马昭镇许昌，诏召之使击姜维。九月，昭领兵入见，帝幸平乐观以临军过[③]。左右劝帝因昭辞，杀之，勒兵以退大将军；已书诏于前，帝惧，不敢发。

昭引兵入城，大将军师乃谋废帝。甲戌，师以皇太后令召群臣会议，以帝荒淫无度，亵近倡优，不可以承天绪；群臣皆莫敢违。乃奏收帝玺绶，归藩于齐。使郭芝入白太后，太后方与帝对坐，芝谓帝曰："大将军欲废陛下，立彭城王据！"帝乃起去。太后不悦。芝曰："太后有子不能教，今大将军意已成，又勒兵于外以备非常，但当顺旨，将复何言？"太后曰："我欲见大将军，口有所说。"芝曰："何可见邪？但当速取玺绶！"太后意折，乃遣傍侍御取玺绶著坐侧。芝出报师，师甚喜。又遣使者授帝齐王印绶，出就西宫。帝与太后垂涕出别，人乘王车④，从太极殿南出，群臣送者数十人，司马孚悲不自胜，余多流涕。

师又使使者请玺绶于太后。太后曰："彭城王，我之季叔也，今来立，我当何之！且明皇帝当永绝嗣乎？高贵乡公，文皇帝之长孙，明皇帝之弟子，于礼，小宗有后大宗之义⑤，其详议之。"丁丑，师更召群臣，以太后令示之，乃定迎高贵乡公髦于元城。髦者，东海定王霖之子也，时年十四，使太常王肃持节迎之。师又使请玺绶，太后曰："我见高贵乡公，小时识之，我自欲以玺绶手授之。"冬，十月，癸丑⑥，高贵乡公至玄武馆⑦，群臣奏请舍前殿，公以先帝旧处，避止西厢；群臣又请以法驾迎，公不听。庚寅，公入于洛阳，群臣迎拜西掖门南，公下舆答拜，傧者请曰："仪不拜。"公曰："吾人臣也。"遂答拜。至止车门下舆⑧，左右曰："旧乘舆入。"公曰："吾被皇太后征，未知所为。"遂步至太极东堂，见太后。其日，即皇帝位于太极前殿，百寮陪位者皆欣欣焉。大赦，改元。为齐王筑宫于河内。

汉姜维自狄道进拔河间、临洮⑨。将军徐质与战，杀其荡寇将军张嶷，汉兵乃还。

初，扬州刺史文钦，骁果绝人，曹爽以其乡里故爱之。钦恃爽势，多所陵傲。及爽诛，又好增虏级以邀功赏，司马师常抑之，由是怨望。镇东将军毌丘俭素与夏侯玄、李丰善，玄等死，俭亦不自安，乃以计厚待钦。俭子治书侍御史甸谓俭曰："大人居方岳重任，国家倾覆而晏然自守，将受四海之责矣！"俭然之。

【注释】

①假节：职官名。魏晋时，都督持节分三类，职权有大小之别。使持节可杀二千石以下官吏；持节杀无官位之人，遇战事，职权与使持节相同；假节只在有战事时可杀违犯军令者。 ②乐浪：郡名，治今朝鲜平壤市南大同江南岸土城洞，一说即今平壤市。 ③平乐观：楼阁名。又名平乐馆，在今河南洛阳市东北汉魏洛阳故城西。 ④"人乘"句：据其他版本及《三国志·三少帝纪》注引《魏略》，"人乘"作"遂乘"。⑤小宗：旧时称嫡长子以下诸子的世系为小宗，与大宗对称。 ⑥癸丑：据其他版本及《三国志·三少帝纪》，当作"己丑"。 ⑦玄武馆：楼阁名，在今

河南洛阳市东北汉魏洛阳故城北。 ⑧止车门：皇宫的外门。又称司马门，凡出入宫禁者，除皇帝外，都得在这里下车步行。 ⑨河间：据胡三省注，当作“河关”。河关，县名，治所确址待考，疑在今青海贵德县西南。

二年 春，正月，俭、钦矫太后诏，起兵于寿春，移檄州郡以讨司马师，乃表言：“相国懿，忠正，有大勋于社稷，宜宥及后世，请废师，以侯就第，以弟昭代之。太尉孚，忠孝小心，护军望，忠公亲事，皆宜亲宠，授以要任。”望，孚之子也。俭又遣使邀镇南将军诸葛诞，诞斩其使。俭、钦将五六万众渡淮，西至项；俭坚守，使钦在外为游兵。

司马师问计于河南尹王肃，肃曰：“昔关羽虏于禁于汉滨，有北向争天下之志，后孙权袭取其将士家属，羽士众一旦瓦解[①]。今淮南将士父母妻子皆在内州，但急往御卫，使不得前，必有关羽土崩之势矣。”时师新割目瘤，创甚，或以为大将军不宜自行，不如遣太尉孚拒之。唯王肃与尚书傅嘏、中书侍郎钟会劝师自行，师疑未决。嘏曰：“淮、楚兵劲[②]，而俭等负力远斗，其锋未易当也。若诸将战有利钝，大势一失，则公事败矣。”师蹶然起曰：“我请舆疾而东。”戊午，师率中外诸军以讨俭、钦，以弟昭兼中领军，留镇洛阳，召三方兵会于陈、许[③]。

师问计于光禄勋郑袤，袤曰：“毌丘俭好谋而不达事情，文钦勇而无算。今大军出其不意，江、淮之卒，锐而不能固，宜深沟高垒以挫其气，此亚夫之长策也。”师称善。

师以荆州刺史王基为行监军，假节，统许昌军。基言于师曰：“淮南之逆，非吏民思乱也，俭等诳诱迫胁，畏目下之戮，是以尚屯聚耳。若大兵一临，必土崩瓦解，俭、钦之首不终朝而致于军门矣。”师从之。以基为前军，既而复敕基停驻。基以为：“俭等举军足以深入，而久不进者，是其诈伪已露，众心疑沮也。今不张示威形以副民望，而停军高垒，有似畏懦，非用兵之势也。若俭、钦虏略民人以自益，又州郡兵家为贼所得者，更怀离心[④]；俭等所迫胁者，自顾罪重，不敢复还；此为错兵无用之地而成奸宄之源。吴寇因之，则淮南非国家之有，谯、沛、汝、豫危而不安[⑤]，此计之大失也。军宜速进据南顿[6]，南顿有大邸阁，计足军人四十日粮。保坚城，因积谷，先人有夺人之心，此平贼之要也。”基屡请，乃听，进据濦水[7]。

闰月，甲申，师次于濦桥，俭将史招、李续相次来降。王基复言于师曰：“兵闻拙速，未睹为巧之久也。方今外有强寇，内有叛臣，若不时决，则事之深浅未可测也。议者多言将军持重。将军持重，是也；停军不进，非也。持重，非不行之谓也，进而不可犯耳。今保壁垒以积实资虏而远运军粮，甚非计也。”师犹未许。基曰：“将在军，君令有所不受。彼得亦利，我得亦利，是谓争地，南顿是也。”遂辄进据南顿，俭等从项亦欲往争，发十余里，闻基先到，乃复还保项。

【注释】

①“昔关羽”四句：关羽失败事，见本书卷第六十八汉献帝建安二十四年（219）。 ②淮、楚：指淮南。淮南的寿春，曾是从前楚国的都城，故以“淮、楚”并称。 ③三方：指东、西、北三方。 ④“又州郡”句：大意为州郡军队的家属如被毌丘俭劫掠，州郡军队就会人心离散，失去斗志。⑤谯、沛、汝、豫：豫，指颍川，当时豫州的治所在颍川，故以“豫”代“颍”。谯、沛、汝、颍为豫州所属四郡。 ⑥南顿：县名，治今河南项城市西南。⑦濦（yīn 因）水：河流名，为河南颍水三源中的中源，出濦强（治今河南临颍县东）南泽中，东入颍水。

癸未[1]，征西将军郭淮卒，以雍州刺史陈泰代之。

吴丞相峻率骠骑将军吕据、左将军会稽留赞袭寿春，司马师命诸军皆深壁高垒，以待东军之集。诸将请进军攻项，师曰：“诸军得知一[2]，未知其二。淮南将士本无反志，俭、钦说诱与之举事，谓远近必应；而事起之日，淮北不从[3]，史招、李续前后瓦解，内乖外叛，自知必败。困兽思斗，速战更合其志，虽云必克，伤人亦多。且俭等欺诳将士，诡变万端，小与持久，诈情自露，此不战而克之术也。”乃遣诸葛诞督豫州诸军自安风向寿春[4]；征东将军胡遵督青、徐诸军出谯、宋之间[5]，绝其归路；师屯汝阳。毌丘俭、文钦进不得斗，退恐寿春见袭，计穷不知所为；淮南将士家皆在北，众心沮散，降者相属，惟淮南新附农民为之用。

俭之初起，遣健步赍书至兖州，兖州刺史邓艾斩之，将兵万余人，兼道前进，先趋乐嘉城⑥，作浮桥以待师。俭使文钦将兵袭之。师自汝阳潜兵就艾于乐嘉，钦猝见大军，惊愕未知所为。钦子鸯，年十八，勇力绝人，谓钦曰："及其未定，击之可破也。"于是分为二队，夜夹攻军，鸯帅壮士先至鼓噪，军中震扰。师惊骇，所病目突出，恐众知之，啮被皆破。钦失期不应，会明，鸯见兵盛，乃引还。师谓诸将曰："贼走矣，可追之！"诸将曰："钦父子骁猛，未有所屈，何苦而走？"师曰："夫一鼓作气，再而衰。鸯鼓噪失应，其势已屈，不走何待？"钦将引而东，鸯曰："不先折其势，不得去也。"乃与骁骑十余摧锋陷陈，所向皆披靡，遂引去。师使左长史司马班率骁骑八千翼而追之，鸯以匹马入数千骑中，辄杀伤百余人，乃出，如此者六七，追骑莫敢逼。

殿中人尹大目小为曹氏家奴，常在天子左右，师将与俱行，大目知师一目已出，启云："文钦本是明公腹心，但为人所误耳；又天子乡里⑦，素与大目相信，乞为公追解语之，令还与公复好。"师许之。大目单身乘大马，被铠胄，追钦，遥相与语，大目心实欲为曹氏，谬言："君侯何苦不可复忍数日中也？"欲使钦解其旨。钦殊不悟，乃更厉声骂大目曰："汝先帝家人，不念报恩，反与司马师作逆，不顾上天，天不祐汝！"张弓傅矢欲射大目，大目涕泣曰："世事败矣，善自努力！"

【注释】

①癸未：闰正月甲申朔，无癸未。 ②诸军：据《晋书·景帝纪》，当作"诸君"。 ③淮北：淮河以北。这里指豫州、兖州。 ④安风：县名，治今安徽霍邱县西南。 ⑤宋：地名，指梁国之地。梁国治所睢阳（今河南商丘市南），是先秦时宋国都城，故称梁国为宋。 ⑥乐嘉城：城名，在今河南周口市东南。 ⑦"又天子"句：文钦是谯郡人，故尹大目称其为"天子乡里"。

是日，毌丘俭闻钦退，恐惧夜走，众遂大溃。钦还至项，以孤军无继，不能自立，欲还寿春，寿春已溃，遂奔吴。吴孙峻至东兴，闻俭等败，壬寅，进至槖皋[①]，文钦父子诣军降。毌丘俭走，北至慎县[②]，左右人兵稍弃俭去，俭藏水边草中。甲辰，安风津民张属就杀俭[③]，传首京师，封属为侯。诸葛诞至寿春，寿春城中十余万口，惧诛，或流迸山泽，或散走入吴。诏以诞为镇东大将军、仪同三司，都督扬州诸军事。

夷毌丘俭三族。俭党七百余人系狱，侍御史杜友治之，惟诛首事者十余人，余皆奏免之。俭孙女适刘氏，当死，以孕系廷尉。司隶主簿程咸议曰："女适人者，若已产育，则成他家之母，于防不足惩奸乱之源，于情则伤孝子之恩。男不遇罪于他族，而女独婴戮于二门[④]，非所以哀矜女弱[⑤]，均法制之大分也，臣以为在室之女，可从父母之刑，既醮之妇，使从夫家之戮。"朝廷从之，仍著于律令。

舞阳忠武侯司马师疾笃，还许昌，留中郎将参军事贾充监诸军事。充，逵之子也。卫将军昭自洛阳往省师，师令昭总统诸军。辛亥，师卒于许昌。中书侍郎钟会从师典知密事，中诏敕尚书傅嘏，以东南新定，权留卫将军昭屯许昌为内外之援，令嘏率诸军还。会与嘏谋，使嘏表上，辄与昭俱发，还到洛水南屯住。二月，丁巳，诏以司马昭为大将军、录尚书事。会由是常有自矜之色，嘏戒之曰："子志大其量，而勋业难为也，可不慎哉？"

吴孙峻闻诸葛诞已据寿春，乃引兵还。以文钦为都护、镇北大将军、幽州牧。

三月，立皇后卞氏，大赦。后，武宣皇后弟秉之曾孙女也。

秋，七月，吴将军孙仪、张怡、林恂谋杀孙峻，不克，死者数十人。全公主谮朱公主于峻[⑥]，曰"与仪同谋"。峻遂杀朱公主。

峻使卫尉冯朝城广陵，功费甚众，举朝莫敢言，唯滕胤谏止之，峻不从，功卒不成。

【注释】

①槖（tuó 驼）皋：地名，即今安徽巢湖市柘皋。 ②慎县：县名，治今安徽颍上县西北江口集。 ③安风津：渡口名，在今安徽霍邱县北淮河上。④二门：指父母之家与夫家。 ⑤女弱：旧时女子被视为阴类，禀气柔弱，在家从父母，既嫁从夫，故称为女弱。 ⑥朱公主：即孙鲁育。

字小虎，孙权次女。初嫁将军朱据，因之称为朱公主。朱据被杀，改嫁刘纂。

汉姜维复议出军，征西大将军张翼廷争，以为："国小民劳，不宜黩武。"维不听，率车骑将军夏侯霸及翼同进。八月，维将数万人至枹罕，趋狄道。

征西将军陈泰敕雍州刺史王经进屯狄道，须泰军到，东西合势乃进。泰军陈仓，经所统诸军于故关与汉人战不利[①]，经辄渡洮水。泰以经不坚据狄道，必有他变，率诸军以继之。经已与维战于洮西，大败，以万余人还保狄道城，余皆奔散，死者万计。张翼请维曰："可以止矣，不宜复进，或毁此大功，为蛇画足。"维大怒，遂进围狄道。

辛未，诏长水校尉邓艾行安西将军，与陈泰并力拒维，戊辰[②]，复以太尉孚为后继。泰进军陇西，诸将皆曰："王经新败，贼众大盛，将军以乌合之众，继败军之后，当乘胜之锋，殆必不可。古人有言：'蝮蛇螫手，壮士解腕[③]。'孙子曰：'兵有所不击，地有所不守。'盖小有所失而大有所全故也。不如据险自保，观衅待敝，然后进救，此计之得者也。"泰曰："姜维提轻兵深入，正欲与我争锋原野，求一战之利。王经当高壁深垒，挫其锐气，今乃与战，使贼得计。经既破走，维若以战克之威，进兵东向，据栎阳积谷之实[④]；放兵收降，招纳羌、胡，东争关、陇，传檄四郡，此我之所恶也。而乃以乘胜之兵，挫峻城之下，锐气之卒，屈力致命，攻守势殊，客主不同。兵书曰：'修橹轒辒，三月乃成，拒堙三月而后已[⑤]。'诚非轻军远入之利也。今维孤军远侨，粮谷不继，是我速进破贼之时，所谓疾雷不及掩耳，自然之势也。洮水带其表，维等在其内，今乘高据势，临其项领，不战必走。寇不可纵，围不可久，君等何言如是？"遂进军度高城岭[⑥]，潜行，夜至狄道东南高山上，多举烽火，鸣鼓角。狄道城中将士见救至，皆愤踊。维不意救兵卒至，缘山急来攻之，泰与交战，维退。泰引兵扬言欲向其还路，维惧，九月，甲辰，维遁走，城中将士乃得出。王经叹曰："粮不至旬，向非救兵速至，举城屠裂，覆丧一州矣！"泰慰劳将士，前后遣还，更差军守，并治城垒，还屯上邽。

泰每以一方有事，辄以虚声扰动天下，故希简上事，驿书不过六百里[7]。大将军昭曰："陈征西沉勇能断，荷方伯之重。救将陷之城，而不求益兵，又希简上事，必能办贼者也。都督大将不当尔邪？"

姜维退驻钟提。

初，吴大帝不立太庙，以武烈尝为长沙太守[8]，立庙于临湘，使太守奉祠而已。冬，十月，始作太庙于建业，尊大帝为太祖。

【注释】

①故关：地名，指汉代时设置的边关，在洮水以西。　②戊辰：戊辰为八月十九日，接辛未日（二十二日）后，疑有误。　③"蝮蛇"句：螫（shì 侍），毒虫刺人。二句意谓被蝮蛇咬手后，壮士为保全生命，会毫不犹豫地斩下手腕。　④栎（yuè 月）阳：县名，治今陕西西安市临潼区东北武屯镇附近古城村南。　⑤"修橹"三句：橹（lǔ 鲁），大楯；轒辒（fénwēn 焚温）：攻城车，车以大木建成，有四轮，上面蒙着生牛皮，下面可容十人，往来运土填堑，木石不能伤。拒堙：攻城时筑的土垒，用以窥探城内情况。⑥高城岭：地名，在今甘肃渭源县西。　⑦"驿书"句：自狄道至洛阳，当时有二千二百多里，驿书只送六百里，表明六百里外都是以普通书信的形式传送。　⑧武烈：指孙坚。孙权称帝后，追尊坚为武烈皇帝。

资治通鉴卷第七十七

魏纪九　起柔兆困敦，尽重光大荒落，凡六年。

高贵乡公下

甘露元年　春，正月，汉姜维进位大将军。

二月，丙辰，帝宴群臣于太极东堂，与诸儒论夏少康、汉高祖优劣，以少康为优。

夏，四月，赐大将军昭衮冕之服，赤舄副焉[①]。

丙辰，帝幸太学，与诸儒论《书》《易》及《礼》，诸儒莫能及。帝尝与中护军司马望、侍中王沈、散骑常侍裴秀、黄门侍郎钟会等讲宴于东堂，并属文论，特加礼异，谓秀为儒林丈人，沈为文籍先生。帝性急，请召欲速，以望职在外，特给追锋车、虎贲五人[②]，每有集会，辄奔驰而至。秀，潜之子也。

六月，丙午，改元。

姜维在钟提[③]，议者多以为维力已竭，未能更出。安西将军邓艾曰："洮西之败[④]，非小失也，士卒凋残，仓廪空虚，百姓流离。今以策言之，彼有乘胜之势，我有虚弱之实，一也。彼上下相习，五兵犀利，我将易兵新，器仗未复，二也。彼以船行，吾以陆军，劳逸不同，三也。狄道、陇西、南安、祁山各当有守，彼专为一，我分为四，四也。从南安、陇西因食羌谷，若趣祁山，熟麦千顷，为之外仓[⑤]。贼有黠计，其来必矣。"

秋，七月，姜维复率众出祁山，闻邓艾已有备，乃回，从董亭趣南安[6]；艾据武城山以拒之[7]。维与艾争险不克，其夜，渡渭东行，缘山趣上邽，艾与战于段谷[8]，大破之。以艾为镇西将军、都督陇右诸军事。维与其镇西大将军胡济期会上邽，济失期不至，故败，士卒星散，死者甚众，蜀人由是怨维。维上书谢，求自贬黜，乃以卫将军行大将军事。

蜀军集结地祁山堡遗址

八月，庚午，诏司马昭加号大都督，奏事不名，假黄钺。癸酉，以太尉司马孚为太傅。九月，以司徒高柔为太尉。

文钦说吴人以伐魏之利，孙峻使钦与骠骑将军吕据及车骑将军刘纂、镇南将军朱异、前将军唐咨自江都入淮、泗[9]，以图青、徐。峻饯之于石头，遇暴疾，以后事付从父弟偏将军綝。丁亥，峻卒。吴人以綝为侍中、武卫将军、都督中外诸军事，召吕据等还。

【注释】

①赤舄（xì 细）：古代帝王及贵族所穿的礼鞋。 ②追锋车：轻便快速的驿车。 ③钟提：城名，在今甘肃临洮县西南。 ④“洮西”句：洮西之败，见本书卷第七十六魏高贵乡公正元二年（255）。 ⑤“为之”句：据其他版本及《三国志·邓艾传》，本句下有“五也”二字。 ⑥董亭：地名，在今甘肃武山县南。 ⑦武城山：山名，在今甘肃武山县西南。⑧段谷：地名，在今甘肃天水市附近。 ⑨江都：县名，治今江苏扬州市西南夹江北小沙洲上。

己丑，吴大司马吕岱卒，年九十六。始，岱亲近吴郡徐原，慷慨有才志，岱知其可成，赐巾褠[1]，与共言论，后遂荐拔，官至侍御史。原性忠壮，好直言，岱时有得失，原辄谏争，又公论之；人或以告岱，岱叹曰："是我所以贵德渊者也[②]！"及原死，岱哭之甚哀，曰："徐德渊，吕岱之益友，今不幸，岱复于何闻过？"谈者美之。

吕据闻孙綝代孙峻辅政，大怒，与诸督将连名共表荐滕胤为丞相；綝更以胤为大司马，代吕岱驻武昌。据引兵还，使人报胤，欲共废綝。冬，十月，綝遣从兄宪将兵逆据于江都，使中使敕文钦、刘纂、唐咨等共击取据，又遣侍中左将军华融、中书丞丁晏告喻胤宜速去意。胤自以祸及，因留融、晏勒兵自卫，召典军杨崇、将军孙咨告以綝为乱，迫融等使有书难綝，綝不听，表言胤反，许将军刘丞以封爵，使率兵骑攻围胤。胤又劫融等使诈为诏发兵，融等不从，皆杀之。或劝胤引兵至苍龙门[③]，将士见公出，必委綝就公。时夜已半，胤恃与据期，又难举兵向宫，乃约令部曲，说吕侯兵已在近道，故皆为胤尽死，无离散者。胤颜色不变，谈笑如常。时大风，比晓，据不至，綝兵大会，遂杀胤及将士数十人，夷胤三族。己酉，大赦，改元太平。或劝吕据奔魏者，据曰："吾耻为叛臣。"遂自杀。

以司空郑冲为司徒，左仆射卢毓为司空。毓固让骠骑将军王昶、光禄大夫王观、司隶校尉琅邪王祥，诏不许。

祥性至孝，继母朱氏遇之无道，祥愈恭谨。朱氏子览，年数岁，每见祥被楚挞，辄涕泣抱持母；母以非理使祥，览辄与祥俱往。及长，娶妻，母虐使祥妻，览妻亦趋而共之，母患之，为之少止。祥渐有时誉，母深疾之，密使鸩祥。览知之，径起取酒，祥争而不与，母遽夺反之。自后，母赐祥馔，览辄先尝。母惧览致毙，遂止。汉末遭乱，祥隐居三十余年，不应州郡之命，母终，毁瘁，杖而后起。徐州刺史吕虔檄为别驾，委以州事，州界清静，政化大行，时人歌之曰："海沂之康[④]，实赖王祥；邦国不空，别驾之功！"

十一月，吴孙綝迁大将军。綝负贵倨傲，多行无礼。峻从弟宪尝与诛诸葛恪，峻厚遇之，官至右将军、无难督、平九官事[⑤]。綝遇宪薄于峻时，宪怒，与将军王惇谋杀綝，事泄，綝杀惇，宪服药死。

【注释】

①褠(gōu 勾):单衣;袖套。 ②德渊:徐原的表字。 ③苍龙门:建业宫的东门。 ④海沂:指徐州。徐州东靠大海,西北到泗水、沂水,故称海沂。 ⑤平九官事:职官名。九官,即九卿,孙权回建业,留尚书九官于武昌,平九官事当即留镇武昌的主要官员。

二年 春,三月,大梁成侯卢毓卒。

夏,四月,吴主临正殿,大赦,始亲政事。孙綝表奏,多见难问,又科兵子弟十八已下,十五以上三千余人,选大将子弟年少有勇力者,使将之,日于苑中教习,曰:"吾立此军,欲与之俱长。"又数出中书视大帝时旧事,问左右侍臣曰:"先帝数有特制[①],今大将军问事[②],但令我书可邪?"尝食生梅,使黄门至中藏取蜜,蜜中有鼠矢;召问藏吏,藏吏叩头。吴主曰:"黄门从尔求蜜邪?"吏曰:"向求,实不敢与。"黄门不服。吴主令破鼠矢,矢中燥,因大笑谓左右曰:"若矢先在蜜中,中外当俱湿;今外湿里燥,此必黄门所为也。"诘之,果服;左右莫不惊悚。

征东大将军诸葛诞素与夏侯玄、邓飏等友善,玄等死,王凌、毌丘俭相继诛灭,诞内不自安,乃倾帑藏振施[③],曲赦有罪以收众心,畜养扬州轻侠数千人以为死士。因吴人欲向徐堨[④],请十万众以守寿春,又求临淮筑城以备吴寇。司马昭初秉政,长史贾充请遣参佐慰劳四征[⑤],且观其志。昭遣充至淮南,充见诞,论说时事,因曰:"洛中诸贤,皆愿禅代,君以为如何?"诞厉声曰:"卿非贾豫州子乎[⑥]?世受魏恩,岂可欲以社稷输人乎?若洛中有难,吾当死之。"充默然;还,言于昭曰:"诸葛诞再在扬州,得士众心。今召之,必不来,然反疾而祸小;不召,则反迟而祸大,不如召之。"昭从之。甲子,诏以诞为司空,召赴京师。诞得诏书,愈恐,疑扬州刺史乐綝间己,遂杀綝,敛淮南及淮北郡县屯田口十余万官兵,扬州新附胜兵者四五万人,聚谷足一年食,为闭门自守之计。遣长史吴纲将少子靓至吴,称臣请救,并请以牙门子弟为质[⑦]。

吴滕胤、吕据之妻,皆夏口督孙壹之妹也。六月,孙綝使镇南将军朱异自虎林将兵袭壹。异至武昌,壹将部曲来奔。乙巳,诏拜壹车骑将军、交州牧，封吴侯，开府辟召，仪同三司，衮冕赤舄，事从丰厚。

【注释】

①特制：指由君主独自决定，以手诏形式宣行的敕令。 ②问事：即奏事。不称奏事，含卑挹之意。 ③帑（tǎng 倘）藏：国库。 ④徐堨：塘名，即徐塘，在今安徽巢湖市东关的东面。 ⑤四征：即征东、征南、征西、征北将军。曹魏设四征将军，征东将军屯淮南；征南将军屯襄、沔以备吴；征西将军屯关、陇以备蜀；征北将军屯幽、并以备鲜卑，皆拥有强大的军队。 ⑥贾豫州：即贾充之父贾逵，逵去世前任豫州刺史。 ⑦牙门：本为军帐前立大旗表示营门，这里指各将领。

司马昭奉帝及太后讨诸葛诞。

吴纲至吴，吴人大喜，使将军全怿、全端、唐咨、王祚将三万众，与文钦同救诞；以诞为左都护、假节、大司徒、骠骑将军、青州牧，封寿春侯。怿，琮之子；端，其从子也。

六月，甲子，车驾次项，司马昭督诸军二十六万进屯丘头[①]，以镇南将军王基行镇东将军，都督扬、豫诸军事，与安东将军陈骞等围寿春。基始至，围城未合，文钦、全怿等从城东北，因山乘险[②]，得将其众突入城。昭敕基敛军坚壁。基累求进讨，会吴朱异率三万人进屯安丰[③]，为文钦外势，诏基引诸军转据北山[④]。基谓诸将曰："今围垒转固，兵马向集，但当精修守备以待越逸，而更移兵守险，使得放纵，虽有智者，不能善其后矣！"遂守便宜，上疏曰："今与贼家对敌，当不动如山，若迁移依险，人心摇荡，于势大损。诸军并据深沟高垒，众心皆定，不可倾动，此御兵之要也。"书奏，报听。于是基等四面合围，表里再重，堑垒甚峻。文钦等数出犯围，逆击，走之。司马昭又使奋武将军监青州诸军事石苞督兖州刺史州泰、徐州刺史胡质简锐卒为游军，以备外寇。泰击破朱异于阳渊[⑤]，异走，泰追之，杀伤二千人。

秋，七月，吴大将军綝大发兵出屯镬里[⑥]，复遣朱异帅将军丁奉、黎斐等五人前解寿春之围。异留辎重于都陆[⑦]，进屯黎浆[⑧]，石苞、州泰又击破之。太山太守胡烈以奇兵五千袭都陆，尽焚异资粮，异将余兵食葛叶，走归孙綝；綝使异更死战，异以士卒乏食，不从綝命。綝怒，九月，己巳，綝斩异于镬里。辛未，引兵还建业。綝既不能拔出诸葛诞，而丧败士众，自戮名将，由是吴人莫不怨之。

司马昭曰："异不得至寿春，而吴人杀之，非其罪也，欲以谢寿春而坚诞意，使其犹望救耳。今当坚围，备其越逸，而多方以误之。"乃纵反间，扬言"吴救方至，大军乏食，分遣羸疾就谷淮北，势不能久"。诞等益宽恣食，俄而城中乏粮，外救不至。将军蒋班、焦彝，皆诞腹心谋主也，言于诞曰："朱异等以大众来而不能进，孙綝杀异而归江东，外以发兵为名，内实坐须成败。今宜及众心尚固，士卒思用，并力决死，攻其一面，虽不能尽克，犹有可全者，空坐守死，无为也。"文钦曰："公今举十余万之众归命于吴，而钦与全端等皆同居死地，父兄子弟尽在江表，就孙綝不欲来，主上及其亲戚岂肯听乎！且中国无岁无事，军民并疲，今守我一年，内变将起，奈何舍此，欲乘危徼幸乎？"班、彝固劝之，钦怒。诞欲杀班、彝，二人惧，十一月，弃诞逾城来降。全怿兄子辉、仪在建业，与其家内争讼，携其母将部曲数十家来奔。于是怿与兄子靖及全端弟翩、缉皆将兵在寿春城中，司马昭用黄门侍郎钟会策，密为辉、仪作书，使辉、仪所亲信赍入城告怿等，说"吴中怒怿等不能拔寿春，欲尽诛诸将家，故逃来归命"。十二月，怿等帅其众数千人开门出降，城中震惧，不知所为。诏拜怿平东将军，封临湘侯，端等封拜各有差。

【注释】

①丘头：地名，在今河南沈丘县东南。 ②"因山"二句：寿春城外没有其他的山，只有城北的八公山（在今安徽寿县西北）。 ③安丰：县名，治今河南固始县东南。 ④北山：即八公山，见注②。 ⑤阳渊：地名，在今安徽长丰县南。 ⑥镬（huò 获）里：地名，在今安徽巢湖市西北。 ⑦都陆：地名，在今安徽寿县东南。 ⑧黎浆：地名，在今安徽寿县东南。

汉姜维闻魏分关中兵以赴淮南，欲乘虚向秦川[①]，率数万人出骆谷[②],至沈岭[③]。时长城积谷甚多,而守兵少,征西将军都督雍、凉诸军事司马望及安西将军邓艾进兵据之,以拒维。维壁于芒水[④],数挑战,望、艾不应。

是时,维数出兵,蜀人愁苦,中散大夫谯周作《仇国论》以讽之曰:"或问往古能以弱胜强者,其术如何?曰:吾闻之,处大无患者常多慢,处小有忧者常思善;多慢则生乱,思善则生治,理之常也。故周文养民,以少取多,句践恤众,以弱毙强,此其术也。或曰:曩者,项强汉弱,相与战争,项羽与汉约分鸿沟,各归息民,张良以为民志已定,则难动也,率兵追羽,终毙项氏[⑤]。岂必由文王之事乎?曰:当商、周之际,王侯世尊,君臣久固,民习所专;深根者难拔,据固者难迁。当此之时,虽汉祖安能杖剑鞭马而取天下乎?及秦罢侯置守之后,民疲秦役,天下土崩,或岁易主,或月易公,鸟惊兽骇,莫知所从,于是豪强并争,虎裂狼分,疾搏者获多,迟后者见吞。今我与彼皆传国易世矣,既非秦末鼎沸之时,实有六国并据之势,故可为文王,难为汉祖。夫民之疲劳,则骚扰之兆生,上慢下暴,则瓦解之形起。谚曰:'射幸数跌,不如审发。'是故智者不为小利移目,不为意似改步,时可而后动,数合而后举,故汤、武之师不再战而克[⑥],诚重民劳而度时审也。如遂极武黩征,土崩势生,不幸遇难,虽有智者将不能谋之矣。"

【注释】

①秦川:地名,泛指今陕西、甘肃秦岭以北渭水平原。 ②骆谷:通道名,又名傥骆道。自今陕西周至县西南,循骆谷水、傥水河谷,至今洋县。 ③沈岭:地名,在今陕西周至县西南。 ④芒水:河流名,即今陕西周至县渭水支流黑河。 ⑤"项羽"数句:楚汉相争中约分鸿沟及项羽灭亡事,见本书卷第十汉高帝四年(前203)。 ⑥"故汤"句:汤伐桀,仅鸣条一战;周武王伐纣,仅牧野一战,故称"不再战而克"。

三年 春,正月,文钦谓诸葛诞曰:"蒋班、焦彝谓我不能出而走,全端、全怿又率众逆降,此敌无备之时也,可以战矣。"诞及唐咨等皆以为然,遂大为攻具,昼夜五六日攻南围,欲决围而出。围上诸军临高发石车火箭[①],逆烧破其攻具,矢石雨下,死伤蔽地,血流盈堑，复还城。城内食转竭，出降者数万口。钦欲尽出北方人省食，与吴人坚守，诞不听，由是争恨。钦素与诞有隙，徒以计合，事急愈相疑。钦见诞计事，诞遂杀钦。钦子鸯、虎将兵在小城中，闻钦死，勒兵赴之，众不为用，遂单走逾城出，自归于司马昭。军吏请诛之，昭曰："钦之罪不容诛，其子固应就戮；然鸯、虎以穷归命，且城未拔，杀之是坚其心也。"乃赦鸯、虎，使将数百骑巡城，呼曰："文钦之子犹不见杀，其余何惧？"又表鸯、虎皆为将军，赐爵关内侯。城内皆喜，且日益饥困。司马昭身自临围，见城上持弓者不发[②]，曰："可攻矣！"乃四面进军，同时鼓噪登城。二月，乙酉，克之。诞窘急，单马将其麾下突小城欲出，司马胡奋部兵击斩之，夷其三族。诞麾下数百人，皆拱手为列，不降，每斩一人，辄降之，卒不变，以至于尽。吴将于诠曰："大丈夫受命其主，以兵救人，既不能克，又束手于敌，吾弗取也。"乃免胄冒陈而死。唐咨、王祚等皆降[③]。吴兵万众，器仗山积。

司马昭初围寿春，王基、石苞等皆欲急攻之，昭以为"寿春城固而众多，攻之必力屈；若有外寇，表里受敌，此危道也。今三叛相聚于孤城之中[④]，天其或者使同就戮，吾当以全策縻之。但坚守三面，若吴贼陆道而来，军粮必少；吾以游兵轻骑绝其转输，可不战而破也。吴贼破，钦等必成禽矣！"乃命诸军按甲而守之，卒不烦攻而破。议者又以为"淮南仍为叛逆，吴兵室家在江南，不可纵，宜悉坑之"。昭曰："古之用兵，全国为上，戮其元恶而已。吴兵就得亡还，适可以示中国之大度耳。"一无所杀，分布三河近郡以安处之[⑤]。拜唐咨安远将军，其余裨将，咸假位号，众皆悦服。其淮南将士吏民为诞所胁略者，皆赦之。听文鸯兄弟收敛父丧，给其车牛，

魏军攻城器械撞车头

致葬旧墓。

【注释】

①石车：古代的炮车，用来发石击敌。 ②“见城”句：意为从城上兵士持弓不发，看出无拒守之心。 ③“唐咨”句：唐咨本为魏人，降吴事见本书卷第七十魏文帝黄初六年（225）。 ④三叛：指诸葛诞、文钦、唐咨三人。 ⑤三河：指河南、河东、河内三郡。

昭遗王基书曰：“初议者云云，求移者甚众，时未临履，亦谓宜然。将军深算利害，独秉固志，上违诏命，下拒众议，终至制敌禽贼，虽古人所述，不是过也。”昭欲遣诸军轻兵深入，招迎唐咨等子弟，因衅有灭吴之势。王基谏曰：“昔诸葛恪乘东关之胜，竭江表之兵以围新城，城既不拔，而众死者大半[①]。姜维因洮西之利，轻兵深入，粮饷不继，军覆上邽。夫大捷之后，上下轻敌，轻敌则虑难不深。今贼新败于外，又内患未弭[②]，是其修备设虑之时也。且兵出逾年，人有归志，今俘馘十万[③]，罪人斯得，自历代征伐，未有全兵独克如今之盛者也。武皇帝克袁绍于官渡，自以所获已多，不复追奔，惧挫威也[④]。”昭乃止。以基为征东将军，都督扬州诸军事，进封东武侯。

习凿齿曰：君子谓司马大将军于是役也，可谓能以德攻矣。夫建业者异道，各有所尚而不能兼并也。故穷武之雄，毙于不仁；存义之国，丧于懦退。今一征而禽三叛，大虏吴众，席卷淮浦，俘馘十万，可谓壮矣。而未及安坐，赏王基之功；种惠吴人，结异类之情；宠鸯葬钦，忘畴昔之隙；不咎诞众，使扬土怀愧。功高而人乐其成，业广而敌怀其德。武昭既敷，文算又洽，推是道也，天下其孰能当之哉？

【注释】

①“昔诸”数句：诸葛诞兵败新城之事，见本书卷第七十六魏邵陵厉公嘉平五年（253）。 ②“又内”句：吴国内患，指孙綝与君主互相猜忌。③馘（guó 国）：古代战争中，割取敌人的左耳计数献功，称为馘。④“武皇”数句：曹操在官渡之战后不复追奔事，见本书卷第六十三汉献帝建安五年（200）。

司马昭之克寿春，钟会谋画居多；昭亲待日隆，委以腹心之任，时人比之子房[①]。

汉姜维闻诸葛诞死，退还成都，复拜大将军。

夏，五月，诏以司马昭为相国，封晋公，食邑八郡，加九锡；昭前后九让，乃止。

秋，七月，吴主封故齐王奋为章安侯。

八月，以骠骑将军王昶为司空。

诏以关内侯王祥为三老，郑小同为五更[②]，帝率群臣诣太学，行养老乞言之礼。小同，玄之孙也。

吴孙綝以吴主亲览政事，多所难问，甚惧；返自镬里，遂称疾不朝，使弟威远将军据入仓龙门宿卫，武卫将军恩、偏将军干、长水校尉闿分屯诸营，欲以自固。吴主恶之，乃推朱公主死意[③]，全公主惧曰："我实不知，皆朱据二子熊、损所白。"是时熊为虎林督，损为外部督，吴主皆杀之。损妻，即孙峻妹也。綝谏，不从，由是益惧。

吴主阴与全公主及将军刘丞谋诛綝。全后父尚为太常、卫将军，吴主谓尚子黄门侍郎纪曰："孙綝专势，轻小于孤。孤前敕之使速上岸，为唐咨等作援，而留湖中不上岸一步；又委罪于朱异，擅杀功臣，不先表闻；筑第桥南[④]，不复朝见。此为自在，无所复畏，不可久忍，今规取之。卿父作中军都督，使密严整士马，孤当自出临桥，率宿卫虎骑、左右无难一时围之；作版诏敕綝所领皆解散，不得举手。正尔，自当得之；卿去，但当使密耳！卿宣诏卿父，勿令卿母知之；女人既不晓大事，且綝同堂姊，邂逅漏泄，误孤非小也！"纪承诏以告尚。尚无远虑，以语纪母，母使人密语綝。

九月，戊午，綝夜以兵袭尚，执之，遣弟恩杀刘承于苍龙门外[⑤]，比明，遂围宫。吴主大怒，上马带鞬执弓欲出，曰："孤大皇帝適子，在位已五年，谁敢不从者？"侍中近臣及乳母共牵攀止之，不得出，叹咤不食，骂全后曰："尔父愦愦，败我大事！"又遣呼纪，纪曰："臣父奉诏不谨，负上，无面目复见。"因自杀。綝使光禄勋孟宗告太庙，废吴主为会稽王。召群臣议曰："少帝荒病昏乱，不可以处大位，承宗庙，已告先帝废之。诸君若有不同者，下异议。”皆震怖，曰：“唯将军令！”綝遣中书郎李崇夺吴主玺绶，以吴主罪班告远近。尚书桓彝不肯署名，綝怒，杀之。典军施正劝綝迎立琅邪王休，綝从之。己未，綝使宗正楷与中书郎董朝迎琅邪王于会稽。遣将军孙耽送会稽王亮之国，亮时年十六。徙全尚于零陵，寻追杀之；迁全公主于豫章。

【注释】

①子房：汉初名臣张良的表字。 ②“诏以”二句：三老、五更，传说为远古尊礼老人之位，以德高望重的致仕官员充任。到汉代，设三老五更的礼仪已很完备，君主以父礼敬奉三老，兄礼敬奉五更，以向天下昭示孝悌之义。 ③“乃推”句：朱公主之死，见本书卷第七十六魏高贵乡公正元二年(255)。 ④桥南：地名，当指朱雀桥南。朱雀桥，在今江苏南京市南秦淮河上。 ⑤刘承：即上文中的“刘丞”。

冬，十月，戊午[①]，琅邪王行至曲阿，有老公遮王叩头曰：“事久变生，天下喁喁[②]。”是日，进及布塞亭。孙綝以琅邪王未至，欲入居宫中，召百官会议，皆惶怖失色，徒唯唯而已。选曹郎虞汜曰：“明公为国伊、周，处将相之任，擅废立之威，将上安宗庙，下惠百姓，大小踊跃，自以伊、霍复见。今迎王未至而欲入宫，如是，群下摇荡，众听疑惑，非所以永终忠孝，扬名后世也。”綝不怿而止。汜，翻之子也。

綝命弟恩行丞相事，率百僚以乘舆法驾迎琅邪王于永昌亭。孙恩奉上玺符，王三让，乃受。群臣以次奉引，王就乘舆，百官陪位。綝以兵千人迎于半野，拜于道侧；王下车答拜。即日，御正殿，大赦，改元永安。孙綝称“草莽臣”，诣阙上书，上印绶、节钺，求避贤路。吴主引见慰谕，下诏以綝为丞相、荆州牧，增邑五县；以恩为御史大夫、卫将军、中军督，封县侯。孙据、干、闿皆拜将军，封侯。又以长水校尉张布为辅义将军，封永康侯。

先是，丹阳太守李衡数以事侵琅邪王，其妻习氏谏之，衡不听。琅邪王上书乞徙他郡，诏徙会稽。及琅邪王即位，李衡忧惧，谓妻曰：“不用卿言，以至于此。吾欲奔魏，何如？”妻曰：“不可。

君本庶民耳，先帝相拔过重，既数作无礼，而复逆自猜嫌，逃叛求活，以此北归，何面目见中国人乎！琅邪王素好善慕名，方欲自显于天下，终不以私嫌杀君明矣。可自囚诣狱，表列前失，显求受罪。如此，乃当逆见优饶，非但直活而已。”衡从之。吴主诏曰：“丹阳太守李衡，以往事之嫌，自拘司败③。夫射钩、斩袪④，在君为君，其遣衡还郡，勿令自疑。”又加威远将军，授以棨戟⑤。

己丑，吴主封故南阳王和子晧为乌程侯。

群臣奏立皇后、太子，吴主曰：“朕以寡德，奉承洪业，莅事日浅，恩泽未敷，后妃之号，嗣子之位，非所急也。”有司固请，吴主不许。

孙綝奉牛酒诣吴主，吴主不受，赍诣左将军张布；酒酣，出怨言曰：“初废少主时，多劝吾自为之者；吾以陛下贤明，故迎之。帝非我不立，今上礼见拒，是与凡臣无异，当复改图耳。”布以告吴主，吴主衔之，恐其有变，数加赏赐。戊戌，吴主诏曰：“大将军掌中外诸军事，事统烦多，其加卫将军、御史大夫恩侍中，与大将军分省诸事。”或有告綝怀怨侮上，欲图反者，吴主执以付綝，綝杀之，由是益惧，因孟宗求出屯武昌，吴主许之。綝尽敕所督中营精兵万余人，皆令装载；又取武库兵器，吴主咸令给与。綝求中书两郎典知荆州诸军事，主者奏中书不应外出，吴主特听之。其所请求，一无违者。

【注释】

①戊午：十月壬戌朔，无戊午。据《三国志·吴书·三嗣主传》，当作“戊寅”。 ②喁喁（yóng 颙）：比喻众人景仰归向的样子。喁，鱼口向上，露出水面。 ③司败：春秋时陈、楚主管刑狱的官员。 ④射钩：春秋时齐襄公昏乱，其弟纠奔鲁，以管仲、召忽为傅。小白奔莒，鲍叔为傅。襄公死，纠与小白争入齐为君，在途中管仲射中小白衣带之钩。小白先入，得为君，是为桓公，迫鲁人杀纠，俘管仲。桓公不记旧仇，任仲为相，终成霸业。斩袪：春秋时，晋献公受宠姬骊姬迷惑，杀死太子申生，次子重耳出奔，宦官勃鞮追赶，斩下重耳衣袖。后重耳回国登位，是为文公，宽恕勃鞮。后有人谋反，赖勃鞮报信，文公得以脱难。 ⑤棨戟：有缯衣或油漆的木戟，用作官吏出行时前引的仪仗。 ⑥戊戌：十月壬戌

朔,无戊戌。据《三国志·吴书·三嗣主传》,“戊戌”前当有“十一月”三字。

将军魏邈说吴主曰:“綝居外,必有变。”武卫士施朔又告綝谋反。吴主将讨綝,密问辅义将军张布,布曰:“左将军丁奉,虽不能吏书,而计略过人,能断大事。”吴主召奉告之,且问以计画,奉曰:“丞相兄弟支党甚盛,恐人心不同,不可卒制;可因腊会有陛兵以诛之[①]。”吴主从之。

十二月,丁卯,建业中谣言明会有变,綝闻之,不悦。夜,大风,发屋扬沙,綝益惧。戊辰,腊会,綝称疾不至;吴主强起之,使者十余辈,綝不得已,将入,众止焉。綝曰:“国家屡有命,不可辞。可豫整兵,令府内起火,因是可得速还。”遂入,寻而火起,綝求出,吴主曰:“外兵自多,不足烦丞相也。”綝起离席,奉、布目左右缚之,綝叩头曰:“愿徙交州。”吴主曰:“卿何不徙滕胤、吕据于交州乎?”綝复曰:“愿没为官奴。”吴主曰:“卿何不以胤、据为奴乎?”遂斩之。以綝首令其众曰:“诸与綝同谋者,皆赦之。”放仗者五千人。孙闿乘船欲降北,追杀之。夷綝三族,发孙峻棺,取其印绶,斫其木而埋之[②]。

己巳,吴主以张布为中军督。改葬诸葛恪、滕胤、吕据等,其罹恪等事远徙者,一切召还。朝臣有乞为诸葛恪立碑者,吴主诏曰:“盛夏出军,士卒伤损,无尺寸之功,不可谓能;受托孤之任,死于竖子之手,不可谓智。”遂寝。

初,汉昭烈留魏延镇汉中[③],皆实兵诸围以御外敌,敌若来攻,使不得入。及兴势之役,王平捍拒曹爽[④],皆承此制。及姜维用事,建议以为“错守诸围,适可御敌,不获大利。不若使敌至,诸围皆敛兵聚谷,退就汉、乐二城[⑤],听敌入平,重关头镇守以捍之,令游军旁出以伺其虚。敌攻关不克,野无散谷,千里运粮,自然疲乏;引退之日,然后诸城并出,与游军并力搏之,此殄敌之术也”。于是汉主令督汉中胡济却住汉寿,监军王含守乐城,护军蒋斌守汉城。

【注释】

①腊会:十二月初八的聚会。十二月初八,古称腊日,是岁终祭祀百神的日子。陛兵:守卫殿陛的宫廷兵士。 ②斫(zhuó 茁):砍;削。③“汉昭”句:刘备留魏延守汉中,见本书卷第六十八汉献帝建安二十四年(219)。 ④“及兴势”二句:兴势,山名,在今陕西洋县北。兴势之役见本书卷第七十四魏邵陵厉公正始五年(244)。 ⑤“退就”句:汉城,在今陕西勉县(莱园子)东;乐城,在今陕西城固县东。二城为诸葛亮所筑,见本书卷第七十一魏明帝太和三年(229)。

四年 春,正月,黄龙二见宁陵井中[①]。先是,顿丘、冠军、阳夏井中屡有龙见[②],群臣以为吉祥,帝曰:“龙者,君德也。上不在天,下不在田,而数屈于井,非嘉兆也。”作《潜龙诗》以自讽,司马昭见而恶之。

夏,六月,京陵穆侯王昶卒。

汉主封其子谌为北地王,询为新兴王,虔为上党王。尚书令陈祗以巧佞有宠于汉主,姜维虽位在祗上,而多率众在外,希亲朝政,权任不及祗。秋,八月,丙子,祗卒;汉主以仆射义阳董厥为尚书令,尚书诸葛瞻为仆射。

冬,十一月,车骑将军孙壹为婢所杀[③]。

是岁,以王基为征南将军、都督荆州诸军事。

【注释】

①宁陵:县名,治今河南宁陵县东南。 ②顿丘:县名,治今河南浚县西。冠军:县名,治今河南邓州市西北。阳夏:县名,治今河南太康县。③“车骑”句:孙壹降魏,在甘露二年(257)。魏将从前皇帝曹芳的贵人邢氏嫁给他,邢氏忌妒心强,下人不堪忍受,遂共杀孙壹及邢氏。

元皇帝上[①]

景元元年 春,正月,朔,日有食之。

夏,四月,诏有司率遵前命,复进大将军昭位相国,封晋公,加九锡。

帝见威权日去，不胜其忿。五月，己丑，召侍中王沈、尚书王经、散骑常侍王业，谓曰："司马昭之心，路人所知也。吾不能坐受废辱，今日当与卿自出讨之。"王经曰："昔鲁昭公不忍季氏，败走失国，为天下笑[②]。今权在其门，为日久矣，朝廷四方皆为之致死，不顾逆顺之理，非一日也。且宿卫空阙，兵甲寡弱，陛下何所资用；而一旦如此，无乃欲除疾而更深之邪？祸殆不测，宜见重详。"帝乃出怀中黄素诏投地曰："行之决矣！正使死何惧，况不必死邪？"于是入白太后。沈、业奔走告昭，呼经欲与俱，经不从。帝遂拔剑升辇，率殿中宿卫苍头官僮鼓噪而出[③]。昭弟屯骑校尉伷遇帝于东止车门，左右呵之，伷众奔走。中护军贾充自外入，逆与帝战于南阙下，帝自用剑。众欲退，骑督成倅弟太子舍人济问充曰："事急矣，当云何？"充曰："司马公畜养汝等，正为今日。今日之事，无所问也？"济即抽戈前刺帝，殒于车下。昭闻之，大惊，自投于地。太傅孚奔往，枕帝股而哭甚哀，曰："杀陛下者，臣之罪也！"

昭入殿中，召群臣会议。尚书左仆射陈泰不至，昭使其舅尚书荀顗召之，泰曰："世之论者以泰方于舅，今舅不如泰也[④]。"子弟内外咸共逼之，乃入，见昭，悲恸，昭亦对之泣曰："玄伯[⑤]，卿何以处我？"泰曰："独有斩贾充，少可以谢天下耳。"昭久之曰："卿更思其次。"泰曰："泰言惟有进于此，不知其次。"昭乃不复更言。顗，彧之子也。

太后下令，罪状高贵乡公，废为庶人，葬以民礼。收王经及其家属付廷尉。经谢其母，母颜色不变，笑而应曰："人谁不死，正恐不得其所，以此并命，何恨之有！"及就诛，故吏向雄哭之，哀动一市。王沈以功封安平侯。庚寅，太傅孚等上言，请以王礼葬高贵乡公，太后许之。

使中护军司马炎迎燕王宇之子常道乡公璜于邺，以为明帝嗣。炎，昭之子也。

【注释】

①元皇帝：即曹奂（246—302），260—265 年在位。本名璜，字景明。沛国谯（今安徽亳州市）人，燕王曹宇之子。甘露三年（258），封安次县

常道乡公。五年，皇帝曹髦被杀，公卿迎立。以其名难避讳，改为“奂”。在位时，政事一决于司马昭。咸熙二年（265），昭子司马炎代魏称帝，奂被封为陈留王。晋太安元年（302）卒，谥号为元。 ②“昔鲁”三句：前六世纪后期，鲁国由季孙氏把持政权。前517年，鲁昭公讨伐季孙氏，兵败出奔，从此一直流亡在外，于前510年死在乾侯（今河北成安县境）。 ③苍头：奴仆。汉代时，仆隶用深青色头巾包头，故有此称。 ④“今舅”句：意为荀顗阿附司马氏，而自己（陈泰）忠于魏王室。 ⑤玄伯：陈泰的表字。

辛卯，群公奏太后自今令书皆称诏制。

癸卯，司马昭固让相国、晋公、九锡之命，太后诏许之。

戊申，昭上言：“成济兄弟大逆不道，夷其族。”

六月，癸丑，太后诏常道乡公更名奂。甲寅，常道乡公入洛阳，是日，即皇帝位，年十五，大赦，改元。

丙辰，诏进司马昭爵位九锡如前，昭固让，乃止。

癸亥，以尚书右仆射王观为司空。

吴都尉严密建议作浦里塘[1]，群臣皆以为难；唯卫将军陈留濮阳兴以为可成，遂会诸军民就作，功费不可胜数。士卒多死亡，民大愁怨。

会稽郡谣言王亮当还为天子，而亮宫人告亮使巫祷祠，有恶言，有司以闻。吴主黜亮为候官侯[2]，遣之国；亮自杀，卫送者皆伏罪。

冬，十月，阳乡肃侯王观卒。

十一月，诏尊燕王，待以殊礼。

十二月，甲午，以司隶校尉王祥为司空。

三国斗舰模型

尚书王沈为豫州刺史。初到，下教敕属城及士民曰："若有能陈长吏可否，说百姓所患者，给谷五百斛。若说刺史得失、朝政宽猛者，给谷千斛。"主簿陈廞、褚䂮入白曰[3]："教旨思闻苦言，示以劝赏。窃恐拘介之士或惮赏而不言，贪昧之人将慕利而妄举。苟不合宜，赏不虚行，则远听者未知当否之所在，徒见言之不用，因谓设而不行。愚以为告下之事，可少须后。"沈又教曰："夫兴益于上，受分于下，斯乃君子之操，何不言之有？"褚䂮复白曰："尧、舜、周公所以能致忠谏者，以其款诚之心著也。冰炭不言而冷热之质自明者，以其有实也。若好忠直，如冰炭之自然，则谔谔之言将不求而自至[4]。若德不足以配唐、虞，明不足以并周公，实不可以同冰炭，虽悬重赏，忠谏之言未可致也。"沈乃止。

【注释】

①浦里塘：塘名，在今安徽当涂县东南大官圩南部一带（一说即今江苏南京市溧水区南蒲塘港，误）。 ②候官：县名，即今福建福州市。 ③廞（xīn 新）：此处为人名用字。䂮（lüè 略）：此处为人名用字。 ④谔（è 扼）谔：直话直说。

二年 春，三月，襄阳太守胡烈表言："吴将邓由、李光等十八屯同谋归化，遣使送质任，欲令郡兵临江迎拔。"诏王基部分诸军径造沮水以迎之[1]。"若由等如期到者，便当因此震荡江表。"基驰驿遗司马昭书，说"由等可疑之状，且当清澄，未宜便举重兵深入应之"。又曰："夷陵东西皆险狭，竹木丛蔚，卒有要害，弩马不陈。今者筋角濡弱[2]，水潦方降，废盛农之务，要难必之利，此事之危者也。姜维之趣上邽，文钦之据寿春，皆深入求利，以取覆没，此近事之鉴戒也。嘉平已来，累有内难，当今之宜，当务镇安社稷，抚宁上下，力农务本，怀柔百姓，未宜动众以求外利也。"昭累得基书，意狐疑，敕诸军已上道者，且权停住所在，须候节度。基复遗昭书曰："昔汉祖纳郦生之说，欲封六国，寤张良之谋而趣销印[3]。基谋虑浅短，诚不及留侯，亦惧襄阳有食其之谬。"昭于是罢兵，报基书曰："凡处事者多曲相从顺，鲜能确然共尽理实，诚感忠爱，每见规示，辄依来旨，已罢军严。"既而由等果不降。烈，奋之弟也。

秋，八月，甲寅④，复命司马昭进爵位如前，不受。

冬，十月，汉主以董厥为辅国大将军，诸葛瞻为都护、卫将军，共平尚书事，以侍中樊建为尚书令。时中常侍黄皓用事，厥、瞻皆不能矫正，士大夫多附之，唯建不与皓往来。秘书令郤正久在内职⑤，与皓比屋，周旋三十余年，澹然自守，以书自娱，既不为皓所爱，亦不为皓所憎，故官不过六百石，而亦不罹其祸。汉主弟甘陵王永憎皓，皓谮之，使十年不得朝见。

吴主使五官中郎将薛珝聘于汉，及还，吴主问汉政得失，对曰："主暗而不知其过，臣下容身以求免罪，入其朝不闻直言，经其野民皆菜色。臣闻燕雀处堂，子母相乐，以为至安也，突决栋焚，而燕雀怡然不知祸之将及，其是之谓乎！"珝，综之子也。

是岁，鲜卑索头部大人拓跋力微始遣其子沙漠汗入贡，因留为质。力微之先，世居北荒，不交南夏。至可汗毛⑥，始强大，统国三十六，大姓九十九；后五世至可汗推寅，南迁大泽；又七世至可汗邻，使其兄弟七人及族人乙旃氏、车焜氏分统部众为十族，邻老，以位授其子诘汾，使南迁，遂居匈奴故地。诘汾卒，力微立，复徙居定襄之盛乐⑦，部众浸盛，诸部皆畏服之。

【注释】

①沮水：河流名，即今湖北境内沮漳河西源沮水。 ②筋角：本指竹片兽角，因二者是制造弓箭的基本材料，因之以其代指弓箭。 ③"昔汉祖"二句：郦生，指郦食其（lìyìjī 利诣基）。其事详见本书卷第十汉高帝三年（前 204）。 ④甲寅：八月丙子朔，无甲寅。 ⑤郤（xì 系）：姓氏。⑥可汗：我国古代鲜卑、柔然、突厥、回纥、蒙古等族的最高统治者的称号。 ⑦盛乐：城名，即今内蒙古和林格尔县西北土城子。

资治通鉴卷第七十八

魏纪十　起玄黓敦牂，尽阏逢涒滩，凡三年。

元皇帝下

景元三年　秋，八月，乙酉，吴主立皇后朱氏，朱公主之女也。戊子，立子𩅦为太子①。

汉大将军姜维将出军，右车骑将军廖化曰："兵不戢，必自焚，伯约之谓也②。智不出敌而力小于寇，用之无厌，将何以存？"冬，十月，维入寇洮阳③，邓艾与战于侯和，破之，维退住沓中④。初，维以羁旅依汉，身受重任，兴兵累年，功绩不立。黄皓用事于中，与右大将军阎宇亲善，阴欲废维树宇。维知之，言于汉主曰："皓奸巧专恣，将败国家，请杀之！"汉主曰："皓趋走小臣耳，往董允每切齿⑤，吾常恨之，君何足介意？"维见皓枝附叶连，惧于失言，逊辞而出。汉主敕皓诣维陈谢。维由是自疑惧，返自洮阳，因求种麦沓中，不敢归成都。

吴主以濮阳兴为丞相，廷尉丁密、光禄勋孟宗为左右御史大夫。初，兴为会稽太守，吴主在会稽，兴遇之厚；左将军张布尝为会稽王左右督将，故吴主即位，二人皆贵宠用事；布典宫省，兴关军国，以佞巧更相表里，吴人失望。

吴主喜读书，欲与博士祭酒韦昭、博士盛冲讲论，张布以昭、冲切直，恐其入侍，言己阴过，固谏止之。吴主曰："孤之涉学，群书略遍，但欲与昭等讲习旧闻，亦何所损？君特当恐昭等道臣下奸慝⑥，故不欲令入耳。如此之事，孤已自备之，不须昭等然后乃解也。”布皇恐陈谢，且言惧妨政事，吴主曰：“王务、学业，其流各异，不相妨也，此无所为非，而君以为不宜，是以孤有所及耳。不图君今日在事更行此于孤也，良甚不取！”布拜表叩头。吴主曰：“聊相开悟耳，何至叩头乎？如君之忠诚，远近所知，吾今日之巍巍，皆君之功也。诗云：‘靡不有初，鲜克有终。’终之实难，君其终之。”然吴主恐布疑惧，卒如布意，废其讲业，不复使昭等入。

【注释】

①“立子”句：𩅦，本无其字，孙休为四个儿子命名，特造古怪字，《三国志·吴书·三嗣主传》注引《吴录》，载孙休诏令说：“𩅦音如湖水湾澳之湾。” ②伯约：姜维的表字。 ③洮阳：地名，在今甘肃临潭县。④沓中：地名，在今甘肃舟曲县以西、岷县西南一带。 ⑤“皓趋”二句：董允切齿憎恨黄皓之事，见本书卷第七十四魏邵陵厉公正始六年(245)。 ⑥奸慝(tè 特)：奸诈、邪恶。

谯郡嵇康，文辞壮丽，好言老、庄而尚奇任侠，与陈留阮籍、籍兄子咸、河内山涛、河南向秀、琅邪王戎、沛国刘伶特相友善，号竹林七贤。皆崇尚虚无，轻蔑礼法，纵酒昏酣，遗落世事。

嵇康像

阮籍为步兵校尉，其母卒，籍方与人围棋，对者求止，籍留与决赌。既而饮酒二斗，举声一号，吐血数升，毁瘠骨立①。居丧，饮酒无异平日。司隶校尉何曾恶之，面质籍于司马昭座曰：“卿，纵情、背礼、败俗之人，今忠贤执政，综核名实，若卿之曹，不可长也！”因谓昭曰：“公方以孝治天下，而听阮籍以重哀饮酒食肉于公座，何以训人？宜摈之四裔，无令污染华夏。”昭爱籍才，常拥护之。曾，夔之子也[2]。

阮咸素幸姑婢；姑将婢去，咸方对客，遽借客马追之，累骑而还。

刘伶嗜酒，常乘鹿车[3]，携一壶酒，使人荷锸随之，曰：“死便埋我。”当时士大夫皆以为贤，争慕效之，谓之放达。

钟会方有宠于司马昭，闻嵇康名而造之，康箕踞而锻[4]，不为之礼。会将去，康曰：“何所闻而来，何所见而去？”会曰：“闻所闻而来，见所见而去！”遂深衔之。

山涛为吏部郎，举康自代；康与涛书，自说不堪流俗，而非薄汤、武。昭闻而怒之[5]。康与东平吕安亲善，安兄巽诬安不孝，康为证其不然。会因谮“康尝欲助毌丘俭，且安、康有盛名于世，而言论放荡，害时乱教，宜因此除之”。昭遂杀安及康。康尝诣隐者汲郡孙登，登曰：“子才多识寡，难乎免于今之世矣！”

山涛像

司马昭患姜维数为寇，官骑路遗求为刺客入蜀，从事中郎荀勖曰：“明公为天下宰，宜杖正义以伐违贰，而以刺客除贼，非所以刑于四海也。”昭善之。勖，爽之曾孙也[6]。

昭欲大举伐汉，朝臣多以为不可，独司隶校尉钟会劝之。昭谕众曰：“自定寿春以来，息役六年，治兵缮甲以拟二虏。今吴地广大而下湿，攻之用功差难，不如先定巴蜀，三年之后，因顺流之势，水陆并进，此灭虢取虞之势也⑦。计蜀战士九万，居守成都及备他境不下四万，然则余众不过五万。今绊姜维于沓中，使不得东顾，直指骆谷，出其空虚之地以袭汉中，以刘禅之暗，而边城外破，士女内震，其亡可知也。”乃以钟会为镇西将军，都督关中。征西将军邓艾以为蜀未有衅，屡陈异议；昭使主簿师纂为艾司马以谕之，艾乃奉命。

姜维表汉主：“闻钟会治兵关中，欲规进取，宜并遣左右车骑张翼、廖化，督诸军分护阳安关口及阴平之桥头⑧，以防未然。”黄皓信巫鬼，谓敌终不自致，启汉主寝其事，群臣莫知。

【注释】

①骨立：比喻人的身体极为消瘦，没有肌肉只有骨头支撑着身躯。②何夔：三国时魏官吏。字叔龙，陈郡阳夏（今河南太康县）人。东汉末，避乱淮南，后归本郡。曹操辟为司空掾属。出为城父令、长广太守、乐安太守。入为丞相东曹掾。魏国初建，任尚书仆射，后又为太子少傅。文帝践祚，封成阳亭侯。　③鹿车：用人力推挽的小车。以其狭小，仅容一鹿，故称鹿车。　④箕踞：古时无椅凳，坐于席上，坐则跪，行则膝前，足皆向后，这是恭敬的姿势。如伸出两足，则手据膝，像簸箕的样子。箕踞是傲慢不敬的姿势。　⑤“昭闻”句：商汤、周武王改朝换代，是司马昭即将仿效的政治行为，故司马昭得知嵇康非议汤、武而憎恨他。⑥荀爽：东汉末大臣。一名谞，字慈明，颍川颍阴（今河南许昌市）人。幼好学，年十二即通《论语》《春秋》。不应征命，达十余年。董卓专权时，复征爽，拜平原相，行至苑陵时追拜光禄勋，任职三天又策拜司空。自布衣升为三公，仅九十五日。与王允等共谋杀死董卓，恰在这时病卒。著有《礼易诗传》等百余篇。　⑦“此灭”句：春秋时，晋献公向虞国借道攻灭虢国，回军途中，乘机灭掉虞国。司马昭借用这个典故，表明自己要在灭蜀汉之后乘胜灭掉吴国的意愿。　⑧阳安关口：地名，即阳平关，即今陕西勉县（菜园子）西老沔县。桥头：地名，在今甘肃文县东南白龙江畔。

四年　春，二月，复命司马昭进爵位如前；又辞不受。

吴交趾太守孙谞贪暴，为百姓所患；会吴主遣察战邓荀至交趾①，荀擅调孔爵三十头送建业，民惮远役，因谋作乱。夏，五月，郡吏吕兴等杀谞及荀,遣使来请太守及兵,九真、日南皆应之。

诏诸军大举伐汉,遣征西将军邓艾督三万余人自狄道趣甘松,沓中[2],以连缀姜维;雍州刺史诸葛绪督三万余人自祁山趣武街桥头[3],绝维归路。钟会统十余万众分从斜谷、骆谷、子午谷趣汉中[4]。以廷尉卫瓘持节监艾、会军事,行镇西军司。瓘,觊之子也。

会过幽州刺史王雄之孙戎,问:"计将安出?"戎曰:"道家有言,'为而不恃'。非成功难,保之难也。"或以问参相国军事平原刘寔曰:"钟、邓其平蜀乎?"寔曰:"破蜀必矣,而皆不还。"客问其故,寔笑而不答。

秋,八月,军发洛阳,大赉将士[5],陈师誓众。将军邓敦谓蜀未可讨,司马昭斩以徇。

汉人闻魏兵且至,乃遣廖化将兵诣沓中为姜维继援,张翼、董厥等诣阳安关口为诸围外助。大赦,改元炎兴。敕诸围皆不得战,退保汉、乐二城,城中各有兵五千人。翼、厥北至阴平,闻诸葛绪将向建威[6],留住月余待之。钟会率诸军平行至汉中。九月,钟会使前将军李辅统万人围王含于乐城,护军荀恺围蒋斌于汉城。会径过西趣阳安口,遣人祭诸葛亮墓。

初,汉武兴督蒋舒在事无称,汉朝令人代之,使助将军傅佥守关口,舒由是恨。钟会使护军胡烈为前锋,攻关口。舒诡谓佥曰:"今贼至不击而闭城自守,非良图也。"佥曰:"受命保城,惟全为功;今违命出战,若丧师负国,死无益矣。"舒曰:"子以保城获全为功,我以出战克敌为功,请各行其志。"遂率其众出;佥谓其战也,不设备。舒率其众迎降胡烈,烈乘虚袭城,佥格斗而死。佥,肜之子也。钟会闻关口已下,长驱而前,大得库藏积谷。

邓艾遣天水太守王颀直攻姜维营,陇西太守牵弘邀其前,金城太守杨欣趣甘松。维闻钟会诸军已入汉中,引兵还,欣等追蹑于强川口[7],大战,维败走。闻诸葛绪已塞道屯桥头,乃从孔函谷入北道[8],欲出绪后;绪闻之,却还三十里。维入北道三十余里,闻绪军却,寻还,从桥头过,绪趣截维,较一日不及。维遂还至阴平,合集士众,欲赴关城;闻其已破,退趣白水,遇廖化、张翼、董厥等,合兵守剑阁以拒会。

安国元侯高柔卒。

【注释】

①察战:职官名,职责为监视吏民。 ②甘松:地名,在今四川松潘县。③武街:城名,在今甘肃成县西北。 ④斜谷:道路名,在今陕西眉县西南,即褒斜道北段。骆谷:道路名,自今陕西周至县西南,循骆谷水、傥水河谷,至今洋县,为秦岭南北交通要道。子午谷:道路名,自今陕西西安市长安区子午镇南穿秦岭,通往今安康市境。 ⑤赉(lài 赖):赏赐。 ⑥建威:城名,在今甘肃西和北。 ⑦强川口:地名,在今甘肃南部西倾山南。 ⑧孔函谷:地名,在今甘肃舟曲县东南一带。

冬,十月,汉人告急于吴。甲申[①],吴主使大将军丁奉督诸军向寿春;将军留平就施绩于南郡,议兵所向;将军丁封、孙异如沔中以救汉。

诏以征蜀诸将献捷交至,复命大将军昭进位,爵赐一如前诏,昭乃受命。

昭辟任城魏舒为相国参军。初,舒少时迟钝,不为乡亲所重,从叔父吏部郎衡,有名当世,亦不知之,使守水碓,每叹曰:"舒堪数百户长,我愿毕矣!"舒亦不以介意,不为皎厉之事[②]。唯太原王乂谓舒曰:"卿终当为台辅。"常振其匮乏,舒受而不辞。年四十余,郡举上计掾,察孝廉。宗党以舒无学业,劝令不就,可以为高。舒曰:"若试而不中,其负在我,安可虚窃不就之高以为己荣乎?"于是自课,百日习一经,因而对策升第,累迁后将军钟毓长史。毓每与参佐射,舒常为画筹而已;后遇朋人不足,以舒满数,舒容范闲雅,发无不中;举坐愕然,莫有敌者。毓叹而谢曰:"吾之不足以尽卿才,有如此射矣,岂一事哉?"及为相国参军,府朝碎务,未尝见是非;至于废兴大事,众人莫能断者,舒徐为筹之,多出众议之表。昭深器重之。

癸卯,立皇后卞氏,昭烈将军秉之孙也。

邓艾进至阴平,简选精锐,欲与诸葛绪自江油趣成都[③]。绪以本受节度邀姜维,西行非本诏,遂引军向白水[④],与钟会合。会欲专军势，密白绪畏懦不进，槛车征还，军悉属会。

姜维列营守险，会攻之不能克，粮道险远，军食乏，欲引还。邓艾上言："贼已摧折，宜遂乘之，若从阴平由邪径经汉德阳亭趣涪[5]，出剑阁西百里，去成都三百余里，奇兵冲其腹心，出其不意，剑阁之守必还赴涪，则会方轨而进，剑阁之军不还，则应涪之兵寡矣。"遂自阴平行无人之地七百余里，凿山通道，造作桥阁。山谷高深，至为艰险，又粮运将匮，濒于危殆，艾以毡自裹，推转而下。将士皆攀木缘崖，鱼贯而进。先登至江油，蜀守将马邈降。诸葛瞻督诸军拒艾，至涪，停住不进。尚书郎黄崇，权之子也，屡劝瞻宜速行据险，无令敌得入平地，瞻犹豫未纳；崇再三言之，至于流涕，瞻不能从。艾遂长驱而前，击破瞻前锋，瞻退住绵竹[6]。艾以书诱瞻曰："若降者，必表为琅邪王。"瞻怒，斩艾使，列陈以待艾。艾遣子惠唐亭侯忠出其右，司马师纂等出其左。忠、纂战不利，并引还，曰："贼未可击！"艾怒曰："存亡之分，在此一举，何不可之有？"叱忠、纂等，将斩之。忠、纂驰还更战，大破，斩瞻及黄崇。瞻子尚叹曰："父子荷国重恩，不早斩黄皓，使败国殄民，用生何为？"策马冒陈而死。

【注释】

①甲申：十月癸巳朔，无甲申。　②皎厉：矜持自高。皎，白而亮，在"皎厉"一词中指以惊世骇俗的行为"暴白于世"。　③江油：地名，在今四川平武县东南。　④白水：地名，此处指白水关，在今陕西宁强县西南。　⑤德阳亭：地名，在今四川江油市东北马角坝。涪：县名，治今四川绵阳市东。　⑥绵竹：县名，治今四川德阳市北。

汉人不意魏兵卒至，不为城守调度；闻艾已入平土，百姓扰扰，皆迸山泽，不可禁制。汉主使群臣会议，或以蜀之与吴，本为与国，宜可奔吴；或以为南中七郡[1]，阻险斗绝，易以自守，宜可奔南。光禄大夫谯周以为："自古以来，无寄他国为天子者，若入吴国，亦当臣服。且治政不殊，则大能吞小，此数之自然也。由此言之，则魏能并吴，吴不能并魏明矣。等为称臣，为小孰与为大，再辱之耻何与一辱[2]？且若欲奔南，则当早为之计，然后可果；今大敌已近，祸败将及，群小之心，无一可保，恐发足之日，其变不测，何至南之有乎？”或曰：“今艾已不远，恐不受降，如之何？”周曰：“方今东吴未宾，事势不得不受，受之不得不礼。若陛下降魏，魏不裂土以封陛下者，周请身诣京都[3]，以古义争之。”众人皆从周议。汉主犹欲入南，狐疑未决。周上疏曰：“南方远夷之地，平常无所供为，犹数反叛，自丞相亮以兵威逼之，穷乃率从。今若至南，外当拒敌，内供服御，费用张广，他无所取，耗损诸夷，其叛必矣！”汉主乃遣侍中张绍等奉玺绶以降于艾。北地王谌怒曰：“若理穷力屈，祸败将及，便当父子君臣背城一战，同死社稷，以见先帝可也，奈何降乎！”汉主不听。是日，谌哭于昭烈之庙，先杀妻子而后自杀。

张绍等见邓艾于雒[4]，艾大喜，报书褒纳。汉主遣太仆蒋显别敕姜维使降钟会，又遣尚书郎李虎送士民簿于艾，户二十八万，口九十四万，甲士十万二千，吏四万人。艾至成都城北，汉主率太子诸王及群臣六十余人，面缚舆榇诣军门。艾持节解缚焚榇，延请相见；检御将士，无得虏略，绥纳降附，使复旧业；辄依邓禹故事，承制拜汉王禅行骠骑将军[5]，太子奉车、诸王驸马都尉，汉群司各随高下拜为王官，或领艾官属；以师纂领益州刺史，陇西太守牵弘等领蜀中诸郡。艾闻黄皓奸险，收闭，将杀之，皓赂艾左右，卒以得免。

姜维等闻诸葛瞻败，未知汉主所向，乃引军东入于巴[6]。钟会进军至涪，遣胡烈等追维。维至郪[7]，得汉主敕命，乃令兵悉放仗，送节传于胡烈，自从东道与廖化、张翼、董厥等同诣会降。将士咸怒，拔刀斫石。于是诸郡县围守皆被汉主敕罢兵降。钟会厚待姜维等，皆权还其印绶节盖。

【注释】

①南中七郡：南中，地域名，相当今四川南部及云南、贵州地区。七郡，指越巂、朱提、牂柯、云南、兴古、建宁、永昌等七郡。 ②“再辱”句：再辱，指投奔吴国称臣第一次受辱，吴亡后又称臣于魏，会第二次受辱。全句意谓两次受辱不如直接降魏而仅一次受辱。 ③京都：指魏国都城洛阳。 ④雒（luò 洛）：县名，治今四川广汉市北。 ⑤“辄依”二句：东汉初，河西割据者隗嚣归附，大司徒邓禹承制拜嚣为西州大将军，见本书

卷第四十汉光武帝建武元年（25）。 ⑥巴：地名，指巴中，在今四川阆中市。 ⑦郪（qī 妻）：县名，治今四川中江县东南。

吴人闻蜀已亡，乃罢丁奉等兵。吴中书丞吴郡华核诣宫门上表曰："伏闻成都不守，臣主播越，社稷倾覆，失委附之土，弃贡献之国。臣以草芥，窃怀不宁，陛下圣仁，恩泽远抚，卒闻如此，必垂哀悼。臣不胜忡怅之情，谨拜表以闻！"

魏之伐蜀也，吴人或谓襄阳张悌曰："司马氏得政以来，大难屡作，百姓未服，今又劳力远征，败于不暇，何以能克！"悌曰："不然。曹操虽功盖中夏，民畏其威而不怀其德也。丕、睿承之，刑繁役重，东西驱驰，无有宁岁。司马懿父子累有大功，除其烦苛而布其平惠，为之谋主而救其疾苦，民心归之亦已久矣。故淮南三叛[①]，而腹心不扰；曹髦之死，四方不动。任贤使能，各尽其心，其本根固矣，奸计立矣。今蜀阉宦专朝，国无政令，而玩戎黩武，民劳卒敝，竞于外利，不修守备。彼强弱不同，智算亦胜，因危而伐，殆无不克。噫！彼之得志，我之忧也。"吴人笑其言，至是乃服。

吴人以武陵五溪夷与蜀接界[②]，蜀亡，惧其叛乱，乃以越骑校尉钟离牧领武陵太守。魏已遣汉葭县长郭纯试守武陵太守，率涪陵民入迁陵界[③]，屯于赤沙[④]，诱动诸夷进攻酉阳[⑤]，郡中震惧。牧问朝吏曰："西蜀倾覆，边境见侵，何以御之？"皆对曰："今二县山险，诸夷阻兵，不可以军惊扰，惊扰则诸夷盘结；宜以渐安，可遣恩信吏宣教慰劳。"牧曰："外境内侵，诳诱人民，当及其根柢未深而扑取之，此救火贵速之势也。"敕外趣严。抚夷将军高尚谓牧曰："昔潘太常督兵五万，然后讨五溪夷[⑥]。是时刘氏连和，诸夷率化。今既无往日之援，而郭纯已据迁陵，而明府欲以三千兵深入[⑦]，尚未见其利也。"牧曰："非常之事，何得循旧？"即帅所领，晨夜进道，缘山险行垂二千里，斩恶民怀异心者魁帅百余人，及其支党凡千余级。纯等散走，五溪皆平。

【注释】

①淮南三叛：指魏邵陵厉公嘉平元年（249）王凌的反叛、高贵乡公正元元年（254）毌丘俭的反叛、甘露二年（257）诸葛诞的反叛。 ②五

溪:地名,一说即辰溪、酉溪、巫溪、武溪、沅溪,一说即雄溪、樠溪、沅溪、酉溪、辰溪。在今湖南、贵州二省交界处。 ③迁陵:县名,治今湖南保靖县东北。 ④赤沙:地名,在今湖南保靖县东北。 ⑤酉阳:县名,治今湖南永顺县东南。 ⑥"昔潘"二句:潘太常,即潘濬。潘濬讨伐五溪夷,见本书卷第七十二魏明帝太和五年(231)。 ⑦明府:汉魏以来对太守牧尹,都敬称为府君,或明府君,省称明府。郡所居称府,明为贤明之意。

十二月,庚戌,以司徒郑冲为太保。

壬子,分益州为梁州。

癸丑,特赦益州士民,复除租税之半五年。

乙卯,以邓艾为太尉,增邑二万户;钟会为司徒,增邑万户。

皇太后郭氏殂。

邓艾在成都,颇自矜伐,谓蜀士大夫:"诸君赖遭艾,故得有今日耳,如遇吴汉之徒,已殄灭矣[1]。"艾以书言于晋公昭曰:"兵有先声而后实者,今因平蜀之势以乘吴,吴人震恐,席卷之时也。然大举之后,将士疲劳,不可便用,且徐缓之。留陇右兵二万人、蜀兵二万人,煮盐兴冶,为军农要用。并作舟船,豫为顺流之事。然后发使告以利害,吴必归化,可不征而定也。今宜厚刘禅以致孙休,封禅为扶风王,锡其资财,供其左右。郡有董卓坞[2],为之宫舍,爵其子为公侯,食郡内县,以显归命之宠;开广陵、城阳以待吴人,则畏威怀德,望风而从矣!"昭使监军卫瓘喻艾:"事当须报,不宜辄行。"艾重言曰:"衔命征行,奉指授之策,元恶既服,至于承制拜假,以安初附,谓合权宜。今蜀举众归命,地尽南海,东接吴、会,宜早镇定。若待国命,往复道途,延引日月。《春秋》之义,'大夫出疆,有可以安社稷、利国家,专之可也[3]'。今吴未宾,势与蜀连,不可拘常,以失事机。《兵法》:'进不求名,退不避罪。'艾虽无古人之节,终不自嫌以损国家计也!"

钟会内有异志,姜维知之,欲构成扰乱,乃说会曰:"闻君自淮南已来[4],算无遗策,晋道克昌,皆君之力。今复定蜀,威德振世,民高其功,主畏其谋,欲以此安归乎?何不法陶朱公泛舟绝迹[5],

全功保身邪?”会曰:“君言远矣,我不能行。且为今之道,或未尽于此也。”维曰:“其他则君智力之所能,无烦于老夫矣。”由是情好欢甚,出则同辇,坐则同席。会因邓艾承制专事,乃与卫瓘密白艾有反状。会善效人书,于剑阁要艾章表、白事,皆易其言,令辞指悖傲,多自矜伐;又毁晋公昭报书,手作以疑之。

【注释】

①“如遇”二句:吴汉屠灭成都之事,见本书卷第四十二汉光武帝建武十二年(36)。 ②董卓坞:坞堡名,东汉末董卓主持修筑,在今陕西眉县东北渭河北岸。 ③“大夫”三句:这是《春秋公羊传》中阐发的思想。 ④“闻君”句:淮南,指平定诸葛诞之事。 ⑤陶朱公:即春秋末越国大夫范蠡。前五世纪后期,范蠡辅佐越王勾践灭吴。后因勾践只能共患难,不能共安乐,遂弃官远走他乡,定居陶县(今山东菏泽市定陶区),号称陶朱公,经营商业,资财千万。

咸熙元年 春,正月,壬辰[①],诏以槛车征邓艾。晋公昭恐艾不从命,敕钟会进军成都,又遣贾充将兵入斜谷。昭自将大军从帝幸长安,以诸王公皆在邺,乃以山涛为行军司马,镇邺。

初,钟会以才能见任,昭夫人王氏言于昭曰:“会见利忘义,好为事端,宠过必乱,不可大任。”及会将伐汉,西曹属邵悌言于晋公曰:“今遣钟会率十万余众伐蜀,愚谓会单身无任[②],不若使余人行也。”晋公笑曰:“我宁不知此邪?蜀数为边寇,师老民疲,我今伐之,如指掌耳,而众言蜀不可伐。夫人心豫怯则智勇并竭,智勇并竭而强使之,适所以为敌禽耳。惟钟会与人意同,今遣会伐蜀,蜀必可灭。灭蜀之后,就如卿虑,何忧其不能办邪[③]?夫蜀已破亡,遗民震恐,不足与共图事;中国将士各自思归,不肯与同也。会若作恶,只自灭族耳。卿不须忧此,慎勿使人闻也!”及晋公将之长安,悌复曰:“钟会所统兵,五六倍于邓艾,但可敕会取艾,不须自行。”晋公曰:“卿忘前言邪,而云不须行乎?虽然,所言不可宣也。我要自当以信意待人,但人不当负我耳,我岂可先人生心哉!近日贾护军问我[④]:‘颇疑钟会不?’我答言:‘如今遣卿行,宁可复疑卿邪?’贾亦无以易我语也。我到长安,则自了矣。”

钟会遣卫瓘先至成都收邓艾，会以瓘兵少，欲令艾杀瓘，因以为艾罪。瓘知其意，然不可得距，乃夜至成都，檄艾所统诸将，称："奉诏收艾，其余一无所问；若来赴官军，爵赏如先；敢有不出，诛及三族！"比至鸡鸣⑤，悉来赴瓘，唯艾帐内在焉。平旦，开门，瓘乘使者车，径入至艾所；艾尚卧未起，遂执艾父子，置艾于槛车。诸将图欲劫艾，整仗趣瓘营；瓘轻出迎之，伪作表草，将申明艾事，诸将信之而止。

丙子，会至成都，送艾赴京师。会所惮惟艾，艾父子既禽，会独统大众，威震西土，遂决意谋反。会欲使姜维将五万人出斜谷为前驱，会自将大众随其后，既至长安，令骑士从陆道、步兵从水道，顺流浮渭入河，以为五日可到孟津⑥，与骑兵会洛阳，一旦天下可定也。会得晋公书云："恐邓艾或不就征，今遣中护军贾充将步骑万人径入斜谷，屯乐城，吾自将十万屯长安，相见在近。"会得书惊，呼所亲语之曰："但取邓艾，相国知我独办之；今来大重，必觉我异矣，便当速发。事成，可得天下；不成，退保蜀、汉，不失作刘备也！"丁丑，会悉请护军、郡守、牙门骑督以上及蜀之故官，为太后发哀于蜀朝堂，矫太后遗诏，使会起兵废司马昭，皆班示坐上人，使下议讫，书版署置，更使所亲信代领诸军；所请群官，悉闭著益州诸曹屋中，城门宫门皆闭，严兵围守。卫瓘诈称疾笃，出就外廨。会信之，无所复惮。

【注释】

①"壬辰"：正月壬戌朔，无壬辰。 ②"愚谓"句：按魏国惯例，遣将出征，都留下家属做人质，钟会单身一人无子弟，故称"单身无任"。③"就如"二句：意为即使像邵悌所说钟会作乱，也足以应付。 ④贾护军：即贾充，贾充当时为中护军。 ⑤鸡鸣：时段名。在夜半之后，昧旦（天将亮）之前。 ⑥孟津：地名，在今河南洛阳市孟津区东北。

姜维欲使会尽杀北来诸将，己因杀会，尽坑魏兵，复立汉主，密书与刘禅曰："愿陛下忍数日之辱，臣欲使社稷危而复安，日月幽而复明。"会欲从维言诛诸将，犹豫未决。

会帐下督丘建本属胡烈，会爱信之。建愍烈独坐，启会，使听

三国蜀持簸箕陶俑

内一亲兵出取饮食，诸牙门随例各内一人。烈绐语亲兵及疏与子渊曰："丘建密说消息，会已作大坑，白棓数千[1]，欲悉呼外兵入，人赐白帢[2]，拜散将，以次棓杀，内坑中。"诸牙门亲兵亦咸说此语，一夜，转相告，皆遍。己卯，日中，胡渊率其父兵雷鼓出门，诸军不期皆鼓噪而出，曾无督促之者，而争先赴城。时会方给姜维铠仗，白外有匈匈声，似失火者，有顷，白兵走向城。会惊，谓维曰："兵来似欲作恶，当云何?"维曰："但当击之耳!"会遣兵悉杀所闭诸牙门郡守，内人共举机以拄门，兵斫门，不能破。斯须，城外倚梯登城，或烧城屋，蚁附乱进，矢下如雨，牙门郡守各缘屋出，与其军士相得。姜维率会左右战，手杀五六人，众格斩维，争前杀会。会将士死者数百人，杀汉太子璿及姜维妻子，军众钞略，死丧狼籍。卫瓘部分诸将，数日乃定。

邓艾本营将士追出艾于槛车，迎还。卫瓘自以与会共陷艾，恐其为变，乃遣护军田续等将兵袭艾，遇于绵竹西，斩艾父子。艾之入江油也，田续不进，艾欲斩续，既而舍之，及瓘遣续，谓曰："可以报江油之辱矣。"镇西长史杜预言于众曰："伯玉其不免乎[3]！身为名士，位望已高，既无德音，又不御下以正，将何以堪其责乎!"瓘闻之，不候驾而谢预。预，恕之子也。邓艾余子在洛阳者悉伏诛，徙其妻及孙于西城。

钟会兄毓尝密言于晋公曰："会挟术难保，不可专任。"及会反，毓已卒，晋公思钟繇之勋与毓之贤，特原毓子峻、辿，官爵如故。会功曹向雄收葬会尸，晋公召而责之曰："往者王经之死，卿哭于东市而我不问[4]，钟会躬为叛逆，又辄收葬，若复相容，当如王法何？"雄曰："昔先王掩骼埋胔[5]，仁流朽骨，当时岂先卜其功罪而后收葬哉！今王诛既加，于法已备，雄感义收葬，教亦无阙。法立于上，教弘于下，以此训物，不亦可乎！何必使雄背死违生，以立于世！明公雠对枯骨，捐之中野，岂仁贤之度哉？"晋公悦，与宴谈而遣之。

【注释】

①棓（bàng 磅）：同"棒"。 ②帢（qià 洽）：便帽。 ③伯玉：卫瓘的表字。 ④"往昔"二句：向雄哭王经之事，见本书卷第七十七魏元帝景元元年（260）。 ⑤"昔先王"句："掩骼埋胔"，语出《礼记·月令》。骼（gé 格）：枯骨。胔（zì 自）：腐烂的肉。

二月，丙辰，车驾还洛阳。

庚申，葬明元皇后。

初，刘禅使巴东太守襄阳罗宪将兵二千人守永安[1]，闻成都败，吏民惊扰，宪斩称成都乱者一人，百姓乃定。及得禅手敕，乃帅所统临于都亭三日[2]。吴闻蜀败，起兵西上，外托救援，内欲袭宪。宪曰："本朝倾覆，吴为唇齿，不恤我难而背盟徼利，不义甚矣。且汉已亡，吴何得久，我宁能为吴降虏乎？"保城缮甲，告誓将士，厉以节义，莫不愤激。吴人闻钟、邓败，百城无主，有兼蜀之志，而巴东固守，兵不得过，乃使抚军步协率众而西。宪力弱不能御，遣参军杨宗突围北出，告急于安东将军陈骞，又送文武印绶、任子诣晋公。协攻永安，宪与战，大破之。吴主怒，复遣镇军陆抗等帅众三万人增宪之围。

三月，丁丑，以司空王祥为太尉，征北将军何曾为司徒，左仆射荀顗为司空。

己卯，进晋公爵为王，增封十郡。王祥、何曾、荀顗共诣晋王，顗谓祥曰："相王尊重，何侯与一朝之臣皆已尽敬[3]，今日便当相率而拜，无所疑也。"祥曰："相国虽尊，要是魏之宰相，吾等魏之三公；王、公相去一阶而已，安有天子三公可辄拜人者？损魏朝之望，亏晋王之德，君子爱人以礼，我不为也。”及入，颛遂拜，而祥独长揖。王谓祥曰：“今日然后知君见顾之重也！”

刘禅举家东迁洛阳，时扰攘仓猝，禅之大臣无从行者，惟秘书令郤正及殿中督汝南张通舍妻子单身随禅，禅赖正相导宜适，举动无阙，乃慨然叹息，恨知正之晚。

初，汉建宁太守霍弋都督南中，闻魏兵至，欲赴成都，刘禅以备敌既定，不听。成都不守，弋素服大临三日。诸将咸劝弋宜速降，弋曰：“今道路隔塞，未详主之安危，去就大故，不可苟也。若魏以礼遇主上，则保境而降不晚也。若万一危辱，吾将以死拒之，何论迟速邪？”得禅东迁之问，始率六郡将守上表曰[4]：“臣闻人生在三[5]，事之如一，惟难所在，则致其命。今臣国败主附，守死无所，是以委质，不敢有贰。”晋王善之，拜南中都尉，委以本任。

丁亥，封刘禅为安乐公，子孙及群臣封侯者五十余人。晋王与禅宴，为之作故蜀技，旁人皆为之感怆，而禅喜笑自若。王谓贾充曰：“人之无情，乃至于此；虽使诸葛亮在，不能辅之久全，况姜维邪？”他日，王问禅曰：“颇思蜀否？”禅曰：“此间乐，不思蜀也。”郤正闻之，谓禅曰：“若王后问，宜泣而答曰：‘先人坟墓，远在岷、蜀，乃心西悲，无日不思。’因闭其目。”会王复问，禅对如前，王曰：“何乃似郤正语邪？”禅惊视曰：“诚如尊命。”左右皆笑。

【注释】

①永安：县名，治今重庆奉节县东白帝城。 ②都亭：驿站。按秦汉制度，十里设一亭。郡县治所则设置都亭。曹魏制度当与之相近。③何侯：对何曾的敬称。何曾当时为朗陵侯。 ④六郡：南中地区本有七郡。此处称六郡，大约越嶲已在此前降魏。 ⑤“臣闻”句：人生在三，指父亲、母亲、君主。古人认为，人无父母不能出生，无君主不能生存。

夏，四月，新附督王稚浮海入吴句章[1]，略其长吏及男女二百余口而还。

五月，庚申，晋王奏复五等爵[2]，封骑督以上六百余人。

甲戌，改元。

癸未，追命舞阳文宣侯懿为晋宣王，忠武侯师为景王。

罗宪被攻凡六月，救援不到，城中疾病太半。或说宪弃城走，宪曰："吾为城主，百姓所仰；危不能安，急而弃之，君子不为也，毕命于此矣！"陈骞言于晋王，遣荆州刺史胡烈将步骑二万攻西陵以救宪，秋，七月，吴师退。晋王使宪因仍旧任，加陵江将军，封万年亭侯。

晋王奏使司空荀𫖮定礼仪，中护军贾充正法律，尚书仆射裴秀议官制，太保郑冲总而裁焉。

吴分交州置广州[③]。

吴主寝疾，口不能言，乃手书呼丞相濮阳兴入，令子𩅦出拜之。休把兴臂，指𩅦以托之。癸未，吴主殂，谥曰景帝。群臣尊朱皇后为皇太后。

吴人以蜀初亡，交趾携叛，国内恐惧，欲得长君。左典军万彧尝为乌程令，与乌程侯皓相善，称"皓才识明断，长沙桓王之俦也[④]；又加之好学，奉遵法度"。屡言之于丞相兴、左将军布，兴、布说朱太后，欲以皓为嗣。朱后曰："我寡妇人，安知社稷之虑，苟吴国无陨，宗庙有赖，可矣。"于是遂迎立皓，改元元兴，大赦。

八月，庚寅，命中抚军司马炎副贰相国事。

初，钟会之伐汉也。辛宪英谓其夫之从子羊祜曰："会在事纵恣，非持久处下之道，吾畏其有他志也。"会请其子郎中琇为参军，宪英忧曰："他日吾为国忧，今日难至吾家矣。"琇固请于晋王，王不听。宪英谓琇曰："行矣，戒之，军旅之间，可以济者，其惟仁恕乎！"琇竟以全归。诏以琇尝谏会反，赐爵关内侯。

【注释】

①新附督：职官名。大约是把刚归附的吴国军民别为一部，设督统领。句章：县名，治今浙江余姚市东南。　②五等爵：即先秦时公、侯、伯、子、男五等爵位。　③"吴分"句：汉武帝时，始开百越，设交趾刺史，治龙编（今越南北宁省仙游东）。汉献帝建安八年（203），改称交州，治苍梧广信（今广西梧州市），十六年，徙治南海番禺（今广东广州市）。到本年始分为二州，广州治番禺，交州还治龙编。　④长沙桓王：孙策的谥号。

九月，戊午，以司马炎为抚军大将军。

辛未，诏以吕兴为安南将军、都督交州诸军事，以南中监军霍弋遥领交州刺史，得以便宜选用长吏。弋表遣建宁爨谷为交趾太守[1]，率牙门董元、毛炅、孟干、孟通、爨能、李松、王素等将兵助兴，未至，兴为其功曹王统所杀。

吴主贬朱太后为景皇后，追谥父和曰文皇帝，尊母何氏为太后。

冬，十月，丁亥，诏以寿春所获吴相国参军事徐绍为散骑常侍，水曹掾孙彧为给事黄门侍郎[2]，以使于吴，其家人在此者悉听自随，不必使还，以开广大信。晋王因致书吴主，谕以祸福。

初，晋王娶王肃之女，生炎及攸，以攸继景王后。攸性孝友，多才艺，清和平允，名闻过于炎，晋王爱之，常曰："天下者，景王之天下也。吾摄居相位，百年之后，大业宜归攸。"炎立发委地，手垂过膝，尝从容问裴秀曰："人有相否？"因以异相示之。秀由是归心。羊琇与炎善，为炎画策，察时政所宜损益，皆令炎豫记之，以备晋王访问。晋王欲以攸为世子，山涛曰："废长立少，违礼不祥。"贾充曰："中抚军有君人之德，不可易也。"何曾、裴秀曰："中抚军聪明神武，有超世之才，人望既茂，天表如此，固非人臣之相也。"晋王由是意定。丙午，立炎为世子。

吴主封太子𩅦及其三弟皆为王，立妃滕氏为皇后。

初，吴主之立，发优诏，恤士民，开仓廪，振贫乏，科出宫女以配无妻者，禽兽养于苑中者皆放之。当时翕然称为明主。及既得志，粗暴骄盈，多忌讳，好酒色，大小失望，濮阳兴、张布窃悔之。或谮诸吴主，十一月，朔，兴、布入朝，吴主执之，徙于广州，道杀之，夷三族。以后父滕牧为卫将军，录尚书事。牧，胤之族人也。

是岁，罢屯田官[3]。

【注释】

①爨（cuàn 窜）：姓氏。　②"诏以"句：徐绍、水曹掾孙彧皆为吴丞相府属吏。吴无相国之职，当是魏国人因晋王司马昭为相国，便称吴丞相为吴相国了。　③"是岁"二句：曹魏兴办屯田并设屯田官，详见本书卷第六十二汉献帝建安元年（196）。

资治通鉴卷第七十九

晋纪一　起旃蒙作噩，尽玄黓执徐，凡八年。

世祖武皇帝上之上[①]

泰始元年　春，三月，吴主使光禄大夫纪陟、五官中郎将洪璆与徐绍、孙彧偕来报聘[②]。绍行至濡须，有言绍誉中国之美者，吴主怒，追还，杀之。

夏，四月，吴改元甘露。

五月，魏帝加文王殊礼[③]，进王妃曰后；世子曰太子。

癸未，大赦。

秋，七月，吴主逼杀景皇后，迁景帝四子于吴；寻又杀其长者二人。

八月，辛卯，文王卒，太子嗣为相国、晋王。

九月，乙未[④]，大赦。

戊子[⑤]，以魏司徒何曾为晋丞相；癸亥，以票骑将军司马望为司徒。

乙亥，葬文王于崇阳陵。

冬，吴西陵督步阐表请吴主徙都武昌；吴主从之，使御史大夫丁固、右将军诸葛靓守建业。阐，骘之子也。

十二月，壬戌，魏帝禅位于晋；甲子，出舍于金墉城[⑥]。太傅司马孚拜辞，执帝手，流涕歔欷不自胜，曰："臣死之日，固大魏之纯臣也。"丙寅，王即皇帝位，大赦，改元。丁卯，奉魏帝为陈留王，即宫于邺。优崇之礼，皆仿魏初故事[7]。魏氏诸王皆降为侯。追尊宣王为宣皇帝，景王为景皇帝，文王为文皇帝；尊王太后曰皇太后。封皇叔祖孚为安平王，叔父干为平原王、亮为扶风王、伷为东莞王、骏为汝阴王、肜为梁王[8]、伦为琅邪王、弟攸为齐王、鉴为乐安王、机为燕王；又封群从司徒望等十七人皆为王[9]。以石苞为大司马，郑冲为太傅，王祥为太保，何曾为太尉，贾充为车骑将军，王沈为骠骑将军；其余文武增位进爵有差。乙亥，以安平王孚为太宰、都督中外诸军事[10]。未几，又以车骑将军陈骞为大将军，与司徒义阳王望、司空荀顗，凡八公，同时并置。帝惩魏氏孤立之敝，故大封宗室，授以职任。又诏诸王皆得自选国中长吏；卫将军齐王攸独不敢，皆令上请。

诏除魏宗室禁锢[11]，罢部曲将及长吏纳质任[12]。

司马炎像

帝承魏氏刻薄奢侈之后，矫以仁俭。太常丞许奇，允之子也[13]。帝将有事于太庙，朝议以奇父受诛，不宜接近左右，请出为外官；帝乃追述允之宿望，称奇之才，擢为祠部郎。有司言御牛青丝纼断[14]，诏以青麻代之。

初置谏官，以散骑常侍傅玄、皇甫陶为之。玄，干之子也[15]。玄以魏末士风颓敝，上疏曰："臣闻先王之御天下，教化隆于上，清议行于下。近者魏武好法术而天下贵刑名，魏文慕通达而天下贱守节，其后纲维不摄，放诞盈朝，遂使天下无复清议。陛下龙兴受禅，弘尧、舜之化，惟未举清远有礼之臣以敦风节，未退虚鄙之士以惩不恪，臣是以犹敢有言。”上嘉纳其言，使玄草诏进之，然亦不能革也。

初，汉征西将军司马钧生豫章太守量，量生颍川太守儁，儁生京兆尹防，防生宣帝。

【注释】

①世祖武皇帝：即司马炎（236—290），西晋建立者。字安世，河内温县（今河南温县西）人。265—290 年在位。在位期间，统一全国，罢州郡兵，推行占田制，社会得到短暂的安定和复苏。但大行分封制，让同姓诸侯王执掌兵权，出专方面重镇，权力急剧膨胀，死后不久，即出现“八王之乱”，使西晋迅速走向衰亡。 ②璆（qiú 求）：美玉，此处为人名用字。③殊礼：特殊的礼遇。指使用与皇帝相同的旌旗、车马、乐舞、冕服。④乙未：九月壬子朔，无乙未。 ⑤戊子：九月壬子朔，无戊子。 ⑥金墉城：城名，在今河南洛阳市东北魏晋洛阳故城西北隅。 ⑦“优崇”二句：魏初故事，见本书卷第六十九魏文帝黄初元年（220）。 ⑧伷（zhòu 昼）、肜（róng 融）：皆为人名。 ⑨群从（zòng 纵）：从是指同一宗族中仅次于至亲的人，如从叔、从兄弟等；又次者叫再从、三从。群从是指同一宗族中近房的叔伯、堂兄弟及其子侄。 ⑩太宰：《周礼》以太师、太傅、太保为三公，晋采其官名，因需避司马师之讳，遂设太宰以代太师之任。 ⑪宗室禁锢：曹魏防备宗室成员干预朝政，对他们在朝廷中任职有不少限制。 ⑫质任：为保证或抵押性质的人物，即人质。曹魏为防止上层文武官员反叛，要求这些官员必须将关系最为亲近的家庭成员送到京城，以作为忠于王室的保证。 ⑬许允（？—254）：曹魏官吏。字士宗，高阳（今河北高阳县东）人。嘉平中（249—253）官至中领军。以同反对司马氏专权的李丰、夏侯玄等相友善，徙为镇北将军，旋以事被诬告，收付廷尉，徙乐浪，死于途中。 ⑭纼（zhèn 震）：牛鼻绳。 ⑮傅干：东汉官吏。字彦材，北地泥阳（今陕西铜川市耀州区东南）人，终于丞相曹操仓曹属。

二年　春，正月，丁亥，即用魏庙祭征西府君以下①，并景帝凡七室②。

尊景帝夫人羊氏曰景皇后，居弘训宫。

丙午，立皇后弘农杨氏；后，魏通事郎文宗之女也。

群臣奏："五帝[3]，即天帝也，王气时异，故名号有五。自今明堂、南郊宜除五帝座。"从之。帝，王肃外孙也，故郊祀之礼，有司多从肃议。

二月，除汉宗室禁锢。

三月，吴遣大鸿胪张俨、五官中郎将丁忠来吊祭。

吴散骑常侍王蕃，体气高亮，不能承颜顺指，吴主不悦。散骑常侍万彧、中书丞陈声从而谮之。丁忠使还，吴主大会群臣，蕃沉醉顿伏。吴主疑其诈，轝蕃出外[4]。顷之，召还。蕃好治威仪，行止自若。吴主大怒，呵左右于殿下斩之。出，登来山[5]，使亲近掷蕃首，作虎跳狼争咋啮之[6]，首皆碎坏。

丁忠说吴主曰："北方无守战之备，弋阳可袭而取[7]。"吴主以问群臣，镇西大将军陆凯曰："北方新并巴、蜀，遣使求和，非求援于我也，欲蓄力以俟时耳。敌势方强，而欲徼幸求胜，未见其利也。"吴主虽不出兵，然遂与晋绝。凯，逊之族子也。

【注释】

①府君：汉魏以来对太守的尊称。　②七室：指司马钧、司马量、司马儁、司马防、司马懿、司马师、司马昭七个庙堂。　③五帝：天上五方之帝。《周礼·春官》有云："祀昊天上帝，则服大裘而冕，祀五帝亦如之。"郑玄注"五帝"，以为是五行精气之神，东方苍帝名灵威仰，南方赤帝名赤熛怒，中央黄帝名含枢纽，西方白帝名白招拒，北方黑帝名汁光纪。王肃驳之，以为五帝是太昊、炎帝、黄帝、少昊、颛顼五人帝，乃天帝之化身，不过名号不同而已。　④轝（yú 渔）：同"舆"。扛，抬。　⑤来山：山名，一名樊山，在今湖北鄂州市西。　⑥咋（zé 责）：咬住。　⑦弋阳：郡名，治今河南潢川县西。

夏，五月，壬子[1]，博陵元公王沈卒。

六月，丙午晦[2]，日有食之。

文帝之丧，臣民皆从权制，三日除服。既葬，帝亦除之；然犹素冠疏食，哀毁如居丧者。秋，八月，帝将谒崇阳陵，群臣奏言，秋暑未平，恐帝悲感摧伤。帝曰："朕得奉瞻山陵，体气自佳耳。"又诏曰:“汉文不使天下尽哀,亦帝王至谦之志。当见山陵,何心无服?其议以衰绖从行[③]。群臣自依旧制。”尚书令裴秀奏曰:“陛下既除而复服,义无所依;若君服而臣不服,亦未之敢安也。”诏曰:“患情不能跂及耳[④],衣服何在?诸君勤勤之至,岂苟相违?”遂止。

中军将军羊祜谓傅玄曰:“三年之丧,虽贵遂服,礼也。今主上至孝,虽夺其服,实行丧礼。若因此复先王之法,不亦善乎?”玄曰:“以日易月,已数百年,一旦复古,难行也。”祜曰:“不能使天下如礼,且使主上遂服,不犹愈乎?”玄曰:“主上不除而天下除之,此为但有父子,无复君臣也。”乃止。

戊辰,群臣奏请易服复膳。诏曰:“每感念幽冥,而不得终苴绖之礼[⑤],以为沉痛。况当食稻衣锦乎[⑥]!适足激切其心,非所以相解也。朕本诸生家,传礼来久,何至一旦便易此情于所天!相从已多,可试省孔子答宰我之言[⑦],无事纷纭也!”遂以疏素终三年。

臣光曰:三年之丧,自天子达于庶人,此先王礼经,百世不易者也。汉文师心不学,变古坏礼,绝父子之恩,亏君臣之义;后世帝王不能笃于哀戚之情,而群臣谄谀,莫肯厘正。至于晋武独以天性矫而行之,可谓不世之贤君;而裴、傅之徒,固陋庸臣,习常玩故,而不能将顺其美,惜哉!

【注释】

①壬子:五月戊寅朔,无壬子。 ②丙午晦:六月戊申朔,无丙午,且晦日为丙子,“午”当为“子”之误。 ③衰绖(cuī dié 崔迭):古代居丧之服。 ④跂(qǐ 气):踮起脚尖。通“企”。 ⑤苴(jū 居)绖:服重丧者所束的麻带。苴,是有籽的麻,很粗糙,故服重丧者选用之。 ⑥食稻衣锦:语出《论语·阳货》,孔子论丧制有云:“食夫稻,衣夫锦,于女安乎!” ⑦孔子答宰我之语:事见《论语·阳货》。宰我认为三年之丧时间太长,以一年为宜,求教于孔子,二人间有一番问答,孔子认为:“子生三年,然后免于父母之怀。夫三年之丧,天下之通丧也。”

吴改元宝鼎。

吴主以陆凯为左丞相,万彧为右丞相。吴主恶人视己,群臣侍见，莫敢举目。陆凯曰："君臣无不相识之道，若猝有不虞，不知所赴。"吴主乃听凯自视，而他人如故。

吴主居武昌，扬州之民溯流供给，甚苦之。又奢侈无度，公私穷匮。凯上疏曰："今四边无事，当务养民丰财，而更穷奢极欲；无灾而民命尽，无为而国财空，臣窃忧之。昔汉室既衰，三家鼎立；今曹、刘失道，皆为晋有，此目前之明验也。臣愚但为陛下惜国家耳。武昌土地危险塉确[①]，非王者之都；且童谣云：'宁饮建业水，不食武昌鱼；宁还建业死，不止武昌居。'以此观之，足明人心与天意矣。今国无一年之蓄，民有离散之怨，国有露根之渐，而官吏务为苛急，莫之或恤。大帝时，后宫列女及诸织络数不满百，景帝以来，乃有千数，此耗财之甚者也。又左右之臣，率非其人，群党相扶，害忠隐贤，此皆蠹政病民者也。臣愿陛下省息百役，罢去苛扰，料出宫女，清选百官，则天悦民附，国家永安矣。"吴主虽不悦，以其宿望，特优容之。

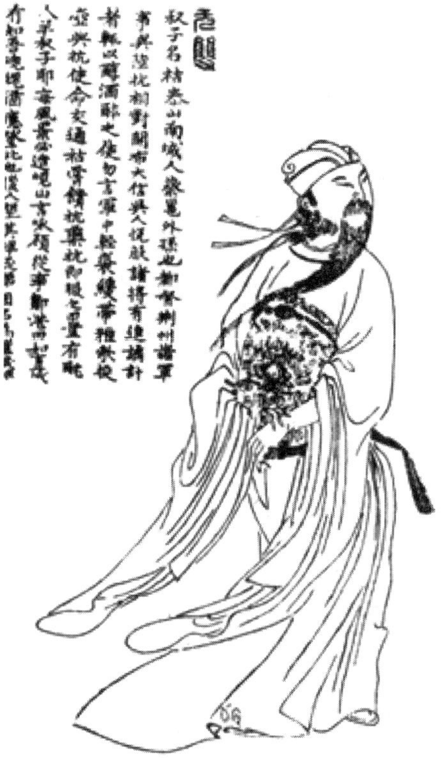

羊祜像

九月，诏："自今虽诏有所欲，及已奏得可，而于事不便者，皆不可隐情。"

戊戌，有司奏："大晋受禅于魏，宜一用前代正朔、服色[②]，如虞遵唐故事，"从之。

冬，十月，丙午朔，日有食之。

永安山贼施但[3]，因民劳怨，聚众数千人，劫吴主庶弟永安侯谦作乱，北至建业，众万余人，未至三十里住，择吉日入城。遣使以谦命召丁固、诸葛靓。固、靓斩其使，发兵逆战于牛屯[4]。但兵皆无甲胄，即时败散。谦独坐车中，生获之。固不敢杀，以状白吴主，吴主并其母及弟俊皆杀之。初，望气者云[5]：荆州有王气，当破扬州。故吴主徙都武昌。及但反，自以为得计，遣数百人鼓噪入建业，杀但妻子，云"天子使荆州兵来破扬州贼"。

十一月，初并圜丘、方丘之祀于南北郊[6]。

罢山阳国督军[7]，除其禁制。

十二月，吴主还都建业，使后父卫将军、录尚书事滕牧留镇武昌。朝士以牧尊戚，颇推令谏争，滕后之宠由是渐衰，更遣牧居苍梧，虽爵位不夺，其实迁也，在道以忧死。何太后常保佑滕后，太史又言中宫不可易，吴主信巫觋[8]，故得不废，常供养升平宫，不复进见；诸姬佩皇后玺绂者甚众[9]，滕后受朝贺表疏而已。吴主使黄门遍行州郡，料取将吏家女，其二千石大臣子女，岁岁言名，年十五、六一简阅，简阅不中，乃得出嫁。后宫以千数，而采择无已。

【注释】

①墝确：土地贫瘠多石。　②正（zhēng 争）朔：一年的第一天。正，一年的开始；朔，一月的开始。古时改朝换代，新王朝为表示"应天承运"，须重定王朔。服色：古代每个王朝所定车马祭牲的颜色，如夏尚黑、商尚白、周尚赤之类。　③永安：县名，治今浙江德清县西千秋镇。④牛屯：地名，在建业（今江苏南京市）以南二十一里处（当时一里约合今0.4千米）。　⑤望气：古代迷信占卜法，观望云气以附会人事，预言吉凶。　⑥圜（yuán 原）丘之祀：冬至时在圆形高坛上举行的祭天活动。方丘之祀：夏至时在泽中方丘上举行的祭地活动。南北郊：指在京城南郊对皇天之神、在北郊对皇地之祇的祭祀。　⑦山阳国：封国名，在今河南焦作市东南。汉献帝禅位于魏，魏奉为山阳公，置督军以进行防卫。晋初，以人心去汉已久，故罢其卫兵，除其禁制。　⑧巫觋（xí 习）：巫师。女为巫，男为觋。　⑨绂（fú 福）：系印章的丝带。

三年　春，正月，丁卯[1]，立子衷为皇太子。诏以"近世每立太子必有赦。今世运将平，当示之以好恶，使百姓绝多幸之望。曲惠小人，朕无取焉！”遂不赦。

司隶校尉上党李熹，劾故立进令刘友、前尚书山涛、中山王睦、尚书仆射武陔各占官稻田[②]，请免涛、睦等官，陔已亡，请贬其谥。诏曰：“友侵剥百姓以缪惑朝士，其考竟以惩邪佞。涛等不贰其过，皆勿有所问。熹亢志在公，当官而行，可谓邦之司直矣[③]。光武有云：‘贵戚且敛手以避二鲍[④]。’其申敕群僚，各慎所司，宽宥之恩，不可数遇也！”睦，宣帝之弟子也。

臣光曰：政之大本，在于刑赏，刑赏不明，政何以成？晋武帝赦山涛而褒李熹，其于刑赏两失之。使熹所言为是，则涛不可赦；所言为非，则熹不足褒。褒之使言，言而不用，怨结于下，威玩于上，将安用之？且四臣同罪，刘友伏诛而涛等不问，避贵施贱，可谓政乎？创业之初而政本不立，将以垂统后世，不亦难乎？

帝以李熹为太子太傅，征犍为李密为太子洗马。密以祖母老，固辞，许之。密与人交，每公议其得失而切责之，常言：“吾独立于世，顾影无俦[⑤]；然而不惧者，以无彼此于人故也。”

吴大赦，以右丞相万彧镇巴丘[⑥]。

【注释】

①丁卯：正月甲戌朔，无丁卯。　②陔（gāi 该）：此处为人名用字。③邦之司直：语出《诗经·郑风·羔裘》。司直，周官名，掌管劝谏君主过失，全句意为“真是国家好谏官”。　④“贵戚”句：二鲍，指东汉司隶校尉鲍永及所辟都官从事鲍恢，二人不避权贵，劾奏赵王刘良等人，使“朝廷肃然”，故光武帝有此感叹。详见本书卷第四十二汉光武帝建武十一年（35）。　⑤俦（chóu 愁）：伴侣、同辈。　⑥巴丘：城名，即今湖南岳阳市。

夏，六月，吴主作昭明宫，二千石以下，皆自入山督伐木。大开苑囿，起土山、楼观，穷极伎巧，功役之费以亿万计。陆凯谏，不听。中书丞华核上疏曰：“汉文之世，九州晏然，贾谊独以为如抱火厝于积薪之下而寝其上[①]。今大敌据九州之地，有太半之众，欲与国家为相吞之计，非徒汉之淮南、济北而已也。比于贾谊之世，孰为缓急？今仓库空匮，编户失业，而北方积谷养民，专心东向。又交趾沦没，岭表动摇，胸背有嫌，首尾多难，乃国朝之厄会也。若舍此急务，尽力功作，卒有风尘不虞之变，当委版筑而应烽燧，驱怨民而赴白刃，此乃大敌所因以为资者也。”时吴俗奢侈，核又上疏曰：“今事多而役繁，民贫而俗奢，百工作无用之器，妇人为绮靡之饰，转相仿效，耻独无有。兵民之家，犹复逐俗，内无甔石之储[2]，而出有绫绮之服，上无尊卑等级之差，下有耗财费力之损，求其富给，庸可得乎！”吴主皆不听。

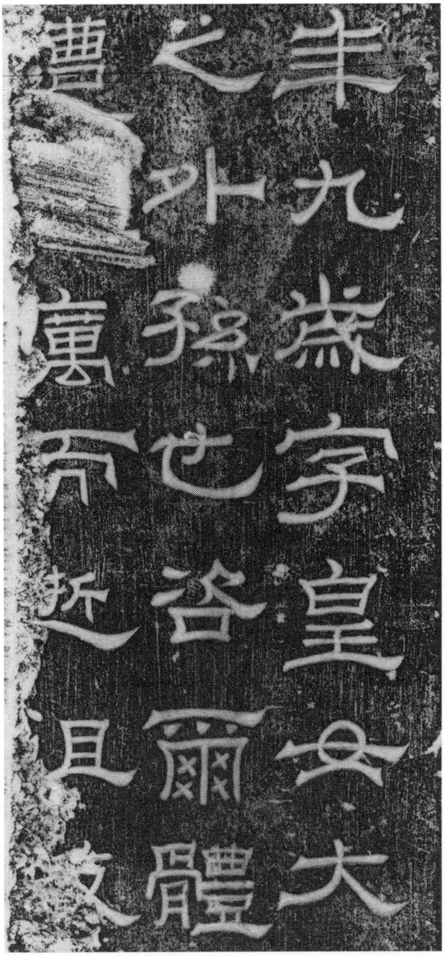

三国魏皇女残碑拓片（局部）

秋，七月，王祥以睢陵公罢。

九月，甲申，诏增吏俸。

以何曾为太保，义阳王望为太尉，荀𫖮为司徒。

禁星气、谶纬之学[3]。

吴主以孟仁守丞相，奉法驾东迎其父文帝神于明陵[4]，中使相继，奉问起居。巫觋言见文帝被服颜色如平生。吴主悲喜，迎拜于东门之外。既入庙，比七日三祭，设诸倡伎，昼夜娱乐。

是岁，遣鲜卑拓跋沙漠汗归其国。

【注释】

①厝（cuò 措）：放置。　②甔（dān 丹）：口小腹大的瓦器。　③星气：根据星象及云气占卜吉凶的方术。谶纬：是谶书和纬书的合称，前者为预言未来事象的文字图像，后者是汉代人假托孔子之名而作，以儒家经义附会人间吉凶祸福，预言治乱兴衰。　④明陵：陵墓名，在吴兴乌程（今浙江湖州市南）。

四年　春，正月，丙戌，贾充等上所刊修律令[①]。帝亲自临讲，使尚书郎裴楷执读。楷，秀之从弟也。侍中卢珽、中书侍郎范阳张华请抄新律死罪条目[②]，悬之亭传以示民；从之。

又诏河南尹杜预为黜陟之课，预奏："古者黜陟，拟议于心，不泥于法；末世不能纪远而专求密微，疑心而信耳目，疑耳目而信简书，简书愈繁，官方愈伪。魏氏考课，即京房之遗意[③]，其文可谓至密；然失于苛细以违本体，故历代不能通也。岂若申唐、尧之旧制，取大舍小，去密就简，俾之易从也！夫曲尽物理，神而明之，存乎其人；去人而任法，则以文伤理。莫若委任达官，各考所统，岁第其人，言其优劣。如此六载，主者总集，采按其言，六优者超擢，六劣者废免，优多劣少者平叙，劣多优少者左迁。其间所对不钧，品有难易，主者固当准量轻重，微加降杀，不足曲以法尽也。其有优劣徇情，不叶公论者，当委监司随而弹之[④]。若令上下公相容过，此为清议大颓，

杜预像

虽有考课之法，亦无益也。”事竟不行。

丁亥，帝耕籍田于洛水之北。

戊子，大赦。

二月，吴主以左御史大夫丁固为司徒，右御史大夫孟仁为司空。

三月，戊子，皇太后王氏殂。帝居丧之制，一遵古礼。

夏，四月，戊戌，睢陵元公王祥卒，门无杂吊之宾。其族孙戎叹曰：“太保当正始之世，不在能言之流⑤；及间与之言，理致清远，岂非以德掩其言乎？”

己亥，葬文明皇后。有司又奏：“既虞⑥，除衰服。”诏曰：“受终身之爱而无数年之报，情所不忍也。”有司固请，诏曰：“患在不能笃孝，勿以毁伤为忧。前代礼典，质文不同，何必限以近制，使达丧阙然乎！”群臣请不已，乃许之；然犹素冠疏食以终三年，如文帝之丧。

【注释】

①刊修律令：自魏末开始，由贾充等负责其事，就汉律九章增加11篇，计20篇，620条，不入律者悉以为令，律令合计2926条，60卷。②珽（tǐng 挺）：此处为人名用字。 ③京房遗意：京房，西汉学者、官吏。字君明，东郡顿丘（今河南浚县北）人。通《易经》，善占验，元帝召见。交谈中提出“宜令百官各试其功”，诏使房作其事，房于是奏上“考功课吏法”，公卿朝臣及刺史皆认为“房言烦碎”，未采用。 ④监司：指御史大夫、司隶校尉及各州刺史。 ⑤能言之流：指何晏、王弼等正始名士。⑥虞：丧祭名，是父母安葬后，迎魂安于殡宫的祭礼。

秋，七月，众星西流如雨而陨。

己卯，帝谒崇阳陵。

九月，青、徐、兖、豫四州大水。

大司马石苞久在淮南，威惠甚著。淮北监军王琛恶之，密表苞与吴人交通。会吴人将入寇，苞筑垒遏水以自固，帝疑之。羊祜深为帝言“苞必不然”。帝不信，乃下诏以苞不料贼势，筑垒遏水，劳扰百姓，策免其官，遣义阳王望帅大军以征之。苞辟河内孙铄为掾，铄先与汝阴王骏善，骏时镇许昌，铄过见之。骏知台已遣军袭苞，私告之曰："无与于祸！"铄既出，驰诣寿春，劝苞放兵，步出都亭待罪；苞从之。帝闻之，意解。苞诣阙，以乐陵公还第。

吴主出东关[①]；冬，十月，使其将施绩入江夏，万彧寇襄阳。诏义阳王望统中军步骑二万屯龙陂[②]，为二方声援。会荆州刺史胡烈拒绩，破之，望引兵还。

吴交州刺史刘俊、大都督修则、将军顾容前后三攻交趾，交趾太守杨稷皆拒破之；郁林、九真皆附于稷。稷遣将军毛炅、董元攻合浦，战于古城[③]，大破吴兵，杀刘俊、修则，余兵散还合浦。稷表炅为郁林太守，元为九真太守。

十一月，吴丁奉、诸葛靓出芍陂[④]，攻合肥；安东将军汝阴王骏拒却之。

以义阳王望为大司马，荀𫖮为太尉，石苞为司徒。

【注释】

①东关：地名，在今安徽巢湖市东南。 ②龙陂：地名，一名摩陂，在今河南郏县东南。 ③古城：城名，当即合浦郡古城，郡治今广西合浦县东北。 ④芍陂（quèbēi 确杯）：陂塘名，又名期思陂、安丰塘，在今安徽寿县南。

五年 春，正月，吴主立子瑾为皇太子。

二月，分雍、凉、梁州置秦州[①]。以胡烈为刺史。先是，邓艾纳鲜卑降者数万，置于雍、凉之间，与民杂居，朝廷恐其久而为患，以烈素著名于西方，故使镇抚之。

青、徐、兖三州大水。

帝有灭吴之志。壬寅[②]，以尚书左仆射羊祜都督荆州诸军事，镇襄阳；征东大将军卫瓘都督青州诸军事，镇临菑；镇东大将军东莞王伷都督徐州诸军事，镇下邳。

祜绥怀远近，甚得江、汉之心。与吴人开布大信，降者欲去，皆听之。减戍逻之卒，以垦田八百余顷。其始至也，军无百日之粮；及其季年，乃有十年之积。祜在军，常轻裘缓带，身不被甲，铃阁之下[③]，侍卫不过十数人。

济阴太守巴西文立上言："故蜀之名臣子孙流徙中国者，宜量才叙用，以慰巴、蜀之心，以倾吴人之望。"帝从之。己未[4]，诏曰："诸葛亮在蜀，尽其心力，其子瞻临难而死义，其孙京宜随才署吏。"又诏曰："蜀将傅佥父子[5]，死于其主。天下之善一也，岂由彼此以为异哉？佥息著、募没入奚官[6]，宜免为庶人。"

帝以文立为散骑常侍。汉故尚书犍为程琼，雅有德业，与立深交，帝闻其名，以问立。对曰："臣至知其人，但年垂八十，禀性谦退，无复当时之望，故不以上闻耳。"琼闻之，曰："广休可谓不党矣[7]，此吾所以善夫人也。"

秋，九月，有星孛于紫宫[8]。

冬，十月，吴大赦，改元建衡。

封皇子景度为城阳王。

初，汝南何定尝为吴大帝给使，及吴主即位，自表先帝旧人，求还内侍。吴主以为楼下都尉，典知酤籴事，遂专为威福；吴主信任之，委以众事。左丞相陆凯面责定曰："卿见前后事主不忠，倾乱国政，宁有得以寿终者邪？何以专为奸邪，尘秽天听？宜自改厉，不然，方见卿有不测之祸。"定大恨之。凯竭心公家，忠恳内发，表疏皆指事不饰。及疾病，吴主遣中书令董朝问所欲言，凯陈："何定不可信用，宜授以外任。奚熙小吏，建起浦里塘[9]，亦不可听。姚信、楼玄、贺邵、张悌、郭逴、薛莹、藤修及族弟喜、抗[10]，或清白忠勤，或资才卓茂，皆社稷之良辅，愿陛下重留神思，访以时务，使各尽其忠，拾遗万一。"邵，齐之孙[11]；莹，综之子[12]；玄，沛人；修，南阳人也。凯寻卒，吴主素衔其切直，且日闻何定之谮，久之，竟徙凯家于建安[13]。

吴主遣监军虞汜、威南将军薛珝、苍梧太守丹阳陶璜从荆州道[14]，监军李勖、督军徐存从建安海道，皆会于合浦以击交趾。

十二月，有司奏东宫施敬二傅，其仪不同。帝曰："夫崇敬师傅，所以尊道重教也，何言臣不臣乎？其令太子申拜礼。"

【注释】

①秦州：州名，治今甘肃甘谷县东，统属金城、西平、武威、张掖、西郡、敦煌、略阳、武都、阴平等郡。　②壬寅：二月壬戌朔，无壬寅。

③铃阁:即铃下卒与阁下威仪。前者在有使令时则拉铃以呼众人,故称铃下卒。后者掌管出入赞导及纳谒受事。 ④己未:二月壬戌朔,无己未。⑤傅佥父子:即傅彤、傅佥。傅彤(?—233),义阳(今河南信阳市北)人,随刘备征吴,兵败而退,彤断后拒战,拒不降吴,战死。傅佥(?—263),初为左中郎,后为关中都督。魏伐蜀,佥奉命守关口(在今陕西勉县西),部属降魏,佥格斗而死。二人事迹分见本书卷第六十九魏文帝黄初三年(222)及卷第七十八魏元帝景元四年(263)。 ⑥奚官:官署名,属少府。凡有罪从坐的家属皆没入归其管辖,没入者地位为奴仆。 ⑦广休:文立字。不党:语出《论语·进而》:"吾闻君子不党",不党意为无所偏袒。 ⑧孛(bèi倍):指光芒四射的彗星。紫宫:星座名。古代天文学家分天体恒星为三垣,中垣有紫微十五星,亦称紫宫。⑨浦里塘:塘名,在今安徽当涂县东南。 ⑩逴(chuō 戳):此处为人名用字。 ⑪贺齐(?—227):东吴将领。字公苗,会稽山阴(今浙江绍兴市)人。自孙策初建东吴基业,齐即为将领。几十年中,功勋卓著。黄武二年(223),领兵袭击魏国的蕲春,生俘叛将晋宗而归。 ⑫薛综(?—243):东吴官吏。字敬文,沛郡竹邑(今安徽宿州市北)人。官至尚书仆射、太子少傅。有文才,著有《私载》。 ⑬建安:县名。治今福建建瓯市南。 ⑭汜(sì似):此处为人名用字。珝:(xǔ许):此处为人名用字。

六年 春,正月,吴丁奉入涡口[①],扬州刺史牵弘击走之。

吴万彧自巴丘还建业。

夏,四月,吴左大司马施绩卒。以镇军大将军陆抗都督信陵、西陵、夷道、乐乡、公安诸军事[②],治乐乡。

抗以吴主政事多阙,上疏曰:"臣闻德均则众者胜寡,力侔则安者制危,此六国所以并于秦,西楚所以屈于汉也。今敌之所据,非特关右之地,鸿沟以西[③],而国家外无连衡之援,内非西楚之强,庶政陵迟,黎民未乂。议者所恃,徒以长江、峻山限带封域。此乃守国之末事,非智者之所先也。臣每念及此,中夜抚枕,临餐忘食。夫事君之义,犯而勿欺,谨陈时宜十七条以闻。"吴主不纳。

李勖以建安道不利,杀导将冯斐,引军还。初,何定尝为子求婚于勖,勖不许。乃白勖枉杀冯斐,擅彻军还,诛勖及徐存并其家属,仍焚勖尸。定又使诸将各上御犬,一犬至直缣数十匹,缨绁直钱一万[4]，以捕兔供厨；吴人皆归罪于定，而吴主以为忠勤，赐爵列侯。陆抗上疏曰："小人不明理道，所见既浅，虽使竭情尽节，犹不足任，况其奸心素笃而憎爱移易哉？"吴主不从。

六月，戊午，胡烈讨鲜卑秃发树机能于万斛堆[5]，兵败，被杀。都督雍、凉州诸军事扶风王亮遣将军刘旂救之，旂观望不进。亮坐贬为平西将军，旂当斩。亮上言："节度之咎，由亮而出，乞丐其死。"诏曰："若罪不在旂，当有所在。"乃免亮官。

遣尚书乐陵石鉴行安西将军，都督秦州诸军事，讨树机能。树机能兵盛，鉴使秦州刺史杜预出兵击之。预以虏乘胜马肥，而官军县乏，宜并力大运刍粮，须春进讨。鉴奏预稽乏军兴，槛车征诣廷尉，以赎论。既而鉴讨树机能，卒不能克。

秋，七月，乙巳，城阳王景度卒。

丁未，以汝阴王骏为镇西大将军，都督雍、凉等州诸军事，镇关中。

冬，十一月，立皇子东为汝南王。

吴主从弟前将军秀为夏口督，吴主恶之，民间皆言秀当见图。会吴主遣何定将兵五千人猎夏口，秀惊，夜将妻子亲兵数百人来奔。十二月，拜秀票骑将军、开府仪同三司，封会稽公。

是岁，吴大赦。

初，魏人居南匈奴五部于并州诸郡，与中国民杂居，自谓其先汉氏外孙，因改姓刘氏。

【注释】

①涡口：地名，发源于豫东的涡河，东南流至皖北入淮，谓之涡口，在今安徽怀远县境。　②信陵：县名，治今湖北秭归县东南。西陵：县名，治今湖北宜昌市东南。夷道：县名，治今湖北宜都市。乐乡：城名，即今湖北松滋市东北长江南岸的涴市。公安：县名，治今湖北公安县西北。③鸿沟：古渠名，战国魏惠王时凿，自今河南荥阳市北引黄河，东流经今中牟县北，至开封市南折而南流，经今通许县东、太康县西，至淮阳县东南注入颍水。楚汉相争时划界于此，鸿沟以东属楚，以西属汉。　④缨绁（xiè 泄）：革带、缰绳。　⑤万斛堆：地名，在今甘肃皋兰县东北黄河北岸。

七年 春，正月，匈奴右贤王刘猛叛出塞。

豫州刺史石鉴坐击吴军虚张首级。诏曰："鉴备大臣，吾所取信；而乃下同为诈，义得尔乎？今遣归田里，终身不得复用。"

吴人刁玄诈增谶文曰："黄旗紫盖，见于东南，终有天下者，荆、扬之君。"吴主信之。是月晦，大举兵出华里[1]，载太后、皇后及后宫数千人，从牛渚西上[2]。东观令华核等固谏[3]，不听。行遇大雪，道途陷坏，兵士被甲持仗，百人共引一车，寒冻殆死，皆曰："若遇敌，便当倒戈。"吴主闻之。乃还，帝遣义阳王望统中军二万、骑三千屯寿春以备之。闻吴师退，乃罢。

三月，丙戌，巨鹿元公裴秀卒。

夏，四月，吴交州刺史陶璜袭九真太守董元，杀之；杨稷以其将王素代之。

北地胡寇金城，凉州刺史牵弘讨之。众胡皆内叛，与树机能共围弘于青山[4]，弘军败而死。

初，大司马陈骞言于帝曰："胡烈、牵弘皆勇而无谋，强于自用，非绥边之材也，将为国耻。"时弘为扬州刺史，多不承顺骞命，帝以为骞与弘不协而毁之。于是征弘，既至，寻复以为凉州刺史。骞窃叹息，以为必败。二人果失羌戎之和，兵败身没，征讨连年，仅而能定，帝乃悔之。

五月，立皇子宪为城阳王。

辛丑，义阳成王望卒。

侍中、尚书令、车骑将军贾充，自文帝时宠任用事，帝之为太子，充颇有力，故益有宠于帝。充为人巧谄，与太尉、行太子太傅荀顗、侍中、中书监荀勖、越骑校尉安平冯𬘭相为党友，朝野恶之。帝问侍中裴楷以方今得失，对曰："陛下受命，四海承风，所以未比德于尧、舜者，但以贾充之徒尚在朝耳。宜引天下贤人，与弘政道，不宜示人以私。"侍中乐安任恺、河南尹颍川庾纯皆与充不协，充欲解其近职，乃荐恺忠贞，宜在东宫；帝以恺为太子少傅，而侍中如故。会树机能寇乱秦、雍，帝以为忧。恺曰："宜得威望重臣有智略者以镇抚之。"帝曰："谁可者？"恺因荐充，纯亦称之。秋，七月，癸酉，以充为都督秦、凉二州诸军事，侍中、车骑将军如故；充患之。

【注释】

①华里：地名，在今江苏南京市西。 ②牛渚：地名，在今安徽马鞍山市西南采石矶。 ③东观(guàn 贯)令：职官名，负责图书校理与记述当代史事。 ④青山：山名，在今甘肃环县西。

吴大都督薛珝与陶璜等兵十万，共攻交趾，城中粮尽援绝，为吴所陷，虏杨稷、毛炅等。璜爱炅勇健，欲活之；炅谋杀璜，璜乃杀之。修则之子允，生剖其腹，割其肝，曰："复能作贼不？"炅犹骂曰："恨不杀汝孙皓，汝父何死狗也！"王素欲逃归南中[①]，吴人获之，九真、日南皆降于吴。吴大赦，以陶璜为交州牧。璜讨降夷佬[②]，州境皆平。

八月，丙申，城阳王宪卒。

分益州南中四郡置宁州[③]。

九月，吴司空孟仁卒。

冬，十月，丁丑朔，日有食之。

十一月，刘猛寇并州，并州刺史刘钦击破之。

贾充将之镇，公卿饯于夕阳亭[④]。充私问计于荀勖，勖曰："公为宰相，乃为一夫所制，不亦鄙乎？然是行也，辞之实难，独有结婚太子，可不辞而自留矣。"充曰："然则孰可寄怀？"勖曰："勖请言之。"因谓冯紞曰："贾公远出，吾等失势；太子婚尚未定，何不劝帝纳贾公之女乎？"紞亦然之。初，帝将纳卫瓘女为太子妃，充妻郭槐赂杨后左右，使后说帝求纳其女。帝曰："卫公女有五可，贾公女有五不可；卫氏种贤而多子，美而长、白；贾氏种妒而少子，丑而短、黑。"后固以为请，荀顗、荀勖、冯紞皆称充女绝美，且有才德，帝遂从之。留充复居旧任。

十二月，以光禄大夫郑袤为司空，袤固辞不受。

是岁，安乐思公刘禅卒。

吴以武昌都督广陵范慎为太尉。右将军司马丁奉卒[⑤]。

吴改明年元曰凤凰。

【注释】

①南中：地名，相当于今四川南部及云南、贵州地区。 ②夷佬（lǎo 老）：民族名，佬，原作“獠”（lǎo），是古籍中对少数民族仡（gē 戈）佬族的侮辱性称谓，现改之。 ③南中四郡：即建宁郡（治今云南曲靖市西）、兴古郡（治今云南砚山县北）、云南郡（治今云南姚安县北）、永昌郡（治今云南保山市东北）。宁州：州名，治今云南昆明市晋宁区东北晋城镇。 ④夕阳亭：一名河亭，在今河南洛阳市西。 ⑤右将军司马：据《三国志·吴书·丁奉传》，丁奉这时为右大司马、左军师。本卷下文也称丁奉为右大司马。故本处官名当有讹误。

八年 春，正月，监军何桢讨刘猛，屡破之，潜以利诱其左部帅李恪，恪杀猛以降。

二月，辛卯，皇太子纳贾妃。妃年十五，长于太子二岁，妒忌多权诈，太子嬖而畏之。

壬辰，安平献王孚卒，年九十三。孚性忠慎，宣帝执政，孚常自退损。后逢废立之际，未尝预谋；景、文二帝以孚属尊，亦不敢逼。及帝即位，恩礼尤重。元会，诏孚乘舆上殿，帝于阼阶迎拜[①]。既坐，亲奉觞上寿，如家人礼。帝每拜，孚跪而止之。孚虽见尊宠，不以为荣，常有忧色。临终，遗令曰：“有魏贞士河内司马孚字叔达，不伊不周，不夷不惠，立身行道，终始若一。当衣以时服，敛以素棺。”诏赐东园温明秘器[②]，诸所施行，皆依汉东平献王故事；其家遵孚遗旨，所给器物，一不施用。

帝与右将军皇甫陶论事，陶与帝争言，散骑常侍郑徽表请罪之。帝曰：“忠谠之言[③]，唯患不闻，徽越职妄奏，岂朕之意？”遂免徽官。

【注释】

①阼（zuò 作）阶：宫中东面的台阶，是迎接宾客的地方。 ②东园：官署名，属少府，负责制作人死丧后所用的器物。秘器：棺材。 ③谠（dǎng 党）：正直。

夏，汶山白马胡侵掠诸种[①]，益州刺史皇甫晏欲讨之。典学从事蜀郡何旅等谏曰："胡夷相残，固其常性，未为大患。今盛夏出军，水潦将降，必有疾疫，宜须秋、冬图之。"晏不听。胡康木子烧香言军出必败；晏以为沮众，斩之。军至观阪[2]，牙门张弘等以汶山道险[3]，且畏胡众，因夜作乱，杀晏，军中惊扰，兵曹从事犍为杨仓勒兵力战而死。弘遂诬晏，云"率已共反"，故杀之，传首京师。晏主簿蜀郡何攀，方居母丧，闻之，诣洛证晏不反。弘等纵兵抄掠。广汉主簿李毅言于太守弘农王浚曰："皇甫侯起自诸生，何求而反？且广汉与成都密迩，而统于梁州者，朝廷欲以制益州之衿领[4]，正防今日之变也。今益州有乱，乃此郡之忧也。张弘小竖，众所不与，宜即时赴讨，不可失也。"浚欲先上请，毅曰："杀主之贼，为恶尤大，当不拘常制，何请之有？"浚乃发兵讨弘。诏以浚为益州刺史。浚击弘，斩之，夷三族。封浚关内侯。

初，浚为羊祜参军，祜深知之。祜兄子暨白："浚为人志大奢侈，不可专任，宜有以裁之。"祜曰："浚有大才，将以济其所欲，必可用也。"更转为车骑从事中郎。浚在益州，明立威信，蛮夷多归附之；俄迁大司农。时帝与羊祜阴谋伐吴，祜以为伐吴宜藉上流之势，密表留浚复为益州刺史，使治水军。寻加龙骧将军，监益、梁诸军事。

诏浚罢屯田军，大作舟舰。别驾何攀以为："屯田兵不过五六百人，作船不能猝办，后者未成，前者已腐。宜召诸郡兵合万余人造之，岁终可成。"浚欲先上须报，攀曰："朝廷猝闻召万兵，必不听；不如辄召，设当见却，功夫已成，势不得止。"浚从之，令攀典造舟舰器仗。于是作大舰，长百二十步[5]，受二千余人，以木为城，起楼橹，开四出门，其上皆得驰马往来。

西晋骑马俑

时作船木柹[6]，

蔽江而下,吴建平太守吴郡吾彦取流柹以白吴主曰[7]:“晋必有攻吴之计,宜增建平兵以塞其冲要。”吴主不从。彦乃为铁锁横断江路。

王濬虽受中制募兵,而无虎符;广汉太守敦煌张敩收濬从事列上。帝召敩还,责曰:“何不密启而便收从事?”敩曰:“蜀、汉绝远,刘备尝用之矣。辄收,臣犹以为轻。”帝善之。

壬辰,大赦。

【注释】

①汶(wèn 问)山:郡名,治今四川茂县北。 ②观阪:地名,在今四川都江堰市。 ③牙门:低级的武官。 ④衿(jīn 金):系衣服的带子。⑤步:长度单位名。魏晋时期,以6尺为一步,一尺约合今23.1厘米,如此,一步约为139厘米。 ⑥木柹(fèi 费):削下来的木片。 ⑦建平:郡名,治今重庆巫山县北。 ⑧壬辰:本干支日上无月份,据上文“今盛夏出军”一语,当为六月,检《晋书·武帝纪》,正作“六月”。六月癸酉朔,壬辰乃是月二十日。

秋,七月,以贾充为司空,侍中、尚书令、领兵如故。充与侍中任恺皆为帝所宠任,充欲专名势而忌恺,于是朝士各有所附,朋党纷然。帝知之,召充、恺宴于式乾殿而谓之曰:“朝廷宜壹,大臣当和。”充、恺等各拜谢。既而充、恺以帝已知而不责,愈无所惮,外相崇重,内怨益深。充乃荐恺为吏部尚书,恺侍觐转希;充因与荀勖、冯𬘘承间共谮之,恺由是得罪,废于家。

八月,吴主征昭武将军、西陵督步阐。阐世在西陵[1],猝被征,自以失职,且惧有谗,九月,据城来降,遣兄子玑、璿诣洛阳为任。诏以阐为都督西陵诸军事、卫将军、开府仪同三司、侍中,领交州牧,封宜都公。

冬,十月,辛未朔,日有食之。

敦煌太守尹璩卒[2]。凉州刺史杨欣表敦煌令梁澄领太守。功曹宋质辄废澄,表议郎令狐丰为太守。杨欣遣兵击之,为质所败。

吴陆抗闻步阐叛,亟遣将军左奕、吾彦等讨之。帝遣荆州刺史杨肇迎阐于西陵,车骑将军羊祜帅步军出江陵,巴东监军徐胤帅水军击建平以救阐。陆抗敕西陵诸军筑严围，自赤溪至于故市[3]，内以围阐，外以御晋兵，昼夜催切，如敌已至，众甚苦之。诸将谏曰："今宜及三军之锐，急攻阐，比晋救至，必可拔也。何事于围，以敝士民之力？"抗曰："此城处势既固，粮谷又足，且凡备御之具，皆抗所宿规，今反攻之，不可猝拔。北兵至而无备，表里受难，何以御之！"诸将皆欲攻阐，抗欲服众心，听令一攻，果无利。围备始合，而羊祜兵五万至江陵。诸将咸以抗不宜上，抗曰："江陵城固兵足，无可忧者。假令敌得江陵，必不能守，所损者小。若晋据西陵，则南山群夷皆当扰动，其患不可量也！"乃自帅众赴西陵。

初，抗以江陵之北，道路平易，敕江陵督张咸作大堰遏水，渐渍平土以绝寇叛。羊祜欲因所遏水以船运粮，扬声将破堰以通步军。抗闻之，使咸亟破之。诸将皆惑，屡谏不听。祜至当阳，闻堰败，乃改船以车运粮，大费功力。

十一月，杨肇至西陵。陆抗令公安督孙遵循南岸拒羊祜，水军督留虑拒徐胤，抗自将大军凭围对肇。将军朱乔营都督俞赞亡诣肇。抗曰："赞军中旧吏，知吾虚实。吾常虑夷兵素不简练，若敌攻围，必先此处。"即夜易夷兵，皆以精兵守之。明日，肇果攻故夷兵处，抗命击之，矢石雨下，肇众死者相属。十二月，肇计屈，夜遁。抗欲追之，而虑步阐畜力伺间，兵不足分，于是但鸣鼓戒众，若将追者。肇众凶惧，悉解甲挺走，抗使轻兵蹑之，肇兵大败，祜等皆引军还。抗遂拔西陵，诛阐及同谋将吏数十人，皆夷三族，自余所请赦者数万口。东还乐乡，貌无矜色，谦冲如常。吴主加抗都护。羊祜坐贬平南将军，杨肇免为庶人。

吴主既克西陵，自谓得天助，志益张大，使术士尚广筮取天下，对曰："吉。庚子岁，青盖当入洛阳[4]。"吴主喜，不修德政，专为兼并之计。

【注释】

①"阐世"句：孙权时，用步骘为西陵督，骘卒，子协继之。阐，步协之弟。 ②璩（qú 渠）：此处为人名用字。 ③赤溪：水名，发源于舟山（今湖北远安县西北），流入长江。故市：吴将步骘所筑之城，在今湖北宜昌市郭洲坝。 ④青盖：青色的车篷。当时制度，皇太子、皇子为王，

所坐的车子用青盖。

贾充与朝士宴饮，河南尹庾纯醉，与充争言。充曰："父老，不归供养，卿为无天地！"纯曰："高贵乡公何在[①]？"充惭怒，上表解职；纯亦上表自劾。诏免纯官，仍下五府正其臧否[②]。石苞以为纯荣官忘亲，当除名；齐王攸等以为纯于礼律未有违；诏从攸议，复以纯为国子祭酒。

吴主之游华里也，右丞相万彧与右大司马丁奉、左将军留平密谋曰："若至华里不归，社稷事重，不得不自还。"吴主颇闻之，以彧等旧臣，隐忍不发。是岁，吴主因会，以毒酒饮彧，传酒人私减之。又饮留平，平觉之，服他药以解，得不死。彧自杀；平忧懑[③]，月余亦死。徙彧子弟于庐陵。

初，彧请选忠清之士以补近职，吴主以大司农楼玄为宫下镇，主殿中事。玄正身帅众，奉法而行，应对切直，吴主浸不悦。

中书令领太子太傅贺邵上疏谏曰："自顷年以来，朝列纷错，真伪相贸，忠良排坠，信臣被害。是以正士摧方，而庸臣苟媚，先意承指，各希时趣。人执反理之评，士吐诡道之论，遂使清流变浊，忠臣结舌。陛下处九天之上，隐百里之室，言出风靡，令行景从；亲洽宠媚之臣，日闻顺意之辞，将谓此辈实贤而天下已平也。臣闻兴国之君乐闻其过，荒乱之主乐闻其誉；闻其过者过日消而福臻，闻其誉者誉日损而祸至。陛下严刑法以禁直辞，黜善士以逆谏口，杯酒造次，死生不保，仕者以退为幸，居者以出为福，诚非所以保光洪绪，熙隆道化也。何定本仆隶小人，身无行能，而陛下爱其佞媚，假以威福。夫小人求入，必进奸利。定间者妄兴事役，发江边戍兵以驱麋鹿[④]，老弱饥冻，大小怨叹。《传》曰：'国之兴也，视民如赤子；其亡也，以民为草芥[⑤]。'今法禁转苛，赋调益繁，中官、近臣所在兴事，而长吏畏罪，苦民求办。是以人力不堪，家户离散，呼嗟之声，感伤和气。今国无一年之储，家无经月之蓄，而后宫之中坐食者万有余人。又，北敌注目，伺国盛衰，长江之限，不可久恃，苟我不能守，一苇可杭也。愿陛下丰基强本，割情从道，则成、康之治兴，圣祖之祚隆矣！"吴主深恨之。

于是左右共诬楼玄、贺邵相逢,驻共耳语大笑,谤讪政事,俱被诘责;送玄付广州,邵原复职;既而复徙玄于交趾,竟杀之。久之,何定奸秽发闻,亦伏诛。

【注释】

①高贵乡公:即三国时魏皇帝曹髦。260 年,曹髦见权归司马氏,亲往讨之,身为魏国中护军的贾充,却指使太子舍人成济刺杀曹髦(详见本书卷第七十七魏元帝景元元年(260))。本处庾纯提及此事,是揭出贾充老底。 ②五府:五个居于公位者所开之府。当时处于公位的五人是太傅何曾、太尉荀颢、司徒石苞、司空贾充、骠骑将军司马攸。 ③忧懑(mèn 闷):忧虑,抑郁不平。 ④麋(mí 迷)鹿:哺乳动物,毛淡褐色,雄的有角,角像鹿,尾像驴,蹄像牛,颈像骆驼,但从整个来看哪一种动物都不像,故俗称四不像。 ⑤"国之兴也"句:出自《左传》哀公元年,原文作"国之兴也,视民如伤,是其福也;其亡也,以民为土芥,是其祸也"。芥(jiè 介):小草;草介连用,比喻最轻微的、无价值的东西。

羊祜归自江陵,务修德信以怀吴人。每交兵,刻日方战,不为掩袭之计。将帅有欲进谲计者,辄饮以醇酒,使不得言。祜出军行吴境,刈谷为粮,皆计所侵,送绢偿之。每会众江、沔游猎,常止晋地,若禽兽先为吴人所伤而为晋兵所得者,皆送还之。于是吴边人皆悦服。祜与陆抗对境,使命常通:抗遗祜酒,祜饮之不疑;抗疾,求药于祜,祜以成药与之,抗即服之。人多谏抗,抗曰:"岂有鸩人羊叔子哉[1]?"抗告其边戍曰:"彼专为德,我专为暴,是不战而自服也。各保分界而已,无求细利。"吴主闻二境交和,以诘抗,抗曰:"一邑一乡不可以无信义,况大国乎?臣不如此,正是彰其德,于祜无伤也。"

吴主用诸将之谋,数侵盗晋边。陆抗上疏曰:"昔有夏多罪而殷汤用师,纣作淫虐而周武授钺[2],苟无其时,虽复大圣,亦宜养威自保,不可轻动也。今不务力农富国,审官任能,明黜陟,任刑赏,训诸司以德,抚百姓以仁,而听诸将徇名,穷兵黩武,动费万计,士卒凋瘁,寇不为衰而我已大病矣。今争帝王之资而昧十百之利,此人臣之奸便,非国家之良策也!昔齐、鲁三战,鲁人再克,而亡不旋踵。何则？大小之势异也[3]。况今师所克获，不补所丧哉？”吴主不从。

羊祜不附结中朝权贵，荀勖、冯𬘘之徒皆恶之。从甥王衍尝诣祜陈事，辞甚清辩；祜不然之，衍拂衣去。祜顾谓宾客曰：“王夷甫方当以盛名处大位[4]，然败俗伤化，必此人也。”及攻江陵，祜以军法将斩王戎。衍，戎之从弟也，故二人皆憾之，言论多毁祜。时人为之语曰：“二王当国，羊公无德。”

【注释】

①鸩（zhèn 震）：用毒酒害人。羊叔子：即羊祜，祜字叔子。 ②钺（yuè 越）：古兵器，青铜或铁制成，形状像板斧而较大。天子所用的钺是以黄金为饰，象征最高军事权力。有时大臣出征，也授给黄钺以示威重。③“昔齐”以下几句：此《战国策 · 齐策》中张仪游说齐湣王之言，而文字略有变化。 ④王夷甫：即王衍。

资治通鉴卷第八十

晋纪二 起昭阳大荒落，尽屠维大渊献，凡七年。

世祖武皇帝上之下

泰始九年 春，正月，辛酉，密陵元侯郑袤卒。

二月，癸巳，乐陵武公石苞卒。

三月，立皇子祇为东海王。

吴以陆抗为大司马、荆州牧。

夏，四月，戊辰朔，日有食之。

初，邓艾之死[①]，人皆冤之，而朝廷无为之辨者。及帝即位，议郎敦煌段灼上疏曰："邓艾心怀至忠而荷反逆之名，平定巴、蜀而受三族之诛；艾性刚急，矜功伐善，不能协同朋类，故莫肯理之。臣窃以为艾本屯田掌犊人，宠位已极，功名已成，七十老公，复何所求？正以刘禅初降，远郡未附，矫令承制，权安社稷。钟会有悖逆之心，畏艾威名，因其疑似，构成其事。艾被诏书，即遣强兵，束身就缚，不敢顾望，诚知奉见先帝，必无当死之理也。会受诛之后，艾官属将吏，愚戆相聚[②]，自共追艾，破坏槛车[③]，解其囚执；艾在困地，狼狈失据，未尝与腹心之人有平素之谋，独受腹背之诛[④]，岂不哀哉！陛下龙兴，阐弘大度，谓可听艾归葬旧墓，还其田宅，以平蜀之功继封其后，使艾阖棺定谥，死无所恨。则天下徇名之士，思立功之臣，必投汤火，乐为陛下死矣！"帝善其言而未能从。会帝问给事中樊建以诸葛亮之治蜀，曰："吾独不得如亮者而臣之

西晋青瓷香薰

乎?”建稽首曰:“陛下知邓艾之冤而不能直,虽得亮,得无如冯唐之言乎[⑤]?”帝笑曰:“卿言起我意。”乃以艾孙朗为郎中。

吴人多言祥瑞者,吴主以问侍中韦昭,昭曰:“此家人筐箧中物耳!”昭领左国史[⑥],吴主欲为其父作纪,昭曰:“文皇不登极位[⑦],当为传,不当为纪。”吴主不悦,渐见责怒。昭忧惧,自陈衰老,求去侍、史二官,不听。时有疾病,医药监护,持之益急。吴主饮群臣酒,不问能否,率以七升为限。至昭,独以茶代之,后更见逼强。又酒后常使侍臣嘲弄公卿,发摘私短以为欢;时有愆失,辄见收缚,至于诛戮。昭以为外相毁伤,内长尤恨,使群臣不睦,不为佳事,故但难问经义而已。吴主以为不奉诏命,意不忠尽,积前后嫌忿,遂收昭付狱。昭因狱吏上辞,献所著书,冀以此求免。而吴主怪其书垢故,更被诘责;遂诛昭,徙其家于零陵。

五月,以何曾领司徒。

乙未,东海王祗卒。

秋,七月,丁酉朔,日有食之。

诏选公卿以下女备六宫,有蔽匿者以不敬论;采择未毕,权禁天下嫁娶。帝使杨后择之,后惟取洁白长大而舍其美者。帝爱卞氏女,欲留之。后曰:“卞氏三世后族[⑧],不可屈以卑位。”帝怒,乃自择之,中选者以绛纱系臂,公卿之女为三夫人、九嫔[⑨],二千石、将、校女补良人以下[⑩]。

九月,吴主悉封其子弟为十一王,王给三千兵,大赦。

是岁,郑冲以寿光公罢。

吴主爱姬遣人至市夺民物。司市中郎将陈声素有宠于吴主,绳之以法。姬诉于吴主,吴主怒,假他事烧锯断声头,投其身于四望之下[11]。

【注释】

①邓艾之死：事见本书卷第七十八魏元帝咸熙元年(264)。 ②戇(zhuàng 壮)：憨厚而刚直。 ③槛(jiàn 监)车：囚禁犯人或装载猛兽的有栅栏的车子。 ④腹背之诛：腹在前，背在后，意为前后皆不免于被杀。 ⑤冯唐之言：冯唐，西汉官吏，安陵(今陕西咸阳市东北)人，文帝时为郎中署长。一日，文帝与冯唐交谈，唐向文帝称赞廉颇、李牧的将才，文帝说："嗟乎，吾独不得廉颇、李牧为将！吾岂忧匈奴哉！"唐以为文帝不善用人，便说道："陛下虽得廉颇、李牧，弗能用也。"樊建所提"冯唐之言"，即指此次交谈。 ⑥左国史：吴国史官，与右国史一道修撰国史。⑦文皇：指孙皓之父孙和(224—253)。和字子孝，吴郡富春(今浙江杭州市富阳区)人、孙权之子。赤乌五年(242)，立为太子。十三年(250)，因受谗言被废。太元二年(252)，封为南阳王，居长沙。次年，为权臣孙峻所杀。皓登帝位后，追谥为文皇帝。 ⑧三世后族：卞氏为后者，第一世是指魏武帝曹操卞后。卞后之弟卞秉生卞兰、卞琳，兰孙女为高贵乡公曹髦后，琳女为陈留王曹奂后，共三世。 ⑨三夫人、九嫔：据《礼记·曲礼》等典籍记载，古代天子有六宫、三夫人、九嫔、二十七世妇、八十一御妻等说法。晋武帝采用汉魏之制，制定妃嫔名号，共十二等，贵嫔、夫人、贵人，是三夫人，位视三公。淑妃、淑媛、淑仪、修华、修容、修仪、婕妤、容华、充华，是九嫔，位视九卿。 ⑩良人：后宫中地位低于妃嫔的宫女。 ⑪四望：山名，在今江苏南京市江宁区西北。

十年 春，正月，乙未，日有食之。

闰月，癸酉，寿光成公郑冲卒。

丁亥，诏曰："近世以来，多由内宠以登后妃，乱尊卑之序；自今不得以妾媵为正嫡[1]。"

分幽州置平州。

三月，癸亥，日有食之。

诏又取良家及小将吏女五千人入宫选之[2]，母子号哭于宫中，声闻于外。

夏，四月，己未，临淮康公荀颉卒。

吴左夫人王氏卒。吴主哀念，数月不出，葬送甚盛。时何氏以太后故，宗族骄横。吴主舅子何都貌类吴主，民间讹言："吴主已死，立者何都也。"会稽又讹言："章安侯奋当为天子。"奋母仲姬墓在豫章[3]，豫章太守张俊为之扫除。临海太守奚熙与会稽太守郭诞书，非议国政；诞但白熙书，不白妖言。吴主怒，收诞系狱。诞惧，功曹邵畴曰："畴在，明府何忧？"遂诣吏自列曰："畴厕身本郡，位极朝右，以噂嗒之语[4]，本非事实，疾其丑声，不忍闻见，欲含垢藏疾，不彰之翰墨，镇躁归静，使之自息。故诞屈其所是，默以见从。此之为愆，实由于畴。不敢逃死，归罪有司。"因自杀。吴主乃免诞死，送付建安作船。遣其舅三郡督何植收奚熙。熙发兵自守，其部曲杀熙，送首建业。又车裂张俊，皆夷三族；并诛章安侯奋及其五子。

秋，七月，丙寅，皇后杨氏殂[5]。初，帝以太子不慧，恐不堪为嗣，常密以访后；后曰："立子以长不以贤，岂可动也？"镇军大将军胡奋女为贵嫔，有宠于帝，后疾笃，恐帝立贵嫔为后，致太子不安，枕帝膝泣曰："叔父骏女芷有德色，愿陛下以备六宫。"帝流涕许之。

以前太常山涛为吏部尚书。涛典选十余年，每一官缺，辄择才资可为者启拟数人，得诏旨有所向，然后显奏之。帝之所用，或非举首[6]，众情不察，以涛轻重任意，言之于帝。帝益亲爱之。涛甄拔人物，各为题目而奏之，时称"山公启事"。

涛荐嵇绍于帝，请以为秘书郎；帝发诏征之。绍以父康得罪[7]，屏居私门，欲辞不就。涛谓之曰："为君思之久矣，天地四时，犹有消息，况于人乎！"绍乃应命，帝以为秘书丞。

初，东关之败[8]，文帝问僚属曰："近日之事，谁任其咎？"安东司马王仪，修之子也[9]，对曰："责在元帅。"文帝怒曰："司马欲委罪孤邪？"引出斩之。仪子裒痛父非命，隐居教授，三征七辟，皆不就。未尝西向而坐[10]，庐于墓侧，旦夕攀柏悲号，涕泪著树，树为之枯。读《诗》至"哀哀父母，生我劬劳"[11]，未尝不三复流涕，门人为之废《蓼莪》[12]。家贫，计口而田，度身而蚕；人或馈之，不受，助之，不听。诸生密为刈麦，裒辄弃之，遂不仕而终。

臣光曰：昔舜诛鲧而禹事舜，不敢废至公也。嵇康、王仪，死皆不以其罪，二子不仕晋室可也；嵇绍苟无荡阴之忠[13]，殆不免于君子之讥乎！

【注释】

①妾媵（yìng 映）：古代诸侯贵族女子出嫁，从嫁的妹妹或侄女称媵，后通称侍妾为妾媵。　②良家：指所谓家世清白即不从事医巫商贾百工等职业的家庭，通常为民间地主。　③豫章：郡名，治今江西南昌市。　④噂喈（zǔntà 撙踏）：议论纷纭。　⑤殂（cú 徂）：死亡。　⑥举首：选拔中排在前列的人。　⑦“绍以”句：嵇康以非议商汤和周武王改朝换代，影射司马昭将篡权而被杀，详见本书卷第七十八魏元帝景元三年（262）。　⑧东关之败：指魏嘉平四年（252）安东将军司马昭统领诸军伐吴，在东关大败一事，详见本书卷第七十五魏邵陵厉公嘉平四年。东关，在今安徽巢湖市东南。　⑨王修：汉魏之际官吏。字叔治，北海营陵（今山东昌乐县东南）人。汉献帝时官至魏郡太守，魏国初建，为大司农郎中令，徙奉尚，卒于官。　⑩“未尝”句：王裒家住城阳营陵（今山东昌乐县东南），晋都洛阳在其西，裒誓不仕晋，故不“西向而坐”。　⑪劬（qú 渠）劳：劳累。　⑫《蓼莪》：《诗经》篇名。蓼（lù 录），形容植物高大；莪（é 额），多年生草本植物，叶子像针，花黄绿色，头状花序，生在水边。　⑬荡阴之忠：永兴元年（304），惠帝征讨成都王司马颖，兵败荡阴（今河南汤阴县），侍从皆散，嵇绍独自以身卫帝，后被杀。详见本书卷第八十五惠帝永兴元年。

吴大司马陆抗疾病，上疏曰：“西陵、建平，国之蕃表，既处上流，受敌二境。若敌泛舟顺流，星奔电迈，非可恃援他部以救倒县也。此乃社稷安危之机，非徒封疆侵陵小害也。臣父逊，昔在西垂上言，‘西陵国之西门，虽云易守，亦复易失。若有不守，非但失一郡，荆州非吴有也。如其有虞，当倾国争之’。臣前乞屯精兵三万，而主者循常，未肯差赴。自步阐以后[1]，益更损耗。今臣所统千里，外御强对，内怀百蛮，而上下见兵，财有数万，羸敝日久，难以待变。臣愚以为诸王幼冲，无用兵马以妨要务。又，黄门宦官开立占募，兵民避役，逋逃入占。乞特诏简阅，一切料出，以补疆埸受敌常处，使臣所部足满八万，省息众务，并力备御，庶几无虞。若其不然，深可忧也！臣死之后，乞以西方为属。”及卒，吴主使其子晏、景、玄、机、云分将其兵。机、云皆善属文，名重于世。

陆机像

初，周鲂之子处，膂力绝人，不修细行，乡里患之。处尝问父老曰："今时和岁丰而人不乐，何邪？"父老叹曰："三害不除，何乐之有！"处曰："何谓也？"父老曰："南山白额虎[2]，长桥蛟[3]，并子为三矣。"处曰："若所患止此，吾能除之。"乃入山求虎，射杀之，因投水，搏杀蛟；遂从机、云受学，笃志读书，砥节砺行，比及期年，州府交辟。

八月，戊申，葬元皇后于峻阳陵。帝及群臣除丧即吉，博士陈逵议，以为"今时所行，汉帝权制；太子无有国事，自宜终服"。尚书杜预以为："古者天子、诸侯三年之丧，始同齐、斩[4]，既葬除服，谅闇以居[5]，心丧终制。故周公不言高宗服丧三年而云谅闇[6]，此服心丧之文也；叔向不讥景王除丧而讥其宴乐已早[7]，明既葬应除，而违谅闇之节也。君子之于礼，存诸内而已；礼非玉帛之谓[8]，丧岂衰麻之谓乎！太子出则抚军，守则监国，不为无事，宜卒哭除衰麻，而以谅闇终三年。"帝从之。

臣光曰：规矩主于方圆，然庸工无规矩则方圆不可得而制也；衰麻主于哀戚，然庸人无衰麻则哀戚不可得而勉也。《素冠》之诗[9]，正为是矣。杜预巧饰《经》《传》以附人情，辩则辩矣，臣谓不若陈逵之言质略而敦实也。

九月，癸亥，以大将军陈骞为太尉。

杜预以孟津渡险[10]，请建河桥于富平津[11]。议者以为："殷周所都，历圣贤而不作者，必不可立故也。"预固请为之。及桥成，帝从百寮临会，举觞属预曰：“非君，此桥不立。”对曰：“非陛下之明，臣亦无所施其巧。”

是岁，邵陵厉公曹芳卒。初，芳之废迁金墉也，太宰中郎陈留范粲素服拜送，哀动左右；遂称疾不出，阳狂不言，寝所乘车，足不履地。子孙有婚宦大事，辄密谘焉，合者则色无变，不合则眠寝不安，妻子以此知其旨。子乔等三人，并弃学业，绝人事，侍疾家庭，足不出邑里。及帝即位，诏以二千石禄养病，加赐帛百匹，乔以父疾笃，辞不敢受。粲不言凡三十六年，年八十四，终于所寝之车。

吴比三年大疫。

【注释】

①“自步阐”句：步阐降晋，见本书卷第七十九晋武帝泰始八年(272)。 ②南山：泛指义兴阳羡(今江苏宜兴市)境内南部诸山。 ③长桥：地名，在今江苏宜兴市境内。 ④齐(zī 资)：即齐衰(cuī 崔)，丧服名。为五种丧服之一，次于斩衰。以粗麻布做成，因其缉边缝齐，故称齐衰。斩：即斩衰，丧服中最重要的一种。用粗麻布制成的丧服，左右及下边不缝。 ⑤谅闇：也作“亮阴”“凉阴”。有二说，一说为天子、诸侯居丧之称，一说为居丧之所，即凶庐。本处意为后者。 ⑥“故周公”句：事见《尚书·无逸》。 ⑦“叔向”句：事见《左传》昭公十五年。 ⑧礼非玉帛：语出《论语·阳货》。孔子说：“礼云礼云，玉帛云乎哉？” ⑨《素冠》：《诗经》中的一首悼亡诗。 ⑩孟津：地名，一名盟津，亦称武泽，在今河南洛阳市孟津区东北、孟州市西南。 ⑪富平津：地名，在今河南孟州市西南。

咸宁元年 春，正月，戊午朔，大赦，改元。

吴掘地得银尺，上有刻文；吴主大赦，改元天册。

吴中书令贺邵中风不能言，去职数月。吴主疑其诈，收付酒藏[①]，掠考千数，卒无一言，乃烧锯断其头，徙其家属于临海。又诛楼玄子孙[②]。

夏，六月，鲜卑拓跋力微复遣其子沙漠汗入贡[③]，将还，幽州刺史卫瓘表请留之，又密以金赂其诸部大人离间之。

秋，七月，甲申晦，日有食之。

冬，十二月，丁亥，追尊宣帝庙曰高祖，景帝曰世宗，文帝曰太祖。

大疫，洛阳死者以万数。

【注释】

①酒藏（zàng 葬）：官署名，职掌不明，原当为宫中藏酒之处，后被用作考掠犯人之所。 ②“又诛”句：诛楼玄事，见本书卷第七十九晋武帝泰始八年（272）。 ③“鲜卑”句：拓跋沙漠汗初次入贡，见本书卷第七十八魏元帝景元二年（261）。

二年 春，令狐丰卒，弟宏继立，杨欣讨斩之。

帝得疾甚剧，及愈，群臣上寿。诏曰：“每念疫气死亡者，为之怆然。岂以一身之休息，忘百姓之艰难邪？”诸上礼者，皆绝之。

初，齐王攸有宠于文帝，每见攸，辄抚床呼其小字曰：“此桃符座也！”几为太子者数矣[①]。临终，为帝叙汉淮南王、魏陈思王事而泣，执攸手以授帝。太后临终，亦流涕谓帝曰：“桃符性急，而汝为兄不慈，我若不起，必恐汝不能相容，以是属汝，勿忘我言！”及帝疾甚，朝野皆属意于攸。攸妃，贾充之长女也。河南尹夏侯和谓充曰：“卿二婿[②]，亲疏等耳。立人当立德。”充不答。攸素恶荀勖及左卫将军冯纨倾谄，勖乃使纨说帝曰：“陛下前日疾若不愈，齐王为公卿百姓所归，太子虽欲高让，其得免乎！宜遣还藩，以安社稷。”帝阴纳之，乃徙和为光禄勋，夺充兵权，而位遇无替。

吴施但之乱[③]，或谮京下督孙楷于吴主曰：“楷不时赴讨，怀两端。”吴主数诘让之，征为宫下镇、骠骑将军。楷自疑惧，夏，六月，将妻子来奔，拜车骑将军，封丹阳侯。

秋，七月，吴人或言于吴主曰：“临平湖自汉末薉塞[④]，长老言：‘此湖塞，天下乱；此湖开，天下平。’近无故忽更开通，此天下当太平，青盖入洛之祥也。”吴主以问奉禁都尉历阳陈训，对曰：“臣止能望气，不能达湖之开塞。”退而告其友曰：“青盖入洛者，将有衔璧之事[⑤]，非吉祥也。”

或献小石刻“皇帝”字，云得于湖边；吴主大赦，改元天玺。

湘东太守张咏不出算缗，吴主就在所斩之，徇首诸郡。会稽太守车浚公清有政绩，值郡旱饥，表求振贷，吴主以为收私恩，遣使枭首。尚书熊睦微有所谏，吴主以刀镮撞杀之[⑥]，身无完肌。

八月，己亥，以何曾为太傅，陈骞为大司马，贾充为太尉，齐王攸为司空。

吴历阳山有七穿骈罗，穿中黄赤，俗谓之石印，云："石印封发，天下当太平。"历阳长上言石印发，吴主遣使者以太牢祠之。使者作高梯登其上，以朱书石曰："楚九州渚，吴九州都。扬州士，作天子，四世治，太平始[⑦]。"还以闻。吴主大喜，封其山神为王，大赦，改明年元曰天纪。

【注释】

①"几为"句：事见本书卷第七十八魏元帝咸熙元年(264)。 ②二婿：指司马攸及晋武帝太子司马衷。 ③"吴施但"句：施但之乱，见本书卷第七十九晋武帝泰始二年(266)。 ④临平湖：湖名，在今浙江杭州市余杭区南。薉(huì 会)：土地荒芜，长满杂草。 ⑤衔璧：口含璧玉，比喻战败投降。古代国君死后，装殓时口中含玉，故战败出降者衔璧以表示国亡当死。 ⑥镮(huán 环)：金属器物中圆形中央有孔可穿系者。⑦"楚九"六句：意为"楚国的九州成沙洲，吴国的九州建城池，扬州人士，当作天子，四世治理，太平开始"。

冬，十月，以汝阴王骏为征西大将军，羊祜为征南大将军，皆开府辟召，仪同三司。

祜上疏请伐吴曰："先帝西平巴、蜀，南和吴、会[①]，庶几海内得以休息；而吴复背信，使边事更兴。夫期运虽天所授，而功业必因人而成，不一大举扫灭，则兵役无时得息也。蜀平之时，天下皆谓吴当并亡，自是以来，十有三年矣。夫谋之虽多，决之欲独。凡以险阻得全者，谓其势均力敌耳。若轻重不齐，强弱异势，虽有险阻，不可保也。蜀之为国，非不险也，皆云一夫荷戟，千人莫当。及进兵之日，曾无藩篱之限，乘胜席卷，径至成都，汉中诸城，皆鸟栖而不敢出，非无战心，诚力不足以相抗也。及刘禅请降，诸营堡索然俱散。今江、淮之险不如剑阁，孙皓之暴过于刘禅，吴人之困甚于巴、蜀，而大晋兵力盛于往时，不于此际平壹四海，而更阻兵相守，使天下困于征戍，经历盛衰，不可长久也。今若引梁、益之兵水陆俱下，荆、楚之众进临江陵，平南、豫州直指夏口[2]，徐、扬、青、兖并会秣陵；以一隅之吴当天下之众，势分形散，所备皆急。巴、汉奇兵出其空虚，一处倾坏，则上下震荡，虽有智者不能为吴谋矣。吴缘江为国，东西数千里，所敌者大，无有宁息。孙皓恣情任意，与下多忌，将疑于朝，士困于野，无有保世之计，一定之心，平常之日，犹怀去就，兵临之际，必有应者，终不能齐力致死，已可知也。其俗急速不能持久，弓弩戟楯不如中国；唯有水战是其所便，一入其境，则长江非复所保，还趣城池，去长入短，非吾敌也。官军县进，人有致死之志，吴人内顾，各有离散之心。如此，军不逾时，克可必矣。"帝深纳之。而朝议方以秦、凉为忧，祜复表曰："吴平则胡自定，但当速济大功耳。"议者多有不同，贾充、荀勖、冯纨尤以伐吴为不可。祜叹曰："天下不如意事十常居七八。天与不取，岂非更事者恨于后时哉?"唯度支尚书杜预、中书令张华与帝意合，赞成其计。

丁卯，立皇后杨氏，大赦。后，元皇后之从妹也。美而有妇德。帝初聘后，后叔父珧上表曰："自古一门二后，未有能全其宗者，乞藏此表于宗庙，异日如臣之言，得以免祸。"帝许之。

十二月，以后父镇军将军骏为车骑将军，封临晋侯。尚书褚䂮、郭奕皆表骏小器[3]，不可任社稷之重。帝不从。骏骄傲自得，胡奋谓骏曰："卿恃女更益豪邪？历观前世，与天家婚[4]，未有不灭门者，但早晚事耳。"骏曰："卿女不在天家乎?"奋曰："我女与卿女作婢耳，何能为损益乎?"

【注释】

①"先帝"二句：西平巴蜀、南和吴会，分见本书卷第七十八魏元帝景元四年(263)、咸熙元年(264)。　②平南：指平南将军胡奋。豫州：指豫州刺史王戎。　③䂮(lüè 掠)：此处为人名用字。　④天家：天子之家。

三年　春，正月，丙子朔，日有食之。

立皇子裕为始平王；庚寅，裕卒。

三月，平虏护军文鸯督凉、秦、雍州诸军讨树机能，破之，诸胡二十万口来降。

夏，五月，吴将邵觊、夏祥帅众七千余人来降。

秋，七月，中山王睦坐招诱逋亡，贬为丹水县侯。

有星孛于紫宫。

卫将军杨珧等建议[①]，以为“古者封建诸侯，所以藩卫王室；今诸王公皆在京师，非扞城之义[②]。又，异姓诸将居边，宜参以亲戚”。帝乃诏诸王各以户邑多少为三等，大国置三军五千人，次国二军三千人，小国一军一千一百人；诸王为都督者，各徙其国使相近。八月，癸亥，徙扶风王亮为汝南王，出为镇南大将军，都督豫州诸军事；琅邪王伦为赵王，督邺城守事；勃海王辅为太原王，监并州诸军事；以东莞王伷在徐州，徙封琅邪王；汝阴王骏在关中，徙封扶风王；又徙太原王颙为河间王；汝南王柬为南阳王。辅，孚之子；颙，孚之孙也。其无官者，皆遣就国。诸王公恋京师，皆涕泣而去。又封皇子玮为始平王，允为濮阳王，该为新都王，遐为清河王。

其异姓之臣有大功者，皆封郡公、郡侯。封贾充为鲁郡公。追封王沈为博陵郡公。

徙封巨平侯羊祜为南城郡侯，祜固辞不受。祜每拜官爵，常多避让，至心素著，故特见申于分列之外[③]。祜历事二世，职典枢要，凡谋议损益，皆焚其草，世莫得闻；所进达之人皆不知所由。常曰：“拜官公朝，谢恩私门，吾所不敢也。”

兖、豫、徐、青、荆、益、梁七州大水。

冬，十二月，吴夏口督孙慎入江夏、汝南，略千余家而去。诏遣侍臣诘羊祜不追讨之意，并欲移荆州。祜曰：“江夏去襄阳八百里，比知贼问，贼已去经日，步军安能追之！劳师以免责，非臣志也。昔魏武帝置都督，类皆与州相近，以兵势好合恶离故也。疆埸之间，一彼一此，慎守而已。若辄徙州，贼出无常，亦未知州之所宜据也。”

是岁，大司马陈骞自扬州入朝，以高平公罢。

吴主以会稽张俶多所谮白[④]，甚见宠任，累迁司直中郎将，封侯。其父为山阴县卒，知俶不良，上表曰："若用俶为司直，有罪乞不从坐。"吴主许之。俶表置弹曲二十人，专纠司不法，于是吏民各以爱憎互相告讦[5]，狱犴盈溢[6]，上下嚣然。俶大为奸利，骄奢暴横，事发，父子皆车裂。

卫瓘遣拓跋沙漠汗归国。自沙漠汗入质，力微可汗诸子在侧者多有宠[7]。及沙漠汗归，诸部大人共谮而杀之。既而力微疾笃，乌桓王库贤亲近用事，受卫瓘赂，欲扰动诸部，乃砺斧于庭，谓诸大人曰："可汗恨汝曹谗杀太子，欲尽收汝曹长子杀之。"诸大人惧，皆散走。力微以忧卒，时年一百四。子悉禄立，其国遂衰。

初，幽、并二州皆与鲜卑接，东有务桓[8]，西有力微，多为边患。卫瓘密以计间之，务桓降而力微死。朝廷嘉瓘功，封其弟为亭侯。

【注释】

①"卫将军"句：据《晋书·职官志》，杨珧和荀勖因司马攸有声望，担心太子司马衷有后难，故提出这个建议。 ②扞(hàn 汉)城：保卫疆土的人。 ③见申：志向得以实现，此处指准许辞爵。分列：分封列爵。④俶(chù 处)：此处为人名用字。 ⑤告讦(jié 洁)：揭发别人的阴私和过失。 ⑥狱犴(àn 岸)：牢狱。犴，传说中的野犬，古代常把它的形象画在牢狱的门上，故牢狱又称狱犴。 ⑦可汗(kèhán 客寒)：我国古代匈奴、鲜卑、突厥等族最高统治者的称号。 ⑧务桓：匈奴右贤王刘去卑的曾孙。

四年　春，正月，庚午朔，日有食之。

司马督东平马隆上言[1]："凉州刺史杨欣失羌戎之和，必败。"夏，六月，欣与树机能之党若罗拔能等战于武威，败死。

弘训皇后羊氏殂。

羊祜以病求入朝，既至，帝命乘辇入殿，不拜而坐。祜面陈伐吴之计，帝善之。以祜病，不宜数入，更遣张华就问筹策，祜曰："孙皓暴虐已甚，于今可不战而克。若皓不幸而没，吴人更立令主，虽有百万之众，长江未可窥也，将为后患矣！"华深然之。祜曰："成吾志者，子也。"帝欲使祜卧护诸将，祜曰："取吴不必臣行，但既平之后，当劳圣虑耳。功名之际，臣不敢居；若事了，当有所付授，愿审择其人也。”

秋，七月，己丑，葬景献皇后于峻平陵。

司、冀、兖、豫、荆、扬州大水[2]，螟伤稼。诏问主者：“何以佐百姓？”度支尚书杜预上疏，以为：“今者水灾东南尤剧，宜敕兖、豫等诸州留汉氏旧陂，缮以蓄水，余皆决沥，令饥者尽得鱼菜螺蚌之饶，此目下日给之益也。水去之后，滇淤之田[3]，亩收数钟[4]，此又明年之益也。典牧种牛有四万五千余头[5]，不供耕驾，至有老不穿鼻者，可分以给民，使及春耕种，谷登之后，责其租税，此又数年以后之益也。”帝从之，民赖其利。预在尚书七年，损益庶政，不可胜数，时人谓之“杜武库”，言其无所不有也。

九月，以何曾为太宰；辛巳，以侍中、尚书令李胤为司徒。

吴主忌胜己者，侍中、中书令张尚，纮之孙也[6]，为人辩捷，谈论每出其表，吴主积以致恨。后问：“孤饮酒可以方谁？”尚曰：“陛下有百觚之量[7]。”吴主曰：“尚知孔丘不王，而以孤方之。”因发怒，收尚。公卿已下百余人，诣宫叩头，请尚罪，得减死，送建安作船，寻就杀之。

【注释】

①司马督：武官名，属卫将军。晋制，左右卫将军以前驱、由基、强弩

魏晋《驿使图》壁画砖

为三部司马,下各置督,负责宫廷守卫。　②司州:州名,治今河南洛阳市东北。　③滇淤之田:据《晋书·食货志》,当作“填淤之田”(或“滇”读作 tián,表示盛多)。　④钟:先秦时量制单位名,一种容六斛四斗。⑤典牧:职官名,属太仆,掌管宫廷所用牲畜养育事务。　⑥张纮(hóng宏):三国时吴官吏。字子纲,广陵(治今江苏扬州市西北)人。孙权为讨虏将军时,以纮为长史。后劝孙权建都秣陵。著有诗赋铭诔十多篇,已佚。　⑦百觚(gū)之量:能饮一百觚的酒量。觚,酒器,容 2 ~ 3 升(魏晋时一升约合今 200 毫升)。据《孔丛子》记载,战国时赵平原君和孔子高一起喝酒,强迫要后者多喝,并说:“谚云,尧饮千钟,孔子百觚,子路嗑嗑(kè 刻),尚饮十榼(kē 苛)。古之圣贤,无不能饮,子何辞焉?”孙皓从这个典故,认为张尚竟然把他同没登过王位的孔子相提并论,因而大怒。

冬,十月,征征北大将军卫瓘为尚书令。是时,朝野咸知太子昏愚,不堪为嗣,瓘每欲陈启而未敢发;会侍宴陵云台,瓘阳醉,跪帝床前曰:“臣欲有所启。”帝曰:“公所言何邪?”瓘欲言而止者三,因以手抚床曰:“此座可惜!”帝意悟,因谬曰:“公真大醉邪?”瓘于此不复有言。帝悉召东宫官属,为设宴会,而密封尚书疑事,令太子决之。贾妃大惧,倩外人代对,多引古义。给使张泓曰[①]:“太子不学,陛下所知,而答诏多引古义,必责作草主,更益谴负,不如直以意对。”妃大喜,谓泓曰:“便为我好答,富贵与汝共之。”泓即具草,令太子自写,帝省之甚悦。先以示瓘,瓘大踧踖[②],众人乃知瓘尝有言也。贾充密遣人语妃云:“卫瓘老奴,几破汝家!”

吴人大佃皖城[③],欲谋入寇,都督扬州诸军事王浑遣扬州刺史应绰攻破之,斩首五千级,焚其积谷百八十余万斛,践稻田四千余顷,毁船六百余艘。

十一月,辛巳,太医司马程据献雉头裘,帝焚之于殿前。甲申,敕内外敢有献奇技异服者,罪之。

羊祜疾笃,举杜预自代。辛卯,以预为镇南大将军、都督荆州诸军事。祜卒,帝哭之甚哀。是日,大寒,涕泪沾须鬓皆为冰。祜遗令不得以南城侯印入柩。帝曰:“祜固让历年,身没让存,今听复本封，以彰高美。”南州民闻祜卒，为之罢市，巷哭声相接。吴守边将士亦为之泣。祜好游岘山[4]，襄阳人建碑立庙于其地，岁时祭祀，望其碑者无不流涕，因谓之堕泪碑。

杜预至镇，简精锐，袭吴西陵督张政，大破之。政，吴之名将也。耻以无备取败，不以实告吴主。预欲间之，乃表还其所获。吴主果召政还，遣武昌监留宪代之。

十二月，丁未，朗陵公何曾卒。曾厚自奉养，过于人主。司隶校尉东莱刘毅数劾奏曾侈汰无度，帝以其重臣，不问。及卒，博士新兴秦秀议曰：“曾骄奢过度，名被九域。宰相大臣，人之表仪，若生极其情，死又无贬，王公贵人复何畏哉！谨按《谥法》，‘名与实爽曰缪，怙乱肆行曰丑[5]’。宜谥丑缪公。”帝策谥曰孝。

前司隶校尉傅玄卒。玄性峻急，每有奏劾，或值日暮，捧白简，整簪带，竦踊不寐，坐而待旦；由是贵游震慑，台阁生风。玄与尚书左丞博陵崔洪善，洪亦清厉骨鲠，好面折人过，而退无后言，人以是重之。

鲜卑树机能久为边患，仆射李憙请发兵讨之，朝议皆以为出兵重事，虏不足忧。

【注释】

①给使：东宫内侍、随从人员。 ②踧踖（cùjí 促吉）：恭敬而不安的样子。 ③皖城：县城名，在今安徽潜山市。 ④岘（xiàn 现）山：山名，一名岘首山，在今湖北襄阳市南。 ⑤怙（hù 互）乱：乘乱取利。

五年　春，正月，树机能攻陷凉州。帝甚悔之，临朝而叹曰：“谁能为我讨此虏者？”司马督马隆进曰：“陛下能任臣，臣能平之。”帝曰：“必能平贼，何为不任？顾方略何如耳！”隆曰：“臣愿募勇士三千人，无问所从来，帅之以西，虏不足平也。”帝许之。乙丑，以隆为讨虏护军、武威太守。公卿皆曰：“见兵已多，不宜横设赏募，隆小将妄言，不足信也。”帝不听。隆募能引弓四钧、挽弩九石者取之[1]，立标简试，自旦至日中，得三千五百人。隆曰：“足矣。”又请自至武库选仗，武库令与隆忿争，御史中丞劾奏隆。隆曰：“臣当毕命战场，武库令乃给以魏时朽仗，非陛下所以使臣之意也。”帝命惟隆所取，仍给三年军资而遣之。

初，南单于呼厨泉以兄於扶罗子豹为左贤王，及魏武帝分匈奴为五部，以豹为左部帅。豹子渊，幼而俊异，师事上党崔游，博习经史。尝谓同门生上党朱纪、雁门范隆曰：“吾常耻随、陆无武[2]，绛、灌无文[3]；随、陆遇高帝而不能建封侯之业，绛、灌遇文帝而不能兴庠序之教，岂不惜哉！”于是兼学武事。及长，猿臂善射，膂力过人[4]，姿貌魁伟。为任子在洛阳，王浑及子济皆重之，屡荐于帝，帝召与语，悦之。济曰：“渊有文武长才，陛下任以东南之事，吴不足平也。”孔恂、杨珧曰：“非我族类，其心必异[5]。渊才器诚少比，然不可重任也。”及凉州覆没，帝问将于李憙，对曰：“陛下诚能发匈奴五部之众，假刘渊一将军之号，使将之而西，树机能之首可指日而枭也。”孔恂曰：“渊果枭树机能，则凉州之患方更深耳。”帝乃止。

东莱王弥家世二千石，弥有学术勇略，善骑射，青州人谓之“飞豹”。处士陈留董养见而谓之曰：“君好乱乐祸，若天下有事，不作士大夫矣。”渊与弥友善，谓弥曰：“王、李以乡曲见知，每相称荐，适足为吾患耳。”因歔欷流涕。齐王攸闻之，言于帝曰：“陛下不除刘渊，臣恐并州不得久安。”王浑曰：“大晋方以信怀殊俗，奈何以无形之疑杀人侍子乎？何德度之不弘也！”帝曰：“浑言是也。”会豹卒，以渊代为左部帅。

夏，四月，大赦。

除部曲督以下质任。

吴桂林太守修允卒，其部曲应分给诸将。督将郭马、何典、王族等累世旧军，不乐离别，会吴主料实广州户口，马等因民心不安，聚众攻杀广州督虞授，马自号都督交、广二州诸军事，使典攻苍梧，族攻始兴[6]。秋，八月，吴以军师张悌为丞相，牛渚都督何植为司徒，执金吾滕修为司空；未拜，更以修为广州牧，帅万人从东道讨郭马。马杀南海太守刘略，逐广州刺史徐旗。吴主又遣徐陵督陶浚将七千人[7]，从西道与交州牧陶璜共击马。

【注释】

①钧：衡制单位名，一钧为30斤，其时一斤合今0.25公斤。石：衡

制单位名，一石为 120 斤。 ②随、陆：指西汉初年的文臣随何、陆贾。 ③绛、灌：指西汉初年的武将绛侯周勃、灌婴。 ④膂（lǚ 旅）：脊骨。膂力，体力。 ⑤“非我”二句：语出《左传》成公四年，原文中的“族”指宗族，后世引用扩大到“民族”“部族”。 ⑥始兴：郡名，治今广东韶关市东南莲花岭下。 ⑦徐陵：地名，即今江苏镇江市京口里。

吴有鬼目菜[1]，生工人黄耉家[2]；有买菜[3]，生工人吴平家。东观案图书，名鬼目曰芝草，买菜曰平虑草。吴主以耉为侍芝郎，平为平虑郎，皆银印青绶[4]。

吴主每宴群臣，咸令沉醉。又置黄门郎十人为司过，宴罢之后，各奏其阙失，迕视谬言，罔有不举，大者即加刑戮，小者记录为罪，或剥人面，或凿人眼。由是上下离心，莫为尽力。

益州刺史王浚上疏曰：“孙皓荒淫凶逆，宜速征伐。若一旦皓死，更立贤主，则强敌也。臣作船七年，日有朽败；臣年七十，死亡无日。三者一乖，则难图也。诚愿陛下无失事机。”帝于是决意伐吴。会安东将军王浑表孙皓欲北上，边戍皆戒严，朝廷乃更议明年出师。王浚参军何攀奉使在洛，上疏称：“皓必不敢出，宜因戒严，掩取甚易。”

杜预上表曰：“自闰月以来[5]，贼但敕严，下无兵上。以理势推之，贼之穷计，力不两完，必保夏口以东以延视息，无缘多兵西上，空其国都。而陛下过听，便用委弃大计，纵敌患生，诚可惜也。向使举而有败，勿举可也。今事为之制，务从完牢，若或有成，则开太平之基，不成不过费损日月之间，何惜而不一试之！若当须后年，天时人事，不得如常，臣恐其更难也。今有万安之举，无倾败之虑，臣心实了，不敢以暧昧之见自取后累，惟陛下察之。”旬月未报，预复上表曰：“羊祜不先博谋于朝臣，而密与陛下共施此计，故益令朝臣多异同之议。凡事当以利害相校，今此举之利十有八九，而其害一二，止于无功耳。必使朝臣言破败之形，亦不可得，直是计不出己，功不在身，各耻其前言之失而固守之也。自顷朝廷事无大小，异意锋起，虽人心不同，亦由恃恩不虑后患，故轻相同异也。自秋已来，讨贼之形颇露，今若中止，孙皓或怖而生计，徙都武昌，更完修江南诸城，远其居民，城不可攻，野无所掠，则明年之计或无所及矣！”帝方与张华围棋，预表适至，华推枰敛手曰[⑥]：“陛下圣武，国富兵强，吴主淫虐，诛杀贤能，当今讨之，可不劳而定，愿勿以为疑！”帝乃许之。以华为度支尚书，量计运漕。贾充、荀勖、冯纨固争之，帝大怒，充免冠谢罪。仆射山涛退而告人曰：“自非圣人，外宁必有内忧，今释吴为外惧，岂非算乎？”

冬，十一月，大举伐吴，遣镇军将军琅邪王伷出涂中[⑦]，安东将军王浑出江西[⑧]，建威将军王戎出武昌，平南将军胡奋出夏口，镇南大将军杜预出江陵，龙骧将军王濬、巴东监军鲁国唐彬下巴、蜀，东西凡二十余万。命贾充为使持节、假黄钺、大都督[⑨]，以冠军将军杨济副之；充固陈伐吴不利，且自言衰老，不堪元帅之任。诏曰：“君若不行，吾便自出。”充不得已，乃受节钺，将中军南屯襄阳，为诸军节度。

【注释】

①鬼目菜：即芝草，菌类植物的一种，古人认为是瑞草。《三国志·吴书·孙晧传》记载，这次生长的鬼目菜是攀在枣树上，一丈多长，茎广四寸，厚三分。②耇（gǒu 苟）：此处为人名用字。 ③买菜：即苦菜。《三国志·吴书·孙晧传》记载，吴平家的买菜有四尺高，厚三分，如枇杷形，上方一尺八寸，下茎广五寸，两边生有绿色的叶子。 ④银印青绶：中二千石官员所佩带的印绶。⑤闰月：本年闰七月。 ⑥枰（píng 坪）：棋盘。 ⑦涂中：指今安徽、江苏境内滁水流域。 ⑧江西：隋唐以前，习惯上称长江下游北岸淮水以南为江西。 ⑨假黄钺：黄钺

西晋持刀陶俑

为天子之器，不是人臣所能专用的，故称为假黄钺，以暂行最高军事权力。

马隆西渡温水[①]，树机能等以众数万据险拒之。隆以山路狭隘，乃作扁箱车，为木屋，施于车上，转战而前，行千余里，杀伤甚众。自隆之西，音问断绝，朝廷忧之，或谓已没。后隆使夜到，帝抚掌欢笑，诘朝，召群臣谓曰："若从诸卿言，无凉州矣。"乃诏假隆节[②]，拜宣威将军。隆至武威，鲜卑大人猝跋韩且万能帅万余落来降。十二月，隆与树机能大战，斩之；凉州遂平。

诏问朝臣以政之损益，司徒左长史傅咸上书，以为："公私不足，由设官太多。旧都督有四，今并监军乃盈于十；禹分九州，今之刺史几向一倍；户口比汉十分之一，而置郡县更多；虚立军府[③]，动有百数，而无益宿卫；五等诸侯，坐置官属；诸所廪给，皆出百姓，此其所以困乏者也。当今之急，在于并官息役，上下务农而已。"咸，玄之子也。时又议省州、郡、县半吏以赴农功，中书监荀勖以为："省吏不如省官，省官不如省事，省事不如清心也。昔萧、曹相汉，载其清静，民以宁壹，所谓清心也。抑浮说，简文案，略细苛，宥小失，有好变常以徼利者，必行其诛，所谓省事也。以九寺并尚书，兰台付三府，所谓省官也。若直作大例，凡天下之吏皆减其半，恐文武众官，郡国职业，剧易不同，不可以一概施之。若有旷阙，皆须更复，或激而滋繁，亦不可不重也。"

【注释】

①温水：河流名，又名温围水，即今甘肃皋兰县附近黄河河段。②"乃诏"句：即"以马隆为假节"。假节，职官名，代表一种权限，地位低于使持节、持节，军事行动中可不经请示而杀死违犯军令的官员。③军府：指骠骑、车骑、卫、伏波、抚军、都护、镇军、中军、典军、上军、抚国、领军、护军、左右卫、骁骑、游击、左右前后军及杂号将军。

资治通鉴卷第八十一

晋纪三 起上章困敦，尽著雍涒滩，凡九年。

世祖武皇帝中

太康元年 春，正月，吴大赦。

杜预向江陵，王浑出横江，攻吴镇、戍，所向皆克。二月，戊午，王浚、唐彬击破丹阳监盛纪[①]。吴人于江碛要害之处[②]，并以铁锁横截之；又作铁锥，长丈余，暗置江中，以逆拒舟舰。浚作大筏数十，方百余步，缚草为人，被甲持仗，令善水者以筏先行，遇铁锥，锥辄著筏而去。又作大炬，长十余丈，大数十围，灌以麻油，在船前，遇锁，然炬烧之，须臾，融液断绝，于是船无所碍。庚申，浚克西陵，杀吴都督留宪等。壬戌，克荆门、夷道二城[③]，杀夷道监陆晏。杜预遣牙门周旨等帅奇兵八百泛舟夜渡江，袭乐乡，多张旗帜，起火巴山[④]。吴都督孙歆惧，与江陵督伍延书曰："北来诸军，乃飞渡江也。"旨等伏兵乐乡城外，歆遣军出拒王浚，大败而还。旨等发伏兵随歆军而入，歆不觉，直至帐下，虏歆而还。乙丑，王浚击杀吴水军都督陆景。杜预进攻江陵，甲戌，克之，斩伍延。于是沅、湘以南，接于交、广，州郡皆望风送印绶。预杖节称诏而绥抚之。凡所斩获吴都督、监军十四，牙门、郡守百二十余人。胡奋克江安[⑤]。

乙亥，诏："王浚、唐彬既定巴丘，与胡奋、王戎共平夏口、武昌，顺流长骛[⑥]，直造秣陵。杜预当镇静零、桂，怀辑衡阳。大兵既过，荆州南境，固当传檄而定。预等各分兵以益浚、彬，太尉充移屯项[7]。”

王戎遣参军襄阳罗尚、南阳刘乔将兵与王浚合攻武昌，吴江夏太守刘朗、督武昌诸军虞昺皆降。昺[8]，翻之子也[9]。

杜预与众军会议，或曰：“百年之寇，未可尽克，方春水生，难于久驻，宜俟来冬，更为大举。”预曰：“昔乐毅藉济西一战以并强齐。今兵威已振，譬如破竹，数节之后，皆迎刃而解，无复著手处也。”遂指授群帅方略，径造建业。

王戎像

吴主闻王浑南下，使丞相张悌督丹杨太守沈莹、护军孙震，副军师诸葛靓帅众三万渡江逆战。至牛渚，沈莹曰：“晋治水军于蜀久矣，上流诸军，素无戒备，名将皆死，幼少当任，恐不能御也。晋之水军必至于此，宜畜众力以待其来，与之一战，若幸而胜之，江西自清。今渡江与晋大军战，不幸而败，则大事去矣！”悌曰：“吴之将亡，贤愚所知，非今日也。吾恐蜀兵至此，众心骇惧，不可复整。及今渡江，犹可决战。若其败丧，同死社稷，无所复恨。若其克捷，北敌奔走，兵势万倍，便当乘胜南上，逆之中道，不忧不破也。若如子计，恐士众散尽，坐待敌到，君臣俱降，无一人死难者，不亦辱乎？”

【注释】

①丹阳：城名，在今湖北秭归县东南。　②江碛（qì 器）：江中沙石成堆的浅滩。　③荆门：城名，在今湖北枝城镇西北长江边。　④巴山：又名麻山，在今湖北松滋市西南。　⑤江安：县名，治今湖北公安县西

北。 ⑥骛(wù 务):奔驰。 ⑦项:县名,治今河南沈丘县。 ⑧昺(bǐng 丙):此处为人名用字。 ⑨虞翻:三国吴官吏、学者。字仲翔,会稽余姚(今浙江余姚市)人。孙策时为富春长。孙权时为骑都尉,以得罪孙权,徙交州。曾为《老子》《论语》《国语》作注,今已佚。

三月,悌等济江,围浑部将城阳都尉张乔于杨荷[①];乔众才七千,闭栅请降。诸葛靓欲屠之,悌曰:"强敌在前,不宜先事其小;且杀降不祥。"靓曰:"此属以救兵未至,力少不敌,故且伪降以缓我,非真伏也。若舍之而前,必为后患。"悌不从,抚之而进。悌与扬州刺史汝南周浚,结陈相对,沈莹帅丹阳锐卒、刀盾五千,三冲晋兵,不动。莹引退,其众乱,将军薛胜、蒋班因其乱而乘之,吴兵以次奔溃,将帅不能止,张乔自后击之,大败吴兵于版桥[②]。诸葛靓帅数百人遁去。使过迎张悌,悌不肯去,靓自往牵之曰:"存亡自有大数,非卿一人所支,奈何故自取死?"悌垂涕曰:"仲思[③],今日是我死日也!且我为儿童时,便为卿家丞相所识拔[④],常恐不得其死,负名贤知顾。今以身徇社稷,复何道邪?"靓再三牵之,不动,乃流泪放去,行百余步,顾之,已为晋兵所杀,并斩孙震、沈莹等七千八百级,吴人大震。

初,诏书使王浚下建平,受杜预节度,至建业,受王浑节度。预至江陵,谓诸将曰:"若浚得建平,则顺流长驱,威名已著,不宜令受制于我;若不能克,则无缘得施节度。"浚至西陵,预与之书曰:"足下既摧其西藩,便当径取建业,讨累世之逋寇,释吴人于涂炭,振旅还都,亦旷世一事也!"浚大悦,表陈预书。及张悌败死,扬州别驾何恽谓周浚曰:"张悌举全吴精兵殄灭于此,吴之朝野莫不震慑。今王龙骧既破武昌[⑤],乘胜东下,所向辄克,土崩之势见矣。谓宜速引兵渡江,直指建业,大军猝至,夺其胆气,可不战禽也!"浚善其谋,使白王浑。恽曰:"浑暗于事机,而欲慎己免咎,必不我从。"浚固使白之,浑果曰:"受诏但令屯江北以抗吴军,不使轻进,贵州虽武,岂能独平江东乎!今者违命,胜不足多,若其不胜,为罪已重。且诏令龙骧受我节度,但当具君舟楫,一时俱济耳。"恽曰:"龙骧克万里之寇,以既成之功来受节度,未之闻也。

且明公为上将，见可而进，岂得一一须诏令乎！今乘此渡江，十全必克，何疑何虑而淹留不进！此鄗州上下所以恨恨也⑥。”浑不听。

【注释】

①杨荷：地名，在今安徽和县北。 ②版桥：地名，在今安徽和县境内长江西岸。 ③仲思：诸葛靓的表字。 ④卿家丞相：指诸葛恪(203—253)。恪字元逊，琅邪阳都(今山东沂南县南)人。孙权末年，为大将军，领太子太傅，诏有司诸事一统于恪。权卒，嗣位者孙亮以恪为太傅，总揽朝政，旋为宗室孙峻谋杀。 ⑤王龙骧：指龙骧将军王浚。⑥恨恨：抱恨不已。

王浚自武昌顺流径趣建业；吴主遣游击将军张象帅舟师万人御之，象众望旗而降。浚兵甲满江，旌旗烛天，威势甚盛，吴人大惧。

吴主之嬖臣岑昏，以倾险谀佞，致位九列，好兴功役，为众患苦。及晋兵将至，殿中亲近数百人叩头请于吴主曰：“北军日近而兵不举刃，陛下将如之何？”吴主曰：“何故？”对曰：“正坐岑昏耳。”吴主独言：“若尔，当以奴谢百姓！”众因曰：“唯！”遂并起收昏；吴主骆驿追止，已屠之矣。

陶浚将讨郭马，至武昌，闻晋兵大入，引兵东还。至建业，吴主引见，问水军消息，对曰：“蜀船皆小①，今得二万兵，乘大船以战，自足破之。”于是合众，授浚节钺。明日当发，其夜，众悉逃溃。

时王浑、王浚及琅邪王伷皆临近境，吴司徒何植、建威将军孙晏悉送印节诣浑降。吴主用光禄勋薛莹、中书令胡冲等计，分遣使者奉书于浑、浚、伷以请降。又遗其群臣书，深自咎责，且曰：“今大晋平治四海，是英俊展节之秋，勿以移朝改朔，用损厥志。”使者先送玺绶于琅邪王伷。壬寅，王浚舟师过三山②，王浑遣信要浚暂过论事③，浚举帆直指建业，报曰：“风利，不得泊也。”是日，浚戎卒八万，方舟百里，鼓噪入于石头。吴主皓面缚舆榇④，诣军门降。浚解缚焚榇，延请相见。收其图籍，克州四，郡四十三，户五十二万三千，兵二十三万。

朝廷闻吴已平，群臣皆贺上寿，帝执爵流涕曰：“此羊太傅之功也。”票骑将军孙秀不贺，南向流涕曰：“昔讨逆弱冠以一校尉创业[5]，今后主举江南而弃之，宗庙山陵，于此为墟，悠悠苍天，此何人哉[6]！”

吴之未下也，大臣皆以为未可轻进，独张华坚执以为必克。贾充上表称：“吴地未可悉定，方夏，江、淮下湿，疾疫必起，宜召诸军还，以为后图，虽腰斩张华不足以谢天下。”帝曰：“此是吾意，华但与吾同耳。”荀勖复奏，宜如充表，帝不从。杜预闻充奏乞罢兵，驰表固争，使至轘辕而吴已降[7]。充惭惧，诣阙请罪，帝抚而不问。

【注释】

①“蜀船”句：陶浚当是根据以往蜀地船只的大小而言，可见吴国情报传递之迟缓。 ②三山：又名三山矶，在今江苏西南东岸。 ③暂：暂时。 ④面缚舆榇（chèn 衬）：面缚，是两手反绑于背后而面向前；榇，棺材，舆榇，是载棺而行，表示甘愿受死。面缚、舆榇，皆为帝王兵败投降时的特殊举动。 ⑤讨逆：即讨逆将军，指孙策。东汉末，策起兵之初，袁术表策为怀义校尉，故孙秀称策“以一校尉创业”。 ⑥“悠悠”二句：此为《诗经·国风·黍离》中诗句。 ⑦轘辕（huán yuán 环袁）：关口名，在今河南洛阳市偃师区东南。

夏，四月，甲申，诏赐孙晧爵归命侯。

乙酉，大赦，改元。大酺五日。遣使者分诣荆、扬抚慰，吴牧、守已下皆不更易；除其苛政，悉从简易。

滕修讨郭马未克，闻晋伐吴，帅众赴难，至巴丘，闻吴亡，缟素流涕，还，与广州刺史闾丰、苍梧太守王毅各送印绶请降。孙晧遣陶璜之子融持手书谕璜，璜流涕数日，亦送印绶降。帝皆复其本职。

王浚之东下也，吴城戍皆望风款附，独建平太守吾彦婴城不下，闻吴亡，乃降。帝以彦为金城太守。

初，朝廷尊宠孙秀、孙楷，欲以招来吴人。及吴亡，降秀为伏波将军，楷为度辽将军。

琅邪王伷遣使送孙晧及其宗族诣洛阳。五月，丁亥朔，晧至，与其太子瑾等泥头面缚，诣东阳门[1]，诏遣谒者解其缚，赐衣服、车乘、田三十顷，岁给钱谷、绵绢甚厚。拜瑾为中郎，诸子为王者皆为郎中。吴之旧望，随才擢叙。孙氏将吏渡江者复十年，百姓复二十年。

庚寅，帝临轩，大会文武有位及四方使者，国子学生皆预焉。引见归命侯皓及吴降人。皓登殿稽颡[②]。帝谓皓曰："朕设此座以待卿久矣。"皓曰："臣于南方，亦设此座以待陛下。"贾充谓皓曰："闻君在南方凿人目，剥人面皮，此何等刑也？"皓曰："人臣有弑其君及奸回不忠者，则加此刑耳。"充默然甚愧[③]，而皓颜色无怍[④]。

帝从容问散骑常侍薛莹孙皓所以亡，对曰："皓昵近小人，刑罚放滥，大臣诸将，人不自保，此其所以亡也。"他日，又问吾彦，对曰："吴主英俊，宰辅贤明。"帝笑曰："若是，何故亡？"彦曰："天禄永终，历数有属，故为陛下禽耳。"帝善之。

【注释】

①东阳门：洛阳城东之门。 ②稽颡：叩头至地。颡（sǎng 嗓），额头。 ③默然甚愧：贾充家在曹魏几代为官，甘露年间，充为中护军，却为司马昭效力，杀害高贵乡公曹髦〔事详本书卷第七十七魏元帝景元元年（260）〕，故闻孙皓之语而惭愧。 ④怍（zuò 座）：惭愧。

王濬之入建业也，其明日，王浑乃济江，以濬不待己至，先受孙皓降，意甚愧忿，将攻濬，何攀劝濬送皓与浑，由是事得解。何恽以浑与濬争功，与周浚笺曰："《书》贵克让[①]，《易》大谦光[②]。前破张悌，吴人失气，龙骧因之，陷其区宇。论其前后，我实缓师，既失机会，不及于事，而今方竞其功；彼既不吞声，将亏雍穆之弘，兴矜争之鄙，斯实愚情之所不取也。"浚得笺，即谏止浑。浑不纳，表濬违诏不受节度，诬以罪状。浑子济，尚常山公主，宗党强盛。有司奏请槛车征濬，帝弗许，但以诏书责让濬以不从浑命，违制昧利。濬上书自理曰："前被诏书，令臣直造秣陵，又令受太尉充节度。臣以十五日至三山，见浑军在北岸，遣书邀臣；臣水军风发，径造贼城，无缘回船过浑。臣以日中至秣陵，暮乃被浑所下当受节度之符，欲令臣明十六日悉将所领还围石头[③]，又索蜀兵及镇南诸军人名定见[④]。臣以为皓已来降，无缘空围石头；又，兵人定见，不可仓猝得就。皆非当今之急,不可承用,非敢忽弃明制也。皓众叛亲离,匹夫独坐,雀鼠贪生,苟乞一活耳;而江北诸军不知虚实,不早缚取,自为小误。臣至便得,更见怨恚,并云'守贼百日,而令他人得之'。臣愚以为事君之道,苟利社稷,死生以之。若其顾嫌疑以避咎责,此是人臣不忠之利,实非明主社稷之福也!"浑又腾周浚书云:"浚军得吴宝物。"又云:"浚牙门将李高放火烧皓伪宫。"浚复表曰:"臣孤根独立,结恨强宗。夫犯上干主,其罪可救;乖忤贵臣,祸在不测。伪中郎将孔摅说:去二月武昌失守,水军行至,皓按行石头还,左右人皆跳刀大呼云:'要当为陛下一死战决之。'皓意大喜,意必能然,便尽出金宝以赐与之。小人无状,得便驰走。皓惧,乃图降首。降使适去,左右劫夺财物,略取妻妾,放火烧宫。皓逃身窜首,恐不脱死。臣至,遣参军主者救断其火耳。周浚先入皓宫,浑又先登皓舟,臣之入观,皆在其后。皓宫之中,乃无席可坐,若有遗宝,则浚与浑先得之矣。浚等云臣屯聚蜀人,不时送皓,欲有反状。又恐动吴人,言臣皆当诛杀,取其妻子,冀其作乱,得骋私忿。谋反大逆,尚以见加,其余谤嗒[5],故其宜耳。今年平吴,诚为大庆;于臣之身,更受咎累。"浚至京师,有司奏浚违诏,大不敬,请付廷尉科罪。诏不许。又奏浚赦后烧贼船百三十五艘,辄敕付廷尉禁推。诏勿推。

【注释】

①"《书》贵"句:《尚书·尧典》有"允恭克让"之语。允,诚实;恭,恭谨,对自己的职事不敢懈怠;克,能够;让,谦让。 ②"《易》大"句:《易经·谦卦》有"谦尊而光"之语,意为"尊者有谦而更光明盛大"。 ③石头:城名,在今江苏南京市西清凉山。 ④镇南诸军:镇南大将军杜预所统各军;杜预军队有分出来随同王浚东下建业者。人名定见(xiàn现):详载军人名单的簿籍。 ⑤谤嗒(tà沓):毁谤。

浑、浚争功不已,帝命守廷尉广陵刘颂校其事,以浑为上功,浚为中功。帝以颂折法失理,左迁京兆太守。

庚辰[1],增贾充邑八千户;以王浚为辅国大将军,封襄阳县侯;杜预为当阳县侯;王戎为安丰县侯;封琅邪王伷二子为亭侯;增京陵侯王浑邑八千户，进爵为公；尚书关内侯张华进封广武县侯，增邑万户；荀勖以专典诏命功，封一子为亭侯；其余诸将及公卿以下，赏赐各有差。帝以平吴功，策告羊祜庙，乃封其夫人夏侯氏为万岁乡君，食邑五千户。

王濬自以功大，而为浑父子及党与所挫抑，每进见，陈其攻伐之劳及见枉之状，或不胜忿愤，径出不辞；帝每容恕之。益州护军范通谓濬曰："卿功则美矣，然恨所以居美者未尽善也。卿旋旆之日，角巾私第，口不言平吴之事；若有问者，则曰：'圣人之德，群帅之力，老夫何力之有？'此蔺生所以屈廉颇也，王浑能无愧乎？"濬曰："吾始惩邓艾之事，惧祸及身，不得无言；其终不能遣诸胸中，是吾褊也。"时人咸以濬功重报轻，为之愤邑；博士秦秀等并上表讼濬之屈，帝乃迁濬镇军大将军。王浑尝诣濬，濬严设备卫，然后见之。

杜预还襄阳，以为天下虽安，忘战必危，乃勤于讲武，申严戍守。又引滍、淯水以浸田万余顷②，开扬口通零、桂之漕③，公私赖之。预身不跨马，射不穿札，而用兵制胜，诸将莫及。预在镇，数饷遗洛中贵要，或问其故，预曰："吾但恐为害，不求益也。"

王浑迁征东大将军，复镇寿阳。

诸葛靓逃窜不出，帝与靓有旧，靓姊为琅邪王妃，帝知靓在姊间，因就见焉。靓逃于厕，帝又逼见之，谓曰："不谓今日复得相见！"靓流涕曰："臣不能漆身皮面④，复睹圣颜，诚为惭恨！"诏以为侍中；固辞不拜，归于乡里，终身不向朝廷而坐。

【注释】

①庚辰：五月丁亥朔，无庚辰。　②滍（zhì 治）水：水名，即今河南舞阳县以上沙河。淯（yù 玉）水：水名，即今河南白河。　③扬口：地名，即扬水入汉水之口，在今湖北潜江市西北。　④漆身皮面：古代侠客的非凡之举。漆身，春秋末晋国智氏家臣豫让为替智伯报仇，杀赵襄子，不惜改名换姓，以漆涂身灭须去眉以变容，吞炭使发音嘶哑以变声。皮面，战国时韩国人聂政，受人之托刺杀韩相侠累。事后，为免亲属受牵连，又用刀割去面皮、挖出眼睛（欲使人不识）后自杀。

秋，八月，己未，封皇弟延祚为乐平王，寻薨。

九月，庚寅，贾充等以天下一统，屡请封禅[1]；帝不许。

冬，十月，前将军青州刺史淮南胡威卒。威为尚书，尝谏时政之宽。帝曰："尚书郎以下，吾无所假借。"威曰："臣之所陈，岂在丞、郎、令史，正谓如臣等辈，始可以肃化明法耳！"

是岁，以司隶所统郡置司州，凡州十九[2]，郡国一百七十三，户二百四十五万九千八百四十。

诏曰："昔自汉末，四海分崩，刺史内亲民事，外领兵马。今天下为一，当韬戢干戈，刺史分职，皆如汉氏故事[3]；悉去州郡兵，大郡置武吏百人，小郡五十人。"交州牧陶璜上言："交、广东西数千里，不宾属者六万余户，至于服从官役，才五千余家。二州唇齿，唯兵是镇。又，宁州诸夷，接据上流，水陆并通，州兵未宜约损，以示单虚。"仆射山涛亦言"不宜去州郡武备"；帝不听。及永宁以后[4]，盗贼群起，州郡无备，不能禽制，天下遂大乱，如涛所言。然其后刺史复兼兵民之政，州镇愈重矣。

汉、魏以来，羌、胡、鲜卑降者，多处之塞内诸郡。其后数因忿恨，杀害长吏，渐为民患。侍御史西河郭钦上疏曰："戎狄强犷，历古为患，魏初民少，西北诸郡，皆为戎居，内及京兆、魏郡、弘农，往往有之。今虽服从，若百年之后有风尘之警，胡骑自平阳、上党不三日而至孟津，北地、西河、太原、冯翊、安定、上郡尽为狄庭矣。宜及平吴之威，谋臣猛将之略，渐徙内郡杂胡于边地，峻四夷出入之防，明先王荒服之制，此万世之长策也。"帝不听。

【注释】

①封禅：帝王祭祀天地的典礼。在泰山上筑土为坛祭天，报天之功，称封；在泰山下梁父山上辟场祭地，报地之功，称禅。　②十九州：据杜佑《通典》，为司、兖、豫、冀、并、青、徐、荆、扬、凉、雍、秦、益、梁、宁、幽、平、交、广等十九州。　③"皆如"句：按西汉制度，刺史仅察举郡县长吏，而不治理民众。　④永宁：西晋惠帝年号，共使用两年(301—302)。

二年　春，三月，诏选孙晧宫人五千人入宫。帝既平吴，颇事游宴，怠于政事，掖庭殆将万人[1]。常乘羊车，恣其所之，至便宴寝;宫人竞以竹叶插户,盐汁洒地,以引帝车[2]。而后父杨骏及弟珧、济始用事[3],交通请谒,势倾内外,时人谓之三杨,旧臣多被疏退。山涛数有规讽,帝虽知而不能改。

初,鲜卑莫护跋始自塞外入居辽西棘城之北[4],号曰慕容部。莫护跋生木延,木延生涉归,迁于辽东之北,世附中国,数从征讨有功,拜大单于。冬,十月,涉归始寇昌黎[5]。

十一月,壬寅,高平武公陈骞薨。

是岁,扬州刺史周浚移镇秣陵。吴民之未服者,屡为寇乱,浚皆讨平之;宾礼故老,搜求俊乂,威惠并行,吴人悦服。

【注释】

①掖庭:宫中房舍,婕妤以下妃嫔所居住的地方。　②"宫人"句:因羊爱吃竹叶、喜好咸味,故以二者吸引羊车。　③珧(yáo 窑):此处为人名用字。　④棘城:城名。在今辽宁义县西北。　⑤昌黎:县名,治今辽宁义县。

三年　春,正月,丁丑朔,帝亲祀南郊。礼毕,喟然问司隶校尉刘毅曰:"朕可方汉之何帝?"对曰:"桓、灵。"帝曰:"何至于此?"对曰:"桓、灵卖官钱入官库,陛下卖官钱入私门,以此言之,殆不如也。"帝大笑曰:"桓、灵之世,不闻此言,今朕有直臣,固为胜之。"

毅为司隶,纠绳豪贵,无所顾忌。皇太子鼓吹入东掖门[1],毅劾奏之。中护军、散骑常侍羊琇[2],与帝有旧恩,典禁兵,豫机密十余年,恃宠骄侈,数犯法。毅劾奏琇罪当死;帝遣齐王攸私请琇于毅,毅许之。都官从事广平程卫径驰入护军营,收琇属吏,考问阴私,先奏琇所犯狼籍,然后言于毅。帝不得已,免琇官。未几,复使以白衣领职。

琇,景献皇后之从父弟也;后将军王恺,文明皇后之弟也;散骑常侍中石崇,苞之子也。三人皆富于财,竞以奢侈相高:恺以粭澳釜[3],崇以蜡代薪;恺作紫丝步障四十里[4],崇作锦步障五十里;崇涂屋以椒,恺用赤石脂[5]。帝每助恺,尝以珊瑚树赐之[6],高二尺许。恺以示石崇,崇便以铁如意碎之[7];恺怒,以为疾己之宝。崇曰:“不足多恨,今还卿!”乃命左右悉取家珊瑚树,高三四尺者六七株,如恺比者甚众,恺怳然自失[8]。

车骑司马傅咸上书曰:“先王之治天下,食肉衣帛,皆有其制,窃谓奢侈之费,甚于天灾。古者人稠地狭,而有储蓄,由于节也,今者土广人稀,而患不足,由于奢也。欲人崇俭,当诘其奢,奢不见诘,转相高尚,无有穷极矣!”

尚书张华,以文学才识,名重一时,论者皆谓华宜为三公;中书监荀勖、侍中冯紞以伐吴之谋深疾之。会帝问华:“谁可托后事者?”华对以“明德至亲,莫如齐王”。由是忤旨,勖因而谮之。甲午,以华都督幽州诸军事。华至镇,抚循夷夏,誉望益振,帝复欲征之。冯紞侍帝,从容语及钟会,紞曰:“会之反,颇由太祖。”帝变色曰:“卿是何言邪?”紞免冠谢曰:“臣闻善御者必知六辔缓急之宜[9],故孔子以仲由兼人而退之,冉求退弱而进之。汉高祖尊宠五王而夷灭[10],光武抑损诸将而克终。非上有仁暴之殊,下有愚智之异也,盖抑扬与夺,使之然耳。钟会才智有限,而太祖夸奖无极,居以重势,委以大兵,使会自谓算无遗策,功在不赏,遂构凶逆耳。向令太祖录其小能,节以大礼,抑之以威权,纳之以轨则,则乱心无由生矣。”帝曰:“然。”紞稽首曰:“陛下既然臣之言,宜思坚冰之渐[11],勿使如会之徒复致倾覆。”帝曰:“当今岂复有如会者邪?”紞因屏左右而言曰:“陛下谋画之臣,著大功于天下,据方镇,总戎马者,皆在陛下圣虑矣。”帝默然,由是止不征华。

【注释】

①鼓吹:乐名。主要乐器有鼓钲箫笳。按礼制,臣子到宫掖门,要下车而入,太子鼓吹入掖门为不敬。 ②琇(xiù 秀):此处为人名用字。③粭(yí 宜):同“饴”,米浆。澳(yù 玉):刷洗。 ④步障:古代贵族出行,为遮尘土在道路两旁设置的帐幕。 ⑤赤石脂:中药名,砂石中硅酸类含铁陶土,多数为粉红色,有的呈深浅不同的大理石样花纹,中药用作止血药。 ⑥珊瑚树:热带海中的腔肠动物,骨骼相连,形如树枝,故名为珊瑚树。 ⑦铁如意:铁制的骨朵子。柄端作手指形,用以搔痒,可如人意,因而得名。 ⑧怳(huǎng 谎)然:失意的样子。 ⑨辔(pèi 配):驾驭牲口的嚼子和缰绳。 ⑩五王:指两个韩信、彭越、英布、卢绾。

⑪坚冰之渐：语出《周易·坤卦》："履霜坚冰至。"意思是行走在霜上而知严寒冰冻就要到来，比喻防微杜渐，及早警惕。

三月，安北将军严询败慕容涉归于昌黎，斩获万计。

鲁公贾充老病，上遣皇太子省视起居。充自忧谥传[①]，从子模曰："是非久自见，不可掩也！"夏，四月，庚午，充薨，世子黎民早卒，无嗣，妻郭槐欲以充外孙韩谧为世孙，郎中令韩咸、中尉曹轸谏曰[②]："礼无异姓为后之文，今而行之，是使先公受讥于后世而怀愧于地下也。"槐不听，咸等上书，求改立嗣，事寝不报。槐遂表陈之，云充遗意。帝许之，仍诏："自非功如太宰，始封、无后者，皆不得以为比。"及太常议谥，博士秦秀曰："充悖礼溺情，以乱大伦。昔鄫养外孙莒公子为后[③]，《春秋》书：'莒人灭鄫。'绝父祖之血食，开朝廷之乱原。按《谥法》：'昏乱纪度曰荒'[④]，请谥荒公。"帝不从，更谥曰武。

闰月，丙子，广陆成侯李胤薨。

齐王攸德望日隆，荀勖、冯𬘘、杨珧皆恶之。𬘘言于帝曰："陛下诏诸侯之国，宜从亲者始。亲者莫如齐王，今独留京师，可乎？"勖曰："百僚内外皆归心齐王，陛下万岁后，太子不得立矣。陛下试诏齐王之国，必举朝以为不可，则臣言验矣。"帝以为然。冬，十二月，甲申，诏曰："古者九命作伯[⑤]，或入毗朝政[⑥]，或出御方岳，其揆一也。侍中、司空、齐王攸，佐命立勋，劬劳王室，其以为大司马、都督青州诸军事，侍中如故，仍加崇典礼，主者详按旧制施行。"以汝南王亮为太尉、录尚书事、领太子太傅，光禄大夫山涛为司徒，尚书令卫瓘为司空。

征东大将军王浑上书，以为："攸至亲盛德，侔于周公，宜赞皇朝，与闻政事。今出攸之国，假以都督虚号，而无典戎干方之实[⑦]，亏友于款笃之义[⑧]，惧非陛下追述先帝、文明太后待攸之宿意也[⑨]。若以同姓宠之太厚，则有吴、楚逆乱之谋，汉之吕、霍、王氏，皆何人也！历观古今，苟事之轻重所在，无不为害，唯当任正道而求忠良耳。若以智计猜物，虽亲见疑，至于疏者，庸可保乎？愚以为太子太保缺，宜留攸居之，与汝南王亮、杨珧共干朝事。三人齐位，足相持正，既无偏重相倾之势，又不失亲亲仁覆之恩，计之尽善者也。”于是扶风王骏、光禄大夫李憙、中护军羊琇、侍中王济、甄德皆切谏；帝并不从。济使其妻常山公主及德妻长广公主俱入，稽颡涕泣，请帝留攸。帝怒，谓侍中王戎曰：“兄弟至亲，今出齐王，自是朕家事，而甄德、王济连遣妇来生哭人邪！”乃出济为国子祭酒，德为大鸿胪，羊琇与北军中候成粲谋见杨珧，手刃杀之；珧知之，辞疾不出，讽有司奏琇，左迁太仆，琇愤怨，发病卒。李憙亦以年老逊位，卒于家。憙在朝，姻亲故人，与之分衣共食，而未尝私以王官，人以此称之。

是岁，散骑常侍薛莹卒。或谓吴郡陆喜曰：“莹于吴士当为第一乎？”喜曰：“莹在四五之间，安得为第一？夫以孙皓无道，吴国之士，沉默其体，潜而勿用者，第一也；避尊居卑，禄以代耕者，第二也；侃然体国，执正不惧者，第三也；斟酌时宜，时献微益者，第四也；温恭修慎，不为谄首者，第五也；过此以往，不足复数。故彼上士多沦没而远悔吝，中士有声位而近祸殃。观莹之处身本末，又安得为第一乎？”

【注释】

①“充自忧”句：贾充为人奸邪，曹魏时指使他人杀害高贵乡公，故担心身后被加恶谥及良史笔诛。　②郎中令、中尉：皆为贾充封国所置官令，故下文中韩咸、曹轸（zhěn 诊）称贾充为“先公”。　③鄫（zēng 增）：周代诸侯国名，姒姓，在今山东枣庄市境，前 567 年为莒所灭。莒（jǔ 举）：周代诸侯国名，嬴姓，初都计斤（今山东胶州市西南），春秋初迁于莒（今山东莒县），前 431 年为楚所灭。　④昏乱纪度：扰乱国家法度。⑤九命作伯：周代的官爵分九个等级，称九命。其中，上公九命为伯，王之三公八命，侯伯七命，等等。等级不同，其宫室、车旗，衣服、礼仪等，都有所差别。　⑥毗（pí 皮）：辅佐。　⑦干方：语出《诗经・大雅・韩奕》：“朕命不易，干不庭方，以佐戎辟。”干，征伐；方，方国。“干不庭方”意为伐不归附的方国。　⑧友于：语出《尚书》逸文：“惟孝友于兄弟。”（见《论语・为政》）“于”本为介词，后世人常割裂此语，“友于”连用表示兄弟间的友爱。　⑨“惧非”句：晋文帝及文明太后对待司马攸之事，见本书卷第八十晋武帝咸宁二年（276）。

四年 春，正月，甲申[①]，以尚书右仆射魏舒为左仆射，下邳王晃为右仆射。晃，孚之子也。

戊午，新沓康伯山涛薨。

帝命太常议崇锡齐王之物。博士庾旉、太叔广、刘暾、缪蔚、郭颐、秦秀、傅珍上表曰[②]："昔周选建明德以左右王室[③]，周公、康叔、聃季，皆入为三公，明股肱之任重，守地之位轻也。汉诸侯王，位在丞相、三公上，其入赞朝政者，乃有兼官，其出之国，亦不复假台司虚名为隆宠也。今使齐王贤邪，则不宜以母弟之亲尊居鲁、卫之常职；不贤邪，不宜大启土宇，表建东海也。古礼，三公无职，坐而论道，不闻以方任婴之。惟宣王救急朝夕，然后命召穆公征淮夷，故其诗曰：'徐方不回，王曰旋归[④]。'宰相不得久在外也。今天下已定，六合为家，将数延三事，与论太平之基，而更出之，去王城二千里，违旧章矣。"旉，纯之子；暾，毅之子也。旉既具草，先以呈纯，纯不禁。

事过太常郑默、博士祭酒曹志，志怆然叹曰："安有如此之才，如此之亲，不得树本助化，而远出海隅？晋室之隆，其殆矣乎！"乃奏议曰："古之夹辅王室，同姓则周公，异姓则太公，皆身居朝廷，五世反葬。及其衰也，虽有五霸代兴，岂与周、召之治同日而论哉？自羲皇以来，岂一姓所能独有？当推至公之心，与天下共其利害，乃能享国久长。是以秦、魏欲独擅其权而才得没身！周、汉能分其利而亲疏为用，此前事之明验也。志以为当如博士等议。"帝览之，大怒曰："曹志尚不明吾心，况四海乎？"且谓："博士不答所问而答所不问，横造异论。"下有司策免郑默。于是尚书朱整、褚䂮奏："志等侵官离局，迷罔朝廷，崇饰恶言，假托无讳，请收志等付廷尉科罪。"诏免志官，以公还第；其余皆付廷尉科罪。

庾纯诣廷尉自首："旉以议草见示，愚浅听之。"诏免纯罪。廷尉刘颂奏旉等大不敬，当弃市，尚书奏请报听廷尉行刑。尚书夏侯骏曰："官立八座[⑤]，正为此时。"乃独为驳议。左仆射下邳王晃亦从骏议。奏留中七日，乃诏曰："旉是议主，应为戮首；但旉家人自首，宜并广等七人皆丐其死命，并除名。"

二月，诏以济南郡益齐国。己丑，立齐王攸子长乐亭侯寔为北海王。命攸备物典策，设轩县之乐[⑥]，六佾之舞[⑦]，黄钺朝车，乘舆之副从焉。

【注释】

①甲申：正月辛丑朔，无甲申。 ②太叔：复姓。 ③左右：佐佑，保卫。 ④“徐方”句：出自《诗经·大雅·常武》。徐方，指徐国，故城在今安徽泗县北。 ⑤八座：魏晋时期的高级官员。东汉时，以六曹尚书及尚书令、仆射为八座。魏晋时，尚书分曹，时为五曹，时为六曹；有时仆射又设左右二人，但尚书省大体仍由八人主持。 ⑥轩县（xuán 玄）之乐：诸侯陈列的乐器。乐器为钟磬之类，三面悬挂（天子是四面悬挂）。⑦六佾（yì 议）之舞：诸侯所用的乐舞。佾，舞列。六佾，意为舞者分六行，每行六人，共用三十六人。

三月，辛丑朔[①]，日有食之。

齐献王攸愤怨发病，乞守先后陵[②]。帝不许，遣御医诊视，诸医希旨，皆言无疾。河南尹向雄谏曰：“陛下子弟虽多，然有德望者少；齐王卧居京邑，所益实深，不可不思也。”帝不纳，雄愤恚而卒。攸疾转笃，帝犹催上道。攸自强入辞，素持容仪，疾虽困，尚自整厉，举止如常，帝益疑其无疾；辞出数日，欧血而薨。帝往临丧，攸子冏号踊，诉父病为医所诬。诏即诛医，以冏为嗣。

西晋青釉羊

初，帝爱攸甚笃，为荀勖、冯紞等所构，欲为身后之虑，故出之。及薨，帝哀恸不已。冯紞侍侧，曰：“齐王名过其实，天下归之，今自薨殒，社稷之福也，陛下何哀之过？”帝收泪而止。诏攸丧礼依安平献王故事[③]。

攸举动以礼，鲜有过事，虽帝亦敬惮之。每引之同处，必择言而后发。

夏，五月，己亥，琅邪武王伷薨。

冬，十一月，以尚书左仆射魏舒为司徒。

河南及荆、扬等六州大水。

归命侯孙晧卒。

是岁，鲜卑慕容涉归卒。弟删篡立，将杀涉归子廆[4]，廆亡匿于辽东徐郁家。

【注释】

①辛丑朔：三月朔日是庚子，辛丑为初二。“朔”字疑衍，或“辛丑”为“庚子”之误。 ②先后：指文明皇后。 ③“诏攸”句：安平献王司马孚丧礼见本书卷第七十九晋武帝泰始八年（272）。 ④廆（wěi 尾）：慕容廆，字奕洛瓌。

五年 春，正月，己亥，有青龙二，见武库井中。帝观之，有喜色。百官将贺，尚书左仆射刘毅表曰：“昔龙降夏庭，卒为周祸[1]。《易》称‘潜龙勿用[2]，阳在下也。’寻案旧典，无贺龙之礼。”帝从之。

初，陈群以吏部不能审核天下之士[3]，故令郡国各置中正，州置大中正，皆取本土之人任朝廷官、德充才盛者为之，使铨次等级以为九品，有言行修著则升之，道义亏缺则降之，吏部凭之以补授百官。行之浸久，中正或非其人，奸敝日滋。刘毅上疏曰：“今立中正，定九品，高下任意，荣辱在手，操人主之威福，夺天朝之权势。公无考校之负，私无告讦之忌。用心百态，营求万端，廉让之风灭，争讼之俗成，臣窃为圣朝耻之！盖中正之设，于损政之道有八：高下逐强弱，是非随兴衰，一人之身，旬日异状[4]，上品无寒门[5]，下品无势族[6]，一也。置州都者[7]，本取州里清议咸所归服，将以镇异同，一言议也。今重其任而轻其人，使驳违之论横于州里，嫌仇之隙结于大臣，二也。本立格之体，为九品者，谓才德有优劣，伦辈有首尾也。今乃使优劣易地，首尾倒错，三也。陛下赏善罚恶，无不裁之以法，独置中正，委以一国之重，曾无赏罚之防，又禁人不得诉讼，使之纵横任意，无所顾惮，诸受枉者，抱怨积直，不获上闻，四也。一国之士，多者千数，或流徙异邦，或取给殊方，面犹不识，况尽其才！而中正知与不知，皆当品状，采誉于台府，纳毁于流言。任己则有不识之蔽，听受则有彼此之偏，五也。凡求人才，欲以治民也，今当官著效者或附卑品，在官无绩者更获高叙，是为抑功实而隆空名，长浮华而废考绩，六也。凡官不同人，事不同能[⑧]。今不状其才之所宜而但第为九品，以品取人，或非才能之所长，以状取人，则为本品之所限，徒结白论而品状相妨[⑨]，七也。九品所下不彰其罪，所上不列其善，各任爱憎，以植其私，天下之人焉得不懈德行而锐人事？八也。由此论之，职名中正，实为奸府；事名九品，而有八损；古今之失，莫大于此！愚臣以为宜罢中正，除九品，弃魏氏之敝法，更立一代之美制。"太尉、汝南王亮、司空卫瓘亦上疏曰："魏氏承丧乱之后，人士流移，考详无地，故立九品之制，粗且为一时选用之本耳。今九域同规，大化方始，臣等以为宜皆荡除末法，咸用土断，自公卿以下，以所居为正，无复县客[⑩]，远属异土。尽除中正九品之制，使举善进才，各由乡论，则华竞自息，各求于己矣。"始平王文学江夏李重上疏[⑪]，以为："九品既除，宜先开移徙，听相并就，则土断之实行矣。"帝虽善其言而终不能改也。

冬，十二月，庚午，大赦。

闰月，当阳成侯杜预卒。

是岁，塞外匈奴胡太阿厚帅部落二万九千三百人来降；帝处之塞内西河。

罢宁州入益州，置南夷校尉以护之。

【注释】

①"龙降夏庭"句：古代传说，夏朝将亡时，有两条龙栖息于王庭。夏帝占卜，请其漦（lí 离）即龙所吐的涎沫加以收藏，是吉利的。于是将其漦用柜装起来加以封存。夏亡，传于殷，殷亡，传于周。周厉王时，打开观看，漦流于庭，不可除，致使宫女遇之，无夫而孕，生下了后来祸乱周朝的褒姒。　②潜龙勿用：语出《周易·乾卦》。孔颖达《正义》说："潜者，隐伏之名，龙者，变化之物，言天之自然之气起于建子之月（农历十一月），阴气始盛，阳气潜在地下……于此潜龙之时，小人道盛，圣人虽有龙德，于此时唯宜潜藏，勿无施用。"大意为，在龙隐伏时，阴气盛，象征小人

得志。因此,卜筮时遇到这句爻辞,行事当十分谨慎,不可有所施用。③陈群(? —236):三国时魏大臣。字长文,颍川许昌(今河南许昌市东)人。初为刘备别驾,后归曹操,官至司空、录尚书事。曹丕称帝前夕,创立九品官人法,即推选各州郡有名望的人担任“中正”,由他们将当地人士按才能分为九等,上报中央,按等选用。这一制度,后来逐渐演变为士族垄断政权的工具。 ④状:对一个人的德行、才能用一两句话加以概括的评语。 ⑤上品:魏晋九品中正制,一品无人能得,上品起初是指二三品,但其后三品不受尊重,仅二品才算上品,其他各品便是下品,或称卑品。寒门:寒微之家,指不是门阀贵族的封建地主家庭。 ⑥势族:有权势的家族,指东汉以来世袭的大官僚大贵族,也包括魏晋的皇室及其姻亲。 ⑦州都:州一级的中正,全称是州都大中正。州都、州中正、大中正皆为简称。 ⑧凡官不同人,事不同能:《晋书·刘毅传》作“凡官不同事,人不同能”。 ⑨品状相妨:魏晋时,吏部选用官吏,中正须提供被选用者的三项资料,一是家世,即簿录阀阅,二是状,即对其本人德才的评语,三是品,即综合其家世、德才所定的等级。三者中,家世标准固定,品和状却往往不相一致。如果状优而品不高,就不能得到超过本品的官位,这种情况就属“品状相妨”。 ⑩县(xuán 悬)客:客居他乡的人。 ⑪文学:官名,汉代以来郡国皆置文学。略如后世的教官。晋初,诸王置师友、文学各一人。

六年 春,正月,尚书左仆射刘毅致仕,寻卒。

戊辰,以王浑为尚书左仆射,浑子济为侍中。浑主者处事不当,济明法绳之。济从兄佑,素与济不协,因毁济不能容其父,帝由是疏济,后坐事免官,济性豪侈,帝谓侍中和峤曰:“我将骂济而后官之,如何?”峤曰:“济俊爽,恐不可屈。”帝召济,切让之,既而曰:“颇知愧不?”济曰:“‘尺布斗粟之谣[①],常为陛下愧之。他人能令亲者疏,臣不能令亲者亲,以此愧陛下耳。”帝默然。峤,洽之孙也[②]。

青、梁、幽、冀州旱。

秋,八月,丙戌朔,日有食之。

冬,十二月,庚子,襄阳武侯王浚卒。

是岁,慕容删为其下所杀,部众复迎涉归子廆而立之。涉归与宇文部素有隙[3]，廆请讨之，朝廷弗许。廆怒，入寇辽西，杀略甚众。帝遣幽州军讨廆，战于肥如[4]，廆众大败。自是每岁犯边，又东击扶馀[5]，扶馀王依虑自杀，子弟走保沃沮[6]。廆夷其国城，驱万余人而归。

【注释】

①尺布斗粟：指兄弟不和。《史记·淮南衡山王列传》记载，汉文帝之弟淮南王刘长谋反失败，被押解到蜀郡严道县，途中绝食而死。有人因此作歌曰："一尺布，尚可缝，一斗粟，尚可舂，兄弟二人，不能相容。"王济引用这个典故，意在责备晋武帝容不下齐王司马攸。 ②和洽：汉魏之际官吏。字阳士，汝南西平（今河南西平县西）人。汉献帝时，曹操辟为丞相掾属，为魏王侍中、郎中令。曹魏代汉，官至光禄勋、太常。为人耿直，敢于直谏。 ③宇文部：鲜卑族中的一个强大部落。 ④肥如：县名，治今河北卢龙县北。 ⑤扶馀：少数民族政权名，治今吉林四平市西。 ⑥沃沮：县名，治今朝鲜咸镜南道咸兴。

七年 春，正月，甲寅朔，日有食之，魏舒称疾，固请逊位，以剧阳子罢。舒所为，必先行而后言，逊位之际，莫有知者。卫瓘与舒书曰："每与足下共论此事，日日未果[1]，可谓'瞻之在前，忽焉在后'矣[2]。"

夏，慕容廆寇辽东，故扶馀王依虑子依罗求帅见人还复旧国，请援于东夷校尉何龛[3]，龛遣督护贾沈将兵送之。廆遣其将孙丁帅骑邀之于路，沈力战，斩丁，遂复扶馀。

秋，匈奴胡都大博及萎莎胡各帅种落十万余口诣雍州降。

九月，戊寅，扶风武王骏薨。

冬，十一月，壬子，以陇西王泰都督关中诸军事。泰，宣帝弟馗之子也[5]。

是岁，鲜卑拓跋悉鹿卒，弟绰立。

【注释】

①"日日"句：意谓日复一日地没有把言论变为实际行动。 ②"瞻之在前"句：语出《论语·子罕》，这是孔子的弟子颜渊赞扬孔子的话，意为"看着是在前面，忽然又到后面去了"，比喻孔子学说的高深。 ③龛

(kān 刊):此处为人名用字。 ④萎莎:北方少数民族中的一个部落,可能也属于匈奴族。 ⑤馗(kuí 葵):此处为人名用字。

八年 春,正月,戊申朔,日有食之。

太庙殿陷,九月,改营太庙,作者六万人。

是岁,匈奴都督大豆得一育鞠等复帅种落万一千五百口来降。

九年 春,正月,壬申朔,日有食之。

夏,六月,庚子朔,日有食之。

郡国三十三大旱。

秋,八月,壬子,星陨如雨。

地震。

资治通鉴卷第八十二

晋纪四　起屠维作噩，尽著雍敦牂，凡十年。

世祖武皇帝下

太康十年　夏，四月，太庙成；乙巳，祫祭[①]；大赦。

慕容廆遣使请降；五月，诏拜廆鲜卑都督。廆谒见何龛，以士大夫礼，巾衣到门；龛严兵以见之，廆乃改服戎衣而入。人问其故，廆曰："主人不以礼待客，客何为哉？"龛闻之，甚惭，深敬异之。时鲜卑宇文氏、段氏方强，数侵掠廆，廆卑辞厚币以事之。段国单于阶以女妻廆，生皝、仁、昭[②]。廆以辽东僻远，徙居徒河之青山[③]。

杨骏像

冬，十月，复明堂及南郊五帝位。

十一月，丙辰[④]，尚书令济北成侯荀勖卒。勖有才思，善伺人主意，以是能固其宠。久在中书，专管机事。及迁尚书，甚罔怅。人有贺之者。勖曰："夺我凤皇池[⑤],诸君何贺邪?”

帝极意声色,遂至成疾。杨骏忌汝南王亮,排出之。甲申,以亮为侍中、大司马、假黄钺、大都督、督豫州诸军事,镇许昌;徙南阳王柬为秦王,都督关中诸军事;始平王玮为楚王,都督荆州诸军事;濮阳王允为淮南王,都督扬、江二州诸军事;并假节之国。立皇子乂为长沙王,颖为成都王,晏为吴王,炽为豫章王,演为代王;皇孙遹为广陵王。又封淮南王子迪为汉王,楚王子仪为毗陵王,徙扶风王畅为顺阳王,畅弟歆为新野公。畅,骏之子也。琅邪王觐弟澹为东武公,繇为东安公。觐,伷之子也。

初,帝以才人谢玖赐太子[⑥],生皇孙遹。宫中尝夜失火,帝登楼望之,遹年五岁,牵帝裾入暗中曰:“暮夜仓猝,宜备非常,不可令照见人主。”帝由是奇之。尝对群臣称遹似宣帝,故天下咸归仰之。帝知太子不才,然恃遹明慧,故无废立之心。复用王佑之谋,以太子母弟柬、玮、允分镇要害。又恐杨氏之逼,复以佑为北军中候,典禁兵。帝为皇孙遹高选僚佐,以散骑常侍刘寔志行清素,命为广陵王傅。

寔以时俗喜进趣,少廉让,欲令初除官通谢章者,必推贤让能,乃得通之。一官缺则择为人所让最多者用之。以为:“人情争则欲毁己所不如,让则竞推于胜己。故世争则优劣难分,时让则贤智显出。当此时也,能退身修己,则让之者多矣,虽欲守贫贱,不可得也。驰骛进趋而欲人见让,犹却行而求前也。”

【注释】

①祫(xiá 峡)祭:集中远近祖先神主于太庙进行合祭。 ②戭(huàng 晃):此处为人名用字。 ③徒河:县名,治今辽宁锦州市。青山:在今辽宁义县东北。 ④丙辰:十一月壬戌朔,无丙辰。 ⑤凤皇池:也称凤池,禁苑中池沼。魏晋南北朝中书省设在禁苑,掌管机要,接近皇帝,故称中书省为凤皇池。 ⑥才人:妃嫔名,位在三夫人、九嫔之下,其品级同于千石以下官吏。

淮南相刘颂上疏曰[①]:“陛下以法禁宽纵,积之有素,未可一旦以直绳御下,此诚时宜也。然至于矫世救弊,自宜渐就清肃;譬犹行舟，虽不横截迅流，然当渐靡而往，稍向所趋，然后得济也。

“自泰始以来，将三十年，凡诸事业，不茂既往。以陛下明圣，犹未反叔世之敝，以成始初之隆，传之后世，不无虑乎？使夫异时大业，或有不安，其忧责犹在陛下也。

“臣闻为社稷计，莫若封建亲贤。然宜审量事势，使诸侯率义而动者，其力足以维带京邑；若包藏祸心，其势不足独以有为。其齐此甚难，陛下宜与达古今之士，深共筹之。周之诸侯，有罪诛放其身，而国祚不泯；汉之诸侯，有罪或无子者，国随以亡。今宜反汉之敝，循周之旧，则下固而上安矣。

“天下至大，万事至众，人君至少，同于天日，是以圣王之化，执要于己，委务于下，非恶劳而好逸，诚以政体宜然也。夫居事始以别能否，甚难察也；因成败以分功罪，甚易识也。今陛下每精于造始而略于考终，此政功所以未善也。人主诚能居易执要，考功罪于成败之后，则群下无所逃其诛赏矣。

“古者六卿分职，冢宰为师[2]；秦、汉已来，九列执事，丞相都总[3]。今尚书制断，诸卿奉成，于古制为太重。可出众事付外寺，使得专之；尚书统领大纲，若丞相之为，岁终课功，校簿赏罚而已，斯亦可矣。今动皆受成于上，上之所失，不得复以罪下，岁终事功不建，不知所责也。

“夫细过谬妄，人情之所必有，而悉纠以法，则朝野无立人矣。近世以来为监司者，类大纲不振而微过必举，盖由畏避豪强而又惧职事之旷，则谨密网以罗微罪，使奏劾相接，状似尽公，而挠法在其中矣。是以圣王不善碎密之案，必责凶猾之奏，则害政之奸，自然禽矣。夫创业之勋，在于立教定制，使遗风系人心，余烈匡幼弱，后世凭之，虽昏犹明，虽愚若智，乃足尚也。

“至夫修饰官署，凡诸作役，恒伤太过，不患不举，此将来所不须于陛下而自能者也。今勤所不须以伤所凭，窃以为过矣。”帝皆不能用。

诏以刘渊为匈奴北部都尉[4]。渊轻财好施，倾心接物，五部豪桀，幽、冀名儒，多往归之。

奚轲男女十万口来降[5]。

【注释】

①"淮南"句:王国置国相,始自汉代,国相地位相当于郡守,自晋之后改为内史。 ②"古者"句:《周礼》中有天官冢宰、地官司徒、春官宗伯、夏官司马、秋官司寇、冬官司空,合称"六卿",而由冢宰统领众官和各类政务。 ③"秦、汉"句:丞相综理众务,是西汉以前的制度。自西汉末期到东汉,情况已发生变化,由于尚书省的职权不断扩大,出现了"事归台阁"的局面。 ④"诏以"句:这时,匈奴五部帅被改为五部都尉。 ⑤奚轲:夷人部落名,居住地不详。

孝惠皇帝上之上①

永熙元年 春,正月,辛酉朔,改元太熙。

己巳,以王浑为司徒。

司空、侍中、尚书令卫瓘子宣,尚繁昌公主。宣嗜酒,多过失,杨骏恶瓘,欲逐之,乃与黄门谋共毁宣,劝武帝夺公主。瓘惭惧,告老逊位。诏进瓘位太保,以公就第。

剧阳康子魏舒薨。

三月,甲子,以右光禄大夫石鉴为司空。

帝疾笃,未有顾命。勋旧之臣多已物故,侍中、车骑将军杨骏独侍疾禁中。大臣皆不得在左右,骏因辄以私意改易要近,树其心腹。会帝小间,见其新所用者,正色谓骏曰:"何得便尔?"时汝南王亮尚未发,乃令中书作诏,以亮与骏同辅政,又欲择朝士有闻望者数人佐之。骏

晋惠帝司马衷像

从中书借诏观之，得便藏去，中书监华廙恐惧[②]，自往索之，终不与。会帝复迷乱，皇后奏以骏辅政，帝颔之[③]。夏，四月，辛丑，皇后召华廙及中书令何劭，口宣帝旨作诏，以骏为太尉、太子太傅、都督中外诸军事、侍中、录尚书事。诏成，后对廙、劭以呈帝，帝视而无言。廙，歆之孙[④]；勋，曾之子也。遂趣汝南王亮赴镇。帝寻小间，问："汝南王来未？"左右言未至，帝遂困笃。已酉，崩于含章殿。帝宇量弘厚，明达好谋，容纳直言，未尝失色于人。

太子即皇帝位，大赦，改元，尊皇后曰皇太后，立妃贾氏为皇后。

杨骏入居太极殿，梓宫将殡，六宫出辞，而骏不下殿，以虎贲百人自卫。

诏石鉴与中护军张劭监作山陵。

汝南王亮畏骏，不敢临丧，哭于大司马门外。出营城外，表求过葬而行。或告亮欲举兵讨骏者，骏大惧，白太后，令帝为手诏与石鉴、张劭，使帅陵兵讨亮。劭，骏甥也，即帅所领趣鉴速发；鉴以为不然，保持之。亮问计于廷尉何勖，勖曰："今朝野皆归心于公，公不讨人而畏人讨邪？"亮不敢发，夜，驰赴许昌，乃得免。骏弟济及甥河南尹李斌皆劝骏留亮，骏不从。济谓尚书左丞傅咸曰："家兄若征大司马，退身避之，门户庶几可全。"咸曰："宗室外戚，相恃为安。但召大司马还，共崇至公以辅政，无为避也。"济又使侍中石崇见骏言之，骏不从。

五月，辛未，葬武帝于峻阳陵。

【注释】

①孝惠皇帝：即司马衷（259—307）。字正度，河内温县（今河南温县西）人，290—306 年在位。衷为晋武帝第二子，除贪图享乐外别无所知。即位后，不理政事，由贾后擅权。"八王之乱"中，先是被赵王司马伦夺去帝位，后又由诸王辗转挟持，形同傀儡，受尽凌辱，最后被东海王司马越毒死。　②廙（yì 意）：此处为人名用字。　③颔（hàn 汉）：点头。　④歆：华歆（157—232），汉魏之际官吏。字子鱼，平原高唐（今山东禹城市西南）人。汉献帝时，官至尚书令。曹魏初年，为司徒，后转拜太尉。

杨骏自知素无美望，欲依魏明帝即位故事，普进封爵以求媚于众。左军将军傅祗与骏书曰："未有帝王始崩，臣下论功者也。"骏不从。祗，嘏之子也[①]。丙子，诏中外群臣皆增位一等，预丧事者增二等，二千石已上皆封关中侯，复租调一年。散骑常侍石崇、散骑侍郎何攀共上奏，以为："帝正位东宫二十余年，今承大业，而班赏行爵，优于泰始革命之初及诸将平吴之功，轻重不称。且大晋卜世无穷，今之开制，当垂于后，若有爵必进，则数世之后，莫非公侯矣。"不从。

诏以太尉骏为太傅、大都督、假黄钺，录朝政，百官总己以听。傅咸谓骏曰："谅阇不行久矣[②]。今圣上谦冲，委政于公，而天下不以为善，惧明公未易当也。周公大圣，犹致流言，况圣上春秋非成王之年乎[③]？窃谓山陵既毕，明公当审思进退之宜。苟有以察其忠款，言岂在多？"骏不从。咸数谏，骏渐不平，欲出咸为郡守。李斌曰："斥逐正人，将失人望。"乃止。杨济遗咸书曰："谚云：'生子痴，了官事。'官事未易了也。想虑破头，故具有白。"咸复书曰："卫公有言[④]：'酒色杀人，甚于作直。'坐酒色死，人不为悔，而逆畏以直致祸，此由心不能正，欲以苟且为明哲耳。自古以直致祸者，当由矫枉过正，或不忠笃，欲以亢厉为声，故致忿耳，安有悾悾忠益而返见怨疾乎[⑤]？"

杨骏以贾后险悍，多权略，忌之，故以其甥段广为散骑常侍，管机密；张劭为中护军，典禁兵。凡有诏命，帝省讫，入呈太后，然后行之。

骏为政，严碎专愎，中外多恶之。冯翊太守孙楚谓骏曰："公以外戚居伊、霍之任，当以至公、诚信、谦顺处之。今宗室强盛，而公不与共参万机，内怀猜忌，外树私昵，祸至无日矣！"骏不从。楚，资之孙也[⑥]。

弘训少府蒯钦，骏之姑子也，数以直言犯骏，他人皆为之惧，钦曰："杨文长虽暗[⑦]，犹知人之无罪不可妄杀，不过疏我，我得疏，乃可以免；不然，与之俱族矣。"

骏辟匈奴东部人王彰为司马，彰逃避不受。其友新兴张宣子怪而问之,彰曰:“自古一姓二后,未有不败。况杨太傅昵近小人,疏远君子,专权自恣,败无日矣。吾逾海出塞以避之,犹惧及祸,奈何应其辟乎!且武帝不惟社稷大计,嗣子既不克负荷,受遗者复非其人,天下之乱,可立待也。”

【注释】

①傅嘏(209—255):三国时魏官吏。字兰石,北地泥阳(今陕西铜川市耀州区东南)人。高贵乡公时,官至守尚书仆射,力劝司马师征伐毌丘俭、文钦之乱,又协助司马昭成为辅政大臣。嘏有才学,曾与李丰等人辩论才性异同。　②“谅阍”句:自汉文帝发短丧之诏,帝王不实行三年之丧已经四百多年。　③“况圣上”句:惠帝本年三十二岁。　④卫公:人名,所指何人不详。　⑤悾悾(kōng 空):诚恳。　⑥孙资(?—251):三国时魏官吏。字彦龙,太原中都(今山西平遥县西南)人。魏文帝称帝不久,即以孙资为中书令,孙资与中书监刘放二人同掌机要,历事文帝、明帝、高贵乡公,共三十余年。　⑦杨文长:即杨骏,骏字文长。

秋,八月,壬午,立广陵王遹为皇太子。以中书监何劭为太子太师,卫尉裴楷为少师,吏部尚书王戎为太傅,前太常张华为少傅,卫将军杨济为太保,尚书和峤为少保。拜太子母谢氏为淑媛①。贾后常置谢氏于别室,不听与太子相见。初,和峤尝从容言于武帝曰:“皇太子有淳古之风②,而末世多伪,恐不了陛下家事。”武帝默然。后与荀勖等同侍武帝,武帝曰:“太子近入朝差长进,卿可俱诣之,粗及世事。”既还,勖等并称太子明识雅度,诚如明诏。峤曰:“圣质如初。”武帝不悦而起。及帝即位,峤从太子遹入朝,贾后使帝问曰:“卿昔谓我不了家事,今日定如何?”峤曰:“臣昔事先帝,曾有斯言;言之不效,国之福也。”

冬,十月,辛酉,以石鉴为太尉,陇西王泰为司空。

以刘渊为建威将军、匈奴五部大都督。

【注释】

①淑媛:妃嫔名,为九嫔之一,地位同于九卿,银印青绶。　②淳(chún 唇)古:朴质而有古风。这里是对太子痴呆的委婉说法。

元康元年 春，正月，乙酉朔，改元永平。

初，贾后之为太子妃也，尝以妒，手杀数人，又以戟掷孕妾，子随刃堕；武帝大怒，修金墉城，将废之。荀勖、冯统、杨珧及充华赵粲共营救之[1]，曰："贾妃年少；妒者妇人常情，长自当差。"杨后曰："贾公闾有大勋于社稷[2]，妃亲其女，正复妒忌，岂可遽忘其先德邪？"妃由是得不废。

后数诫厉妃，妃不知后之助己，返以后为构己于武帝，更恨之。及帝即位，贾后不肯以妇道事太后，又欲干预政事，而为太傅骏所抑。殿中中郎渤海孟观、李肇，皆骏所不礼也，阴构骏，云将危社稷。黄门董猛，素给事东宫，为寺人监[3]，贾后密使猛与观、肇谋诛骏，废太后。又使肇报汝南王亮，使举兵讨骏，亮不可。肇报都督荆州诸军事楚王玮，玮欣然许之，乃求入朝。骏素惮玮勇锐，欲召之而未敢，因其求朝，遂听之。二月，癸酉，玮及都督扬州诸军事、淮南王允来朝。

三月，辛卯，孟观、李肇启帝，夜作诏，诬骏谋反，中外戒严，遣使奉诏废骏，以侯就第，命东安公繇帅殿中四百人讨骏，楚王玮屯司马门，以淮南相刘颂为三公尚书[4]，屯卫殿中。段广跪言于帝曰："杨骏孤公无子，岂有反理，愿陛下审之！"帝不答。

时骏居曹爽故府，在武库南，闻内有变，召众官议之。太傅主簿朱振说骏曰："今内有变，其趣可知，必是阉竖为贾后设谋，不利于公，宜烧云龙门以胁之，索造事者首，开万春门[5]，引东宫及外营兵拥皇太子入宫，取奸人，殿内震惧，必斩送之。不然，无以免难。"骏素怯懦，不决，乃曰："云龙门，魏明帝所造，功费甚大，奈何烧之？"侍中傅祗白骏，请与尚书武茂入宫观察事势，因谓群僚曰："宫中不宜空。"遂揖而下阶。众皆走，茂犹坐。祗顾曰："君非天子臣邪？今内外隔绝，不知国家所在，何得安坐？"茂乃惊起。骏党左军将军刘豫陈兵在门，遇右军将军裴頠，问太傅所在，頠绐之曰："向于西掖门遇公乘素车，从二人西出矣。"豫曰："吾何之？"頠曰："宜至廷尉。"豫从頠言，遂委而去。寻诏頠代豫领左军将军，屯万春门。頠，秀之子也[6]。皇太后题帛为书，射之城外曰："救太傅者有赏。"贾后因宣言太后同反。寻而殿中兵出，烧骏府，又令弩手于阁上临骏府而射之，骏兵皆不得出。骏逃于马厩，就杀之。孟观等遂收骏弟珧、济，张劭、李斌、段广、刘豫、武茂及散骑常侍杨邈、中书令蒋俊、东夷校尉文鸯，皆夷三族，死者数千人。

【注释】

①充华：妃嫔名，为九嫔之一，地位同于九卿，银印青绶。 ②贾公闾：即贾充，充字公闾。 ③寺人监：太子宫中宦官头领。 ④三公尚书：职官名。为五部（有时为六部）尚书之一，主断刑狱。 ⑤“宜烧”三句：云龙门，为洛阳宫城正南门；万春门，为洛阳宫城东门。 ⑥裴秀（224—271）：魏晋之际官吏、地理学家。字季彦，河东闻喜（今山西闻喜）人。魏末为尚书仆射，改定官制，议复五等爵位。旋为尚书令。晋初为司空。作《禹贡地域图》十八篇，表明地理沿革，序中提出“制图六体”，为后世地图绘制学奠定了基础。

珧临刑，告东安公繇曰：“表在石函[①]，可问张华。”众谓宜依钟毓例为之申理[②]。繇不听，而贾氏族党趣使行刑。珧号叫不已，刑者以刀破其头。繇，诸葛诞之外孙也[③]，故忌文鸯，以为骏党而诛之。是夜，诛赏皆自繇出，威振内外。王戎谓繇曰：“大事之后，宜深远权势。”繇不从。

壬辰，赦天下，改元。

贾后矫诏，使后军将军荀悝送太后于永宁宫，特全太后母高都君庞氏之命，听就太后居。寻复讽群公有司奏曰：“皇太后阴渐奸谋，图危社稷，飞箭系书，要募将士，同恶相济，自绝于天。鲁侯绝文姜[④]，《春秋》所许。盖奉祖宗，任至公于天下，陛下虽怀无已之情，臣下不敢奉诏。”诏曰：“此大事，更详之。”有司又奏：“宜废皇太后曰峻阳庶人。”中书监张华议：“太后非得罪于先帝，今党其所亲，为不母于圣世，宜依汉废赵太后为孝成后故事[⑤]，贬皇太后之号，还称武皇后，居异宫，以全始终之恩。”左仆射荀恺与太子少师下邳王晃等议曰：“皇太后谋危社稷，不可复配先帝，宜贬尊号，废诣金墉城。”于是有司奏从晃等议，废太后为庶人；诏可。又奏：“杨骏造乱，家属应诛，诏原其妻庞命，以慰太后之心。今太后废为庶人，请以庞付廷尉行刑。”诏不许；有司复固请，乃从之。庞临刑，太后抱持号叫，截发稽颡，上表诣贾后称妾，请全母命；不见省。董养游太学[6]，升堂叹曰："朝廷建斯堂，将以何为乎？每览国家赦书，谋反大逆皆赦，至于杀祖父母、父母不赦者，以为王法所不容故也。奈何公卿处议，文饰礼典，乃至此乎？天人之理既灭，大乱将作矣。"

有司收骏官属，欲诛之。侍中傅祗启曰："昔鲁芝为曹爽司马，斩关赴爽[7]，宣帝用为青州刺史。骏之僚佐，不可悉加罪。"诏赦之。

【注释】

①表在石函：咸宁二年(276)，武帝纳杨骏女，杨珧向武帝上奏章，以为"自古一门二后未有能全其宗者"，今后若有祸患，请凭这个奏章"得以免祸"，详见本书卷第八十晋武帝咸宁二年。石函，是宗庙中收藏神主和重要资料的石盒。　②钟毓(？—263)：三国时魏官吏。字稚叔，颍川长社(今河南长葛市东)人。魏末官至都督。曾向司马昭陈说其弟钟会"挟术难保，不可专任"。后钟会谋反，时毓已去世，他的儿子得以免受牵累。详见本书卷第七十八魏元帝咸熙元年(264)。　③诸葛诞(？—258)：三国时魏将领。字公休，琅邪阳都(今山东沂南县南)人。高贵乡公时，官至征东大将军、镇守淮南。以朝政为司马氏所操纵，起兵反抗，兵败被杀。　④鲁侯：指鲁庄公(？—前662)。文姜：鲁桓公(？—前694)的夫人、庄公的母亲。文姜与桓公一道到齐国，文姜和齐襄公通奸，桓公责备她，文姜告诉了齐襄公，齐襄公就派人杀了鲁桓公。事后，鲁国人指责文姜，庄公即位，和文姜断绝母子关系，把她送到了齐国。　⑤赵太后：即西汉成帝赵皇后(？—前1)。以善歌舞，号称飞燕。成帝纳入宫中，后立为皇后。哀帝即位，尊为皇太后。平帝即位后，赵皇后以成帝无疾而终被追究，贬皇太后之号，称孝成皇后。旋又废为庶人，遂自杀。⑥董养：浚仪(今河南开封市)隐士。　⑦"昔鲁芝"句：鲁芝出城投奔曹爽，见本书卷第七十五魏邵陵厉公嘉平元年(249)。

壬寅，征汝南王亮为太宰，与太保卫瓘皆录尚书事，辅政。以秦王柬为大将军[1]，东平王楙为抚军大将军，楚王玮为卫将军、领北军中候，下邳王晃为尚书令，东安公繇为尚书左仆射，进爵为王。楙，望之子也。封董猛为武安侯，三兄皆为亭侯。

亮欲取悦众心，论诛杨骏之功，督将侯者千八十一人[2]。御史中丞傅咸遗亮书曰：“今封赏熏赫，震动天地，自古以来，未之有也。无功而获赏，则人莫不乐国之有祸，是祸原无穷也。凡作此者，由东安公。人谓殿下既至，当有以正之，正之以道，众亦何怒？众之所怒者，在于不平耳；而今皆更倍论，莫不失望。”亮颇专权势，咸复谏曰：“杨骏有震主之威，委任亲戚，此天下所以喧哗。今之处重，宜反此失，静默颐神，有大得失，乃维持之，自非大事，一皆抑遣。比过尊门，冠盖车马，填塞街衢，此之翕习，既宜弭息。又夏侯长容无功而暴擢为少府[3]，论者谓长容，公之姻家，故至于此，流闻四方，非所以为益也。”亮皆不从。

贾后族兄车骑司马模、从舅右卫将军郭彰、女弟之子贾谧与楚王玮、东安王繇[4]，并预国政。贾后暴戾日甚，繇密谋废后，贾氏惮之。繇兄东武公澹，素恶繇，屡谮之于太宰亮曰：“繇专行诛赏，欲擅朝政。”庚戌，诏免繇官；又坐有悖言，废徙带方。

陆云像

于是贾谧、郭彰权势愈盛，宾客盈门。谧虽骄奢而好学，喜延士大夫，郭彰、石崇、陆机、机弟云、和郁及荥阳潘岳、清河崔基、勃海欧阳建、兰陵缪征、京兆杜斌、挚虞、琅邪诸葛诠、弘农王粹、襄城杜育、南阳邹捷、齐国左思、沛国刘瓌、周恢、安平牵秀、颍川陈眕、高阳许猛、彭城刘讷、中山刘舆、舆弟琨皆附于谧，号曰二十四友。郁，峤之弟也。崇与岳尤谄事谧，每候谧及广城君郭槐出，皆降车路左，望尘而拜。

【注释】

①楙（máo 毛）：此处为人名用字。 ②督将：此处当指部曲督和部曲将。释为都督、将军，似不妥，其时都督、将军没有一千多人。 ③夏侯长容：即夏侯骏，骏字长容。 ④贾谧：本姓韩，为贾充之女贾午和韩寿所生，贾充无子嗣，以谧为后，故改名为贾谧。

太宰亮、太保瓘以楚王玮刚愎好杀，恶之，欲夺其兵权，以临海侯裴楷代玮为北军中候，玮怒；楷闻之，不敢拜。亮复与瓘谋，遣玮与诸王之国，玮益忿怨。玮长史公孙宏、舍人岐盛，皆有宠于玮，劝玮自昵于贾后；后留玮领太子少傅。盛素善于杨骏，卫瓘恶其反覆，将收之。盛乃与宏谋，因积弩将军李肇矫称玮命，谮亮、瓘于贾后，云将谋废立。后素怨瓘[1]，且患二公执政，己不得专恣，夏，六月，后使帝作手诏赐玮曰："太宰、太保欲为伊、霍之事[2]，王宜宣诏，令淮南、长沙、成都王屯诸宫门，免亮及瓘官。"夜，使黄门赍以授玮[3]。玮欲覆奏，黄门曰："事恐漏泄，非密诏本意也。"玮亦欲因此复私怨，遂勒本军，复矫诏召三十六军，告以"二公潜图不轨，吾今受诏都督中外诸军，诸在直卫者，皆严加警备；其在外营，便相帅径诣行府，助顺讨逆"。又矫诏"亮、瓘官属，一无所问，皆罢遣之；若不奉诏，便军法从事"。遣公孙宏、李肇以兵围亮府，侍中清河王遐收瓘。

亮帐下督李龙[4]，白"外有变，请拒之"，亮不听。俄而兵登墙大呼，亮惊曰："吾无贰心，何故至此？诏书其可见乎？"宏等不许，趣兵攻之。长史刘准谓亮曰："观此必是奸谋。府中俊乂如林，犹可力战。"又不听，遂为肇所执，叹曰："我之赤心，可破示天下也。"与世子矩俱死。

卫瓘左右亦疑遐矫诏，请拒之，须自表得报，就戮未晚；瓘不听。初，瓘为司空，帐下督荣晦有罪，斥遣之。至是，晦从遐收瓘，辄杀瓘及子孙共九人，遐不能禁。

岐盛说玮："宜因兵势，遂诛贾、郭以正王室，安天下。"玮犹豫未决。会天明，太子少傅张华使董猛说贾后曰："楚王既诛二公，则天下威权尽归之矣，人主何以自安？宜以玮专杀之罪诛之。”贾后亦欲因此除玮，深然之。是时内外扰乱，朝廷恼惧，不知所出。张华白帝，遣殿中将军王宫赍驺虞幡出麾众曰[⑤]：“楚王矫诏，勿听也！”众皆释仗而走。玮左右无复一人，窘迫不知所为，遂执之，下廷尉；乙丑，斩之。玮出怀中青纸诏，流涕以示监刑尚书刘颂，曰：“幸托体先帝，而受枉乃如此乎！”公孙宏、岐盛并夷三族。

玮之起兵也，陇西王泰严兵将助玮，祭酒丁绥谏曰：“公为宰相，不可轻动。且夜中仓猝，宜遣人参审定问。”泰乃止。

卫瓘女与国臣书曰：“先公名谥未显，每怪一国蔑然无言，《春秋》之失[⑥]，其咎安在？”于是太保主簿刘繇等执黄幡，挝登闻鼓[⑦]，上言曰：“初，矫诏者至，公即奉送章绶，单车从命。如矫诏之文唯免公官，而故给使荣晦，辄收公父子及孙，一时斩戮。乞验尽情伪，加以明刑。”乃诏族诛荣晦，追复亮爵位，谥曰文成。封瓘为兰陵郡公，谥曰成。

于是贾后专朝，委任亲党，以贾模为散骑常侍，加侍中。贾谧与后谋，以张华庶姓[⑧]，无逼上之嫌，而儒雅有筹略，为众望所依，欲委以朝政。疑未决，以问裴頠，頠赞成之。乃以华为侍中、中书监，頠为侍中，又以安南将军裴楷为中书令，加侍中，与右仆射王戎并管机要。华尽忠帝室，弥缝遗阙，贾后虽凶险，犹知敬重华；贾模与华、頠同心辅政，故数年之间，虽暗主在上而朝野安静，华等之功也。

秋，七月，分荆、扬十郡为江州。

八月，辛未，立陇西王泰世子越为东海王。

九月，甲午，秦献王柬薨。

辛丑，征征西大将军梁王肜为卫将军、录尚书事。

【注释】

①“后素”句：贾后怨恨卫瓘，起因为他曾建议武帝废太子，详见本书卷第八十晋武帝咸宁四年（278）。　②伊、霍之事：指废立君主的事情。史载，商代名臣伊尹接连辅佐汤、外丙、中壬三朝，被称为阿衡。中壬死，传位太甲，伊尹专权自恣，将太甲放逐，七年后，太甲逃回，把他杀死。一说太甲嗣位后，怠于政事，被伊尹放逐，三年后又迎太甲复位，自

此不再干预政事。西汉昭帝卒，辅政大臣霍光等迎立昌邑王刘贺为帝。贺即位不久，因为淫乱，被霍光所废，更立武帝曾孙刘询为帝。 ③赍（jī机）：怀着、抱着；把东西送给别人。 ④帐下督：武官名。晋制，诸公及诸大将军皆置帐下督及门下督，掌管营帐事务。 ⑤驺虞幡（fān番）：标有驺虞（兽名，古人认为它是一种仁义的野兽）的窄长的旗帜，它是指示停止战斗的标志。 ⑥“《春秋》”句：《春秋公羊传》隐公十一年有云：“君弑，贼不讨，不书葬，以为无臣子也。”意谓君主被杀，臣子不征讨杀君之人，没有资格做臣子。 ⑦登闻鼓：古代帝王为了表示听取臣下谏议和冤情，把一面大鼓悬挂于朝堂外，允许击鼓上闻，因此叫登闻鼓。⑧庶姓：庶族。相对于与天子同姓者而言，庶族为异姓；再就异姓中加以区分，又属于出身寒微者。

二年 春，二月，己酉，故杨太后卒于金墉城。是时，太后尚有侍御十余人，贾后悉夺之，绝膳八日而卒。贾后恐太后有灵，或诉冤于先帝，乃覆而殡之，仍施诸厌劾符书、药物等[①]。

秋，八月，壬子，赦天下。

【注释】

①厌（yā压）劾：用迷信的方法压服鬼魂，抑制将来可能出现的灾祸。

三年 夏，六月，弘农雨雹，深三尺。

鲜卑宇文莫槐为其下所杀，弟普拨立。

拓拔绰卒[①]，子弗立。

【注释】

①拓拔：亦作“拓跋”。

四年 春，正月，丁酉，安昌元公石鉴薨。

夏，五月，匈奴郝散反[①]，攻上党，杀长吏。秋，八月，郝散帅众降，冯翊都尉杀之。

是岁，大饥。

司隶校尉傅咸卒。咸性刚简，风格峻整，初为司隶校尉，上言:“货赂流行,所宜深绝。”时朝政宽弛,权豪放恣,咸奏免河南尹澹等官[2],京师肃然。

慕容廆徙居大棘城[3]。

拓跋弗卒,叔父禄官立。

【注释】

①郝(hǎo 好):姓氏。 ②澹(tán 坛):河南尹的名字,姓氏失载。 ③大棘城:城名,在今辽宁朝阳市东南。

五年 夏,六月,东海雨雹,深五寸。

荆、扬、兖、豫、青、徐六州大水。

冬,十月,武库火,焚累代之宝及二百万人器械。十二月,丙戌,新作武库,大调兵器。

拓跋禄官分其国为三部:一居上谷之北,濡源之西[1],自统之;一居代郡参合陂之北[2],使兄沙漠汗之子猗㐌统之[3];一居定襄之盛乐故城[4],使猗㐌弟猗卢统之。猗卢善用兵,西击匈奴、乌桓诸部,皆破之。代人卫操与从子雄及同郡箕澹往依拓跋氏,说猗㐌、猗卢招纳晋人。猗㐌悦之,任以国事,晋人附者稍众。

【注释】

①濡源:地名,即濡水上源。濡水即今河北东北部的滦河。濡源之西是指今河北张北县以北及内蒙古太仆寺旗一带。 ②参合陂:地名,即今内蒙古凉城县东北岱海。 ③猗㐌(yīyí 医宜):拓跋沙漠汗儿子之名。 ④盛乐故城:即今内蒙古和林格尔县西北土城子。

六年 春,正月,赦天下。

下邳献王晃薨。以中书监张华为司空。太尉陇西王泰行尚书令,徙封高密王。

夏,郝散弟度元与冯翊、北地马兰羌、卢水胡俱反[1],杀北地太守张损,败冯翊太守欧阳建。

征西大将军赵王伦信用嬖人琅邪孙秀,与雍州刺史济南解系争军事,更相表奏,欧阳建亦表伦罪恶。朝廷以伦挠乱关右,征伦为车骑将军,以梁王肜为征西大将军、都督雍、凉二州诸军事。系与其弟御史中丞结，皆表请诛秀以谢氐、羌；张华以告梁王肜，使诛之，肜许诺。秀友人辛冉为之说肜曰："氐、羌自反，非秀之罪。"秀由是得免。伦至洛阳，用秀计，深交贾、郭，贾后大爱信之，伦因求录尚书事，又求尚书令；张华、裴頠固执以为不可，伦、秀由是怨之。

秋，八月，解系为郝度元所败，秦、雍氐、羌悉反，立氐帅齐万年为帝，围泾阳[2]。御史中丞周处，弹劾不避权戚，梁王肜尝违法，处按劾之。冬，十月，诏以处为建威将军，与振威将军卢播俱隶安西将军夏侯骏，以讨齐万年。中书令陈准言于朝曰："骏及梁王皆贵戚，非将帅之才，进不求名，退不畏罪。周处吴人，忠直勇果，有仇无援。宜诏积弩将军孟观，以精兵万人为处前锋，必能殄寇；不然，梁王当使处先驱，而不救而陷之，其败必也。"朝廷不从。齐万年闻处来，曰："周府君尝为新平太守，有文武才，若专断而来，不可当也；或受制于人，此成禽耳！"

关中饥、疫。

初，略阳清水氐杨驹始居仇池[3]。仇池方百顷，其旁平地二十余里，四面斗绝而高，为羊肠蟠道三十六回而上[4]。至其孙千万附魏，封为百顷王。千万孙飞龙浸强盛，徙居略阳。飞龙以其甥令狐茂搜为子，茂搜避齐万年之乱，十二月，自略阳帅部落四千家还保仇池，自号辅国将军、右贤王。关中人士避乱者多依之，茂搜迎接抚纳；欲去者，卫护资送之。

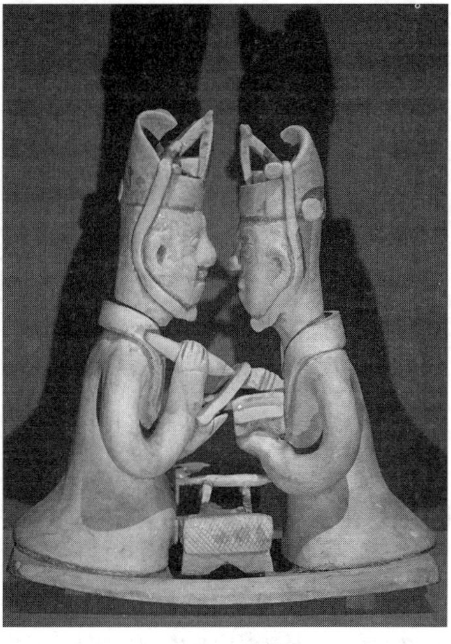
西晋青瓷对书俑

是岁，以扬烈将军巴

西赵廞为益州刺史[5]，发梁、益兵粮助雍州讨氐、羌。

【注释】

①马兰羌：北地郡有马兰山（在今陕西铜川市北），羌人居住其中，于是作为种落之名。卢水胡：东汉时居住在卢水（在今青海西宁市西）的胡人，于是作为种落之名，其后四处迁徙，种落名不变。 ②泾阳：县名，治今甘肃平凉市西北。 ③略阳：郡名，西晋泰始中以广魏郡改名，治今甘肃秦安县南。清水：县名，治今甘肃清水县西北。仇池：地名，一名翟堆，又名百顷山，在今甘肃西和县南。 ④蟠（pán 盘）道：盘曲的道路。 ⑤廞（xīn 欣）：此处为人名用字。

七年 春，正月，齐万年屯梁山[1]，有众七万；梁王肜、夏侯骏使周处以五千兵击之。处曰："军无后继，必败，不徒亡身，为国取耻。"肜、骏不听，逼遣之。癸丑，处与卢播、解系攻万年于六陌[2]。处军士未食，肜促令速进，自旦战至暮，斩获甚众，弦绝矢尽，救兵不至。左右劝处退，处按剑曰："是吾效节致命之日也！"遂力战而死。朝廷虽以尤肜，而亦不能罪也。

秋，七月，雍、秦二州大旱，疾疫，米斛万钱[3]。

丁丑[4]，京陵元公王浑薨。九月，以尚书右仆射王戎为司徒，太子太师何劭为尚书左仆射。

戎为三公，与时浮沉，无所匡救，委事僚寀[5]，轻出游放。性复贪吝，园田遍天下，每自执牙筹[6]，昼夜会计，常若不足。家有好李，卖之恐人得种，常钻其核。凡所赏拔，专事虚名。阮咸之子瞻尝见戎，戎问曰："圣人贵名教[7]，老、庄明自然[8]，其旨同异？"瞻曰："将无同[9]！"戎咨嗟良久，遂辟之。时人谓之"三语掾"[10]。

是时，王衍为尚书令，南阳乐广为河南尹，皆善清谈，宅心事外，名重当世，朝野之人，争慕效之。衍与弟澄，好题品人物，举世以为仪准。衍神情明秀，少时，山涛见之，嗟叹良久，曰："何物老妪，生宁馨儿[11]？然误天下苍生者，未必非此人也！"乐广性冲约，与物无竞。每谈论，以约言析理，厌人之心，而其所不知，默如也。凡论人，必先称其所长，则所短不言自见。王澄及阮咸、咸从子修、泰山胡毋辅之、陈国谢鲲、城阳王尼、新蔡毕卓[12]，皆以任放为达，至于醉狂裸休，不以为非。胡毋辅之尝酣饮，其子谦之窥而厉声呼其父字曰："彦国！年老，不得为尔！"辅之欢笑，呼入共饮。毕卓尝为吏部郎，比舍郎酿熟，卓因醉，夜至瓮间盗饮之，为掌酒者所缚，明旦视之，乃毕吏部也。乐广闻而笑之曰："名教内自有乐地，何必乃尔？"

阮咸像

初，何晏等祖述老、庄，立论以为："天地万物，皆以无为本。无也者，开物成务，无往而不存者也。阴阳恃以化生，贤者恃以成德。故无之为用，无爵而贵矣！"王衍之徒皆爱重之。由是朝廷士大夫皆以浮诞为美，弛废职业。裴頠著《崇有论》以释其蔽曰："夫利欲可损而未可绝有也，事务可节而未可全无也。盖有饰为高谈之具者，深列有形之累，盛陈空无之美。形器之累有征，空无之义难检；辩巧之文可悦，似象之言足惑；众听眩焉，溺其成说。虽颇有异此心者，辞不获济，屈于所习，因谓虚无之理诚不可盖。一唱百和，往而不反，遂薄综世之务，贱功利之用，高浮游之业，卑经实之贤。人情所徇，名利从之，于是文者衍其辞，讷者赞其旨。立言藉于虚无，谓之玄妙；处官不亲所职，谓之雅远；奉身散其廉操，谓之旷达；故砥砺之风，弥以陵迟。放者因斯，或悖吉凶之礼，忽容止之表，渎长幼之序，混贵贱之级，甚者至于裸裎亵慢[13]，无所不至，士行又亏矣。

"夫万物之有形者，虽生于无，然生以有为已分，则无是有之所遗者也。故养既化之有，非无用之所能全也；治既有之众，非无为之所能修也。心非事也，而制事必由于心，然不可谓心为无也；匠非器也，而制器必须于匠，然不可谓匠非有也。是以欲收重渊之鳞，非偃息之所能获也；陨高墉之禽，非静拱之所能捷也。由此而观，济有者皆有也，虚无奚益于已有之群生哉？"然习俗已成，颇论亦不能救也。

拓跋猗㐌度漠北巡，因西略诸国，积五岁，降附者三十余国。

【注释】

①梁山：地名，在今陕西乾县西北，西南迤逦至今扶风县北境。②六陌：地名，在今陕西乾县西北。 ③斛（hú 胡）：量制单位名。魏晋时一斛为十斗，约合今二万毫升。当时米价，通常是一斛一百五十文钱上下。 ④丁丑：七月丁未朔，无丁丑。 ⑤寀（cǎi 彩）：同事的官员。⑥牙筹：用象牙制成的筹码，是计算用具。 ⑦名教：以"君君臣臣、父父子子"为中心正名定分的封建礼教。内容包括政治制度、人才配合以及礼乐教化等等。 ⑧自然：非人力造成的天然的状态。这是魏晋玄学家所使用的一个基本概念。在哲学上，他们认为自然是人世间一切规律的本原。反映到政治方面，就是主张无为而治。反映到人生态度方面，就是希望摆脱礼法的束缚，无拘无束地生活。 ⑨将无同：含义历来众说纷纭，这里采用吕叔湘先生的意见，三字中，"将无"是表示测度而意思偏于肯定的词语，不可拆开，全句意谓"恐怕没有什么两样吧"。 ⑩三字掾（yuàn 院）：凭三个字换来的属员。按《世说新语·文学篇》记载此事，说是阮修与王衍对话。本处记载，系依据《晋书·阮瞻传》。 ⑪宁馨：如此，这样。 ⑫王㞛（rén 仁）：据《晋书》卷第四十九，此人作"王尼"，"字孝孙，城阳人也，或云河内人"。本书卷第八十七晋怀帝永嘉三年（309）中有"河内王尼"，亦为此人。 ⑬裸裎（chéng 呈）：赤身露体。

八年　春，三月，壬戌，赦天下。

秋，九月，荆、豫、徐、扬、冀五州大水。

初，张鲁在汉中，賨人李氏自巴西宕渠往依之[①]。魏武帝克汉中，李氏将五百余家归之，拜为将军，迁于略阳北土，号曰巴氐。其孙特、庠、流，皆有材武，善骑射，性任侠，州党多附之。

及齐万年反，关中荐饥，略阳、天水六郡民流移就谷入汉川者数万家，道路有疾病穷乏者，特兄弟常营护振救之，由是得众心。

流民至汉中，上书求寄食巴、蜀，朝议不许，遣侍御史李苾持节慰劳[2]，且监察之，不令入剑阁。苾至汉中，受流民赂，表言："流民十万余口，非汉中一郡所能振赡；蜀有仓储，人复丰稔，宜令就食。"朝廷从之。由是散在梁、益，不可禁止。李特至剑阁，太息曰："刘禅有如此地，面缚于人，岂非庸才邪?"闻者异之。

张华、陈准以赵王、梁王相继在关中，皆雍容骄贵[3]，师老无功，乃荐孟观沉毅有文武才用，使讨齐万年。观身当矢石，大战十数，皆破之。

【注释】

①賨(cóng 从)：古代巴人对赋税的称呼，外界人士于是称巴人为賨人。宕渠：县名，治今四川渠县东北。　②苾(bì 毕)：此处为人名用字。③雍容：舒缓自得的样子。

资治通鉴卷第八十三

晋纪五　起屠维协洽，尽上章涒滩，凡二年。

孝惠皇帝上之下

元康九年　春，正月，孟观大破氐众于中亭[1]，获齐万年。

太子洗马陈留江统以为戎、狄乱华，宜早绝其原，乃作《徙戎论》以警朝廷曰："夫夷、蛮、戎、狄，地在要、荒[2]，禹平九土而西戎即叙。其性气贪婪，凶悍不仁。四夷之中，戎、狄为甚，弱则畏服，强则侵叛。当其强也，以汉高祖困于白登、孝文军于霸上。及其弱也，以元、成之微而单于入朝。此其已然之效也。是以有道之君牧夷、狄也，惟以待之有备，御之有常，虽稽颡执贽而边城不弛固守，强暴为寇而兵甲不加远征，期令境内获安，疆埸不侵而已。

"及至周室失统，诸侯专征，封疆不固，利害异心，戎、狄乘间，得入中国，或招诱安抚以为己用，自是四夷交侵、与中国错居。及秦始皇并天下，兵威旁达，攘胡，走越，当是时，中国无复四夷也。

"汉建武中[3]，马援领陇西太守，讨叛羌，徙其余种于关中，居冯翊、河东空地。数岁之后[4]，族类蕃息，既恃其肥强，且苦汉人侵之；永初之元[5]，群羌叛乱，覆没将守，屠破城邑，邓骘败北[6]，侵及河内，十年之中，夷、夏俱敝，任尚、马贤[7]，仅乃克之。自此之后，余烬不尽，小有际会，辄复侵叛，中世之寇，惟此为大。魏兴之初，与蜀分隔，疆埸之戎，一彼一此。武帝徙武都氐于秦川，欲以弱寇强国，扞御蜀虏，此盖权宜之计，非万世之利也。今者当之，已受其敝矣。

"夫关中土沃物丰，帝王所居，未闻戎、狄宜在此土也。非我族类，其心必异。而因其衰敝，迁之畿服，士庶玩习，侮其轻弱，使其怨恨之气毒于骨髓；至于蕃育众盛，则坐生其心。以贪悍之性，挟愤怒之情，候隙乘便，辄为横逆；而居封域之内，无障塞之隔，掩不备之人，收散野之积，故能为祸滋蔓，暴害不测，此必然之势，已验之事也。当今之宜，宜及兵威方盛，众事未罢，徙冯翊、北地、新平、安定界内诸羌，著先零、罕幵、析支之地[8]，徙扶风、始平、京兆之氐，出还陇右，著阴平、武都之界，廪其道路之粮，令足自致，各附本种，反其旧土，使属国、抚夷就安集之。戎、晋不杂，并得其所，纵有猾夏之心，风尘之警，则绝远中国，隔阂山河，虽为寇暴，所害不广矣。

【注释】

①中亭：水名，又称中亭川，即今陕西渭水支流漆水河。 ②要、荒：即要服、荒服，是国家的边境地带。《尚书·禹贡》中，对全国土地有很严格的划分：王城以外的五百里属于甸服，也称畿服；甸服以外五百里为侯服；侯服以外五百里为绥服，绥服以外五百里为要服；要服以外五百里为荒服。 ③建武：东汉光武帝年号，起于公元25年，止于公元56年。④数岁之后：从马援讨伐羌人至东汉安帝"永初之元"，共有70多年，当作"数十岁之后"。 ⑤永初之元：即东汉安帝永初元年(107)。 ⑥邓骘(？—121)：东汉大臣。字昭伯，南阳新野(今河南新野县南)人。妹为和帝皇后。和帝少子殇帝卒，骘与妹(时为太后)定策立安帝。任大将军，专断朝政。后为安帝所杀。 ⑦任尚(？—118)：东汉将领。和帝时，官至护乌桓校尉。安帝时，任西域都护、护羌校尉等职。长期转战西北，颇有战功，后因罪被杀。马贤(？—141)：东汉将领。安帝时为护羌校尉，顺帝时为征西将军，长期转战西北，有战功，后死于讨羌战斗中。⑧先零：在今甘肃、青海的湟水流域。罕幵(jiān 坚)：在今甘肃临夏回族自治州东北。析支：在今青海积石山至贵德县河曲一带。

"难者曰：氐寇新平，关中饥疫，百姓愁苦，咸望宁息；而欲使疲悴之众，徙自猜之寇，恐势尽力屈，绪业不卒，前害未及弭而后变复横出矣。答曰：子以今者群氐为尚挟余资，悔恶反善，怀我德惠而来柔附乎？将势穷道尽，智力俱困，惧我兵诛以至于此乎？曰：无有余力，势穷道尽故也。然则我能制其短长之命而令其进退由己矣。夫乐其业者不易事，安其居者无迁志。方其自疑危惧，畏怖促遽，故可制以兵威，使之左右无违也。迨其死亡流散，离逷未鸠[①]，与关中之人，户皆为仇，故可遐迁远处，令其心不怀土也。夫圣贤之谋事也，为之于未有，治之于未乱，道不著而平，德不显而成。其次则能转祸为福，因败为功，值困必济，遇否能通。今子遭敝事之终而不图更制之始，爱易辙之勤而遵覆车之轨，何哉？且关中之人百余万口，率其少多，戎、狄居半，处之与迁，必须口实。若有穷乏，糁粒不继者[②]，故当倾关中之谷以全其生生之计，必无挤于沟壑而不为侵掠之害也。今我迁之，传食而至，附其种族，自使相赡，而秦地之人得其半谷，此为济行者以廪粮，遗居者以积仓，宽关中之逼，去盗贼之原，除旦夕之损，建终年之益。若惮暂举之小劳而忘永逸之弘策，惜日月之烦苦而遗累世之寇敌，非所谓能创业垂统，谋及子孙者也。

"并州之胡，本实匈奴桀恶之寇也，建安中，使右贤王去卑诱质呼厨泉[③]，听其部落散居六郡。咸熙之际[④]，以一部太强，分为三率，泰始之初，又增为四；于是刘猛内叛，连结外虏，近者郝散之变，发于谷远[⑤]。今五部之众，户至数万，人口之盛，过于西戎；其天性骁勇，弓马便利，倍于氐、羌。若有不虞风尘之虑，则并州之域可为寒心。

"正始中[⑥]，毌丘俭讨句骊，徙其余种于荥阳。始徙之时，户落百数；子孙孳息，今以千计；数世之后，必至殷炽。今百姓失职，犹或亡叛。犬马肥充，则有噬啮，况于夷、狄，能不为变？但顾其微弱，势力不逮耳。

"夫为邦者，忧不在寡而在不安，以四海之广，士民之富，岂须夷虏在内然后取足哉！此等皆可申谕发遣，还其本域，慰彼羁旅怀土之思，释我华夏纤介之忧，'惠此中国，以绥四方[⑦]。'德施永世，于计为长也！"朝廷不能用。

散骑常侍贾谧侍讲东宫，对太子倨傲，成都王颖见而叱之；谧怒，言于贾后，出颖为平北将军，镇邺。征梁王肜为大将军、录尚书事；以河间王颙为镇西将军，镇关中。初，武帝作石函之制[⑧]，非至亲不得镇关中，颙轻财爱士，朝廷以为贤，故用之。

【注释】

①离逷：远离。鸠：聚集，纠合。 ②糁（sǎn 散）粒：饭粒。 ③"使右贤王"句：汉献帝建安二十年（215），呼厨泉入朝，曹操将他扣留下来，而派有功于汉朝的右贤王去卑归国，管理南匈奴。 ④咸熙：曹魏元帝年号，起于公元264年，止于公元265年。 ⑤谷远：县名，治今山西沁源县南。 ⑥正始：曹魏齐王曹芳年号，起于公元240年，止于公元249年。 ⑦"惠此中国"二句：语出《诗经·大雅·民劳》，大意为"国家搞好京城富，安抚诸侯不费力"。 ⑧石函之制：石函是宗庙中收藏神主的地方，皇帝把制定的有关国家命运的法规收藏在这里，称为石函之制。

夏，六月，高密文献王泰薨。

贾后淫虐日甚，私于太医令程据等；又以簏箱载道上年少入宫[①]，复恐其漏泄，往往杀之。贾模恐祸及己，甚忧之。裴𬱟与模及张华议废后，更立谢淑妃。模、华皆曰："主上自无废黜之意，而吾等专行之，傥上心不以为然，将若之何？且诸王方强，朋党各异，恐一旦祸起，身死国危，无益社稷。"𬱟曰："诚如公言。然宫中逞其昏虐，乱可立待也。"华曰："卿二人于中宫皆亲戚，言或见信，宜数为陈祸福之戒，庶无大悖，则天下尚未至于乱，吾曹得以优游卒岁而已。"𬱟旦夕说其从母广城君，令戒谕贾后以亲厚太子，贾模亦数为后言祸福；后不能用，反以模为毁己而疏之；模不得志，忧愤而卒。

秋，八月，以裴𬱟为尚书仆射。𬱟虽贾后亲属，然雅望素隆，四海惟恐其不居权位。寻诏𬱟专任门下事[②]，𬱟上表固辞，以"贾模适亡，复以臣代之，崇外戚之望，彰偏私之举，为圣朝累"。不听。或谓𬱟曰："君可以言，当尽言于中宫；言而不从，当远引而去。傥二者不立，虽有十表，难以免矣。"𬱟慨然久之，竟不能从。

帝为人戆呆[③]，尝在华林园闻虾蟆[④]，谓左右曰："此鸣者，为官乎，为私乎？"时天下荒馑[⑤]，百姓饿死，帝闻之曰："何不食肉糜？"

魏晋《播种图》壁画砖

由是权在群下，政出多门，势位之家，更相荐托，有如互市。贾、郭恣横，货赂公行。南阳鲁褒作《钱神论》以讥之曰："钱之为体，有乾、坤之象，亲之如兄，字曰孔方。无德而尊，无势而热，排金门，入紫闼[6]，危可使安，死可使活，贵可使贱，生可使杀。是故忿争非钱不胜，幽滞非钱不拔，怨仇非钱不解，令闻非钱不发。洛中朱衣、当涂之士[7]，爱我家兄，皆无已已，执我之手，抱我终始。凡今之人，惟钱而已！"

又，朝臣务以苛察相高，每有疑议，群下各立私意，刑法不壹，狱讼繁滋。裴頠上表曰："先王刑赏相称，轻重无二，故下听有常，群吏安业。去元康四年大风，庙阙屋瓦有数枚倾落，免太常荀寓；事轻责重，有违常典。五年二月有大风，兰台主者惩惧前事，求索阿栋之间，得瓦小邪十五处，遂禁止太常，复兴刑狱。今年八月，陵上荆一枝围七寸二分者被斫；司徒、太常奔走道路，虽知事小，而按劾难测，搔扰驱驰，各竞免负，于今太常禁止未解。夫刑书之文有限而舛违之故无方，故有临时议处之制，诚不能皆得循常也。至于此等，皆为过当，恐奸吏因缘，得为浅深也。"既而曲议犹不止，三公尚书刘颂复上疏曰："自近世以来，法渐多门，令甚不一，吏不知所守，下不知所避，奸伪者因以售其情，居上者难以检其下，事同议异，狱犴不平。夫君臣之分，各有所司。法欲必奉，故令主者守文；理有穷塞，故使大臣释滞；事有时宜，故人主权断。主者守文，若释之执犯跸之平也[8]；大臣释滞，若公孙弘断郭解之狱也[9]；人主权断，若汉祖戮丁公之为也[10]。天下万事，自非此类，不得出意妄议，皆以律令从事。然后法信于下，人听不惑，吏不容奸，可以言政矣。"乃下诏，"郎、令史复出法驳案者，随事以闻"。然亦不能革也。

颂迁吏部尚书，建九班之制，欲令百官居职希迁，考课能否，明其赏罚。贾、郭用权,仕者欲速,事竟不行。

裴頠荐平阳韦忠于张华,华辟之,忠辞疾不起。人问其故,忠曰:“张茂先华而不实⑪,裴逸民欲而无厌⑫,弃典礼而附贼后,此岂大丈夫之所为哉?逸民每有心托我,我常恐其溺于深渊而余波及我,况可褰裳而就之哉⑬?”

关内侯敦煌索靖,知天下将乱,指洛阳宫门铜驼叹曰:“会见汝在荆棘中耳!”

【注释】

①簏(lù 路):竹箱。 ②“寻诏”句:按晋制,侍中和给事黄门侍郎一同管理门下省的各种事务,贾皇后却让裴頠一人统领,所以裴頠要上表固辞。 ③戆呆(zhuàng dāi 壮待):愚蠢、痴呆。 ④虾蟆(má 麻):青蛙和癞蛤蟆的统称。 ⑤馑(jǐn 紧):蔬菜无收。 ⑥紫闼(tà 踏):帝王宫廷。闼,宫中小门。 ⑦朱衣:晋制,诸王身穿朱衣,因而作为诸王的代称。当涂之士:掌管大权的人。 ⑧“若释之”句:汉文帝前三年(前177),文帝出行到中渭桥,有一人从桥下跑动,惊动了文帝的马匹,几乎受伤。文帝有意重加处罚,而廷尉张释之依照法律,仅仅处以罚款。详见本书卷第十四汉文帝前三年。跸(bì 毕):帝王出行时,开路清道,禁止通行。 ⑨“若公孙弘”句:汉武帝时,关东大侠郭解杀人甚多,有一儒生对他进行指责,他的门客私下将这个儒生杀死。虽然郭解不知此事,更没有指使,但在朝廷议论此事时,御史大夫公孙弘认为郭解任侠杀人,这起命案虽未参与,却比亲手杀人更严重,朝廷从其议,族诛郭解。详见本书卷第十八汉武帝元朔二年(前127)。 ⑩“若汉祖”句:楚汉相争时,丁公为项羽部将,多次围困刘邦。短兵相接时,刘邦向丁公求饶,丁公便引兵退回了。在项羽失败后,丁公谒见刘邦,刘邦为了告诫臣下忠于君主,便以“丁公为项王臣不忠,使项王失天下者也”的名义,杀了丁公。详见本书卷第十一汉高帝五年(前202)。 ⑪张茂先:即张华,茂先为张华表字。 ⑫裴逸民:即裴頠,逸民为裴頠表字。 ⑬褰(qiān 迁):撩起。

冬,十一月,甲子朔,日有食之。

初,广城君郭槐,以贾后无子,常劝后使慈爱太子。贾谧骄纵,数无礼于太子,广城君恒切责之。广城君欲以韩寿女为太子妃，太子亦欲婚韩氏以自固；寿妻贾午及后皆不听，而为太子聘王衍少女。太子闻衍长女美，而后为贾谧聘之，心不能平，颇以为言。及广城君病，临终，执后手，令尽心于太子，言甚切至。又曰："赵粲、贾午，必乱汝家事；我死后，勿复听入。深记吾言！"后不从，更与粲、午谋害太子。

太子幼有令名[①]，及长，不好学，惟与左右嬉戏，贾后复使黄门辈诱之为奢靡威虐。由是名誉浸减，骄慢益彰，或废朝侍而纵游逸。于宫中为市，使人屠酤，手揣斤两，轻重不差。其母，本屠家女也，故太子好之。东宫月俸钱五十万，太子常探取二月，用之犹不足。又令西园卖葵菜、蓝子、鸡、面等物而收其利[②]。又好阴阳小数，多所拘忌。洗马江统上书陈五事："一曰虽有微苦，宜力疾朝侍。二曰宜勤见保傅，咨询善道。三曰画室之功，可宜减省，后园刻镂杂作，一皆罢遣。四曰西园卖葵、蓝之属，亏败国体，贬损令闻。五曰缮墙正瓦，不必拘挛小忌[③]。"太子皆不从。中舍人杜锡恐太子不得安其位[④]，每尽忠谏，劝太子修德业，保令名，言辞恳切。太子患之，置针著锡常所坐毡中，刺之流血。锡，预之子也。

太子性刚，知贾谧恃中宫骄贵，不能假借之。谧时为侍中，至东宫，或舍之，于后庭游戏。詹事裴权谏曰："谧，后所亲昵，一旦交构，则事危矣。"不从。谧谮太子于后曰："太子多畜私财以结小人者，为贾氏故也。若宫车晏驾，彼居大位，依杨氏故事，诛臣等，废后于金墉，如反手耳。不如早图之，更立慈顺者，可以自安。"后纳其言，乃宣扬太子之短，布于远近。又诈为有娠，内藁物、产具[⑤]，取妹夫韩寿子慰祖养之，欲以代太子。

【注释】

①"太子"句：太子司马遹少有美名，见本书卷第八十三晋武帝太康十年(289)。　②葵菜：菜名，又名冬葵，我国古代蔬菜之一，或称为"百菜之主"。蓝子：植物名，其叶可以制作蓝色染料，即靛青。　③拘挛(luán 銮)：拘束。　④中舍人：职官名，即太子中舍人，咸宁四年(278)开始设置，以舍人中有才学者充任，和太子中庶子共掌文书。地位在中庶子之下，在太子洗马之上。　⑤"内藁(gǎo 稿)物"句：藁，木名。据《晋书·后妃传》，此句当作"内稿物为产具"。稿物，禾秆之类物品。当

时民间生子，怕血污床铺，都生在禾秆之上。皇宫是否采用这个办法，不得而知。贾皇后所为，当在掩人耳目。

于时朝野咸知贾后有害太子之意，中护军赵俊请太子废后，太子不听。左卫率东平刘卞，以贾后之谋问张华，华曰："不闻。"卞曰："卞自须昌小吏[1]，受公成拔以至今日。士感知己，是以尽言；而公更有疑于卞邪？"华曰："假令有此，君欲如何？"卞曰："东宫俊乂如林，四率精兵万人[2]；公居阿衡之任[3]，若得公命，皇太子因朝入录尚书事，废贾后于金墉城，两黄门力耳。"华曰："今天子当阳，太子，人子也，吾又不受阿衡之命，忽相与行此，是无君父而以不孝示天下也。况权戚满朝，威柄不一，成可必乎？"贾后常使亲党微服听察于外，颇闻卞言，乃迁卞为雍州刺史。卞知言泄，饮药而死。

十二月，太子长子虨病[4]，太子为虨求王爵，不许。虨疾笃，太子为之祷祀求福。贾后闻之，乃诈称帝不豫，召太子入朝。既至，后不见，置于别室。遣婢陈舞以帝命赐太子酒三升，使尽饮之。太子辞以不能饮三升，舞逼之曰："不孝邪？天赐汝酒而不饮，酒中有恶物邪？"太子不得已，强饮至尽，遂大醉。后使黄门侍郎潘岳作书草，令小婢承福，以纸笔及草，因太子醉，称诏使书之，文曰："陛下宜自了，不自了，吾当入了之。中宫又宜速自了，不自了，吾当手了之。并与谢妃共要，刻期两发，勿疑犹豫，以致后患。茹毛饮血于三辰之下，皇天许当扫除患害。立道文为王[5]，蒋氏为内主[6]。愿成，当以三牲祠北君[7]。"太子醉迷不觉，遂依而写之。其字半不成，后补成之，以呈帝。

西晋陶鸡笼

壬戌，帝幸式乾殿，召公卿入，使黄门令董猛以太子书及青纸诏示之曰："遹书如此，今赐死。"遍示诸公王，莫有言者。张华曰："此国之大祸，自古以来，常因废黜正嫡以致丧乱。且国家有天下日浅，愿陛下详之！"裴頠以为宜先检校传书者；又请比校太子手书，不然，恐有诈妄。贾后乃出太子启事十余纸，众人比视，亦无敢言非者。贾后使董猛矫以长广公主辞白帝曰："事宜速决，而群臣各不同，其不从诏者，宜以军法从事。"议至日西，不决。后见华等意坚，惧事变，乃表免太子为庶人，诏许之。于是使尚书和郁等持节诣东宫，废太子为庶人。太子改服出，拜受诏，步出承华门[8]，乘粗犊车，东武公澹以兵仗送太子及妃王氏、三子虨、臧、尚同幽于金墉城。王衍自表离婚，许之，妃恸哭而归。杀太子母谢淑媛及虨母保林蒋俊[9]。

【注释】

①须昌：县名，治今山东东平县西北。 ②四率（shuài 帅）：职官名，即太子所属的左卫率、右卫率、前卫率、后卫率。 ③阿衡：初为商代官名，名臣伊尹曾任此职。后引申为辅佐帝王，主持国政。 ④虨（bīn 兵）：此处为人名用字。 ⑤道文：司马虨的表字。 ⑥蒋氏：司马虨的母亲。 ⑦北君：北帝神祇。详见本书卷第七十九晋武帝泰始二年（266）注文。 ⑧承华门：东宫之门。 ⑨保林：东宫女官品秩名。

永康元年 春，正月，癸亥朔，赦天下，改元。

西戎校尉司马阎缵舆棺诣阙上书，以为："汉戾太子称兵拒命[1]，言者犹曰罪当笞耳。今遹受罪之日，不敢失道，犹为轻于戾太子。宜重选师傅，先加严诲，若不悛改，弃之未晚也。"书奏，不省。缵，圃之孙也[2]。

贾后使黄门自首，欲与太子为逆。诏以黄门首辞班示公卿，遣东武公澹以千兵防卫太子，幽于许昌宫，令持书御史刘振持节守之[3]，诏宫臣不得辞送。洗马江统、潘滔、舍人王敦、杜蕤[4]、鲁瑶等冒禁至伊水，拜辞涕泣。司隶校尉满奋收缚统等送狱。其系河南狱者，乐广悉解遣之；系洛阳县狱者，犹未释。都官从事孙琰说贾谧曰："所以废徙太子，以其为恶故耳。今宫臣冒罪拜辞，而加以重辟；流闻四方，乃更彰太子之德也，不如释之。"谧乃语洛阳令曹攄使释之[5];广亦不坐。敦,览之孙[6];攄,肇之孙也[7]。太子至许,遗王妃书,自陈诬枉,妃父衍不敢以闻。

丙子,皇孙虨卒。

三月,尉氏雨血[8],妖星见南方[9],太白昼见[10],中台星拆[11]。张华少子韪劝华逊位,华不从,曰:“天道幽远,不如静以待之。”

太子既废,众情愤怒。右卫督司马雅、常从督许超,皆尝给事东宫,与殿中中郎士猗等谋废贾后,复太子。以张华、裴頠安常保位,难与行权,右军将军赵王伦执兵柄,性贪冒,可假以济事。乃说孙秀曰:“中宫凶妒无道,与贾谧等共诬废太子。今国无嫡嗣,社稷将危,大臣将起大事,而公名奉事中宫,与贾、郭亲善,太子之废,皆云豫知,一朝事起,祸必相及,何不先谋之乎!”秀许诺,言于伦,伦纳焉,遂告通事令史张林及省事张衡等[12],使为内应。

事将起,孙秀言于伦曰:“太子聪明刚猛,若还东宫,必不受制于人。明公素党于贾后,道路皆知之,今虽建大功于太子,太子谓公特逼于百姓之望,翻覆以免罪耳,虽含忍宿忿,必不能深德明公,若有瑕衅,犹不免诛。不若迁延缓期,贾后必害太子,然后废贾后,为太子报仇,非徒免祸而已,乃更可以得志。”伦然之。

秀因使人行反间,言殿中人欲废皇后,立太子,贾后数遣宫婢微服于民间听察,闻之甚惧。伦、秀因劝谧等早除太子以绝众望。癸未,贾后使太医令程据和毒药,矫诏使黄门孙虑至许昌毒太子。太子自废黜,恐被毒,常自煮食于前;虑以告刘振,振乃徙太子于小坊中,绝其食,宫人犹窃于墙上过食与之。虑逼太子以药,太子不肯服,虑以药杵椎杀之[13]。有司请以庶人礼葬,贾后表请以广陵王礼葬之。

【注释】

①戾太子:即汉武帝太子刘据(前128—前91),一作卫太子。元狩元年(前122)立。武帝末年,因患病而怀疑有人用巫术诅咒他。江充乘机诬告太子,太子惧祸,被迫起兵讨江充,激战五日,兵败自杀。 ②阎圃:汉魏之际官吏。巴西(治今四川阆中市)人,东汉末,张鲁称雄于汉中,领汉宁太守,圃为其功曹。群下欲尊鲁为汉宁王,为圃所谏止。曹操降服张鲁后,以辅曾谏鲁不称王,而封他为列侯。 ③持书御史:即治书

侍御史,掌管律令。 ④蕤(ruí瑞阳平):此处为人名用字。 ⑤攄(shū叔):此处为人名用字。 ⑥王览(206—278):魏晋之际官吏。字玄通,琅邪临沂(今山东费县东)人。母亲朱氏,多次谋害王览的异母兄王祥,览极力救护,祥得以活命。曹魏时,任清河太守等职。西晋时,任弘训少府等职。 ⑦曹肇:曹魏将领。字长思,沛国谯(今安徽亳州市)人,曹操族孙。明帝时为散骑常侍、屯骑校尉。明帝寝疾,欲托以后事,意寻变,诏肇以侯归第,数年后卒。 ⑧尉氏:县名,治今河南尉氏县。 ⑨妖星:怪异之星,以不知其名,故称为妖星,古人认为它的出现预示着天下将要大乱。 ⑩太白:即金星,又名启明星。古人认为太白星白天出现,是与日争明,预示着强国将变弱,弱国将变强,皇权下降而皇后权势上升。 ⑪中台:星名。古人把文昌星至太微星之间的六颗星称作三台,即上台、中台、下台,每台两颗星。中台象征宗室,两星成列就预示着宗室和顺,不成列(即相拆)就预示着宗室将有内乱,君臣失和。 ⑫通事令史:即中书令史,属中书侍郎。省事:尚书省属吏。贾充为尚书令时,以目疾,表置省事吏四人。省事大概始于此时。 ⑬椎(chuí垂):用拳头或棒槌敲打。

夏,四月,辛卯朔,日有食之。

赵王伦、孙秀将讨贾后,告右卫佽飞督闾和[①],和从之,期以癸巳丙夜一筹[②],以鼓声为应。癸巳,秀使司马雅告张华曰:"赵王欲与公共匡社稷,为天下除害,使雅以告。"华拒之。雅怒曰:"刃将在颈,犹为是言邪?"不顾而出。

及期,伦矫诏敕三部司马曰[③]:"中宫与贾谧等杀吾太子,今使车骑入废中宫,汝等皆当从命,事毕,赐爵关中侯,不从者诛三族。"众皆从之。又矫诏开门,夜入,陈兵道南,遣翊军校尉齐王冏将百人排阁而入,华林令骆休为内应,迎帝幸东堂,以诏召贾谧于殿前,将诛之。谧走入西钟下,呼曰:"阿后救我!"就斩之。贾后见齐王冏,惊曰:"卿何为来?"冏曰:"有诏收后。"后曰:"诏当从我出,何诏也?"后至上阁,遥呼帝曰:"陛下有妇,使人废之,亦行自废矣。"是时,梁王肜亦预其谋,后问冏曰:"起事者谁?"冏曰:"梁、赵。"后曰:"系狗当系颈,反系其尾,何得不然?"遂废后为庶人,幽之于建始殿。收赵粲、贾午等付暴室考竟[④]。诏尚书收捕贾氏亲党，召中书监、侍中、黄门侍郎、八座皆夜入殿。尚书始疑诏有诈，郎师景露版奏请手诏，伦等斩之以徇。

伦阴与秀谋篡位，欲先除朝望，且报宿怨，乃执张华、裴頠、解系、解结等于殿前。华谓张林曰："卿欲害忠臣邪？"林称诏诘之曰："卿为宰相，太子之废，不能死节，何也？"华曰："式乾之议，臣谏事具存，可覆按也。"林曰："谏而不从，何不去位？"华无以对。遂皆斩之，仍夷三族。解结女适裴氏，明日当嫁而祸起，裴氏欲认活之，女曰："家既若此，我何以活为！"亦坐死。朝廷由是议革旧制，女不从死。甲午，伦坐端门[5]，遣尚书和郁持节送贾庶人于金墉；诛刘振、董猛、孙虑、程据等；司徒王戎及内外官坐张、裴亲党黜免者甚众。阎缵抚张华尸恸哭曰："早语君逊位而不肯，今果不免，命也！"

于是赵王伦称诏赦天下，自为使持节、都督中外诸军事、相国、侍中[6]，一依宣、文辅魏故事，置府兵万人，以其世子散骑常侍荂领冗从仆射[7]，子馥为前将军，封济阳王；虔为黄门郎，封汝阴王；诩为散骑侍郎，封霸城侯。孙秀等皆封大郡，并据兵权，文武官封侯者数千人，百官总己以听于伦。伦素庸愚，复受制于孙秀。秀为中书令，威权振朝廷，天下皆事秀而无求于伦。

诏追复故太子遹位号，使尚书和郁帅东宫官属迎太子丧于许昌，追封遹子虨为南阳王，封虨弟臧为临淮王，尚为襄阳王。

有司奏："尚书令王衍备位大臣，太子被诬，志在苟免，请禁锢终身。"从之。

相国伦欲收人望，选用海内名德之士，以前平阳太守李重、荥阳太守荀组为左、右长史，东平王堪、沛国刘谟为左、右司马，尚书郎阳平束皙为记室，淮南王文学荀崧、殿中郎陆机为参军。组，勖之子；崧，彧之玄孙也[8]。李重知伦有异志，辞疾不就，伦逼之不已，忧愤成疾，扶曳受拜，数日而卒。

【注释】

①右卫佽（cì 次）飞督：右卫将军所属督史。佽飞，古代勇士名，自汉以来作为卫士的名号。　②丙夜：即三更，时间相当于现在的深夜十一点至凌晨一点钟。　③三部司马：即左、右卫将军所属前驱、由基、强弩

三部司马。 ④暴室:本为宫廷中纺织的地方,宫中妇女有病以及皇后贵人有罪,也安置到这里。 ⑤端门:宫门中的正南门。 ⑥使持节:职官名。可在不得诏令的条件下,诛杀违法的二千石以下官员。 ⑦荂(fū 夫):此处为人名用字。 ⑧彧:荀彧(163—212),东汉末官吏。字文若,颍川颍阴(今河南许昌市)人。举孝廉,任守宫令。初依附袁绍,后归曹操,成为曹操主要谋臣。建议曹操迎汉献帝都于许昌,取得挟天子以令诸侯的地位。后因反对曹操称魏公,被迫自杀。

丁酉,以梁王肜为太宰,左光禄大夫何劭为司徒,右光禄大夫刘寔为司空。

太子遹之废也,将立淮南王允为太弟,议者不合。会赵王伦废贾后,乃以允为骠骑将军、开府仪同三司,领中护军。

己亥,相国伦矫诏遣尚书刘弘赍金屑酒赐贾后死于金墉城[①]。

五月,己巳,诏立临淮王臧为皇太孙,还妃王氏以母之;太子官属即转为太孙官属,相国伦行太孙太傅。

己卯,谥故太子曰愍怀;六月,壬寅,葬于显平陵。

清河康王遐薨。

中护军淮南王允,性沉毅,宿卫将士皆畏服之。允知相国伦及孙秀有异志,阴养死士,谋讨之。伦、秀深惮之。秋,八月,转允为太尉,外示优崇,实夺其兵权。允称疾不拜。秀遣御史刘机逼允,收其官属以下,劾以拒诏,大逆不敬。允视诏,乃秀手书也。大怒,收御史,将斩之,御史走免,斩其令史二人。厉色谓左右曰:"赵王欲破我家!"遂帅国兵及帐下七百人直出,大呼曰:"赵王反,我将讨之,从我者左袒。"于是归之者甚众。允将赴宫,尚书左丞王舆闭掖门,允不得入,遂围相府。允所将兵皆精锐,伦与战屡败,死者千余人。太子左率陈徽勒东宫兵鼓噪于内以应允。允结陈于承华门前,弓弩齐发,射伦,飞矢雨下。主书司马眭秘以身蔽伦,箭中其背而死。伦官属皆隐树而立,每树辄中数百箭,自辰至未[②]。中书令陈淮[③],徽之兄也,欲应允,言于帝曰:"宜遣白虎幡以解斗[④]。"乃使司马督护伏胤将骑四百持幡从宫中出[⑤],侍中汝阴王虔在门下省,阴与胤誓曰:"富贵当与卿共之。"胤乃怀空版出,诈言有诏助淮南王。允不之觉，开阵内之，下车受诏，胤因杀之，并杀允子秦王郁、汉王迪，坐允夷灭者数千人。曲赦洛阳。

初，孙秀尝为小吏，事黄门郎潘岳，岳屡挞之。卫尉石崇之甥欧阳建素与相国伦有隙，崇有爱妾曰绿珠，孙秀使求之，崇不与。及淮南王允败，秀因称石崇、潘岳、欧阳建奉允为乱，收之。崇叹曰："奴辈利吾财尔！"收者曰："知财为祸，何不早散之！"崇不能答。初，潘岳母常诮责岳曰："汝当知足，而乾没不已乎！"及败，岳谢母曰："负阿母。"遂与崇、建皆族诛，籍没崇家。相国伦收淮南王母弟吴王晏，欲杀之。光禄大夫傅祗争之于朝堂，众皆谏止，伦乃贬晏为宾徒县王。

齐王冏以功迁游击将军，冏意不满，有恨色，孙秀觉之，且惮其在内，乃出为平东将军，镇许昌。

【注释】

①金屑酒：加进了黄金碎末的毒酒。　②辰：上午七时至九时。未：下午一时至三时。　③陈淮：据本书卷第八十二晋惠帝元康六年（296）记载，当为"陈准"。　④白虎幡：带有白虎图案的狭长旗帜，作为帝王诏令传信之用。在晋朝，以白虎威猛，故督战时用白虎幡。⑤司马督护：殿中将校，属卫将军。

绿珠像

以光禄大夫陈准为太尉、录尚书事；未几，薨。

孙秀议加相国伦九锡[①]，百官莫敢异议。吏部尚书刘颂曰："昔汉之锡魏，魏之锡晋，皆一时之用，非可通行。周勃、霍光，其功至大，皆不闻有九锡之命也。”张林积忿不已，以颂为张华之党，将杀之。孙秀曰：“杀张、裴已伤时望，不可复杀颂。”林乃止。以颂为光禄大夫。遂下诏加伦九锡，复加其子荂抚军将军，虔中军将军，诩为侍中。又加孙秀侍中、辅国将军，相国司马、右率如故。张林等并居显要。增相府兵为二万人，与宿卫同，并所隐匿之兵，数逾三万。

九月，改司徒为丞相，以梁王肜为之，肜固辞不受。

伦及诸子皆顽鄙无识，秀狡黠贪淫，所与共事者，皆邪佞之士，惟竞荣利，无远谋深略，志趣乖异，互相憎嫉。秀子会为射声校尉，形貌短陋，如奴仆之下者，秀使尚帝女河东公主。

冬，十一月，甲子，立皇后羊氏，赦天下。后，尚书郎泰山羊玄之之女也。外祖平南将军乐安孙旂，与孙秀善，故秀立之。拜玄之光禄大夫、特进、散骑常侍，封兴晋侯。

诏征益州刺史赵廞为大长秋，以成都内史中山耿滕为益州刺史。廞，贾后之姻亲也。闻征，甚惧，且以晋室衰乱，阴有据蜀之志，乃倾仓廪，赈流民，以收众心。以李特兄弟材武，其党类皆巴西人，与廞同郡，厚遇之以为爪牙。特等凭恃廞势，专聚众为盗，蜀人患之。滕数密表：“流民刚剽，蜀人懦弱[2]，主不能制客，必为乱阶，宜使还本居。若留之险地，恐秦、雍之祸更移于梁、益矣。”廞闻而恶之。

州被诏书，遣文武千余人迎滕。是时，成都治少城，益州治太城[3]，廞犹在太城。未去。滕欲入州，功曹陈恂谏曰：“今州、郡构怨日深，入城必有大祸，不如留少城以观其变，檄诸县合村保以备秦氏。陈西夷行至[4]，且当待之。不然，退保犍为[5]，西渡江源[6]，以防非常。”滕不从。是日，帅众入州，廞遣兵逆之，战于西门，滕败死，郡吏皆窜走，惟陈恂面缚诣廞，请滕死[7]；廞义而许之。

廞又遣兵逆西夷校尉陈总。总至江阳[8]，闻廞有异志，主簿蜀郡赵模曰：“今州郡不协，必生大变，当速行赴之。府是兵要，助顺讨逆，谁敢动者！”总更缘道停留，比至南安鱼涪津[9]，已遇廞军，模白总：“散财募士以拒战，若克州军，则州可得；不克，顺流而退，必无害也。”总曰：“赵益州忿耿侯，故杀之；与吾无嫌，何为如此！”模曰:“今州起事,必当杀君以立威,虽不战,无益也。”言至垂涕,总不听,众遂自溃。总逃草中,模著总服格战;廞兵杀模,见其非是,更搜求得总,杀之。

廞自称大都督、大将军、益州牧,署置僚属,改易守令,王官被召,无敢不往。李庠帅妹婿李含、天水任回、上官晶、扶风李攀、始平费他、氐苻成、隗伯等四千骑归廞⑩。廞以庠为威寇将军,封阳泉亭侯,委以心膂,使招合六郡壮勇至万余人,以断北道。

【注释】

①九锡:古代帝王尊礼大臣赏赐车马、衣服等九种器物。自西汉末王莽加九锡以来,魏晋南北朝执政大臣夺取政权、建立新王朝前,都加九锡,成为例行公事。 ②愞(nuò 懦)弱:软弱无能。 ③少城、太城:都在今四川成都市内。二城相连,为秦张仪所筑。太城在东,首先筑城;少城次年筑成,在太城的西面,少城只有西南北三壁,东壁即太城的西墙,现已改为少城公园。 ④陈西夷:即西夷校尉陈总。 ⑤犍为:郡名,治今四川宜宾市西南。 ⑥江源:县名,治今四川崇州市东南江源镇东。⑦请其死:有的版本作“请其丧”。这里“死”当读作“尸”,求其尸体而葬之。 ⑧江阳:县名,治今四川泸州市。 ⑨南安:县名,治今四川乐山市。鱼涪(fú 福)津:渡口名,在今四川乐山市北岷江上。 ⑩苻(fú 福):姓氏。

资治通鉴卷第八十四

晋纪六　起重光作噩，尽玄黓阉茂，凡二年。

孝惠皇帝中之上

永宁元年　春，正月，以散骑常侍安定张轨为凉州刺史。轨以时方多难，阴有保据河西之志，故求为凉州。时州境盗贼纵横，鲜卑为寇。轨至，以宋配、汜瑗为谋主[①]，悉讨破之，威著西土。

相国伦与孙秀使牙门赵奉诈传宣帝神语云："伦宜早入西宫。"散骑常侍义阳王威，望之孙也，素谄事伦，伦以威兼侍中，使威逼夺帝玺绶，作禅诏，又使尚书令满奋持节、奉玺绶禅位于伦。左卫将军王舆、前军将军司马雅等帅甲士入殿，晓谕三部司马，示以威赏，无敢违者。张林等屯守诸门。乙丑，伦备法驾入宫[②]，即帝位。赦天下，改元建始。帝自华林西门出居金墉城，伦使张衡将兵守之。

丙寅，尊帝为太上皇，改金墉曰永昌宫，废皇太孙为濮阳王。立世子荂为皇太子，封子馥为京兆王，虔为广平王，诩为霸城王，皆侍中将兵。以梁王肜为宰衡，何劭为太宰，孙秀为侍中、中书监、票骑将军、仪同三司，义阳王威为中书令，张林为卫将军，其余党与，皆为卿、将，超阶越次，不可胜纪；下至奴卒，亦加爵位。每朝会，貂蝉盈座[③]，时人为之谚曰："貂不足，狗尾续。"是岁，天下所举贤良、秀才、孝廉皆不试；郡国计吏及太学生年十六以上皆署吏；守令赦日在职者皆封侯；郡纲纪并为孝廉[④]，县纲纪并为廉吏。

府库之储，不足以供赐与。应侯者多，铸印不给，或以白板封之。

初，平南将军孙旂之子弼、弟子髦、辅、琰皆附会孙秀，与之合族，旬月间致位通显。及伦称帝，四子皆为将军，封郡侯，以旂为车骑将军、开府。旂以弼等受伦官爵过差，必为家祸，遣幼子回责之，弼等不从，旂不能制，恸哭而已。

【注释】

①氾(fán 凡)：姓氏。 ②法驾：皇帝的车驾。 ③貂蝉：王公显官帽子上的装饰物。《晋书·舆服志》述及冠冕有云："侍中、常侍则加金珰，附蝉为饰，插以貂毛，黄金为竿，侍中插左，常侍插右。"人们遂以貂蝉比喻达官显贵。 ④纲纪：郡一级中功曹一类官吏、县一级中主簿、录事史之类官吏。

癸酉，杀濮阳哀王臧。

孙秀专执朝政，伦所出诏令，秀辄改更与夺，自书青纸为诏，或朝行夕改，百官转易如流。张林素与秀不相能，且怨不得开府，潜与太子荂笺，言："秀专权不合众心，而功臣皆小人，挠乱朝廷，可悉诛之。"荂以书白伦，伦以示秀。秀劝伦收林，杀之，夷其三族。秀以齐王冏、成都王颖、河间王颙，各拥强兵，据方面，恶之，乃尽用其亲党为三王参佐，加冏镇东大将军、颖征北大将军，皆开府仪同三司，以宠安之。

李庠骁勇得众心，赵廞浸忌之而未言。长史蜀郡杜淑、张粲说廞曰："将军起兵始尔，而遽遣李庠握强兵于外。非我族类，其心必异，此倒戈授人也，宜早图之。"会庠劝廞称尊号，淑、粲因白廞以庠大逆不道，引斩之，并其子侄十余人。时李特、李流皆将兵在外，廞遣人慰抚之曰："庠非所宜言，罪应死。兄弟罪不相及。"复以特、流为督将。特、流怨廞，引兵归绵竹。

廞牙门将涪陵许弇求为巴东监军[①]，杜淑、张粲固执不许，弇怒，手杀淑、粲于廞阁下，淑、粲左右复杀弇。三人，皆廞之腹心也，廞由是遂衰。

廞遣长史犍为费远、蜀郡太守李苾、督护常俊督万余人断北道，屯绵竹之石亭[②]。李特密收兵得七千余人，夜袭远等军，烧之，死者十八九，遂进攻成都。费远、李苾及军祭酒张微[3]，夜斩关走，文武尽散。廞独与妻乘小船走[4]，至广都，为从者所杀。特入成都，纵兵大掠，遣使诣洛阳，陈廞罪状。

初，梁州刺史罗尚，闻赵廞反，表："廞非雄才，蜀人不附，败亡可计日而待。"诏拜尚平西将军、益州刺史，督牙门将王敦、蜀郡太守徐俭、广汉太守辛冉等七千余人入蜀。特等闻尚来，甚惧，使其弟骧于道奉迎，并献珍玩。尚悦，以骧为骑督[5]，特、流复以牛酒劳尚于绵竹，王敦、辛冉说尚曰："特等专为盗贼，宜因会斩之；不然，必为后患。"尚不从。冉与特有旧，谓特曰："故人相逢，不吉当凶矣。"特深自猜惧。

三月，尚至成都。汶山羌反，尚遣王敦讨之，为羌所杀。

【注释】

①涪陵：郡名，治今重庆彭水苗族土家族自治县。 ②石亭：地名，在今四川广元市北。③军祭酒：依当时官制，当作"军咨祭酒"。④"廞独与"句：据其他版本，"妻"下有"子"字。 ⑤骑督：武官名，为骑兵督将。

齐王冏谋讨赵王伦，未发，会离狐王盛、颍川处穆聚众于浊泽[1]，百姓从之，日以万数。伦以其将管袭为齐王军司[2]，讨盛、穆，斩之。冏因收袭，杀之，与豫州刺史何勖、龙骧将军董艾等起兵，遣使告成都王颖、河间王颙、常山王乂及南中郎将新野公歆，移檄征、镇、州、郡、县、国[3]，称："逆臣孙秀，迷误赵王，当共诛讨。有不从命者，诛及三族。"

使者至邺，成都王颖召邺令卢志谋之。志曰："赵王篡逆，人神共愤，殿下收英俊以从人望，杖大顺以讨之，百姓必不召自至，攘臂争进，蔑不克矣。"颖从之，以志为谘议参军，仍补左长史。志，毓之孙也[4]。颖以兖州刺史王彦、冀州刺史李毅、督护赵骧、石超等为前锋，远近响应；至朝歌，众二十余万。超，苞之孙也。

常山王乂在其国，与太原内史刘暾各帅众为颖后继[5]。

新野公歆得冏檄，未知所从。嬖人王绥曰："赵亲而强[6]，齐疏而弱，公宜从赵。"参军孙询大言于众曰："赵王凶逆，天下当共诛之，何亲疏强弱之有？”歆乃从冏。

前安西参军夏侯奭在始平[7]，合众数千人以应冏，遣使邀河间王颙。颙用长史李含谋，遣振武将军河间张方讨擒奭及其党，腰斩之。冏檄至，颙执冏使送于伦，遣张方将兵助伦。方至华阴，颙闻二王兵盛，复召方还，更附二王。

冏檄至扬州，州人皆欲应冏。刺史郗隆，虑之玄孙也[8]，以兄子鉴及诸子悉在洛阳，疑未决，悉召僚吏谋之。主簿淮南赵诱、前秀才虞潭皆曰：“赵王篡逆，海内所疾；今义兵四起，其败必矣。为明使君计[9]，莫若自将精兵，径赴许昌，上策也；遣将将兵会之，中策也；量遣小军，随形助胜，下策也。”隆退，密与别驾顾彦谋之，彦曰：“诱等下策，乃上计也。”治中留宝、主簿张褒、西曹留承闻之，请见，曰：“不审明使君今当何施？”隆曰：“我俱受二帝恩[10]，无所偏助，欲守州而已。”承曰：“天下，世祖之天下也；太上承代已久[11]，今上取之，不平，齐王顺时举事，成败可见，使君不早发兵应之，狐疑迁延，变难将生，此州岂可保也？”隆不应。潭，翻之孙也。隆停檄六日不下，将士愤怒，参军王邃镇石头，将士争往归之，隆遣从事于牛渚禁之，不能止。将士遂奉邃攻隆，隆父子及顾彦皆死，传首于冏。

西晋持刀俑

安南将军、监沔北诸军事孟观，以为紫宫帝座无他变[12]，伦必不败，乃为之固守。

伦、秀闻三王兵起[13]，大惧，诈

为冏表曰："不知何贼猝见攻围，臣懦弱不能自固，乞中军见救，庶得归死。"以其表宣示内外；遣上军将军孙辅、折冲将军李严帅兵七千自延寿关出[14]，征虏将军张泓、左军将军蔡璜、前军将军闾和帅兵九千自崿阪关出[15]，镇军将军司马雅、扬威将军莫原帅兵八千自成皋关出[16]，以拒冏。遣孙秀子会督将军士猗、许超帅宿卫兵三万以拒颖。召东平王楙为卫将军，都督诸军；又遣京兆王馥、广平王虔帅兵八千为三军继援。伦、秀日夜祷祈、厌胜以求福；使巫觋选战日；又使人于嵩山著羽衣，诈称仙人王乔[17]，作书述伦祚长久，欲以惑众。

【注释】

①离狐：县名，治今河南濮阳市东南。浊泽：地名，在今河南禹州市东北。 ②军司：军职官名，本称军师，晋避司马师讳，改称军司，各军皆设置，为监军之职。 ③征、镇：统领一方军事的将领，地位最高的是四征（征东大将军等），其次是四镇（镇东大将军等）。全国按方位分为四方，每一征、镇大将军所辖区域都有几个州。 ④卢毓（？—257）：汉魏之际官吏。字子家，涿郡涿（今河北涿州市）人。少以学行见称，汉献帝时任丞相法曹议令史等职。入魏，官至侍中、司空。 ⑤暾（tūn 吞）：此处为人名用字。 ⑥"赵亲"句：司马歆的父亲司马骏，和赵王司马伦同为司马懿之子，歆于伦为叔侄，服属甚亲；司马冏于司马歆为从子，服属稍疏。 ⑦奭（shì 示）：此处为人名用字。 ⑧郗虑：东汉末官吏。字鸿豫，山阳高平（今山东微山县西北）人。汉献帝时官至御史大夫。建安十九年（214），受曹操指派，持节收捕献帝伏皇后。 ⑨使君：对刺史的尊称。 ⑩二帝：指惠帝司马衷与篡夺帝位的司马伦。 ⑪太上：即太上皇，这里指惠帝司马衷。 ⑫紫宫帝座：古代天文家分天体恒星为三垣，中垣是紫宫垣十五星，也称紫宫。其中的紫微星象征着地上的帝王。 ⑬三王：指齐王司马冏、成都王司马颖、河间王司马颙。 ⑭延寿关：关隘名，或称延寿城，在今河南巩义市南。 ⑮崿（è 厄）阪关：关隘名，在今河南登封市东南崿岭上。 ⑯成皋关：关隘名，在今河南荥阳市汜水镇西。 ⑰王乔：传说中古代仙人。据称是周灵王的太子，好吹笙，能作凤鸣。在伊水、洛水间游玩，道士浮丘公把他接到嵩山，三十多年后得道成仙。

闰月，丙戌朔，日有食之。自正月至于是月，五星互经天[①]，纵横无常。

张泓等进据阳翟[②]，与齐王冏战，屡破之。冏军颍阴[③]，夏，四月，泓乘胜逼之，冏遣兵逆战。诸军不动，而孙辅、徐建军夜乱，径归洛自首曰："齐王兵盛，不可当，泓等已没矣！"赵王伦大恐，秘之，而召其子虔及许超还。会泓破冏露布至[④]，伦乃复遣之。泓等悉帅诸军济颍攻冏营，冏出兵击其别将孙髦、司马谭等，破之，泓等乃退。孙秀诈称已破冏营，擒得冏，令百官皆贺。

成都王颖前锋至黄桥[⑤]，为孙会、士猗、许超所败，杀伤万余人，士众震骇。颖欲退保朝歌，卢志、王彦曰："今我军失利，敌新得志，有轻我之心。我若退缩，士气沮衄[⑥]，不可复用。且战何能无胜负？不若更选精兵，星行倍道，出敌不意，此用兵之奇也。"颖从之。伦赏黄桥之功，士猗、许超与孙会皆持节。由是各不相从，军政不一，且恃胜轻颖而不设备。颖帅诸军击之，大战于溴水[⑦]，会等大败，弃军南走。颖乘胜长驱济河。

自冏等起兵，百官将士皆欲诛伦、秀，秀惧，不敢出中书省；及闻河北军败，忧懑不知所为[⑧]。孙会、许超、士猗等至，与秀谋，或欲收余卒出战；或欲焚宫室，诛不附己者，挟伦南就孙旂、孟观；或欲乘船东走入海；计未决。辛酉，左卫将军王舆与尚书广陵公漼帅营兵七百余人自南掖门入宫[⑨]，三部司马为应于内，攻孙秀、许超、士猗于中书省，皆斩之，遂杀孙奇、孙弼及前将军谢惔等[⑩]。漼，伷之子也。王舆屯云龙门，召八坐皆入殿中，使伦为诏曰："吾为孙秀所误，以怒三王；今已诛秀。其迎太上皇复位，吾归老于农亩。"传诏以驺虞幡敕将士解兵。黄门将伦自华林东门出，及太子荂皆还汶阳里第[⑪]。遣甲士数千迎帝于金墉城，百姓咸称万岁。帝自端门入，升殿，群臣顿首谢罪。诏送伦、荂等赴金墉城。广平王虔自河北还，至九曲[⑫]，闻变，弃军，将数十人归里第。

癸亥，赦天下，改元，大酺五日。分遣使者慰劳三王。梁王肜等表："赵王伦父子凶逆，宜伏诛。"丁卯，遣尚书袁敞持节赐伦死，收其子荂、馥、虔、诩，皆诛之。凡百官为伦所用者皆斥免，台、省、府、卫[⑬]，仅有存者。是日，成都王颖至。己巳，河间王颙至。颖使赵骧、石超助齐王冏讨张泓等于阳翟，泓等皆降。自兵兴六十余日，战斗死者近十万人。斩张衡、闾和、孙髦于东市，蔡璜自杀。五月，诛义阳王威。襄阳太守宗岱承冏檄斩孙旂，永饶冶令空桐机斩孟观[14]，皆传首洛阳，夷三族。

立襄阳王尚为皇太孙。

【注释】

①五星：金、木、水、火、土五大行星。 ②阳翟：县名，治今河南禹州市。 ③颍阴：县名，治今河南许昌市。 ④露布：不缄封的文书。多用为传送捷报、檄文。 ⑤黄桥：地名，在今河南淇县西。 ⑥沮衄（nǜ恧）：挫败、损伤。 ⑦湨（jú桔）水：即今河南济源市、孟州市境内黄河支流漭（mǎng莽）河。 ⑧懑（mèn闷）：烦闷、愤怒。 ⑨漼（cuī崔）：此处为人名用字。 ⑩惔（tán坛）：此处为人名用字。 ⑪汶阳里：街巷名，在今河南洛阳市东北故洛阳城中。司马伦私宅在此。 ⑫九曲：地名，在今河南巩义市西。 ⑬台、省、府、卫：中央军政首脑机关。台指尚书、御史中丞、谒者等台阁，省指中书、门下、秘书省，府指三公府及地位相当于三公而开府治事的官员，卫指卫尉、卫将军。 ⑭永饶冶：官府冶炼基地，设在南阳宛县（今河南南阳市）。空桐：复姓。

六月，乙卯，齐王冏帅众入洛阳，顿军通章署，甲士数十万，威震京都。

戊辰，赦天下。

复封宾徒王晏为吴王。

甲戌，诏以齐王冏为大司马，加九锡，备物典策，如宣、景、文、武辅魏故事；成都王颖为大将军、都督中外诸军事、假黄钺、录尚书事，加九锡，入朝不趋，剑履上殿；河间王颙为侍中、太尉，加三赐之礼[①]；常山王乂为抚军大将军，领左军；进广陵公漼爵为王，领尚书，加侍中；进新野公歆爵为王，都督荆州诸军事，加镇南大将军。齐、成都、河间三府，各置掾属四十人，武号森列，文官备员而已，识者知兵之未戢也[②]。己卯，以梁王肜为太宰，领司徒。

光禄大夫刘蕃女为赵世子荂妻，故蕃及二子散骑侍郎舆、冠军将军琨皆为赵王伦所委任。大司马冏以琨父子有才望，特宥之，以舆为中书郎，琨为尚书左丞。又以前司徒王戎为尚书令，刘暾为御史中丞，王衍为河南尹。

新野王歆将之镇，与冏同乘谒陵，因说冏曰：“成都王至亲[③]，同建大勋，今宜留之与辅政；若不能尔，当夺其兵权。”常山王乂与成都王颖俱拜陵，乂谓颖曰：“天下者，先帝之业，王宜维正之。”闻其言者莫不忧惧。卢志谓颖曰：“齐王众号百万，与张泓等相持不能决；大王径前济河，功无与贰。今齐王欲与大王共辅朝政。志闻两雄不俱立，宜因太妃微疾[④]，求还定省，委重齐王，以收四海之心，此计之上也。”颖从之。帝见颖于东堂，慰劳之。颖拜谢曰：“此大司马冏之勋，臣无豫焉。”因表称冏功德，宜委以万机，自陈母疾，请归藩。即辞出，不复还营，便谒太庙，出自东阳城门，遂归邺。遣信与冏别，冏大惊，驰出送颖，至七里涧[⑤]，及之。颖住车言别，流涕滂沱，惟以太妃疾苦为忧，不及时事，由是士民之誉皆归颖。

冏辟新兴刘殷为军谘祭酒，洛阳令曹摅为记室督，尚书郎江统、阳平太守河内荀晞参军事，吴国张翰为东曹掾，孙惠为户曹掾，前廷尉正顾荣及顺阳王豹为主簿。惠，贲之曾孙[⑥]；荣，雍之孙也[⑦]。殷幼孤贫，养曾祖母以孝闻，人以谷帛遗之，殷受而不谢，直云：“待后贵当相酬耳。”及长，博通经史，性倜傥有大志，俭而不陋，清而不介，望之颓然而不可侵也。冏以何勖为中领军，董艾典枢机，又封其将佐有功者葛旟、路秀、卫毅、刘真、

张翰像

韩泰皆为县公[⑧]，委以心膂，号曰“五公”。

成都王颖至邺，诏遣使者就申前命；颖受大将军，让九锡殊礼。表论兴义功臣，皆封公侯。又表称：“大司马前在阳翟，与贼相持既久，百姓困敝，乞运河北邸阁米十五万斛，以赈阳翟饥民。”造棺八千余枚，以成都国秩为衣服，敛祭黄桥战士，旌显其家，加常战亡二等。又命温县瘗赵王伦战士万四千余人[⑨]。皆卢志之谋也。颖貌美而神昏，不知书，然气性敦厚，委事于志，故得成其美焉。诏复遣使谕颖入辅，并使受九锡。颖嬖人孟玖不欲还洛，又，程太妃爱恋邺都，故颖终辞不拜。

初，大司马冏疑中书郎陆机为赵王伦撰禅诏，收，欲杀之；大将军颖为之辩理，得免死，因表为平原内史，以其弟云为清河内史。机友人顾荣及广陵戴渊，以中国多难，劝机还吴；机以受颖全济之恩，且谓颖有时望，可与立功，遂留不去。

【注释】

①三赐之礼：为尊礼大臣而赐予弓矢、𫓧钺、圭瓒等三种器物。等级仅次于九锡。　②戢（jí 集）：收敛、止息。　③“成都王”句：司马颖为晋武弟之子，是惠帝的异母亲，司马歆因此说他们是“至亲”。　④太妃：即司马颖的母亲程才人。　⑤七里涧：地名，在今河南洛阳市东北。⑥孙贲：东汉末孙权部属。字伯阳，吴郡富春（今浙江杭州市富阳区）人。初随孙策平定江东，任豫章太守、征虏将军。在官十一年后去世。⑦顾雍（168—243）：三国时吴国大臣。字元叹，吴郡吴县（今江苏苏州市）人。孙权领会稽太守时，以雍为丞，行太守事。其后累迁至尚书令等要职。代孙邵为丞相，平尚书事，执政近二十年。　⑧旟（yú 与）：此处为人名用字。　⑨瘗（yì 意）：埋葬。

秋，七月，复封常山王乂为长沙王，迁开府、骠骑将军。

东莱王蕤，凶暴使酒，数陵侮大司马冏，又从冏求开府不得而怨之，密表冏专权，与左卫将军王舆谋废冏。事觉，八月，诏废蕤为庶人，诛舆三族，徙蕤于上庸[①]，上庸内史陈钟承冏旨潜杀之。

赦天下。

东武公澹坐不孝徙辽东。九月，征其弟东安王繇复旧爵[②]，拜尚书左仆射。繇举东平王楙为都督徐州诸军事，镇下邳。

初，朝廷符下秦、雍州，使召还流民入蜀者，又遣御史冯该、张昌督之。李特兄辅自略阳至蜀，言中国方乱，不足复还。特然之，累遣天水阎式诣罗尚求权停至秋，又纳赂于尚及冯该；尚、该许之。朝廷论讨赵廞功，拜特宣威将军，弟流奋武将军，皆封侯。玺书下益州，条列六郡流民与特同讨廞者，将加封赏。广汉太守辛冉欲以灭廞为己功，寝朝命，不以实上；众咸怨之。

罗尚遣从事督遣流民，限七月上道。时流民布在梁、益，为人佣力，闻州郡逼遣，人人愁怨，不知所为；且水潦方盛，年谷未登，无以为行资。特复遣阎式诣尚，求停至冬；辛冉及犍为太守李苾以为不可。尚举别驾杜弢秀才[③]，式为弢说逼移利害，弢亦欲宽流民一年；尚用冉、苾之谋，不从；弢乃致秀才板，出还家。冉性贪暴，欲杀流民首领，取其资货，乃与苾白尚，言："流民前因赵廞之乱，多所剽掠，宜因移设关以夺取之。"尚移书梓潼太守张演，于诸要施关，搜索宝货。

特数为流民请留，流民皆感而恃之，多相帅归特。特乃结大营于绵竹以处流民，移辛冉求自宽。冉大怒，遣人分榜通衢[④]，购募特兄弟，许以重赏。特见之，悉取以归，与弟骧改其购云："能送六郡酋豪李、任、阎、赵、上官及氐、叟侯王一首[⑤]，赏百匹。"于是流民大惧，归特者愈众，旬月间过二万人。流亦聚众数千人。

特又遣阎式诣罗尚求申期，式见营栅冲要，谋掎流民，叹曰："民心方危，今而速之，乱将作矣。"又知辛冉、李苾意不可回，乃辞尚还绵竹。尚谓式曰："子且以吾意告诸流民，今听宽矣。"式曰："明公惑于奸说，恐无宽理。弱而不可轻者民也，今趣之不以理，众怒难犯，恐为祸不浅。"尚曰："然。吾不欺子，子其行矣！"式至绵竹，言于特曰："尚虽云尔，然未可信也。何者？尚威刑不立，冉等各拥强兵，一旦为变亦非尚所能制，深宜为备。"特从之。冬，十月，特分为二营，特居北营，流居东营，缮甲厉兵，戒严以待之。

【注释】

①上庸：郡名，治今湖北竹山县西南。　②"征其"句：司马繇被徙带方，见本书卷第八十二晋惠帝元康元年（291）。　③弢（tāo 滔）：此处

为人名用字。 ④榜:布告。通衢(qú 渠):四通八达的道路。 ⑤叟:蜀地少数民族之一。

冉、苾相与谋曰:“罗侯贪而无断,日复一日,令流民得展奸计。李特兄弟并有雄才,吾属将为所虏矣!宜为决计,罗侯不足复问也。”乃遣广汉都尉曾元、牙门张显、刘并等潜帅步骑三万袭特营;罗尚闻之,亦遣督护田佐助元。元等至,特安卧不动,待其众半入,发伏击之,死者甚众。杀田佐、曾元、张显,传首以示尚、冉。尚谓将佐曰:“此虏成去矣,而广汉不用吾言以张贼势[1],今若之何?”

于是六郡流民共推特行镇北大将军,承制封拜;以其弟流行镇东大将军,号东督护,以相镇统;又以兄辅为骠骑将军,弟骧为骁骑将军,进兵攻冉于广汉。尚遣李苾、费远帅众救冉,畏特,不敢进。冉出战屡败,溃围奔德阳[2]。特入据广汉,以李超为太守。进兵攻尚于成都,尚以书谕阎式,式复书曰:“辛冉倾巧,曾元小竖,李叔平非将帅之才[3]。式前为节下及杜景文论留、徙之宜[4]。人怀桑梓[5],孰不愿之!但往日初至,随谷庸赁,一室五分,复值秋潦,乞须冬熟,而终不见听。绳之太过,穷鹿抵虎,流民不肯延颈受刀,以致为变。即听式言,宽使治严,不过去九月尽集,十月进道,令达乡里,何有如此也?”

特以兄辅、弟骧、子始、荡、雄及李含、含子国、离、任回、李攀、攀弟恭、上官晶、任臧、杨褒、上官惇等为将帅,阎式、李远等为僚佐。罗尚素贪残,为百姓患。特与蜀民约法三章,施舍赈贷,礼贤拔滞,军政肃然,蜀民大悦。尚频为特所败,乃阻长围,缘郫水作营[6],连延七百里,与特相拒,求救于梁州及南夷校尉。

十二月,颍昌康公何邵薨。

封大司马冏子冰为乐安王,英为济阳王,超为淮南王。

【注释】

①广汉:指广汉太守辛冉。 ②德阳:县名,治今四川遂宁市大英县梓潼村东南。 ③李叔平:即李苾。苾字叔平。 ④杜景文:即杜弢。弢字景文。 ⑤桑梓:桑与梓为古代住宅旁常栽的树木,东汉以来遂用

以比喻故乡。 ⑥郫（pí 皮）水：水名，一作郫江，即今四川金堂县、简阳市之间的沱江河段。

太安元年 春，三月，冲太孙尚薨①。

夏，五月，己酉②，梁孝王肜薨。

以右光禄大夫刘寔为太傅，寻以老病罢。

河间王颙遣督护衙博讨李特，军于梓潼；朝廷复以张微为广汉太守，军于德阳；罗尚遣督护张龟军于繁城③。特使其子镇军将军荡等袭博；而自将击龟，破之。荡败博兵于阳沔④，梓潼太守张演委城走，巴西丞毛植以郡降。荡进攻博于葭萌⑤，博走，其众尽降。河间王颙更以许雄为梁州刺史。特自称大将军、益州牧、都督梁、益二州诸军事。

大司马冏欲久专大政，以帝子孙俱尽，大将军颖有次立之势；清河王覃，遐之子也，方八岁，乃上表请立之。癸卯，立覃为皇太子，以冏为太子太师，东海王越为司空，领中书监。

秋，八月，李特攻张微，微击破之，遂进攻特营。李荡引兵救之，山道险狭，荡力战而前，遂破微兵。特欲还涪⑥，荡及司马王幸谏曰："微军已败，智勇俱竭，宜乘锐气遂禽之。"特复进攻微，杀之，生禽微子存，以微丧还之。

特以其将骞硕守德阳⑦。李骧军毗桥⑧，罗尚遣军击之，屡为骧所败。骧遂进攻成都，烧其门。李流军成都之北。尚遣精勇万人攻骧，骧与流合击，大破之，还者什一二。许雄数遣军攻特，不胜，特势益盛。

建宁大姓李睿、毛诜逐太守许俊⑨，朱提大姓李猛逐太守雍约以应特⑩，众各数万。南夷校尉李毅讨破之，斩诜；李猛奉笺降，而辞意不逊，毅诱而杀之。冬，十一月，丙戌，复置宁州，以毅为刺史。

【注释】

①冲太孙：即皇太孙司马尚，"冲"为谥号。 ②己酉：五月甲戌朔，无己酉。有版本作"乙酉"，如不误，则为五月十二日。 ③繁城：城名，在今四川彭州市西北。 ④阳沔：地名，在今四川梓潼县东北。 ⑤葭

(jiā 加)萌:县名,治今四川广元市西南。 ⑥涪:县名,治今四川绵阳市东。 ⑦蹇(jiǎn 简):姓氏。 ⑧毗桥:地名,在今四川成都市新都区南。 ⑨建宁:郡名,治今云南曲靖市西。 ⑩朱提:郡名,治今云南昭通市。

齐武闵王冏既得志,颇骄奢擅权,大起府第,坏公私庐舍以百数,制与西宫等,中外失望。侍中嵇绍上疏曰:“存不忘亡,《易》之善戒也[1]。臣愿陛下无忘金墉,大司马无忘颍上[2],大将军无忘黄桥,则祸乱之萌无由而兆矣。”又与冏书,以为:“唐、虞茅茨,夏禹卑宫。今大兴第舍及为三王立宅,岂今日之急邪?”冏逊辞谢之,然不能从。

冏耽于宴乐,不入朝见;坐拜百官,符敕三台[3];选用不均,嬖宠用事。殿中御史桓豹奏事,不先经冏府,即加考竟。南阳处士郑方上书谏冏曰[4]:“今大王安不虑危,宴乐过度,一失也。宗室骨肉,当无纤介,今则不然,二失也。蛮夷不静,大王谓功业已隆,不以为念,三失也。兵革之后,百姓穷困,不闻赈救,四失也。大王与义兵盟约,事定之后,赏不逾时,而今犹有功未论者,五失也。”冏谢曰:“非子,孤不闻过。”

孙惠上书曰:“天下有五难、四不可,而明公皆居之:冒犯锋刃,一难也;聚致英豪,二难也;与将士均劳苦,三难也;以弱胜强,四难也;兴复皇业,五难也。大名不可久荷,大功不可久任,大权不可久执,大威不可久居。大王行其难而不以为难,处其不可而谓之可,惠窃所不安也。明公宜思功成身退之道,崇亲推近,委重长沙、成都二王,长揖归藩,则太伯、子臧不专美于前矣[5]。今乃忘高亢之可危,贪权势以受疑,虽遨游高台之上,逍遥重墉之内,愚窃谓危亡之忧,过于在颍、翟之时也。”冏不能用,惠辞疾去。冏谓曹摅曰:“或劝吾委权还国,何如?”摅曰:“物禁太盛,大王诚能居高虑危,褰裳去之,斯善之善者也。”冏不听。

张翰、顾荣皆虑及祸,翰因秋风起,思菰菜、莼羹、鲈鱼脍[6],叹曰:“人生贵适志耳,富贵何为!”即引去。荣故酣饮,不省府事,长史葛旟以其废职,白冏徙荣为中书侍郎。颍川处士庾衮闻冏期年不朝[7]，叹曰："晋室卑矣，祸乱将兴！"帅妻子逃于林虑山中[8]。

王豹致笺于冏曰："伏思元康以来，宰相在位，未有一人获终者，乃事势使然，非皆为不善也。今公克平祸乱，安国定家，乃复寻覆车之轨，欲冀长存，不亦难乎？今河间树根于关右，成都盘桓于旧魏[9]，新野大封于江、汉，三王各以方刚强盛之年，并典戎马，处要害之地，而明公以难赏之功，挟震主之威，独据京都，专执大权，进则亢龙有悔[10]，退则据于蒺藜[11]，冀此求安，未见其福也。"因请悉遣王侯之国，依周、召之法[12]，以成都王为北州伯，治邺；冏自为南州伯，治宛；分河为界，各统王侯，以夹辅天子。冏优令答之。长沙王乂见豹笺，谓冏曰："小子离间骨肉，何不铜驼下打杀？"冏乃奏豹谗内间外，坐生猜嫌，不忠不义，鞭杀之。豹将死，曰："县吾头大司马门，见兵之攻齐也！"

顾荣像

【注释】

①"存不"二句："存不忘亡"，语出《周易·系辞下》，原文为"是故君子安而不忘危，存而不忘亡，治而不忘乱，是以身安而国家可保也"。②颍上：颍水边。这里是指颍阳县，司马冏起兵讨伐赵王司马伦，在颍阳有一场激烈的交战。 ③三台：指尚书台、御史台、谒者台。 ④处士：未仕或不出仕的士子。 ⑤太伯：即吴太伯。太伯为周太王长子，太王晚年，欲传位给少子季历，太伯于是和弟弟仲雍一起逃往江南，改从当地风俗，被推戴为君长，号曰"勾吴"。西周时，太伯的子孙在江南建立吴

国。子臧：即曹子臧。为春秋时曹宣公庶子。宣公死后，公子负刍杀太子自立为国君。诸侯执负刍于京师，欲立子臧，子臧坚决推辞，逃奔到宋国。 ⑥菰（gū 孤）：植物名。也称为蒋，俗称茭白，生于河边、陂泽，可作蔬菜。它的果实如米，称雕胡米，可以做饭。莼（chún 唇）：植物名。一名水葵，又名凫葵。多生在湖泊河流中，叶子呈椭圆形，有长柄浮水面，茎及叶柄有粘液，可以做羹。鲈（lú 芦）鱼鲙（kuài 块）：细切的鲈鱼片。鲈鱼，上部青灰色，下部灰白色，两侧和背鳍有黑斑。鲙，细切的鱼肉。 ⑦衮（gǔn 滚）：此处为人名用字。 ⑧林虑山：山名，一名隆虑山，在今河南林州市西。 ⑨旧魏：邺城为曹魏奠立基业之地，故称旧魏。 ⑩亢龙有悔：语出《周易·乾卦》上九爻辞。亢龙，处于极点的龙；悔，小疵。用以比附人事，意为长久地处于高位，会盛极而衰，遭到失败。 ⑪据于蒺藜（jílí 疾黎）：语出《周易·困卦》六三爻辞。蒺藜，是有尖刺的一年生草本植物。“据于蒺藜”比附人事，意为人们处在凶险的境况中。 ⑫周、召之法：周公、召公的做法。相传周初周公和召公分陕而治，周公治陕以东，召公治陕以西。陕即今河南三门峡市陕州区。

冏以河间王颙本附赵王伦，心常恨之。梁州刺史安定皇甫商，与颙长史李含不平。含被征为翊军校尉，时商参冏军事，夏侯奭兄亦在冏府。含心不自安，又与冏右司马赵骧有隙，遂单马奔颙，诈称受密诏，使颙诛冏，因说颙曰：“成都王至亲，有大功，推让还藩，甚得众心。齐王越亲而专政，朝廷侧目。今檄长沙王使讨齐，齐王必诛长沙，吾因以为齐罪而讨之，必可禽也。去齐立成都，除逼建亲，以安社稷，大勋也。”颙从之。是时，武帝族弟范阳王虓都督豫州诸军事。颙上表陈冏罪状，且言：“勒兵十万，欲与成都王颖、新野王歆、范阳王虓共会洛阳，请长沙王乂废冏还第，以颖代冏辅政。”颙遂举兵，以李含为都督，帅张方等趋洛阳；复遣使邀颖，颖将应之，卢志谏，不听。

十二月，丁卯，颙表至；冏大惧，会百官议之，曰：“孤首唱义兵，臣子之节，信著神明。今二王信谗作难[1]，将若之何？”尚书令王戎曰：“公勋业诚大；然赏不及劳，故人怀贰心。今二王兵盛，不可当也。若以王就第，委权崇让，庶可求安。”冏从事中郎葛旟怒曰:“三台纳言不恤王事[2]。赏报稽缓,责不在府。谗言逆乱,当共诛讨,奈何虚承伪书,遽令公就第乎?汉、魏以来,王侯就第,宁有得保妻子者邪?议者可斩!”百官震悚失色,戎伪药发堕厕,得免。

李含屯阴盘[3],张方帅兵二万军新安,檄长沙王乂使讨冏。冏遣董艾袭乂,乂将左右百余人驰入宫,闭诸门,奉天子攻大司马府,董艾陈兵宫西,纵火烧千秋神武门[4]。冏使人执驺虞幡唱云:“长沙王乂矫诏。”乂又称“大司马谋反”。是夕,城内大战,飞矢雨集,火光属天。帝幸上东门,矢集御前,群臣死者相枕。连战三日,冏众大败。大司马长史赵渊杀何勖,因执冏以降。冏至殿前,帝恻然,欲活之。乂叱左右趣牵出,斩于阊阖门外[5],徇首六军,同党皆夷三族,死者二千余人。囚冏子超、冰、英于金墉城,废冏弟北海王寔。赦天下,改元。李含等闻冏死,引兵还长安。

长沙王乂虽在朝廷,事无巨细,皆就邺咨大将军颖。颖以孙惠为参军,陆云为右司马。

【注释】

①二王:指河间王司马颙、成都王司马颖。 ②纳言:指侍中。侍中“听下言纳于上,受上言宣于下”,故称为纳言。 ③阴盘:县名,治今陕西长武县西北。 ④千秋神武门:汉晋洛阳城内皇宫西门,在今河南洛阳市东北。 ⑤阊阖(chānghé 昌核)门:洛阳城西城北门。

是岁,陈留王薨[1],谥曰魏元皇帝。

鲜卑宇文单于莫珪部众强盛,遣其弟屈云攻慕容廆,廆击其别帅素怒延,破之。素怒延耻之,复发兵十万,围廆于棘城。廆众皆惧,廆曰:“素怒延兵虽多而无法制,已在吾算中矣。诸君但为力战,无所忧也!”遂出击,大破之,追奔百里,俘斩万计。辽东孟晖,先没于宇文部,帅其众数千家降于廆,廆以为建威将军。廆以其臣慕舆句勤恪廉靖,使掌府库;句心计默识,不按簿书,始终无漏。以慕舆河明敏精审,使典狱讼,覆讯清允。

【注释】

①陈留王:即曹魏末帝曹奂。晋受魏禅,废奂为陈留王。

资治通鉴卷第八十五

晋纪七　起昭阳大渊献，尽阏逢困敦，凡二年。

孝惠皇帝中之下

大安二年[1]　春，正月，李特潜渡江击罗尚，水上军皆散走。蜀郡太守徐俭以少城降，特入据之，惟取马以供军，余无侵掠；赦其境内，改元建初。罗尚保太城，遣使求和于特。蜀民相聚为坞者[2]，皆送款于特，特遣使就抚之；以军中粮少，乃分六郡流民于诸坞就食。李流言于特曰："诸坞新附，人心未固，宜质其大姓子弟，聚兵自守，以备不虞。"又与特司马上官惇书曰："纳降如受敌，不可易也。"前将军雄亦以为言。特怒曰："大事已定，但当安民，何为更逆加疑忌，使之离叛乎？"

朝廷遣荆州刺史宗岱、建平太守孙阜帅水军三万以救罗尚。岱以阜为前锋，进逼德阳；特遣李荡及蜀郡太守李璜就德阳太守任臧共拒之。岱、阜军势甚盛，诸坞皆有贰志。益州兵曹从事蜀郡任睿言于尚曰："李特散众就食，骄怠无备，此天亡之时也。宜密约诸坞，刻期同发，内外击之，破之必矣！"尚使睿夜缒出城[3]，宣旨于诸坞，期以二月十日同击特。睿因诣特诈降，特问城中虚实，睿曰："粮储将尽，但余货帛耳。"睿求出省家，特许之，遂还报尚。二月，尚遣兵掩袭特营，诸坞皆应之，特兵大败，斩特及李辅、李远，皆焚尸，传首洛阳，流民大惧。李荡、李雄收余众还保赤祖[4]。流自称大将军、大都督、益州牧，保东营，荡、雄保北营。孙阜破德阳，获蹇硕，任臧退屯涪陵[5]。

三月，罗尚遣督护何冲、常深攻李流，涪陵民药绅亦起兵攻流。流与李骧拒绅，何冲乘虚攻北营，氐苻成、隗伯在营中，叛应之。荡母罗氏擐甲拒战[6]，伯手刃伤其目，罗氏气益壮；会流等破深、绅，引兵还，与冲战，大破之。成、伯率其党突出诣尚。流等乘胜进抵成都，尚复闭城自守。荡驰马逐北，中矛而死。

朝廷遣侍中刘沈假节统罗尚、许雄等军，讨李流。行至长安，河间王颙留沈为军师，遣席薳代之[7]。

李流以李特、李荡继死，宗岱、孙阜将至，甚惧。李含劝流降，流从之；李骧、李雄迭谏，不纳。夏，五月，流遣其子世及含子胡为质于阜军；胡兄离为梓潼太守，闻之，自郡驰还，欲谏不及。退，与雄谋袭阜军，雄曰："为今计，当如是；而二翁不从，奈何？"离曰："当劫之耳！"雄大喜，乃共说流民曰："吾属前已残暴蜀民，今一旦束手，便为鱼肉，惟有同心袭阜以取富贵耳！"众皆从之。雄遂与离袭击阜军，大破之。会宗岱卒于垫江[8]，荆州军遂败。流甚惭，由是奇雄才，军事悉以任之。

【注释】

①大安：据《晋书·惠帝纪》等记载，当作"太安"。 ②坞（wù勿）：为防御敌人而建筑的小型城堡。 ③缒（zhuì坠）：用绳子拴住人或东西从上往下吊送。 ④赤祖：城名，在今四川绵竹市东北。 ⑤涪陵：县名，治今重庆彭水苗族土家族自治县。 ⑥擐（huàn患）：穿。 ⑦薳：读wěi委。 ⑧垫江：县名，治今重庆市合川区。

新野庄王歆，为政严急，失蛮夷心，义阳蛮张昌聚党数千人[1]，欲为乱。荆州以壬午诏书发武勇赴益州讨李流[2]，号"壬午兵"。民惮远征，皆不欲行。诏书督遣严急，所经之界停留五日者，二千石免官。由是郡县官长皆亲出驱逐；展转不远，辄复屯聚为群盗。时江夏大稔，民就食者数千口。张昌因之诳惑百姓，更姓名曰李辰，募众于安陆石岩山[3]，诸流民及避戍役者多从之。太守弓钦遣兵讨之[4]，不胜。昌遂攻郡，钦兵败，与部将朱伺奔武昌。歆遣骑督靳满讨之，满复败走。

昌遂据江夏，造妖言云："当有圣人出为民主。"得山都县吏丘沈⑤，更其姓名曰刘尼，诈云汉后，奉以为天子，曰："此圣人也。"昌自为相国，诈作凤皇、玉玺之瑞，建元神凤；郊祀、服色，悉依汉故事。有不应募者，族诛之，士民莫敢不从。又流言："江、淮已南皆反，官军大起，当悉诛之。"互相扇动，人情惶惧，江、沔间所在起兵以应昌，旬月间众至三万，皆著绛帽，以马尾作髯。诏遣监军华宏讨之，败于障山⑥。

歆上言："妖贼犬羊万计⑦，绛头毛面，挑刀走戟，其锋不可当。请台敕诸军三道救助。"朝廷以屯骑校尉刘乔为豫州刺史，宁朔将军沛国刘弘为荆州刺史。又诏河间王颙遣雍州刺史刘沈将州兵万人并征西府五千人出蓝田关以讨昌⑧。颙不奉诏；沈自领州兵至蓝田，颙又逼夺其众。于是刘乔屯汝南，刘弘及前将军赵骧、平南将军羊伊屯宛。昌遣其将黄林帅二万人向豫州，刘乔击却之。

初，歆与齐王冏善，冏败，歆惧，自结于大将军颖。及张昌作乱，歆表请讨之。时长沙王乂已与颖有隙，疑歆与颖连谋，不听歆出兵。昌众日盛，从事中郎孙洵谓歆曰："公为岳牧⑨，受阃外之托⑩，拜表辄行，有何不可？而使奸凶滋蔓，祸衅不测，岂藩翰王室、镇静方夏之义乎？"歆将出兵，王绥曰："昌等小贼，偏裨自足制之，何必违诏命，亲矢石也？"昌至樊城，歆乃出拒之，众溃，为昌所杀。诏以刘弘代歆为镇南将军、都督荆州诸军事。六月，弘以南蛮长史庐江陶侃为大都护，参军蒯恒为义军督护，牙门将皮初为都战帅，进据襄阳。张昌并军围宛，败赵骧军，杀羊伊。刘弘退屯梁⑪。昌进攻襄阳，不克。

【注释】

①义阳：县名，治今河南信阳市北。　②壬午诏书：指本年内正月初八所下的诏书。　③石岩山：山名，在今湖北安陆市西南涢水西岸。④靳（jìn 近）：姓氏。　⑤山都：县名，治今湖北襄阳市西北。胥吏：官府中办理文书的小吏。　⑥障山：山名，一作章山，在今湖北安陆市东。⑦犬羊：对张昌部众的蔑称。　⑧蓝田关：地名，一名蓝关，在今陕西蓝田县。　⑨岳牧：相传尧舜时有四岳、十二州牧分管政务和方国诸侯，合称岳牧，后世用为封疆大吏的泛称。　⑩阃（kǔn 捆）外：统兵在外。阃，

郭门、国门。 ⑪梁：县名，治今河南汝州市西南。

李雄攻杀汶山太守陈图，遂取郫城[①]。

秋，七月，李流徙屯郫。蜀民皆保险结坞，或南入宁州，或东下荆州，城邑皆空，野无烟火，流虏掠无所得，士众饥乏。唯涪陵千余家，依青城山处士范长生[②]；平西参军涪陵徐轝说罗尚，求为汶山太守，邀结长生，与共讨流。尚不许，轝怒，出降于流，流以轝为安西将军。轝说长生，使资给流军粮，长生从之；流军由是复振。

初，李含以长沙王乂微弱，必为齐王冏所杀，因欲以为冏罪而讨之，遂废帝，立大将军颖，以河间王颙为宰相，己得用事。既而冏为乂所杀，颖、颙犹守藩，不如所谋。颖恃功骄奢，百度弛废，甚于冏时；犹嫌乂在内，不得逞其欲，欲去之。时皇甫商复为乂参军，商兄重为秦州刺史。含说颙曰："商为乂所任，重终不为人用，宜早除之。可表迁重为内职，因其过长安执之。"重知之，露檄上尚书，发陇上兵以讨含[③]，乂以兵方少息，遣使诏重罢兵，征含为河南尹。含就征而重不奉诏，颙遣金城太守游楷、陇西太守韩稚等合四郡兵攻之。颙密使含与侍中冯荪、中书令卞粹谋杀乂；皇甫商以告乂，收含、荪、粹，杀之。骠骑从事琅邪诸葛玫、前司徒长史武邑牵秀皆出奔邺。

【注释】

①郫城：城名，在今四川成都市郫都区。 ②青城山：山名，又名天谷山，在今四川都江堰市西南。 ③陇上：即陇西，泛指陇山以西地区，约当今甘肃陇山、六盘山以西和黄河以东一带。

张昌党石冰寇扬州，败刺史陈徽，诸郡尽没；又攻破江州，别将陈贞攻武陵、零陵、豫章、武昌、长沙，皆陷之。临淮人封云起兵寇徐州以应冰[①]。于是荆、江、徐、扬、豫五州之境，多为昌所据。昌更置牧守，皆桀盗小人，专以劫掠为务。

刘弘遣陶侃等攻昌于竟陵，刘乔遣其将李杨等向江夏。侃等屡与昌战，大破之，前后斩首数万级，昌逃于下俊山[②]，其众悉降。

陶侃像

初,陶侃少孤贫,为郡督邮,长沙太守万嗣过庐江,见而异之,命其子结友而去。后察孝廉,至洛阳,豫章国郎中令杨晫荐之于顾荣[③],侃由是知名,既克张昌,刘弘谓侃曰:“吾昔为羊公参军[④],谓吾后当居身处。今观卿,必继老夫矣。”

弘之退屯于梁也,征南将军范阳王虓遣前长水校尉张奕领荆州。弘至,奕不受代,举兵拒弘;弘讨奕,斩之。时荆部守宰多缺,弘请补选,诏许之。弘叙功铨德,随才授任,人皆服其公当。弘表皮初补襄阳太守,朝廷以初虽有功而望浅,更以弘婿前东平太守夏侯陟为襄阳太守。弘下教曰:“夫治一国者,宜以一国为心,必若亲姻然后可用,则荆州十郡,安得十女婿然后为政哉!”乃表:“陟姻亲,旧制不得相监;皮初之勋,宜见酬报。”诏听之。弘于是劝课农桑,宽刑省赋,公私给足,百姓爱悦。

【注释】

①临淮:郡名,治今江苏盱眙县东南。 ②下俊:县名,治今湖北通城县西北。 ③晫(zhuó 卓):此处为人名用字。 ④羊公:指羊祜。

河间王颙闻李含等死,即起兵讨长沙王乂。大将军颖上表请讨张昌,许之;闻昌已平,因欲与颙共攻乂。卢志谏曰:“公前有大功而委权辞宠,时望美矣。今宜顿军关外,文服入朝,此霸主之事也。”参军魏郡邵续曰:“人之有兄弟,如左右手。明公欲当天下之敌而先去其一手,可乎?”颖皆不从。八月,颙、颖共表:“乂论功不平,与右仆射羊玄之、左将军皇甫商专擅朝政,杀害忠良,请诛玄之、商,遣乂还国。”诏曰:“颙敢举大兵,内向京辇,吾当亲率六军以诛奸逆。其以乂为太尉、都督中外诸军事以御之。”

颙以张方为都督,将精兵七万,自函谷东趋洛阳。颖引兵屯朝歌,以平原内史陆机为前将军、前锋都督,督北中郎将王粹、冠军将军牵秀、中护军石超等军二十余万,南向洛阳。机以羁旅事颖[①],一旦顿居诸将之右,王粹等心皆不服。白沙督孙惠与机亲厚[②],劝机让都督于粹。机曰:“彼将谓吾首鼠两端,适所以速祸也。”遂行。颖列军自朝歌至河桥[③],鼓声闻数百里。

乙丑,帝如十三里桥[④]。太尉乂使皇甫商将万余人拒张方于宜阳[⑤]。己巳,帝还军宣武场[⑥]。庚午,舍于石楼[⑦]。九月,丁丑[⑧],屯于河桥。壬子,张方袭皇甫商,败之。甲申,帝军于芒山[⑨]。丁亥,帝幸偃师[⑩];辛卯,舍于豆田[⑪]。大将军颖进屯河南,阻清水为垒[⑫]。癸巳,羊玄之忧惧而卒,帝旋军城东;丙申,幸缑氏[⑬],击牵秀,走之。大赦。张方入京城,大掠,死者万计。

李流疾笃,谓诸将曰:“骁骑仁明[⑭],固足以济大事;然前军英武[⑮],殆天所相,可共受事于前军。”流卒,众推李雄为大都督、大将军、益州牧,治郫城。雄使武都朴泰绐罗尚,使袭郫城,云己为内应。尚使隗伯将兵攻郫,泰约举火为应,李骧伏兵于道,泰出长梯于外。隗伯兵见火起,争缘梯上,骧纵兵击,大破之。追奔夜至城下,诈称万岁,曰:“已得郫城矣!”入少城,尚乃觉之,退保太城。隗伯创甚,雄生获之,赦不杀。李骧攻犍为,断尚运道。获太守龚恢,杀之。

【注释】

①羁(jī基)旅:长期寄居他乡。　②白沙:地名,在今河北临漳县境内。　③河桥:即富平津河桥,在今河南孟州市西南。　④十三里桥:在今河南洛阳市东北魏晋洛阳故城西。以离洛阳市十三里路而得名。⑤宜阳:县名,治今河南宜阳县西。　⑥宣武场:在今河南洛阳市东北魏晋洛阳故城北。　⑦石楼:地名,在宣武场附近。　⑧壬子:九月壬申朔,无壬子。当作“壬午”(十一日)。　⑨芒山:山名,在今河南永城市

东北。 ⑩偃师：县名，治今河南洛阳市偃师区东。 ⑪豆田：地名，又称豆田壁，在今河南洛阳市东。 ⑫清水：水名，上游即今河南卫辉市以上卫河，汉魏以前于今淇县（朝歌镇）南入黄河。晋以后改道东会淇水入白沟。 ⑬缑（gōu 沟）氏：县名，治今河南洛阳市偃师区东南。 ⑭骁骑：指骁骑将军李穰。 ⑮前军：指前军将军李雄。

石超进逼缑氏。冬，十月，壬寅，帝还宫。丁未，败牵秀于东阳门外。大将军颖遣将军马咸助陆机。戊申，太尉乂奉帝与机战于建春门。乂司马王瑚使数千骑系戟于马，以突咸陈，咸军乱，执而斩之。机军大败，赴七里涧[1]，死者如积，水为之不流。斩其大将贾崇等十六人，石超遁去。

初，宦人孟玖有宠于大将军颖，玖欲用其父为邯郸令，左长史卢志等皆不敢违，右司马陆云固执不许，曰："此县，公府掾资，岂有黄门父居之邪？"玖深怨之。玖弟超，领万人为小督，未战，纵兵大掠，陆机录其主者；超将铁骑百余人直入机麾下，夺之，顾谓机曰："貉奴[2]，能作督不？"机司马吴郡孙拯劝机杀之，机不能用。超宣言于众曰："陆机将反。"又还书与玖，言机持两端，故军不速决。及战，超不受机节度，轻兵独进，败没。玖疑机杀之，谮之于颖曰："机有二心于长沙。"牵秀素谄事玖，将军王阐、郝昌、帐下督阳平公师藩皆玖所引用，相与共证之。颖大怒，使秀将兵收机。参军事王彰谏曰："今日之举，强弱异势，庸人犹知必克，况机之明达乎！但机吴人，殿下用之太过，北土旧将皆疾之耳。"颖不从。机闻秀至，释戎服，著白帢[3]，与秀相见，为笺辞颖，既而叹曰："华亭鹤唳[4]，可复闻乎？"秀遂杀之。颖又收机弟清河内史云、平东祭酒耽及孙拯，皆下狱。

记室江统、陈留蔡克、颍川枣嵩等上疏，以为："陆机浅谋致败，杀之可也。至于反逆，则众共知其不然。宜先检校机反状，若有征验，诛云等未晚也。"统等恳请不已，颖迟回者三日。蔡克入，至颖前，叩头流血曰："云为孟玖所怨，远近莫不闻；今果见杀，窃为明公惜之！"僚属随克入者数十人，流涕固请，颖恻然，有宥云色。孟玖扶颖入，催令杀云、耽，夷机三族。狱吏考掠孙拯数百，两踝骨见，终言机冤。吏知拯义烈，谓拯曰："二陆之枉，谁不知之？君可不爱身乎？"拯仰天叹曰："陆君兄弟，世之奇士，吾蒙知爱。今既不能救其死，忍复从而诬之乎？"玖等知拯不可屈，乃令狱吏诈为拯辞。颖既杀机，意常悔之，及见拯辞，大喜，谓玖等曰："非卿之忠，不能穷此奸。"遂夷拯三族。拯门人费慈、宰意二人诣狱明拯冤。拯譬遣之，曰："吾义不负二陆，死自吾分；卿何为尔邪？"曰："君既不负二陆，仆又安可负君？"固言拯冤，玖又杀之。

太尉乂奉帝攻张方，方兵望见乘舆，皆退走，方遂大败，死者五千余人，方退屯十三里桥，众惧，欲夜遁，方曰："胜负兵家之常，善用兵者能因败为成。今我更前作垒，出其不意，此奇策也。"乃夜潜逼洛城七里，筑垒数重，外引廪谷以足军食。乂既战胜，以为方不足忧。闻方垒成，十一月，引兵攻之，不利。朝议以为乂、颖兄弟，可辞说而释，乃使中书令王衍等往说颖，令与乂分陕而居[5]，颖不从。乂因致书于颖，为陈利害，欲与之和解。颖复书，"请斩皇甫商等首，则引兵还邺"。乂不可。

颖进兵逼京师，张方决千金堨[6]，水碓皆涸。乃发王公奴婢手舂给兵，一品已下不从征者，男子十三以上皆从役，又发奴助兵；公私穷踧[7]，米石万钱。诏命所行，一城而已。骠骑主簿范阳祖逖言于乂曰："刘沈忠义果毅，雍州兵力足制河间，宜启上为诏与沈，使发兵袭颙。颙窘急，必召张方以自救，此良策也。"乂从之。沈奉诏驰檄四境，诸郡多起兵应之。沈合七郡之众凡万余人，趣长安。

乂又使皇甫商间行，赍帝手诏，命游楷等罢兵，敕皇甫重进军讨颙。商间行至新平[8]，遇其从甥；从甥素憎商，以告颙，颙捕商，杀之。

【注释】

①七里涧：水名，西承谷水于今河南洛阳市东北魏晋洛阳城东，经今河南洛阳市偃师区南。 ②貉奴：六朝时南北对峙，北方人骂江东人的话，犹言"貉子"。 ③帢（qià 恰）：便帽。 ④华亭：地名，又名华亭谷，在今上海市松江区西。 ⑤分陕而治：相传周初时，周公与召公分陕而治，周公治陕以东，召公治陕以西。后世因此把两位重臣各居一方以夹

辅天子的局面称作“分陕而治”。 ⑥千金堨(è 扼):土堰名,一名千金堰,在今河南洛阳市东北。 ⑦蹴(cù 促):紧迫。 ⑧新平:郡名,治今陕西彬县。

十二月,议郎周玘、前南平内史长沙王矩起兵江东以讨石冰[①],推前吴兴太守吴郡顾秘都督扬州九郡诸军事[②],传檄州郡,杀冰所署将吏。于是前侍御史贺循起兵于会稽,庐江内史广陵华谭及丹阳葛洪、甘卓皆起兵以应秘。玘,处之子;循,邵之子;卓,宁之曾孙也[③]。

冰遣其将羌毒帅兵数万拒玘,玘击斩之。冰自临淮趋寿春[④]。征东将军刘准闻冰至,惶惧不知所为。广陵度支庐江陈敏统众在寿春[⑤],谓准曰:“此等本不乐远戍,逼迫成贼,乌合之众,其势易离,敏请督运兵为公破之。”准乃益敏兵,使击之。

闰月,李雄急攻罗尚。尚军无食,留牙门张罗守城,夜,由牛鞞水东走[⑥],罗开门降。雄入成都,军士饥甚,乃帅众就谷于郪[⑦],掘野芋而食之。许雄坐讨贼不进,征即罪。

安北将军、都督幽州诸军事王浚,以天下方乱,欲结援夷狄,乃以一女妻鲜卑段务勿尘,一女妻素怒延,又表以辽西郡封务勿尘为辽西公。浚,沈之子也。

毛诜之死也[②],李睿奔五苓夷帅于陵丞[⑧],于陵丞诣李毅为睿请命,毅许之。睿至,毅杀之。于陵丞怒,帅诸夷反攻毅。

尚书令乐广女为成都王妃,或谮诸太尉乂;乂问广,广神色不动,徐曰:“广岂以五男易一女哉?”乂犹疑之。

【注释】

①江东:一名江左,本指今芜湖市、南京市长江河段以东地区,因三国时其地为孙吴基地而都于建邺(今南京市),故魏晋时又称其统治下的全部地区为江东。 ②扬州九郡:扬州这时有十一郡,即丹阳、宣城、毗陵、吴、吴兴、会稽、东阳、兴安、临海、淮南、庐江。最后二郡在江北,皆不在顾秘统领之内。 ③甘宁:三国时吴国将领。字兴霸,巴郡临江(今重庆忠县)人。归附孙权后,建议夺取荆州,西据楚关,渐规巴蜀,为权所赏识。后参加赤壁之战等多次战役,敢于死战,官至折冲将军。 ④寿

春：县名，治今安徽寿县。 ⑤度支：掌管财务的官员。广陵度支的职责是转运南方的米谷到洛阳市等中原城市。 ⑥牛鞞（bēi 杯）水：水名，在今四川简阳市境内。 ⑦郪（qī 七）：县名，治今四川中江县东南。⑧五苓（líng 令）夷：宁州附塞部落名。

永兴元年 春，正月，丙午，乐广以忧卒。

长沙厉王乂屡与大将军颖战，破之，前后斩获六七万人。而乂未尝亏奉上之礼；城中粮食日窘，而士卒无离心。张方以为洛阳未可克，欲还长安。而东海王越虑事不济，癸亥，潜与殿中诸将夜收乂送别省。甲子，越启帝，下诏免乂官，置金墉城。大赦，改元。城既开，殿中将士见外兵不盛，悔之，更谋劫出乂以拒颖。越惧，欲杀乂以绝众心。黄门侍郎潘滔曰："不可，将自有静之者。"乃遣人密告张方。丙寅，方取乂于金墉城，至营，炙而杀之，方军士亦为之流涕。

公卿皆诣邺谢罪；大将军颖入京师，复还镇于邺。诏以颖为丞相；加东海王越守尚书令。颖遣奋武将军石超等率兵五万屯十二城门，殿中宿所忌者，颖皆杀之；悉代去宿卫兵。表卢志为中书监，留邺，参署丞相府事。

河间王颙顿军于郑[①]，为东军声援，闻刘沈兵起，还镇渭城[②]，遣督护虞夔逆战于好畤[③]，夔兵败，颙惧，退入长安，急召张方。方掠洛中官私奴婢万余人而西。军中乏食，杀人杂牛马肉食之。

西晋骑俑

刘沈渡渭而军，与颙战，颙屡败。沈使安定太守衙博、功曹皇甫澹以精甲五千袭长安，入其门，力战至颙帐下。沈兵来迟，冯翊太守张辅见其无继，引兵横击之，杀博及澹，兵遂败，收余卒而退。张方遣其将敦伟夜击之，沈军惊溃，沈与麾下南走，追获之。沈谓颙曰："知己之惠轻，君臣之义重，沈不可以违天子之诏，量强弱以苟全。投袂之日[4]，期之必死，菹醢之戮[5]，其甘如荠[6]。"颙怒，鞭之而后腰斩。新平太守江夏张光数为沈画计，颙执而诘之，光曰："刘雍州不用鄙计，故令大王得有今日！"颙壮之，引与欢宴，表为右卫司马。

罗尚逃至江阳[7]，遣使表状；诏尚权统巴东、巴郡、涪陵以供军赋。尚遣别驾李兴诣镇南将军刘弘求粮，弘纲纪以运道阻远，且荆州自空乏，欲以零陵米五千斛与尚。弘曰："天下一家，彼此无异，吾今给之，则无西顾之忧矣。"遂以三万斛给之，尚赖以自存。李兴愿留为弘参军，弘夺其手版而遣之[8]。又遣治中何松领兵屯巴东为尚后继。于时流民在荆州者十余万户，羁旅贫乏，多为盗贼，弘大给其田及种粮，擢其贤才，随资叙用，流民遂安。

【注释】

①郑：县名，治今陕西渭南市华州区。 ②渭城：在今陕西咸阳市东北二十二里聂家沟。 ③好畤（zhì 至）：县名，治今陕西乾县东五里好畤村。 ④投袂（mèi 妹）：挥袖、甩袖，表示立即行动。古代衣袖统称为袂，析言之，袖口为袂。 ⑤菹醢（zūhǎi 租海）：剁成肉酱，古代酷刑之一。 ⑥其甘如荠（qí 齐）：语出《诗经·谷风》，意为"如同荸荠甜无比"。 ⑦江阳：县名，治今四川泸州市。 ⑧手版：即笏，古代官吏上朝或谒见上司时拿在手中的板子，有事则写在上面，以备遗忘。

三月[1]，乙酉，丞相颖表废皇后羊氏[2]，幽于金墉城；废皇太子覃为清河王[3]。

陈敏与石冰战数十合，冰众十倍于敏，敏击之，所向皆捷，遂与周玘合攻冰于建康。三月，冰北走投封云，云司马张统斩冰及云以降，扬、徐二州平。周玘、贺循皆散众还家，不言功赏。朝廷以陈敏为广陵相。

河间王颙表请立丞相颖为太弟。戊申，诏以颖为皇太弟、都督中外诸军事，丞相如故。大赦。乘舆服御皆迁于邺，制度一如魏武帝故事。以颙为太宰、大都督、雍州牧；前太傅刘寔为太尉。寔以老，固让不拜。

太弟颖僭侈日甚，嬖幸用事，大失众望。司空东海王越，与右卫将军陈眕及长沙故将上官巳等谋讨之。秋，七月，丙申朔，陈眕勒兵入云龙门，以诏召三公百僚及殿中，戒严讨颖。石超奔邺。戊戌，大赦，复皇后羊氏及太子覃。己亥，越奉帝北征。以越为大都督。征前侍中嵇绍诣行在。侍中秦准谓绍曰："今往，安危难测，卿有佳马乎？"绍正色曰："臣子扈卫乘舆，死生以之，佳马何为？"

越檄召四方兵，赴者云集，比至安阳，众十余万，邺中震恐。颖会群僚问计，东安王繇曰："天子亲征，宜释甲缟素出迎请罪。"颖不从，遣石超帅众五万拒战。折冲将军乔智明劝颖奉迎乘舆，颖怒曰："卿名晓事，投身事孤；今主上为群小所逼，卿奈何欲使孤束手就刑邪！"

陈眕二弟匡、规自邺赴行在，云邺中皆已离散，由是不甚设备。己未，石超军奄至，乘舆败绩于荡阴④，帝伤颊，中三矢，百官侍御皆散。嵇绍朝服，下马登辇，以身卫帝，兵入引绍于辕中斫之。帝曰："忠臣也，勿杀！"对曰："奉太弟令，惟不犯陛下一人耳。"遂杀绍，血溅帝衣。帝堕于草中，亡六玺。石超奉帝幸其营，帝馁甚，超进水，左右奉秋桃。颖遣卢志迎帝；庚申，入邺。大赦，改元曰建武。左右欲浣帝衣，帝曰："嵇侍中血，勿浣也⑤！"

陈眕、上官巳等奉太子覃守洛阳。司空越奔下邳，徐州都督东平王楙不纳，越径还东海。太弟颖以越兄弟宗室之望，下令招之，越不应命。前奋威将军孙惠上书劝越要结藩方，同奖王室，越以惠为记室参军，与参谋议。北军中候苟晞奔范阳王虓，虓承制以晞行兖州刺史。

【注释】

①三月：有些版本作"二月"，从月份下干支日及下文另有"三月"可以推断，他本作"二月"是对的。 ②"丞相"句：羊皇后之立，见本书卷

第八十三晋惠帝永康元年(300)。 ③“废皇”句:司马覃之立,见本书卷第八十四晋惠帝太安元年(302)。 ④荡阴:县名,治今河南汤阴县。⑤浣(huàn 唤):洗。

初,三王之起兵讨赵王伦也,王浚拥众挟两端,禁所部士民不得赴三王召募。太弟颖欲讨之而未能,浚心亦欲图颖。颖以右司马和演为幽州刺史,密使杀浚。演与乌桓单于审登谋与浚游蓟城南清泉[1],因而图之。会天暴雨,兵器沾湿,不果而还。审登以为浚得天助,乃以演谋告浚。浚与审登密严兵,约并州刺史东嬴公腾共围演,杀之,自领幽州营兵。腾,越之弟也。太弟颖称诏征浚,浚与鲜卑段务勿尘、乌桓羯朱及东嬴公腾同起兵讨颖[2],颖遣北中郎将王斌及石超击之。

太弟颖怨东安王繇前议,八月,戊辰,收繇,杀之。初,繇兄琅邪恭王觐薨,子睿嗣。睿沉敏有度量,为左将军,与东海参军王导善。导,敦之从父弟也;识量清远,以朝廷多故,每劝睿之国。及繇死,睿从帝在邺,恐及祸,将逃归。颖先敕关津,无得出贵人,睿至河阳[3],为津吏所止。从者宋典自后来,以鞭拂睿而笑曰:“舍长[4],官禁贵人,汝亦被拘邪?”吏乃听过。至洛阳,迎太妃夏侯氏俱归国。

丞相从事中郎王澄发孟玖奸利事,劝太弟颖诛之,颖从之。

上官巳在洛阳,残暴纵横。守河南尹周馥,浚之从父弟也,与司隶满奋等谋诛之,事泄,奋等死,馥走,得免。司空越之讨太弟颖也,太宰颙遣右将军、冯翊太守张方将兵二万救之,闻帝已入邺,因命方镇洛阳。巳与别将苗愿拒之,大败而还。太子覃夜袭巳、愿,巳、愿出走;方入洛阳。覃于广阳门迎方而拜[5],方下车扶止之。复废覃及羊后。

【注释】

①蓟城:在今北京市西南。 ②羯(jié 杰)朱:乌桓首领名。 ③河阳:县名,治今河南孟州市西北。 ④舍长:守护房舍的小头目。 ⑤广阳门:洛阳城西南头第一门,在今河南洛阳市东北。

初，太弟颖表匈奴左贤王刘渊为冠军将军，监五部军事[①]，使将兵在邺。渊子聪，骁勇绝人，博涉经史，善属文，弯弓三百斤；弱冠游京师，名士莫不与交。颖以聪为积弩将军。

渊从祖右贤王宣谓其族人曰："自汉亡以来，我单于徒有虚号[②]，无复尺土；自余王侯，降同编户。今吾众虽衰，犹不减二万，奈何敛首就役，奄过百年！左贤王英武超世，天苟不欲兴匈奴，必不虚生此人也。今司马氏骨肉相残，四海鼎沸，复呼韩邪之业，此其时矣！"乃相与谋，推渊为大单于，使其党呼延攸诣邺告之。

渊白颖，请归会葬，颖弗许。渊令攸先归，告宣等使招集五部及杂胡，声言助颖，实欲叛之。及王浚、东嬴公腾起兵，渊说颖曰："今二镇跋扈[③]，众十余万，恐非宿卫及近郡士众所能御也，请为殿下还说五部以赴国难。"颖曰："五部之众，果可发否？就能发之，鲜卑、乌桓，未易当也。吾欲奉乘舆还洛阳以避其锋，徐传檄天下，以逆顺制之，君意何如？"渊曰："殿下武皇帝之子，有大勋于王室，威恩远著，四海之内，孰不愿为殿下尽死力者？何难发之有？王浚竖子，东嬴疏属[④]，岂能与殿下争衡邪？殿下一发邺宫，示弱于人，洛阳不可得而至；虽至洛阳，威权不复在殿下也。愿殿下抚勉士众，靖以镇之，渊请为殿下以二部摧东嬴，三部枭王浚，二竖之首，可指日而悬也。"颖悦，拜渊为北单于、参丞相军事。

渊至左国城[⑤]，刘宣等上大单于之号，二旬之间，有众五万，都于离石[⑥]，以聪为鹿蠡王。遣左於陆王宏帅精骑五千，会颖将王粹拒东嬴公腾。粹已为腾所败，宏无及而归。

王浚、东嬴公腾合兵击王斌，大破之。浚以主簿祁弘为前锋，败石超于平棘[⑦]，乘胜进军。候骑至邺，邺中大震，百寮奔走，士卒分散。卢志劝颖奉帝还洛阳。时甲士尚有万五千人，志夜部分，至晓将发，而程太妃恋邺不欲去，颖狐疑未决。俄而众溃，颖遂将帐下数十骑与志奉帝御犊车南奔洛阳。仓猝上下无赍，中黄门被囊中赍私钱三千，诏贷之，于道中买饭，夜则御中黄门布被，食以瓦盆。至温，将谒陵，帝丧履，纳从者之履，下拜流涕。及济河，张方自洛阳遣其子罴帅骑三千，以所乘车奉迎帝。至芒山下，方自帅万余骑迎帝。方将拜谒，帝下车自止之。帝还宫，奔散者稍还，百官粗备。辛巳，大赦。

王浚入邺，士众暴掠，死者甚众。使乌桓羯朱追太弟颖，至朝歌，不及。浚还蓟，以鲜卑多掠人妇女，命："敢有挟藏者斩！"于是沉于易水者八千人⑧。

【注释】

①"太弟"句：晋武帝时，刘渊仅为五部帅。惠帝即位，杨骏辅政，委任刘渊为五部大都督；元康末，坐部属叛逃出塞被免官。司马颖镇邺，又保荐刘渊监五部军事。 ②"自汉"二句：汉亡之后匈奴单于仅有虚号，详见本书卷第六十七汉献帝建安二十一年(216)。 ③二镇：指幽州刺史王浚与并州刺史司马腾。 ④"东嬴"句：东嬴公司马腾是司马懿的弟弟东武侯司马馗的孙子，与晋惠帝服属已疏。 ⑤左国城：城名，在今山西吕梁市东北。 ⑥离石：县名，治今山西吕梁市。 ⑦平棘：县名，治今河北赵县东南。 ⑧易水：水名，发源于今河北易县，分三道流经附近数县。

东嬴公腾乞师于拓跋猗㐌以击刘渊，猗㐌与弟猗卢合兵击渊于西河①，破之，与腾盟于汾东而还。

刘渊闻太弟颖去邺，叹曰："不用吾言，逆自奔溃，真奴才也！然吾与之有言矣，不可以不救。"将发兵击鲜卑、乌桓，刘宣等谏曰："晋人奴隶御我，今其骨肉相残，是天弃彼而使我复呼韩邪之业也。鲜卑、乌桓，我之气类②，可以为援，奈何击之？"渊曰："善！大丈夫当为汉高、魏武，呼韩邪何足效哉！"宣等稽首曰："非所及也！"

荆州兵擒斩张昌，同党皆夷三族。

李雄以范长生有名德，为蜀人所重，欲迎以为君而臣之，长生不可。诸将固请雄即尊位，冬，十月，雄即成都王位，大赦，改元曰建兴。除晋法，约法七章。以其叔父骧为太傅，兄始为太保，李离为太尉，李云为司徒，李璜为司空，李国为太宰，阎式为尚书令，杨褒为仆射。尊母罗氏为王太后，追尊父特为成都景王。雄以李国、李离有智谋，凡事必咨而后行，然国、离事雄弥谨。

刘渊迁都左国城。胡、晋归之者愈众。渊谓群臣曰："昔汉有天下久长，恩结于民。吾，汉氏之甥，约为兄弟；兄亡弟绍，不亦可乎？”乃建国号曰汉。刘宣等请上尊号，渊曰：“今四方未定，且可依高祖称汉王。”于是即汉王位，大赦，改元曰元熙。追尊安乐公禅为孝怀皇帝，作汉三祖、五宗神主而祭之[③]。立其妻呼延氏为王后。以右贤王宣为丞相，崔游为御史大夫，左於陆王宏为太尉，范隆为大鸿胪，朱纪为太常，上党崔懿之、后部人陈元达皆为黄门郎[④]，族子曜为建武将军；游固辞不就。

元达少有志操，渊尝招之，元达不答。及渊为汉王，或谓元达曰：“君其惧乎？”元达笑曰：“吾知其人久矣，彼亦亮吾之心；但恐不过三、二日，驿书必至。”其暮，渊果征元达。元达事渊，屡进忠言，退而削草，虽子弟莫得知也。

曜生而眉白，目有赤光，幼聪慧，有胆量，早孤，养于渊。及长，仪观魁伟，性拓落高亮，与众不群，好读书，善属文，铁厚一寸，射而洞之。常自比乐毅及萧、曹，时人莫之许也；惟刘聪重之，曰：“永明[⑤]，汉世祖、魏武之流，数公何足道哉？”

【注释】

①西河：郡名，治今山西吕梁市境。 ②“鲜卑”二句：鲜卑、乌桓，与匈奴同属东胡之种，禀北方刚强之气，故刘宣称为“我之气类”。③三祖、五宗：前者是汉高祖刘邦、世祖刘秀、昭烈帝刘备，后者是太宗刘桓（西汉文帝）、世宗刘彻（武帝）、中宗刘询（宣帝）、显宗刘庄（东汉明帝）、肃宗刘炟（章帝）。 ④后部：指匈奴北部，居住在新兴郡（治今山西忻州市）。 ⑤永明：刘曜表字。

帝既还洛阳，张方拥兵专制朝政，太弟颖不得复豫事。豫州都督范阳王虓、徐州都督东平王楙等上言：“颖弗克负荷，宜降封一邑，特全其命。太宰宜委以关右之任[①]，自州郡以下，选举授任，一皆仰成；朝之大事，废兴损益，每辄畴咨。张方为国效节，而不达变通，未即西还，宜遣还郡，所加方官，请悉如旧。司徒戎、司空越，并忠国小心，宜干机事，委以朝政。王浚有定社稷之勋，宜特崇重，遂抚幽朔，长为北藩。臣等竭力扞城，藩屏皇家，则陛下垂拱，四海自正矣。”

张方在洛既久，兵士剽掠殆竭，众情喧喧，无复留意，议欲奉帝迁都长安；恐帝及公卿不从，欲须帝出而劫之。乃请帝谒庙，帝不许。十一月，乙未，方引兵入殿，以所乘车迎帝，帝驰避后园竹中。军人引帝出，逼使上车，帝垂泣从之。方于马上稽首曰："今寇贼纵横，宿卫单少，愿陛下幸臣垒，臣尽死力以备不虞。"时群臣皆逃匿，唯中书监卢志侍侧，曰："陛下今日之事，当一从右将军。"帝遂幸方垒，令方具车载宫人、宝物。军人因妻略后宫，分争府藏，割流苏、武帐为马帴[2]，魏晋以来蓄积，扫地无遗。方将焚宗庙、宫室以绝人返顾之心，卢志曰："董卓无道，焚烧洛阳，怨毒之声，百年犹存，何为袭之！"乃止。

帝停方垒三日，方拥帝及太弟颖、豫章王炽等趋长安，王戎出奔郏[3]。太宰颙帅官属步骑三万迎于霸上[4]，颙前拜谒，帝下车止之。帝入长安，以征西府为宫。唯尚书仆射荀藩、司隶刘暾、河南尹周馥在洛阳为留台，承制行事，号东、西台[5]。藩，勖之子也。丙午，留台大赦，改元复为永安。辛丑[6]，复皇后羊氏。

罗尚移屯巴郡，遣兵掠蜀中，获李骧妻昝氏及子寿[7]。

十二月，丁亥，诏太弟颖以成都王还第；更立豫章王炽为皇太弟。帝兄弟二十五人，时存者惟颖、炽及吴王晏。晏材资庸下，炽冲素好学，故太宰颙立之。诏以司空越为太傅，与颙夹辅帝室，王戎参录朝政。又以光禄大夫王衍为尚书左仆射。高密王略为镇南将军，领司隶校尉，权镇洛阳。东中郎将模为宁北将军，都督冀州诸军事，镇邺。百官各还本职。令州郡蠲除苛政，爱民务本，清通之后，当还东京[8]。大赦，改元。略、模，皆越之弟也。王浚既去邺，越使模镇之。颙以四方乖离，祸难不已，故下此诏和解之，冀获少安。越辞太傅不受。又诏以太宰颙都督中外诸军事。张方为中领军、录尚书事，领京兆太守。

东嬴公腾遣将军聂玄击汉王渊，战于大陵[9]，玄兵大败。

渊遣刘曜寇太原，取泫氏、屯留、长子、中都[10]。又遣冠军将军乔晞寇西河，取介休[11]。介休令贾浑不降，晞杀之；将纳其妻宗氏，宗氏骂晞而哭，晞又杀之。渊闻之，大怒曰："使天道有知，乔晞望有种乎？"追还，降秩四等，收浑尸，葬之。

【注释】

①太宰:指河间王司马颙。 ②流苏:用五彩羽毛或丝线制成的装饰品,常用作车马、帷帐的垂饰。武帐:置有兵器的帷帐,帝王所用。帴(jiān 坚):垫席。 ③郏:县名,治今河南郏县。 ④霸上:地名,又名霸头,在今陕西西安市东。 ⑤东、西台:东台是指留守在洛阳的中央政权机构,西台是刚设置在长安的中央政权机构。 ⑥辛丑:十一月乙未朔,辛丑为初七,当在丙午(十二日)前,此处疑有误。 ⑦昝(zǎn 攒):姓氏。 ⑧东京:指洛阳。惠帝当时在长安,故称洛阳为东京。 ⑨大陵:县名,治今山西文水县东北武陵村。 ⑩泫(xuàn 旋)氏:县名,治今山西高平市。屯留:县名,治今山西长治市屯留区南古城。长子:县名,治今山西长子县西南。中都:县名,治今山西平遥县西南。 ⑪介休:县名,治今山西介休市东南。

资治通鉴卷第八十六

晋纪八　起旃蒙赤奋若，尽著雍执徐，凡四年。

孝惠皇帝下

永兴二年　夏，四月，张方废羊后。

游楷等攻皇甫重，累年不能克，重遣其养子昌求救于外。昌诣司空越，越以太宰颙新与山东连和，不肯出兵。昌乃与故殿中人杨篇诈称越命，迎羊后于金墉城。入宫，以后令发兵讨张方，奉迎大驾。事起仓猝，百官初皆从之；俄知其诈，相与诛昌。颙请遣御史宣诏喻重令降。重不奉诏。先是城中不知长沙厉王及皇甫商已死，重获御史驺人[①]，问曰："我弟将兵来，欲至未？"驺人曰："已为河间王所害。"重失色，立杀驺人。于是城中知无外救，共杀重以降。颙以冯翊太守张辅为秦州刺史。

六月，甲子，安丰元侯王戎薨于郏。

张辅至秦州，杀天水太守封尚，欲以立威；又召陇西太守韩稚，稚子朴勒兵击辅，辅军败，死。凉州司马杨胤言于张轨曰："韩稚擅杀刺史，明公杖钺一方，不可不讨。"轨从之，遣中督护汜瑗帅众二万讨稚，稚诣轨降。未几，鲜卑若罗拔能寇凉州，轨遣司马宋配击之，斩拔能，俘十余万口，威名大振。

汉王渊攻东嬴公腾，腾复乞师于拓跋猗㐌，卫操劝猗㐌助之。猗㐌帅轻骑数千救腾，斩汉将綦毋豚[②]。诏假猗㐌大单于，加操右将军。甲申，猗㐌卒，子普根代立。

东海中尉刘洽以张方劫迁车驾，劝司空越起兵讨之。秋，七月，越传檄山东征、镇、州郡云："欲纠帅义旅，奉迎天子，还复旧都。"东平王楙闻之，惧；长史王修说楙曰："东海，宗室重望；今兴义兵，公宜举徐州以授之，则免于难，且有克让之美矣。"楙从之。越乃以司空领徐州都督，楙自为兖州刺史；诏即遣使者刘虔授之。是时，越兄弟并据方任，于是范阳王虓及王浚等共推越为盟主，越辄选置刺史以下，朝士多赴之。

成都王颖既废，河北人多怜之。颖故将公师藩等自称将军，起兵于赵、魏[3]，众至数万。初，上党武乡羯人石勒[4]，有胆力，善骑射。并州大饥，建威将军阎粹说东嬴公腾执诸胡于山东，卖充军实。勒亦被掠，卖为茌平人师懽奴[5]，懽奇其状貌而免之。懽家邻于马牧，勒乃与牧帅汲桑结壮士为群盗。及公师藩起，桑与勒帅数百骑赴之。桑始命勒以石为姓，勒为名。藩攻陷郡县，杀二千石、长吏，转前，攻邺。平昌公模甚惧；范阳王虓遣其将苟晞救邺，与广平太守谯国丁绍共击藩，走之。

石勒像

【注释】

①驺人：开道引兵的骑兵。晋制，上自三公，下至御史，分别赐予多少不等的驺人。 ②綦(qí棋)毋：复姓。 ③赵、魏：战国时赵、魏二国故地，大约相当现在的山西南部、河北南部、河南北部地区。 ④羯：少数民族名，他们的祖先是匈奴别部羌渠。活跃于西晋末年至北朝前期。 ⑤茌(chí持)平：县名，治今山东聊城市茌平区西南。

八月，辛丑[1]，大赦。

司空越以琅邪王睿为平

东将军,监徐州诸军事,留守下邳。睿请王导为司马,委以军事。越帅甲士三万,西屯萧县[②],范阳王虓自许屯于荥阳。越承制以豫州刺史刘乔为冀州刺史,以范阳王虓领豫州刺史;乔以虓非天子命,发兵拒之。虓以刘琨为司马,越以刘蕃为淮北护军,刘舆为颍川太守。乔上尚书,列舆兄弟罪恶,因引兵攻许,遣长子祐将兵拒越于萧县之灵壁[③],越兵不能进。东平王楙在兖州,征求不已,郡县不堪命。范阳王虓遣苟晞还兖州,徙楙都督青州。楙不受命,背山东诸侯,与刘乔合。

太宰颙闻山东兵起,甚惧。以公师藩为成都王颖起兵,壬午,表颖为镇军大将军、都督河北诸军事,给兵千人;以卢志为魏郡太守,随颖镇邺,欲以抚安之。又遣建武将军吕朗屯洛阳。

颙发诏,令东海王越等各就国,越等不从。会得刘乔上事,冬,十月,丙子,下诏称:"刘舆迫胁范阳王虓,造构凶逆。其令镇南大将军刘弘、平南将军彭城王释、征东大将军刘准,各勒所统,与刘乔并力;以张方为大都督,统精卒十万,与吕朗共会许昌,诛舆兄弟。"释,宣帝弟子穆王权之孙也。丁丑,颙使成都王颖领将军刘褒等、前车骑将军石超领北中郎将王阐等据河桥,为刘乔继援;进乔镇东将军,假节。

刘弘遗乔及司空越书,欲使之解怨释兵,同奖王室,皆不听。弘又上表曰:"自顷兵戈纷乱,猜祸锋生,疑隙构于群王,灾难延于宗子。今日为忠,明日为逆,翩其反而[④],互为戎首。载籍以来,骨肉之祸未有如今者也,臣窃悲之!今边陲无备豫之储,中华有杼轴之困[⑤],而股肱之臣,不惟国体,职竞寻常,自相楚剥。万一四夷乘虚为变,此亦猛虎交斗自效于卞庄者矣[⑥]。臣以为宜速发明诏诏越等,令两释猜嫌,各保分局。自今以后,其有不被诏书,擅兴兵马者,天下共伐之。"时太宰颙方拒关东,倚乔为助,不纳其言。

乔乘虚袭许,破之。刘琨将兵救许,不及,遂与兄舆及范阳王虓俱奔河北;琨父母为乔所执。刘弘以张方残暴,知颙必败,乃遣参军刘盘为都护,帅诸军受司空越节度。

时天下大乱,弘专督江、汉,威行南服。谋事有成者,则曰"某人之功",如有负败,则曰"老子之罪"。每有兴发,手书守相,丁宁款密。所以人皆感悦,争赴之,咸曰:"得刘公一纸书,贤于十部从事[7]。"前广汉太守辛冉说弘以从横之事,弘怒,斩之。

有星孛于北斗。

平昌公模遣将军宋胄趣河桥。

【注释】

①辛丑:八月庚申朔,无辛丑。 ②萧县:县名,治今安徽萧县西北。 ③灵壁:在今安徽淮北市西南。 ④翩(piān 偏)其反而:是非功过,反复无常。翩,本指轻快地飞翔,这里是引申义。 ⑤杼(zhù 柱)轴:旧式织布机上的两个部件。杼,即"梭",管纬线;轴,本作"柚",是卷起纺织品的滚筒。杼轴之困是指没有纺织品的积累。 ⑥卞庄:春秋时鲁国大夫。又称卞庄子,以勇著名。《论语·宪问》以卞庄的能力和冉求的才艺并称。史称卞庄欲刺虎,有人劝他待二虎争食相斗,两败俱伤时再动手。卞庄从之,一举果有消除双虎之功。 ⑦部从事:刺史属吏,负责督促各郡事务。

十一月,立节将军周权,诈被檄,自称平西将军,复立羊后。洛阳令何乔攻权,杀之,复废羊后。太宰颙矫诏,以羊后屡为奸人所立,遣尚书田淑敕留台赐后死。诏书屡至,司隶校尉刘暾等上奏,固执以为:"羊庶人门户残破,废放空宫,门禁峻密,无缘得与奸人构乱;众无愚智,皆谓其冤。今杀一枯穷之人,而令天下伤惨,何益于治?"颙怒,遣吕朗收暾;暾奔青州,依高密王略。然羊后亦以是得免。

十二月,吕朗等东屯荥阳,成都王颖进据洛阳。

刘琨说冀州刺史太原温羡,使让位于范阳王虓。虓领冀州,遣琨诣幽州乞师于王浚;浚以突骑资之,击王阐于河上,杀之。琨遂与虓引兵济河,斩石超于荥阳。刘乔自考城引退[1],虓遣琨及督护田徽东击东平王楙于廪丘[2],楙走还国。琨、徽引兵东迎越,击刘祐于谯[3];祐败死,乔众遂溃,乔奔平氏[4]。司空越进屯阳武[5],王浚遣其将祁弘帅突骑鲜卑、乌桓为越先驱。

初,陈敏既克石冰,自谓勇略无敌,有割据江东之志。其父怒曰:"灭我门者,必此儿也!"遂以忧卒。敏以丧去职。司空越起敏

贺循像

为右将军、前锋都督。越为刘祐所败，敏请东归收兵，遂据历阳叛[⑥]。吴王常侍甘卓，弃官东归，至历阳，敏为子景娶卓女，使卓假称皇太弟令，拜敏扬州刺史。敏使弟恢及别将钱端等南略江州，弟斌东略诸郡，扬州刺史刘机、丹杨太守王旷皆弃城走。

敏遂据有江东，以顾荣为右将军，贺循为丹杨内史，周玘为安丰太守，凡江东豪桀、名士，咸加收礼，为将军、郡守者四十余人；或有老疾，就加秩命。循诈为狂疾，得免；乃以荣领丹杨内史。玘亦称疾，不之郡。敏疑诸名士终不为己用，欲尽诛之。荣说敏曰："中国丧乱，胡夷内侮，观今日之势，不能复振，百姓将无遗种。江南虽经石冰之乱，人物尚全，荣常忧无孙、刘之主有以存之。今将军神武不世，勋效已著，带甲数万，舳舻山积[⑦]，若能委信君子，使各尽怀，散蒂芥之嫌[⑧]，塞谗谄之口，则上方数州，可传檄而定；不然，终不济也。"敏命僚佐推己为都督江东诸军事、大司马、楚公，加九锡，列上尚书，称被中诏，自江入沔、汉，奉迎銮驾。

太宰颙以张光为顺阳太守，帅步骑五千诣荆州讨敏。刘弘遣江夏太守陶侃、武陵太守苗光屯夏口，又遣南平太守汝南应詹督水军以继之。

侃与敏同郡，又同岁举吏。随郡内史扈怀言于弘曰："侃居大郡，统强兵，脱有异志，则荆州无东门矣！"弘曰："侃之忠能，吾得之已久，必无是也。"侃闻之，遣子洪及兄子臻诣弘以自固，弘引为参军，资而遣之。曰："贤叔征行，君祖母年高，便可归也。匹夫之交，尚不负心，况大丈夫乎？"

敏以陈恢为荆州刺史，寇武昌，弘加侃前锋督护以御之。侃以运船为战舰，或以为不可。侃曰：“用官船击官贼，何为不可？”侃与恢战，屡破之；又与皮初、张光、苗光共破钱端于长岐[⑨]。

南阳太守卫展说弘曰：“张光，太宰腹心，公既与东海，宜斩光以明向背。”弘曰：“宰辅得失，岂张光之罪？危人自安，君子弗为也。”乃表光殊勋，乞加迁擢。

是岁，离石大饥，汉王渊徙屯黎亭[⑩]，就邸阁谷；留太尉宏守离石，使大司农卜豫运粮以给之。

【注释】

①考城：县名，治今河南民权县东北。　②廪丘：县名，治今山东郓城县西北。　③谯：县名，治今安徽亳州市。　④平氏：县名，治今河南桐柏县西北平氏镇。　⑤阳武：县名，治今河南原阳县东南。　⑥历阳：县名，治今安徽和县。　⑦舳舻（zhúlú 竹卢）：首尾衔接的船只。舳，船尾；舻，船头。　⑧蒂（dì 弟）芥：果蒂（瓜、果同茎、枝相连的部分）、草芥，比喻内心的疙瘩。　⑨长岐：地名，在江夏郡（治今湖北云梦县）境内。　⑩黎亭：地名，在今山西壶关县西南。

光熙元年　春，正月，戊子朔，日有食之。

初，太弟中庶子兰陵缪播有宠于司空越；播从弟右卫率胤，太宰颙前妃之弟也。越之起兵，遣播、胤诣长安说颙，令奉帝还洛，约与颙分陕为伯。颙素信重播兄弟，即欲从之。张方自以罪重，恐为诛首，谓颙曰：“今据形胜之地，国富兵强，奉天子以号令，谁敢不从，奈何拱手受制于人？”颙乃止。及刘乔败，颙惧，欲罢兵，与山东和解，恐张方不从，犹豫未决。

方素与长安富人郅辅亲善，以为帐下督。颙参军河间毕垣，尝为方所侮，因说颙曰：“张方久屯霸上，闻山东兵盛，盘桓不进[①]，宜防其未萌。其亲信郅辅具知其谋。”缪播、缪胤复说颙：“宜急斩方以谢，山东可不劳而定。”颙使人召辅，垣迎说辅曰：“张方欲反，人谓卿知之。王若问卿，何辞以对？”辅惊曰：“实不闻方反，为之奈何？”垣曰：“王若问卿，但言尔尔[②]；不然，必不免祸。”辅入，颙问之曰：“张方反，卿知之乎？”辅曰：“尔。”颙曰：“遣卿取之，可乎？”

又曰："尔。"颙于是使辅送书于方，因杀之。辅既昵于方，持刀而入，守阁者不疑。方火下发函，辅斩其头。还报，颙以辅为安定太守。送方头于越以请和；越不许。

宋胄袭河桥，楼褒西走。平昌公模遣前锋督护冯嵩会宋胄逼洛阳。成都王颖西奔长安，至华阴，闻颙已与山东和亲，留不敢进。吕朗屯荥阳，刘琨以张方首示之，遂降。司空越遣祁弘、宋胄、司马纂帅鲜卑西迎车驾，以周馥为司隶校尉、假节，都督诸军，屯渑池。

三月，惤令刘伯根反[3]，众以万数，自称惤公。王弥帅家僮从之，柏根以弥为长史，弥从父弟桑为东中郎将。柏根寇临淄，青州都督高密王略使刘暾将兵拒之；暾兵败，奔洛阳，略走保聊城[4]。王浚遣将讨柏根，斩之。王弥亡入长广山为群盗[5]。

宁州频岁饥疫，死者以十万计。五苓夷强盛，州兵屡败。吏民流入交州者甚众，夷遂围州城。李毅疾病，救援路绝，乃上疏言："不能式遏寇虐，坐待殄毙。若不垂矜恤，乞降大使，及臣尚存，加臣重辟；若臣已死，陈尸为戮。"朝廷不报。积数年，子钊自洛往省之，未至，毅卒。毅女秀，明达有父风，众推秀领宁州事。秀奖厉战士，婴城固守。城中粮尽，炙鼠拔草而食之。伺夷稍怠，辄出兵掩击，破之。

范长生诣成都，成都王雄门迎，执版，拜为丞相，尊之曰范贤。

【注释】

①盘桓：逗留不进的样子。　②尔尔：如此。　③惤（jiān 尖）：县名，治今山东龙口市西南。刘伯根：他本及下文皆作刘柏根。　④聊城：县名，治今山东聊城市西北。　⑤长广：县名，治今山东莱阳市。

夏，四月，己巳，司空越引兵屯温。初，太宰颙以为张方死，东方兵必可解。既而东方兵闻方死，争入关，颙悔之，乃斩郅辅，遣弘农太守彭随、北地太守刁默将兵拒祁弘等于湖[1]。五月，壬辰，弘等击随、默，大破之，遂西入关。又败颙将马瞻、郭伟于霸水[2]，颙单马逃入太白山[3]。弘等入长安，所部鲜卑大掠，杀二万余人，百官奔散，入山中，拾橡实食之。己亥，弘等奉帝乘牛车东还。以太弟太保梁柳为镇西将军，守关中。六月，丙辰朔，帝至洛阳，复羊后。辛未，大赦，改元。

马瞻等入长安，杀梁柳，与始平太守梁迈共迎太宰颙于南山[4]。弘农太守裴廙、秦国内史贾龛、安定太守贾疋等起兵击颙[5]、斩马瞻、梁迈。疋，诩之曾孙也[6]。司空越遣督护麋晃将兵击颙，至郑[7]，颙使平北将军牵秀屯冯翊。颙长史杨腾，诈称颙命，使秀罢兵，腾遂杀秀，关中皆服于越，颙保城而已。

成都王雄即皇帝位，大赦，改元曰晏平，国号大成。追尊父特曰景皇帝，庙号始祖；尊王太后曰皇太后。以范长生为天地太师；复其部曲，皆不豫征税。诸将恃恩，互争班位，尚书令阎式上疏，请考汉、晋故事，立百官制度；从之。

秋，七月，乙酉朔，日有食之。

八月，以司空越为太傅、录尚书事；范阳王虓为司空，镇邺；平昌公模为镇东大将军，镇许昌；王浚为骠骑大将军、都督东夷、河北诸军事，领幽州刺史。越以吏部郎庾敳为军咨祭酒[8]，前太弟中庶子胡母辅之为从事中郎，黄门侍郎郭象为主簿，鸿胪丞阮修为行参军[9]，谢鲲为掾。辅之荐乐安光逸于越，越亦辟之。敳等皆尚虚玄，不以世务婴心，纵酒放诞；敳殖货无厌，象薄行，好招权；越皆以其名重于世，故辟之。

祁弘之入关也，成都王颖自武关奔新野[10]。会新城元公刘弘卒，司马郭劢作乱[11]，欲迎颖为主；郭舒奉弘子璠以讨劢，斩之。诏南中郎将刘陶收颖。颖北渡河，奔朝歌，收故将士，得数百人，欲赴公师藩，顿丘太守冯嵩执之，送邺；范阳王虓不忍杀而幽之。公师藩自白马南渡河[12]，兖州刺史苟晞讨斩之。

进东嬴公腾爵为东燕王，平昌公模为南阳王。

【注释】

①湖：县名，治今河南灵宝市西北。　②霸水：水名，即今陕西渭河支流灞河。　③太白山：山名，在今陕西眉县境内。　④南山：山名，即太白山。　⑤秦国：封国名，晋惠帝初改扶风为秦国（治今陕西泾阳县西北），作为秦王司马柬的封国。　⑥贾诩：汉魏之际官吏。字文和，武威姑臧（今甘肃武威市）人。汉末曾依附董卓、张绣等军阀，官渡之战时归

附曹操。诩善计谋,人称有“良(张良)平(陈平)之奇”,向曹操献计破袁绍于官渡,又计破韩遂、马超等,为曹操所重用。魏初官至太尉。
⑦郑:县名,治今陕西渭南市华州区。 ⑧敳(ái 挨):此处为人名用字。
⑨行参军:太尉府自行委任的军事参谋人员(通过诏书任命的为参军事)。 ⑩武关:关口名,在今陕西商洛市西南丹江北岸。新野:县名,治今河南新野县。 ⑪劢(mài 迈):此处为人名用字。 ⑫白马:地名,即白马津,在今河南滑县东北。

冬,十月,范阳王虓薨。长史刘舆以颖素为邺人所附,秘不发丧,伪令人为台使称诏,夜,赐颖死,并杀其二子。颖官属先皆逃散,惟卢志随从,至死不怠,收而殡之。太傅越召志为军咨祭酒。

越将召刘舆,或曰:“舆犹腻也[①],近则污人。”及至,越疏之。舆密视天下兵簿及仓库、牛马、器械、水陆之形,皆默识之。时军国多事,每会议,自长史潘滔以下,莫知所对,舆应机辨画,越倾膝酬接,即以为左长史,军国之务,悉以委之。舆说越遣其弟琨镇并州,以为北面之重;越表琨为并州刺史,以东燕王腾为车骑将军、都督邺城诸军事,镇邺。

十一月,己巳,夜,帝食饼中毒,庚午,崩于显阳殿。羊后自以于太弟炽为嫂,恐不得为太后,将立清河王覃。侍中华混谏曰:“太弟在东宫已久,民望素定,今日宁可易乎?”即露版驰召太傅越,召太弟入宫。后已召覃至尚书阁,疑变,托疾而返。癸酉,太弟即皇帝位,大赦,尊皇后曰惠皇后,居弘训宫;追尊母王才人曰皇太后;立妃梁氏为皇后。

怀帝始遵旧制,于东堂听政[②]。每至宴会,辄与群官论众务,考经籍。黄门侍郎傅宣叹曰:“今日复见武帝之世矣!”

十二月,壬午朔,日有食之。

太傅越以诏书征河间王颙为司徒,颙乃就征。南阳王模遣其将梁臣邀之于新安[③],车上扼杀之,并杀其三子。

辛丑,以中书监温羡为左光禄大夫,领司徒;尚书左仆射王衍为司空。

己酉,葬惠帝于太阳陵[④]。

刘琨至上党，东燕王腾即自井陉东下[5]。时并州饥馑，数为胡寇所掠，郡县莫能自保。州将田甄、甄弟兰、任祉、祁济、李恽、薄盛等及吏民万余人，悉随腾就谷冀州，号为“乞活”，所余之户不满二万；寇贼纵横，道路断塞。琨募兵上党，得五百人，转斗而前。至晋阳，府寺焚毁，邑野萧条，琨抚循劳徕，流民稍集。

【注释】

①腻（nì 逆）：皮肤上的污垢，其肥滑者为腻。 ②东堂：即太极殿的东堂。 ③新安：县名，治今河南渑池县东。 ④太阳陵：陵墓名，在今河南洛阳市邙山南麓。 ⑤井陉（xíng 行）：县名，治今河北井陉县西北。

孝怀皇帝上[1]

永嘉元年 春，正月，癸丑，大赦，改元。

吏部郎周穆，太傅越之姑子也，与其妹夫御史中丞诸葛玫说越曰：“主上之为太弟，张方意也。清河王本太子，公宜立之。”越不许。重言之，越怒，斩之。

二月，王弥寇青、徐二州，自称征东大将军，攻杀二千石。太傅越以公车令东莱鞠羡为本郡太守，以讨弥，弥击杀之。

陈敏刑政无章，不为英俊所附；子弟凶暴，所在为患；顾荣、周玘等忧之。庐江内史华谭遗荣等书曰：“陈敏盗据吴、会，命危朝露。诸君或剖符名郡，或列为近臣，而更辱身奸人之朝，降节叛逆之党，不亦羞乎？吴武烈父子皆以英桀之才[2]，继承大业。今以陈敏凶狡，七弟顽冗，欲蹑桓王之高踪[3]，蹈大皇之绝轨[4]，远度诸贤，犹当未许也。皇舆东返，俊彦盈朝，将举六师以清建业，诸贤何颜复见中州之士邪？”荣等素有图敏之心，及得书，甚惭，密遣使报征东大将军刘准，使发兵临江，己为内应，剪发为信。准遣扬州刺史刘机等出历阳讨敏。

敏使其弟广武将军昶将兵数万屯乌江[5]，历阳太守宏屯牛渚。敏弟处知顾荣等有贰心，劝敏杀之，敏不从。

西晋持鞭陶俑

昶司马钱广，周玘同郡人也，玘密使广杀昶，宣言州下已杀敏，敢动者诛三族。广勒兵朱雀桥南[6]；敏遣甘卓讨广，坚甲精兵悉委之。顾荣虑敏之疑，故往就敏。敏曰："卿当四出镇卫，岂得就我邪？"荣乃出，与周玘共说甘卓曰："若江东之事可济，当共成之。然卿观兹事势，当有济理不？敏既常才，政令反覆，计无所定，其子弟各已骄矜，其败必矣。而吾等安然坐受其官禄，事败之日，使江西诸军函首送洛[7]，题曰'逆贼顾荣、甘卓之首'，此万世之辱也！"卓遂诈称疾，迎女，断桥，收船南岸，与玘、荣及前松滋侯相丹杨纪瞻共攻敏。

敏自帅万余人讨卓，军人隔水语敏众曰："本所以戮力陈公者，正以顾丹杨、周安丰耳；今皆异矣，汝等何为？"敏众狐疑未决，荣以白羽扇挥之，众皆溃去。敏单骑北走，追获之于江乘[8]，叹曰："诸人误我，以至今日！"谓弟处曰："我负卿，卿不负我！"遂斩敏于建业，夷三族。于是会稽等郡尽杀敏诸弟。

时平东将军周馥代刘准镇寿春。三月，己未朔[9]，馥传敏首至京师。诏征顾荣为侍中，纪瞻为尚书郎。太傅越辟周玘为参军，陆玩为掾。玩，机之从弟也。荣等至徐州，闻北方愈乱，疑不进，越与徐州刺史裴盾书曰："若荣等顾望，以军礼发遣！"荣等惧，逃归。盾，楷之兄子，越妃兄也。

【注释】

①孝怀皇帝:即司马炽(284—313)。字丰度,晋武帝第二十五子,河内温县(今河南温县西)人。初封豫章郡王。惠帝永兴元年(304),立为皇太弟。惠帝卒,即帝位。永嘉五年(311),被汉国刘曜所俘获,送到平阳。两年后被杀。 ②吴武烈:即孙坚。孙权称帝后,追谥坚为武烈皇帝。 ③桓王:即孙策。孙权称帝后,追谥策为长沙桓王。 ④大皇:即孙权。去世后,谥为大皇帝。 ⑤乌江:县名,治今安徽和县东北。⑥朱雀桥:桥名,又称朱雀桁、朱雀航、大航,在今江苏南京市南秦淮河上。 ⑦江西:隋唐以前,习惯上称长江下游北岸淮水以南的地区为江西。 ⑧江乘:县名,治今江苏句容市北。 ⑨己未朔:三月辛亥朔,己未是初九,"朔"当为衍文。

西阳夷寇江夏[①],太守杨珉请督将议之。诸将争献方略,骑督朱伺独不言。珉曰:"朱将军何以不言?"伺曰:"诸人以舌击贼,伺惟以力耳。"珉又问:"将军前后击贼,何以常胜?"伺曰:"两敌共对,惟当忍之;彼不能忍,我能忍,是以胜耳。"珉善之。

诏追复杨太后尊号[②];丁卯,改葬之,谥曰武悼。

庚午,立清河王覃弟豫章王诠为皇太子。辛未,大赦。

帝观览大政,留心庶事;太傅越不悦,固求出藩。庚辰,越出镇许昌。

以高密王略为征南大将军,都督荆州诸军事,镇襄阳;南阳王模为征西大将军,都督秦、雍、梁、益诸军事,镇长安;东燕王腾为新蔡王,都督司、冀二州诸军事,仍镇邺。

公师藩既死,汲桑逃还苑中,更聚众劫掠郡县,自称大将军,声言为成都王报仇;以石勒为前驱,所向辄克,署勒讨虏将军,遂进攻邺。时邺中府库空竭,而新蔡武哀王腾资用甚饶。腾性吝啬,无所振惠,临急,乃赐将士米各数升,帛各丈尺,以是人不为用。夏,五月,桑大破魏郡太守冯嵩,长驱入邺,腾轻骑出奔,为桑将李丰所杀。桑出成都王颖棺,载之车中,每事启而后行。遂烧邺宫,火旬日不灭;杀士民万余人,大掠而去。济自延津[③],南击兖州。太傅越大惧,使苟晞及将军王赞讨之。

秦州流民邓定、訇氏等据成固[④]，寇掠汉中，梁州刺史张殷遣巴西太守张燕讨之。邓定等饥窘，诈降于燕，且赂之，燕为之缓师。定密遣訇氏求救于成，成主雄遣太尉离、司徒云、司空璜将兵二万救定，与燕战，大破之，张殷及汉中太守杜孟治弃城走。积十余日，离等引还，尽徙汉中民于蜀。汉中人句方、白落帅吏民还守南郑[⑤]。

石勒与苟晞等相持于平原、阳平间数月[⑥]，大小三十余战，互有胜负。秋，七月，己酉朔，太傅越屯官渡[⑦]，为晞声援。

己未，以琅邪王睿为安东将军、都督扬州江南诸军事、假节，镇建业。

八月，己卯朔，苟晞击汲桑于东武阳[⑧]，大破之。桑退保清渊[⑨]。

分荆州、江州八郡为湘州[⑩]。

【注释】

①西阳：县名，治今湖北黄冈市东。 ②"诏追"句：杨太后遇害之事，见本书卷第八十二晋惠帝元康元年(291)。 ③延津：又名灵昌津，在今河南卫辉市东古黄河上。 ④訇(hōng 轰)：姓氏。成固：县名，治今陕西城固县东汉江北岸。 ⑤南郑：县名，治今陕西汉中市东。⑥平原：县名，治今山东平原县西南。阳平：县名，治今山东莘县。⑦官渡：地名，在今河南中牟县东北。 ⑧东武阳：县名，治今山东莘县东南。 ⑨清渊：县名，治今河北馆陶县西北。 ⑩湘州：所属八郡，据《宋书·州郡志》，为原先荆州的长沙、衡阳、湘东、邵陵、零陵、营阳、建昌以及江州的桂阳，治今湖南长沙市。

九月，戊申，琅邪王睿至建业。睿以安东司马王导为谋主，推心亲信，每事咨焉。睿名论素轻，吴人不附，居久之，士大夫莫有至者，导患之。会睿出观禊[①]，导使睿乘肩舆[②]，具威仪，导与诸名胜皆骑从，纪瞻、顾荣等见之惊异，相帅拜于道左。导因说睿曰："顾荣、贺循，此土之望，宜引之以结人心；二子既至，则无不来矣。"睿乃使导躬造循、荣，二人皆应命而至。以循为吴国内史；荣为军司，加散骑常侍，凡军府政事，皆与之谋议。又以纪瞻为军祭酒[3]，卞壸为从事中郎，周玘为仓曹属，琅邪刘超为舍人，张闿及鲁国孔衍为参军。壸，粹之子；闿，昭之曾孙也[4]。王导说睿："谦以接士，俭以足用，以清静为政，抚绥新旧。"故江东归心焉。睿初至，颇以酒废事；导以为言。睿命酌，引觞覆之，于此遂绝。

苟晞追击汲桑，破其八垒，死者万余人。桑与石勒收余众，将奔汉，冀州刺史谯国丁绍邀之于赤桥[5]，又破之。桑奔马牧，勒奔乐平[6]。太傅越还许昌，加苟晞抚军将军、都督青、兖诸军事，丁绍宁北将军、监冀州诸军事，皆假节。

晞屡破强寇，威名甚盛，善治繁剧，用法严峻。其从母依之，晞奉养甚厚。从母子求为将，晞不许，曰："吾不以王法贷人，将无后悔邪！"固求之，晞乃以为督护；后犯法，晞杖节斩之，从母叩头救之，不听。既而素服哭之曰："杀卿者，兖州刺史，哭弟者，苟道将也[7]。"

胡部大张㔨督、冯莫突等[8]，拥众数千，壁于上党，石勒往从之，因说㔨督等曰："刘单于举兵击晋[9]，部大拒而不从，自度终能独立乎？"曰："不能。"勒曰："然则安可不早有所属！今部落皆已受单于赏募，往往聚议，欲叛部大而归单于矣。"㔨督等以为然。冬，十月，㔨督等随勒单骑归汉，汉王渊署㔨督为亲汉王，莫突为都督部大，以勒为辅汉将军、平晋王，以统之。

乌桓张伏利度有众二千，壁于乐平，渊屡招，不能致，勒伪获罪于渊，往奔伏利度，伏利度喜，结为兄弟，使勒帅诸胡寇掠，所向无前，诸胡畏服。勒知众心之附己，乃因会执伏利度，谓诸胡曰："今起大事，我与伏利度谁堪为主？"诸胡咸推勒。勒于是释伏利度，帅其众归汉。渊加勒督山东征讨诸军事，以伏利度之众配之。

十一月，戊申朔[10]，日有食之。

甲寅，以尚书右仆射和郁为征北将军，镇邺。

乙亥，以王衍为司徒。衍说太傅越曰："朝廷危乱，当赖方伯，宜得文武兼资以任之。"乃以弟澄为荆州都督，族弟敦为青州刺史，语之曰："荆州有江汉之固；青州有负海之险，卿二人在外而吾居中，足以为三窟矣。"澄至镇，以郭舒为别驾，委以府事。澄日夜纵酒，不亲庶务，虽寇戎交急，不以为怀。舒常切谏，以为宜爱民养兵，保全州境，澄不从。

【注释】

①禊（xì 细）：古代于春秋两季在水边举行的一种祭礼。魏晋时，人们通常是于农历三月初三在水滨洗濯，以清去宿垢，消除不祥。 ②肩舆：用人力抬扛的代步工具。其制为二长竿，中设软椅以坐人。其初上面没有覆盖，后加遮蔽物，成为轿舆。 ③军祭酒：据《晋书·纪瞻传》，当为“军咨祭酒”。 ④张昭（156—236）：三国时吴国大臣。字子布，彭城（治今江苏徐州市）人。东汉末，辅佐孙策奠立吴国基业，任长史。策去世，辅佐孙权，为军师。权称帝，为辅吴将军，封娄侯。一度不参与政事，在家治学。著《春秋左氏传解》《论语注》等，今已佚。 ⑤赤桥：地名，在今山东临清市境内。 ⑥乐平：县名，治今山东聊城市西南。 ⑦苟道将：即苟晞，晞字道将。 ⑧部大：胡人对一部的首领的称呼。䝷（bèi 贝）：此处为人名用字。 ⑨刘单于：指刘渊。 ⑩戊申朔：十一月丁未朔，戊申为初二，当为记载失误。

十二月，戊寅，乞活田甄、田兰、薄盛等起兵，为新蔡王腾报仇，斩汲桑于乐陵[1]。弃成都王颖棺于故井中，颖故臣收葬之。

甲午，以前太傅刘寔为太尉，寔以老固辞；不许。庚子，以光禄大夫高光为尚书令。

前北军中候吕雍、度支校尉陈颜等谋立清河王覃为太子[2]；事觉，太傅越矫诏囚覃于金墉城。

初，太傅越与苟晞亲善，引升堂，结为兄弟。司马潘滔说越曰：“兖州冲要，魏武以之创业。苟晞有大志，非纯臣也，久令处之，则患生心腹矣。若迁于青州，厚其名号，晞必悦。公自牧兖州，经纬诸夏，藩卫本朝，此所谓为之于未乱者也。”越以为然。癸卯，越自为丞相，领兖州牧，都督兖、豫、司、冀、幽、并诸军事。以晞为征东大将军、开府仪同三司，加侍中、假节、都督青州诸军事，领青州刺史，封东平郡公。越、晞由是有隙。

晞至青州，以严刻立威，日行斩戮，州人谓之“屠伯”[3]。顿丘太守魏植为流民所逼，众五六万，大掠兖州，晞出屯无盐以讨之[4]。以弟纯领青州，刑杀更甚于晞。晞讨植，破之。

初，阳平刘灵，少贫贱，力制奔牛，走及奔马，时人虽异之，莫能举也。灵抚膺叹曰："天乎，何当乱也！"及公师藩起，灵自称将军，寇掠赵、魏。会王弥为苟纯所败，灵亦为王赞所败，遂俱遣使降汉。汉拜弥镇东大将军、青徐二州牧、都督缘海诸军事，封东莱公；以灵为平北将军。

李钊至宁州，州人奉钊领州事。治中毛孟诣京师，求刺史，屡上奏，不见省。孟曰："君亡亲丧，幽闭穷城，万里诉哀，精诚无感，生不如死！"欲自刎，朝廷怜之，以魏兴太守王逊为宁州刺史，仍诏交州出兵救李钊。交州刺史吾彦遣其子咨将兵救之。

慕容廆自称鲜卑大单于。

拓跋禄官卒，弟猗卢总摄三部，与廆通好。

【注释】

①乐陵：县名，治今山东乐陵市东南。　②度支校尉：职官名，大约是当时所置，负责粮草督运的官员。　③屠伯：最凶恶的刽子手。伯，为首的人。　④无盐：县名，治今山东东平县东无盐村。

二年　春，正月，丙午朔，日有食之。

丁未，大赦。

汉王渊遣抚军将军聪等十将南据太行，辅汉将军石勒等十将东下赵、魏。

二月，辛卯，太傅越杀清河王覃。

庚子，石勒寇常山，王浚击破之。

凉州刺史张轨病风，口不能言，使其子茂摄州事。陇西内史晋昌张越，凉州大族，欲逐轨而代之，与其兄酒泉太守镇及西平太守曹祛谋遣使诣长安告南阳王模①，称轨废疾，请以秦州刺史贾龛代之。龛将受之，其兄让龛曰："张凉州一时名士，威著西州，汝何德以代之？"龛乃止。镇、祛上疏，更请刺史，未报；遂移檄废轨，以军司杜耽摄州事，使耽表越为刺史。

轨下教，欲避位，归老宜阳②。长史王融、参军孟畅蹋折镇檄，排阁入言曰："晋室多故，明公抚宁西夏，张镇兄弟敢肆凶逆，当鸣鼓诛之。"遂出，戒严。会轨长子寔自京师还，乃以寔为中督护，将兵讨镇。遣镇甥太府主簿令狐亚先往说镇[3]，为陈利害，镇流涕曰："人误我！"乃诣寔归罪。寔南击曹祛，走之。

朝廷得镇、祛疏，以侍中袁瑜为凉州刺史。治中杨澹驰诣长安，割耳盘上，诉轨之被诬。南阳王模表请停瑜，武威太守张琠亦上表留轨[4]，诏依模所表，且命诛曹祛。轨于是命寔帅步骑三万讨祛，斩之。张越奔邺，凉州乃定。

三月，太傅越自许昌徙镇鄄城[5]。

王弥收集亡散，兵复大振。分遣诸将攻掠青、徐、兖、豫四州，所过攻陷郡县，多杀守令，有众数万；苟晞与之连战，不能克。夏，四月，丁亥，弥入许昌。

太傅越遣司马王斌帅甲士五千人入卫京师，张轨亦遣督护北宫纯将兵卫京师。五月，弥入自轘辕[6]，败官军于伊北，京师大震，宫城门昼闭。壬戌，弥至洛阳，屯于津阳门[7]。诏以王衍都督征讨诸军事。北宫纯募勇士百余人突陈，弥兵大败。乙丑，弥烧建春门而东，衍遣左卫将军王秉追之，战于七里涧，又败之。

西晋螭龙纹金带扣

弥走渡河，与王桑自轵关如平阳[8]。汉王渊遣侍中兼御史大夫郊迎，令曰："孤亲行将军之馆，拂席洗爵，敬待将军。"及至，拜司隶校尉，加侍中、特进；以桑为散骑侍郎。

北宫纯等与汉刘聪战于河东，败之。

诏封张轨西平郡公，轨辞不受。时州郡之使，莫有至者，轨独遣使贡献，岁时不绝。

【注释】

①祛(qū 驱):此处为人名用字。 ②归老宜阳:张轨本为安定乌氏(治今宁夏固原市东南)人,因年少时曾和同郡人皇甫谧一起隐于宜阳女几山(今河南宜阳县西南),故称要“归老宜阳”。 ③太府:据《晋书·张轨传》,张轨当时下属既有太府司马、主簿,又有少府主簿。大概太府管军务,少府管政务。④琠(tiǎn 忝):此处为人名用字。 ⑤鄄(juàn 卷)城:县名,治今山东鄄城县北。 ⑥轘(huán 环)辕:关名,在今河南偃师市东南轘辕山上。 ⑦津阳门:洛阳城南面东头第二门。 ⑧轵(zhǐ 指)关:关隘名,在今河南济源市西北。平阳:县名,治今山西临汾市西南金殿。

秋,七月,甲辰,汉王渊寇平阳,太守宋抽弃郡走,河东太守路述战死;渊徙都蒲子[①]。上郡鲜卑陆逐延、氐酋单征并降于汉。

八月,丁亥,太傅越自鄄城徙屯濮阳;未几,又徙屯荥阳。

九月,汉王弥、石勒寇邺,和郁弃城走。诏豫州刺史裴宪屯白马以拒弥,车骑将军王堪屯东燕以拒勒[②],平北将军曹武屯大阳以备蒲子[③]。宪,楷之子也。

冬,十月,甲戌,汉王渊即皇帝位,大赦,改元永凤。十一月,以其子和为大将军,聪为车骑大将军,族子曜为龙骧大将军。

壬寅,并州刺史刘琨使上党太守刘惇帅鲜卑攻壶关[④],汉镇东将军綦毋达战败亡归。

丙午,汉都督中外诸军事、领丞相、右贤王宣卒。

石勒、刘灵帅众三万寇魏郡、汲郡、顿丘,百姓望风降附者五十余垒,皆假垒主将军、都尉印绶,简其强壮五万为军士,老弱安堵如故。己酉,勒执魏郡太守王粹于三台[⑤],杀之。

十二月,辛未朔,大赦。

乙亥,汉主渊以大将军和为大司马,封梁王;尚书令欢乐为大司徒,封陈留王;后父御史大夫呼延翼为大司空,封雁门郡公;宗室以亲疏悉封郡县王,异姓以功伐悉封郡县公侯。

成尚书令杨褒卒。褒好直言,成主雄初得蜀,用度不足,诸将有以献金银得官者,褒谏曰:“陛下设官爵,当网罗天下英豪,何有以官买金邪?”雄谢之。雄尝醉,推中书令杖太官令,褒进曰:“天子穆穆,诸侯皇皇[6]。安有天子而为酗也?”雄惭而止。

成平寇将军李凤屯晋寿[7],屡寇汉中,汉中民东走荆沔。诏以张光为梁州刺史。荆州寇盗不禁,诏起刘璠为顺阳内史,江、汉间翕然归之。

【注释】

①蒲子:县名,治今山西隰县。 ②东燕:县名,治今河南延津县东北。③大阳:县名,治今山西平陆县西南平陆城。 ④壶关:关隘名,又名壶口关、吾儿关,在今山西长治市东南壶口。 ⑤三台:东汉建安十五年(210),由曹操主持,在今河北临漳县西南故邺城西北隅修建的三个台阁。中央是铜雀台,高十丈;南边是金雀台,北边是冰井台,各高八丈。⑥“天子穆穆”二句:语出《礼记·曲礼》。穆穆、皇皇,是容貌端庄肃穆的样子。全句意谓天子、诸侯应该端庄,讲究仪态。 ⑦晋寿:县名,治今四川广元市西南。

资治通鉴卷第八十七

晋纪九　起屠维大荒落，尽重光协洽，凡三年。

孝怀皇帝中

永嘉三年　春，正月，辛丑朔，荧惑犯紫微[①]。汉太史令宣于修之，言于汉主渊曰："不出三年，必克洛阳。蒲子崎岖，难以久安；平阳气象方昌，请徙都之。"渊从之，大赦，改元河瑞。

三月，戊申，高密孝王略薨。以尚书左仆射山简为征南将军、都督荆、湘、交、广四州诸军事，镇襄阳。简，涛之子也，嗜酒，不恤政事；表"顺阳内史刘璠得众心，恐百姓劫璠为主"。诏征璠为越骑校尉。南州由是遂乱，父老莫不追思刘弘。

丁巳，太傅越自荥阳入京师。中书监王敦谓所亲曰："太傅专执威权，而选用表请，尚书犹以旧制裁之，今日之来，必有所诛。"

帝之为太弟也，与中庶子缪播亲善，及即位，以播为中书监，缪胤为太仆卿，委以心膂；帝舅散骑常侍王延、尚书何绥、太史令高堂冲，并参机密。越疑朝臣贰于己，刘舆、潘滔劝越悉诛播等，越乃诬播等欲为乱。乙丑，遣平东将军王秉，帅甲士三千入宫，执播等十余人于帝侧，付廷尉，杀之。帝叹息流涕而已。

绥，曾之孙也。初，何曾侍武帝宴，退，谓诸子曰："主上开创大业，吾每宴见，未尝闻经国远图，惟说平生常事，非贻厥孙谋之道也[②]；及身而已，后嗣其殆乎！汝辈犹可以免"；指诸孙曰："此属必及于难。"及绥死，兄嵩哭之曰："我祖其殆圣乎！"曾日食万钱，犹云无下箸处。子劭，日食二万。绥及弟机、羡，汰侈尤甚；与人书疏，词礼简傲。河内王尼见绥书，谓人曰："伯蔚居乱世而矜豪乃尔[3]，其能免乎！"人曰："伯蔚闻卿言，必相危害。"尼曰："伯蔚比闻我言，自已死矣！"及永嘉之末，何氏无遗种。

臣光曰：何曾讥武帝偷惰，取过目前，不为远虑；知天下将乱，子孙必与其忧；何其明也！然身为僭侈，使子孙承流，卒以骄奢亡族，其明安在哉？且身为宰相，知其君之过，不以告而私语于家，非忠臣也。

太傅越以王敦为扬州刺史。

刘寔连年请老，朝廷不许。尚书左丞刘坦上言："古之养老，以不事为优[4]，不以吏之为重，谓宜听寔所守。"丁卯，诏寔以侯就第，以王衍为太尉。

太傅越解兖州牧，领司徒。越以顷来兴事，多由殿省，乃奏宿卫有侯爵者皆罢之。时殿中武官并封侯，由是出者略尽，皆泣涕而去。更使右卫将军何伦、左卫将军王秉领东海国兵数百人宿卫。

左积弩将军朱诞奔汉，具陈洛阳孤弱，劝汉主渊攻之。渊以诞为前锋都督，以灭晋大将军刘景为大都督，将兵攻黎阳[5]，克之；又败王堪于延津，沉男女三万余人于河。渊闻之，怒曰："景何面复见朕？且天道岂能容之？吾所欲除者，司马氏耳，细民何罪！"黜景为平虏将军。

【注释】

①荧惑：火星别名。因隐现不定，令人迷惑，故有此称。　②贻厥孙谋：语出《诗经·大雅·文王有声》，意为"留下安邦定国的好谋略"。孙，音义同"逊"，顺。　③伯蔚：何绥表字。　④不事：不安排职任。　⑤黎阳：县名，治今河南浚县东北。

夏，大旱，江、汉、河、洛皆竭，可涉。

汉安东大将军石勒寇巨鹿、常山，众至十余万，集衣冠人物[1]，别为君子营。以赵郡张宾为谋主，刁膺为股肱，夔安、孔苌、支雄、桃豹、逯明为爪牙[2]。并州诸胡羯多从之。

初，张宾好读书，阔达有大志，常自比张子房[③]。及石勒徇山东，宾谓所亲曰："吾历观诸将，无如此胡将军者，可与共成大业！"乃提剑诣军门，大呼请见，勒亦未之奇也。宾数以策干勒，已而皆如所言；勒由是奇之，署为军功曹，动静咨之。

汉主渊以王弥为侍中、都督青、徐、兖、豫、荆、扬六州诸军事、征东大将军、青州牧，与楚王聪共攻壶关，以石勒为前锋都督。刘琨遣护军黄肃、韩述救之，聪败述于西涧[④]，勒败肃于封田[⑤]，皆杀之。

太傅越遣淮南内史王旷、将军施融、曹超将兵拒聪等。旷济河，欲长驱而前，融曰："彼乘险间出，我虽有数万之众，犹是一军独受敌也。且当阻水为固以量形势，然后图之。"旷怒曰："君欲沮众邪？"融退曰："彼善用兵，旷暗于事势，吾属今必死矣！"旷等于太行与聪遇，战于长平之间[⑥]，旷兵大败，融、超皆死。

聪遂破屯留、长子[⑦]，凡斩获万九千级。上党太守庞淳以壶关降汉。刘琨以都尉张倚领上党太守，据襄垣[⑧]。

初，匈奴刘猛死[⑨]，右贤王去卑之子诰升爰代领其众。诰升爰卒，子虎立，居新兴[⑩]，号铁弗氏，与白部鲜卑皆附于汉。刘琨自将击虎，刘聪遣兵袭晋阳，不克。

五月，汉主渊封子裕为齐王，隆为鲁王。

秋，八月，汉主渊命楚王聪等进攻洛阳；诏平北将军曹武等拒之，皆为聪所败。聪长驱至宜阳，自恃骤胜，怠不设备。九月，弘农太守垣延诈降，夜袭聪军，聪大败而还。

王浚遣祁弘与鲜卑段务勿尘击石勒于飞龙山[⑪]，大破之，勒退屯黎阳。

【注释】

①衣冠：士大夫的穿戴，借喻为士大夫、官绅。 ②苌(cháng 常)、逯(lù 路)：此处皆为人名用字。 ③张子房：即秦末汉初的张良。 ④西涧：地名，在今山西长治市西南。 ⑤封田：城名，在今山西长治市西北。 ⑥长平：县名，治今河南西华县东北。 ⑦屯留：县名，治今山西长治市屯留区南古城。长子：县名，治今山西长子县西南。 ⑧襄垣：县名，治今山西襄垣县北。 ⑨"匈奴"句：刘猛因反叛出塞而被杀，详

见本书卷第七十九晋武帝泰始八年(272)。 ⑩新兴:郡名,治今山西忻州市。 ⑪飞龙山:山名,一名封龙山,在今河北石家庄市鹿泉区南。

冬,十月,汉主渊复遣楚王聪、王弥、始安王曜、汝阴王景帅精骑五万寇洛阳,大司空雁门刚穆公呼延翼帅步卒继之。丙辰,聪等至宜阳。朝廷以汉兵新败,不意其复至,大惧。辛酉,聪屯西明门[①]。北宫纯等夜帅勇士千余人出攻汉壁,斩其征虏将军呼延颢[②]。壬戌,聪南屯洛水。乙丑,呼延翼为其下所杀,其众自大阳溃归。渊敕聪等还师;聪表称晋兵微弱,不可以翼、颢死故还师,固请留攻洛阳,渊许之。太傅越婴城自守。戊寅[③],聪亲祈嵩山,留平晋将军安阳哀王厉、冠军将军呼延朗督摄留军;太傅参军孙询说越乘虚出击朗,斩之,厉赴水死。王弥谓聪曰:"今军既失利,洛阳守备犹固,运车在陕,粮食不支数日。殿下不如与龙骧还平阳[④],裹粮发卒,更为后举;下官亦收兵谷,待命于兖、豫,不亦可乎!"聪自以请留,未敢还。宣于修之言于渊曰:"岁在辛未,乃得洛阳。今晋气犹盛,大军不归,必败。"渊乃召聪等还。

天水人訇琦等杀成太尉李离、尚书令阎式,以梓潼降罗尚;成主雄遣太傅骧、司徒云、司空璜攻之,不克,云、璜战死。

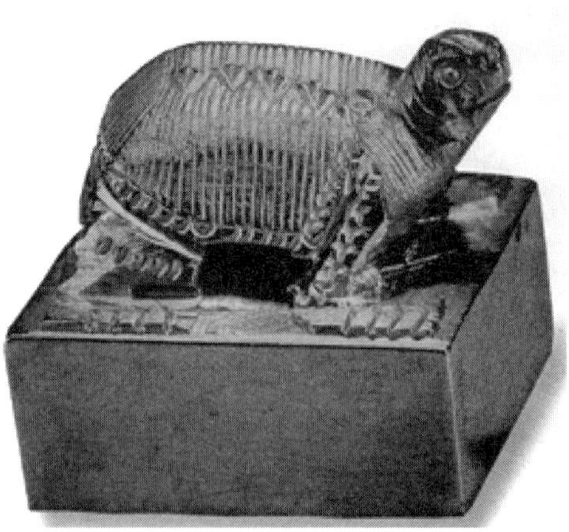

西晋镇南将军印

初,谯周有子居巴西[⑤],成巴西太守马脱杀之,其子登诣刘弘请兵以复仇。弘表登为梓潼内史,使自募巴、蜀流民,得二千人;西上,至巴郡,从罗尚求益兵,不得。登进攻宕渠[⑥],斩马脱,食其肝。会梓潼降,登进据涪城;雄自攻之,为登所败。

十一月,甲申,汉楚王聪、始安王曜归于平阳。王弥南出轘辕,流民之在颍川、襄城、汝南、南阳、河南者数万家，素为居民所苦，皆烧城邑，杀二千石、长吏以应弥。

石勒寇信都[7]，杀冀州刺史王斌。王浚自领冀州。诏车骑将军王堪、北中郎将裴宪将兵讨勒，勒引兵还，拒之；魏郡太守刘矩以郡降勒。勒至黎阳，裴宪弃军奔淮南，王堪退保仓垣[8]。

十二月，汉主渊以陈留王欢乐为太傅，楚王聪为大司徒，江都王延年为大司空。遣都护大将军曲阳王贤与征北大将军刘灵、安北将军赵固、平北将军王桑，东屯内黄[9]。王弥表左长史曹嶷行安东将军，东徇青州，且迎其家；渊许之。

初，东夷校尉勃海李臻，与王浚约共辅晋室。浚内有异志，臻恨之。和演之死也[10]，别驾昌黎王诞亡归李臻，说臻举兵讨浚。臻遣其子成将兵击浚。辽东太守庞本，素与臻有隙，乘虚袭杀臻，遣人杀成于无虑[11]。诞亡归慕容廆。诏以勃海封释代臻为东夷校尉，庞本复谋杀之；释子悛劝释伏兵请本[12]，收斩之，悉诛其家。

【注释】

①西明门：洛阳（今河南洛阳市东北）西面南头第二门。 ②颢（hào 号）：此处为人名用字。 ③戊寅：十月丙申朔，无此日。 ④龙骧：指龙骧大将军刘曜。 ⑤谯周（201—270）：三国时蜀国名士。字允南，巴西西充国（今四川阆中市西南）人。有才学，刘禅末年，官至光禄大夫。因劝刘禅降魏有功，被司马昭封为阳城亭侯，入晋官至散骑常侍。著有《法训》《五经论》《古史考》等，已佚。 ⑥宕（dàng 当）渠：县名，治今四川渠县东北。 ⑦信都：县名，治今河北邢台市西南。 ⑧仓垣：地名，一名仓垣亭，在今河南开封市西北。 ⑨内黄：县名，治今河南内黄县西北。 ⑩和演之死：见本书卷第八十五晋惠帝永兴元年（304）。 ⑪无虑：县名，治今辽宁北镇市东南大亮甲村。 ⑫悛（quān 圈）：此处为人名用字。

四年 春，正月，乙丑朔，大赦。

汉主渊立单征女为皇后，梁王和为皇太子，大赦；封子义为北海王；以长乐王洋为大司马。

汉镇东大将军石勒济河，拔白马，王弥以三万众会之，共寇徐、豫、兖州。二月，勒袭鄄城，杀兖州刺史袁孚，遂拔仓垣，杀王堪。复北济河，攻冀州诸郡，民从之者九万余口。

成太尉李国镇巴西，帐下文石杀国，以巴西降罗尚。

太傅越征建威将军吴兴钱琀及扬州刺史王敦[1]。琀谋杀敦以反，敦奔建业，告琅邪王睿。琀遂反，进寇阳羡[2]。睿遣将军郭逸等讨之；周玘纠合乡里，与逸等共讨琀，斩之。玘三定江南[3]，睿以玘为吴兴太守，于其乡里置义兴郡以旌之[4]。

曹嶷自大梁引兵而东[5]，所至皆下，遂克东平，进攻琅邪。

夏，四月，王浚将祁弘败汉冀州刺史刘灵于广宗[6]，杀之。

成主雄谓其将张宝曰："汝能得梓潼，吾以李离之官赏汝。"宝乃先杀人而亡奔梓潼，訇琦等信之，委以心腹。会罗尚遣使至梓潼，琦等出送之；宝从后闭门，琦等奔巴西。雄以宝为太尉。

幽、并、司、冀、秦、雍六州大蝗，食草木、牛马毛皆尽。

秋，七月，汉楚王聪、始安王曜、石勒及安北大将军赵国围河内太守裴整于怀[7]，诏征虏将军宋抽救怀。勒与平北大将军王桑逆击抽，杀之；河内人执整以降，汉主渊以整为尚书左丞。河内督将郭默收整余众，自为坞主，刘琨以默为河内太守。

罗尚卒于巴郡，诏以长沙太守下邳皮素代之。

【注释】

①琀（kuài 快）：此处为人名用字。 ②阳羡：县名，治今江苏宜兴市南。 ③三定江南：指惠帝永兴元年（304）平定石冰、怀帝永嘉元年（307）平定陈敏及本年平定钱琀。 ④义兴郡：分出吴兴的阳羡和长城县的西乡、丹阳郡的永世而设立。治今江苏宜兴市。 ⑤大梁：城名，在今河南开封市西北。 ⑥广宗：县名，治今河北威县东。 ⑦怀：县名，治今河南武陟县西南。

庚午，汉主渊寝疾；辛未，以陈留王欢乐为太宰，长乐王洋为太傅，江都王延年为太保，楚王聪为大司马、大单于，并录尚书事。置单于台于平阳西[1]。以齐王裕为大司徒，鲁王隆为尚书令，北海王义为抚军大将军，领司隶校尉，始安王曜为征讨大都督，领单于左辅，廷尉乔智明为冠军大将军，领单于右辅，光禄大夫刘殷为左仆射，王育为右仆射，任颢为吏部尚书，朱纪为中书监，护军马景领左卫将军，永安王安国领右卫将军，安昌王盛、安邑王钦、西阳王璿皆领武卫将军，分典禁兵。初，盛少时，不好读书，唯读《孝经》《论语》，曰："诵此能行，足矣，安用多诵而不行乎！"李熹见之，叹曰："望之如可易，及至，肃如严君，可谓君子矣！"渊以其忠笃，故临终委以要任。丁丑，渊召太宰欢乐等入禁中，受遗诏辅政。己卯，渊卒；太子和即位。

和性猜忌无恩。宗正呼延攸，翼之子也，渊以其无才行，终身不迁官；侍中刘乘，素恶楚王聪；卫尉西昌王锐，耻不预顾命；乃相与谋，说和曰："先帝不惟轻重之势，使三王总强兵于内[②]，大司马拥十万众屯于近郊，陛下便为寄坐耳。宜早为之计。"和，攸之甥也，深信之。辛巳夜，召安昌王盛、安邑王钦等告之。盛曰："先帝梓宫在殡，四王未有逆节[③]，一旦自相鱼肉，天下谓陛下何？且大业甫尔，陛下勿信谗夫之言以疑兄弟；兄弟尚不可信，他人谁足信哉？"攸、锐怒之曰："今日之议，理无有二，领军是何言乎？"命左右刃之。盛既死，钦惧曰："惟陛下命。"壬午，锐帅马景攻楚王聪于单于台，攸帅永安王安国攻齐王裕于司徒府，乘帅安邑王钦攻鲁王隆，使尚书田密、武卫将军刘璿攻北海王义。密、璿挟义斩关归于聪，聪命贯甲以待之。锐知聪有备，驰还，与攸、乘共攻隆、裕。攸、乘疑安国、钦有异志，杀之；是日，斩裕；癸未，斩隆。甲申，聪攻西明门[④]，克之；锐等走入南宫，前锋随之。乙酉，杀和于光极西室，收锐、攸、乘，枭首通衢。

群臣请聪即帝位；聪以北海王义，单后之子也，以位让之。义涕泣固请，聪久而许之，曰："义及群公正以祸难尚殷，贪孤年长故耳。此家国之事，孤何敢辞？俟义年长，当以大业归之。"遂即位。大赦，改元光兴。尊单氏曰皇太后，其母张氏曰帝太后。以义为皇太弟，领大单于、大司徒。立其妻呼延氏为皇后。呼延氏，渊后之从父妹也。封其子粲为河内王，易为河间王，翼为彭城王，悝为高平王；仍以粲为抚军大将军、都督中外诸军事。以石勒为并州刺史，封汲郡公。

略阳临渭氐酋蒲洪[⑤]，骁勇多权略，群氐畏服之。汉主聪遣使拜洪平远将军，洪不受，自称护氐校尉、秦州刺史、略阳公。

【注释】

①单于台：汉国实行胡汉分治政策，单于台管理有关胡人的各类事务。 ②三王：指齐王刘裕、鲁王刘隆、北海王刘乂。 ③四王：三王之外，再加楚王刘聪。 ④西明门：平阳城门。汉国建都于平阳，各个城门都用洛阳城门名号。 ⑤临渭：县名，治今甘肃秦安县东南。

九月，辛未，葬汉主渊于永光陵，谥曰光文皇帝，庙号高祖。

雍州流民多在南阳，诏书遣还乡里。流民以关中荒残，皆不愿归；征南将军山简、南中郎将杜蕤各遣兵送之，促期令发。京兆王如遂潜结壮士，夜袭二军，破之。于是冯翊严嶷、京兆侯脱各聚众攻城镇，杀令长以应之，未几，众至四五万，自号大将军、领司雍二州牧，称藩于汉。

冬，十月，汉河内王粲、始安王曜及王弥帅众四万寇洛阳，石勒帅骑二万会粲于大阳，败监军裴邈于渑池，遂长驱入洛川[①]。粲出轘辕，掠梁、陈、汝、颍间。勒出成皋关[②]，壬寅，围陈留太守王赞于仓垣，为赞所败，退屯文石津[③]。

刘琨自将讨刘虎及白部，遣使卑辞厚礼说鲜卑拓跋猗卢以请兵。猗卢使其弟弗之子郁律帅骑二万助之，遂破刘虎、白部，屠其营。琨与猗卢结为兄弟，表猗卢为大单于，以代郡封之为代公。时代郡属幽州，王浚不许，遣兵击猗卢，猗卢拒破之。浚由是与琨有隙。

猗卢以封邑去国悬远，民不相接，乃帅部落万余家自云中入雁门，从琨求陉北之地[④]。琨不能制，且欲倚之为援，乃徙楼烦、马邑、阴馆、繁畤、崞五县民于陉南[⑤]，以其地与猗卢；由是猗卢益盛。

琨遣使言于太傅越，请出兵共讨刘聪、石勒；越忌苟晞及豫州刺史冯嵩，恐为后患，不许。琨乃谢猗卢之兵，遣归国。

刘虎收余众，西渡河，居朔方肆卢川[⑥]，汉主聪以虎宗室，封楼烦公。

【注释】

①洛川：地名，在今河南黄河以南腹心地带。 ②成皋关：关隘名，

在今河南荥阳市汜水镇西。自古即为黄河以南东西交通孔道和战争要塞。 ③文石津:地名,在今河南滑县西南古黄河上。 ④陉北:地名,指今山西代县雁门关所在陉岭以北地区。 ⑤楼烦:县名,治今山西宁武县附近。马邑:县名,治今山西朔州市。阴馆:县名,治今山西朔州市东南夏关城。繁畤:县名,治今山西浑源县西南。崞(guō 郭):县名,治今山西浑源县西麻庄。陉南:地名,指今山西代县西北雁门关所在陉岭以南地区。 ⑥肆卢川:地名,指今山西原平市、忻州市之间平川。

壬子,以刘琨为平北大将军,王浚为司空,进鲜卑段务勿尘为大单于。

京师饥困日甚,太傅越遣使以羽檄征天下兵[①],使入援京师。帝谓使者曰:"为我语诸征、镇,今日尚可救,后则无及矣!"既而卒无至者。征南将军山简遣督护王万将兵入援,军于涅阳[②],为王如所败。如遂大掠沔、汉,进逼襄阳,简婴城自守。荆州刺史王澄自将,欲援京师,至涂口[③],闻简败,众散而还。朝议多欲迁都以避难,王衍以为不可,卖车牛以安众心。山简为严嶷所逼,自襄阳徙屯夏口。

石勒引兵济河,将趣南阳,王如、侯脱、严嶷等闻之,遣众一万屯襄城以拒勒[④]。勒击之,尽俘其众,进屯宛北[⑤]。是时,侯脱据宛,王如据穰[⑥]。如素与脱不协,遣使重赂勒,结为兄弟,说勒使攻脱。勒攻宛,克之;严嶷引兵救宛,不及而降。勒斩脱;囚嶷,送于平阳,尽并其众。遂南寇襄阳,攻拔江西垒壁三十余所。还,趣襄城,王如遣弟璃袭勒;勒迎击,灭之,复屯江西。

太傅越既杀王延等,大失众望;又以胡寇益盛,内不自安,乃戎服入见,请讨石勒,且镇集兖、豫。帝曰:"今胡虏侵逼郊畿,人无固志,朝廷社稷,倚赖于公,岂可远出以孤根本?"对曰:"臣出,幸而破贼,则国威可振,犹愈于坐待困穷也。"十一月,甲戌,越帅甲士四万向许昌,留妃裴氏、世子毗及龙骧将军李恽、右卫将军何伦守卫京师,防察宫省;以潘滔为河南尹,总留事。越表以行台自随[⑦],用太尉衍为军司,朝贤素望,悉为佐吏,名将劲卒,咸入其府。于是宫省无复守卫,荒馑日甚,殿内死人交横;盗贼公行,府寺营署，并掘堑自守。越东屯项，以冯嵩为左司马，自领豫州牧。

竟陵王楙白帝遣兵袭何伦，不克；帝委罪于楙，楙逃窜，得免。

【注释】

①羽檄：插上了鸟羽的檄令。这是紧急情况下的文告形式，插上羽毛，是取其急速如飞鸟之义。　②涅阳：县名，治今河南邓州市东北。③沶（yí 移）口：地名，在今湖北宜城市西，即沶水（源出今湖北保康县东南）入鄢水（今蛮河）之口。　④襄城：县名，治今河南襄城县。　⑤宛：县名，治今河南南阳市。　⑥穰（ráng 瓤）：县名，治今河南邓州市。⑦行台：在京城外代替朝廷行使尚书省职权的机构，通常是因军事征伐而设置。

扬州都督周馥以洛阳孤危，上书请迁都寿春。太傅越以馥不先白己而直上书，大怒，召馥及淮南太守裴硕。馥不肯行，令硕帅兵先进。硕诈称受越密旨，袭馥，为馥所败，退保东城[①]。

诏加张轨镇西将军、都督陇右诸军事。光禄大夫傅祗、太常挚虞遗轨书，告以京师饥匮。轨遣参军杜勋献马五百匹，毯布三万匹。

成太傅骧攻谯登于涪城。罗尚子宇及参佐素恶登，不给其粮。益州刺史皮素怒，欲治其罪；十二月，素至巴郡，罗宇使人夜杀素，建平都尉暴重杀宇，巴郡乱。骧知登食尽援绝，攻涪愈急。士民皆熏鼠食之，饿死甚众，无一人离叛者。骧子寿先在登所，登乃归之。三府官属表巴东监军南阳韩松为益州刺史[②]，治巴东。

初，帝以王弥、石勒侵逼京畿，诏苟晞督帅州郡讨之。会曹嶷破琅邪，北收齐地[③]，兵势甚盛，苟纯闭城自守。晞还救青州，与嶷连战，破之。

是岁，宁州刺史王逊到官，表李钊为朱提太守。时宁州外逼于成，内有夷寇，城邑丘墟。逊恶衣菜食，招集离散，劳来不倦，数年之间，州境复安。诛豪右不奉法者十余家；以五苓夷昔为乱首，击灭之，内外震服。

汉主聪自以越次而立，忌其嫡兄恭；因恭寝，穴其壁间，刺而杀之。

汉太后单氏卒；汉主聪尊母张氏为皇太后。单氏年少美色，聪烝焉[④]。太弟义屡以为言，单氏惭恚而死。义宠由是渐衰，然以单氏故，尚未之废也。呼延后言于聪曰："父死子继，古今常道。陛下承高祖之业，太弟何为者哉？陛下百年后，粲兄弟必无种矣。"聪曰："然，吾当徐思之。"呼延氏曰："事留变生。太弟见粲兄弟浸长，必有不安之志，万一有小人交构其间，未必不祸发于今日也。"聪心然之。义舅光禄大夫单冲泣谓义曰："疏不间亲。主上有意于河内王矣，殿下何不避之？"义曰："河瑞之末，主上自惟嫡庶之分，以大位让义。义以主上齿长，故相推奉。天下者，高祖之天下，兄终弟及，何为不可？粲兄弟既壮，犹今日也。且子弟之间，亲疏讵几？主上宁可有此意乎？"

【注释】

①东城：县名，治今安徽定远县东南。　②三府：指平西将军府、益州刺史府、西戎校尉府。　③齐地：指今山东泰山以北黄河下游以及胶东半岛地区。该地战国时属齐国，后世沿用其名。　④烝（zhēng 争）：专指下辈男子与上辈女子间不正当的两性关系。

五年　春，正月，壬申，苟晞为曹嶷所败，弃城奔高平[①]。

石勒谋保据江、汉，参军都尉张宾以为不可。会军中饥疫，死者太半，乃渡沔，寇江夏，癸酉，拔之。

乙亥，成太傅骧拔涪城，获谯登；太保始拔巴西，杀文石。于是成主雄大赦，改元玉衡。谯登至成都，雄欲宥之；登词气不屈，雄杀之。

巴蜀流民布在荆、湘间，数为土民所侵苦，蜀人李骧聚众据乐乡反，南平太守应詹与醴陵令杜弢共击破之[②]。王澄使成都内史王机讨骧，骧请降，澄伪许而袭杀之，以其妻子为赏，沉八千余人于江；流民益怨忿。

蜀人杜畴等复反，湘州参军冯素与蜀人汝班有隙，言于刺史荀眺曰："巴、蜀流民皆欲反。"眺信之，欲尽诛流民。流民大惧，四五万家一时俱反，以杜弢州里重望，共推为主。弢自称梁、益二州牧，领湘州刺史。

西晋禀事陶俑

裴硕求救于琅邪王睿，睿使扬威将军甘卓等攻周馥于寿春。馥众溃，奔项，豫州都督、新蔡王确执之，馥忧愤而卒。确，腾之子也。

扬州刺史刘陶卒。琅邪王睿复以安东军咨祭酒王敦为扬州刺史，寻加都督征讨诸军事。

庚辰，平原王干薨。

二月，石勒攻新蔡，杀新蔡庄王确于南顿；进拔许昌，杀平东将军王康。

氐苻成、隗文复叛[3]，自宜都趣巴东[4]；建平都尉暴重讨之。重因杀韩松，自领三府事。

东海孝献王越既与苟晞有隙，河南尹潘滔、尚书刘望等复从而谮之。晞怒，表求滔等首，扬言："司马元超为宰相不平[5]，使天下淆乱，苟道将岂可以不义使之?"乃移檄诸州，自称功伐，陈越罪状。帝亦恶越专权，多违诏命；所留将士何伦等，抄掠公卿，逼辱公主；密赐晞手诏，使讨之。晞数与帝文书往来，越疑之，使游骑于成皋间伺之，果获晞使及诏书。乃下檄罪状晞，以从事中郎杨瑁为兖州刺史，使与徐州刺史裴盾共讨晞。晞遣骑收潘滔，滔夜遁，得免；执尚书刘曾、侍中程延，斩之。越忧愤成疾，以后事付王衍；三月，丙子，薨于项，秘不发丧。众共推衍为元帅，衍不敢当；以让襄阳王范，范亦不受。范，玮之子也。于是衍等相与奉越丧还葬东海。何伦、李恽等闻越薨，奉裴妃及世子毗自洛阳东走，城中士民争随之。帝追贬越为县王，以苟晞为大将军、大都督，督青、徐、兖、豫、荆、扬六州诸军事。

益州将吏共杀暴重，表巴郡太守张罗行三府事。罗与隗文等战死,文等驱掠吏民,西降于成。三府文武共表平西司马蜀郡王异行三府事,领巴郡太守。

初,梁州刺史张光会诸郡守于魏兴[6],共谋进取。张燕唱言:"汉中荒败,迫近大贼,克复之事,当俟英雄。"光以燕受邓定赂[7],致失汉中,今复沮众,呵出斩之。治兵进战,累年乃得至汉中,绥抚荒残,百姓悦服。

【注释】

①高平:县名,治今山东微山县西北。 ②醴(lǐ理)陵:县名,治今湖南醴陵市。 ③"氐苻成"句:苻成等归附罗尚,见本书卷第八十五晋惠帝太安二年(303)。 ④宜都:郡名,治今湖北宜都市。 ⑤司马元超:即司马越,越字元超。 ⑥魏兴:郡名,治今陕西安康市西北汉江北岸。 ⑦"光以"句:张燕受贿事,见本书卷第八十六晋怀帝永嘉元年(307)。

夏,四月,石勒率轻骑追太傅越之丧,及于苦县宁平城[1],大败晋兵,纵骑围而射之,将士十余万人相践如山,无一人得免者。执太尉衍、襄阳王范、任城王济、武陵庄王澹、西河王喜、梁怀王禧、齐王超、吏部尚书刘望、廷尉诸葛铨、豫州刺史刘乔、太傅长史庾敳等,坐之幕下,问以晋故。衍具陈祸败之由,云计不在己;且自言少无宦情,不豫世事;因劝勒称尊号,冀以自免。勒曰:"君少壮登朝,名盖四海,身居重任,何得言无宦情邪?破坏天下,非君而谁?"命左右扶出。众人畏死,多自陈述。独襄阳王范神色俨然,顾呵之曰:"今日之事,何复纷纭?"勒谓孔苌曰:"吾行天下多矣,未尝见此辈人,当可存乎?"苌曰:"彼皆晋之王公,终不为吾用。"勒曰:"虽然,要不可加以锋刃。"夜,使人排墙杀之。济,宣帝弟子景王陵之子;禧,澹之子也。剖越柩,焚其尸,曰:"乱天下者此人也,吾为天下报之,故焚其骨以告天地。"

何伦等至洧仓[2],遇勒,战败,东海世子及宗室四十八王皆没于勒,何伦奔下邳,李恽奔广宗。裴妃为人所掠卖,久之,渡江。初,琅邪王睿之镇建业,裴妃意也,故睿德之,厚加存抚,以其子冲继越后。

汉赵固、王桑攻裴盾，杀之。

杜弢攻长沙。五月，荀眺弃城奔广州，弢追擒之。于是弢南破零、桂，东掠武昌，杀二千石长吏甚众。

以太子太傅傅祗为司徒，尚书令荀藩为司空，加王浚大司马、侍中、大都督，督幽、冀诸军事，南阳王模为太尉、大都督，张轨为车骑大将军，琅邪王睿为镇东大将军，兼督扬、江、湘、交、广五州诸军事。

初，太傅越以南阳王模不能绥抚关中，表征为司空。将军淳于定说模使不就征，模从之；表遣世子保为平西中郎将，镇上邽③，秦州刺史裴苞拒之。模使帐下都尉陈安攻苞，苞奔安定，太守贾疋纳之。

【注释】

①苦县：县名，治今河南鹿邑县东。宁平城：在今河南鹿邑县西南。②洧（wěi 伟）仓：地名，在今河南鄢陵县西北。　③上邽（guī 归）：县名，治今甘肃天水市。

荀晞表请迁都仓垣，使从事中郎刘会将船数十艘、宿卫五百人、谷千斛迎帝。帝将从之，公卿犹豫，左右恋资财，遂不果行。既而洛阳饥困，人相食，百官流亡者什八九。帝召公卿议，将行而卫从不备。帝抚手叹曰："如何曾无车舆？"乃使傅祗出诣河阴①，治舟楫。朝士数十人导从，帝步出西掖门，至铜驼街，为盗所掠，不得进而还。度支校尉东郡魏浚率流民数百家保河阴之峡石②，时劫掠得谷麦，献之，帝以为扬威将军、平阳太守，度支如故。

汉主聪使前军大将军呼延晏将兵二万七千寇洛阳，比及河南，晋兵前后十二败，死者三万余人。始安王曜、王弥、石勒皆引兵会之，未至，晏留辎重于张方故垒，癸未，先至洛阳，甲申，攻平昌门③，丙戌，克之，遂焚东阳门及诸府寺。六月，丁亥朔，晏以外继不至，俘掠而去。帝具舟于洛水，将东走，晏尽焚之。庚寅，荀藩及弟光禄大夫组奔轘辕。辛卯，王弥至宣阳门④；壬辰，始安王曜至西明门；丁酉，王弥、呼延晏克宣阳门，入南宫，升太极前殿，纵兵大掠，悉收宫人、珍宝。帝出华林园门，欲奔长安，汉兵追执之，幽于端门。曜自西明门入屯武库。戊戌，曜杀太子诠、吴孝王晏、竟陵王楙、右仆射曹馥、尚书闾丘冲、河南尹刘默等，士民死者三万余人。遂发掘诸陵，焚宫庙、官府皆尽。曜纳惠帝羊皇后，迁帝及六玺于平阳。石勒引兵出轘辕，屯许昌。光禄大夫刘蕃、尚书卢志奔并州。

丁未，汉主聪大赦，改元嘉平。以帝为特进左光禄大夫，封平阿公，以侍中庾珉、王俊为光禄大夫。珉，敳之兄也。

初，始安王曜以王弥不待己至，先入洛阳，怨之。弥说曜曰："洛阳天下之中，山河四塞，城池、宫室不假修营，宜白主上自平阳徙都之。"曜以天下未定，洛阳四面受敌，不可守，不用弥策而焚之。弥骂曰："屠各子[5]，岂有帝王之意邪？"遂与曜有隙，引兵东屯项关[6]。前司隶校尉刘暾说弥曰："今九州糜沸，群雄竞逐，将军于汉建不世之功，又与始安王相失，将何以自容？不如东据本州，徐观天下之势，上可以混壹四海，下不失鼎峙之业，策之上者也。"弥心然之。

【注释】

①河阴：县名，治今河南洛阳市东北。　②峡石：地名，在今河南洛阳市西北。　③平昌门：洛阳南面东头第二门。　④宣阳门：洛阳南面东头第四门。　⑤屠各：从东汉到西晋时匈奴部落之一。在入塞匈奴部落中，屠各势力最强大。　⑥项关：即今河南项城市西南顿镇。

司徒傅祗建行台于河阴。司空荀藩在阳城，河南尹华荟在成皋，汝阴太守平阳李矩为之立屋，输谷以给之。荟，歆之曾孙也[1]。

藩与弟组、族子中护军崧，荟与弟中领军恒建行台于密[2]，传檄四方，推琅邪王睿为盟主。藩承制以崧为襄城太守，矩为荥阳太守，前冠军将军河南褚翜为梁国内史[3]。扬威将军魏浚屯洛北石梁坞[4]，刘琨承制假浚河南尹。浚诣荀藩咨谋军事，藩邀李矩同会，矩夜赴之。矩官属皆曰："浚不可信，不宜夜往。"矩曰："忠臣同心，何所疑乎！"遂往，相与结欢而去。浚族子该，聚众据一泉坞[5]，藩以为武威将军。

豫章王端，太子诠之弟也，东奔仓垣，荀晞率群官奉以为皇太子，置行台。端承制以晞领太子太傅、都督中外诸军、录尚书事，自仓垣徙屯蒙城[6]。

抚军将军秦王业，吴孝王之子，荀藩之甥也，年十二，南奔密，藩等奉之，南趣许昌。前豫州刺史天水阎鼎，聚西州流民数千人于密，欲还乡里。荀藩以鼎有才而拥众，用鼎为豫州刺史，以中书令李絙、司徒左长史彭城刘畴、镇军长史周顗、司马李述等为之参佐[7]。顗，浚之子也。

时海内大乱，独江东差安，中国士民避乱者多南渡江。镇东司马王导说琅邪王睿，收其贤俊，与之共事。睿从之，辟掾属百余人，时人谓之百六掾。以前颍川太守勃海刁协为军咨祭酒，前东海太守王承、广陵相卞壸为从事中郎，江宁令诸葛恢、历阳参军陈国陈頵为行参军[8]，前太傅掾庾亮为西曹掾。承，浑之弟子；恢，靓之子；亮，兖之弟子也。

江州刺史华轶，歆之曾孙也，自以受朝廷之命而为琅邪王睿所督，多不受其教令。郡县多谏之，轶曰："吾欲见诏书耳。"及睿承荀藩檄，承制署置官司，改易长吏，轶与豫州刺史裴宪皆不从命。睿遣扬州刺史王敦、历阳内史甘卓与扬烈将军庐江周访合兵击轶。轶兵败，奔安成[9]，访追斩之，及其五子。裴宪奔幽州。睿以甘卓为湘州刺史，周访为寻阳太守，又以扬武将军陶侃为武昌太守。

王导像

【注释】

①华歆（157—232）：汉魏之际官吏。字子鱼，平原高唐（今山东禹城市西南）人。初举孝廉，汉末官至尚书令，御史大夫。入魏，累任相国、司徒、太尉等职。 ②密：县

名，治今河南新密市东南。 ③翜（shà 沙）：此处为人名用字。 ④石梁坞：地名，在今河南洛阳市东北汉魏洛阳城东。⑤一泉坞：地名，又名一合坞，在今河南洛宁县东北洛河北岸。 ⑥蒙城：城名，在今河南商丘市东北。 ⑦絙（gēng 更）：此处为人名用字。 ⑧頵（jūn 军）：此处为人名用字。 ⑨安成：郡名，治今江西安福县东南。

秋，七月，王浚设坛告类[①]，立皇太子，布告天下，称受中诏承制封拜，备置百官，列署征、镇，以荀藩为太尉，琅邪王睿为大将军。浚自领尚书令，以裴宪及其婿枣嵩为尚书，以田徽为兖州刺史，李恽为青州刺史。

南阳王模使牙门赵染戍蒲坂[②]，染求冯翊太守不得而怒，帅众降汉，汉主聪以染为平西将军。八月，聪遣染与安西将军刘雅帅骑二万攻模于长安，河内王粲、始安王曜帅大众继之。染败模兵于潼关，长驱至下邽[③]。凉州将北宫纯自长安帅其众降汉。汉兵围长安，模遣淳于定出战而败。模仓库虚竭，士卒离散，遂降于汉。赵染送模于河内王粲；九月，粲杀模。关西饥馑，白骨蔽野，士民存者百无一二。聪以始安王曜为车骑大将军、雍州牧，更封中山王，镇长安。以王弥为大将军，封齐公。

苟晞骄奢苛暴，前辽西太守阎亨，缵之子也，数谏晞，晞杀之。从事中郎明预有疾，自轝入谏。晞怒曰："我杀阎亨，何关人事，而轝病骂我？"预曰："明公以礼待预，故预以礼自尽。今明公怒预，其如远近怒明公何？桀为天子，犹以骄暴而亡，况人臣乎？愿明公且置是怒，思预之言。"晞不从。由是众心离怨，加以疾疫、饥馑。石勒攻王赞于阳夏[④]，擒之；遂袭蒙城，执晞及豫章王端，锁晞颈，以为左司马。汉主聪拜勒幽州牧。

王弥与勒，外相亲而内相忌，刘暾说弥使召曹嶷之兵以图勒。弥为书，使暾召嶷，且邀勒兵共向青州。暾至东阿[⑤]，勒游骑获之，勒潜杀暾而弥不知。会弥将徐邈、高梁辄引所部兵去，弥兵渐衰。弥闻勒擒苟晞，心恶之，以书贺勒曰："公获苟晞而用之，何其神也！使晞为公左，弥为公右，天下不足定也。"勒谓张宾曰："王公位重而言卑，其图我必矣。"宾因劝勒乘弥小衰，诱而取之。时勒方与乞活陈午相攻于蓬关[6]，弥亦与刘瑞相持甚急。弥请救于勒，勒未之许。张宾曰："公常恐不得王公之便，今天以王公授我矣。陈午小竖，不足忧；王公人杰，当早除之。"勒乃引兵击瑞，斩之。弥大喜，谓勒实亲己，不复疑也。冬，十月，勒请弥宴于己吾[7]。弥将往，长史张嵩谏，不听。酒酣，勒手斩弥而并其众，表汉主聪，称弥叛逆。聪大怒，遣使让勒"专害公辅，有无君之心"；然犹加勒镇东大将军、督并、幽二州诸军事，领并州刺史，以慰其心。苟晞、王赞潜谋叛勒，勒杀之，并晞弟纯。

勒引兵掠豫州诸郡，临江而还，屯于葛陂[8]。

初，勒之为人所掠卖也，与其母王氏相失。刘琨得之，并其从子虎送于勒，因遗勒书曰："将军用兵如神，所向无敌，所以周流天下而无容足之地，百战百胜而无尺寸之功者，盖得主则为义兵，附逆则为贼众故也。成败之数，有似呼吸，吹之则寒，嘘之则温。今相授侍中、车骑大将军，领护匈奴中郎将、襄城郡公，将军其受之！"勒报书曰："事功殊途，非腐儒所知。君当逞节本朝，吾自夷难为效。"遗琨名马、珍宝，厚礼其使，谢而绝之。

时虎年十七，残忍无度，为军中患。勒白母曰："此儿凶暴无赖，使军人杀之，声名可惜，不若自除之。"母曰："快牛为犊，多能破车，汝小忍之！"及长，便弓马，勇冠当时。勒以为征虏将军，每屠城邑，鲜有遗类。然御众严而不烦，莫敢犯者，指授攻讨，所向无前，勒遂宠任之。勒攻荥阳太守李矩，矩击却之。

【注释】

①告类：类祭，遇到特殊事件如皇帝登位或立太子等而举行的祭天仪式。 ②蒲坂：县名，治今山西永济市西南。 ③下邽：县名，治今陕西渭南市北下邽镇东南渭河北岸。 ④阳夏：县名，治今河南太康县。⑤东阿：县名，治今山东阳谷县东北阿城镇。 ⑥蓬关：关隘名，在今河南开封市西南。 ⑦己吾：县名，治今河南宁陵县西南。 ⑧葛陂：地名，在今河南新蔡县北。

初，南阳王模以从事中郎索綝为冯翊太守。綝，靖之子也。模死，綝与安夷护军金城麴允、频阳令梁肃[1]，俱奔安定。时安定太守贾疋与诸氐、羌皆送任子于汉，綝等遇之于阴密[②]，拥还临泾[③]，与疋谋兴复晋室，疋从之。乃共推疋为平西将军，率众五万向长安。雍州刺史麴特、新平太守竺恢皆不降于汉，闻疋起兵，与扶风太守梁综帅众十万会之。综，肃之兄也。汉河内王粲在新丰[④]，使其将刘雅、赵染攻新平，不克。索綝救新平，大小百战，雅等败退。中山王曜与疋等战于黄丘[⑤]，曜众大败。疋遂袭汉梁州刺史彭荡仲，杀之。麴特等击破粲于新丰，粲还平阳。于是疋等兵势大振，关西胡、晋翕然响应。

阎鼎欲奉秦王业入关，据长安以号令四方；河阴令傅畅，祗之子也，亦以书劝之，鼎遂行。荀藩、刘畴、周顗、李述等，皆山东人，不欲西行，中途逃散；鼎遣兵追之，不及，杀李絚等。鼎与业自宛趣武关[⑥]，遇盗于上洛[⑦]，士卒败散，收其余众，进至蓝田，使人告贾疋，疋遣兵迎之；十二月，入于雍城[⑧]，使梁综将兵卫之。

周顗奔琅邪王睿，睿以顗为军咨祭酒。前骑都尉谯国桓彝亦避乱过江，见睿微弱，谓顗曰："我以中州多故，来此求全，而单弱如此，将何以济？"既而见王导，共论世事，退，谓顗曰："向见管夷吾[⑨]，无复忧矣！"

诸名士相与登新亭游宴[⑩]，周顗中坐叹曰："风景不殊，举目有江河之异！"因相视流涕。王导愀然变色曰[⑪]："当共戮力王室，克复神州，何至作楚囚对泣邪？"众皆收泪谢之。

陈頵遗王导书曰："中华所以倾弊者，正以取才失所，先白望而后实事，浮竞驱驰，互相贡荐，言重者先显，言轻者后叙，遂相波扇，乃至陵迟。加有庄、老之俗，倾惑朝廷，养望者为弘雅，政事者为俗人，王职不恤，法物坠丧。夫欲制远，先由近始。今宜改张，明赏信罚，拔卓茂于密县[⑫]，显朱邑于桐乡[⑬]，然后大业可举，中兴可冀耳。"导不能从。

【注释】

①频阳：县名，治今陕西富平县东北美原镇西南。 ②阴密：县名，治今甘肃灵台县西南。 ③临泾：县名，治今甘肃镇原县东南。 ④新丰：县名，治今陕西西安市临潼区东北阴盘城。 ⑤黄丘：地名，在今陕西铜川市西北黄钦山下。 ⑥武关：关隘名，在今陕西商南县西南丹江

北岸。 ⑦上洛：县名，治今陕西商洛市商州区。 ⑧雍城：城名，在今陕西宝鸡市凤翔区西南。 ⑨管夷吾：即春秋时齐国著名政治家管仲。这里，桓彝将王导比做管仲。 ⑩新亭：地名，在今江苏南京市南，三国时吴国所筑。 ⑪愀（qiǎo 巧）然：神色严肃的样子。 ⑫“拔卓茂”句：西汉末年，密县县令卓茂以礼法教化百姓，道不拾遗。后辞归。东汉初，卓茂已七十多年，光武帝任命他为太傅，封褒德侯。见本书卷第四十汉光武帝建武元年（25）。 ⑬“显朱邑”句：汉宣帝时，舒县桐乡啬夫朱邑公平廉洁，被宣帝重用，官至大司农。

刘琨长于招怀而短于抚御，一日之中，虽归者数千，而去者亦相继。琨遣子遵请兵于代公猗卢，又遣族人高阳内史希合众于中山，幽州所统代郡、上谷、广宁之民多归之[①]，众至三万。王浚怒，遣燕相胡矩督诸军，与辽西公段疾陆眷共攻希，杀之，驱略三郡士女而去。疾陆眷，务勿尘之子也。猗卢遣其子六修将兵助琨戍新兴。

琨牙门将邢延以碧石献琨，琨以与六修，六修复就延求之，不得，执延妻子。延怒，以所部兵袭六修，六修走，延遂以新兴附汉，请兵以攻并州。

李臻之死也[②]，辽东附塞鲜卑素喜连、木丸津托为臻报仇，攻陷诸县，杀掠士民，屡败郡兵，连年为寇。东夷校尉封释不能讨，请与连和，连、津不从。民失业，归慕容廆者甚众，廆禀给遣还，愿留者即抚存之。

廆少子鹰扬将军翰言于廆曰：“自古有为之君，莫不尊天子以从民望，成大业。今连、津外以庞本为名，内实幸灾为乱。封使君已诛本请和[③]，而寇暴不已。中原离乱，州师不振，辽东荒散，莫之救恤，单于不若数其罪而讨之。上则兴复辽东，下则并吞二部，忠义彰于本朝，私利归于我国，此霸王之基也。”廆笑曰：“孺子乃能及此乎！”遂帅众东击连、津，以翰为前锋，破斩之，尽并二部之众。得所掠民三千余家，及前归廆者悉以付郡，辽东赖以复存。

封释疾病，属其孙奕于廆。释卒，廆召奕与语，说之，曰：“奇士也！”补小都督。释子冀州主簿悛、幽州参军抽来奔丧。廆见之曰："此家抎抎千斤犍也[4]。"以道不通，丧不得还，皆留仕廆，廆以抽为长史，悛为参军。

王浚以妻舅崔毖为东夷校尉。毖，琰之曾孙也[5]。

【注释】

①广宁：郡名，治今河北涿鹿县。 ②"李臻"句：李臻之死，见本书卷第八十六晋怀帝永嘉三年(309)。 ③"封使君"句：诛庞本见本书卷第八十六晋怀帝永嘉三年。 ④抎(yǔn 陨)：坠落。犍(jiān 尖)：阉割过的公牛。犍牛驯顺，容易驾驭，易于肥育。 ⑤崔琰：东汉末官吏。字季珪，清河东武城(今河北清河县东北)人。少朴讷，尚武事，后求学于郑玄。初归袁绍，后附曹操，官至中尉，有"公亮"之称。既而遭诬陷，为曹操所杀。

资治通鉴卷第八十八

晋纪十　起玄黓涒滩，尽昭阳作噩，凡二年。

孝怀皇帝下

永嘉六年　春，正月，汉呼延后卒，谥曰武元。

汉镇北将军靳冲、平北将军卜珝寇并州；辛未，围晋阳。

甲戌，汉主聪以司空王育、尚书令任颢女为左、右昭仪[①]，中军大将军王彰、中书监范隆、左仆射马景女皆为夫人，右仆射朱纪女为贵妃，皆金印紫绶。聪将纳太保刘殷女，太弟义固谏。聪以问太宰延年、太傅景，皆曰："太保自云刘康公之后[②]，与陛下殊源，纳之何害？"聪悦，拜殷二女英、娥为左右贵嫔，位在昭仪上；又纳殷女孙四人皆为贵人，位次贵妃。于是六刘之宠倾后宫，聪希复出外，事皆中黄门奏决。

故新野王歆牙门将胡亢聚众于竟陵，自号楚公，寇掠荆土，以歆南蛮司马新野杜曾为竟陵太守。曾勇冠三军，能被甲游于水中。

二月，壬子朔，日有食之。

石勒筑垒于葛陂[③]，课农造舟，将攻建业。琅邪王睿大集江南之众于寿春，以镇东长史纪瞻为扬威将军，都督诸军以讨之。

会大雨，三月不止，勒军中饥疫，死者太半，闻晋军将至，集将佐议之。右长史刁膺请先送款于睿，求扫平河朔以自赎，俟其军退，徐更图之，勒愀然长啸[④]。中坚将军夔安请就高避水，勒曰：

“将军何怯邪？”孔苌等三十余将请各将兵分道夜攻寿春，斩吴将头，据其城，食其粟，要以今年破丹阳，定江南。勒笑曰：“是勇将之计也！”各赐铠马一疋。顾谓张宾曰：“于君意何如？”宾曰：“将军攻陷京师，囚执天子，杀害王公，妻略妃主，擢将军之发，不足以数将军之罪，奈何复相臣奉乎？去年既杀王弥，不当来此；今天降霖雨于数百里中，示将军不应留此也。邺有三台之固，西接平阳，山河四塞，宜北徙据之，以经营河北，河北既定，天下无处将军之右者矣。晋之保寿春，畏将军往攻之耳；彼闻吾去，喜于自全，何暇追袭吾后，为吾不利邪？将军宜使辎重从北道先发，将军引大兵向寿春。辎重既远，大兵徐还，何忧进退无地乎？”勒攘袂鼓髯曰：“张君计是也！”责刁膺曰：“君既相辅佐，当共成大功，奈何遽劝孤降？此策应斩！然素知君怯，特相宥耳。”于是黜膺为将军，擢宾为右长史，号曰“右侯”。

勒引兵发葛陂，遣石虎帅骑二千向寿春，遇晋运船，虎将士争取之，为纪瞻所败。瞻追奔百里，前及勒军，勒结陈待之；瞻不敢击，退还寿春。

【注释】

①昭仪：皇帝妃嫔名。始于西汉宣帝时，仅次于皇后，位视丞相，爵比诸侯王。在后世，地位有所下降。 ②刘康公：春秋时周王室大臣。为周匡王（一说为周定王）之子，以采邑在刘，后代因之以刘为姓氏。康公是其谥号。 ③葛陂：陂塘名，在今河南新蔡县北。上承澺水（今洪河），东出为鲖水、富水等注入淮河。周三十里，今陂与鲖水、富水皆湮。 ④啸：吹口哨。以往一般注释为“唉声长叹”，不妥。详见孙

西晋彩绘武士俑

机《魏晋时代的“啸”》(载中华书局1986年版《古代礼制风俗漫谈》第二集)。

汉主聪封帝为会稽郡公,加仪同三司。聪从容谓帝曰:“卿昔为豫章王,朕与王武子造卿[1],武子称朕于卿,卿言闻其名久矣,赠朕柘弓银研[2];卿颇记否?”帝曰:“臣安敢忘之?但恨尔日不早识龙颜!”聪曰:“卿家骨肉何相残如此?”帝曰:“大汉将应天受命,故为陛下自相驱除,此殆天意,非人事也!且臣家若能奉武皇帝之业,九族敦睦[3],陛下何由得之?”聪喜,以小刘贵人妻帝,曰:“此名公之孙也,卿善遇之。”

代公猗卢遣兵救晋阳,三月,乙未,汉兵败走。卜珝之卒先奔,靳冲擅收珝,斩之;聪大怒,遣使持节斩冲。

聪纳其舅子辅汉将军张寔二女徽光、丽光为贵人,太后张氏之意也。

凉州主簿马鲂说张轨:“宜命将出师,翼戴帝室。”轨从之,驰檄关中,共尊辅秦王;且言:“今遣前锋督护宋配帅步骑二万,径趋长安;西中郎将寔帅中军三万,武威太守张琠帅胡骑二万,络绎继发。”

夏,四月,丙寅,征南将军山简卒。

汉主聪封其子敷为渤海王,骥为济南王,鸾为燕王,鸿为楚王,劢为齐王,权为秦王,操为魏王,持为赵王。

聪以鱼蟹不供,斩左都水使者襄陵王摅[4];作温明、徽光二殿未成,斩将作大匠望都公靳陵。观渔于汾水,昏夜不归。中军大将军王彰谏曰:“比观陛下所为,臣实痛心疾首。今愚民归汉之志未专,思晋之心犹甚,刘琨咫尺,刺客纵横;帝王轻出,一夫敌耳。愿陛下改往修来,则亿兆幸甚!”聪大怒,命斩之;王夫人叩头乞哀,乃囚之。太后张氏以聪刑罚过差,三日不食;太弟义、单于粲舆榇切谏。聪怒曰:“吾岂桀、纣,而汝辈生来哭人!”太宰延年、太保殷等公卿、列侯百余人,皆免冠涕泣曰:“陛下功高德厚,旷世少比,往也唐、虞,今则陛下。而顷来以小小不供,亟斩王公;直言忤旨,遽囚大将。此臣等窃所未解,故相与忧之,忘寝与食。”聪慨然曰："朕昨大醉，非其本心，微公等言之，朕不闻过。"各赐帛百匹，使侍中持节赦彰曰："先帝赖君如左右手，君著勋再世，朕敢忘之？此段之过，希君荡然。君能尽怀忧国，朕所望也。今进君骠骑将军、定襄郡公，后有不逮，幸数匡之！"

【注释】

①王武子：即王济，字武子。 ②柘（zhè 这）弓：用柘木制成的良弓。柘，为落叶灌木或乔木，叶可喂蚕，木材中心为黄色，质坚而致密，是贵重的木材。 ③九族：旧有二说，一种看法认为是同姓亲族，从自己算起，上起高祖，下至玄孙为九族。另一种说法认为是异姓亲族，即父族四、母族三、妻族二。其中前一种说法影响较大。 ④摅（shū 输）：此处为人名用字。

王弥既死，汉安北将军赵固、平北将军王桑恐为石勒所并，欲引兵归平阳，军中乏粮，士卒相食，乃自硚磝津西渡[①]。刘琨以兄子演为魏郡太守，镇邺，桑恐演邀之，遣长史临深为质于琨。琨以固为雍州刺史，桑为豫州刺史。

贾疋等围长安数月，汉中山王曜连战皆败，驱掠士女八万余口，奔于平阳。秦王业自雍入于长安。五月，汉主聪贬曜为龙骧大将军，行大司马。聪使河内王粲攻傅祗于三渚[②]，右将军刘参攻郭默于怀；会祗病薨，城陷，粲迁祗子孙并其士民二万余户于平阳。

六月，汉主聪欲立贵嫔刘英为皇后；张太后欲立贵人张徽光，聪不得已，许之。英寻卒。

汉大昌文献公刘殷卒。殷为相，不犯颜忤旨，然因事进规，补益甚多。汉主聪每与群臣议政事，殷无所是非；群臣出，殷独留，为聪敷畅条理，商榷事宜，聪未尝不从之。殷常戒子孙曰："事君当务几谏[③]。凡人尚不可面斥其过，况万乘乎[④]？夫几谏之功，无异犯颜，但不彰君之过，所以为优耳。"官至侍中、太保、录尚书，赐剑履上殿、入朝不趋、乘舆入殿。然殷在公卿间，常恂恂有卑让之色，故能处骄暴之国，保其富贵，不失令名，以寿考自终。

汉主聪以河间王易为车骑将军，彭城王翼为卫将军，并典兵宿卫。高平王悝为征南将军，镇离石；济南王骥为征西将军，筑西平城以居之[⑤]；魏王操为征东将军，镇蒲子。

赵固、王桑自怀求迎于汉，汉主聪遣镇远将军梁伏疵率兵迎之。未至，长史临深、将军牟穆帅众一万叛归刘演。固随疵而西，桑引其众东奔青州，固遣兵追杀之于曲梁[⑥]，桑将张凤帅其余众归演。聪以固为荆州刺史，领河南太守，镇洛阳。

【注释】

①硗硗（qiāo qiāo 敲敲）津：即确磝（áo 熬）津，在今河南延津县。②三渚：城名，在今河南孟州市西南黄河畔。　③几谏：对尊长婉言规劝。　④万乘：本义为一万辆战车。周制，天子地方千里，兵车万辆，故以万乘指代天子。　⑤西平城：城名，在今山西临汾市西北。　⑥曲梁：县名，治今河北邯郸市永年区东南。

石勒自葛陂北行，所过皆坚壁清野，虏掠无所获，军中饥甚，士卒相食。至东燕，闻汲郡向冰聚众数千壁枋头[①]，勒将济河，恐冰邀之。张宾曰："闻冰船尽在渎中未上，宜遣轻兵间道袭取，以济大军，大军既济，冰必可擒也。"秋，七月，勒使支雄、孔苌自文石津缚筏潜渡，取其船。勒引兵自棘津济河[②]，击冰，大破之，尽得其资储，军势复振，遂长驱至邺。刘演保三台以自固，临深、牟穆等复帅其众降于勒。

诸将欲攻三台，张宾曰："演虽弱，众犹数千，三台险固，攻之未易猝拔，舍而去之，彼将自溃。方今王彭祖、刘越石[③]，公之大敌也，宜先取之，演不足顾也。且天下饥乱，明公虽拥大兵，游行羁旅，人无定志，非所以保万全，制四方也。不若择便地而据之，广聚粮储，西禀平阳以图幽、并，此霸王之业也。邯郸、襄国，形胜之地，请择一而都之。"勒曰："右侯之计是也！"遂进据襄国。

宾复言于勒曰："今吾居此，彭祖、越石所深忌也，恐城堑未固，资储未广，二寇交至。宜亟收野谷，且遣使至平阳，具陈镇此之意。"勒从之，分命诸将攻冀州，郡县壁垒多降，运其谷以输襄国；且表于汉主聪，聪以勒为都督冀、幽、并、营四州诸军事、冀州牧，进封上党公。

刘琨移檄州郡，期以十月会平阳，击汉。琨素奢豪，喜声色。河南徐润以音律得幸于琨，琨以为晋阳令。润骄恣，干预政事；护军令狐盛数以为言，且劝琨杀之，琨不从。润谮盛于琨，琨收盛，杀之。琨母曰："汝不能驾御豪桀以恢远略，而专除胜己，祸必及我。"

盛子泥奔汉，具言虚实。汉主聪大喜，遣河内王粲、中山王曜将兵寇并州，以令狐泥为乡导。琨闻之，东出，收兵于常山及中山，使其将郝诜、张乔将兵拒粲[④]，且遣使求救于代公猗卢。诜、乔俱败死。粲、曜乘虚袭晋阳，太原太守高乔、并州别驾郝聿以晋阳降汉。八月，庚戌，琨还救晋阳，不及，帅左右数十骑奔常山。辛亥，粲、曜入于晋阳。壬子，令狐泥杀琨父母。

粲、曜送尚书卢志、侍中许遐、太子右卫率崔玮于平阳。聪复以曜为车骑大将军，以前将军刘丰为并州刺史，镇晋阳。九月，聪以卢志为太弟太师，崔玮为太傅，许遐为太保，高乔、令狐泥皆为武卫将军。

【注释】

①枋头：地名，在今河南浚县西南淇门渡。 ②棘津：地名，在今河南滑县西南古黄河上，又称作石济津、南津。 ③王彭祖、刘越石：即王浚、刘琨。 ④诜（shēn 伸）：此处为人名用字。

己卯，汉卫尉梁芬奔长安。

辛巳，贾疋等奉秦王业为皇太子，建行台于长安，登坛告类，建宗庙、社稷[①]，大赦。以阎鼎为太子詹事，总摄百揆；加贾疋征西大将军，以秦州刺史、南阳王保为大司马。命司空荀藩督摄远近，光禄大夫荀组领司隶校尉、行豫州刺史，与藩共保开封。

秦州刺史裴苞据险以拒凉州兵，张寔、宋配等击破之，苞奔柔凶坞[②]。

冬，十月，汉主聪封其子恒为代王，逞为吴王，朗为颍川王，皋为零陵王，旭为丹阳王，京为蜀王，坦为九江王，晃为临川王；以王育为太保，王彰为太尉，任颢为司徒，马景为司空，朱纪为尚书令，范隆为左仆射，呼延晏为右仆射。

三国青瓷庖厨俑

代公猗卢遣其子六修及兄子普根、将军卫雄、范班、箕澹帅众数万为前锋以攻晋阳，猗卢自帅众二十万继之，刘琨收散卒数千为之乡导。六修与汉中山王曜战于汾东，曜兵败，坠马，中七创。讨虏将军傅虎以马授曜，曜不受，曰："卿当乘以自免，吾创已重，自分死此。"虎泣曰："虎蒙大王识拔至此，常思效命，今其时矣。且汉室初基，天下可无虎，不可无大王也！"乃扶曜上马，驱令渡汾，自还战死。曜入晋阳，夜，与大将军粲、镇北大将军丰掠晋阳之民，逾蒙山而归[3]。十一月，猗卢追之，战于蓝谷[4]，汉兵大败，擒刘丰，斩邢延等三千余级[5]，伏尸数百里。猗卢因大猎寿阳山[6]，陈阅皮肉，山为之赤。刘琨自营门步入拜谢，固请进军。猗卢曰："吾不早来，致卿父母见害，诚以相愧。今卿已复州境，吾远来，士马疲弊，且待后举，刘聪未可灭也。"遗琨马、牛、羊各千余匹，车百乘而还，留其将箕澹、段繁等戍晋阳。

琨徙居阳曲[7]，招集亡散。卢谌为刘粲参军，亡归琨，汉人杀其父志及弟谧、诜；赠傅虎幽州刺史。

【注释】

①社稷：祭祀土地神和谷神的处所。 ②柔凶坞：地名，在今甘肃天水市西南。 ③蒙山：山名，在今山西太原市西南。 ④蓝谷：地名，在今山西太原市西北。 ⑤"斩邢延"句：邢延叛刘琨，见本书卷第八十七晋怀帝永嘉五年(311)。 ⑥寿阳山：山名，在今山西寿阳县东北。 ⑦阳曲：县名，治今山西定襄县东南。

十二月，汉主聪立皇后张氏，以其父寔为左光禄大夫。

彭仲荡之子天护帅群胡攻贾疋[1]，天护阳不胜而走，疋追之，夜坠涧中,天护执而杀之。汉以天护为凉州刺史。众推始平太守麴允领雍州刺史。阎鼎与京兆太守梁综争权,鼎遂杀综。麴允与抚夷护军索綝、冯翊太守梁肃合兵攻鼎,鼎出奔雍,为氐窦首所杀。

广平游纶、张豺拥众数万,据苑乡[2],受王浚假署;石勒遣夔安、支雄等七将攻之,破其外垒。浚遣督护王昌帅诸军及辽西公段疾陆眷、疾陆眷弟匹磾、文鸯、从弟末柸部众五万攻勒于襄国[3]。

疾陆眷屯于渚阳[4],勒遣诸将出战,皆为疾陆眷所败。疾陆眷大造攻具,将攻城,勒众甚惧。勒召将佐谋之曰:"今城堑未固,粮储不多,彼众我寡,外无救援,吾欲悉众与之决战,何如?"诸将皆曰:"不如坚守以疲敌,待其退而击之。"张宾、孔苌曰:"鲜卑之种,段氏最为勇悍,而末柸尤甚,其锐卒皆在末柸所。今闻疾陆眷刻日攻北城,其大众远来,战斗连日,谓我孤弱,不敢出战,意必懈惰,宜且勿出,示之以怯,凿北城为突门二十余道[5],俟其来至,列守未定,出其不意,直冲末柸帐,彼必震骇,不暇为计,破之必矣。末柸败,则其余不攻而溃矣。"勒从之,密为突门。既而疾陆眷攻北城,勒登城望之,见其将士或释仗而寝,乃命孔苌督锐卒自突门出击之,城上鼓噪以助其势。苌攻末柸帐,不能克而退。末柸逐之,入其垒门,为勒众所获,疾陆眷等军皆退走。苌乘胜追击,枕尸三十余里,获铠马五千匹。疾陆眷收其余众,还屯渚阳。

勒质末柸,遣使求和于疾陆眷,疾陆眷许之。文鸯谏曰:"今以末柸一人之故而纵垂亡之虏,得无为王彭祖所怨,招后患乎?"疾陆眷不从,复以铠马金银赂勒,且以末柸三弟为质而请末柸。诸将皆劝勒杀末柸,勒曰:"辽西鲜卑健国也,与我素无仇雠,为王浚所使耳。今杀一人而结一国之怨,非计也。归之,必深德我,不复为浚用矣。"乃厚以金帛报之,遣石虎与疾陆眷盟于渚阳,结为兄弟。疾陆眷引归,王昌不能独留,亦引兵还蓟。勒召末柸,与之燕饮,誓为父子,遣还辽西。末柸在途,日南向而拜者三。由是段氏专心附勒,王浚之势遂衰。

游纶、张豺请降于勒。勒攻信都,杀冀州刺史王象。浚复以邵举行冀州刺史,保信都。

【注释】

①“彭仲荡”句:贾疋杀彭仲荡,见本书卷第八十七晋怀帝永嘉五年(311)。 ②苑乡:城名,在今河北邢台市任泽区东北。 ③杯(pēi胚):此处为人名用字。 ④渚阳:城名,在今河北邢台市东北。 ⑤突门:城墙内侧的暗门。多少视情况而决定,每个暗门离城墙的外面五六寸不穿透,当敌军初来营列未定或者有机可乘时,守军可从暗门中迅速出击。

是岁大疫。

王澄少与兄衍名冠海内,刘琨谓澄曰:“卿形虽散朗,而内实动侠,以此处世,难得其死。”及在荆州,悦成都内史王机,谓为己亚,使之内综心膂,外为爪牙。澄屡为杜弢所败,望实俱损,犹傲然自得,无忧惧之意,但与机日夜纵酒博弈,由是上下离心;南平太守应詹屡谏[1],不听。

澄自出军击杜弢,军于作塘[2],故山简参军王冲拥众迎应詹为刺史,詹以冲无赖,弃之,还南平,冲乃自称刺史。澄惧,使其将杜蕤守江陵,徙治孱陵[3],寻又奔沓中[4]。别驾郭舒谏曰:“使君临州虽无异政,然一州人心所系,今西收华容之兵[5],足以擒此小丑,奈何自弃,遽为奔亡乎!”澄不从,欲将舒东下。舒曰:“舒为万里纪纲[6],不能匡正,令使君奔亡,诚不忍渡江。”乃留屯沌口[7]。琅邪王睿闻之,召澄为军咨祭酒,以军咨祭酒周顗代之,澄乃赴召。

顗始至州,建平流民傅密等叛迎杜弢,弢别将王真袭沔阳,顗狼狈失据。征讨都督王敦遣武昌太守陶侃、寻阳太守周访、历阳内史甘卓共击弢,敦进屯豫章,为诸军继援。

王澄过诣敦,自以名声素出敦右,犹以旧意侮敦。敦怒,诬其与杜弢通信,遣壮士搤杀之。王机闻澄死,惧祸,以其父毅、兄矩皆尝为广州刺史,就敦求广州,敦不许。会广州将温邵等叛刺史郭讷,迎机为刺史,机遂将奴客门生千余人入广州。讷遣兵拒之,将士皆机父兄时部曲,不战迎降;讷乃避位,以州授之。

王如军中饥乏,官军讨之,其党多降;如计穷,遂降于王敦。

镇东军司顾荣、前太子洗马卫玠皆卒。玠,瓘之孙也,美风神，善清谈；常以为人有不及，可以情恕，非意相干，可以理遣，故终身不见喜愠之色。

江阳太守张启杀行益州刺史王异而代之。启，翼之孙也[8]，寻病卒。三府文武共表涪陵太守向沈行西夷校尉，南保涪陵。

南安赤亭羌姚弋仲东徙榆眉[9]，戎、夏襁负随之者数万，自称护羌校尉、雍州刺史、扶风公。

【注释】

①南平：郡名，治今湖北公安县西北。　②作塘：县名，治今湖南安乡县北。　③孱（chán 缠）陵：县名，治今湖北公安县西。　④沓（tà 踏）中：地名，今湖北仙桃市一带。　⑤华容：县名，治今湖北监利市北。⑥万里纪纲：万里，州的代称；纪纲，管理之义。郭舒当时任州别驾，故自称万里纪纲。　⑦沌（zhuàn 转）口：地名，在今湖北武汉市汉阳区西南，是古沌水入长江之口。　⑧张翼（？—264）：三国时蜀国官吏。字伯恭，犍为武阳（今四川眉山市彭山区东）人。自刘备入川，翼即入仕，后颇得诸葛亮赏识。屡官至左车骑将军，魏灭蜀，翼与姜维同守剑阁，后降魏将钟会。次年，在成都为乱兵所杀。　⑨南安：郡名，治今甘肃陇西县东南。赤亭：在今甘肃陇西县西。榆眉：城名，在今陕西千阳县东。

孝愍皇帝上[1]

建兴元年　春，正月，丁丑朔，汉主聪宴群臣于光极殿，使怀帝著青衣行酒[2]。庾珉、王儁等不胜悲愤，因号哭；聪恶之。有告珉等谋以平阳应刘琨者，二月，丁未，聪杀珉、儁等故晋臣十余人，怀帝亦遇害。大赦，复以会稽刘夫人为贵人。

荀崧曰[3]：怀帝天姿清劭，少著英猷，若遇承平，足为守文佳主。而继惠帝扰乱之后，东海专政，故无幽、厉之衅而有流亡之祸矣！

乙亥，汉太后张氏卒，谥曰光献。张后不胜哀，丁丑[4]，亦卒，谥曰武孝。

己卯[5]，汉定襄忠穆公王彰卒。

三月,汉主聪立贵嫔刘娥为皇后,为之起鵄仪殿。廷尉陈元达切谏,以为"天生民而树之君,使司牧之,非以兆民之命穷一人之欲也。晋氏失德,大汉受之,苍生引领,庶几息肩。是以光文皇帝身衣大布,居无重茵[⑥],后妃不衣锦绮,乘舆马不食粟,爱民故也。陛下践阼以来,已作殿观四十余所,加之军旅数兴,馈运不息,饥馑、疾疫,死亡相继,而益思营缮,岂为民父母之意乎！今有晋遗类,西据关中,南擅江表;李雄奄有巴、蜀,王浚、刘琨窥窬肘腋;石勒、曹嶷贡禀渐疏;陛下释此不忧,乃更为中宫作殿,岂目前之所急乎？昔太宗居治安之世[⑦],粟帛流衍,犹爱百金之费,息露台之役[⑧]。陛下承荒乱之余,所有之地,不过太宗之二郡,战守之备,非特匈奴、南越而已。而宫室之侈乃至于此,臣所以不敢不冒死而言也。"聪大怒曰:"朕为天子,营一殿,何问汝鼠子乎？乃敢妄言沮众！不杀此鼠子,朕殿不成！"命左右:"曳出斩之！并其妻子同枭首东市,使群鼠共穴!"时聪在逍遥园李中堂,元达先锁腰而入,即以锁锁堂下树,呼曰:"臣所言者,社稷之计,而陛下杀臣。朱云有言[⑨]:'臣得与龙逄、比干游[⑩],足矣!'"左右曳之不能动。

大司徒任觊,光禄大夫朱纪、范隆,骠骑大将军河间王易等叩头出血曰:"元达为先帝所知,受命之初,即引置门下,尽忠竭虑,知无不言。臣等窃禄偷安,每见之未尝不发愧。今所言虽狂直,愿陛下容之。因谏诤而斩列卿,其如后世何?"聪默然。

刘后闻之,密敕左右停刑,手疏上言:"今宫室已备,无烦更营,四海未壹,宜爱民力。廷尉之言,社稷之福也,陛下宜加封赏;而更诛之,四海谓陛下何如哉？夫忠臣进谏者固不顾其身也,而人主拒谏者亦不顾其身也。陛下为妾营殿而杀谏臣,使忠良结舌者由妾[⑪],远近怨怒者由妾,公私困弊者由妾,社稷阽危者由妾,天下之罪皆萃于妾,妾何以当之？妾观自古败国丧家,未始不由妇人,心常疾之,不意今日身自为之,使后世视妾由妾之视昔人也！妾诚无面目复奉巾栉[⑫],愿赐死此堂,以塞陛下之过!"聪览之变色。

任觊等叩头流涕不已。聪徐曰:"朕比年已来,微得风疾,喜怒过差,不复自制。元达,忠臣也;朕未之察。诸公乃能破首明之，诚得辅弼之义也。朕愧戢于心，何敢忘之？"命颉等冠履就坐，引元达上，以刘氏表示之，曰："外辅如公，内辅如后，朕复何忧？"赐颉等谷帛各有差，更命逍遥园曰纳贤园，李中堂曰愧贤堂。聪谓元达曰："卿当畏朕，而反使朕畏卿邪！"

西夷校尉向沈卒，众推汶山太守兰维为西夷校尉。维率吏民北出，欲向巴东；成将李恭、费黑邀击，获之。

【注释】

①孝愍皇帝：即司马邺(300—317)，西晋末代皇帝。字彦旗，河内温县(今河南温县西)人，为晋武帝之孙，吴孝王司马晏之子，出继伯父秦王司马柬，袭爵为秦王。永嘉之乱后，被大臣拥立于长安。建兴四年(316)，为汉国将领刘曜所败，掳至平阳，不久被杀。 ②青衣：地位卑贱者(如奴婢)的服装。 ③荀崧(262—328)：晋朝官吏。字景猷，颍川临颍(今河南临颍县西北)人。西晋时，官至侍中、中护军。东晋初，元帝征拜尚书仆射，定中兴礼仪。后官至金紫光禄大夫、录尚书事。 ④丁丑：二月丁未朔，无丁丑。 ⑤己卯：二月丁未朔，无己卯。 ⑥茵(yīn阴)：被褥。 ⑦太宗：指西汉文帝。 ⑧露台：高台。汉文帝欲建一露台，召工匠计算，造价需一百斤黄金。文帝认为这些黄金相当于十户中等人家的家产，于是不再建造。 ⑨朱云：西汉官吏。字游，鲁国(治今山东曲阜市东)人。元帝时曾任杜陵令、槐里令，以得罪权臣被禁锢。成帝时，王氏专权，安昌侯张禹与王氏相亲近，朱云求见成帝，请斩张禹。成帝大怒，欲杀朱云，朱云因有"臣得下从龙逢、比干游于地下，足矣"之语。 ⑩龙逢(páng旁)：即关龙逢，夏桀时大夫。桀无道，他极力劝阻，被桀囚禁杀害。比干：商纣王之叔。官至少师。纣淫虐无度，比干以死力谏，纣恼羞成怒，将他杀死，剖腹验心。 ⑪阽(diàn电)：临近。 ⑫巾栉(zhì至)：洗沐用具。巾，手巾，用以擦拭；栉，梳子、篦子，用以梳头。

夏，四月，丙午，怀帝凶问至长安，皇太子举哀，因加元服[1]；壬申，即皇帝位，大赦，改元。以卫将军梁芬为司徒，雍州刺史麴允为尚书左仆射、录尚书事，京兆太守索綝为尚书右仆射、领吏部、京兆尹。是时长安城中，户不盈百，蒿棘成林；公私有车四乘，百官无章服、印绶，唯桑版署号而已。寻以索綝为卫将军、领太尉，

晋铜辟邪灯

军国之事,悉以委之。

汉中山王曜、司隶校尉乔智明寇长安,平西将军赵染帅众赴之,诏麴允屯黄白城以拒之[2]。

石勒使石虎攻邺,邺溃,刘演奔廪丘[3],三台流民皆降于勒。勒以桃豹为魏郡太守以抚之;久之,以石虎代豹镇邺。

初,刘琨用陈留太守焦求为兖州刺史,荀藩又用李述为兖州刺史;述欲攻求,琨召求还。及邺城失守,琨复以刘演为兖州刺史,镇廪丘。前中书侍郎郗鉴,少以清节著名,帅高平千余家避乱保峄山[4],琅邪王睿就用鉴为兖州刺史,镇邹山[5]。三人各屯一郡,兖州吏民莫知所从。

琅邪王睿以前庐江内史华谭为军咨祭酒。谭尝在寿春依周馥。睿谓谭曰:"周祖宣何故反[6]?"谭曰:"周馥虽死,天下尚有直言之士。馥见寇贼滋蔓,欲移都以纾国难[7],执政不悦,兴兵讨之,馥死未逾时而洛都沦没。若谓之反,不亦诬乎?"睿曰:"馥位为征镇,握强兵,召之不入,危而不持,亦天下之罪人也。"谭曰:"然,危而不持,当与天下共受其责,非但馥也。"

睿参佐多避事自逸,录事参军陈頵言于睿曰:"洛中承平之时,朝士以小心恭恪为凡俗,以偃蹇倨肆为优雅,流风相染,以至败国。今僚属皆承西台余弊[8],养望自高,是前车已覆而后车又将寻之也。请自今,临使称疾者,皆免官。"睿不从。三王之诛赵王伦也,制《己亥格》以赏功[9],自是循而用之。頵上言:"昔赵王篡逆,惠皇失位,三王起兵讨之,故厚赏以怀向义之心。今功无大小,皆以格断,乃至金紫佩士卒之身,符策委仆隶之门,非所以重名器,正纪纲也,请一切停之!"頵出于寒微,数为正论,府中多恶之，出额为谯郡太守。

吴兴太守周玘，宗族强盛，琅邪王睿颇疑惮之。睿左右用事者，多中州亡官失守之士，驾御吴人，吴人颇怨。玘自以失职，又为刁协所轻，耻恚愈甚，乃阴与其党谋诛执政，以诸南士代之。事泄，玘忧愤而卒，将死，谓其子勰曰："杀我者，诸伧子也[⑩]；能复之，乃吾子也。"

【注释】

①元服：帽子。元，是头的意思，帽子戴之头上，故称元服。加冠通常在二十岁时，司马邺当时十四岁，因即将登上帝位，故提前加冠。 ②黄白城：城名，在今陕西三原县东北。 ③廪丘：县名，治今山东郓城县西北。 ④峄山：山名，在今山东邹城市东南。 ⑤邹山：即峄山。 ⑥周祖宣：即周馥，祖宣为周馥表字。 ⑦纾（shū 书）：解除。 ⑧西台：指西晋政府。西晋都于洛阳，相对于江东，地处西方，故称作西台。 ⑨《己亥格》：又称《己亥义格》《齐王功臣格》，是惠帝永宁元年（301），司马冏、司马颖、司马乂起兵反对司马伦篡位时制定的条例。条例制订于某月（月份不明）己亥日，为招集兵马，奖赏比通常情况下优厚。 ⑩伧（cāng苍）：本义为粗野，魏晋时演变为江东讥嘲楚人的话，后又成为南方人骂北方人的话。

石勒攻李恽于上白[①]，斩之。王浚复以薄盛为青州刺史。

王浚使枣嵩督诸军屯易水，召段疾陆眷，欲与之共击石勒，疾陆眷不至。浚怒，以重币赂拓跋猗卢，并檄慕容廆等共讨疾陆眷。猗卢遣右贤王六修将兵会之，为疾陆眷所败。廆遣慕容翰攻段氏，取徒河、新城[②]，至阳乐[③]，闻六修败而还，翰因留镇徒河，壁青山。

初，中国士民避乱者，多北依王浚，浚不能存抚，又政法不立，士民往往复去之。段氏兄弟专尚武勇。不礼士大夫。唯慕容廆政事修明，爱重人物，故士民多归之。廆举其英俊，随才授任，以河东裴嶷、北平阳耽、庐江黄泓、代郡鲁昌为谋主，广平游邃、北海逄羡、北平西方虔、西河宋奭及封抽、裴开为股肱，平原宋该、安定皇甫岌、岌弟真、兰陵缪恺、昌黎刘斌及封奕、封裕典机要。裕，抽之子也。

裴嶷清方有干略，为昌黎太守，兄武为玄菟太守[4]。武卒，嶷与武子开以其丧归，过廆，廆敬礼之，及去，厚加资送。行及辽西，道不通，嶷欲还就廆。开曰："乡里在南，奈何北行？且等为流寓，段氏强，慕容氏弱，何必去此而就彼也？"嶷曰："中国丧乱，今往就之，是相帅而入虎口也。且道远，何由可达？若俟其清通，又非岁月可冀。今欲求托足之地，岂可不慎择其人？汝观诸段，岂有远略，且能待国士乎？慕容公修仁行义，有霸王之志，加以国丰民安，今往从之，高可以立功名，下可以庇宗族，汝何疑焉？"开乃从之。既至，廆大喜。阳耽清直沈敏，为辽西太守，慕容翰破段氏于阳乐，获之，廆礼而用之。游邃、逄羡、宋奭，皆尝为昌黎太守，与黄泓俱避地于蓟，后归廆。王浚屡以手书召邃兄畅，畅欲赴之，邃曰："彭祖刑政不修，华、戎离叛，以邃度之，必不能久，兄且磐桓以俟之[5]。"畅曰："彭祖忍而多疑，顷者流民北来，命所在追杀之。今手书殷勤，我稽留不往，将累及卿。且乱世宗族宜分，以冀遗种。"邃从之，卒与浚俱没。宋该与平原杜群、刘翔先依王浚，又依段氏，皆以为不足托，帅诸流寓同归于廆。东夷校尉崔毖请皇甫岌为长史，卑辞说谕，终莫能致；廆招之，岌与弟真即时俱至。辽东张统据乐浪、带方二郡，与高句丽王乙弗利相攻[6]，连年不解。乐浪王遵说统帅其民千余家归廆，廆为之置乐浪郡，以统为太守，遵参军事。

【注释】

①上白：城名，在今河北威县南。　②新城：地点不详，疑在今河北保定市徐水区。　③阳乐：县名，在今河北卢龙县。　④玄菟（tù 吐）：郡名，治今辽宁沈阳市东。　⑤磐桓：不进的样子。　⑥高句（gōu 勾）丽：古国名，当时都于今吉林集安市。

王如余党涪陵李运、巴西王建等自襄阳将三千余家入汉中，梁州刺史张光遣参军晋邈将兵拒之。邈受运、建赂，劝光纳其降，光从之，使居成固。既而邈见运、建及其徒多珍宝，欲尽取之，复说光曰："运、建之徒，不修农事，专治器仗，其意难测，不如悉掩杀之，不然，必为乱。"光又从之。五月，邈将兵攻运、建，杀之。建婿杨虎收余众击光，屯于厄水[1]；光遣其子孟苌讨之，不能克。

壬辰，以琅邪王睿为左丞相、大都督，督陕东诸军事；南阳王保为右丞相、大都督，督陕西诸军事。诏曰："今当扫除鲸鲵[2]，奉迎梓宫[3]，令幽、并两州勒卒三十万直造平阳，右丞相宜帅秦、凉、梁、雍之师三十万径诣长安，左丞相帅所领精兵二十万径造洛阳，同赴大期，克成元勋。"

汉中山王曜屯蒲坂。

石勒使孔苌击定陵[4]，杀田徽；薄盛率所部降勒，山东郡县，相继为勒所取。汉主聪以勒为侍中、征东大将军。乌桓亦叛王浚，潜附于勒。

六月，刘琨与代公猗卢会于陉北，谋击汉。秋，七月，琨进据蓝谷，猗卢遣拓跋普根屯于北屈[5]。琨遣监军韩据自西河而南，将攻西平。汉主聪遣大将军粲等拒琨，骠骑将军易等拒普根，荡晋将军兰阳等助守西平。琨等闻之，引兵还。聪使诸军仍屯所在，为进取之计。

【注释】

①厄水：水名，在今陕西汉中市东。　②鲸鲵（jīngní 精尼）：大鲸鱼，雄曰鲸，雌曰鲵。体长可达三十多米，钩网所不能制，用来比喻凶恶而强大的敌人。　③梓宫：皇帝皇后所用的以梓木制成的棺材。这里是指怀帝的棺材。　④定陵：县名，治今河南舞阳县北北舞渡。　⑤北屈：县名，治今山西吉县东北。

帝遣殿中都尉刘蜀诏左丞相睿以时进军，与乘舆会于中原。八月，癸亥，蜀至建康[1]，睿辞以方平定江东，未暇北伐。以镇东长史刁协为丞相左长史，从事中郎彭城刘隗为司直，邵陵内史广陵戴邈为军咨祭酒，参军丹杨张闿为从事中郎，尚书郎颍川钟雅为记室参军，谯国桓宣为舍人，豫章熊远为主簿，会稽孔愉为掾。刘隗雅习文史，善伺候睿意，故睿特亲爱之。

熊远上书，以为："军兴以来，处事不用律令，竞作新意，临事立制，朝作夕改，至于主者不敢任法，每辄关咨，非为政之体也。愚谓凡为驳议者，皆当引律令、经传，不得直以情言，无所依准，以

西晋青瓷狗圈

亏旧典。若开塞随宜，权道制物，此是人君之所得行，非臣子所宜专用也。”睿以时方多事，不能从。

初，范阳祖逖，少有大志，与刘琨俱为司州主簿，同寝，中夜闻鸡鸣，蹴琨觉曰②：“此非恶声也！”因起舞。及渡江，左丞相睿以为军咨祭酒。逖居京口③，纠合骁健，言于睿曰：“晋室之乱，非上无道而下怨叛也，由宗室争权，自相鱼肉，遂使戎狄乘隙，毒流中土。今遗民既遭残贼，人思自奋，大王诚能命将出师，使如逖者统之以复中原，郡国豪桀，必有望风响应者矣！”睿素无北伐之志，以逖为奋威将军、豫州刺史，给千人廪，布三千匹，不给铠仗，使自召募。逖将其部曲百余家渡江，中流，击楫而誓曰：“祖逖不能清中原而复济者，有如大江！”遂屯淮阴，起冶铸兵，募得二千余人而后进。

胡亢性猜忌，杀其骁将数人。杜曾惧，潜引王冲之兵使攻亢。亢悉精兵出拒之，城中空虚，曾因杀亢而并其众。

周顗屯浔水城④，为杜弢所困；陶侃使明威将军朱伺救之，弢退保泠口⑤。侃曰：“弢必步向武昌。”乃自径道还郡以待之，弢果来攻。侃使朱伺逆击，大破之，弢遁归长沙。周顗出浔水投王敦于豫章，敦留之。陶侃使参军王贡告捷于敦，敦曰：“若无陶侯，便失荆州矣！”乃表侃为荆州刺史，屯沔江⑥。左丞相睿召周顗，复以为军咨祭酒。

【注释】

①建康：即建业（今江苏南京市），因避晋怀帝的名讳而改名。②蹴（cù 促）：踢。 ③京口：城名，即今江苏镇江市。 ④浔（xún 寻）水城：在今湖北黄梅县西南。 ⑤泠（líng 令）口：一名铜零口，在今湖北蕲春县西南蕲州镇东南。 ⑥沔江：在今湖北仙桃市境内。

初，氐王杨茂搜之子难敌，遣养子贩易于梁州，私卖良人子一人①，张光鞭杀之。难敌怨曰："使君初来，大荒之后，兵民之命仰我氐活，氐有小罪，不能贳也②？"及光与杨虎相攻，各求救于茂搜，茂搜遣难敌救光。难敌求货于光，光不与。杨虎厚赂难敌，且曰："流民珍货，悉在光所，今伐我，不如伐光。"难敌大喜。光与虎战，使张孟苌居前，难敌继后。难敌与虎夹击孟苌，大破之，孟苌及其弟援皆死。光婴城自守。九月，光愤激成疾，僚属劝光退据魏兴③。光按剑曰："吾受国重任，不能讨贼，今得死如登仙，何谓退也？"声绝而卒。州人推其少子迈领州事，又与氐战没，众推始平太守胡子序领梁州。

荀藩薨于开封。

汉中山王曜、赵染攻麴允于黄白城，允累战皆败；诏以索綝为征东大将军，将兵助允。

王贡自王敦所还，至竟陵，矫陶侃之命，以杜曾为前锋大都督，击王冲，斩之，悉降其众。侃召曾，曾不至。贡恐以矫命获罪，遂与曾反击侃。冬，十月，侃兵大败，仅以身免。敦表侃以白衣领职④。侃复帅周访等进击杜弢，大破之，敦乃奏复侃官。

汉赵染谓中山王曜曰："麴允率大众在外，长安空虚，可袭也。"曜使染帅精骑五千袭长安，庚寅夜⑤，入外城。帝奔射雁楼。染焚龙尾及诸营⑥，杀掠千余人；辛卯旦⑦，退屯逍遥园。壬辰⑧，将军麴鉴自阿城帅众五千救长安⑨。癸巳⑩，染引还，鉴追之，与曜遇于零武⑪，鉴兵大败。

杨虎、杨难敌急攻梁州，胡子序弃城走，难敌自称刺史。

汉中山王曜恃胜而不设备，十一月，麴允引兵袭之，汉兵大败，杀其冠军将军乔智明；曜引归平阳。

【注释】

①良人：平民。与奴婢等"贱民"相对而言，被称为良人，又称做良家。　②贳（shì 事）：宽纵、赦免。　③魏兴：郡名，治今陕西安康市西北。　④白衣：古代未仕者穿白衣，用来表示平民身份。　⑤庚寅：十月癸卯朔，无庚寅。　⑥龙尾：围绕城墙用木材修造的道路。　⑦辛卯：十

月癸卯朔,无辛卯。 ⑧壬辰:十月癸卯朔,无辛卯。 ⑨阿城:即阿房宫,始筑于秦始皇三十五年(前212),在今陕西西安市西南。 ⑩癸巳:十月癸卯朔,无癸巳。 ⑪零武:地名,在今陕西白水县。

王浚以其父字处道,自谓应"当涂高"之谶[1],谋称尊号,前勃海太守刘亮、北海太守王抟、司空掾高柔切谏,浚皆杀之。燕国霍原,志节清高,屡辞征辟。浚以尊号事问之,原不答。浚诬原与群盗通,杀而枭其首。于是士民骇怨,而浚矜豪日甚,不亲政事,所任皆苛刻小人,枣嵩、朱硕,贪横尤甚。北州谣曰:"府中赫赫,朱丘伯[2];十囊、五囊,入枣郎。"调发殷烦,下不堪命,多叛入鲜卑。从事韩咸监护柳城,盛称慕容廆能接纳士民,欲以讽浚;浚怒,杀之。

浚始者唯恃鲜卑、乌桓以为强,既而皆叛之。加以蝗旱连年,兵势益弱。石勒欲袭之,未知虚实,将遣使觇之,参佐请用羊祜、陆抗故事[3],致书于浚。勒以问张宾,宾曰:"浚名为晋臣,实欲废晋自立,但患四海英雄莫之从耳;其欲得将军,犹项羽之欲得韩信也。将军威振天下,今卑辞厚礼,折节事之,犹惧不信,况为羊、陆之亢敌乎! 夫谋人而使人觉其情,难以得志矣。"勒曰:"善!"十二月,勒遣舍人王子春、董肇多赍珍宝,奉表于浚曰:"勒本小胡,遭世饥乱,流离屯厄,窜命冀州,窃相保聚以救性命。今晋祚沦夷,中原无主;殿下州乡贵望[4],四海所宗,为帝王者,非公复谁! 勒所以捐躯起兵,诛讨暴乱者,正为殿下驱除尔。伏愿殿下应天顺人,早登皇祚。勒奉戴殿下如天地父母,殿下察勒微心,亦当视之如子也。"又遗枣嵩书,厚赂之。

浚以段疾陆眷新叛,士民多弃己去,闻勒欲附之,甚喜,谓子春曰:"石公一时豪桀,据有赵、魏,乃欲称藩于孤,其可信乎?"子春曰:"石将军才力强盛,诚如圣旨。但以殿下中州贵望,威行夷、夏,自古胡人为辅佐名臣则有矣,未有为帝王者也。石将军非恶帝王不为而让于殿下,顾以帝王自有历数,非智力之所取,虽强取之,必不为天人之所与故也。项羽虽强,终为汉有。石将军之比殿下,犹阴精之与太阳,是以远鉴前事,归身殿下,此乃石将军之明识所以远过于人也，殿下又何怪乎？”浚大悦，封子春、肇皆为列侯，遣使报聘，以厚币酬之。

游纶兄统，为浚司马，镇范阳，遣使私附于勒；勒斩其使以送浚。浚虽不罪统，益信勒为忠诚，无复疑矣。

是岁，左丞相睿遣世子绍镇广陵，以丞相掾蔡谟为参军。谟，克之子也。

汉中山王曜围河南尹魏浚于石梁⑤，兖州刺史刘演、河内太守郭默遣兵救之，曜分兵逆战于河北，败之；浚夜走，获而杀之。

代公猗卢城盛乐以为北都⑥，治故平城为南都；又作新平城于灅水之阳⑦，使右贤王六修镇之，统领南部。

【注释】

①当涂高：汉代谶纬之词。王浚父亲表字“处道”与“当涂”字面意义相近。　②朱丘伯：即朱硕，硕字丘伯。　③羊祜、陆抗故事：指二人和平交往的旧例，详见本书卷第七十九晋武帝泰始八年（272）。④“殿下”句：石勒为上党人，王浚为太原人，同属并州，故勒称浚为“州乡贵望”。　⑤石梁：地名，即石梁坞，在今河南洛阳市东北汉魏洛阳故城东。　⑥盛乐：城名，在今内蒙古和林格尔县西北。　⑦灅水：水名，即今河北遵化市沙河。

资治通鉴卷第八十九

晋纪十一 起阏逢阉茂，尽柔兆困敦，凡三年。

孝愍皇帝下

建兴二年 春，正月，辛未，有如日陨于地；又有三日相承，出西方而东行。

丁丑，大赦。

有流星出牵牛，入紫微，光烛地，坠于平阳北，化为肉，长三十步，广二十七步。汉主聪恶之，以问公卿。陈元达以为"女宠太盛，亡国之征"。聪曰："此阴阳之理，何关人事？"聪后刘氏贤明，聪所为不道，刘氏每规正之。己丑，刘氏卒，谥曰武宣。自是嬖宠竞进，后宫无序矣。

聪置丞相等七公[①]，又置辅汉等十六大将军[②]，各配兵二千，以诸子为之；又置左、右司隶，各领户二十余万，万户置一内史；单于左、右辅，各主六夷十万落[③]，万落置一都尉；左、右选曹尚书，并典选举。自司隶以下六官，皆位亚仆射。以其子粲为丞相、领大将军、录尚书事，进封晋王。江都王延年录尚书六条事[④]，汝阴王景为太师，王育为太傅，任颢为太保，马景为大司徒，朱纪为大司空，中山王曜为大司马。

壬辰，王子春等及王浚使者至襄国，石勒匿其劲卒、精甲，羸师虚府以示之，北面拜使者而受书。浚遗勒麈尾[⑤]，勒阳不敢执，悬之于壁，朝夕拜之，曰："我不得见王公，见其所赐，如见公也。"

复遣董肇奉表于浚，期以三月中旬亲诣幽州奉上尊号；亦修笺于枣嵩，求并州牧、广平公。

勒问浚之政事于王子春，子春曰："幽州去岁大水，人不粒食，浚积粟百万，不能赈赡，刑政苛酷，赋役殷烦，忠贤内离，夷狄外叛。人皆知其将亡，而浚意气自若，曾无惧心，方更置立台阁，布列百官，自谓汉高、魏武不足比也。"勒抚几笑曰："王彭祖真可擒也。"浚使者还蓟，具言"石勒形势寡弱，款诚无二"。浚大悦，益骄怠，不复设备。

杨虎掠汉中吏民以奔成，梁州人张咸等起兵逐杨难敌。难敌去，咸以其地归成，于是汉嘉、涪陵、汉中之地皆为成有。成主雄以李凤为梁州刺史，任回为宁州刺史，李恭为荆州刺史。

雄虚己好贤，随才授任，命太傅骧养民于内，李凤等招怀于外，刑政宽简，狱无滞囚。兴学校，置史官。其赋，民男丁岁谷三斛，女丁半之，疾病又半之；户调绢不过数丈，绵数两。事少役希，民多富实，新附者皆给复除。是时天下大乱，而蜀独无事，年谷屡熟，乃至闾门不闭，路不拾遗。汉嘉夷王冲归、朱提审炤、建宁爨量皆归之[6]。巴郡尝告急，云有晋兵。雄曰："吾常忧琅邪微弱，遂为石勒所灭，以为耿耿，不图乃能举兵，使人欣然。"然雄朝无仪品，爵位滥溢；吏无禄秩，取给于民；军无部伍，号令不肃。此其所短也。

西晋写字陶俑

【注释】

①七公：指丞相、太师、太傅、太保、大司徒、大司空、大司马。　②十六大将军：指辅汉、都护、中军、上军、

下军、左军、右军、前军、抚军、镇、卫、京、辅国、冠军、龙骧、虎牙等大将军。 ③六夷：当即匈奴、羯、鲜卑、乌桓、氐、羌等六个部族。 ④录尚书六条事：职官名，地位在尚书令、仆射之上，总领尚书所奏事务。“六条事”，史书中无具体说明，当即尚书省所属六部之事。 ⑤麈（zhǔ 主）尾：往日注释家多释为拂尘，不妥，实为形似羽扇以玉为柄的一种用具，通常为名士或领袖人物所执，以显示身份。详见白化文《麈尾与魏晋名士清谈》（中华书局 1985 年版《古代礼制风俗漫谈》第一辑）。 ⑥爨（cuàn 窜）：姓氏。

二月，壬寅，以张轨为太尉、凉州牧，封西平郡公；王浚为大司马、都督幽、冀诸军事；荀组为司空、领尚书左仆射兼司隶校尉，行留台事；刘琨为大将军、都督并州诸军事。朝廷以张轨老病，拜其子寔为副刺史[①]。

石勒纂严，将袭王浚，而犹豫未发。张宾曰：“夫袭人者，当出其不意。今军严经日而不行，岂非畏刘琨及鲜卑、乌桓为吾后患乎？”勒曰：“然。为之奈何？”宾曰：“彼三方智勇无及将军者，将军虽远出，彼必不敢动，且彼未谓将军便能悬军千里取幽州也。轻军往返，不出二旬，藉使彼虽有心，比其谋议出师，吾已还矣。且刘琨、王浚，虽同名晋臣，实为仇敌。若修笺于琨，送质请和，琨必喜我之服而快浚之亡，终不救浚而袭我也。用兵贵神速，勿后时也。”勒曰：“吾所未了，右侯已了之，吾复何疑？”

遂以火宵行，至柏人[②]，杀主簿游纶，以其兄统在范阳，恐泄军谋故也。遣使奉笺送质于刘琨，自陈罪恶，请讨浚以自效。琨大喜，移檄州郡，称“己为猗卢方议讨勒，勒走伏无地，求拔幽都以赎罪。今便当遣六修南袭平阳，除僭伪之逆类[③]，降知死之逋羯[④]，顺天副民，翼奉皇家，斯乃曩年积诚灵祐之所致也！”

三月，勒军达易水，王浚督护孙纬驰遣白浚，将勒兵拒之，游统禁之。浚将佐皆曰：“胡贪而无信，必有诡计，请击之。”浚怒曰：“石公来，正欲奉戴我耳；敢言击者斩！”众不敢复言。浚设飨以待之。壬申，勒晨至蓟，叱门者开门；犹疑有伏兵，先驱牛羊数千头，声言上礼，实欲塞诸街巷。浚始惧，或坐或起。勒既入城，纵兵大掠，浚左右请御之，浚犹不许。勒升其听事[5]，浚乃走出堂皇[6]，勒众执之。勒召浚妻，与之并坐，执浚立于前。浚骂曰："胡奴！调乃公，何凶逆如此！"勒曰："公位冠元台，手握强兵，坐观本朝倾覆，曾不救援，乃欲自尊为天子，非凶逆乎？又委任奸贪，残虐百姓，贼害忠良，毒遍燕土，此谁之罪也？"使其将王洛生以五百骑先送浚于襄国。浚自投于水，束而出之，斩于襄国市。

【注释】

①副刺史：刺史的副手。这在历史上尚无先例，是特为尊重张轨而设，以保证张氏家族不至于大权旁落。　②柏人：县名，治今河北隆尧县西。　③逆类：指刘聪。　④逋羯：指石勒。　⑤听事：即中庭，是处理政务的场所。　⑥堂皇：殿堂。皇，是四面无壁的堂。

勒杀浚麾下精兵万人。浚将佐争诣军门谢罪，馈赂交错；前尚书裴宪、从事中郎荀绰独不至，勒召而让之曰："王浚暴虐，孤讨而诛之，诸人皆来庆谢，二君独与之同恶，将何以逃其戮乎？"对曰："宪等世仕晋朝，荷其荣禄，浚虽凶粗，犹是晋之藩臣，故宪等从之[1]，不敢有贰。明公苟不修德义，专事威刑，则宪等死自其分，又何逃乎？请就死。"不拜而出。勒召而谢之，待以客礼。绰，勖之孙也。勒数朱硕、枣嵩等以纳贿乱政，为幽州患，责游统以不忠所事，皆斩之。籍浚将佐、亲戚家赀皆至巨万，惟裴宪、荀绰止有书百余帙[2]，盐米各十余斛而已。勒曰："吾不喜得幽州，喜得二子。"以宪为从事中郎，绰为参军。分遣流民，各还乡里。勒停蓟二日，焚浚宫殿，以故尚书燕国刘翰行幽州刺史，戍蓟，置守宰而还。孙纬遮击之，勒仅而得免。

勒至襄国，遣使奉王浚首献捷于汉；汉以勒为大都督、督陕东诸军事、骠骑大将军、东单于，增封十二郡；勒固辞，受二郡而已。

刘琨请兵于拓跋猗卢以击汉，会猗卢所部杂胡万余家谋应石勒，猗卢悉诛之，不果赴琨约。琨知石勒无降意，乃大惧，上表曰："东北八州，勒灭其七[3]；先朝所授，存者惟臣。勒据襄国，与臣隔山，朝发夕至，城坞骇惧，虽怀忠愤，力不从愿耳！"

刘翰不欲从石勒，乃归段匹磾，匹磾遂据蓟城。王浚从事中郎阳裕，耽之兄子也，逃奔令支[4]，依段疾陆眷。会稽朱左车、鲁国孔纂、泰山胡母翼自蓟逃奔昌黎，依慕容廆。是时中国流民归廆者数万家，廆以冀州人为冀阳郡[5]，豫州人为成周郡[6]，青州人为营丘郡[7]，并州人为唐国郡[8]。

【注释】

①"故宪"句：裴宪奔幽州，见本书卷第八十七晋怀帝永嘉五年(311)。 ②帙(zhì 治)：包书的布套。 ③"东北"句：八州中，石勒共杀长官九人，即入邺，杀都督司马腾；寇信都，杀冀州刺史王斌；袭鄄城，杀兖州刺史袁孚；攻新蔡，杀豫州刺史司马确；袭蒙城，擒青州都督苟晞；克上白，杀青州刺史李恽；攻信都，杀冀州刺史王象；攻定陵，杀兖州刺史田徽；袭幽州，擒王浚。其中，李恽、田徽为王浚承制所授，故称"灭其七"。 ④令支：县名，治今河北迁安市西。 ⑤冀阳郡：治所不详，疑在今辽宁凌源市一带。 ⑥成周郡：郡名，治所不详，当在今辽宁西南部。⑦营丘郡：郡名，治今辽宁朝阳市东。 ⑧唐国郡：郡名，治所不详，当在今辽宁西南部。

初，王浚以邵续为乐陵太守，屯厌次。浚败，续附于石勒，勒以续子乂为督护。浚所署勃海太守东莱刘胤弃郡依续，谓续曰："凡立大功，必杖大义。君，晋之忠臣，奈何从贼以自污乎！"会段匹磾以书邀续同归左丞相睿，续从之。其人皆曰："今弃勒归匹磾，其如乂何?"续泣曰："我岂得顾子而为叛臣哉?"杀异议者数人。勒闻之，杀乂。续遣刘胤使江东，睿以胤为参军，以续为平原太守。石勒遣兵围续，匹磾使其弟文鸯救之，勒引去。

襄国大饥，谷二千直银一斤，肉一斤直银一两。

杜弢将王真袭陶侃于林障[1]，侃奔滠中[2]。周访救侃，击弢兵，破之。

夏，五月，西平武穆公张轨寝疾，遗令："文武将佐，务安百姓，上思报国，下以宁家。"己丑，轨薨；长史张玺等表世子寔摄父位。

汉中山王曜、赵染寇长安。六月，曜屯渭汭[3]，染屯新丰，索綝将兵出拒之。染有轻綝之色，长史鲁徽曰："晋之君臣，自知强弱不敌，将致死于我，不可轻也。"染曰："以司马模之强，吾取之如拉朽[4];索綝小竖,岂能污吾马蹄、刀刃邪?”晨,帅轻骑数百逆之,曰:“要当获綝而后食。”綝与战于城西,染兵败而归,悔曰:“吾不用鲁徽之言以至此,何面目见之!”先命斩徽,徽曰:“将军愚愎以取败,乃复忌前害胜,诛忠良以逞忿。犹有天地,将军其得死于枕席乎?”诏加索綝骠骑大将军、尚书左仆射、录尚书,承制行事。

曜、染复与将军殷凯帅众数万向长安,麴允逆战于冯翊,允败,收兵;夜,袭凯营,凯败死。曜乃还攻河内太守郭默于怀,列三屯围之。默食尽,送妻子为质,请籴于曜;籴毕,复婴城固守。曜怒,沉默妻子于河而攻之。默欲投李矩于新郑,矩使其甥郭诵迎之,兵少,不敢进。会刘琨遣参军张肇帅鲜卑五百余骑诣长安,道阻不通,还,过矩营,矩说肇,使击汉兵。汉兵望见鲜卑,不战而走,默遂率众归矩。汉主聪召曜还屯蒲坂。

秋,赵染攻北地,麴允拒之,染中弩而死。

石勒始命州郡阅实户口,户出帛二匹、谷二斛。

冬,十月,以张寔为都督凉州诸军事、凉州刺史、西平公。

十一月,汉主聪以晋王粲为相国、大单于,总百揆。粲少有俊才,自为宰相,骄奢专恣,远贤亲佞,严刻愎谏,国人始恶之。

周勰以其父遗言,因吴人之怨,谋作乱;使吴兴功曹徐馥矫称叔父丞相从事中郎札之命,收合徒众,以讨王导、刁协,豪桀翕然附之,孙皓族人弼亦起兵于广德以应之[5]。

西晋铜立俑

【注释】

①林障:城名,在今湖北武汉市。 ②滠(shè 设)中:地域名,即古滠水流域,相当今湖北孝感市、武汉市黄陂区以南,汉江以北

地区。③渭汭（ruì 瑞）：地名，即今陕西渭河入黄河处。 ④“以司马模”句：赵染打败司马模，见本书卷第八十七晋怀帝永嘉五年（311）。⑤广德：县名，治今安徽广德市西南。

三年 春，正月，徐馥杀吴兴太守袁琇，有众数千，欲奉周札为主。札闻之，大惊，以告义兴太守孔侃。勰知札意不同，不敢发。馥党惧，攻馥，杀之；孙弼亦死。札子续亦聚众应馥，左丞相睿议发兵讨之。王导曰：“今少发兵则不足以平寇，多发兵则根本空虚。续族弟黄门侍郎莚，忠果有谋，请独使莚往，足以诛续。”睿从之。莚昼夜兼行，至郡，将入，遇续于门，谓续曰：“当与君共诣孔府君，有所论。”续不肯入，莚牵逼与俱。坐定，莚谓孔侃曰：“府君何以置贼在坐？”续衣中常置刀，即操刀逼莚，莚叱郡传教吴曾格杀之[①]。莚因欲诛勰，札不听，委罪于从兄邵而诛之。莚不归家省母，遂长驱而去，母狼狈追之。睿以札为吴兴太守，莚为太子右卫率。以周氏吴之豪望，故不穷治，抚勰如旧。

诏平东将军宋哲屯华阴。

成主雄立后任氏。

二月，丙子，以琅邪王睿为丞相、大都督、督中外诸军事，南阳王保为相国，荀组为太尉、领豫州牧，刘琨为司空、都督并、冀、幽三州诸军事。琨辞司空，不受。

南阳王模之败也，都尉陈安往归世子保于秦州，保命安将千余人讨叛羌，宠待甚厚。保将张春疾之，谮安，云有异志，请除之，保不许；春辄伏刺客以刺安。安被创，驰还陇城[②]，遣使诣保，贡献不绝。

诏进拓跋猗卢爵为代王，置官属，食代、常山二郡。猗卢请并州从事雁门莫含于刘琨，琨遣之。含不欲行，琨曰：“以并州单弱，吾之不材而能自存于胡、羯之间者，代王之力也。吾倾身竭赀，以长子为质而奉之者，庶几为朝廷雪大耻也。卿欲为忠臣，奈何惜共事之小诚而忘徇国之大节乎？往事代王，为之腹心，乃一州之所赖也。”含遂行。猗卢甚重之，常与参大计。

猗卢用法严，国人犯法者，或举部就诛，老幼相携而行；人问：

"何之?"曰:"往就死。"无一人敢逃匿者。

【注释】

①传教:郡太守属吏,负责传达太守命令。 ②陇城:城名,在今甘肃张家川回族自治县境内。

王敦遣陶侃、甘卓等讨杜弢,前后数十战,弢将士多死,乃请降于丞相睿,睿不许。弢遗南平太守应詹书,自陈昔与詹"共讨乐乡,本同休戚。后在湘中,惧死求生,遂相结聚。傥以旧交之情,为明枉直,使得输诚盟府[①],厕列义徒,或北清中原,或西取李雄,以赎前愆,虽死之日,犹生之年也!"詹为启呈其书,且言:"弢,益州秀才,素有清望,为乡人所逼。今悔恶归善,宜命使抚纳,以息江、湘之民!"睿乃使前南海太守王运受弢降,赦其反逆之罪,以弢为巴东监军。弢既受命,诸将犹攻之不已。弢不胜愤怒,遂杀运复反。遣其将杜弘、张彦杀临川内史谢摛[②],遂陷豫章。三月,周访击彦,斩之,弘奔临贺。

汉大赦,改元建元。

雨血于汉东宫延明殿,太弟义恶之,以问太傅崔玮、太保许遐。玮、遐说义曰:"主上往日以殿下为太弟者,欲以安众心耳;其志在晋王久矣,王公已下莫不希旨附之。今复以晋王为相国,羽仪威重,逾于东宫,万机之事,无不由之,诸王皆置营兵以为羽翼。事势已去,殿下非徒不得立也,朝夕且有不测之危,不如早为之计。今四卫精兵不减五千[③],相国轻佻,正烦一刺客耳。大将军无日不出[④],其营可袭而取;余王并幼,固易夺也。苟殿下有意,二万精兵指顾可得,鼓行入云龙门,宿卫之士,孰不倒戈以迎殿下者!大司马不虑其为异也[⑤]。"义弗从。东宫舍人荀裕告玮、遐劝义谋反,汉主聪收玮、遐于诏狱[⑥],假以他事杀之。使冠威将军卜抽将兵监守东宫,禁义不听朝会。义忧惧不知所为,上表乞为庶人,并除诸子之封,褒美晋王,请以为嗣;抽抑而弗通。

汉青州刺史曹嶷尽得齐、鲁间郡县[⑦],自镇临菑,有众十余万,临河置戍。石勒表称:"嶷有专据东方之志,请讨之。"汉主聪恐勒灭嶷,不可复制,弗许。

聪纳中护军靳准二女月光、月华，立月光为上皇后，刘贵妃为左皇后，月华为右皇后。左司隶陈元达极谏，以为“并立三后，非礼也”。聪不悦，以元达为右光禄大夫，外示优崇，实夺其权。于是太尉范隆等皆请以位让元达，聪乃复以元达为御史大夫、仪同三司。月光有秽行，元达奏之，聪不得已废之，月光惭恚自杀，聪恨元达。

【注释】

①盟府：指司马睿的丞相府。司马睿为东南方镇的盟主，故曰盟府。②摛（chī 痴）：此处为人名用字。③四卫：指东宫前、后、左、右卫率。④大将军：即刘粲的弟弟刘敷。⑤大司马：即中山王刘曜。⑥诏狱：奉诏令关押犯人的牢狱。⑦齐、鲁间：指春秋战国时齐、鲁两国所占领地区，在今山东省中部。

夏，四月，大赦。

六月，盗发汉霸、杜二陵及薄太后陵[1]，得金帛甚多；诏收其余以实内府。

辛巳，大赦。

汉大司马曜攻上党，八月，癸亥，败刘琨之众于襄垣。曜欲进攻阳曲，汉主聪遣使谓之曰：“长安未平，宜以为先。”曜乃还屯蒲坂。

陶侃与杜弢相攻，弢使王贡出挑战，侃遥谓之曰：“杜弢为益州小吏，盗用库钱，父死不奔丧。卿本佳人，何为随之！天下宁有白头贼邪？”贡初横脚马上，闻侃言，敛容下脚。侃知可动，复遣使谕之，截发为信，贡遂降于侃。弢众溃，遁走，道死。侃与南平太守应詹进克长沙，湘州悉平。丞相睿承制赦其所部，进王敦镇东大将军，加都督江、扬、荆、湘、交、广六州诸军事、江州刺史。敦始自选置刺史以下，寖益骄横。

初，王如之降也[2]，敦从弟稜爱如骁勇，请敦配己麾下。敦曰：“此辈险悍难畜，汝性狷急，不能容养，更成祸端。”稜固请，乃与之。稜置左右，甚加宠遇。如数与敦诸将角射争斗，稜杖之，如深以为耻。及敦潜畜异志，稜每谏之。敦怒其异己，密使人激如令杀稜。如因闲宴,请剑舞为欢,稜许之。如舞剑渐前,稜恶而呵之,如直前杀稜。敦闻之,阳惊,亦捕如诛之。

初,朝廷闻张光死[3],以侍中第五猗为安南将军、监荆、梁、益、宁四州诸军事、荆州刺史[4],自武关出。杜曾迎猗于襄阳,为兄子娶猗女,遂聚兵万人,与猗分据汉、沔。

陶侃既破杜弢,乘胜进击曾,有轻曾之志。司马鲁恬谏曰:"凡战,当先料其将。今使君诸将,无及曾者,未易可逼也。"侃不从,进围曾于石城[5]。曾军多骑兵,密开门突侃陈,出其后,反击之,侃兵死者数百人。曾将趋顺阳[6],下马拜侃,告辞而去。

时荀崧都督江北诸军事,屯宛,曾引兵围之。崧兵少食尽,欲求救于故吏襄城太守石览。崧小女灌,年十三,帅勇士数十人,逾城突围夜出,且战且前,遂达览所;又为崧书,求救于南中郎将周访。访遣子抚帅兵三千,与览共救崧,曾乃遁去。

曾复致笺于崧,求讨丹水贼以自效,崧许之。陶侃遗崧书曰:"杜曾凶狡,所谓'鸱枭食母之物[7]'。此人不死,州土未宁,足下当识吾言!"崧以宛中兵少,藉曾为外援,不从。曾复帅流亡二千余人围襄阳,数日,不克而还。

【注释】

①霸、杜二陵:霸陵,汉文帝陵墓:杜陵,汉宣帝陵墓。二陵在长安西南。薄太后:汉高祖的姬妾、汉文帝的母亲,她的陵墓在霸陵南。 ②"王如"句:王如之降,见本书卷第八十八晋怀帝永嘉六年(312)。 ③"朝廷"句:张光之死,见本书卷第八十八晋愍帝建兴元年(313)。 ④监荆、梁、益、宁四州诸军事:武将官名。凡称监某地或某几地区诸军事者,负责督察某地或某几地区一切军务,地位仅次于都督某地或某几地区诸军

西晋青瓷鸭圈

事。 ⑤石城:城名,即竟陵郡治所,在今湖北钟祥市。 ⑥顺阳:县名,治今河南浙川县南。 ⑦鸱(chī 痴)枭:鸟类的一种,头大,嘴短而弯曲。古人传说它们会“食母”,因之用来比喻奸邪恶人。

王敦嬖人吴兴钱凤,疾陶侃之功,屡毁之。侃将还江陵,欲诣敦自陈。朱伺及安定皇甫方回谏曰:“公入必不出。”侃不从。既至,敦留侃不遣,左转广州刺史,以其从弟丞相军咨祭酒廙为荆州刺史。荆州将吏郑攀、马隽等诣敦,上书留侃,敦怒,不许。攀等以侃始灭大贼,而更被黜,众情愤惋;又以廙忌戾难事,遂帅其徒三千人屯涢口[1],西迎杜曾。廙为攀等所袭,奔于江安[2]。杜曾与攀等北迎第五猗以拒廙。廙督诸军讨曾,复为曾所败。敦意攀承侃风旨,被甲持矛将杀侃,出而复还者数四。侃正色曰:“使君雄断,当裁天下,何此不决乎?”因起如厕。谘议参军梅陶、长史陈颁言于敦曰:“周访与侃亲姻,如左右手,安有断人左手而右手不应者乎?”敦意解,乃设盛馔以饯之[3],侃便夜发,敦引其子瞻为参军。

初,交州刺史顾秘卒,州人以秘子寿领州事。帐下督梁硕起兵攻寿,杀之,硕遂专制交州。王机自以盗据广州,恐王敦讨之,更求交州。会杜弘诣机降,敦欲因机以讨硕,乃以降杜弘为机功,转交州刺史。机至郁林,硕迎前刺史修则子湛行州事以拒之。机不得进,乃更与杜弘及广州将温邵、交州秀才刘沈谋复还据广州。陶侃至始兴[4],州人皆言宜观察形势,不可轻进;侃不听,直至广州,诸郡县皆已迎机矣。杜弘遣使伪降,侃知其谋,进击弘,破之,遂执刘沈于小桂[5]。遣督护许高讨王机,走之。机病死于道,高掘其尸,斩之。诸将皆请乘胜击温邵,侃笑曰:“吾威名已著,何事遣兵! 但一函纸自定耳。”乃下书谕之。邵惧而走,追获于始兴。杜弘诣王敦降,广州遂平。

侃在广州无事,辄朝运百甓于斋外[6],暮运于斋内。人问其故,答曰:“吾方致力中原,过尔优逸,恐不堪事,故自劳耳。”

王敦以杜弘为将,宠任之。

九月,汉主聪使大鸿胪赐石勒弓矢,策命勒为陕东伯,得专征伐,拜刺史、将军、守宰,封列侯,岁尽集上。

汉大司马曜寇北地，诏以麹允为大都督、骠骑将军以御之。冬，十月，以索綝为尚书仆射、都督宫城诸军事。曜进拔冯翊，太守梁肃奔万年。曜转寇上郡。麹允去黄白城，军于灵武[7]，以兵弱，不敢进。

帝屡征兵于丞相保，保左右皆曰："蝮蛇螫手，壮士断腕。今胡寇方盛，且宜断陇道以观其变。"从事中郎裴诜曰："今蛇已螫头，头可断乎？"保乃以镇军将军胡崧行前锋都督，须诸军集乃发。麹允欲奉帝往就保，索綝曰："保得天子，必逞其私志。"乃止。于是自长安以西，不复贡奉朝廷，百官饥乏，采稆以自存[8]。

凉州军士张冰得玺，文曰"皇帝行玺"，献于张寔，僚属皆贺。寔曰："是非人臣所得留。"遣使归于长安。

【注释】

①涢口：地名，即涢水入汉江之口，在今湖北汉川市东北。 ②江安：县名。治今湖北公安县西北。 ③馔（zhuàn 撰）：饭食。 ④始兴：郡名。治今广东韶关市东南。 ⑤小桂：地名，即今广东连州市，为桂阳县治所。 ⑥甓（pì 辟）：砖。 ⑦灵武：地名。在今陕西咸阳市东。 ⑧蝮（fù 付）蛇：毒蛇的一种，头部呈三角形，身体灰褐色，有斑纹。螫（shì 世）：咬。 ⑨"壮士"句：壮士砍掉手臂。这种做法，是防止蛇毒流遍全身，中毒而死。 ⑩稆（lǚ 旅）：野生的谷物。

四年 春，正月，司徒梁芬议追尊吴王晏，右仆射索綝等引魏明帝诏以为不可[1]；乃赠太保，谥曰孝。

汉中常侍王沈、宣怀、中宫仆射郭猗等，皆宠幸用事。汉主聪游宴后宫，或三日不醒，或百日不出；自去冬不视朝，政事一委相国粲，唯杀生、除拜乃使沈等入白之。沈等多不白，而自以其私意决之，故勋旧或不叙，而奸佞小人有数日至二千石者。军旅岁起，将士无钱帛之赏，而后宫之家，赐及僮仆，动至数千万。沈等车服、第舍逾于诸王，子弟中表为守令者三十余人，皆贪残为民害。靳准阖宗谄事之。

郭猗与准皆有怨于太弟义，猗谓相国粲曰："殿下光文帝之世孙、主上之嫡子，四海莫不属心，奈何欲以天下与太弟乎？且臣闻太弟与大将军谋因三月上巳大宴作乱[②]，事成，许以主上为太上皇，大将军为皇太子，又许卫军为大单于[③]。三王处不疑之地，并握重兵，以此举事，无不成者。然二王贪一时之利，不顾父兄，事成之后，主上岂有全理？殿下兄弟，固不待言；东宫、相国、单于，当在武陵兄弟[④]，何肯与人也？今祸期甚迫，宜早图之。臣屡言于主上，主上笃于友爱，以臣刀锯之余[⑤]，终不之信，愿殿下勿泄，密表其状。殿下倘不信臣，可召大将军从事中郎王皮、卫军司马刘惇，假之恩意，许其归首，以问之，必可知也。”粲许之。猗密谓皮、惇曰：“二王逆状，主上及相国具知之矣，卿同之乎？”二人惊曰：“无之。”猗曰：“兹事已决，吾怜卿亲旧，并见族耳！”因歔欷流涕。二人大惧，叩头求哀。猗曰：“吾为卿计，卿能用之乎？相国问卿，卿但云‘有之’；若责卿不先启，卿即云‘臣诚负死罪，然仰惟主上宽仁，殿下敦睦，苟言不见信，则陷于诬谮不测之诛，故不敢言也。’”皮、惇许诺。粲召问之，二人至不同时，而其辞若一，粲以为信然。

靳准复说粲曰：“殿下宜自居东宫，以领相国，使天下早有所系。今道路之言，皆云大将军、卫将军欲奉太弟为变，期以季春；若使太弟得天下，殿下无容足之地矣。”粲曰：“为之奈何？”准曰：“人告太弟为变，主上必不信。宜缓东宫之禁，使宾客得往来；太弟雅好待士，必不以此为嫌，轻薄小人不能无迎合太弟之意为之谋者。然后下官为殿下露表其罪，殿下收其宾客与太弟交通者考问之，狱辞既具，则主上无不信之理也。”粲乃令卜抽引兵去东宫。

【注释】

①魏明帝诏：见本书卷第七十一魏明帝太和三年（229），诏文大意为：王后无嗣，择立支子以继大宗者，当继王统而奉公义，不得再顾及私亲。　②上巳：农历每月上旬的巳日。三月上巳，为古代节日。汉以前，上巳必取巳日；自魏以后，一般习用三月初三，不一定为巳日。　③卫军：指卫将军刘励。　④武陵兄弟：指刘乂的几个儿子。　⑤刀锯之余：受过宫刑的人。

少府陈休、左卫将军卜崇，为人清直，素恶沈等，虽在公座，未尝与语，沈等深疾之。侍中卜干谓休、崇曰："王沈等势力足以回天地，卿辈自料亲贤孰与窦武、陈蕃[1]？"休、崇曰："吾辈年逾五十，职位已崇，唯欠一死耳！死于忠义，乃为得所；安能俯首低眉以事阉竖乎？去矣卜公，勿复有言！"

二月，汉主聪出临上秋阁，命收陈休、卜崇及特进綦毋达、太中大夫公师彧、尚书王琰、田歆、大司农朱谐并诛之，皆宦官所恶也。卜干泣谏曰："陛下方侧席求贤，而一旦戮卿大夫七人，皆国之忠良，无乃不可乎！藉使休等有罪，陛下不下之有司，暴明其状，天下何从知之？诏尚在臣所，未敢宣露，愿陛下熟思之！"因叩头流血。王沈叱干曰："卜侍中欲拒诏乎？"聪拂衣而入，免干为庶人。

太宰河间王易、大将军勃海王敷、御史大夫陈元达、金紫光禄大夫西河王延等皆诣阙表谏曰："王沈等矫弄诏旨，欺诬日月，内谄陛下，外佞相国，威权之重，侔于人主，多树奸党，毒流海内。知休等忠臣，为国尽节，恐发其奸状，故巧为诬陷。陛下不察，遽加极刑，痛彻天地，贤愚伤惧。今遗晋未殄，巴、蜀不宾，石勒谋据赵、魏，曹嶷欲王全齐，陛下心腹四支，何处无患？乃复以沈等助乱，诛巫咸[2]，戮扁鹊，臣恐遂成膏肓之疾，后虽救之，不可及已。请免沈等官，付有司治罪。"聪以表示沈等，笑曰："群儿为元达所引[3]，遂成痴也。"沈等顿首泣曰："臣等小人，过蒙陛下识拔，得洒扫闺阁，而王公、朝士疾臣等如仇，又深恨陛下。愿以臣等膏鼎镬[4]，则朝廷自然雍穆矣。"聪曰："此等狂言常然，卿何足恨乎！"聪问沈等于相国粲，粲盛称沈等忠清；聪悦，封沈等为列侯。

太宰易又诣阙上疏极谏，聪大怒，手坏其疏。三月，易忿恚而卒。易素忠直，陈元达倚之为援，得尽谏诤。及卒，元达哭之恸，曰："'人之云亡，邦国殄悴[5]。'吾既不复能言，安用默默苟生乎？"归而自杀。

【注释】

①窦武（？—168）：东汉大臣。字游平，扶风平陵（今陕西咸阳市西北）人。通经学，以教授为业。因长女为桓帝皇后而入仕。桓帝卒，迎立灵帝，任大将军，掌管朝政，重用反对宦官的李膺等人。后与陈蕃谋诛宦

官,事泄被杀。陈蕃(? —168):东汉大臣。字仲举,汝南平舆(今河南平舆县北)人。桓帝时为太尉,与李膺等反对宦官专权。灵帝立,为太傅,与窦武谋诛宦官,诛杀。 ②巫咸:商王太戊辅臣。据称他长于占星术,又发明筮卜,是神权统治的代表人物。 ③群儿:指刘易等诣阙上书的一些人。儿,在古代也可用来表示成年男子。 ④镬(huò 获):大锅,古代用来烹煮犯人的刑具。 ⑤"人之云亡"句:语出《诗经·大雅·瞻仰》,大意为"良臣贤士都死光,国运艰危将灭亡"。

初,代王猗卢爱其少子比延,欲以为嗣,使长子六修出居新平城,而黜其母。六修有骏马,日行五百里,猗卢夺之,以与比延。六修来朝,猗卢使拜比延,六修不从。猗卢乃坐比延于其步辇,使人导从出遊。六修望见,以为猗卢,伏谒路左;至,乃比延,六修惭怒而去。猗卢召之不至,大怒,帅众讨之,为六修所败。猗卢微服逃民间,有贱妇人识之,遂为六修所弑①。拓跋普根先守外境,闻难来赴,攻六修,灭之。

普根代立,国中大乱,新旧猜嫌②,迭相诛灭。左将军卫雄、信义将军箕澹,久佐猗卢,为众所附,谋归刘琨,乃言于众曰:"闻旧人忌新人悍战,欲尽杀之,将奈何?"晋人及乌桓皆惊惧,曰:"死生随二将军!"乃与琨质子遵帅晋人及乌桓三万家、马牛羊十万头归于琨。琨大喜,亲诣平城抚纳之,琨兵由是复振。

夏,四月,普根卒。其子始生,普根母惟氏立之。

张寔下令,所部吏民有能举其过者,赏以布帛羊米。贼曹佐高昌隗瑾曰③:"今明公为政,事无巨细,皆自决之,或兴师发令,府朝不知④,万一违失,谤无所分。群下畏威,受成而已。如此,虽赏之千金,终不敢言也。谓宜少损聪明,凡百政事,皆延访群下,使各尽所怀,然后采而行之,则嘉言自至,何必赏也!"寔悦,从之;增瑾位三等。

寔遣将军王该帅步骑五千入援长安,且送诸郡贡计。诏拜寔都督陕西诸军事,以寔弟茂为秦州刺史。

石勒使石虎攻刘演于廪丘,幽州刺史段匹磾使其弟文鸯救之;虎拔廪丘,演奔文鸯军,虎获演弟启以归。

宁州刺史王逊，严猛喜诛杀。五月，平夷太守雷炤、平乐太守董霸帅三千余家叛[⑤]，降于成。

【注释】

①弑（shì 式）：古代臣子杀死君主或子女杀死父母称弑。 ②新旧：即下文所说的新人、旧人。拓跋普根统领的部众，仍是从前的索头部落人，称为“旧人”。拓跋猗卢统领的部众，包括不少汉族人和乌桓人，称为“新人”。 ③高昌：城名，在今新疆吐鲁番市东南。 ④府朝：僚属聚集之处，此处指州府。 ⑤平夷：郡名，治今贵州毕节市境内。平乐：郡名，治所不详，大约在今四川越西县东北。

六月，丁巳朔，日有食之。

秋，七月，汉大司马曜围北地太守麴昌，大都督麴允将步骑三万救之。曜绕城纵火，烟起蔽天，使反间绐允曰：“郡城已陷，往无及也！”众惧而溃。曜追败允于磻石谷[①]，允奔还灵武，曜遂取北地。

允性仁厚，无威断，喜以爵位悦人。新平太守竺恢、始平太守杨像、扶风太守竺爽、安定太守焦嵩，皆领征、镇，杖节，加侍中、常侍；村坞主帅，小者犹假银青将军之号[②]；然恩不及下，故诸将骄恣而士卒离怨。关中危乱，允告急于焦嵩，嵩素侮允，曰：“须允困，当救之。”

曜进至泾阳，渭北诸城悉溃。曜获建威将军鲁充、散骑常侍梁纬、少府皇甫阳。曜素闻充贤，募生致之，既见，赐之酒曰：“吾得子，天下不足定也！”充曰：“身为晋将，国家丧败，不敢求生。若蒙公恩，速死为幸。”曜曰：“壮士也。”赐之剑，令自杀。梁纬妻辛氏，美色，曜召见，将妻之，辛氏大哭曰：“妾夫已死，义不独生，且一妇人而事二夫，明公又安用之！”曜曰：“贞女也。”亦听自杀，皆以礼葬之。

汉主聪立故张后侍婢樊氏为上皇后，三后之外，佩皇后玺绶者复有七人。嬖宠用事，刑赏紊乱。大将军敷数涕泣切谏，聪怒曰：“汝欲乃公速死邪，何以朝夕生来哭人？”敷忧愤，发病卒。

河东、平阳大蝗，民流殍者什五六[③]。石勒遣其将石越帅骑二万屯并州，招纳流民，民归之者二十万户。聪遣使让勒，勒不受命，潜与曹嶷相结。

八月，汉大司马曜逼长安。

【注释】

①磻(pán 盘)石谷：地名，在今陕西铜川市北石盘山。 ②银青将军：佩带银印青绶的将军。 ③殍(piǎo 瞟)：饿死的人。

九月，汉主宴群臣于光极殿，引见太弟义。义容貌憔悴，鬓发苍然，涕泣陈谢，聪亦为之恸哭；乃纵酒极欢，待之如初。

焦嵩、竺恢、宋哲皆引兵救长安，散骑常侍华辑监京兆、冯翊、弘农、上洛四郡兵，屯霸上，皆畏汉兵强，不敢进。相国保遣胡崧将兵入援，击汉大司马曜于灵台[1]，破之。崧恐国威复振则麹、索势盛，乃帅城西诸郡兵屯渭北不进，遂还槐里[2]。

曜攻陷长安外城，麹允、索綝退保小城以自固。内外断绝，城中饥甚，米斗直金二两，人相食，死者太半，亡逃不可制，唯凉州义众千人，守死不移。太仓有曲数十饼，麹允屑之为粥以供帝，既而亦尽。冬，十一月，帝泣谓允曰："今穷厄如此，外无救援，当忍耻出降，以活士民。"因叹曰："误我事者，麹、索二公也！"使侍中宗敞送降笺于曜。索綝潜留敞，使其子说曜曰："今城中食犹足支一年，未易克也。若许綝以仪同、万户郡公者，请以城降。"曜斩而送之，曰："帝王之师，以义行也。孤将兵十五年，未尝以诡计败人，必穷兵极势，然后取之。今索綝所言如此，天下之恶一也，辄相为戮之。若兵食审未尽者，便可勉强固守；如其粮竭兵微，亦宜早寤天命。"

甲午，宗敞至曜营；乙未，帝乘羊车，肉袒、衔璧、舆榇出东门降。群臣号泣，攀车执帝手，帝亦悲不自胜。御史中丞冯翊吉朗叹曰："吾智不能谋，勇不能死，何忍君臣相随，北面事贼虏乎？"乃自杀。曜焚榇受璧，使宗敞奉帝还宫。丁酉，迁帝及公卿以下于其营；辛丑，送至平阳。壬寅，汉主聪临光极殿，帝稽首于前。麹允伏地恸哭，扶不能起，聪怒，囚之，允自杀。聪以帝为光禄大夫，封怀安侯。以大司马曜为假黄钺、大都督、督陕西诸军事、太宰，封秦王。大赦，改元麟嘉。以麴允忠烈，赠车骑将军，谥节愍侯。以索綝不忠，斩于都市。尚书梁允、侍中梁浚等及诸郡守皆为曜所杀，华辑奔南山[3]。

【注释】

①灵台：地名，在今陕西西安市西北汉长安城西。 ②槐里：县名，治今陕西兴平市东南南佐村。 ③南山：又名终南山、中南山、周南山，即今陕西秦岭山脉。

干宝论曰[1]：昔高祖宣皇帝，以雄才硕量，应时而起，性深阻有若城府，而能宽绰以容纳；行数术以御物，而知人善采拔。于是百姓与能[2]，大象始构[3]。世宗承基，太祖继业，咸黜异图，用融前烈。至于世祖，遂享皇极，仁以厚下，俭以足用，和而不弛，宽而能断，掩唐、虞之旧域，班正朔于八荒[4]，于时有"天下无穷人"之谚，虽太平未洽，亦足以明民乐其生矣。

武皇既崩，山陵未干而变难继起。宗子无维城之助[5]，师尹无具瞻之贵[6]，朝为伊、周，夕成桀、跖；国政迭移于乱人，禁兵外散于四方，方岳无钧石之镇，关门无结草之固。戎、羯称制，二帝失尊，何哉？树立失权，托付非才，四维不张而苟且之政多也[7]。

夫基广则难倾，根深则难拔，理节则不乱，胶结则不迁。昔之有天下者所以能长久，用此道也。周自后稷爱民，十六王而武始君之，其积基树本，如此其固。今晋之兴也，其创基立本，固异于先代矣。加以朝寡纯德之人，乡乏不贰之老[8]，风俗淫僻，耻尚失所。学者以庄、老为宗而黜《六经》，谈者以虚荡为辨而贱名检，行身者以放浊为通而狭节信，进仕者以苟得为贵而鄙居正，当官者以望空为高而笑勤恪[9]。是以刘颂屡言治道，傅咸每纠邪正，皆谓之俗吏；其倚杖虚旷，依阿无心者，皆名重海内。若夫文王日昃不暇食[10]，仲山甫夙夜匪懈者[11]，盖共嗤黜以为灰尘矣。由是毁誉乱于善恶之实，情慝奔于货欲之途，选者为人择官，官者为身择利，世族贵戚之子弟，陵迈超越，不拘资次。悠悠风尘，皆奔竞之士；列官千百，无让贤之举。子真著《崇让》而莫之省[12]，子雅制九班而不得用[13]。其妇女不知女工，任情而动，有逆于舅姑，有杀戮妾媵，父兄弗之罪也，天下莫之非也。礼法刑政，于此大坏，“国之将亡，本必先颠[14]”。其此之谓乎！

故观阮籍之行而觉礼教崩弛之所由[15]，察庾纯、贾充之争而见师尹之多僻[16]，考平吴之功而知将帅之不让，思郭钦之谋而寤戎狄之有衅[17]，览傅玄、刘毅之言而得百官之邪[18]，核傅咸之奏、《钱神》之论而睹宠赂之彰[19]。民风国势，既已如此，虽以中庸之才、守文之主治之，犹惧致乱，况我惠帝以放荡之德临之哉！怀帝承乱即位，羁以强臣；愍帝奔播之后，徒守虚名。天下之势既去，非命世之雄材，不能复取之矣！

【注释】

①干宝：东晋学者。字令升，新蔡（今河南新蔡县）人。少勤学博览，诏为佐著作郎。东晋初，领修国史，成《晋纪》二十卷，下列论述出自该书的《总论》。又著有《搜神记》等多种书籍，大多散佚。 ②百姓：百官。与能：推许其才能，不与之相争。 ③大象：大业的根基。象，法、制度之意。 ④八荒：八方荒远的地方。汉代刘向《说苑·辨物》说：“八荒之内有四海，四海之内有九州。”可见古人以八荒为最遥远的地方。⑤宗子：皇族子弟。维城：捍卫都城。《诗经·大雅·板》云：“怀德维宁，宗子维城。”本句从此化出。 ⑥“师尹”句：语出《诗经·小雅·节南山》：“赫赫师尹，民具尔瞻。”意为“赫赫有名尹太师，人人对他侧目瞧”。太师尹氏，后世用来指代众官之长。 ⑦四维：指礼、义、廉、耻四种道德规范，古人认为它们是巩固政权的根本，有“四维不张，国乃灭亡”的说法。 ⑧不贰：一种错误出现后不再重犯。老：乡老，周代官名，为乡村基层政权核心人物。 ⑨望空：有名望而无职事。 ⑩昃（zè 仄）：太阳偏西。 ⑪仲山甫：鲁献公次子、周宣王时大夫。一作仲山父，因封地在樊（今陕西西安市长安区南），又称樊仲、樊穆仲。《诗经·大雅·烝民》：“保兹天子，生仲山甫。”全首都是颂扬仲山甫的功德。⑫子真：刘寔表字。所著《崇让论》见本书卷第八十二晋武帝太康十年（289）。 ⑬子雅：刘颂表字。所议九班之制见本书卷第八十二晋武帝太康十年（289）。 ⑭“国之将亡”句：语出《左传》闵公元年：“国将亡，本必先颠，然后枝叶从之。” ⑮阮籍（210—263）：三国时魏文学家、名

士。字嗣宗，陈留尉氏（今河南尉氏县）人。博览群籍，好老庄之学，为“竹林七贤”之一。高贵乡公时，官至散骑侍郎。藐视礼教，与当权的司马氏有矛盾，常以纵酒佯狂以避祸。著述甚多，大多散佚，后人辑有《阮嗣宗集》。其行事可参见本书卷第七十八魏元帝景元三年（262）。⑯“察庾纯”句：事见本书卷第七十九晋武帝泰始七、八年（271、272）。⑰“考平吴”及“思郭钦”句：事并见本书卷第八十一晋武帝太康元年（280）。⑱“览傅玄”句：傅玄、刘毅二人在晋武帝时，都任过司隶校尉，前后纠劾，不避权贵，故能从其言论中得知百官的邪恶。⑲“核傅咸”句：傅咸奏见本书卷第八十二晋惠帝元康四年（294）。《钱神论》见本书卷第八十三晋惠帝元康九年（299）。

石勒围乐平太守韩据于坫城[1]，据请救于刘琨。琨新得拓跋猗卢之众，欲因其锐气以讨勒。箕澹、卫雄谏曰：“此虽晋民，久沦异域，未习明公之恩信，恐其难用。不若且内收鲜卑之余谷，外抄胡贼之牛羊，闭关守险，务农息兵，待其服化感义，然后用之，则功无不济矣。”琨不从，悉发其众，命澹帅步骑二万为前驱，琨屯广牧[2]，为之声援。

石勒闻澹至，将逆击之。或曰：“澹士马精强，其锋不可当，不若且引兵避之，深沟高垒以挫其锐，必获万全。”勒曰：“澹兵虽众，远来疲弊，号令不齐，何精强之有？今寇敌垂至，何可舍去？大军一动，岂易中还？若澹乘我之退而逼之，顾逃溃不暇，焉得深沟高垒乎！此自亡之道也。”立斩言者。以孔苌为前锋都督，令三军：“后出者斩！”勒据险要，设疑兵于山上，前设二伏，出轻骑与澹战，阳为不胜而走。澹纵兵追之，入伏中。勒前后夹击澹军，大破之，获铠马万计。澹、雄帅骑千余奔代郡，韩据弃城走，并土震骇。

十二月，乙卯朔，日有食之。

司空长史李弘以并州降石勒。刘琨进退失据，不知所为，段匹磾遣信邀之，己未，琨帅众从飞狐奔蓟[3]。匹磾见琨，甚相亲重，与之结婚，约为兄弟。勒分徙阳曲、乐平民于襄国，置守宰而还。

孔苌攻箕澹于代郡，杀之。

苌等攻贼帅马严、冯䐗[4]，久而不克。司、冀、并、兖流民数万户在辽西，迭相招引，民不安业。勒问计于濮阳侯张宾，宾曰："严、賭本非公之深仇，流民皆有恋本之志，今班师振旅，选良牧守使招怀之，则幽、冀之寇可不日而清，辽西流民将相帅而至矣。"勒乃召苌等归，以武遂令李回为易北督护⑤，兼高阳太守。马严士卒素服回威德，多叛严归之，严惧而出走，赴水死。冯賭帅其众降。回徙居易京⑥，流民归之者相继于道。勒喜，封回为弋阳子，增张宾邑千户，进位前将军；宾固辞不受。

丞相睿闻长安不守，出师露次，躬擐甲胄，移檄四方，刻日北征。以漕运稽期，斩督运令史淳于伯。刑者以刀拭柱，血逆流上，至柱末二丈余而下，观者咸以为冤。丞相司直刘隗上言："伯罪不至死，请免从事中郎周莚等官。"于是右将军王导等上疏引咎，请解职。睿曰："政刑失中，皆吾闇塞所致。"一无所问。

隗性刚讦，当时名士多被弹劾，睿率皆容贷，由是众怨皆归之。南中郎将王含，敦之兄也，以族强位显，骄傲自恣，一请参佐及守长至二十许人，多非其才；隗劾奏含，文致甚苦，事虽被寝，而王氏深忌疾之。

丞相睿以邵续为冀州刺史。续女婿广平刘遐聚众河、济之间，睿以遐为平原内史。

托跋普根之子又卒，国人立其从父郁律。

【注释】

①坫（diàn 电）城：城名，应为沾城，为乐平郡治所，在今山西昔阳县西南。　②广牧：县名，治今山西寿阳县西北之古城。　③飞狐：地名，即飞狐口，在今河北蔚县东南。　④賭（zhū 株）：此处为人名用字。⑤武遂：县名，治今河北武强县西北。　⑥易京：地名，在今河北雄县西北。

资治通鉴卷第九十

晋纪十二　起强圉赤奋若，尽著雍摄提格，凡二年。

中宗元皇帝上[1]

建武元年　春，正月，汉兵东略弘农，太守宋哲奔江东。

黄门郎史淑、侍御史王冲自长安奔凉州，称愍帝出降前一日，使淑等赍诏赐张寔，拜寔大都督、凉州牧、侍中、司空，承制行事；且曰："朕已诏琅邪王时摄大位；君其协赞琅邪，共济多难。"淑等至姑臧，寔大临三日，辞官不受。

初，寔叔父肃为西海太守，闻长安危逼，请为先锋入援；寔以其老，弗许。及闻长安不守，肃悲愤而卒。

寔遣太府司马韩璞、抚戎将军张阆等帅步骑一万东击汉；命讨虏将军陈安、安故太守贾骞、陇西太守吴绍各统郡兵为前驱[2]。又遗相国保书曰："王室有事，不忘投躯。前遣贾骞瞻公举动，中被符命，敕骞还军。俄闻寇逼长安，胡崧不进，麴允持金五百，请救于崧，遂决遣骞等进军度岭[3]。会闻朝廷倾覆，为忠不遂，愤痛之深，死有余责。今更遣璞等，唯公命是从。"璞等卒不能进而还。

至南安，诸羌断路，相持百余日，粮竭矢尽。璞杀车中牛以飨士，泣谓之曰："汝曹念父母乎？"曰："念。""念妻子乎？"曰："念。""欲生还乎？"曰："欲。""从我令乎？"曰："诺。"乃鼓噪进战，会张阆帅金城兵继至，夹击，大破之，斩首数千级。

先是，长安谣曰："秦川中，血没腕，唯有凉州倚柱观。"及汉兵覆关中，氐、羌掠陇右，雍、秦之民，死者什八九，独凉州安全。

晋元帝司马睿像

二月，汉主聪使从弟畅帅步骑三万攻荥阳，太守李矩屯韩王故垒[④]，相去七里，遣使招矩。时畅兵猝至，矩未及为备，乃遣使诈降于畅。畅不复设备，大飨，渠帅皆醉。矩欲夜袭之，士卒皆恇惧[⑤]，矩乃遣其将郭诵祷于子产祠[⑥]，使巫扬言曰："子产有教，当遣神兵相助。"众皆踊跃争进。矩选勇敢千人，使诵将之，掩袭畅营，斩首数千级，畅仅以身免。

【注释】

①中宗元皇帝：即司马睿（276—322），东晋建立者。字景文，河内温县（今河南温县西）人，司马懿曾孙，琅邪武王司马伷之孙。初袭封为琅邪王。永嘉初，受命都督扬州江南诸军事，后移镇建邺（今江苏南京市），职权又有扩大。西晋灭亡后，称晋王，继而称帝。重用王导，依靠南北士族，在南方形成偏安局面。②安故：郡名，治今甘肃临洮县南。为前凉所置，后废除。 ③"遂决"句：所度过的"岭"指沃干岭，在今甘肃兰州市西南。 ④韩王故垒：战国时韩国君主所筑的壁垒，是韩国灭掉郑国后修筑的，在今河南新郑市境。 ⑤恇（kuāng 匡）：害怕；惊慌。 ⑥子产祠：即祭祀春秋时郑国正卿公孙侨（侨字子产）的祠堂。

辛巳，宋哲至建康，称受愍帝诏，令丞相琅邪王睿统摄万机。三月，琅邪王素服出次[①]，举哀三日。于是西阳王羕及官属等共上尊号[②]，王不许。羕等固请不已，王慨然流涕曰："孤，罪人也。诸贤见逼不已，当归琅邪耳！”呼私奴，命驾将归国。羕等乃请依魏、晋故事，称晋王；许之。辛卯，即晋王位，大赦，改元；始备百官，立宗庙，建社稷。

有司请立太子，王爱次子宣城公裒[3]，欲立之，谓王导曰：“立子当以德。”导曰：“世子、宣城公，俱有朗隽之美，而世子年长。”王从之。丙辰[4]，立世子绍为王太子；封裒为琅邪王，奉恭王后[5]；仍以裒都督青、徐、兖三州诸军事，镇广陵。以西阳王羕为太保，封谯刚王逊之子承为谯王。逊，宣帝之弟子也。又以征南大将军王敦为大将军、江州牧，扬州刺史王导为骠骑将军、都督中外诸军事、领中书监、录尚书事，丞相左长史刁协为尚书左仆射，右长史周顗为吏部尚书，军咨祭酒贺循为中书令，右司马戴渊、王邃为尚书，司直刘隗为御史中丞，行参军刘超为中书舍人[6]，参军事孔愉长兼中书郎，自余参军悉拜奉车都尉，掾属拜驸马都尉，行参军、舍人拜骑都尉。王敦辞州牧，王导以敦统六州，辞中外都督，贺循以老病辞中书令，王皆许之；以循为太常。是时承丧乱之后，江东草创，刁协久宦中朝[7]，谙练旧事，贺循为世儒宗，明习礼学，凡有疑议，皆取决焉。

刘琨、段匹磾相与歃血同盟[8]，期以翼戴晋室。辛丑，琨檄告华、夷，遣兼左长史、右司马温峤[9]，匹磾遣左长史荣邵，奉表及盟文诣建康劝进。峤，羨之弟子也，峤之从母为琨妻。琨谓峤曰：“晋祚虽衰，天命未改，吾当立功河朔，使卿延誉江南。行矣，勉之！”

西晋青釉提梁井

王以鲜卑大都督慕容廆为都督辽左杂夷流民诸军事、龙骧将军、大单于、昌黎公；廆不受。征虏将军鲁昌说廆曰:“今两京覆没,天子蒙尘⑩,琅邪王承制江东,为四海所系属。明公虽雄据一方,而诸部犹阻兵未服者,盖以官非王命故也。谓宜通使琅邪,劝承大统,然后奉诏令以伐有罪,谁敢不从?”处士辽东高诩曰:“霸王之资,非义不济。今晋室虽微,人心犹附之,宜遣使江东,示有所尊,然后仗大义以征诸部,不患无辞矣。”廆从之,遣长史王济浮海诣建康劝进。

汉相国粲使其党王平谓太弟义曰:“适奉中诏,云京师将有变,宜衷甲以备非常。”义信之,命宫臣皆衷甲以居。粲驰遣告靳准、王沈。准以白汉主聪曰:“太弟将为乱,已衷甲矣!”聪大惊曰:“宁有是邪?”王沈等皆曰:“臣等闻之久矣,屡言之,而陛下不之信也。”聪使粲以兵围东宫。粲使准、沈收氐、羌酋长十余人,穷问之,皆悬首高格,烧铁灼目,酋长自诬与义谋反。聪谓沈等曰:“吾今而后知卿等之忠也!当念知无不言,勿恨往日言而不用也!”于是诛东宫官属及义素所亲厚,准、沈等素所憎怨者大臣数十人,坑士卒万五千余人。夏,四月,废义为北部王,粲寻使准贼杀之。义形神秀爽,宽仁有器度,故士心多附之。聪闻其死,哭之恸,曰:“吾兄弟止余二人而不相容,安得使天下知吾心邪?”氐、羌叛者甚众,以靳准行车骑大将军,讨平之。

【注释】

①出次:犹言避寝、避正寝。搬出平日的宫殿,单独住在外面简陋的房舍中,即居丧。 ②羕(yàng 样):此处为人名用字。 ③裒(póu 抔):此处为人名用字。 ④丙辰:三月癸未朔,无丙辰。 ⑤奉恭王后:作为恭王的后嗣。恭王,是司马睿的父亲司马觐。司马睿及太子司马绍既已由“小宗”承继“大宗”,所以命司马裒接续琅邪国的祭祀香火。 ⑥中书舍人:职官名,隶属于中书监、令。西晋时舍人、通事各一人,东晋合而为一,负责转呈奏疏案章。 ⑦中朝:西晋时期。当时建都洛阳,故称中朝。 ⑧歃(shà 沙)血:古时会盟,双方口含牲畜之血或以血涂在嘴唇上,以表示诚意。 ⑨温峤(288—329):东晋太原祁县(今属山西)人,字太真,初在并州,为刘琨谋主,抵抗刘聪、石勒。后南下,明帝即位,任中书令。 ⑩蒙尘:蒙上尘土。多用来比喻帝王流亡或失位,遭受垢辱。

五月，壬午，日有食之。

六月，丙寅，温峤等至建康，王导、周顗、庾亮等皆爱峤才，争与之交。是时，太尉豫州牧荀组、冀州刺史邵续、青州刺史曹嶷、宁州刺史王逊、东夷校尉崔毖等皆上表劝进，王不许。

初，流民张平、樊雅各聚众数千人在谯，为坞主。王之为丞相也，遣行参军谯国桓宣往说平、雅，平、雅皆请降。及豫州刺史祖逖出屯芦洲[①]，遣参军殷乂诣平、雅。乂意轻平，视其屋，曰："可作马厩。"见大镬，曰："可铸铁器。"平曰："此乃帝王镬，天下清平方用之，奈何毁之？"乂曰："卿未能保其头，而爱镬邪？"平大怒，于坐斩乂，勒兵固守。逖攻之，岁余不下，乃诱其部将谢浮，使杀之；逖进据太丘[②]。樊雅犹据谯城，与逖相拒。逖攻之不克，请兵于南中郎将王含。桓宣时为含参军，含遣宣将兵五百助逖。逖谓宣曰："卿信义已著于彼，今复为我说雅。"宣乃单马从两人诣雅曰："祖豫州方欲平荡刘、石，倚卿为援；前殷乂轻薄，非豫州意也。"雅即诣逖降。逖既入谯城，石勒遣石虎围谯，王含复遣桓宣救之，虎解去。逖表宣为谯国内史。

己巳，晋王传檄天下，称："石虎敢帅犬羊，渡河纵毒，今遣琅邪王裒等九军，锐卒三万，水陆四道，径造贼场，受祖逖节度。"寻复召裒还建康。

秋，七月，大旱；司、冀、并、青、雍州大蝗；河、汾溢，漂千余家。

汉主聪立晋王粲为皇太子，领相国、大单于，总摄朝政如故。大赦。

段匹磾推刘琨为大都督，檄其兄辽西公疾陆眷及叔父涉复辰、弟末柸等会于固安[③]，共讨石勒。末柸说疾陆眷、涉复辰曰："以父兄而从子弟，耻也；且幸而有功，匹磾独收之，吾属何有哉？"各引兵还。琨、匹磾不能独留，亦还蓟。

以荀组为司徒。

【注释】

①芦洲：地名，在今安徽亳州市东涡水北岸。　②太丘：地名，在今河南永城市西北。　③固安：县名，治今河北易县东南。

八月，汉赵固袭卫将军华荟于临颍，杀之。

初，赵固与长史周振有隙，振密谮固于汉主聪。李矩之破刘畅也，于帐中得聪诏，令畅既克矩，还过洛阳，收固斩之，以振代固。矩送以示固，固斩振父子，帅骑一千来降；矩复令固守洛阳。

郑攀等相与拒王廙，众心不壹，散还横桑口①，欲入杜曾。王敦遣武昌太守赵诱、襄阳太守朱轨击之，攀等惧，请降。杜曾亦请击第五猗于襄阳以自赎。

廙将赴荆州，留长沙刘浚镇扬口垒②。竟陵内史朱伺谓廙曰："曾，猾贼也，外示屈服，欲诱官军使西，然后兼道袭扬口耳。宜大部分，未可便西。"廙性矜厉自用，以伺为老怯，遂西行。曾等果还趋扬口；廙乃遣伺归，裁至垒，即为曾所围。刘浚自守北门，使伺守南门。马隽从曾来攻垒，隽妻子先在垒中，或欲皮其面以示之。伺曰："杀其妻子，未能解围，但益其怒耳。"乃止。曾攻陷北门，伺被伤，退入船，开船底以出，沉行五十步，乃得免。曾遣人说伺曰："马隽德卿全其妻子，今尽以卿家内外百口付隽，隽已尽心收视，卿可来也。"伺报曰："吾年六十余，不能复与卿作贼，吾死亦当南归，妻子付汝裁之。"乃就王廙于甑山③，病创而卒。

戊寅④，赵诱、朱轨及陵江将军黄峻与曾战于女观湖⑤，诱等皆败死。曾乘胜径造沔口，威震江、沔。

王使豫章太守周访击之。访有众八千，进至沌阳⑥。曾锐气甚盛，访使将军李恒督左甄，许朝督右甄⑦，访自领中军。曾先攻左、右甄，访于阵后射雉以安众心。令其众曰："一甄败，鸣三鼓；两甄败，鸣六鼓。"赵诱子胤，将父余兵属左甄，力战，败而复合，驰马告访。访怒，叱令更进；胤号哭还战。自旦至申⑧，两甄皆败。访选精锐八百人，自行酒饮之，敕不得妄动，闻鼓音乃进。曾兵未至三十步，访亲鸣鼓，将士皆腾跃奔赴，曾遂大溃，杀千余人。访夜追之，诸将请待明日，访曰："曾骁勇能战，向者彼劳我逸，故克之；宜及其衰乘之，可灭也。"乃鼓行而进，遂定汉、沔。曾走保武当⑨。王廙始得至荆州。访以功迁梁州刺史，屯襄阳。

【注释】

①横桑口：地名，在今湖北汉川市西。　②扬口：地名，在今湖北潜

江市西北，为扬水进入汉江之处。　③甑（zèng 赠）山：山名，在今湖北汉川市东南汉江南岸。　④戊寅：八月庚戌朔，无戊寅。　⑤女观湖：地名，在今湖北荆州市、潜江市二市界。　⑥沌（zhuàn 转）阳：县名，治今湖北武汉市蔡甸东临嶂山下。　⑦左甄、右甄：即左方的军阵、右方的军阵。甄，义同"阵"。　⑧申：时间名，相当于现在下午的三点至五点。⑨武当：县名，治今湖北丹江口市西北。

冬，十月，丁未，琅邪王裒薨。

十一月，己酉朔，日有食之。

丁卯，以刘琨为侍中、太尉。

征南军司戴邈上疏，以为："丧乱以来，庠序隳废[1]。议者或谓平世尚文，遭乱尚武，此言似之，而实不然。夫儒道深奥，不可仓猝而成；比天下平泰，然后修之，则废坠已久矣。又，贵游之子，未必有斩将搴旗之才[2]，从军征戍之役，不及盛年使之讲肄道义，良可惜也。世道久丧，礼俗日弊，犹火之消膏，莫之觉也。今王业肇建，万物权舆，谓宜笃道崇儒，以励风化。"王从之，始立太学。

汉主聪出畋[3]，以愍帝行车骑将军，戎服执戟前导。见者指之曰："此故长安天子也。"聚而观之，故老有泣者。太子粲言于聪曰："昔周武王岂乐杀纣乎？正恐同恶相求，为患故也。今兴兵聚众者，皆以子业为名，不如早除之！"聪曰："吾前杀庾珉辈，而民心犹如是，吾未忍复杀也，且小观之。"十二月，聪飨群臣于光极殿，使愍帝行酒洗爵；已而更衣，又使之执盖。晋臣多涕泣，有失声者。尚书郎陇西辛宾起，抱帝大哭，聪命引出，斩之。

赵固与河内太守郭默侵汉河东，至绛[4]，右司隶部民奔之者三万余人[5]。骑兵将军刘勋追击之，杀万余人，固、默引归。太子粲帅将军刘雅生等步骑十万屯小平津[6]，固扬言曰："要当生缚刘粲以赎天子。"粲表于聪曰："子业若死，民无所望，则不为李矩、赵固之用，不攻而自灭矣。"戊戌，愍帝遇害于平阳。粲遣雅生攻洛阳，固奔阳城山[7]。

是岁，王命课督农功，二千石、长吏以入谷多少为殿最，诸军各自佃作，即以为禀。

氐王杨茂搜卒，长子难敌立，与少子坚头分领部曲；难敌号左贤王，屯下辨[8]，坚头号右贤王，屯河池[9]。

河南王吐谷浑卒[10]。吐谷浑者，慕容廆之庶兄也，父涉归，分户一千七百以隶之。及廆嗣位，二部马斗，廆遣使让吐谷浑曰："先公分建有别，奈何不相远异，而令马有斗伤！"吐谷浑怒曰："马是六畜，斗乃其常，何至怒及于人！欲远别甚易，恐后会为难耳！今当去汝万里之外。"遂帅其众西徙。廆悔之，遣其长史乙那娄冯追谢之。吐谷浑曰："先公尝称卜筮之言云，'吾二子皆当强盛，祚流后世'。我，孽子也；理无并大。今因马而别，殆天意乎！"遂不复还，西傅阴山而居。属永嘉之乱，因度陇而西，据洮水之西，极于白兰[11]，地方数千里。鲜卑谓兄为阿干，廆追思之，为之和《阿干之歌》。吐谷浑有子六十人，长子吐延嗣。吐延长大有勇力，羌、胡皆畏之。

【注释】

①隳（huī 恢）：毁坏。　②搴（qiān 谦）：拔。　③畋（tián 田）：打猎。　④绛：县名，治今山西曲沃县西南古城址。　⑤右司隶：官名，统领京城所在地区。汉国分司隶为左右二部。　⑥小平津：地名，在今河南洛阳市孟津区东北黄河上。　⑦阳城山：俗名车岭山，又名马岭山。在今河南登封市东北，为嵩山东支。　⑧下辨：县名，治今甘肃成县西。⑨河池：县名，治今甘肃徽县西银杏镇。　⑩吐谷（yù 浴）浑：鲜卑大单于慕容廆的庶兄，名字后被用为子孙所建立政权的王朝名。　⑪白兰：山名，即今青海黄河源西北布尔汗布达山。

太兴元年　春，正月，辽西公疾陆眷卒，其子幼，叔父涉复辰自立。段匹磾自蓟往奔丧；段末柸宣言："匹磾之来，欲为篡也。"匹磾至右北平，涉复辰发兵拒之。末柸乘虚袭涉复辰，杀之，并其子弟党与，自称单于。迎击匹磾，败之；匹磾走还蓟。

三月，癸丑，愍帝凶问至建康，王斩缞居庐[1]。百官请上尊号，王不许。纪瞻曰："晋氏统绝，于今二年，陛下当承大业；顾望宗室，谁复与让？若光践大位，则神、民有所凭依；苟为逆天时，违人事，大势一去，不可复还。今两都燔荡[2]，宗庙无主，刘聪窃号于西北，而陛下方高让于东南，此所谓揖让而救火也。”王犹不许，使殿中将军韩绩彻去御坐。瞻叱绩曰：“帝坐上应列星，敢动者斩！”王为之改容。

奉朝请周嵩上疏曰：“古之王者，义全而后取，让成而后得，是以享世长久，重光万载也。今梓宫未返，旧京未清，义夫泣血，士女遑遑。宜开延嘉谋，训卒厉兵，先雪社稷大耻，副四海之心，则神器将安适哉？”由是忤旨，出为新安太守，又坐怨望抵罪。嵩，𫖮之弟也。

丙辰，王即皇帝位，百官皆陪列。帝命王导升御床共坐，导固辞曰：“若太阳下同万物，苍生何由仰照？”帝乃止。大赦，改元，文武增位二等。帝欲赐诸吏投刺劝进者加位一等③，民投刺者皆除吏，凡二十余万人。散骑常侍熊远曰：“陛下应天继统，率土归戴，岂独近者情重，远者情轻？不若依汉法遍赐天下爵，于恩为普，且可以息检核之烦，塞巧伪之端也。”帝不从。

庚午，立王太子绍为皇太子。太子仁孝，喜文辞，善武艺，好贤礼士，容受规谏，与庾亮、温峤等为布衣之交。亮风格峻整，善谈老、庄，帝器重之，聘亮妹为太子妃。帝以贺循行太子太傅，周𫖮为少傅，庾亮以中书郎侍讲东宫。帝好刑名家④，以韩非书赐太子。庾亮谏曰：“申、韩刻薄伤化，不足留圣心。”太子纳之。

【注释】

①斩缞（cuī 催）：旧时五种丧服中最重的一种。用粗麻布制成的丧服，左右和下边不缝。子、未嫁女对父母，媳对公婆，承重孙对祖父母，妻对夫都服斩缞。居庐：倚庐，守丧时的住处。　②燔（fán 烦）：焚烧。③刺：名片。古代在竹简上刺上名字，在交往时使用，故称为刺。　④刑名家：战国时法家中的一个派别，以申不害为代表，主张循名责实，以强化上下关系，来巩固地主阶级的统治。

帝复遣使授慕容廆龙骧将军、大单于、昌黎公，廆辞公爵不受。廆以游邃为龙骧长史，刘翔为主簿，命邃创定府朝仪法。裴嶷言于廆曰：“晋室衰微，介居江表，威德不能及远，中原之乱，非明公不能拯也。今诸部虽各拥兵，然皆顽愚相聚，宜以渐并取，以为西讨之资。”廆曰：“君言大，非孤所及也。然君中朝名德，不以孤僻陋而教诲之，是天以君赐孤而祐其国也。”乃以嶷为长史，委以军国之谋，诸部弱小者，稍稍击取之。

李矩使郭默、郭诵救赵固，屯于洛汭①。诵潜遣其将耿稚等夜济河袭汉营，汉具丘王翼光觇知之，以告太子粲，请为之备。粲曰：“彼闻赵固之败，自保不暇，安敢来此邪？毋为惊动将士！”俄而稚等奄至，十道进攻，粲众惊溃，死伤太半，粲走保阳乡②。稚等据其营，获器械、军资，不可胜数。及旦，粲见稚等兵少，更与刘雅生收余众攻之，汉主聪使太尉范隆帅骑助之，与稚等相持，苦战二十余日，不能下。李矩进兵救之，汉兵临河拒守，矩兵不得济。稚等杀其所获牛马，焚其军资，突围奔虎牢。诏以矩都督河南三郡诸军事③。

汉螽斯则百堂灾④，烧杀汉主聪之子会稽王康等二十一人。

聪以其子济南王骥为大将军、都督中外诸军事、录尚书，齐王劢为大司徒。

焦嵩、陈安举兵逼上邽，相国保遣使告急于张寔，寔遣金城太守窦涛督步骑二万赴之。军至新阳⑤，闻愍帝崩，保谋称尊号。破羌都尉张诜言于寔曰：“南阳王，国之疏属，忘其大耻而亟欲自尊，必不能成功。晋王近亲，且有名德，当帅天下以奉之。”寔从之，遣牙门蔡忠奉表诣建康；比至，帝已即位。寔不用江东年号，犹称建兴。

【注释】

①洛汭（ruì 锐）：指洛水进入古黄河处，在今河南巩义市境内。②阳乡：地名，确址待考，疑在今河南获嘉县或修武县境内。　③河南三郡：指河南、荥阳、弘农三郡。　④螽（zhōng 终）斯则百堂：刘聪诸子的住处。“螽斯”，为《诗经·国风》中的篇名，其中有“宜尔子孙”（意为多子多孙）之句；“则百”，语出《诗经·大雅》中的《思齐》：“则百斯男”（意为王室男儿满一百）。刘聪希望子孙众多，故采用为堂名。　⑤新阳：县名，治今甘肃天水市西北渭河北岸。

夏，四月，丁丑朔，日有食之。

加王敦江州牧，王导骠骑大将军、开府仪同三司。

导遣八部从事行扬州郡国[①]，还，同时俱见。诸从事各言二千石官长得失，独顾和无言。导问之，和曰："明公作辅，宁使网漏吞舟，何缘采听风闻，以察察为政邪？"导咨嗟称善。和，荣之族子也。

成丞相范长生卒；成主雄以长生子侍中贲为丞相。长生博学，多艺能，年近百岁，蜀人奉之如神。

汉中常侍王沈养女有美色，汉主聪立以为左皇后。尚书令王鉴、中书监崔懿之、中书令曹恂谏曰："臣闻王者立后，比德乾坤，生承宗庙，没配后土，必择世德名宗，幽闲令淑，乃副四海之望，称神祇之心。孝成帝以赵飞燕为后，使继嗣绝灭，社稷为墟，此前鉴也。自麟嘉以来，中宫之位，不以德举。借使沈之弟女，刑余小丑，犹不可以尘污椒房[②]，况其家婢邪！六宫妃嫔，皆公子公孙，奈何一旦以婢主之？臣恐非国家之福也。"聪大怒。使中常侍宣怀谓太子粲曰："鉴等小子，狂言侮慢，无复君臣上下之礼，其速考实！"于是收鉴等送市，皆斩之。金紫光禄大夫王延驰，将入谏，门者弗通。

鉴等临刑，王沈以杖叩之曰："庸奴，复能为恶乎？乃公何与汝事？"鉴瞋目叱之曰："竖子！灭大汉者，正坐汝鼠辈与靳准耳！要当诉汝于先帝，取汝于地下治之。"准谓鉴曰："吾受诏收君，有何不善，君言汉灭由吾也？"鉴曰："汝杀皇太弟，使主上获不友之名。国家畜养汝辈，何得不灭？"懿之谓准曰："汝心如枭镜[③]，必为国患，汝既食人，人亦当食汝。"

聪又立宣怀养女为中皇后。

【注释】

①八部从事：扬州当时统辖丹阳、会稽、吴、吴兴、宣城、东阳、临海、新安八郡。每部从事专门负责一郡文书、察举非法等事宜。　②椒房：汉代时，皇后所居的宫殿以椒和泥涂壁，取温、香、多子之义，后世因之以椒房作为后妃的代称。　③枭镜：枭为传说中恶鸟，生而食母。镜本作獍（jìng），又名破镜，为传说中恶兽，生而食父。后世因之用来比喻不孝与忘恩负义之人。

司徒荀组在许昌，逼于石勒，帅其属数百人渡江；诏组与太保西阳王羕并录尚书事。

段匹磾之奔疾陆眷丧也，刘琨使其世子群送之。匹磾败，群为段末柸所得。末柸厚礼之，许以琨为幽州刺史，欲与之袭匹磾，密遣使赍群书，请琨为内应，为匹磾逻骑所得。时琨别屯征北小城[①]，不知也，来见匹磾。匹磾以群书示琨曰："意亦不疑公，是以白公耳。"琨曰："与公同盟，庶雪国家之耻，若儿书密达，亦终不以一子之故负公而忘义也。"匹磾雅重琨，初无害琨意，将听还屯。其弟叔军谓匹磾曰："我，胡夷耳；所以能服晋人者，畏吾众也。今我骨肉乖离，是其良图之日；若有奉琨以起，吾族尽矣。"匹磾遂留琨。琨之庶长子遵惧诛，与琨左长史杨桥等闭门自守，匹磾攻拔之。代郡太守辟闾嵩、后将军韩据复潜谋袭匹磾；事泄，匹磾执嵩、据及其徒党，悉诛之。五月，癸丑，匹磾称诏收琨，缢杀之，并杀其子侄四人。琨从事中郎卢谌、崔悦等帅琨余众奔辽西，依段末柸，奉刘群为主；将佐多奔石勒。悦，林之曾孙也[②]，朝廷以匹磾尚强，冀其能平河朔，乃不为琨举哀。温峤表"琨尽忠帝室，家破身亡，宜在褒恤"。卢谌、崔悦因末柸使者，亦上表为琨讼冤。后数岁，乃赠琨太尉、侍中，谥曰愍。于是夷、晋以琨死，皆不附匹磾。

西晋青瓷唾壶

末柸遣其弟攻匹磾，匹磾帅其众数千将奔邵续，勒将石越邀之于盐山[③]，大败之，匹磾复还保蓟。末柸自称幽州刺史。

初，温峤为刘琨奉表诣建康，其母崔氏固止之，峤绝裾而去[④]。既至，屡求返命，朝廷不许。会琨死，除散骑侍郎。峤闻母亡，阻乱不得奔丧、临葬，固让不拜，苦请北归。诏曰：“凡行礼者，当使理可经通。今桀逆未枭，诸军奉迎梓宫犹未得进，峤以一身，于何济其私难而不从王命邪？”峤不得已受拜。

初，曹嶷既据青州，乃叛汉来降。又以建康悬远，势援不接，复与石勒相结，勒授嶷东州大将军、青州牧，封琅邪公。

六月，甲申，以刁协为尚书令，荀崧为左仆射。协性刚悍，与物多忤，与侍中刘隗俱为帝所宠任；欲矫时弊，每崇上抑下，排沮豪强，故为王氏所疾，诸刻碎之政，皆云隗、协所建。协又使酒放肆，侵毁公卿，见者皆侧目惮之。

戊戌，封皇子晞为武陵王。

刘虎自朔方侵拓跋郁律西部。秋，七月，郁律击虎，大破之。虎走出塞，从弟路孤帅其部落降于郁律。于是郁律西取乌孙故地⑤，东击勿吉以西⑥，士马精强，雄于北方。

【注释】

①征北小城：即征北将军治所，当在蓟城内或其附近。 ②崔林（？—244）：三国时魏官吏。字德儒，清河东武城（今河北清河县东北）人。汉末，曹操擢林为冀州主簿，徙署别驾、丞相掾属。魏国建立，迁御史中丞。魏代汉之后，官至司空。 ③盐山：山名，在勃海高城县境（今河北盐山县东北）。 ④绝裾（jū居）：割断衣裾，以示去意坚决。裾：衣服的前后摆。 ⑤乌孙：汉代西域国名，国都在赤谷城（今新疆阿克苏河上源、中亚伊什提克一带）。西汉神爵二年（前60）后属西域都护府。 ⑥勿吉：即今黑龙江省与俄罗斯滨海边区之黑龙江地区。

汉主聪寝疾，征大司马曜为丞相，石勒为大将军，皆录尚书事，受遗诏辅政。曜、勒固辞。乃以曜为丞相、领雍州牧，勒为大将军、领幽、冀二州牧，勒辞不受。以上洛王景为太宰，济南王骥为大司马，昌国公颢为太师，朱纪为太傅，呼延晏为太保，并录尚书事；范隆守尚书令、仪同三司，靳准为大司空、领司隶校尉，皆迭决尚书奏事。癸亥，聪卒。甲子，太子粲即位。尊皇后靳氏为皇太后，樊氏号弘道皇后，武氏号弘德皇后，王氏号弘孝皇后；立其妻靳氏为皇后，子元公为太子。大赦，改元汉昌。葬聪于宣光陵，谥曰昭武皇帝，庙号烈宗。靳太后等皆年未盈二十，粲多行无礼，无复哀戚。

靳准阴有异志，私谓粲曰："如闻诸公欲行伊、霍之事，先诛太保及臣，以大司马统万机，陛下宜早图之！"粲不从。准惧，复使二靳氏言之，粲乃从之。收其太宰景、大司马骥、骥母弟车骑大将军吴王逞、太师顗、大司徒齐王劢，皆杀之。朱纪、范隆奔长安。八月，粲治兵于上林[①]，谋讨石勒。以丞相曜为相国、都督中外诸军事，仍镇长安。靳准为大将军、录尚书事。粲常游宴后宫，军国之事，一决于准。准矫诏以从弟明为车骑将军，康为卫将军。

准将作乱，谋于王延。延弗从，驰，将告之；遇靳康，劫延以归。准遂勒兵升光极殿，使甲士执粲，数而杀之，谥曰隐帝。刘氏男女，无少长皆斩东市[②]。发永光、宣光二陵，斩聪尸，焚其宗庙。准自号大将军、汉天王，称制，置百官。谓安定胡嵩曰："自古无胡人为天子者，今以传国玺付汝，还如晋家。"嵩不敢受，准怒，杀之。遣使告司州刺史李矩曰："刘渊，屠各小丑，因晋之乱，矫称天命，使二帝幽没。辄率众扶侍梓宫，请以上闻。"矩驰表于帝，帝遣太常韩胤等奉迎梓宫。汉尚书北宫纯等招集晋人，堡于东宫，靳康攻灭之。准欲以王延为左光禄大夫，延骂曰："屠各逆奴，何不速杀我？以吾左目置西阳门，观相国之入也；右目置建春门，观大将军之入也！"准杀之。

相国曜闻乱，自长安赴之。石勒帅精锐五万以讨准，据襄陵北原[③]。准数挑战，勒坚壁以挫之。

冬，十月，曜至赤壁[④]。太保呼延晏等自平阳归之，与太傅朱纪等共上尊号。曜即皇帝位，大赦，惟靳准一门不在赦例。改元光初。以朱纪领司徒，呼延晏领司空，太尉范隆以下悉复本位。以石勒为大司马、大将军，加九锡，增封十郡，进爵为赵公。

勒进攻准于平阳，巴及羌、羯降者十余万落，勒皆徙之于所部郡县。

汉主曜使征北将军刘雅、镇北将军刘策屯汾阴[⑤]，与勒共讨准。

【注释】

①上林：汉国的御花园。 ②东市：汉代在长安东市处决判死刑的人，后世因之以东市指刑场。 ③襄陵：县名，治今山西临汾市东南古城庄。 ④赤壁：地名，在今山西河津市西北。 ⑤汾阴：县名，治今山西万荣县西南庙前村北古城。

十一月，乙卯，日夜出，高三丈。

诏以王敦为荆州牧，加陶侃都督交州诸军事；敦固辞州牧，乃听为刺史。

庚申，诏群公卿士各陈得失。御史中丞熊远上疏，以为："胡贼猾夏，梓宫未返，而不能遣军进讨，一失也。群官不以仇贼未报为耻，务在调戏、酒食而已，二失也。选官用人，不料实德，惟在白望，不求才干，惟事请托；当官者以治事为俗吏，奉法为苛刻，尽礼为谄谀，从容为高妙，放荡为达士，骄蹇为简雅，三失也。世之所恶者，陆沉泥滓；时之所善者，翱翔云霄；是以万机未整，风俗伪薄。朝廷群司，以从顺为善，相违见贬，安得朝有辨争之臣，士无禄仕之志乎？古之取士，敷奏以言[1]；今光禄不仕[2]，甚违古义。又举贤不出世族，用法不及权贵，是以才不济务，奸无所惩。若此道不改，求以救乱，难矣！"

先是，帝以离乱之际，欲慰悦人心，州郡秀、孝，至者不试，普皆署吏。尚书陈頵亦上言："宜渐循旧制，试以经策[3]。"帝从之，仍诏："不中科者，刺史、太守免官。"于是秀、孝皆不敢行，其有到者，亦皆托疾，比三年无就试者。帝欲特除孝廉已到者官，尚书郎孔坦奏议，以为："近郡惧累君父[4]，皆不敢行；远郡冀于不试，冒昧来赴。今若偏加除署，是为谨身奉法者失分，侥幸投射者得官，颓风伤教，恐从此始。不若一切罢归，而为之延期，使得就学，则法均而令信矣。"帝从之，听孝廉申至七年乃试。坦，愉之从子也。

靳准使侍中卜泰送乘舆、服御请和于石勒；勒囚泰，送于汉主曜。曜谓泰曰："先帝末年，实乱大伦。司空行伊、霍之权，使朕及此，其功大矣。若早迎大驾者，当悉以政事相委，况免死乎！卿为朕入城，具宣此意。"泰还平阳，准自以杀曜母兄，沉吟未从。十二月,左、右车骑将军乔泰、王腾、卫将军靳康等,相与杀准,推尚书令靳明为主,遣卜泰奉传国六玺降汉。石勒大怒,进军攻明;明出战,大败,乃婴城固守。

丁丑,封皇子焕为琅邪王。焕,郑夫人之子,生二年矣,帝爱之,以其疾笃,故王之。己卯,薨。帝以成人之礼葬之,备吉凶仪服,营起园陵,功费甚广。琅邪国右常侍会稽孙霄上疏谏曰:"古者凶荒杀礼,况今海内丧乱,宪章旧制,犹宜节省,而礼典所无[5],顾崇饰如是乎?竭已罢之民,营无益之事,殚已困之财,修无用之费,此臣之所不安也。"帝不从。

彭城内史周抚杀沛国内史周默,以其众降石勒。诏下邳内史刘遐领彭城内史,与徐州刺史蔡豹、泰山太守徐龛共讨之。豹,质之玄孙也[6]。

石虎帅幽、冀之兵会石勒攻平阳,靳明屡败,遣使求救于汉。汉主曜使刘雅、刘策迎之,明帅平阳士女万五千人奔汉。曜西屯粟邑[7],收靳氏男女,无少长皆斩之。曜迎其母胡氏之丧于平阳,葬于粟邑,号曰阳陵,谥曰宣明皇太后。石勒焚平阳宫室,使裴宪、石会修永光、宣光二陵,收汉主粲已下百余口葬之,置戍而归。

成梁州刺史李凤数有功,成主雄兄子稚在晋寿[8],疾之。凤以巴西叛。雄自至涪,使太傅骧讨凤,斩之;以李寿为前将军,督巴西军事。

【注释】

①敷奏以言:语出《尚书·尧典》。敷,陈述之意,全句意为诸侯向天子汇报自己的任职情况,提出合乎时宜的建设性意见。 ②光禄:《晋书·熊远传》作"先禄",于义为长。 ③经策:经指儒家学说,策是政事方面的提问。自汉代以来,经义与政策是考试取士的基本内容。④君父:指保举秀才、孝廉的地方长官。 ⑤"而礼"句:指礼制经典中没有以成人之礼安葬幼儿的条款。 ⑥蔡质:东汉官吏,陈留圉县(今河南杞县西南)人,著名学者蔡邕的叔父。 ⑦粟邑:县名,治今陕西白水县西北。 ⑧晋寿:县名,治今四川广元市西南。

资治通鉴卷第九十一

晋纪十三　起屠维单阏，尽重光大荒落，凡三年。

中宗元皇帝中

太兴二年 春，二月，刘遐、徐龛击周抚于寒山[①]，破斩之。初，掖人苏峻帅乡里数千家结垒以自保[②]，远近多附之。曹嶷恶其强，将攻之，峻率众浮海来奔。帝以峻为鹰扬将军，助刘遐讨周抚有功；诏以遐为临淮太守，峻为淮陵内史。

石勒遣左长史王修献捷于汉，汉主曜遣兼司徒郭汜授勒太宰、领大将军，进爵赵王，加殊礼，出警入跸，如曹公辅汉故事；拜王修及其副刘茂皆为将军，封列侯。修舍人曹平乐从修至粟邑，因留仕汉，言于曜曰："大司马遣修等来，外表至诚，内觇大驾强弱，俟其复命，将袭乘舆。"时汉兵实疲弊，曜信之。乃追汜还，斩修于市。三月，勒还至襄国。刘茂逃归，言修死状。勒大怒曰："孤事刘氏，于人臣之职有加矣。彼之基业，皆孤所为，今既然得志，还欲相图。赵王、赵帝，孤自为之，何待于彼邪！"乃诛曹平乐三族。

帝令群臣议郊祀，尚书令刁协等以为宜须还洛乃修之。司徒荀组等曰："汉献帝都许，即行郊祀，何必洛邑？"帝从之，立郊丘于建康城之巳地[③]。辛卯[④]，帝亲祀南郊。以未有北郊，并地祇合祭之。诏："琅邪恭王宜称皇考。"贺循曰："《礼》，子不敢以己爵加于父。"乃止。

东晋义熙铭文铜鼓

初，蓬陂坞主陈川自称陈留太守[5]。祖逖之攻樊雅也，川遣其将李头助之。头力战有功，逖厚遇之。头每叹曰："得此人为主，吾死无恨。"川闻而杀之。头党冯宠帅其众降逖，川益怒，大掠豫州诸郡，逖遣兵击破之。夏，四月，川以浚仪叛，降石勒。

周抚之败走也，徐龛部将于药追斩之；及朝廷论功，而刘遐先之。龛怒，以泰山叛，降石勒，自称兖州刺史。

汉主曜还，都长安，立妃羊氏为皇后，子熙为皇太子；封子袭为长乐王，阐为太原王，冲为淮南王，敞为齐王，高为鲁王，徽为楚王；诸宗室皆进封郡王。羊氏，即故惠帝后也。曜尝问之曰："吾何如司马家儿？"羊氏曰："陛下，开基之圣主；彼，亡国之暗夫；何可并言！彼贵为帝王，有一妇、一子及身三耳，曾不能庇。妾于尔时，实不欲生，意谓世间男子皆然。自奉巾栉已来，始知天下自有丈夫耳。"曜甚宠之，颇干预国事。

【注释】

①寒山：山名，一作韩山，在今江苏徐州市东南。　②掖：县名，治今山东莱州市。　③巳地：指东南方。　④辛卯：三月壬寅朔，无辛卯。⑤蓬陂：地名，在今河南开封市。

南阳王保自称晋王，改元建康，置百官，以张寔为征西大将军、开府仪同三司。陈安自称秦州刺史，降于汉，又降于成。上邽大饥，士众困迫，张春奉保之南安祁山[1]。寔遣韩璞帅步骑五千救之；陈安退保绵诸[2]，保归上邽。未几，保复为安所逼，寔遣其将宋毅救之，安乃退。

江东大饥，诏百官各上封事。益州刺史应詹上疏曰："元康以来，贱经尚道，以玄虚弘放为夷达，以儒术清俭为鄙俗，宜崇奖儒官，以新俗化。”

祖逖攻陈川于蓬关，石勒遣石虎将兵五万救之，战于浚仪，逖兵败，退屯梁国。勒又遣桃豹将兵至蓬关③，逖退屯淮南。虎徙川部众五千户于襄国，留豹守川故城。

石勒遣石虎击鲜卑日六延于朔方，大破之，斩首二万级，俘虏三万余人。孔苌攻幽州诸郡，悉取之。段匹磾士众饥散，欲移保上谷，代王郁律勒兵将击之，匹磾弃妻子奔乐陵④，依邵续。

曹嶷遣使赂石勒，请以河为境，勒许之。

梁州刺史周访击杜曾，大破之。马儁等执曾以降，访斩之；并获荆州刺史第五猗，送于武昌。访以猗本中朝所署，加有时望，白王敦不宜杀，敦不听而斩之。初，敦患杜曾难制，谓访曰：“若擒曾，当相论为荆州。”及曾死而敦不用。王廙在荆州，多杀陶侃将佐；以皇甫方回为侃所敬，责其不诣己，收斩之。士民怨怒，上下不安。帝闻之，征廙为散骑常侍，以周访代廙为荆州刺史。王敦忌访威名，意难之。从事中郎郭舒说敦曰：“鄙州虽荒弊，乃用武之国，不可以假人，宜自领之，访为梁州足矣。”敦从之。六月，丙子，诏加访安南将军，余如故。访大怒，敦手书譬解，并遗玉环、玉碗以申厚意。访抵之于地，曰：“吾岂贾竖，可以宝悦邪？”访在襄阳，务农训兵，阴有图敦之志，守宰有缺辄补，然后言上；敦患之而不能制。

魏该为胡寇所逼，自宜阳率众南迁新野，助周访讨杜曾有功，拜顺阳太守。

赵固死，郭诵留屯阳翟，石生屡攻之，不能克。

【注释】

①祁山：山名，在今甘肃礼县东北。　②绵诸：地名，在今甘肃清水县西南。　③蓬关：地名，在今河南开封市西南。　④乐陵：郡名，治今山东阳信县西南。

汉主曜立宗庙、社稷、南北郊于长安，诏曰：“吾之先，兴于北方。光文立汉宗庙以从民望。今宜改国号，以单于为祖。亟议以闻！"群臣奏："光文始封卢奴伯，陛下又王中山；中山，赵分也①，请改国号为赵。"从之。以冒顿配天②，光文配上帝。

徐龛寇掠济、岱，破东莞。帝问将帅可以讨龛者于王导，导以为太子左卫率泰山羊鉴，龛之州里冠族，必能制之。鉴深辞，才非将帅；郗鉴亦表鉴非才，不可使；导不从。秋，八月，以羊鉴为征虏将军、征讨都督，督徐州刺史蔡豹、临淮太守刘遐、鲜卑段文鸯等讨之。

冬，石勒左、右长史张敬、张宾，左、右司马张屈六、程遐等劝勒称尊号，勒不许。十一月，将佐等复请勒称大将军、大单于、领冀州牧、赵王，依汉昭烈在蜀、魏武在邺故事，以河内等二十四郡为赵国，太守皆为内史，准《禹贡》，复冀州之境，以大单于镇抚百蛮，罢并、朔、司三州，通置部司以监之；勒许之。戊寅③，即赵王位，大赦；依春秋时列国称元年。

初，勒以世乱，律令烦多，命法曹令史贯志，采集其要，作《辛亥制》五千文；施行十余年，乃用律令。以理曹参军上党续咸为律学祭酒；咸用法详平，国人称之。以中垒将军支雄、游击将军王阳领门臣祭酒，专主胡人辞讼，重禁胡人，不得陵侮衣冠华族，号胡为国人。遣使循行州郡，劝课农桑。朝会始用天子礼乐，衣冠、仪物，从容可观矣。加张宾大执法④，专总朝政；以石虎为单于元辅、都督禁卫诸军事，寻加骠骑将军、侍中、开府，赐爵中山公；自余群臣，授位进爵各有差。

张宾任遇优显，群臣莫及；而谦虚敬慎，开怀下士，屏绝阿私，以身帅物，入则尽规，出则归美。勒甚重之，每朝，常为之正容貌，简辞令，呼曰右侯而不敢名。

【注释】

①赵分：在赵地的分界内。刘渊封地卢奴、刘曜封地中山，都在今河北正定县。据《汉书·地理志》，该地在战国时赵国境界内。 ②冒顿（mò dú 莫独）（？—前 174）：秦汉之际匈奴单于。秦二世元年（前 209），杀父自立。称单于后，加强内部组织，建立军政制度，东灭东胡，西逐月支，北服丁零，南征楼烦、白羊，并进占秦之河南（今河套一带）地区，拥有控弦之士三十余万，势力强大。西汉初，常南下侵扰，严重威胁

西汉王朝。 ③戊寅：十一月戊戌朔，无戊寅。 ④大执法：后赵所设官职，执掌朝政，地位相当于其他国家的丞相、司徒等官员。

十二月，乙亥，大赦。

平州刺史崔毖，自以中州人望，镇辽东，而士民多归慕容廆，心不平。数遣使招之，皆不至，意廆拘留之，乃阴说高句丽、段氏、宇文氏，使共攻之，约灭廆，分其地。毖所亲勃海高瞻力谏，毖不从。

三国合兵伐廆，诸将请击之，廆曰："彼为崔毖所诱，欲邀一切之利。军势初合，其锋甚锐，不可与战，当固守以挫之。彼乌合而来，既无统壹，莫相归服，久必携贰，一则疑吾与毖诈而覆之，二则三国自相猜忌。待其人情离贰，然后击之，破之必矣。"

三国进攻棘城，廆闭门自守，遣使独以牛酒犒宇文氏；二国疑宇文氏与廆有谋，各引兵归。宇文大人悉独官曰[①]："二国虽归，吾当独取之。"

宇文氏士卒数十万，连营四十里。廆使召其子翰于徒河。翰遣使白廆曰："悉独官举国为寇，彼众我寡，易以计破，难以力胜。今城中之众，足以御寇，翰请为奇兵于外，伺其间而击之，内外俱奋，使彼震骇不知所备，破之必矣。今并兵为一，彼得专意攻城，无复他虞，非策之得者也，且示众以怯，恐士气不战先沮矣。"廆犹疑之。辽东韩寿言于廆曰："悉独官有凭陵之志，将骄卒惰，军不坚密，若奇兵卒起，掎其无备，必破之策也。"廆乃听翰留徒河。

西晋青釉蛙形唾壶

悉独官闻之曰："翰素名骁果，今不入城，或能为患，当先取之，城不足忧。"

乃分遣数千骑袭翰。翰知之，诈为段氏使者，逆于道曰："慕容翰久为吾患，闻当击之，吾已严兵相待，宜速进也。"使者既去，翰即出城，设伏以待之。宇文氏之骑见使者，大喜驰行，不复设备，进入伏中。翰奋击，尽获之，乘胜径进，遣间使语廆出兵大战。廆使其子皝与长史裴嶷将精锐为前锋，自将大兵继之。悉独官初不设备，闻廆至，惊，悉众出战。前锋始交，翰将千骑从旁直入其营，纵火焚之，众皆惶扰，不知所为，遂大败，悉独官仅以身免。廆尽俘其众，获皇帝玉玺三纽[②]。

【注释】

①大人：部落首领名。　②"获皇帝"句：皇帝玉玺，是从前宇文部大人普回在出猎时所得到的。

崔毖闻之，惧，使其兄子焘诣棘城伪贺。会三国使者亦至，请和，曰："非我本意，崔平州教我耳。"廆以示焘，临之以兵，焘惧，首服。廆乃遣焘归谓毖曰："降者上策，走者下策也。"引兵随之。毖与数十骑弃家奔高句丽，其众悉降于廆。廆以其子仁为征虏将军，镇辽东，官府、市里，按堵如故。

高句丽将如奴子据于河城[①]，廆遣将军张统掩击，擒之，俘其众千余家；以崔焘、高瞻、韩恒、石琮归于棘城，待以客礼。恒，安平人；琮，鉴之孙也。廆以高瞻为将军，瞻称疾不就，廆数临候之，抚其心曰："君之疾在此，不在他也。今晋室丧乱，孤欲与诸君共清世难，翼戴帝室。君中州望族，宜同斯愿，奈何以华、夷之异，介然疏之哉！夫立功立事，惟问志略何如耳，华、夷何足问乎？"瞻犹不起，廆颇不平。龙骧主簿宋该，与瞻有隙，劝廆除之，廆不从。瞻以忧卒。

初，鞠羡既死[②]，苟晞复以羡子彭为东莱太守。会曹嶷徇青州[③]，与彭相攻；嶷兵虽强，郡人皆为彭死战，嶷不能克。久之，彭叹曰："今天下大乱，强者为雄。曹亦乡里，为天所相，苟可依凭，即为民主，何必与之力争，使百姓肝脑涂地？吾去此，则祸自息矣。"郡人以为不可，争献拒嶷之策，彭一无所用，与乡里千余家浮海归崔毖。北海郑林客于东莱，彭、嶷之相攻，林情无彼此。嶷贤之，不敢侵掠，彭与之俱去。比至辽东，毖已败，乃归慕容廆。廆以彭参龙骧军事。遗郑林车牛粟帛；皆不受，躬耕于野。

宋该劝廆献捷江东，廆使该为表，裴嶷奉之，并所得三玺诣建康献之。

高句丽数寇辽东，廆遣慕容翰、慕容仁伐之；高句丽王乙弗利逆来求盟，翰、仁乃还。

是岁，蒲洪降赵，赵主曜以洪为率义侯。

屠各路松多起兵于新平、扶风以附晋王保，保使其将杨曼、王连据陈仓[4]，张顗、周庸据阴密[5]，松多据草壁[6]，秦、陇氐、羌多应之。赵主曜遣诸将攻之，不克；曜自将击之。

【注释】

①于河城：城名，在今辽宁辽阳市东北。　②"鞠羡"句：鞠羡之死，见本书卷第八十六晋怀帝永嘉元年（307）。　③"会曹嶷"句：曹嶷攻青州，见本书卷第八十七晋怀帝永嘉三年（309）。　④陈仓：县名，治今陕西宝鸡市东渭水北岸。　⑤阴密：县名，治今甘肃灵台县西南。　⑥草壁：地名，在今甘肃灵台县附近。

三年　春，正月，曜攻陈仓，王连战死，杨曼奔南氐[1]。曜进拔草壁，路松多奔陇城；又拔阴密。晋王保惧，迁于桑城[2]。曜还长安，以刘雅为大司徒。

张春谋奉晋王保奔凉州，张寔遣其将阴监将兵迎之，声言翼卫，其实拒之。

段末杯攻段匹磾[3]，破之。匹磾谓邵续曰："吾本夷狄，以慕义破家。君不忘久要，请相与共击末杯。"续许之，遂相与追击末杯，大破之。匹磾与弟文鸯攻蓟。后赵王勒知续势孤[4]，遣中山公虎将兵围厌次，孙苌攻续别营十一，皆下之。二月，续自出击虎，虎伏骑断其后，遂执续，使降其城。续呼兄子竺等谓曰："吾志欲报国，不幸至此。汝等努力奉匹磾为主，勿有贰心。"匹磾自蓟还，未至厌次，闻续已没，众惧而散，复为虎所遮；文鸯以亲兵数百力战，始得入城，与续子缉、兄子存、竺等婴城固守。虎送续于襄国，勒以为忠，释而礼之，以为从事中郎，因下令："自今克敌，获士人，毋得擅杀，必生致之。”

吏部郎刘胤闻续被攻，言于帝曰：“北方藩镇尽矣，惟余邵续而已；如使复为石虎所灭，孤义士之心，阻归本之路，愚谓宜发兵救之。”帝不能从。闻续已没，乃下诏以续位任授其子缉。

赵将尹安、宋始、宋恕、赵慎四军屯洛阳，叛，降后赵。后赵将石生引兵赴之；安等复叛，降司州刺史李矩。矩使颍川太守郭默将兵入洛。石生虏宋始一军，北渡河。于是河南之民皆相帅归矩，洛阳遂空。

三月，裴嶷至建康，盛称慕容廆之威德，贤隽皆为之用；朝廷始重之。帝谓嶷曰：“卿中朝名臣，当留江东，朕别诏龙骧送卿家属。”嶷曰：“臣少蒙国恩，出入省闼，若得复奉辇毂，臣之至荣。但以旧京沦没，山陵穿毁，虽名臣宿将，莫能雪耻，独慕容龙骧竭忠王室，志除凶逆，故使臣万里归诚。今臣来而不返，必谓朝廷以其僻陋而弃之，孤其向义之心，使懈体于讨贼，此臣之所甚惜，是以不敢徇私而忘公也。”帝曰：“卿言是也。”乃遣使随嶷拜廆安北将军、平州刺史。

【注释】

①南氐：陈仓以南的氐人。　②桑城：在今甘肃临洮县西南洮河西岸。③段末杯：当作“段末柸”，下同此。　④后赵：当时刘曜、石勒所建国家都称为赵国，为加以区别，史家把刘曜所建国家称为“赵”或“前赵”，把石勒所建国家称为“后赵”。

闰月，以周顗为尚书左仆射。

晋王保将张春、杨次与别将杨韬不协，劝保诛之，且请击陈安；保皆不从。夏，五月，春、次幽保，杀之。保体肥大，重八百斤；喜睡，好读书，而暗弱无断，故及于难。保无子，张春立宗室子瞻为世子，称大将军。保众散，奔凉州者万余人。陈安表于赵主曜，请讨瞻等。曜以安为大将军，击瞻，杀之；张春奔枹罕。安执杨次，于保柩前斩之，因以祭保。安以天子礼葬保于上邽，谥曰元王。

羊鉴讨徐龛，顿兵下邳，不敢前。蔡豹败龛于檀丘[①]，龛求救于后赵。后赵王勒遣其将王伏都救之，又使张敬将军为之后继。勒多所邀求，而伏都淫暴，龛患之。张敬至东平，龛疑其袭己，乃斩伏都等三百余人，复来请降。勒大怒，命张敬据险以守之。帝亦恶龛反覆，不受其降，敕鉴、豹以时进讨。鉴犹疑惮不进，尚书令刁协劾奏鉴，免死除名，以蔡豹代领其兵。王导以所举失人，乞自贬，帝不许。

六月，后赵孔苌攻段匹磾，恃胜而不设备，段文鸯袭击，大破之。

京兆人刘弘客居凉州天梯山[②]，以妖术惑众，从受道者千余人，西平元公张寔左右皆事之。帐下阎涉、牙门赵卬[③]，皆弘乡人，弘谓之曰："天与我神玺，应王凉州。"涉、卬信之，密与寔左右十余人谋杀寔，奉弘为主。寔弟茂知其谋，请诛弘。寔令牙门将史初收之，未至，涉等怀刃而入，杀寔于外寝。弘见史初至，谓曰："使君已死，杀我何为！"初怒，截其舌而囚之，轘于姑臧市，诛其党与数百人。左司马阴元等以寔子骏尚幼，推张茂为凉州刺史、西平公，赦其境内，以骏为抚军将军。

【注释】

①檀丘：在今山东泗水县东南。　②天梯山：即今甘肃天祝藏族自治县西北天梯山。　③帐下：即帐下吏，军中官佐。因行军多居帐中，故称。卬（áng 昂）：此处为人名用字。

丙辰，赵将解虎及长水校尉尹车谋反，与巴酋句徐、厍彭等相结[①]；事觉，虎、车皆伏诛。赵主曜囚徐、彭等五十余人于阿房，将杀之；光禄大夫游子远谏曰："圣王用刑，惟诛元恶而已，不宜多杀。"争之，叩头流血。曜怒，以为助逆而囚之；尽杀徐、彭等，尸诸市十日，乃投于水。于是巴众尽反，推巴酋句渠知为主，自称大秦，改元曰平赵。四山氐、羌、巴、羯应之者三十余万[②]，关中大乱，城门昼闭。子远又从狱中上表谏争，曜手毁其表曰："大荔奴[③]，不忧命在须臾，犹敢如此，嫌死晚邪？"叱左右速杀之。中山王雅、郭汜、朱纪、呼延晏等谏曰："子远幽囚，祸在不测，犹不忘谏争，忠之至也。陛下纵不能用，奈何杀之？若子远朝诛，臣等亦当夕死，以彰陛下之过。天下将皆舍陛下而去，陛下谁与居乎?”曜意解，乃赦之。

曜敕内外戒严，将自讨渠知。子远又谏曰：“陛下诚能用臣策，一月可定，大驾不必亲征也。”曜曰：“卿试言之。”子远曰：“彼非有大志，欲图非望也，直畏陛下威刑，欲逃死耳。陛下莫若廓然大赦，与之更始；应前日坐虎、车等事，其家老弱没入奚官者，皆纵遣之，使之自相招引，听其复业。彼既得生路，何为不降？若其中自知罪重，屯结不散者，愿假臣弱兵五千，必为陛下枭之。不然，今反者弥山被谷，虽以天威临之，恐非岁月可除也。”曜大悦，即日大赦，以子远为车骑大将军、开府仪同三司、都督雍、秦征讨诸军事。子远屯于雍城[4]，降者十余万；移军安定，反者皆降。惟句氏宗党五千余家保于阴密，进攻，灭之，遂引兵巡陇右。先是氐、羌十余万落，据险不服，其酋虚除权渠自号秦王。子远进造其壁，权渠出兵拒之，五战皆败。权渠欲降，其子伊余大言于众曰：“往者刘曜自来，犹无若我何，况此偏师，何谓降也?”帅劲卒五万，晨压子远壁门。诸将欲击之，子远曰：“伊馀勇悍，当今无敌，所将之兵，复精于我，又其父新败，怒气方盛，其锋不可当也，不如缓之，使气竭而后击之。”乃坚壁不战。伊馀有骄色，子远伺其无备，夜，勒兵蓐食[5]，旦，值大风尘昏，子远悉众出掩之，生擒伊馀，尽俘其众。权渠大惧，被发、剺面请降[6]。子远启曜，以权渠为征西将军、西戎公，分徙伊馀兄弟及其部落二十余万口于长安。曜以子远为大司徒、录尚书事。

曜立太学，选民之神志可教者千五百人，择儒臣以教之。作酆明观及西宫[7]，起陵霄台于滈池[8]，又于霸陵西南营寿陵。侍中乔豫、和苞上疏谏，以为：“卫文公承乱亡之后[9]，节用爱民，营建宫室，得其时制，故能兴康叔之业[10]，延九百之祚。前奉诏书营酆明观，市道细民咸讥其奢曰：‘以一观之功，足以平凉州矣！’今又欲拟阿房而建西宫，法琼台而起陵霄[11]，其为劳费，亿万酆明；若以资军旅，乃可兼吴、蜀而壹齐、魏矣[12]！又闻营建寿陵，周围四里，深三十五丈，以铜为椁，饰以黄金；功费若此，殆非国内所能办也。秦始皇下锢三泉，土未干而发毁。自古无不亡之国、不掘之墓，故圣王之俭葬，乃深远之虑也。陛下奈何于中兴之日，而踵亡国之事乎？”曜下诏曰：“二侍中恳恳有古人之风，可谓社稷之臣矣；其悉罢宫室诸役；寿陵制度，一遵霸陵之法⑬。封豫安昌子，苞平舆子，并领谏议大夫；仍布告天下，使知区区之朝，欲闻其过也。”又省酆水囿以与贫民⑭。

【注释】

①句（gōu 勾）：姓氏。厍（shè 射）：姓氏。　②四山：所指山名不详，或以为当即四关（因各关皆设在山上而得名），东为函谷关，西为萧关，南为武关，北为金锁关，特录于此供参考。　③大荔：西戎部落名，游子远当出自这个部落。　④雍城：在今陕西宝鸡市凤翔区。　⑤蓐（rù 入）食：早晨未起在寝席上进食。蓐，草席，草垫。　⑥剺（lí 厘）面：用刀划脸。　⑦酆（fēng 丰）：地名。　⑧滈（hào 号）池：即镐池，在今陕西西安市西南。　⑨卫文公（？—前 635）：春秋时卫国国君。姓姬，名辟疆，后改名燬，前 659—前 635 年在位。初因避内乱，奔于齐。前 660 年，狄攻灭卫，齐桓公发兵来救，筑楚丘城（今河南滑县东），以遗民五千人立为国君。文公轻赋平罪，身自劳苦，力图恢复大业。至晚年，国势再振。　⑩康叔：卫国始祖。姓姬，名封，为周文王少子。初封于康，史称康叔封。　⑪琼台：夏帝癸的玉台。　⑫吴、蜀、齐、魏：分别指东晋、成国、曹嶷、后赵。　⑬霸陵：西汉文帝的陵墓。　⑭酆水囿：在今陕西西安市西渭河支流沣河左右建立的园池。

祖逖将韩潜与后赵将桃豹分据陈川故城，豹居西台，潜居东台，豹由南门，潜由东门，出入相守四旬。逖以布囊盛土如米状，使千余人运上台，又使数人担米，息于道。豹兵逐之，弃担而走。豹兵久饥，得米，以为逖士众丰饱。益惧。后赵将刘夜堂以驴千头运粮馈豹，逖使韩潜及别将冯铁邀击于汴水，尽获之。豹宵遁，屯东燕城①，逖使潜进屯封丘以逼之。冯铁据二台，逖镇雍丘②，数遣兵邀击后赵兵，后赵镇戍归逖者甚多，境土渐蹙。

先是，赵固、上官巳、李矩、郭默，互相攻击，逖驰使和解之，示以祸福，遂皆受逖节度。秋，七月，诏加逖镇西将军。逖在军，与将士同甘苦，约己务施，劝课农桑，抚纳新附，虽疏贱者皆结以恩礼。河上诸坞，先有任子在后赵者[3]，皆听两属，时遣游军伪抄之，明其未附。坞主皆感恩，后赵有异谋，辄密以告，由是多所克获，自河以南，多叛后赵归于晋。

逖练兵积谷，为取河北之计。后赵王勒患之，乃下幽州为逖修祖、父墓，置守冢二家，因与逖书，求通使及互市。逖不报书，而听其互市，收利十倍。逖牙门童建杀新蔡内史周密，降于后赵，勒斩之，送首于逖曰："叛臣逃吏，吾之深仇，将军之恶，犹吾恶也。"逖深德之，自是后赵人叛归逖者，逖皆不纳，禁诸将不使侵暴后赵之民，边境之间，稍得休息。

八月，辛未[4]，梁州刺史周访卒。访善于抚士，众皆为致死。知王敦有不臣之心，私常切齿，敦由是终访之世，未敢为逆。敦遣从事中郎郭舒监襄阳军，帝以湘州刺史甘卓为梁州刺史，督沔北诸军事，镇襄阳。舒既还，帝征为右丞；敦留不遣。

后赵王勒遣中山公虎帅步骑四万击徐龛，龛送妻子为质，乞降，勒许之。蔡豹屯卞城[5]，石虎将击之，豹退守下邳，为徐龛所败。虎引兵城封丘而旋，徙士族三百家置襄国崇仁里，置公族大夫以领之。

后赵王勒用法甚严，讳"胡"尤峻，宫殿既成，初有门户之禁。有醉胡乘马，突入止车门。勒大怒，责宫门小执法冯翥[6]，翥惶惧忘讳，对曰："向有醉胡，乘马驰入，甚呵御之，而不可与语。"勒笑曰："胡人正自难与言。"恕而不罪。

勒使张宾领选，初定五品，后更定九品。命公卿及州郡岁举秀才、至孝、廉清、贤良、直言、武勇之士各一人。

东晋青瓷虎子

【注释】

①东燕城：在今河南延津县东北。　②雍丘：县名，治今河南杞县。　③任子：人

质。古人为取得他人或一国统治者的信任,常派自己的亲属或重臣作为人质。 ④辛未:八月癸巳朔,无辛未。 ⑤卞城:在今山东泗水县东南。 ⑥宫门小执法:宫门总管。执法本为御史属员,后赵制定官制时,职权提高,如总领朝政者便称大执法。

西平公张茂立兄子骏为世子。

蔡豹既败,将诣建康归罪,北中郎将王舒止之。帝闻豹退,遣使收之。舒夜以兵围豹,豹以为他寇,帅麾下击之,闻有诏,乃止。舒执豹送建康,冬,十月,丙辰,斩之。

王敦杀武陵内史向硕。

帝之始镇江东也,敦与从弟导同心翼戴,帝亦推心任之,敦总征讨,导专机政,群从子弟布列显要,时人为之语曰:"王与马,共天下。"后敦自恃有功,且宗族强盛,稍益骄恣,帝畏而恶之,乃引刘隗、刁协等以为腹心,稍抑损王氏之权,导亦渐见疏外。中书郎孔愉陈导忠贤,有佐命之勋,宜加委任;帝出愉为司徒左长史。导能任真推分,澹如也,有识皆称其善处兴废。而敦益怀不平,遂构嫌隙。

初,敦辟吴兴沈充为参军,充荐同郡钱凤于敦,敦以为铠曹参军。二人皆巧谄凶狡,知敦有异志,阴赞成之,为之画策;敦宠信之,势倾内外。敦上疏为导讼屈,辞语怨望。导封以还敦,敦复遣奏之。左将军谯王丞[①],忠厚有志行,帝亲信之。夜,召丞,以敦疏示之,曰:"王敦以顷年之功,位任足矣;而所求不已,言至于此,将若之何?"丞曰:"陛下不早裁之,以至今日,敦必为患。"

刘隗为帝谋,出心腹以镇方面。会敦表以宣城内史沈充代甘卓为湘州刺史,帝谓丞曰:"王敦奸逆已著,朕为惠皇,其势不远。湘州据上流之势,控三州之会[②],欲以叔父居之,何如?"丞曰:"臣奉承诏命,惟力是视,何敢有辞!然湘州经蜀寇之余[③],民物凋弊,若得之部,比及三年,乃可即戎[④];苟未及此,虽复灰身,亦无益也。"十二月,诏曰:"晋室开基,方镇之任,亲贤并用,其以谯王丞为湘州刺史。"长沙邓骞闻之,叹曰:"湘州之祸,其在斯乎!"丞行至武昌,敦与之宴,谓丞曰:"大王雅素佳士,恐非将帅才也。"丞曰:“公未见知耳,铅刀岂无一割之用[5]?”敦谓钱凤曰:“彼不知惧而学壮语,足知其不武,无能为也。”乃听之镇。时湘土荒残,公私困弊,丞躬自俭约,倾心绥抚,甚有能名。

高句丽寇辽东,慕容仁与战,大破之,自是不敢犯仁境。

【注释】

①丞:前作“承”,误。　②三州:指荆州、交州、广州。③蜀寇:指杜弢及其部众。　④“比及”句:此话用《论语·先进篇》“比及三年,可使有勇”之句。　⑤“铅刀”句:此借用东汉人班超之语,见《后汉书·班超传》。

四年　春,二月,徐龛复请降。

张茂筑灵钧台,基高九仞[1]。武陵阎曾夜叩府门呼曰:“武公遣我来[2],言‘何故劳民筑台’!”有司以为妖,请杀之。茂曰:“吾信劳民。曾称先君之命以规我,何谓妖乎?”乃为之罢役。

三月,癸亥,日中有黑子。著作佐郎河东郭璞以帝用刑过差,上疏,以为:“阴阳错缪,皆繁刑所致。赦不欲数,然子产知铸刑书非政之善,不得不作者,须以救弊故也。今之宜赦,理亦如之。”

后赵中山公虎攻幽州刺史段匹磾于厌次,孔苌攻其统内诸城,悉拔之。段文鸯言于匹磾曰:“我以勇闻,故为民所倚望;今视民被掠而不救,是怯也。民失所望,谁复为我致死!”遂帅壮士数十骑出战,杀后赵兵甚众。马乏,伏不能起。虎呼之曰:“兄与我俱夷狄,久欲与兄同为一家。今天不违愿,于此得相见,何为复战?请释仗。”文鸯骂曰:“汝为寇贼,当死日久,吾兄不用吾策[3],故令汝得至此。我宁斗死,不为汝屈!”遂下马苦战,槊折,执刀战不已,自辰至申。后赵兵四面解马罗披自鄣[4],前执文鸯;文鸯力竭被执,城内夺气。

匹磾欲单骑归朝,邵续之弟乐安内史洎勒兵不听;洎复欲执台使王英送于虎。匹磾正色责之曰:“卿不能遵兄之志,逼吾不得归朝,亦已甚矣,复欲执天子使者;我虽夷狄,所未闻也!”洎与兄子缉、竺等舆榇出降。匹磾见虎曰:“我受晋恩,志在灭汝,不幸至此,不能为汝敬也。”后赵王勒及虎素与匹磾结为兄弟,虎即起拜之。勒以匹磾为冠军将军，文鸯为左中郎将，散诸流民三万余户，复其本业，置守宰以抚之。于是幽、冀、并三州皆入于后赵。匹磾不为勒礼，常著朝服，持晋节。久之，与文鸯、邵续皆为后赵所杀。

五月，庚申，诏免中州良民遭难为扬州诸郡僮客者[5]，以备征役。尚书令刁协之谋也，由是众益怨之。

终南山崩。

【注释】

①仞（rèn 刃）：古代长度单位，一般以七尺或八尺为一仞，另外还有以四尺或五尺六寸为一仞的说法。 ②武公：张轨谥号。 ③"吾兄"句：312 年，辽西公段疾陆眷攻打石勒，勒遣使求和。段文鸯极力反对，未被采纳。详见本书卷第八十八晋怀帝永嘉六年（312）。 ④马罗披：即障泥，垂在马腹两侧，用来遮挡尘土。 ⑤僮客：奴仆。在当时属于贱民，和良民的身份截然不同。

秋，七月，甲戌，以尚书仆射戴渊为征西将军、都督司、兖、豫、并、雍、冀六州诸军事、司州刺史，镇合肥；丹杨尹刘隗为镇北将军、都督青、徐、幽、平四州诸军事、青州刺史，镇淮阴；皆假节领兵，名为讨胡，实备王敦也。

隗虽在外，而朝廷机事，进退士大夫，帝皆与之密谋。敦遗隗书曰："顷承圣王顾眄足下[1]，今大贼未灭，中原鼎沸，欲与足下及周生之徒戮力王室[2]，共静海内。若其泰也，则帝祚于是乎隆；若其否也[3]，则天下永无望矣。"隗答曰："'鱼相忘于江湖，人相忘于道术[4]。''竭股肱之力，效之以忠贞[5]。'吾之志也。"敦得书，甚怒。

壬午，以骠骑将军王导为侍中、司空、假节、录尚书、领中书监。帝以敦故，并疏忌导。御史中丞周嵩上书，以为："导忠素竭诚，辅成大业，不宜听孤臣之言，惑疑似之说，放逐旧德，以佞伍贤，亏既往之恩，招将来之患。"帝颇感寤，导由是得全。

八月，常山崩。

豫州刺史祖逖，以戴渊吴士，虽有才望，无弘致远识；且已翦荆棘，收河南地，而渊雍容，一旦来统之，意甚怏怏；又闻王敦与刘、刁构隙，将有内难，知大功不遂，感激发病；九月，壬寅，卒于雍丘[⑥]。豫州士女若丧父母,谯、梁间皆为立祠。王敦久怀异志,闻逖卒,益无所惮。

冬,十月,壬午[⑦],以逖弟约为平西将军、豫州刺史,领逖之众。约无绥御之才,不为士卒所附。

初,范阳李产避乱依逖,见约志趣异常,谓所亲曰:"吾以北方鼎沸,故远来就此,冀全宗族。今观约所为,有不可测之志。吾托名姻亲,当早为之计,无事复陷身于不义也,尔曹不可以目前之利而忘长久之策。"乃帅子弟十余人间行归乡里。

【注释】

①眄(miǎn 免):斜着眼看。 ②周生:指周顗。 ③否(pǐ 匹):闭塞不通,不顺利。 ④"鱼相忘"句:语出《庄子·大宗师》,意为鱼有了深水,人有了道术,就可以互不依赖,言下之意,是鱼在水枯竭,人在道术不充足时才记住同类、相濡以沫的。 ⑤"竭股肱"句:语出《左传》僖公九年,为晋国大夫荀息回答晋献公托孤之语。 ⑥壬寅:九月丁巳朔,无壬寅。 ⑦壬午:十月丙戌朔,无壬午。

十一月,皇孙衍生。

后赵王勒悉召武乡耆旧诣襄国,与之共坐欢饮。初,勒微时,与李阳邻居,数争沤麻池相殴,阳由是独不敢来。勒曰:"阳,壮士也;沤麻,布衣之恨;孤方兼容天下,岂仇匹夫乎!"遽召与饮,引阳臂曰:"孤往日厌卿老拳,卿亦饱孤毒手。"因拜参军都尉。以武乡比丰、沛[①],复之三世。

勒以民始复业,资储未丰,于是重制禁酿,郊祀宗庙,皆用醴酒[②],行之数年,无复酿者。

十二月,以慕容廆为都督幽、平二州、东夷诸军事、车骑将军、平州牧,封辽东公,单于如故,遣谒者即授印绶,听承制置官司守宰。廆于是备置僚属,以裴嶷、游邃为长史,裴开为司马,韩寿为别驾,阳耽为军咨祭酒,崔焘为主簿,黄泓、郑林参军事。廆立子皝为世子。作东横[③],以平原刘赞为祭酒,使皝与诸生同受业,廆得暇,亦亲临听之。皝雄毅多权略,喜经术,国人称之。廆徙慕容翰镇辽东,慕容仁镇平郭[④]。翰抚安民夷,甚有威惠;仁亦次之。

拓跋猗㐌妻惟氏，忌代王郁律之强，恐不利于其子，乃杀郁律而立其子贺傉，大人死者数十人。郁律之子什翼犍，幼在襁褓，其母王氏匿于袴中，祝之曰："天苟存汝，则勿啼。"久之，不啼，乃得免。惟氏专制国政，遣使聘后赵，后赵人谓之"女国使"。

【注释】

①"以武乡"句：丰、沛为汉高祖刘邦出生与生长之地，称帝后，特免除二地民众赋役。石勒仿其例，故对出生地武乡百姓也免除赋役。 ②醴（lǐ 里）酒：甜酒。 ③东横：学校。横，与"黉（hóng 红）"同。《晋书·慕容廆载记》作"东庠"。 ④平郭：地名，在今辽宁开原市北老城镇。

资治通鉴卷第九十二

晋纪十四　起玄黓敦牂,尽昭阳协洽,凡二年。

中宗元皇帝下

永昌元年　春,正月,敦璞复上疏,请因皇孙生,下赦令,帝从之。乙卯,大赦,改元。

王敦以璞为记室参军。璞善卜筮,知敦必为乱,己预其祸,甚忧之。大将军掾颍川陈述卒,璞哭之极哀,曰:"嗣祖[1],焉知非福也!"

敦既与朝廷乖离,乃羁录朝士有时望者置己幕府。以羊曼及陈国谢鲲为长史。曼,祜之兄孙也。曼、鲲终日酣醉,故敦不委以事。敦将作乱,谓鲲曰:"刘隗奸邪,将危社稷,吾欲除君侧之恶,何如?"鲲曰:"隗诚始祸,然城狐社鼠[2]。"敦怒曰:"君庸才,岂达大体?"出为豫章太守,又留不遣。

戊辰,敦举兵于武昌,上疏罪状刘隗,称:"隗佞邪谗贼,威福自由,妄兴事役,劳扰士民,赋役烦重,怨声盈路。臣备位宰辅,不可坐视成败,辄进军致讨,隗首朝悬,诸军夕退。昔太甲颠覆厥度[3],幸纳伊尹之忠,殷道复昌。愿陛下深垂三思,则四海乂安,社稷永固矣。"沈充亦起兵于吴兴以应敦,敦以充为大都督、督护东吴诸军事。敦至芜湖,又上表罪状刁协。帝大怒,乙亥,诏曰:"王敦凭恃宠灵,敢肆狂逆,方朕太甲,欲见幽囚。是可忍也,孰不可忍?今亲帅六军以诛大逆,有杀敦者,封五千户侯。"敦兄光禄勋含乘轻舟逃归于敦。

太子中庶子温峤谓仆射周顗曰:“大将军此举似有所在,当无滥邪?”顗曰:“不然,人主自非尧、舜,何能无失,人臣安可举兵以胁之?举动如此,岂得云非乱乎?处仲狼抗无上[4],其意宁有限邪?”

【注释】

①嗣祖:陈述表字。 ②城狐社鼠:城墙上的狐狸、土地庙里的老鼠,人们担心毁坏了城墙庙宇,不敢掘狐熏鼠。比喻仗着别人势力为非作歹的人。 ③太甲:商朝国王。为成汤的嫡长孙。据《史记·殷本纪》,太甲即位后不遵循汤的典刑,被伊尹放逐到桐宫(今河南虞城县东北)。居桐宫三年,悔过自责,伊尹迎归复位。后励精图治,天下归顺,百姓安宁。 ④处仲:王敦表字。

敦初起兵,遣使告梁州刺史甘卓,约与之俱下,卓许之。及敦升舟,而卓不赴,使参军孙双诣武昌谏止敦。敦惊曰:“甘侯前与吾语云何,而更有异,正当虑吾危朝廷耳!吾今但除奸凶,若事济,当以甘侯作公。”双还报,卓意狐疑。或说卓:“且伪许敦,待敦至都而讨之。”卓曰:“昔陈敏之乱,吾先从而后图之[1],论者谓吾惧逼而思变,心常愧之;今若复尔,何以自明?”

卓使人以敦旨告顺阳太守魏该,该曰:“我所以起兵拒胡贼者,正欲忠于王室耳。今王公举兵向天子,非吾所宜与也。”遂绝之。

敦遣参军桓罴说谯王承,请承为军司。承叹曰:“吾其死矣!地荒民寡,势孤援绝,将何以济?然得死忠义,夫复何求?”承檄长沙虞悝为长史,会悝遭母丧,承往吊之,曰:“吾欲讨王敦,而兵少粮乏;且新到,恩信未洽。卿兄弟,湘中之豪俊,王室方危,金革之事,古人所不辞[2]。将何以教之?”悝曰:“大王不以悝兄弟猥劣,亲屈临之,敢不致死?然鄙州荒弊,难以进讨;宜且收众固守,传檄四方,敦势必分,分而图之,庶几可捷也。”承乃囚桓罴,以悝为长史,以其弟望为司马,督护诸军,与零陵太守尹奉、建昌太守长沙王循、衡阳太守淮陵刘翼、舂陵令长沙易雄[3],同举兵讨敦。雄移檄远近，列敦罪恶，于是一州之内皆应承。惟湘东太守郑澹不从，承使虞望讨斩之，以徇四境。澹，敦姊夫也。

承遣主簿邓骞至襄阳，说甘卓曰："刘大连虽骄蹇失众心[4]，非有害于天下。大将军以其私憾，称兵向阙，此忠臣义士竭节之时也。公受任方伯，奉辞伐罪，乃桓、文之功也。"卓曰："桓、文则非吾所能；然志在徇国，当共详思之。"参军李梁说卓曰："昔隗嚣跋扈，窦融保河西以奉光武[5]，卒受其福。今将军有重望于天下，但当按兵坐以待之，使大将军事捷，当委将军以方面，不捷，朝廷必以将军代之，何忧不富贵？而释此庙胜[6]，决存亡于一战邪？"骞谓梁曰："光武当创业之初，故隗、窦可以文服从容顾望。今将军之于本朝，非窦融之比也；襄阳之于太府[7]，非河西之固也。使大将军克刘隗，还武昌，增石城之戍[8]，绝荆、湘之粟，将军将安归乎？势在人手，而曰我处庙胜，未之闻也。且为人臣，国家有难，坐视不救，于义安乎？"卓尚疑之。骞曰："今既不为义举，又不承大将军檄，此必至之祸，愚智所见也。且议者之所难，以彼强而我弱也。今大将军兵不过万余，其留者不能五千；而将军见众既倍之矣。以将军之威名，帅此府之精锐，杖节鸣鼓，以顺讨逆，岂王含所能御哉？溯流之众，势不自救，将军之举武昌，若摧枯拉朽，尚何顾虑邪？武昌既定，据其军实，镇抚二州[9]，以恩意招怀士卒，使还者如归，此吕蒙所以克关羽也[10]。今释必胜之策，安坐以待危亡，不可以言智矣。"

【注释】

①"吾先"句：甘卓先从而后攻击陈敏事，见本书卷第八十六晋惠帝永兴二年(305)、晋怀帝永嘉元年(307)。 ②"金革"二句：古人不因三年之丧回避金革之事(战事)，详见《礼记·曾子问》。 ③建昌：郡名，治今湖北通城县西北。 ④刘大连：即刘隗，隗字大连。 ⑤"昔隗"二句：东汉初隗嚣跋扈及窦融据守河西之事，详见本书卷第四十一汉光武帝建武五年(29)至卷第四十三汉光武帝建武十二年(36)。 ⑥庙胜：临战前制订的克敌制胜的策略。 ⑦太府：指王敦的大将军府。 ⑧石城：城名，在今湖北钟祥市境内。 ⑨二州：指荆州、江州。 ⑩"此吕"句：吕蒙克关羽，见本书卷第六十八汉献帝建安二十四年(219)。

敦恐卓于后为变，又遣参军丹杨乐道融往邀之，必欲与之俱东。道融虽事敦，而忿其悖逆，乃说卓曰："主上亲临万机，自用谯王为湘州，非专任刘隗也。而王氏擅权日久，卒见分政，便谓失职，背恩肆逆，举兵向阙。国家遇君至厚，今与之同，岂不违负大义？生为逆臣，死为愚鬼，永为宗党之耻，不亦惜乎？为君之计，莫若伪许应命，而驰袭武昌，大将军士众闻之，必不战自溃，大勋可就矣。"卓雅不欲从敦，闻道融之言，遂决曰："吾本意也。"乃与巴东监军柳纯、南平太守夏侯承、宜都太守谭该等露檄数敦逆状，帅所统致讨。遣参军司马赞、孙双奉表诣台；罗英至广州，约陶侃同进。戴渊在江西[①]，先得卓书，表上之，台内皆称万岁。陶侃得卓信，即遣参军高宝帅兵北下。武昌城中传卓军至，人皆奔散。

敦遣从母弟南蛮校尉魏乂、将军李恒帅甲卒二万攻长沙[②]。长沙城池不完，资储又阙，人情震恐。或说谯王承，南投陶侃或退据零、桂。承曰："吾之起兵，志欲死于忠义，岂可贪生苟免，为奔败之将乎？事之不济，令百姓知吾心耳。"乃婴城固守。未几，虞望战死。甘卓欲留邓骞为参军，骞不可，乃遣参军虞冲与骞偕至长沙，遗谯王承书，劝之固守，当以兵出沔口，断敦归路，则湘围自解。承复书称："江左中兴，草创始尔，岂图恶逆萌自宠臣？吾以宗室受任，志在陨命；而至止尚浅，凡百茫然。足下能卷甲电赴，犹有所及；若其狐疑，则求我于枯鱼之肆矣[③]。"卓不能从。

西晋青釉擂钵

【注释】

①江西：戴渊出镇合肥，对建康而言为江西。②从母：姨母。 ③枯鱼之肆：枯鱼，干鱼；肆，商店。比喻死亡的境地。语出《庄子·外物篇》"吾得斗升水然活耳，君乃言此（指南游

之后再引来江西之水），曾不如早索我于枯鱼之肆”。

二月，甲午，封皇子昱为琅邪王。

后赵王勒立子弘为世子。遣中山公虎将精卒四万击徐龛；龛坚守不战，虎筑长围守之。

赵主曜自将击杨难敌，难敌逆战不胜，退保仇池，仇池诸氐、羌及故晋王保将杨韬、陇西太守梁勋皆降于曜。曜迁陇西万余户于长安，进攻仇池。会军中大疫，曜亦得疾，将引兵还；恐难敌蹑其后，乃遣光国中郎将王犷说难敌[①]，谕以祸福，难敌遣使称藩。曜以难敌为假黄钺、都督益、宁、南秦、凉、梁、巴六州、陇上、西域诸军事、上大将军、益、宁、南秦三州牧、武都王[②]。

秦州刺史陈安求朝于曜，曜辞以疾。安怒，以为曜已卒，大掠而归。曜疾甚，乘马舆而还。使其将呼延寔监辎重于后，安邀击，获之，谓寔曰：“刘曜已死，子尚谁佐？吾当与子共定大业。”寔叱之曰：“汝受人宠禄而叛之，自视智能何如主上？吾见汝不日枭首于上邽市，何谓大业？宜速杀我！”安怒，杀之，以寔长史鲁凭为参军。安遣其弟集帅骑三万追曜，卫将军呼延瑜逆击，斩之。安乃还上邽，遣将袭汧城[③]，拔之。陇上氐、羌皆附于安，有众十余万，自称大都督、假黄钺、大将军、雍、凉、秦、梁四州牧、凉王，以赵募为相国。鲁凭对安大哭曰：“吾不忍见陈安之死也！”安怒，命斩之。凭曰：“死自吾分，悬吾头于上邽市，观赵之斩陈安也！”遂杀之。曜闻之，恸哭曰：“贤人，民之望也。陈安于求贤之秋而多杀贤者，吾知其无所为也。”

休屠王石武以桑城降赵[④]，赵以武为秦州刺史，封酒泉王。

【注释】

①光国中郎将：前赵所置将领名。　②南秦州、巴州：州名，皆刘曜所创，前者治所在今甘肃成县西北，后者治所不详。　③汧（qiān 千）城：城名，在今陕西陇县东南。　④桑城：城名。在今甘肃临洮县西南洮河西岸。

帝征戴渊、刘隗入卫建康。隗至，百官迎于道，隗岸帻大言[①]，意气自若。及入见，与刁协劝帝尽诛王氏；帝不许，隗始有惧色。

司空导帅其从弟中领军邃、左卫将军廙、侍中侃、彬及诸宗族二十余人，每旦诣台待罪。周顗将入，导呼之曰："伯仁[2]，以百口累卿！"顗直入不顾。既见帝，言导忠诚，申救甚至；帝纳其言。顗喜饮酒，至醉而出，导犹在门，又呼之。顗不与言，顾左右曰："今年杀诸贼奴，取金印如斗大，系肘后。"既出，又上表明导无罪，言甚切至。导不之知，甚恨之。

帝命还导朝服，召见之。导稽首曰："逆臣贼子，何代无之？不意今者近出臣族！"帝跣而执其手曰[3]："茂弘[4]，方寄卿以百里之命，是何言邪？"

三月，以导为前锋大都督，加戴渊骠骑将军。诏曰："导以大义灭亲，可以吾为安东时节假之。"以周顗为尚书左仆射，王邃为右仆射。帝遣王廙往谕止敦；敦不从而留之，廙更为敦用。征虏将军周札，素矜险好利，帝以为右将军、都督石头诸军事。敦将至，帝使刘隗军金城[5]，札守石头，帝亲被甲徇师于郊外。以甘卓为镇南大将军、侍中、都督荆、梁二州诸军事，陶侃领江州刺史；使各帅所统以蹑敦后。

敦至石头，欲攻刘隗。杜弘言于敦曰："刘隗死士众多，未易可克；不如攻石头，周札少恩，兵不为用，攻之必败，札败则隗自走矣。"敦从之，以弘为前锋，攻石头，札果开门纳弘。敦据石头，叹曰："吾不复得为盛德事矣！"谢鲲曰："何为其然也？但使自今以往，日忘日去耳。"

帝命刁协、刘隗、戴渊帅众攻石头，王导、周顗、郭逸、虞潭等三道出战，协等兵皆大败。太子绍闻之，欲自帅将士决战；升车将出，中庶子温峤执鞚谏曰[6]："殿下国之储副，奈何以身轻天下？"抽剑斩鞅[7]，乃止。

【注释】

①岸帻（zé 责）：掀起头巾露出前额，形容衣着简率不拘。 ②伯仁：周顗表字。 ③跣（xiǎn 显）：光着脚。 ④茂弘：王导表字。 ⑤金城：在今江苏句容市北。 ⑥鞚（kòng 控）：马笼头。 ⑦鞅（yāng 央）：古时用马拉车时套在马脖子上的皮套子。

敦拥兵不朝,放士卒劫掠,宫省奔散,惟安东将军刘超按兵直卫,及侍中二人侍帝侧。帝脱戎衣,着朝服。顾而言曰:“欲得我处,当早言!何至害民如此?”又遣使谓敦曰:“公若不忘本朝,于此息兵,则天下尚可共安;如其不然,朕当归琅邪以避贤路。”

刁协、刘隗既败,俱入宫,见帝于太极东除[①]。帝执协、隗手,流涕呜咽,劝令避祸。协曰:“臣当守死,不敢有贰。”帝曰:“今事逼矣,安可不行?”乃令给协、隗人马,使自为计。协老,不堪骑乘,素无恩纪,募从者,皆委之,行至江乘,为人所杀,送首于敦。隗奔后赵,官至太子太傅而卒。

帝令公卿百官诣石头见敦,敦谓戴渊曰:“前日之战,有余力乎?”渊曰:“岂敢有余,但力不足耳!”敦曰:“吾今此举,天下以为何如?”渊曰:“见形者谓之逆,体诚者谓之忠。”敦笑曰:“卿可谓能言。”又谓周𫖮曰:“伯仁,卿负我[②]!”𫖮曰:“公戎车犯顺,下官亲帅六军,不能其事,使王旅奔败,以此负公!”

辛未,大赦;以敦为丞相、都督中外诸军、录尚书事、江州牧,封武昌郡公;并让不受。

初,西都覆没[③],四方皆劝进于帝。敦欲专国政,忌帝年长难制,欲更议所立,王导不从。及敦克建康,谓导曰:“不用吾言,几至覆族。”

敦以太子有勇略,为朝野所向,欲诬以不孝而废之,大会百官,问温峤曰:“皇太子以何德称?”声色俱厉。峤曰:“钩深致远,盖非浅局所量;以礼观之,可谓孝矣。”众皆以为信然,敦谋遂沮。

帝召周𫖮于广室,谓之曰:“近日大事,二宫无恙,诸人平安,大将军固副所望邪?”𫖮曰:“二宫自如明诏,臣等尚未可知。”护军长史郝嘏等劝𫖮避敦,𫖮曰:“吾备位大臣,朝廷丧败,宁可复草间求活,外投胡、越邪?”敦参军吕猗,尝为台郎[④],性奸谄,戴渊为尚书,恶之。猗说敦曰:“周𫖮、戴渊,皆有高名,足以惑众,近者之言,曾无怍色,公不除之,恐必有再举之忧。”敦素忌二人之才,心颇然之,从容问王导曰:“周、戴,南北之望,当登三司无疑也[⑤]。”导不答。又曰:“若不三司,止应令仆邪?”又不答。敦曰:“若不尔,正当诛尔！”又不答。丙子，敦遣部将陈郡邓岳收顗及渊。先是，敦谓谢鲲曰：“吾当以周伯仁为尚书令，戴若思为仆射[6]。”是日，又问鲲：“近来人情何如？”鲲曰：“明公之举，虽欲大存社稷，然悠悠之言实未达高义。若果能举用周、戴，则群情帖然矣！”敦怒曰：“君粗疏邪！二子不相当，吾已收之矣！”鲲愕然自失。参军王峤曰：“‘济济多士，文王以宁[7]。’奈何戮诸名士？”敦大怒，欲斩峤，众莫敢言。鲲曰：“明公举大事，不戮一人。峤以献替忤旨，便以衅鼓，不亦过乎？”敦乃释之，黜为领军长史。峤，浑之族孙也。

【注释】

①除：宫殿的台阶。 ②“卿负”句：晋愍帝建兴元年（313），周顗为杜弢所困，到豫章投靠王敦，王敦以此为恩德，故认为周顗辜负了他。 ③西都：指长安。 ④台郎：即尚书郎。 ⑤三司：指太尉、司徒、司空。 ⑥戴若思：即戴渊，渊字若思。 ⑦“济济”句：语出《诗经·大雅·文王》，意为“济济一堂人才多，文王安宁国富强”。

顗被收，路经太庙，大言曰：“贼臣王敦，倾覆社稷，枉杀忠臣；神祇有灵，当速杀之！”收人以戟伤其口，血流至踵，容止自若，观者皆为流涕。并戴渊杀之于石头南门之外。

帝使侍中王彬劳敦，彬素与顗善，先往哭顗，然后见敦。敦怪其容惨，问之。彬曰：“向哭伯仁，情不能已。”敦怒曰：“伯仁自致刑戮；且凡人遇汝，汝何哀而哭之？”彬曰：“伯仁长者，兄之亲友；在朝虽无謇愕[1]，亦非阿党，而赦后加之极刑，所以伤惋也。”因勃然数敦曰：“兄抗旌犯顺，杀戮忠良，图为不轨，祸及门户矣！”辞气慷慨，声泪俱下。敦大怒，厉声曰：“尔狂悖乃至此，以吾为不能杀汝邪？”时王导在坐，为之惧，劝彬起谢。彬曰：“脚痛不能拜；且此复何谢？”敦曰：“脚痛孰若颈痛？”彬殊无惧容，竟不肯拜。

王导后料检中书故事，乃见顗救己之表，执之流涕曰：“吾虽不杀伯仁，伯仁由我而死，幽冥之中，负此良友！”

沈充拔吴国，杀内史张茂。

初，王敦闻甘卓起兵，大惧。卓兄子卬为敦参军，敦使卬归说卓曰：“君此自是臣节，不相责也。吾家计急，不得不尔。想便旋军襄阳，当更结好。”卓虽慕忠义，性多疑少决，军于猪口[②]，欲待诸方同出军，稽留累旬不前。敦既得建康，乃遣台使以驺虞幡驻卓军。卓闻周顗、戴渊死，流涕谓印曰：“吾之所忧，正为今日。且使圣上元吉，太子无恙，吾临敦上流，亦未敢遽危社稷。适吾径据武昌，敦势逼，必劫天子以绝四海之望，不如还襄阳，更思后图。”即命旋军。都尉秦康与乐道融说卓曰：“今分兵断彭泽[③]，使敦上下不得相赴，其众自然离散，可一战擒也。将军起义兵而中止，窃为将军不取。且将军之下，士卒各求其利，欲求西还，亦恐不可得也。”卓不从。道融昼夜泣谏，卓不听；道融忧愤而卒。卓性本宽和，忽更强塞[④]，径还襄阳，意气骚扰，举动失常，识者知其将死矣。

王敦以西阳王羕为太宰，加王导尚书令，王廙为荆州刺史；改易百官及诸军镇，转徙黜免者以百数；或朝行暮改，惟意所欲。敦将还武昌，谢鲲言于敦曰：“公至都以来，称疾不朝，是以虽建勋而人心实有未达。今若朝天子，使君臣释然，则物情皆悦服矣。”敦曰：“君能保无变乎？”对曰：“鲲近日入觐，主上侧席，迟得见公，宫省穆然，必无虞也。公若入朝，鲲请侍从。”敦勃然曰：“正复杀君等数百人[⑤]，亦复何损于时！”竟不朝而去。夏，四月，敦还武昌。

【注释】

①謇愕（jiǎn è 简厄）：正直。此处指正直的言论。 ②猪口：地名，在今湖北仙桃市北。 ③彭泽：县名，治今江西湖口县东。 ④强塞：强横凶暴。 ⑤正复：虚词，纵然，即使之意。

初，宜都内史天门周级闻谯王承起兵，使其兄子该潜诣长沙，申款于承。魏乂等攻湘州急，承遣该及从事邵陵周崎间出求救，皆为逻者所得。乂使崎语城中，称大将军已克建康，甘卓还襄阳，外援理绝。崎伪许之，既至城下，大呼曰：“援兵寻至，努力坚守！”乂杀之。乂考该至死，竟不言其故，周级由是获免。

乂等攻战日逼，敦又送所得台中人书疏，令乂射以示承。城中知朝廷不守，莫不怅惋。相持且百日，刘翼战死，士卒死伤相枕。癸巳，乂拔长沙，承等皆被执。乂将杀虞悝，子弟对之号泣。悝曰：“人生会当有死，今阖门为忠义之鬼，亦复何恨！”

东晋瓯窑黑釉四系盘口壶

乂以槛车载丞及易雄送武昌，佐吏皆奔散，惟主簿桓雄、西曹书佐韩阶、从事武延，毁服为僮从丞[1]，不离左右。乂见桓雄姿貌举止非凡人，惮而杀之。韩阶、武延执志愈固。荆州刺史王廙承敦旨，杀丞于道中，阶、延送丞丧至都，葬之而去。易雄至武昌，意气忼慨，曾无惧容。敦遣人以檄示雄而数之，雄曰："此实有之，惜雄位微力弱，不能救国难耳。今日之死，固所愿也。"敦惮其辞正，释之，遣就舍。众人皆贺之，雄笑曰："吾安得生！"既而敦遣人潜杀之。

魏乂求邓骞甚急，乡人皆为之惧，骞笑曰："此欲用我耳，彼新得州，多杀忠良，故求我以厌人望也。"乃往诣乂，乂喜曰："君，古之解扬也[2]。"以为别驾。

诏以陶侃领湘州刺史；王敦上侃复还广州，加散骑常侍。

【注释】

①毁服：毁去平日服装，制作僮仆之服。　②解扬：春秋时晋国大夫。前594年，楚国侵宋，宋国告急于晋。晋派解扬到宋国，让他们不要投降楚国，并告知晋将发兵援救。路经郑国，被执，送给楚王，楚王对解扬加以贿赂，让他对宋国说相反的话。解扬再三不从，后以死相威胁，也无所畏惧。楚王无法，只得赦免，让解扬回去。

甲午，前赵羊后卒，谥曰献文。

甘卓家人皆劝卓备王敦，卓不从，悉散兵佃作，闻谏，辄怒。襄阳太守周虑密承敦意，诈言湖中多鱼，劝卓遣左右悉出捕鱼。五月，乙亥，虑引兵袭卓于寝室，杀之，传首于敦，并杀其诸子。敦以从事中郎周抚督沔北诸军事，代卓镇沔中[1]。抚，访之子也。

敦既得志，暴慢滋甚，四方贡献多入其府，将相岳牧皆出其门。以沈充、钱凤为谋主，唯二人之言是从，所谮无不死者。以诸葛瑶、邓岳、周抚、李恒、谢雍为爪牙。充等并凶险骄恣，大起营府，侵人田宅，剽掠市道，识者咸知其将败焉。

秋，七月，后赵中山公虎拔泰山，执徐龛送襄国；后赵王勒盛之以囊，于百尺楼上扑杀之，命王伏都等妻子刳而食之[②]，坑其降卒三千人。

兖州刺史郗鉴在邹山三年，有众数万。战争不息，百姓饥馑，掘野鼠、蛰燕而食之[③]，为后赵所逼，退屯合肥。尚书右仆射纪瞻，以鉴雅望清德，宜从容台阁，上疏请征之；乃征拜尚书。徐、兖间诸坞多降于后赵，后赵置守宰以抚之。

王敦自领宁、益二州都督。

冬，十月，己丑，荆州刺史武陵康侯王廙卒。

王敦以下邳内史王邃都督青、徐、幽、平四州诸军事，镇淮阴；卫将军王含都督沔南诸军事，领荆州刺史；武昌太守丹杨王谅为交州刺史。使谅收交州刺史修湛、新昌太守梁硕，杀之，谅诱湛，斩之。硕举兵围谅于龙编[④]。

祖逖既卒，后赵屡寇河南，拔襄城、城父[⑤]，围谯。豫州刺史祖约不能御，退屯寿春[⑥]。后赵遂取陈留，梁、郑之间复骚然矣。

十一月，以临颍元公荀组为太尉；辛酉，薨。

罢司徒，并丞相府。王敦以司徒官属为留府。

帝忧愤成疾，闰月，己丑，崩；司空王导受遗诏辅政。帝恭俭有余而明断不足，故大业未复而祸乱内兴。庚寅，太子即皇帝位，大赦，尊所生母荀氏为建安君。

十二月，赵主曜葬其父母于粟邑，大赦。陵下周二里，上高百尺，计用六万夫，作之百日乃成。役者夜作，继以脂烛，民甚苦之。游子远谏，不听。

后赵濮阳景侯张宾卒，后赵王勒哭之恸，曰："天不欲成吾事邪？何夺吾右侯之早也？"程遐代为右长史。遐，世子弘之舅也，勒每与遐议，有所不合，辄叹曰："右侯舍我去，乃令我与此辈共事，岂非酷乎？"因流涕弥日。

张茂使将军韩璞帅众取陇西、南安之地，置秦州。

慕容廆遣其世子皝袭段末柸，入令支，掠其居民千余家而还。

【注释】

①沔中：地域名，为自今陕西汉中市南郑区至湖北襄阳市的汉水流域地区。 ②刳(kū 枯)：剖开。 ③蛰(zhé 哲)燕：留下来过冬的燕子。 ④龙编：县名，治今越南北宁省仙游东。 ⑤城父：县名，治今安徽亳州市东南城父集。 ⑥寿春：县名，治今安徽寿县。

肃宗明皇帝上[①]

太宁元年 春，正月，成李骧、任回寇台登[②]，将军司马玖战死，越嶲太守李钊、汉嘉太守王载皆以郡降于成。

二月，庚戌，葬元帝于建平陵。

三月，戊寅朔，改元。

饶安、东光、安陵三县灾[③]，烧七千余家，死者万五千人。

后赵寇彭城、下邳，徐州刺史卞敦与征北将军王邃退保盱眙[④]。敦，壶之从父兄也。

王敦谋篡位，讽朝廷征己；帝手诏征之。夏，四月，加敦黄钺、班剑，奏事不名，入朝不趋，剑履上殿。敦移镇姑孰[⑤]，屯于湖[⑥]，以司空导为司徒，敦自领扬州牧。敦欲为逆，王彬谏之甚苦。敦变色，目左右，将收之。彬正色曰："君昔岁杀兄[⑦]，今又杀弟邪？"敦乃止，以彬为豫章太守。

后赵王勒遣使结好于慕容廆，廆执送建康。

成李骧等进攻宁州，刺史褒中壮公王逊使将军姚岳等拒之，战于螗蜋[⑧]，成兵大败。岳追至泸水[⑨]，成兵争济，溺死者千余人。岳以道远，不敢济而还。逊以岳不穷追，大怒，鞭之；怒甚，冠裂而卒。逊在州十四年，威行殊俗。州人立其子坚行州府事，诏除坚宁州刺史。

广州刺史陶侃遣兵救交州；未至，梁硕拔龙编，夺刺史王谅节，谅不与，硕断其右臂。谅曰："死且不避，断臂何为？"逾旬而卒。

东晋瓯窑青瓷点彩牛形灯

六月，壬子，立妃庾氏为皇后，以后兄中领军亮为中书监。

梁硕据交州，凶暴失众心。陶侃遣参军高宝攻硕，斩之。诏以侃领交州刺史，进号征南大将军、开府仪同三司。未几，吏部郎阮放求为交州刺史，许之。放行至宁浦[10]，遇高宝，为宝设馔，伏兵杀之。宝兵击放，放走，得免，至州少时，病卒。放，咸之族子也。

陈安围赵征西将军刘贡于南安，休屠王石武自桑城引兵趣上邽以救之，与贡合击安，大破之。安收余骑八千，走保陇城。秋，七月，赵主曜自将围陇城，别遣兵围上邽。安频出战，辄败。右军将军刘干攻平襄[11]，克之，陇上诸县悉降。安留其将杨伯支、姜冲儿守陇城，自帅精骑突围，出奔陕中[12]，曜遣将军平先等追之。安左挥七尺大刀，右运丈八蛇矛，近则刀矛俱发，辄殪五六人[13]，远则左右驰射而走。先亦勇捷如飞，与安搏战，三交，遂夺其蛇矛。会日暮雨甚，安弃马与左右匿于山中；赵兵索之，不知所在。明日，安遣其将石容觇赵兵，赵辅威将军呼延青人获之，拷问安所在，容卒不肯言，青人杀之。雨霁，青人寻其迹，获安于涧曲，斩之。安善抚将士，与同甘苦，及死，陇上人思之，为作《壮士之歌》。杨伯支斩姜冲儿，以陇城降；别将宋亭斩赵募，以上邽降。曜徙秦州大姓杨、姜诸族二千余户于长安。氐、羌皆送任请降；以赤亭羌酋姚弋仲为平西将军[14]，封平襄公。

【注释】

①肃宗明皇帝：即司马绍（299—325）。字道畿，河内温县（今河南温县西）人，东晋元帝司马睿的长子。322—325 年在位。在位期间，亲率六军平定王敦的叛乱，对加强皇权颇有建树。 ②台登：县名，治今四

川冕宁县南。 ③饶安：县名，治今河北盐山县西南。东光：县名，治今河北东光县东。安陵：县名，治今河北吴桥县东北。三县皆为后赵属县。 ④盱眙（xū yí 须夷）：县名，治今江苏盱眙县东北。 ⑤姑孰：地名，在今安徽当涂县。 ⑥于湖：县名，治今安徽当涂县。 ⑦"君昔岁"句：据《晋书·王彬传》，彬从兄王棱，此前曾为王敦所害。 ⑧螗蜋（táng láng 唐郎）：县名，又作堂狼，治今云南巧家县东境。 ⑨泸水：河流名，一名泸江水，即今四川、云南交界雅砻口以下金沙江河段。 ⑩宁浦：县名，治今广西横州市西南。 ⑪平襄：县名，治今甘肃通渭县西。 ⑫陕中：地名，在今甘肃张家川回族自治县南部。 ⑬殪（yì 意）：杀死。 ⑭赤亭：地名，在今甘肃陇西县西。

帝畏王敦之逼，欲以郗鉴为外援，拜鉴兖州刺史、都督扬州江西诸军事，镇合肥。王敦忌之，表鉴为尚书令。八月，诏征鉴还，道经姑孰，敦与之论西朝人士，曰："乐彦辅[①]，短才耳，考其实，岂胜满武秋邪[②]？"鉴曰："彦辅道韵平淡，愍怀之废，柔而能正；武秋失节之士[③]，安得拟之？"敦曰："当是时，危机交急。"鉴曰："大丈夫当死生以之。"敦恶其言，不复相见，久留不遣。敦党皆劝敦杀之，敦不从。鉴还台，遂与帝谋讨敦。

后赵中山公虎帅步骑四万击安东将军曹嶷，青州郡县多降之，遂围广固。嶷出降，送襄国杀之，坑其众三万。虎欲尽杀嶷众，青州刺史刘征曰："今留征，使牧民也；无民焉牧？征将归耳！"虎乃留男女七百口配征，使镇广固。

赵主曜自陇上西击凉州，遣其将刘咸攻韩璞于冀城，呼延晏攻宁羌护军阴鉴于桑壁[④]，曜自将戎卒二十八万军于河上，列营百余里，金鼓之声动地，河水为沸，张茂临河诸戍，皆望风奔溃。曜扬声欲百道俱济，直抵姑臧，凉州大震。参军马岌劝茂亲出拒战，长史氾祎怒，请斩之。岌曰："氾公糟粕书生，刺举小才，不思家国大计。明公父子欲为朝廷诛刘曜有年矣，今曜自至，远近之情，共观明公此举，当立信勇之验以副秦、陇之望，力虽不敌，势不可以不出。"茂曰："善！"乃出屯石头[⑤]。茂谓参军陈珍曰："刘曜举三秦之众[⑥]，乘胜席卷而来，将若之何？"珍曰："曜兵虽多，精卒至少，大抵皆氐、羌乌合之众，恩信未洽，且有山东之虞[7]，安能舍其腹心之疾，旷日持久，与我争河西之地邪？若二旬不退，珍请得弊卒数千，为明公擒之。"茂喜，使珍将兵救韩璞。赵诸将争欲济河，赵主曜曰："吾军势虽盛，然畏威而来者三分有二，中军疲困，其实难用。今但按甲勿动，以吾威声震之，若出中旬张茂之表不至者，吾为负卿矣。"茂寻遣使称藩，献马、牛、羊、珍宝不可胜纪。曜拜茂侍中，都督凉、南、北秦、梁、益、巴、汉、陇右、西域杂夷、匈奴诸军事，太师，凉州牧，封凉王，加九锡。

【注释】

①乐彦辅：即乐广。　②满武秋：即满奋。　③"武秋"句：惠帝永康元年（300），太子被废，满奋时为司隶校尉，下令收缚辞别太子者（被乐广释放）；次年，司马伦篡位，奋又奉玺绶，故谓之"失节"。　④桑壁：地名，在今甘肃陇西县境内。　⑤石头：地名，在今甘肃武威市境内。⑥三秦：项羽三分关中，封章邯为雍王，司马欣为塞王，董翳为翟王，合称三秦。其地相当今陕西秦岭以北及甘肃东部地区。　⑦山东之虞：指在关东同后赵的军事对抗。

杨难敌闻陈安死，大惧，与弟坚头南奔汉中，赵镇西将军刘厚追击之，大获而还。赵主曜以大鸿胪田崧为镇南大将军、益州刺史，镇仇池。难敌送任请降于成，成安北将军李稚受难敌赂，不送难敌于成都。赵兵退，即遣归武都，难敌遂据险不服。稚自悔失计，亟请讨之。雄遣稚兄侍中、中领军琀与稚出白水[1]，征东将军李寿及琀弟玝出阴平[2]，以击难敌；群臣谏，不听。难敌遣兵拒之，寿、玝不得进，而琀、稚长驱至下辨[3]。难敌遣兵断其归路，四面攻之。琀、稚深入无继，皆为难敌所杀，死者数千人。琀，荡之长子，有才望，雄欲以为嗣，闻其死，不食者数日。

初，赵主曜长子俭，次子胤。胤年十岁，长七尺五寸，汉主聪奇之，谓曜曰："此儿神气，非义真之比也[4]，当以为嗣。"曜曰："藩国之嗣，能守祭祀足矣，不敢乱长幼之序。"聪曰："卿之勋德，当世受专征之任，非他臣之比也，吾当更以一国封义真。"乃封俭为临海王，立胤为世子。既长，多力善射，骁捷如风。靳准之乱，没于黑匿郁鞠部[5]。陈安既败，胤自言于郁鞠，郁鞠大惊，礼而归之。曜悲喜，谓群臣曰："义光虽已为太子[6]，然冲幼儒谨，恐不堪今之多难。义孙[7]，故世子也，材器过人，且涉历艰难。吾欲法周文王、汉光武，以固社稷而安义光，何如？"太傅呼延晏等皆曰："陛下为国家无穷之计，岂惟臣等赖之，实宗庙四海之庆。"左光禄大夫卜泰、太子太保韩广进曰："陛下以废立为是，不应更问群臣；若以为疑，固乐闻异同之言。臣窃以为废太子，非也。昔文王定嗣于未立之前，则可也；光武以母失恩而废其子，岂足为圣朝之法！向以东海为嗣[8]，未必不如明帝也[9]。胤文武才略，诚高绝于世；然太子孝友仁慈，亦足为承平贤主。况东宫者，民、神所系，岂可轻动？陛下诚欲如是，臣等有死而已，不敢奉诏。"曜默然。胤进曰："父之于子，当爱之如一，今黜熙而立臣，臣何敢自安？陛下苟以臣为颇堪驱策，岂不能辅熙以承圣业乎？必若以臣代熙，臣请效死于此，不敢闻命。"因歔欷流涕。曜亦以熙羊后所生，不忍废也，乃追谥前妃卜氏为元悼皇后。泰，即胤之舅也，曜嘉其公忠，以为上光禄大夫、仪同三司、领太子太傅；封胤为永安王，拜侍中、卫大将军、都督二宫禁卫诸军事、开府仪同三司、录尚书事。命熙于胤尽家人之礼。

【注释】

①白水：河流名，即今川、甘二省交界嘉陵江支流白龙江。 ②玝(wǔ 午)：此处为人名用字。阴平：县名，治今甘肃文县西白龙江北岸。 ③下辨：县名，治今甘肃成县西。 ④义真：刘俭表字。 ⑤黑匿郁鞠：匈奴部落酋长，活动区域不详。 ⑥义光：刘熙表字。 ⑦义孙：刘胤表字。 ⑧向：从前、旧时。东海：即东汉初东海王刘强(？—58)，光武帝之子。建武二年(26)，立为皇太子。十七年，母亲郭皇后被废黜，强不自安，恳求出居藩国。十九年，除太子位，封为东海王。 ⑨明帝：即刘庄(28—75)，东汉第二位皇帝。

张茂大城姑臧，修灵钧台。别驾吴绍谏曰："明公所以修城筑台者，盖惩既往之患耳[1]。愚以为苟恩未洽于人心，虽处层台，亦无所益，适足以疑群下忠信之志，失士民系托之望，示怯弱之形。

启邻敌之谋，将何以佐天子，霸诸侯乎？愿亟罢兹役，以息劳费。”茂曰：“亡兄一旦失身于物[2]，岂无忠臣义士欲尽节者哉？顾祸生不意，虽有智勇无所施耳。王公设险，勇夫重闭，古之道也。今国家未靖，不可以太平之理责人于屯邅之世也[3]。”卒为之。

王敦从子允之，方总角[4]，敦爱其聪警，常以自随。敦常夜饮，允之辞醉先卧。敦与钱凤谋为逆，允之悉闻其言；即于卧处大吐，衣面并污。凤出，敦果照视，见允之卧于吐中，不复疑之。会其父舒拜廷尉，允之求归省父，悉以敦、凤之谋白舒。舒与王导俱启帝，阴为之备。

敦欲强其宗族，陵弱帝室，冬，十一月，徙王含为征东将军、都督扬州江西诸军事，王舒为荆州刺史、监荆州沔南诸军事，王彬为江州刺史。

后赵王勒以参军樊坦为章武内史，勒见其衣冠弊坏，问之，坦率然对曰：“顷为羯贼所掠，资财荡尽。”勒笑曰：“羯贼乃尔无道邪！今当相偿。”坦大惧，叩头泣谢。勒赐车马、衣服、装钱三百万而遣之。

是岁，越巂斯叟攻成将任回，成主雄遣征南将军费黑讨之。

会稽内史周札，一门五侯[5]，宗族强盛，吴士莫与为比；王敦忌之。敦有疾，钱凤劝敦早除周氏，敦然之。周嵩以兄顗之死，心常愤愤。敦无子，养王含子应为嗣，嵩尝于众中言应不宜统兵，敦恶之。嵩与札兄子莚皆为敦从事中郎[6]。会道士李脱以妖术惑众，士民颇信事之。

【注释】

①既往之患：指刘曜前来进攻及张茂兄张寔为部属所杀之事，后者详见本书卷第九十一晋元帝太兴三年（320）。 ②“亡兄”句：指张寔为部下所杀之事，见本书卷第九十一晋元帝太兴三年（320）。 ③屯邅（zhān 粘）：难行不进的样子，比喻处境不利，进退两难。 ④总角：古代男女未成年时，束发为两结，形状如角，故称总角。 ⑤一门五侯：周札封东迁县侯，兄靖子懋封清流亭侯，懋弟赞封武康县侯，赞弟缙封都乡侯，兄玘子勰封乌程县侯，凡五侯。 ⑥莚（yán 延）：蔓延连续的样子。此处为人名用字。

资治通鉴卷第九十三

晋纪十五 起阏逢涒滩，尽强圉大渊献，凡四年。

肃宗明皇帝下

太宁二年 春，正月，王敦诬周嵩、周莚与李脱谋为不轨，收嵩、莚，于军中杀之；遣参军贺鸾就沈充于吴，尽杀周札诸兄子；进兵袭会稽，札拒战而死。

后赵将兵都尉石瞻寇下邳、彭城，取东莞、东海，刘遐退保泗口[①]。

司州刺史石生击赵河南太守尹平于新安，斩之，掠五千余户而归。自是二赵构隙，日相攻掠，河东、弘农之间，民不聊生矣。

石生寇许、颍，俘获万计。攻郭诵于阳翟，诵与战，大破之，生退守康城[②]。后赵汲郡内史石聪闻生败，驰救之，进攻司州刺史李矩、颍川太守郭默，皆破之。

成主雄，后任氏无子，有妾子十余人，雄立其兄荡之子班为太子，使任后母之。群臣请立诸子，雄曰："吾兄，先帝之嫡统，有奇材大功，事垂克而早世[③]，朕常悼之。且班仁孝好学，必能负荷先烈。"太傅骧、司徒王达谏曰："先王立嗣必子者，所以明定分而防篡夺也。宋宣公、吴馀祭[④]，足以观矣！"雄不听。骧退而流涕曰："乱自此始矣！"班为人谦恭下士，动遵礼法，雄每有大议，辄令豫之。

夏，五月，甲申，张茂疾病，执世子骏手泣曰："吾家世以孝友忠顺著称，今虽天下大乱，汝奉承之，不可失也。”且下令曰：“吾官非王命，苟以集事，岂敢荣之？死之日，当以白帢入棺，勿以朝服敛。”是日，薨。愍帝使者史淑在姑臧，左长史氾祎、右长史马谟等使淑拜骏大将军、凉州牧、西平公，赦其境内。前赵主曜遣使赠茂太宰，谥曰成烈王；拜骏上大将军、凉州牧、凉王。

【注释】

①泗口：在今江苏淮安市淮阴区西南，即古泗水入淮水之口。②康城：在今河南禹州市境内。③“事垂”句：李荡之死，见本书卷第八十五晋惠帝太安二年(303)。④“宋宣公”句：春秋时期，宋宣公传位于弟，吴国馀祭接替兄长樊诸的王位，不久都引起了王位的激烈争夺。如阖闾杀吴王僚这一著名的重大历史事件，即是樊诸采用兄终弟及制的结果。

王敦疾甚，矫诏拜王应为武卫将军以自副，以王含为骠骑大将军、开府仪同三司。钱凤谓敦曰：“脱有不讳，便当以后事付应邪？”敦曰：“非常之事，非常人所能为。且应年少，岂堪大事？我死之后，莫若释兵散众，归身朝廷，保全门户，上计也；退还武昌，收兵自守，贡献不废，中计也；及吾尚存，悉众而下，万一侥幸，下计也。”凤谓其党曰：“公之下计，乃上策也。”遂与沈充定谋，俟敦死，即作乱。又以宿卫尚多，奏令三番休二。

初，帝亲任中书令温峤，敦恶之，请峤为左司马。峤乃缪为勤敬，综其府事，时进密谋以附其欲。深结钱凤，为之声誉，每曰：“钱世仪精神满腹。”峤素有藻鉴之名[1]，凤甚悦，深与峤结好。会丹杨尹缺，峤言于敦曰：“京尹咽喉之地，公宜自选其才，恐朝廷用人，或不尽理。”敦然之，问峤：“谁可者？”峤曰：“愚谓无如钱凤。”凤亦推峤，峤伪辞之；敦不听，六月，表峤为丹杨尹，且使觇伺朝廷。峤恐既去而钱凤于后间止之，因敦饯别，峤起行酒，至凤，凤未及饮；峤伪醉，以手版击凤帻坠，作色曰：“钱凤何人，温太真行酒而敢不饮！”敦以为醉，两释之。峤临去，与敦别，涕泗横流，出阁复入者再三。行后，凤谓敦曰：“峤于朝廷甚密，而与庾亮深交，未可信也。”敦曰：“太真昨醉，小加声色，何得便尔相谗？”峤至建康，尽以敦逆谋告帝，请先为之备，又与庾亮共画讨敦之谋。敦闻之，大怒曰："吾乃为小物所欺！"与司徒导书曰："太真别来几日，作如此事！当募人生致之，自拔其舌。"

帝将讨敦，以问光禄勋应詹，詹劝成之，帝意遂决。丁卯，加司徒导大都督、领扬州刺史，以温峤都督东安北部诸军事[②]，与右将军卞敦守石头，应詹为护军将军、都督前锋及朱雀桥南诸军事[③]，郗鉴行卫将军、都督从驾诸军事，庾亮领左卫将军，以吏部尚书卞壶行中军将军。郗鉴以为军号无益事实，固辞不受；请召临淮太守苏峻、兖州刺史刘遐同讨敦。诏征峻、遐及徐州刺史王邃、豫州刺史祖约、广陵太守陶瞻等入卫京师。帝屯于中堂[④]。

【注释】

①藻鉴：品评鉴别。　②东安北部：据下文应詹都督桥南诸军观之，东安北部是指秦淮以北诸军。　③朱雀桥：桥名，在今江苏南京市南秦淮河上。长九十步，宽六丈。本三国吴南津桥，东晋时改名。　④中堂：地名，在建康城南门外。

司徒导闻敦疾笃，帅子弟为敦发哀，众以为敦信死，咸有奋志。于是尚书腾诏下敦府，列敦罪恶曰："敦辄立兄息以自承代，未有宰相继体而不由王命者也[①]。顽凶相奖，无所顾忌；志骋凶丑，以窥神器。天不长奸，敦以陨毙；凤承凶宄，弥复煽逆。今遣司徒导等帅虎旅三万，十道并进；平西将军邃等精锐三万，水陆齐势；朕亲统诸军，讨凤之罪。有能杀凤送首，封五千户侯。诸文武为敦所授用者，一无所问，无或猜嫌，以取诛灭。敦之将士，从敦弥年，违离家室，朕甚愍之。其单丁在军，皆遣归家，终身不调；其余皆与假三年，休讫还台，当与宿卫同例三番。"

敦见诏，甚怒；而病转笃，不能自将。将举兵伐京师，使记室郭璞筮之，璞曰："无成。"敦素疑璞助温峤、庾亮，及闻卦凶，乃问璞曰："卿更筮吾寿几何？"璞曰："思向卦，明公起事，必祸不久；若住武昌，寿不可测。"敦大怒曰："卿寿几何？"曰："命尽今日日中。"敦乃收璞，斩之。

敦使钱凤及冠军将军邓岳、前将军周抚等帅众向京师。王含谓敦曰："此乃家事，吾当自行。"于是以含为元帅。凤等问曰："事克之日，天子云何？"敦曰："尚未南郊，何得称天子？便尽卿兵势，保护东海王及裴妃而已[②]。"乃上疏以诛奸臣温峤等为名。秋，七月，壬申朔[③]，王含等水陆五万奄至江宁南岸[④]，人情恟惧。温峤移屯水北，烧朱雀桁以挫其锋，含等不得渡。帝欲亲将兵击之，闻桥已绝，大怒。峤曰："今宿卫寡弱，征兵未至，若贼豕突，危及社稷，宗庙且恐不保，何爱一桥乎？"

【注释】

①继体：接位。　②东海王：即晋元帝之子司马冲，元帝以其奉西晋末东海王司马越之后。裴妃：司马越的妃子。　③壬申朔：七月辛未朔，壬申为初二，"朔"当为衍文。　④江宁：县名，治今江苏南京市西南江宁镇。

司徒导遗含书曰："近承大将军困笃，或云已有不讳。寻知钱凤大严，欲肆奸逆；谓兄当抑制不逞，还藩武昌，今乃与犬羊俱下。兄之此举，谓可得如大将军昔年之事乎？昔年佞臣乱朝，人怀不宁，如导之徒，心思外济。今则不然。大将军来屯于湖，渐失人心，君子危怖，百姓劳弊。临终之日，委重安期[①]；安期断乳几日？又于时望，便可袭宰相之迹邪？自开辟以来，颇有宰相以孺子为之者乎？诸有耳者，皆知将为禅代，非人臣之事也。先帝中兴，遗爱在民；圣主聪明，德洽朝野。兄乃欲妄萌逆节，凡在人臣，谁不愤叹？导门小大受国厚恩，今日之事，明目张胆，为六军之首，宁为忠臣而死，不为无赖而生矣！"含不答。

或以为"王含、钱凤众力百倍，苑城小而不固[②]，宜及军势未成，大驾自出拒战"。郗鉴曰："群逆纵逸，势不可当；可以谋屈，难

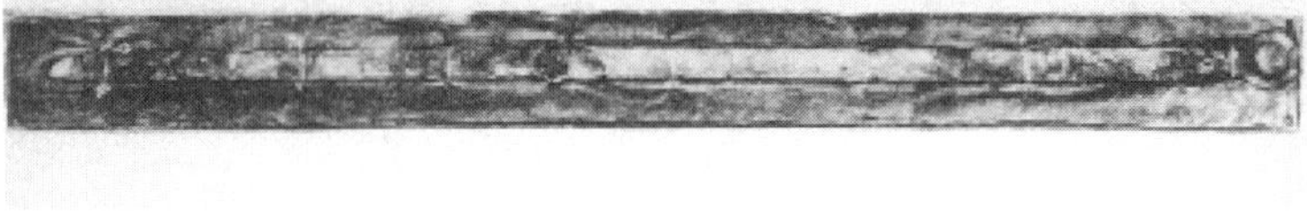

东晋环首铁刀

以力竞。且含等号令不一，抄盗相寻，吏民惩往年暴掠，皆人自为守。乘逆顺之势，何忧不克？且贼无经略远图，惟恃豕突一战；旷日持久，必启义士之心，令智力得展。今以此弱力敌彼强寇，决胜负于一朝，定成败于呼吸，万一蹉跌，虽有申胥之徒[3]，义存投袂，何补于既往哉？"帝乃止。

帝帅诸军出屯南皇堂。癸酉夜，募壮士，遣将军段秀、中军司马曹浑等帅甲卒千人渡水，掩其未备。平旦，战于越城[4]，大破之，斩其前锋将何康。秀，匹磾之弟也。

敦闻含败，大怒曰："我兄，老婢耳；门户衰，世事去矣！"顾谓参军吕宝曰："我当力行。"因作势而起，困乏，复卧。乃谓其舅少府羊鉴及王应曰："我死，应便即位，先立朝廷百官，然后营葬事。"敦寻卒，应秘不发丧，裹尸以席，蜡涂其外，埋于厅事中，与诸葛瑶等日夜纵酒淫乐。

帝使吴兴沈桢说沈充，许以为司空。充曰："三司具瞻之重[5]，岂吾所任？币厚言甘，古人所畏也。且丈夫共事，终始当同，岂可中道改易，人谁容我乎？"遂举兵趣建康。宗正卿虞潭以疾归会稽，闻之，起兵余姚以讨充[6]。帝以潭领会稽内史。前安东将军刘超、宣城内史钟雅皆起兵以讨充。义兴人周蹇杀王敦所署太守刘芳，平西将军祖约逐敦所署淮南太守任台。

【注释】

①安期：王应表字。 ②苑城：一名台城。在今江苏南京市玄武湖边。 ③申胥：即申包胥，春秋末楚国公族。少时，与伍子胥为知交。子胥避难奔吴。包胥表示两国相争，各为其主。前506年，吴用子胥计破楚，"五战及郢（今湖北荆州市北）"。包胥奉命到秦国乞求出兵援救，鹄立秦廷，痛哭七日七夜，勺饮不入口。秦乃出军，援楚复国。 ④越城：地名，在今江苏南京市南。 ⑤具瞻：语出《诗经·小雅·节南山》"赫赫师尹，民具尔瞻"，此处为众望所归之意。 ⑥余姚：县名，治今浙江余姚市。

沈充帅众万余人与王含军合，司马顾飏说充曰："今举大事，而天子已扼其咽喉，锋摧气沮，相持日久，必致祸败。今若决破栅塘,因湖水以灌京邑,乘水势,纵舟师以攻之,此上策也;藉初至之锐,并东、西军之力[①],十道俱进,众寡过倍,理必摧陷,中策也;转祸为福,召钱凤计事,因斩之以降,下策也。”充皆不能用,飏逃归于吴。

丁亥,刘遐、苏峻等帅精卒万人至,帝夜见,劳之,赐将士各有差。沈充、钱凤欲因北军初到疲困,击之。乙未夜,充、凤从竹格渚渡淮[②]。护军将军应詹、建威将军赵胤等拒战,不利,充、凤至宣阳门[③],拔栅,将战,刘遐、苏峻自南塘横击[④],大破之,赴水死者三千人。遐又破沈充于青溪[⑤]。寻阳太守周光闻敦举兵,帅千余人来赴。既至,求见敦。王应辞以疾。光退曰:“今我远来而不得见,公其死乎!”遽见其兄抚曰:“王公已死,兄何为与钱凤作贼?”众皆愕然。

丙申,王含等烧营夜遁。丁酉,帝还宫,大赦,惟敦党不原。命庾亮督苏峻等追沈充于吴兴,温峤督刘遐等追王含、钱凤于江宁,分命诸将追其党与。刘遐军人颇纵虏掠,峤责之曰:“天道助顺,故王含剿绝,岂可因乱为乱也。”遐惶恐拜谢。

王含欲奔荆州[⑥],王应曰:“不如江州。”含曰:“大将军平素与江州云何[⑦],而欲归之?”应曰:“此乃所以宜归也。江州当人强盛时,能立同异,此非常人所及;今睹困厄,必有愍恻之心。荆州守文,岂能意外行事邪?”含不从,遂奔荆州。王舒遣军迎之,沉含父子于江。王彬闻应当来,密具舟以待之;不至,深以为恨。钱凤走至阖庐洲[⑧],周光斩之,诣阙自赎。沈充走失道,误入故将吴儒家。儒诱充内重壁中,因笑谓充曰:“三千户侯矣!”充曰:“尔以义存我,我家必厚报汝;若以利杀我,我死,汝族灭矣。”儒遂杀之,传首建康。敦党悉平。充子劲当坐诛,乡人钱举匿之,得免。其后,劲竟灭吴氏。

【注释】

①东军:指沈充的军队。西军:指王含、钱凤的军队。 ②竹格渚:地名,在今江苏南京市南。 ③宣阳门:城门,在建康城南面。东晋都于建康,诸门皆用洛阳城名。 ④南塘:地名,在今江苏南京市西南秦淮河南岸。 ⑤青溪:三国时吴赤乌四年(241)在建业城东南凿东渠,称为青

溪。发源于今江苏南京市钟山西南，屈曲穿达今南京市区流入秦淮河，长十余里。 ⑥荆州：指荆州刺史王舒。 ⑦江州：指江州刺史王彬。 ⑧阖庐洲：长江中一个险要的岛屿。

有司发王敦瘗[①]，出尸，焚其衣冠，跽而斩之[②]，与沈充首同悬于南桁[③]。郗鉴言于帝曰："前朝诛杨骏等，皆先极官刑，后听私殡。臣以为王诛加于上，私义行于下，宜听敦家收葬，于义为弘。"帝许之。司徒导等皆以讨敦功受封赏。

周抚与邓岳俱亡，周光欲资给其兄而取岳。抚怒曰："我与伯山同亡[④]，何不先斩我？"会岳至，抚出门遥谓之曰："何不速去？今骨肉尚欲相危，况他人乎？"岳回舟而走，与抚共入西阳蛮中[⑤]。明年，诏原敦党，抚、岳出首，得免死禁锢。

故吴内史张茂妻陆氏，倾家产，帅茂部曲为先登以讨沈充，报其夫仇。充败，陆氏诣阙上书，为茂谢不克之责；诏赠茂太仆。

有司奏："王彬等敦之亲族，皆当除名。"诏曰："司徒导以大义灭亲，犹将百世宥之，况彬等皆公之近亲乎？"悉无所问。

有诏："王敦纲纪除名[⑥]，参佐禁锢。"温峤上疏曰："王敦刚愎不仁，忍行杀戮，朝廷所不能制，骨肉所不能谏；处其朝者，恒惧危亡，故人士结舌，道路以目，诚贤人君子道穷数尽，遵养时晦之辰也[⑦]；原其私心，岂遑晏处！如陆玩、刘胤、郭璞之徒常与臣言，备知之矣。必其赞导凶悖，自当正以典刑；如其枉陷奸党，谓宜施之宽贷。臣以玩等之诚，闻于圣听，当受同贼之责；苟默而不言，实负其心。惟陛下仁圣裁之！"郗鉴以为："先王立君臣之教，贵于伏节死义。王敦佐吏，虽多逼迫，然进不能止其逆谋，退不能脱身远遁，准之前训，宜加义责。"帝卒从峤议。

【注释】

①瘗（yì 意）：埋葬。 ②跽（jì 忌）：跪在地上，上身挺直。 ③南桁（héng 恒）：即朱雀桥。 ④伯山：邓岳的表字。 ⑤西阳：县名，治今湖北黄冈市东。 ⑥纲纪：综理府中事务的官员，通常是指主簿。 ⑦遵养时晦：语出《诗经·周颂·酌篇》，本义为率军攻取昏昧者。后世亦用作身处乱世、退隐待时之意。

冬，十月，以司徒导为太保、领司徒，加殊礼[①]，西阳王羕领太尉，应詹为江州刺史，刘遐为徐州刺史，代王邃镇淮阴，苏峻为历阳内史[②]，加庾亮护军将军，温峤前将军。导固辞不受。应詹至江州，吏民未安，詹抚而怀之，莫不悦服。

十二月，凉州将辛晏据枹罕，不服，张骏将讨之。从事刘庆谏曰："霸王之师，必须天时、人事相得，然后乃起。辛晏凶狂安忍，其亡可必，奈何以饥年大举，盛寒攻城乎？"骏乃止。

骏遣参军王骘聘于赵，赵主曜谓之曰："贵州款诚和好，卿能保之乎！"骘曰："不能。"侍中徐邈曰："君来结好，而云不能保，何也？"骘曰："齐桓贯泽之盟[③]，忧心兢兢，诸侯不召自至；葵丘之会[④]，振而矜之，叛者九国。赵国之化，常如今日，可也；若政教陵迟，尚未能察迩者之变，况鄙州乎？"曜曰："此凉州之君子也，择使可谓得人矣！"厚礼而遣之。

是岁，代王贺傉始亲国政，以诸部多未服，乃筑城于东木根山[⑤]，徙居之。

【注释】

①殊礼：据《晋书·王导传》，是"剑履上殿，入朝不趋，赞拜不名"的礼仪。　②历阳：郡名，治今安徽和县。　③贯泽之盟：前658年在贯泽（今山东阳谷县境内）由齐桓公主持的盟会。　④葵丘之会：前651年在葵丘（今河南民权县东北）由齐桓公主持的盟会。　⑤东木根山：山名，在今内蒙古兴和县西北。

三年　春，二月，张骏承元帝凶问，大临三日。会黄龙见嘉泉[①]，汜祎等请改年以章休祥；骏不许。辛晏以枹罕降，骏复收河南之地[②]。

赠故谯王承、甘卓、戴渊、周顗、虞望、郭璞、王澄等官[③]。周札故吏为札讼冤，尚书卞壸议以为："札守石头，开门延寇，不当赠谥。"司徒导以为："往年之事，敦奸逆未彰，自臣等有识以上，皆所未悟，与札无异；既悟其奸，札便以身许国，寻取枭夷。臣谓宜与周、戴同例。"郗鉴以为："周、戴死节，周札延寇，事异赏均，何以劝沮！如司徒议，谓往年有识以上皆与札无异，则谯王、周、戴皆应受责，何赠谥之有？今三臣既褒，则札宜受贬明矣。”导曰：“札与谯王、周、戴，虽所见有异同，皆人臣之节也。”鉴曰：“敦之逆谋，履霜日久[4]，缘札开门，令王师不振。若敦前者之举，义同桓、文，则先帝可为幽、厉邪！”然卒用导议，赠札卫尉。

后赵王勒加宇文乞得归官爵，使之击慕容廆。廆遣世子皝、索头、段国共击之，以辽东相裴嶷为右翼，慕容仁为左翼。乞得归据浇水以拒皝[5]。遣兄子悉拔雄拒仁。仁击悉拔雄，斩之；乘胜与皝攻乞得归，大破之。乞得归弃军走，皝、仁进入其国城，使轻兵追乞得归，过其国三百余里而还，尽获其国重器，畜产以百万计，民之降附者数万。

三月，段末柸卒，弟牙立。

戊辰，立皇子衍为太子，大赦。

赵主曜立皇后刘氏。

北羌王盆句除附于赵，后赵将石佗自雁门出上郡袭之，俘三千余落，获牛、马、羊百余万而归。赵主曜遣中山王岳追之，曜屯于富平[6]，为岳声援，岳与石佗战于河滨，斩之，后赵兵死者六千余人，岳悉收所虏而归。

杨难敌袭仇池，克之；执田崧，立之于前，左右令崧拜；崧瞋目叱之曰：“氐狗！安有天子牧伯而向贼拜乎？”难敌字谓之曰：“子岱，吾当与子共定大业，子忠于刘氏，岂不能忠于我乎？”崧厉色大言曰：“贼氐，汝本奴才，何谓大业？我宁为赵鬼，不为汝臣！”顾排一人，夺其剑，前刺难敌，不中。难敌杀之。

都尉鲁潜以许昌叛，降于后赵。

【注释】

①嘉泉：地名，在今甘肃武威市东南。 ②河南之地：凉州各郡，仅金城在黄河以南。 ③谯王承：当作“谯王丞”。 ④履霜：语出《周易·坤卦》“履霜坚冰至”（意思是行于霜上而知严寒冰冻将至）。此处意为事情的发生不是突然的。 ⑤浇水：河流名，一名浇洛水，即今内蒙古西拉木伦河。 ⑥富平：县名，治今陕西富平县西南。

夏，四月，后赵将石瞻攻兖州刺史檀斌于邹山，杀之。

后赵西夷中郎将王腾袭杀并州刺史崔琨、上党内史王眘[①]，据并州降赵。

五月，以陶侃为征西大将军、都督荆、湘、雍、梁四州诸军事、荆州刺史，荆州士女相庆。侃性聪敏恭勤，终日敛膝危坐，军府众事，检摄无遗，未尝少闲。常语人曰："大禹圣人，乃惜寸阴，至于众人，当惜分阴，岂可但逸游荒醉？生无益于时，死无闻于后，是自弃也！"诸参佐或以谈戏废事者，命取其酒器、蒱博之具[②]，悉投之于江，将吏则加鞭扑，曰："樗蒱者[③]，牧猪奴戏耳！老、庄浮华，非先王之法言，不益实用。君子当正其威仪，何有蓬头、跣足，自谓宏达邪？"有奉馈者，必问其所由，若力作所致，虽微必喜，慰赐参倍；若非理得之，则切厉诃辱，还其所馈。尝出游，见人持一把未熟稻，侃问："用此何为？"人云："行道所见，聊取之耳。"侃大怒曰："汝既不佃，而戏贼人稻！"执而鞭之，是以百姓勤于农作，家给人足。尝造船，其木屑竹头，侃皆令籍而掌之，人咸不解所以。后正会，积雪始晴，听事前余雪犹湿，乃以木屑布地。及桓温伐蜀，又以侃所贮竹头作丁装船。其综理微密，皆此类也。

东晋铜斧

后赵将石生屯洛阳，寇掠河南，司州刺史李矩、颍川太守郭默军数败，又乏食，乃遣使附于赵。赵主曜使中山王岳将兵万五千人趣孟津，镇东将军呼延谟帅荆、司之众自崤、渑而东，欲会矩、默共攻石生。岳克孟津、石梁二戍[④]，斩获五千余级，进围石生于金墉。后赵中山公虎帅步骑四万，入自成皋关，与岳战于洛西。岳兵败，中流矢，退保石梁。虎作堑栅环之，遏绝内外。岳众饥甚，杀马食之。虎又击呼延谟，斩之。曜自将兵救岳，虎帅骑三万逆战。赵前军将军刘黑击虎将石聪于八特阪[⑤]，大破之。曜屯于金谷[⑥]，夜，军中无故大惊，士卒奔溃，乃退屯渑池；夜，又惊溃，遂归长安。六月，虎拔石梁，禽岳及其将佐八十余人，氐、羌三千余人，皆送襄国，坑其士卒九千人。遂攻王腾于并州，执腾，杀之，坑其士卒七千余人。曜还长安，素服郊次，哭七日乃入城，因愤恚成疾。郭默复为石聪所败，弃妻子南奔建康。李矩将士阴谋叛谋降后赵，矩不能讨，亦帅众南归，众皆道亡，惟郭诵等百余人随之，卒于鲁阳[⑦]。矩长史崔宣帅其余众二千降于后赵。于是司、豫、徐、兖之地，率皆入于后赵，以淮为境矣。

赵主曜以永安王胤为大司马、大单于，徙封南阳王，置单于台于渭城，其左、右贤王以下，皆以胡、羯、鲜卑、氐、羌豪桀为之。

【注释】

①昚(shèn)慎：此处为人名用字。 ②蒱(pú 葡)博：博戏名，犹后世的掷色子。 ③樗(chū 初)蒱：即蒱博。 ④石梁：地名，即石梁坞，在今河南洛阳市东北汉、魏洛阳城东。 ⑤八特阪：地名，在今河南新安县东。 ⑥金谷：地名，在今河南洛阳市东北。 ⑦鲁阳：县名，治今河南鲁山县。

秋，七月，辛未，以尚书令郗鉴为车骑将军、都督徐、兖、青三州诸军事、兖州刺史，镇广陵。

闰月，以尚书左仆射荀松为光禄大夫、录尚书事，尚书邓攸为左仆射。

右卫将军虞胤，元敬皇后之弟也，与左卫将军南顿王宗俱为帝所亲任，典禁兵，直殿内，多聚勇士以为羽翼；王导、庾亮皆忌之，颇以为言，帝待之愈厚，宫门管钥，皆以委之。帝寝疾，亮夜有所表，从宗求钥；宗不与，叱亮使曰："此汝家门户邪？"亮益忿之。及帝疾笃，不欲见人，群臣无得进者。亮疑宗、胤及宗兄西阳王羕有异谋，排闼入升御床[①]，见帝流涕，言羕与宗等谋废大臣，自求辅政，请黜之；帝不纳。壬午，帝引太宰羕、司徒导、尚书令卞壸、车骑将军郗鉴、护军将军庾亮、领军将军陆晔、丹杨尹温峤，并受遗诏辅太子，更入殿将兵直宿；复拜壸右将军，亮中书令，晔录尚书事。丁亥，降遗诏；戊子，帝崩。帝明敏有机断，故能以弱制强，诛翦逆臣，克复大业。

己丑，太子即皇帝位，生五年矣。群臣进玺，司徒导以疾不至。卞壸正色于朝曰："王公岂社稷之臣邪！大行在殡，嗣皇未立，宁是人臣辞疾之时也？"导闻之，舆疾而至。大赦，增文武位二等，尊庾后为皇太后。

群臣以帝幼冲，奏请太后依汉和熹皇后故事[②]；太后辞让数四，乃从之。秋，九月，癸卯，太后临朝称制。以司徒导录尚书事，与中书令庾亮、尚书令卞壸参辅朝政，然事之大要皆决于亮。加郗鉴车骑大将军，陆晔左光禄大夫，皆开府仪同三司。以南顿王宗为骠骑将军，虞胤为大宗正。

尚书召乐广之子谟为郡中正，庾珉族人怡为廷尉评，谟、怡各称父命不就。卞壸奏曰："人非无父而生，职非无事而立；有父必有命，居职必有悔。有家各私其子，则为王者无民，君臣之道废矣。乐广、庾珉受宠圣世，身非己有，况及后嗣而可专哉？所居之职，若顺夫群心，则战戍者之父母皆当命子以不处也。"谟、怡不得已，各就职。

辛丑，葬明帝于武平陵。

冬，十一月，癸巳朔，日有食之。

慕容廆与段氏方睦，为段牙谋，使之徙都；牙从之，即去令支，国人不乐。段疾陆眷之孙辽欲夺其位，以徙都为牙罪，十二月，帅国人攻牙，杀之，自立。段氏自务勿尘以来，日益强盛，其地西接渔阳，东界辽水[③]，所统胡、晋三万余户，控弦四五万骑。

荆州刺史陶侃以宁州刺史王坚不能御寇，是岁，表零陵太守南阳尹奉为宁州刺史以代之。先是，王逊在宁州，蛮酋梁水太守爨量[④]、益州太守李遏，皆叛附于成，逊讨之不能克。奉至州，重募徼外夷刺爨量，杀之，谕降李遏，州境遂安。

代王贺傉卒，弟纥那立。

【注释】

①闼(tà踏):宫中小门。 ②汉和熹皇后故事:105年,东汉和帝逝世,邓皇后立皇子刘隆为帝,隆出生仅一百多天,邓皇后临朝处理国政。一年后,刘隆病卒,邓皇后又下诏立刘祜为帝,是为安帝。安帝其时十四岁,邓皇后继续临朝称制。 ③辽水:即今辽河。 ④梁水:郡名,治今云南开远市。

显宗成皇帝上之上[①]

咸和元年 春,二月,大赦,改元。

赵以汝南王咸为太尉、录尚书事,光禄大夫刘绥为大司徒,卜泰为大司空。刘后疾病,赵主曜问所欲言,刘后泣曰:“妾幼鞠于叔父昶,愿陛下贵之;叔父皑之女芳有德色[②],愿以备后宫。”言终而卒。曜以昶为侍中、大司徒、录尚书事,立芳为皇后;寻又以昶为太保。

三月,后赵主勒夜微行,检察诸营卫,赍金帛以赂门者,求出。永昌门候王假欲收捕之,从者至,乃止。旦,召假,以为振忠都尉,爵关内侯。勒召记室参军徐光,光醉不至,黜为牙门。光侍直,有愠色,勒怒,并其妻子囚之。

夏,四月,后赵将石生寇汝南,执内史祖济。

六月,癸亥,泉陵公刘遐卒。癸酉,以车骑大将军郗鉴领徐州刺史;征虏将军郭默为北中郎将、监淮北诸军事,领遐部曲。遐子肇尚幼,遐妹夫田防及故将史迭等不乐他属,共以肇袭遐故位而叛。临淮太守刘矫掩袭遐营,斩防等。遐妻,邵续女也,骁果有父风。遐尝为后赵所围,妻单将数骑,拔遐出于万众之中。及田防等欲作乱,遐妻止之,不从,乃密起火,烧甲仗都尽,故防等卒败。诏以肇袭遐爵。

司徒导称疾不朝,而私送郗鉴。卞壸奏“导亏法从私,无大臣之节,请免官”。虽事寝不行,举朝惮之。壸俭素廉洁,裁断切直,当官干实,性不弘裕,不肯苟同时好,故为诸名士所少。阮孚谓之曰:“卿常无闲泰,如含瓦石,不亦劳乎?”壸曰:“诸君子以道德恢弘,风流相尚,执鄙吝者,非壸而谁?”时贵游子弟多慕王澄、谢鲲为放达,壸厉色于朝曰:“悖礼伤教,罪莫大焉;中朝倾覆[3],实由于此。”欲奏推之,王导、庾亮不听,乃止。

成人讨越嶲斯叟,破之。

秋,七月,癸丑,观阳烈侯应詹卒。

初,王导辅政,以宽和得众。及庾亮用事,任法裁物,颇失人心。豫州刺史祖约,自以名辈不后郗、卞,而不豫顾命,又望开府[4],复不得,及诸表请多不见许,遂怀怨望。及遗诏褒进大臣,又不及约与陶侃,二人皆疑庾亮删之。历阳内史苏峻,有功于国,威望渐著,有锐卒万人,器械甚精,朝廷以江外寄之;而峻颇怀骄溢,有轻朝廷之志,招纳亡命,众力日多,皆仰食县官,运漕相属,稍不如意,辄肆忿言。亮既疑峻、约,又畏侃之得众,八月,以丹阳尹温峤为都督江州诸军事、江州刺史,镇武昌;尚书仆射王舒为会稽内史,以广声援;又修石头以备之。

丹杨尹阮孚以太后临朝,政出舅族,谓所亲曰:“今江东创业尚浅,主幼,时艰,庾亮年少,德信未孚,以吾观之,乱将作矣。”遂求出为广州刺史。孚,咸之子也。

【注释】

①显宗成皇帝:即司马衍(321—342),字世根,河内温县(今河南温县西)人,明帝司马绍长子。325—342 年在位。即位之初,年龄尚小,不亲庶政,国家大权由舅父庾亮掌握。及长,颇留心政务,有“恭俭之德”。②皑(ái 挨):此处为人名用字。 ③中朝:指西晋。 ④“又望”句:据晋制,只有四征、四镇大将军才能开府,祖约为平西将军,自然无权开府。

冬,十月,立帝母弟岳为吴王。

南顿王宗自以失职怨望,又素与苏峻善;庾亮欲诛之,宗亦欲废执政。御史中丞钟雅劾宗谋反,亮使右卫将军赵胤收之。宗以兵拒战,为胤所杀,贬其族为马氏,三子绰、超、演皆废为庶人。免太宰西阳王羕,降封弋阳县王,大宗正虞胤左迁桂阳太守。宗,宗室近属;羕,先帝保傅[1],亮一旦翦黜,由是愈失远近之心。宗党卞阐亡奔苏峻，亮符峻送阐，峻保匿不与。宗之死也，帝不之知，久之，帝问亮曰："常日白头公何在？"亮对以谋反伏诛。帝泣曰："舅言人作贼，便杀之，人言舅作贼，当如何？"亮惧，变色。

赵将黄秀等寇酂[2]，顺阳太守魏该帅众奔襄阳。

后赵王勒用程遐之谋，营邺宫，使世子弘镇邺，配禁兵万人，车骑所统五十四营悉配之，以骁骑将军领门臣祭酒王阳专统六夷以辅之[3]。中山公虎自以功多，无去邺之意，及修三台，迁其家室，虎由是怨程遐。

十一月，后赵石聪攻寿春，祖约屡表请救，朝廷不为出兵。聪遂寇逡遒、阜陵[4]，杀掠五千余人。建康大震，诏加司徒导大司马、假黄钺、都督中外诸军事以御之，军于江宁。苏峻遣其将韩晃击石聪，走之；导解大司马。朝议又欲作涂塘以遏胡寇[5]，祖约曰："是弃我也！"益怀愤恚。

十二月，济岷太守刘闿等杀下邳内史夏侯嘉[6]，以下邳叛，降于后赵。石瞻攻河南太守王瞻于邾[7]，拔之。彭城内史刘续复据兰陵石城[8]，石瞻攻拔之。

后赵王勒以牙门将王波为记室参军，典定九流[9]，始立秀、孝试经之制。

张骏畏赵人之逼，是岁，徙陇西、南安民二千余家于姑臧，又遣使修好于成，以书劝成主雄去尊号，称藩于晋。雄复书曰："吾过为士大夫所推，然本无心于帝王，思为晋室元功之臣，扫除氛埃；而晋室陵迟，德声不振，引领东望，有年月矣。会获来贶[10]，情在暗至，有何已已。"自是聘使相继。

东晋铁靴形刀、铁刀

【注释】

①"先帝"句：司马羕在元帝时曾任太保等职，元帝临终，又命羕与王导同辅成帝。

按古代制度，把辅导天子和诸侯子弟的官员统称为保傅。 ②酂(zàn赞)：县名，治今湖北老河口市西北。 ③门臣祭酒：后赵职官名，当为守卫宫廷门户的武官。 ④逡遒(qūn qiú 困求)：县名，治今安徽肥东县东。阜陵：县名，治今安徽全椒县东。 ⑤涂塘：堰涂水(今安徽、江苏境内长江北岸支流滁河)为塘，防止后赵军队南下。塘建成后，寿春就在涂塘之外，故祖约有怨言。 ⑥济岷：郡名，郡治不详。据《晋书·地理志》，魏平蜀后，徙其豪强于济水北，为济岷郡。 ⑦邾(zhū 株)：城名，在今山东曲阜市东南。 ⑧兰陵：县名，治今山东兰陵县西南。石城：山名，在兰陵县内。 ⑨九流：九品人物。或谓指先秦九个学术派别，似依下文"试经之制"推导而出。实则不然，当时士人有试经之制，无例外者。《南史·梁武帝纪》天监四年(505)："自今九流常选，年未三十，不通一经，不得解褐(当官之意)。" ⑩贶(kuàng 况)：赠、赐。

二年 春，正月，朱提太守杨术与成将罗恒战于台登[①]，兵败，术死。

夏，五月，甲申朔，日有食之。

赵武卫将军刘朗帅骑三万袭杨难敌于仇池，弗克，掠三千余户而归。

张骏闻赵兵为后赵所败，乃去赵官爵，复称晋大将军、凉州牧，遣武威太守窦涛、金城太守张阆、武兴太守辛岩、扬烈将军宋辑等帅众数万，会韩璞攻掠赵秦州诸郡。赵南阳王胤将兵击之，屯狄道[②]。枹罕护军辛晏告急，秋，骏使韩璞、辛岩救之。璞进度沃干岭。岩欲速战，璞曰："夏末以来，日星数有变，不可轻动。且曜与石勒相攻，胤必不能久与我相守也。"与胤夹洮相持七十余日。冬，十月，璞遣辛岩督运于金城，胤闻之，曰："韩璞之众，十倍于吾。吾粮不多，难以持久。今虏分兵运粮，天授我也。若败辛岩，璞等自溃。"乃帅骑三千袭岩于沃干岭，败之；遂前逼璞营，璞众大溃。胤乘胜追奔，济河，攻拔令居[③]，斩首二万级，进据振武[④]，河西大骇。张阆、辛晏帅其众数万降赵，骏遂失河南之地。

【注释】

①台登：县名，治今四川冕宁县南泸沽。 ②狄道：县名，治今甘肃

临洮县。 ③令居：县名，治今甘肃永登县西北。 ④振武：城名，在今甘肃永登县北。

庾亮以苏峻在历阳，终为祸乱，欲下诏征之；访于司徒导，导曰："峻猜险，必不奉诏，不若且苞容之。"亮言于朝曰："峻狼子野心，终必为乱。今日征之，纵不顺命，为祸犹浅；若复经年，不可复制，犹七国之于汉也。"朝臣无敢难者，独光禄大夫卞壸争之曰："峻拥强兵，逼近京邑，路不终朝，一旦有变，易为蹉跌，宜深思之！"亮不从。壸知必败，与温峤书曰："元规召峻意定[①]，此国之大事。峻已出狂意，而召之，是更速其祸也，必纵毒蠚以向朝廷[②]。朝廷威力虽盛，不知果可擒不；王公亦同此情。吾与之争甚恳切，不能如之何。本出足下以为外援，而今更恨足下在外，不得相与共谏止之，或当相从耳。"峤亦累书止亮。举朝以为不可，亮皆不听。

峻闻之，遣司马何仍诣亮曰："讨贼外任，远近惟命，至于内辅，实非所堪。"亮不许，召北中郎将郭默为后将军、领屯骑校尉，司徒右长史庾冰为吴国内史，皆将兵以备峻。冰，亮之弟也。于是下优诏，征峻为大司农，加散骑常侍，位特进，以弟逸代领部曲。峻上表曰："昔明皇帝亲执臣手，使臣北讨胡寇。今中原未靖，臣何敢即安？乞补青州界一荒郡，以展鹰犬之用。"复不许。峻严装将赴召，犹豫未决。参军任让谓峻曰："将军求处荒郡而不见许，事势如此，恐无生路，不如勒兵自守。"阜陵令匡术亦劝峻反，峻遂不应命。

温峤闻之，即欲帅众下卫建康，三吴亦欲起义兵[③]；亮并不听，而报峤书曰："吾忧西陲，过于历阳，足下无过雷池一步也[④]。"朝廷遣使谕峻，峻曰："台下云我欲反，岂得活邪？我宁山头望廷尉，不能廷尉望山头[⑤]。往者国家危如累卵，非我不济；狡兔既死，猎犬宜烹。但当死报造谋者耳！"

峻知祖约怨朝廷，乃遣参军徐会推崇约，请共讨庾亮。约大喜，其从子智、衍并劝成之。

谯国内史桓宣谓智曰："本以强胡未灭，将戮力讨之。使君若欲为雄霸，何不助国讨峻，则威名自举。今乃与峻俱反，此安得久乎？”智不从。宣诣约请见，约知其欲谏，拒而不内。宣遂绝约，不与之同。十一月，约遣兄子沛内史涣、女婿淮南太守许柳以兵会峻。逖妻，柳之姊也，固谏不从。诏复以卞壸为尚书令、领右卫将军，以郐稽内史王舒行扬州刺史事[⑥]，吴兴太守虞潭，督三吴等诸郡军事。

【注释】

①元规：庾亮的表字。　②蠚（hē 喝）：蜂、蝎子等用毒刺刺人或动物。　③三吴：指吴郡、吴兴郡、会稽郡。　④雷池：在今湖北黄梅县和安徽宿松县以南、望江县西境长江北岸龙感湖、大官湖及泊湖一带。⑤“我宁”句：廷尉为一国主持刑法的最高官员，此处代指监狱。全句大意为：“我宁可站在山头望监狱，不能坐在监狱望山头。”　⑥郐（kuài 快）稽：即会稽。据《晋书·王舒传》，朝廷以王舒为会稽内史，舒以父亲名字为“会”加以推辞。朝议以为字同音异，不违背礼法。舒又陈说音虽异而字同，求改授其他郡，朝廷于是改会稽为郐稽。

尚书左丞孔坦、司徒司马丹杨陶回言于王导，请“及峻未至，急断阜陵，守江西当利诸口[①]，彼少我众，一战决矣。若峻未来，可往逼其城。今不先往，峻必先至，峻至则人心危骇，难与战矣。此时不可失也”。导然之，庾亮不从。十二月，辛亥，苏峻使其将韩晃、张健等袭陷姑孰，取盐米，亮方悔之。

壬子，彭城王雄、章武王休叛奔峻。雄，释之子也。

庚申，京师戒严，假庾亮节，都督征讨诸军事；以左卫将军赵胤为历阳太守，使左将军司马流将兵据慈湖以拒峻[②]；以前射声校尉刘超为左卫将军，侍中褚翜典征讨军事。亮使弟翼以白衣领数百人备石头。

丙寅，徙琅邪王昱为会稽王，吴王岳为琅邪王。

宣城内史桓彝欲起兵以赴朝廷，其长史裨惠以郡兵寡弱，山民易扰，谓宜且按甲以待之。彝厉色曰：“‘见无礼于其君者，若鹰鹯之逐鸟雀[③]。’今社稷危逼，义无宴安。”辛未，彝进屯芜湖[④]。韩晃击破之，因进攻宣城，彝退保广德[⑤]，晃大掠诸郡而还。徐州刺史郗鉴欲帅所领赴难，诏以北寇，不许。

是岁，后赵中山公虎击代王纥那，战于句注陉北[6]；纥那兵败，徙都大宁以避之[7]。

代王郁律之子翳槐居于其舅贺兰部，纥那遣使求之，贺兰大人蔼头拥护不遣。纥那与宇文部共击蔼头，不克。

【注释】

①江西：隋唐以前，习惯上称长江下游北岸淮水以南为江西。当利口：在今安徽和县东，为当利水入江之口。 ②慈湖：在今安徽马鞍山市东北长江南岸。 ③“见礼”句：春秋时鲁国大夫臧文仲之语，见《左传》文公十八年。原文为“见有礼于其君者，事之，如孝子之养父母也；见无礼于其君者，诛之，如鹰鹯之逐鸟雀也”。鹰鹯（zhān 沾）：一种猛禽。④芜湖：县名，治今安徽芜湖市东。 ⑤广德：县名，治今安徽广德市西南。 ⑥句注：山名，一名陉岭、西陉山，在今山西代县西北。 ⑦大宁：城名，在今河北张家口市宣化区西北。

资治通鉴卷第九十四

晋纪十六 起著雍困敦，尽重光单阏，凡四年。

显宗成皇帝上之下

咸和三年 春，正月，温峤入救建康，军于寻阳。

韩晃袭司马流于慈湖；流素懦怯，将战，食炙不知口处，兵败而死。

丁未，苏峻帅祖涣、许柳等众二万人，济自横江[①]，登牛渚[②]，军于陵口[③]。台兵御之，屡败。二月，庚戌，峻至蒋陵覆舟山[④]。陶回谓庾亮曰："峻知石头有重戍，不敢直下，必向小丹杨南道步来[⑤]；宜伏兵邀之，可一战擒也。"亮不从。峻果自小丹杨来，迷失道，夜行，无复部分。亮闻，乃悔之。

朝士以京邑危逼，多遣家人入东避难[⑥]，左卫将军刘超独迁妻孥入居城内。

诏以卞壸都督大桁东诸军事，与侍中钟雅帅郭默、赵胤等军及峻战于西陵[⑦]。壸等大败，死伤以千数。丙辰，峻攻青溪栅；卞壸帅诸军拒击，不能禁。峻因风纵火，烧台省及诸营寺署，一时荡尽。壸背痈新愈，创犹未合，力疾帅左右苦战而死；二子昣、盱随父后，亦赴敌而死。其母抚尸哭曰："父为忠臣，子为孝子，夫何恨乎！"

丹杨尹羊曼勒兵守云龙门，与黄门侍郎周导、庐江太守陶瞻皆战死。庾亮帅众将陈于宣阳门内，未及成列，士众皆弃甲走，亮与弟怿、条、翼及郭默、赵胤俱奔寻阳。将行，顾谓钟雅曰："后事深以相委。"雅曰："栋折榱崩[⑧]，谁之咎也？"亮曰："今日之事，不容复言。"亮乘小船，乱兵相剥掠；亮左右射贼，误中舵工，应弦而倒。船上咸失色欲散，亮不动，徐曰："此手何可使著贼？"众乃安。

峻兵入台城，司徒导谓侍中褚翜曰："至尊当御正殿，君可启令速出。"翜即入上阁，躬自抱帝登太极前殿；导及光禄大夫陆晔、荀崧、尚书张闿共登御床，拥卫帝。以刘超为右卫将军，使与钟雅、褚翜侍立左右，太常孔愉朝服守宗庙。时百官奔散，殿省萧然。峻兵既入，叱褚翜令下。翜正立不动，呵之曰："苏冠军来觐至尊，军人岂得侵逼？"由是峻兵不敢上殿，突入后宫，宫人及太后左右侍人皆见掠夺。峻兵驱役百官，光禄勋王彬等皆被捶挞，令负担登蒋山[⑨]。裸剥士女，皆以坏席苫草自鄣，无草者坐地以土自覆；哀号之声，震动内外。

【注释】

①横江：地名，在今安徽和县东南长江北岸。 ②牛渚：即今安徽马鞍山市西南采石。 ③陵口：在今安徽当涂县东北长江南岸。 ④蒋陵：三国时吴国皇帝孙权的陵墓。覆舟山：一名龙舟山、玄武山，在今江苏南京市城区东北。 ⑤小丹杨：即今安徽当涂县东北丹阳镇。 ⑥入东避难：往东边的吴郡、会稽郡避难。 ⑦西陵：在今江苏南京市南。 ⑧榱（cuī 崔）：椽子。 ⑨蒋山：山名，即今江苏南京市中山门外钟山。

初，姑孰既陷，尚书左丞孔坦谓人曰："观峻之势，必破台城，自非战士，不须戎服。"及台城陷，戎服者多死，白衣者无他。

时官有布二十万匹，金银五千斤，钱亿万，绢数万匹，他物称是，峻尽费之；太官惟有烧余米数石以供御膳。

或谓钟雅曰："君性亮直，必不容于寇仇，盍早为之计？"雅曰："国乱不能匡，君危不能济，各遁逃以求免，何以为臣？"

丁巳，峻称诏大赦，惟庾亮兄弟不在原例。以王导有德望，犹使以本官居己之右。祖约为侍中、太尉、尚书令，峻自为骠骑将军、录尚书事，许柳为丹杨尹，马雄为左卫将军，祖涣为骁骑将军。弋阳王羕诣峻，称述峻功，峻复以羕为西阳王、太宰、录尚书事[①]。

峻遣兵攻吴国内史庾冰，冰不能御，弃郡奔会稽，至浙江[2]，峻购之甚急。吴铃下卒引冰入船，以蘧蒢覆之[3]，吟啸鼓栧[4]，溯流而去。每逢逻所，辄以杖叩船曰："何处觅庾冰，庾冰正在此。"人以为醉，不疑之，冰仅免。峻以侍中蔡谟为吴国内史。

温峤闻建康不守，号恸；人有候之者，悲哭相对。庾亮至寻阳宣太后诏，以峤为骠骑将军、开府仪同三司，又加徐州刺史郗鉴司空。峤曰："今日当以灭贼为急，未有功而先拜官，将何以示天下？"遂不受。峤素重亮，亮虽奔败，峤愈推奉之，分兵给亮。

后赵大赦，改元太和。

三月，丙子[5]，庾太后以忧崩。

苏峻南屯于湖。

【注释】

①"峻复"句：司马羕降爵之事见本书卷第九十三晋成帝咸和元年(326)。 ②浙江：即今浙江省内钱塘江、富春江。 ③蘧蒢(qú chú 渠除)：古代指竹或苇所编的粗席。 ④栧(yì 谊)：桨。 ⑤丙子：三月己卯朔，无丙子。

夏，四月，后赵将石堪攻宛，南阳太守王国降之；遂进攻祖约军于淮上，约将陈光起兵攻约，约左右阎秃，貌类约，光谓为约而擒之，约逾垣获免。光奔后赵。

壬申，葬明穆皇后于武平陵。

庾亮、温峤将起兵讨苏峻，而道路断绝，不知建康声闻。会南阳范汪至寻阳，言"峻政令不壹，贪暴纵横，灭亡已兆，虽强易弱，朝廷有倒悬之急，宜时进讨"。峤深纳之。亮辟汪参护军事。

亮、峤互相推为盟主；峤从弟充曰："陶征西位重兵强[1]，宜共推之。"峤乃遣督护王愆期诣荆州，邀陶侃与之同赴国难。侃犹以不豫顾命为恨[2]，答曰："吾疆埸外将，不敢越局。"峤屡说，不能回；乃顺侃意，遣使谓之曰："仁公且守，仆当先下。"使者去已二日，平南参军荥阳毛宝别使还，闻之，说峤曰："凡举大事，当与天下共之。师克在和，不宜异同。假令可疑，犹当外示不觉，况自为携贰邪？宜急追信改书[3]，言必应俱进；若不及前信，当更遣使。"峤意悟，即追使者改书；侃果许之，遣督护龚登帅兵诣峤。峤有众七千，于是列上尚书，陈祖约、苏峻罪状，移告征镇，洒泣登舟。

陶侃复追龚登还。峤遗侃书曰："夫军有进而无退，可增而不可减。近已移檄远近，言于盟府[4]，刻后月半大举，诸郡军并在路次，惟须仁公军至，便齐进耳。仁公今召军还，疑惑远近，成败之由，将在于此。仆才轻任重，实凭仁公笃爱，远禀成规；至于首启戎行，不敢有辞，仆与仁公，如首尾相卫，唇齿相依也。恐或者不达高旨，将谓仁公缓于讨贼，此声难追。仆与仁公并受方岳之任，安危休戚，理既同之。且自顷之顾，绸缪往来，情深义重，一旦有急，亦望仁公悉众见救，况社稷之难乎？今日之忧，岂惟仆一州，文武莫不翘企。假令此州不守[5]，约、峻树置官长于此，荆楚西逼强胡，东接逆贼，因之以饥馑，将来之危，乃当甚于此州之今日也。仁公进当为大晋之忠臣，参桓、文之功；退当以慈父之情，雪爱子之痛。今约、峻凶逆无道，痛感天地，人心齐壹，咸皆切齿。今之进讨，若以石投卵耳；苟复召兵还，是为败于几成也。愿深察所陈！"王愆期谓侃曰："苏峻，豺狼也，如得遂志，四海虽广，公宁有容足之地乎？"侃深感悟，即戎服登舟。瞻丧至不临，昼夜兼道而进。

【注释】

①"陶征"句：陶侃当时为征西大将军，统领荆、湘、雍、梁军务，控制长江中游地区。　②"侃犹"句：顾命之事，见本书卷第九十三晋成帝咸和元年（326）。　③信：使者。　④盟府：掌管盟书的官府。或谓指盟军首领陶侃的军府，似与此处史实不合。　⑤此州：指江州。

郗鉴在广陵，城孤粮少，逼近胡寇，人无固志。得诏书，即流涕誓众，入赴国难，将士争奋。遣将军夏侯长等间行谓温峤曰："或闻贼欲挟天子东入会稽，当先立营垒，屯据要害，既防其越逸，又断贼粮运，然后清野坚壁以待贼。贼攻城不拔，野无所掠，东道既断[1]，粮运自绝，必自溃矣。"峤深以为然。

五月，陶侃帅众至寻阳。议者咸谓侃欲诛庾亮以谢天下；亮甚惧，用温峤计，诣侃拜谢。侃惊，止之曰："庾元规乃拜陶士行

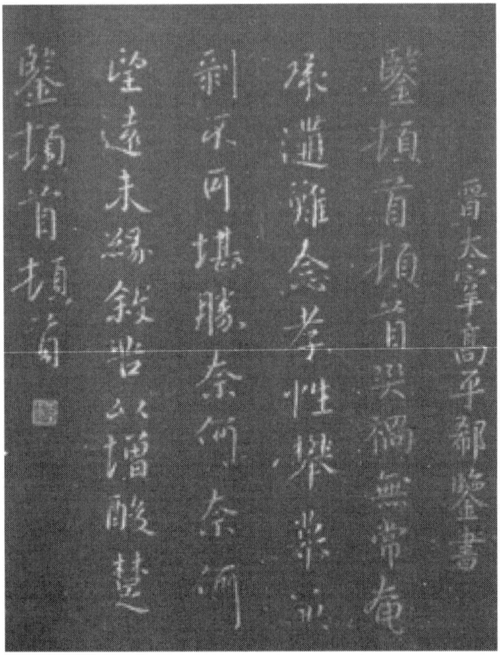

郗鉴书迹

邪[②]?”亮引咎自责,风止可观,侃不觉释然,曰:“君侯修石头以拟老子[③],今日反见求邪?”即与之谈宴终日,遂与亮、峤同趣建康。戎卒四万,旌旗七百余里,钲鼓之声[④],震于远近。

苏峻闻西方兵起,用参军贾宁计,自姑孰还据石头,分兵以拒侃等。

乙未,峻逼迁帝于石头,司徒导固争,不从。帝哀泣升车,宫中恸哭。时天大雨,道路泥泞,刘超、钟雅步侍左右,峻给马,不肯乘,而悲哀慷慨。峻闻而恶之,然未敢杀也。以其亲信许方等补司马督、殿中监,外托宿卫,内实防御超等。峻以仓屋为帝宫,日来帝前肆丑言。刘超、钟雅与右光禄大夫荀崧、金紫光禄大夫华恒、尚书荀邃、侍中丁潭侍从,不离帝侧。时饥馑米贵,峻问遗,超一无所受。缱绻朝夕[⑤],臣节愈恭;虽居幽厄之中,超犹启帝,授《孝经》《论语》。

峻使左光禄大夫陆晔守留台,逼迫居民,尽聚之后苑;使匡术守苑城。

尚书左丞孔坦奔陶侃,侃以为长史。

初,苏峻遣尚书张闿权督东军,司徒导密令以太后诏谕三吴吏士,使起义兵救天子。会稽内史王舒以庾冰行奋武将军,使将兵一万,西渡浙江;于是吴兴太守虞潭、吴国内史蔡谟、前义兴太守顾众等皆举兵应之。潭母孙氏谓潭曰:“汝当舍生取义,勿以吾老为累!”尽遣其家僮从军,鬻其环珮以为军资。谟以庾冰当还旧任，即去郡以让冰。

苏峻闻东方兵起，遣其将管商、张健、弘徽等拒之；虞潭等与战，互有胜负，未能得前。

陶侃、温峤军于茄子浦[⑥]，峤以南兵习水，苏峻兵便步，令："将士有上岸者死！"会峻送米万斛馈祖约，约遣司马桓抚等迎之。毛宝帅千人为峤前锋，告其众曰："兵法，'军令有所不从'，岂可视贼可击，不上岸击之邪？"乃擅往袭抚，悉获其米，斩获万计，约由是饥乏。峤表宝为庐江太守。

陶侃表王舒监浙东军事，虞潭监浙西军事，郗鉴都督扬州八郡诸军事；令舒、潭皆受鉴节度。鉴帅众渡江，与侃等会于茄子浦，雍州刺史魏该亦以兵会之。

【注释】

①"东道"句：建康粮运依靠三吴地区，故坚壁清野应先断东道。②陶士行：即陶侃，侃字士行。 ③"君侯"句：庾亮修石头城对付陶侃，见本书卷第九十三晋成帝咸和元年(326)。 ④钲(zhēng 征)：古代行军时用的打击乐器，有柄，形状像钟，但比钟狭而长，用铅制成。 ⑤缱绻(qiǎn quǎn 遣犬)：难舍难分。 ⑥茄子浦：地名，在今江苏南京市西南。

丙辰[①]，侃等舟师直指石头，至于蔡洲[②]；侃屯查浦[③]，峤屯沙门浦[④]。峻登烽火楼，望见士众之盛，有惧色，谓左右曰："吾本知温峤能得众也。"

庾亮遣督护王彰击峻党张曜，反为所败。亮送节传以谢侃，侃答曰："古人三败[⑤]，君侯始二；当今事急，不宜数尔。"亮司马陈郡殷融诣侃谢曰："将军为此，非融等所裁。"王彰至曰："彰自为之，将军不知也。"侃曰："昔殷融为君子，王彰为小人；今王彰为君子，殷融为小人。"

宣城内史桓彝闻京城不守，慷慨流涕，进屯泾县。时州郡多遣使降苏峻，裨惠复劝彝宜且与通使，以纾交至之祸。彝曰："吾受国厚恩，义在致死，焉能忍耻与逆臣通问？如其不济，此则命也。"彝遣将军俞纵守兰石[⑥]，峻遣其将韩晃攻之。纵将败，左右劝纵退军。纵曰："吾受桓侯厚恩，当以死报。吾之不可负桓侯，犹桓侯之不负国也。"遂力战而死。晃进军攻彝，六月，城陷，执彝，杀之。

诸军初至石头，即欲决战，陶侃曰："贼众方盛，难与争锋，当以岁月，智计破之。"既而屡战无功，监军部将李根请筑白石垒[7]，侃从之。夜筑垒，至晓而成。闻峻军严声，诸将咸惧其来攻。孔坦曰："不然。若峻攻垒，必须东北风急，令我水军不得往救；今天清静，贼必不来。所以严者，必遣军出江乘，掠京口以东矣。"已而果然。侃使庾亮以二千人守白石，峻帅步骑万余四面攻之，不克。

王舒、虞潭等数与峻兵战，不利。孔坦曰："本不须召郗公，遂使东门无限，今宜遣还，虽晚，犹胜不也。"侃乃令鉴与后将军郭默还据京口，立大业、曲阿、庱亭三垒以分峻之兵势[8]，使郭默守大业。

壬辰，魏该卒。

祖约遣祖涣、桓抚袭湓口[9]；陶侃闻之，将自击之。毛宝曰："义军恃公，公不可动，宝请讨之。"侃从之。涣、抚过皖[10]，因攻谯国内史桓宣。宝往救之，为涣、抚所败。箭贯宝髀，彻鞍，宝使人蹋鞍拔箭，血流满靴。还击涣、抚，破走之，宣乃得出，归于温峤。宝进攻祖约军于东关[11]，拔合肥戍；会峤召之，复归石头。

祖约诸将阴与后赵通谋，许为内应。后赵将石聪、石堪引兵济淮，攻寿春。秋，七月，约众溃，奔历阳，聪等虏寿春二万余户而归。

【注释】

①丙辰：五月戊寅朔，无丙辰。　②蔡洲：在今江苏南京市西南。原为长江中沙洲，今已并陆。　③查浦：在今江苏南京市清凉山南。④沙门浦：在今江苏南京市西。　⑤古人三败：前七世纪初，鲁国将领曹沫同齐国三次交战，全都失败了。前681年，齐鲁在柯（今山东阳谷县东北）会盟，曹沫劫持齐国国君，迫使齐国退还鲁国丧失的土地。　⑥兰石：城名，在今安徽泾县东北。　⑦监军：据胡注，当时同盟军未设监军，李根为郗鉴部将，故"监军"宜为"鉴军"。白石垒：地名，在今江苏南京市西。　⑧大业垒：地名，在今江苏丹阳市北。曲阿：县名，治今江苏丹

阳市。庱(chěng 逞)亭垒:地名,在今江苏丹阳市东。 ⑨湓(pén 盆)口:城名,在今江西九江市。 ⑩皖:县名,治今安徽潜山市。 ⑪东关:地名,即今安徽巢湖市东南之东关。

后赵中山公虎帅众四万自轵关西入[①],击赵河东,应之者五十余县,遂进攻蒲阪[②]。赵主曜遣河间王述发氐、羌之众屯秦州以备张骏、杨难敌,自将中外精锐水陆诸军以救蒲阪,自卫关北济[③];虎惧,引退。曜追之,八月,及于高候[④],与虎战,大破之,斩石瞻,枕尸二百余里,收其资仗亿计。虎奔朝歌[⑤]。曜济自大阳[⑥],攻石生于金墉,决千金堨以灌之[⑦]。分遣诸将攻汲郡、河内,后赵荥阳太守尹矩、野王太守张进等皆降之。襄国大震。

张骏治兵,欲乘虚袭长安。理曹郎中索询谏曰[⑧]:"刘曜虽东征,其子胤守长安,未易轻也。借使小有所获,彼若释东方之图,还与我校;祸难之期,未可量也。"骏乃止。

苏峻腹心路永、匡术、贾宁闻祖约败,恐事不济,劝峻尽诛司徒导等诸大臣,更树腹心;峻雅敬导,不许。永等更贰于峻,导使参军袁耽潜诱永使归顺。九月,戊申,导携二子与永皆奔白石。耽,涣之曾孙也[⑨]。

陶侃、温峤等与苏峻久相持不决,峻分遣诸将东西攻掠,所向多捷,人情恟惧。朝士之奔西军者皆曰:"峻狡黠有胆决,其徒骁勇,所向无敌。若天讨有罪,则峻终灭亡;止以人事言之,未易除也。"温峤怒曰:"诸君怯懦,乃更誉贼!"及累战不胜,峤亦惮之。

【注释】

①轵(zhǐ 纸)关:在今河南济源市西南。 ②蒲阪:县名,治今山西永济市西南蒲州镇。 ③卫关:在今河南卫辉市境内。 ④高候:在今山西运城市盐湖区东。 ⑤朝歌:县名,治今河南淇县。 ⑥大阳:县名,治今山西平陆县西南。 ⑦千金堨(è 厄):一名千金堰,在今河南洛阳市东北,三国魏太和五年(231)筑。 ⑧理曹郎中:前凉所置官吏,掌管刑狱。 ⑨袁涣:东汉末年曹操部属。字曜卿,陈郡扶乐(今河南太康县西北)人。初依附刘备、袁术等人,后归附曹操。对屯田制度的完善颇有建树。魏国初建,为郎中令,行御史大夫事。居官数年卒。

峤军食尽，贷于陶侃。侃怒曰："使君前云不忧无良将及兵食，惟欲得老仆为主耳。今数战皆北，良将安在？荆州接胡、蜀二虏，当备不虞；若复无食，仆便欲西归，更思良算。徐来殄贼，不为晚也。"峤曰："凡师克在和，古之善教也。光武之济昆阳[①]，曹公之拔官渡[②]，以寡敌众，杖义故也。峻、约小竖，凶逆滔天，何忧不灭？峻骤胜而骄，自谓无前，今挑之战，可一鼓而擒也。奈何舍垂立之功，设进退之计乎？且天子幽逼，社稷危殆，乃四海臣子肝脑涂地之日。峤等与公并受国恩，事若克济，则臣主同祚；如其不捷，当灰身以谢先帝耳。今之事势，义无旋踵，譬如骑虎，安可中下哉？公若违众独返，人心必沮；沮众败事，义旗将回指于公矣。"毛宝言于峤曰："下官能留陶公。"乃往说侃曰："公本应镇芜湖，为南北势援，前既已下，势不可还。且军政有进无退，非直整齐三军，示众必死而已，亦谓退无所据，终至灭亡。往者杜弢非不强盛，公竟灭之[③]，何至于峻，独不可破邪？贼亦畏死，非皆勇健，公可试与宝兵，使上岸断贼资粮；若宝不立效，然后公去，人心不恨矣。"侃然之，加宝督护而遣之。竟陵太守李阳说侃曰："今大事若不济，公虽有粟，安得而食诸？"侃乃分米五万石以饷峤军。毛宝烧峻句容、湖孰积聚[④]，峻军乏食，侃遂留不去。

张健、韩晃等急攻大业；垒中乏水，人饮粪汁。郭默惧，潜突围出外，留兵守之；郗鉴在京口，军士闻之皆失色。参军曹纳曰："大业，京口之扞蔽也，一旦不守，则贼兵径至，不可当也。请还广陵，以俟后举。"鉴大会僚佐，责纳曰："吾受先帝顾托之重，正复捐躯九泉，不足报塞。今强寇在近，众心危逼，君腹心之佐，而生长异端，当何以帅先义众，镇壹三军邪？"将斩之，久乃得释。

陶侃将救大业，长史殷羡曰："吾兵不习步战，救大业而不捷，则大事去矣。不如急攻石头，则大业自解。"侃从之。羡，融之兄也。庚午，侃督水军向石头。庾亮、温峤、赵胤帅步兵万人从白石南上，欲挑战。峻将八千人逆战，遣其子硕及其将匡孝分兵先薄赵胤军，败之。峻方劳其将士，乘醉望见胤走，曰："孝能破贼，我更不如邪？"因舍其众，与数骑北下突陈，不得入，将回趋白木陂[⑤]；马踬，侃部将彭世、李千等投之以矛，峻坠马；斩首，脔割之[⑥]，焚其骨，三军皆称万岁。余众大溃。峻司马任让等共立峻弟逸为主，闭城自守。温峤乃立行台，布告远近，凡故吏二千石以下，皆令赴台；于是至者云集。韩晃闻峻死，引兵趣石头。管商、弘徽攻庱亭垒，督护李闳、轻车长史滕含击破之。含，修之孙也。商走诣庾亮降，余众皆归张健。

【注释】

①“光武”句：东汉光武帝刘秀在起兵之初解除昆阳的围困，详见本书卷第三十九汉淮阳王更始元年（23）。 ②“曹公”句：东汉末袁曹官渡之战中曹操攻下官渡，详见本书卷第六十三汉献帝建安五年（200）。③“公竞”：陶侃消灭杜弢，见本书卷第八十八晋愍帝建兴三年（315）。④句容：县名，治今江苏句容市。湖孰：县名，治今江苏南京市江宁区东南湖熟镇。⑤白木陂：地名，在今江苏南京市西。 ⑥脔（luán 峦）割：分割、切碎。

冬，十一月，后赵王勒欲自将救洛阳，僚佐程遐等固谏曰：“刘曜悬军千里，势不支久。大王不宜亲动，动无万全。”勒大怒，按剑叱遐等出。乃赦徐光，召而谓之曰：“刘曜乘一战之胜，围守洛阳，庸人之情皆谓其锋不可当。曜带甲十万，攻一城而百日不克，师老卒怠，以我初锐击之，可一战而擒也。若洛阳不守，曜必送死冀州，自河已北，席卷而来，吾事去矣。程遐等不欲吾行，卿以为何如？”对曰：“刘曜乘高候之势，不能进临襄国，更守金墉，此其无能为可知也。以大王威略临之，彼必望旗奔败。平定天下，在今一举，不可失也。”勒笑曰：“光言是也。”乃使内外戒严，有谏者斩。命石堪、石聪及豫州刺史桃豹等各统见众会荥阳；中山公虎进据石门[①]，勒自统步骑四万趣金墉，济自大堨[②]。

勒谓徐光曰：“曜盛兵成皋关，上策也；阻洛水，其次也；坐守洛阳，此成擒耳。”十二月，乙亥，后赵诸军集于成皋，步卒六万，骑二万七千。勒见赵无守兵，大喜，举手指天复加额曰：“天也！”卷甲衔枚，诡道兼行，出于巩、訾之间[③]。

赵主曜专与嬖臣饮博，不抚士卒；左右或谏，曜怒，以为妖言，斩之。闻勒已济河，始议增荥阳戍，杜黄马关[④]。俄而洛水候者与

魏晋《狩猎图》壁画砖

后赵前锋交战，擒羯送之。曜问："大胡自来邪[5]？其众几何？"羯曰："王自来，军势甚盛。"曜色变，使摄金墉之围，陈于洛西，众十余万，南北十余里。勒望见，益喜，谓左右曰："可以贺我矣！"勒步骑四万入洛阳城。

己卯，中山公虎引步卒三万自城北而西，攻赵中军，石堪、石聪等各以精骑八千自城西而北，击赵前锋，大战于西阳门[6]。勒躬贯甲胄，出自阊阖门[7]，夹击之。曜少而嗜酒，末年尤甚；将战，饮酒数斗。常乘赤马无故局顿[8]，乃乘小马。比出，复饮酒斗余。至西阳门，挥陈就平。石堪因而乘之，赵兵大溃。曜昏醉退走，马陷石渠，坠于冰上，被疮十余，通中者三，为堪所执。勒遂大破赵兵，斩首五万余级。下令曰："所欲擒者一人耳，今已获之。其敕将士抑锋止锐，纵其归命之路。"

曜见勒曰："石王，颇忆重门之盟否[9]？"勒使徐光谓之曰："今日之事，天使其然，复云何邪？"乙酉，勒班师。使征东将军石邃将兵卫送曜。邃，虎之子也。曜疮甚，载以马舆，使医李永与同载。己亥，至襄国，舍曜于永丰小城，给其妓妾，严兵围守。遣刘岳、刘震等从男女盛服以见之[10]，曜曰："吾谓卿等久为灰土，石王仁厚，乃全宥至今邪！我杀石佗，愧之多矣。今日之祸，自其分耳。"留宴终日而去。勒使曜与其太子熙书，谕令速降；曜但敕熙与诸大臣“匡维社稷,勿以吾易意也”。勒见而恶之,久之,乃杀曜。

是岁,成汉献王骧卒,其子征东将军寿以丧还成都。成主雄以李玝为征北将军、梁州刺史,代寿屯晋寿[11]。

【注释】

①石门:地名。在今河南荥阳市北。 ②大埸:地名,在今河南滑县西南古黄河畔,接近延津县(又名灵昌津)。 ③訾:即訾邑,在今河南巩义市西南。 ④黄马关:地名,一作黄门阪,在今河南荥阳市西北汜水镇西黄河南岸。 ⑤大胡:对石勒的侮辱性称呼。 ⑥西阳门:即洛阳城宣阳门,城西面南头第一门。或谓为第二门(即西明门)。 ⑦阊阖门:洛阳城西南靠北的城门。 ⑧局顿:脚卷曲不能伸展为局,头低下不能抬起来为顿。 ⑨重门之盟:当即晋怀帝永嘉四年(310),刘聪、刘曜、石勒共围晋河内太守裴整时所立盟约。重门,地名,在今河南辉县市西北。 ⑩“遣刘岳”句:刘岳原为赵国中山王,325 年被后赵擒获。见本书卷第九十三晋明帝太宁三年(325)。 ⑪晋寿:县名,治今四川广元市。

四年 春,正月,光禄大夫陆晔及弟尚书左仆射玩说匡术,以苑城附于西军;百官皆赴之,推晔督宫城军事。陶侃命毛宝守南城,邓岳守西城。

右卫将军刘超、侍中钟雅与建康令管旆等谋奉帝出赴西军[1];事泄,苏逸使其将平原任让将兵入宫收超、雅。帝抱持悲泣曰:“还我侍中、右卫!”让夺而杀之。初,让少无行,太常华恒为本州大中正,黜其品。及让为苏峻将,乘势多所诛杀,见恒辄恭敬,不敢纵暴。及钟、刘之死,苏逸欲并杀恒,让尽心救卫,恒乃得免。

冠军将军赵胤遣部将甘苗击祖约于历阳,戊辰,约夜帅左右数百人奔后赵,其将牵腾率众出降。

苏逸、苏硕、韩晃并力攻台城,焚太极东堂及秘阁[2],毛宝登城,射杀数十人。晃谓宝曰:“君名勇果,何不出斗?”宝曰:“君名健将,何不入斗?”晃笑而退。

赵太子熙闻赵主曜被擒,大惧,与南阳王胤谋西保秦州。尚书胡勋曰:“今虽丧君,境土尚完,将士不叛,且当并力拒之;力不能拒，走未晚也。"胤怒，以为沮众，斩之，遂帅百官奔上邽，诸征镇亦皆弃所守从之，关中大乱。将军蒋英、辛恕拥众数十万据长安，遣使降于后赵，后赵遣石生率洛阳之众赴之。

二月，丙戌，诸军攻石头。建威长史滕含击苏逸，大破之。苏硕帅骁勇数百，渡淮而战，温峤击斩之。韩晃等惧，以其众就张健于曲阿，门隘不得出，更相蹈藉，死者万数。西军获苏逸，斩之。滕含部将曹据抱帝奔温峤船，群臣见帝，顿首号泣请罪。杀西阳王羕，并其二子播、充、孙崧及彭城王雄[③]。陶侃与任让有旧，为请其死。帝曰："是杀吾侍中、右卫者，不可赦也。"乃杀之。司徒导入石头，令取故节，陶侃笑曰："苏武节似不如是。"导有惭色。丁亥，大赦。

张健疑弘徽等贰于己，皆杀之；帅舟师自延陵入吴兴[④]，乙未，扬烈将军王允之与战，大破之，获男女万余口。健复与韩晃、马雄等西趋故鄣[⑤]，郗鉴遣参军李闳追之，及于平陵山[⑥]，皆斩之。

是时宫阙灰烬，以建平园为宫。温峤欲迁都豫章，三吴之豪请都会稽，二论纷纭未决。司徒导曰："孙仲谋、刘玄德俱言'建康王者之宅[⑦]'。古之帝王，不必以丰俭移都；苟务本节用，何忧凋弊？若农事不修，则乐土为墟矣。且北寇游魂，伺我之隙，一旦示弱，窜于蛮越，求之望实，惧非良计。今特以镇之以静，群情自安。"由是不复徙都。以褚翜为丹杨尹。时兵火之后，民物凋残，翜收集散亡，京邑遂安。

壬寅，以湘州并荆州。

【注释】

①旆：（pèi 配）：此处为人名用字。　②秘阁：古代皇宫中藏书之所。　③"杀西"二句：司马羕归附苏峻，见本书卷第九十三晋成帝咸和三年（328）；司马雄投奔苏峻，见本书卷第九十三晋成帝咸和二年（327）。　④延陵：县名，治今江苏丹阳市西南延陵镇。　⑤故鄣：县名，治今浙江安吉县北。　⑥平陵山：山名，在今江苏溧阳市南。　⑦"孙仲"句：称美建康之语，见本书卷第六十六汉献帝建安十七年（212）。

三月，壬子，论平苏峻功，以陶侃为侍中、太尉，封长沙郡公，加都督交、广、宁州诸军事；郗鉴为侍中、司空、南昌县公；温峤为骠骑将军、开府仪同三司，加散骑常侍、始安郡公；陆晔进爵江陵公；自余赐爵侯、伯、子、男者甚众。卞壶及二子眕、盱、桓彝、刘超、钟雅、羊曼、陶瞻，皆加赠谥。路永、匡术、贾宁，皆苏峻之党也；峻未败，永等去峻归朝廷；王导欲赏以官爵。温峤曰："永等皆峻之腹心，首为乱阶，罪莫大焉。晚虽改悟，未足以赎前罪；得全首领，为幸多矣，岂可复褒宠之哉？"导乃止。

陶侃以江陵偏远，移镇巴陵[①]。

朝议欲留温峤辅政，峤以王导先帝所任，固辞还藩；又以京邑荒残，资用不给，乃留资蓄，具器用，而后旋于武昌。

帝之出石头也，庾亮见帝，稽颡哽咽，诏亮与大臣俱升御座。明日，亮复泥首谢罪，乞骸骨，欲阖门投窜山海。帝遣尚书、侍中手诏慰喻曰："此社稷之难，非舅之责也。"亮上疏自陈："祖约、苏峻纵肆凶逆，罪由臣发，寸斩屠戮，不足以谢七庙之灵[②]，塞四海之责。朝廷复何理齿臣于人次，臣亦何颜自次于人理？愿陛下虽垂宽宥，全其首领，犹宜弃之，任其自存自没，则天下粗知劝戒之纲矣。"优诏不许。亮又欲遁逃山海，自暨阳东出[③]，诏有司录夺舟船。亮乃求外镇自效，出为都督豫州、扬州之江西、宣城诸军事、豫州刺史，领宣城内史，镇芜湖。

陶侃、温峤之讨苏峻也，移檄征、镇，使各引兵入援。湘州刺史益阳侯卞敦拥兵不赴，又不给军粮，遣督护将数百人随大军而已，朝野莫不怪叹。及峻平，陶侃奏敦沮军，顾望不赴国难，请槛车收付廷尉。王导以丧乱之后，宜加宽宥，转敦安南将军、广州刺史；病不赴，征为光禄大夫、领少府。敦忧愧而卒，追赠本官，加散骑常侍，谥曰敬。

臣光曰：庾亮以外戚辅政，首发祸机，国破君危，窜身苟免；卞敦位列方镇，兵粮俱足，朝廷颠覆，坐观胜负；人臣之罪，孰大于此？既不能明正典刑，又以宠禄报之，晋室无政，亦可知矣。任是责者，岂非王导乎？

徙高密王纮为彭城王。纮，雄之弟也。

【注释】

①巴陵：县名，治今湖南岳阳市。 ②七庙：天子的宗庙中，设七个庙堂供奉七个祖先，以进行宗法统治。宗庙中，正中间的为开国君主，始终保存，左右各三座，依据同当代君主的关系，每一代都有所变化。③暨阳：县名，治今江苏江阴市东南长寿镇南。

夏，四月，乙未，始安忠武公温峤卒，葬于豫章。朝廷欲为之造大墓于元、明二帝陵之北，太尉侃上表曰："峤忠诚著于圣世，勋义感于人神，使亡而有知，岂乐今日劳费之事？愿陛下慈恩，停其移葬。"诏从之。

以平南军司刘胤为江州刺史。陶侃、郗鉴皆言胤非方伯才，司徒导不从。或谓导子悦曰："今大难之后，纪纲弛顿，自江陵至于建康三千余里，流民万计，布在江州。江州，国之南藩，要害之地，而胤以忲侈之性[1]，卧而对之，不有外变，必有内患矣。"悦曰："此温平南之意也。[2]"

秋，八月，赵南阳王胤帅众数万自上邽趣长安，陇东、武都、安定、新平、北地、扶风、始平诸郡戎、夏皆起兵应之。胤军于仲桥[3]，石生婴城自守，后赵中山公虎帅骑二万救之。九月，虎大破赵兵于义渠[4]，胤奔还上邽。虎乘胜追击，枕尸千里。上邽溃，虎执赵太子熙、南阳王胤及其将王公卿校以下三千余人，皆杀之，徙其台省文武、关东流民、秦、雍大族九千余人于襄国；又坑五郡屠各五千余人于洛阳。进攻集木且羌于河西，克之，俘获数万，秦、陇悉平。氐王蒲洪、羌酋姚弋仲俱降于虎，虎表洪监六夷军事，弋仲为六夷左都督。徙氐羌十五万于司、冀州。

初，陇西鲜卑乞伏述延居于苑川[5]，侵并邻部，士马强盛。及赵亡，述延惧，迁于麦田[6]。述延卒，子傉大寒立；傉大寒卒，子司繁立。

【注释】

①忲（tài 太）：奢侈。 ②温平南：即温峤，峤生前为平南将军。③仲桥：桥名，在今陕西泾阳县西北古郑国渠上。 ④义渠：地名，在今甘肃庆阳市西南。 ⑤苑川：城名，在今甘肃榆中县东北。 ⑥麦田：城

名，在今甘肃靖远县东北。

江州刺史刘胤矜豪日甚，专务商贩，殖财百万，纵酒耽乐，不恤政事。冬，十二月，诏征后将军郭默为右军将军。默乐为边将，不愿宿卫，以情诉于胤[①]。胤曰："此非小人之所及也。"默将赴召，求资于胤，胤不与，默由是怨胤。胤长史张满等素轻默，或裸露见之，默常切齿。腊日[②]，胤饷默豚酒，默对信投之水中。会有司奏："今朝廷空竭，百官无禄，惟资江州运漕，而胤商旅继路，以私废公，请免胤官。"书下，胤不即归罪，方自申理。侨人盖肫掠人女为妻[③]，张满使还其家，肫不从，而谓郭默曰："刘江州不受免，密有异图，与张满等日夜计议，惟忌郭侯一人，欲先除之。"默以为然，帅其徒候旦门开袭胤。胤将吏欲拒默，默呵之曰："我被诏有所讨，动者诛三族！"遂入至内寝，牵胤下，斩之；出，取胤僚佐张满等，诬以大逆，悉斩之。传胤首于京师，诈作诏书，宣示内外。掠胤女及诸妾并金宝还船，初云下都，既而停胤故府。招引谯国内史桓宣，宣固守不从。

是岁，贺兰部及诸大人共立拓跋翳槐为代王，代王纥那奔宇文部。翳槐遣其弟什翼犍质于赵以请和。

河南王吐延，雄勇多猜忌，羌酋姜聪刺之；吐延不抽剑，召其将纥扢埿[④]，使辅其子叶延，保于白兰[⑤]，抽剑而死。叶延孝而好学，以为礼"公孙之子得以王父字为氏[⑥]"，乃自号其国曰吐谷浑。

【注释】

①诉（sù 宿）：告诉。 ②腊日：古时岁终祭祀百神之日。据南朝梁人宗懔《荆楚岁时记》，农历十二月八日为腊日。 ③肫：读 zhūn 谆。④纥扢（hé gǔ 和古）：姓氏。 ⑤白兰：山名，即今青海黄河源西北布尔汗布达山。 ⑥"公孙"句：语出杜预《春秋左氏传集解》隐公八年注。王父：祖父。

五年 春，正月，刘胤首至建康。司徒导以郭默骁勇难制，己亥，大赦，枭胤首于大航，以默为江州刺史。太尉侃闻之，投袂起曰："此必诈也。"即将兵讨之。默遣使送妓妾及绢，并写中诏呈

后赵“石安韩丑”砖

侃。参佐多谏曰：“默不被诏，岂敢为此？若欲进军，宜待诏报。”侃厉色曰：“国家年幼[1]，诏令不出胸怀。刘胤为朝廷所礼，虽方任非才，何缘猥加极刑？郭默恃勇，所在贪暴；以大难新除，禁网宽简，欲因际会骋其纵横耳！”发使上表言状，且与导书曰：“郭默杀方州即用为方州，害宰相便为宰相乎？”导乃收胤首，答侃书曰：“默据上流之势，加有船舰成资，故苞含隐忍，使有其地，朝廷得以潜严；俟足下军到，风发相赴，岂非遵养时晦以定大事者邪？”侃笑曰：“是乃遵养时贼也！”

豫州刺史庾亮亦请讨默。诏加亮征讨都督，帅步骑二万往与侃会。

西阳太守邓岳、武昌太守刘诩皆疑桓宣与默同。豫州西曹王随曰：“宣尚不附祖约，岂肯同郭默邪？”岳、诩遣随诣宣观之，随说宣曰：“明府心虽不尔，无以自明，惟有以贤子付随耳！”宣乃遣其子戎与随俱迎陶侃。侃辟戎为掾，上宣为武昌太守。

二月，后赵群臣请后赵王勒即皇帝位；勒乃称大赵天王，行皇帝事。立妃刘氏为王后，世子弘为太子。以其子宏为骠骑大将军、都督中外诸军事、大单于，封秦王；斌为左卫将军，封太原王；恢为辅国将军，封南阳王。以中山公虎为太尉、尚书令，进爵为王；虎子邃为冀州刺史，封齐王；宣为左将军；挺为侍中，封梁王。又封石生为河东王，石堪为彭城王。以左长史郭敖为尚书左仆射，右长史程遐为右仆射、领吏部尚书，左司马夔安、右司马郭殷、从事中郎李凤、前郎中令裴宪，皆为尚书，参军事徐光为中书令、领秘书监。自余文武，封拜各有差。

中山王虎怒，私谓齐王邃曰：“主上自都襄国以来，端拱仰成，以吾身当矢石二十余年，南擒刘岳[②]，北走索头[③]，东平齐、鲁[④]，西定秦、雍[⑤]，克十有三州。成大赵之业者，我也；大单于当以授我，今乃以与黄吻婢儿[⑥]，念之令人气塞，不能寝食！待主上晏驾之后，不足复留种也。"

程遐言于勒曰："天下粗定，当显明逆顺，故汉高祖赦季布，斩丁公[⑦]。大王自起兵以来，见忠于其君者辄褒之，背叛不臣者辄诛之，此天下所以归盛德也。今祖约犹存，臣窃惑之。"安西将军姚弋仲亦以为言。勒乃收约，并其亲属中外百余人悉诛之，妻妾、儿女分赐诸胡。

初，祖逖有胡奴曰王安，逖甚爱之。在雍丘，谓安曰："石勒是汝种类，吾亦无在尔一人。"厚资送而遣之。安以勇干，仕赵为左卫将军。及约之诛，安叹曰："岂可使祖士稚无后乎[⑧]？"乃往就市观刑。逖庶子道重，始十岁，安窃取以归，匿之，变服为沙门。及石氏亡，道重复归江南。

【注释】

①国家：这里指代皇帝。 ②"南擒"句：擒刘岳见本书卷第九十三晋明帝太宁三年(325)。 ③"北走"句：索头，是对代王拓跋纥那的侮辱性称呼，以其编发为辫，故有此称。赶走拓跋纥那见本书卷第九十三晋成帝咸和二年(327)。 ④"东平"句：平齐鲁指消灭徐龛、曹嶷，见本书卷第九十三晋元帝永昌元年(322)、晋明帝太宁元年(323)。 ⑤"西定"句：定秦雍指消灭前赵，降服苻氏、姚氏，见本卷成帝咸和三年(328)等记载。 ⑥黄吻婢儿：骂人之语，意为婢女生养的乳臭未干的孩子。得名于小鸟，小鸟刚出窝时，口黄未退(口边曰吻)，称为黄吻，石虎借用来形容石宏的年幼。 ⑦"故汉"句：季布初为项羽部将，数辱刘邦，邦称帝，悬赏捉拿季布，后在他人劝说之下，赦免了季布。丁布为季布同母弟，也为项羽将领，在可以杀掉刘邦时却放走了他。后来，刘邦以"丁公为项王臣不忠"的罪名杀了他。见本书卷第十一汉高帝五年(前202)。 ⑧祖士稚：即祖逖，逖字士稚。

郭默欲南据豫章，会太尉侃兵至，默出战不利，入城固守，聚米为垒，以示有余。侃筑土山临之。三月，庾亮兵至湓口，诸军大集。夏,五月,乙卯,默将宗侯缚默父子出降。侃斩默于军门,传首建康,同党死者四十人。诏以侃都督江州,领刺史;以邓岳督交、广诸军事,领广州刺史。侃还巴陵,因移镇武昌。庾亮还芜湖,辞爵赏不受。

赵将刘征帅众数千,浮海抄东南诸县,杀南沙都尉许儒[①]。

张骏因前赵之亡,复收河南地,至于狄道,置五屯护军,与赵分境。六月,赵遣鸿胪孟毅拜骏征西大将军、凉州牧,加九锡。骏耻为之臣,不受,留毅不遣。

初,丁零翟斌[②],世居康居[③],后徙中国,至是入朝于赵;赵以斌为句町王[④]。

赵群臣固请正尊号[⑤],秋,九月,赵王勒即皇帝位。大赦,改元建平。文武封进各有差。立其妻刘氏为皇后,太子弘为皇太子。

弘好属文,亲敬儒素。勒谓徐光曰:"大雅愔愔[⑥],殊不似将家子。"光曰:"汉祖以马上取天下,孝文以玄默守之[⑦]。圣人之后,必有胜残去杀者,天之道也。"勒甚悦。光因说曰:"皇太子仁孝温恭,中山王雄暴多诈,陛下一旦不讳,臣恐社稷非太子所有也。宜渐夺中山王权,使太子早参朝政。"勒心然之,而未能从。

赵荆州监军郭敬寇襄阳。南中郎将周抚监沔北军事,屯襄阳。赵主勒以驿书敕敬退屯樊城,使之偃藏旗帜,寂若无人。曰:"彼若使人观察,则告之曰:'汝宜自爱坚守,后七八日,大骑将至,相策,不复得走矣。'"敬使人浴马于津,周而复始,昼夜不绝。侦者还以告周抚,抚以为赵兵大至,惧,奔武昌。敬入襄阳,中州流民悉降于赵;魏该弟遐帅其部众自石城降敬[⑧]。敬毁襄阳城,迁其民于沔北,城樊城以戍之。赵以敬为荆州刺史。周抚坐免官。

休屠王羌叛赵[⑨],赵河东王生击破之,羌奔凉州。西平公骏惧,遣孟毅还,使其长史马诜称臣入贡于赵[⑩]。

更造新宫。

甲辰,徙乐成王钦为河间王,封彭城王纮子俊为高密王。

冬,十月,成大将军寿督征南将军费黑等攻巴东建平,拔之。巴东太守杨谦、监军毌丘奥退保宜都。

【注释】

①南沙都尉:吴县境内司盐都尉署长官。南沙,在今江苏常熟市西北。 ②丁零:古民族名,也作“丁令”“丁灵”。汉时为匈奴属国,游牧于我国北部和西北部广大地区。四五世纪,称铁勒。 ③康居:西域城国,约当今巴尔喀什湖与咸海之间。 ④句(qú 渠)町(dīng 丁):古县名。古句町国地。 ⑤“赵群臣”句:前赵已灭,后赵始单称为“赵”。⑥大雅:石弘表字。愔(yīn 音):温和。 ⑦孝文:指西汉文帝刘恒。⑧石城:城名,在今湖北钟祥市。 ⑨休屠王羌:当为休屠王石武的继承人。石牙归降前赵见本书卷第九十三晋元帝永昌元年(322)。 ⑩诜:(shēn 身):此处为人名用字。

六年 春,正月,赵刘征复寇娄县[1],掠武进[2],郗鉴击却之。

三月,壬戌朔,日有食之。

夏,赵主勒如邺,将营新宫;廷尉上党续咸苦谏,勒怒,欲斩之。中书令徐光曰:“咸言不可用,亦当容之,奈何一旦以直言斩列卿乎?”勒叹曰:“为人君,不得自专得是乎?匹夫家赀满百匹,犹欲市宅,况富有四海乎!此宫终当营之,且敕停作,以成吾直臣之气。”因赐咸绢百匹,稻百斛。又诏公卿以下举贤良方正,仍令举人得更相荐引,以广求贤之路。起明堂、辟雍、灵台于襄国城西[3]。

秋,七月,成大将军寿攻阴平、武都,杨难敌降之。

九月,赵主勒复营邺宫;以洛阳为南都,置行台。

冬,蒸祭太庙[4],诏归胙于司徒导,且命无下拜;导辞疾不敢当。初,帝即位冲幼,每见导必拜;与导手诏则云“惶恐言”,中书作诏则曰“敬问”。有司议:“元会日,帝应敬导不?”博士郭熙、杜援议,以为:“礼无拜臣之文,谓宜除敬。”侍中冯怀议,以为:“天子临辟雍,拜三老[5],况先帝师傅?谓宜尽敬。”侍中荀奕议,以为:“三朝之首[6],宜明君臣之体,则不应敬;若他日小会,自可尽礼。”诏从之。奕,组之子也。

慕容廆遣使与太尉陶侃笺,劝以兴兵北伐,共清中原。僚属宋该等共议,以“廆立功一隅,位卑任重,等差无别,不足以镇华、夷，宜表请进廆官爵”。参军韩恒驳曰：“夫立功者患信义不著，不患名位不高。桓、文有匡复之功，不先求礼命以令诸侯。宜缮甲兵，除群凶，功成之后，九锡自至。比于邀君以求宠，不亦荣乎？”廆不悦，出恒为新昌令。于是东夷校尉封抽等疏上侃府，请封廆为燕王，行大将军事。侃复书曰：“夫功成进爵，古之成制也。车骑虽未能为官摧勒，然忠义竭诚；今腾笺上听，可不、迟速，当在天台也。”

【注释】

①娄县：县名，治今江苏昆山市东北。 ②武进：县名，治今江苏丹阳市东。 ③明堂：古代帝王宣明政教的地方。凡朝会、祭祀、庆赏、选士、养老、教学等大典，均在此举行。其后宫室渐备，另在近郊东南建明堂，以保存古代礼制。辟雍：学校。最初是周朝为贵族子弟设立的大学，取四周有水，形如璧环为名。灵台：观察星象的台阁。 ④蒸祭：祭祀。蒸，也作“烝”，为冬天祭祀的专称。 ⑤三老：相传古代天子尊敬老人，设三老五更之位，由年老离职的官员充任，天子以对父兄的礼节侍奉，以宣扬孝悌精神。 ⑥三朝之首：指正月初一的聚会。这是一年的开始、一月的开始、一天的开始，故称三朝之首。

资治通鉴卷第九十五

晋纪十七　起玄黓执徐，尽强圉作噩，凡六年。

显宗成皇帝中之上

咸和七年　春，正月，辛未，大赦。

赵主勒大飨群臣，谓徐光曰："朕可方自古何等主？"对曰："陛下神武谋略过于汉高，后世无可比者。"勒笑曰："人岂不自知？卿言太过。朕若遇汉高祖，当北面事之，与韩、彭比肩；若遇光武，当并驱中原，未知鹿死谁手[①]。大丈夫行事，宜礌礌落落[②]，如日月皎然，终不效曹孟德、司马仲达欺人孤儿、寡妇，狐媚以取天下也。"群臣皆顿首称万岁。

勒虽不学，好使诸生读书而听之，时以其意论古今得失，闻者莫不悦服。尝使人读《汉书》，闻郦食其劝立六国后，惊曰："此法当失，何以遂得天下？"及闻留侯谏，乃曰："赖有此耳。"

郭敬之退戍樊城也[③]，晋人复取襄阳。夏，四月，敬复攻拔之，留戍而归。

赵右仆射程遐言于赵主勒曰："中山王勇悍权略，群臣莫及；观其志，自陛下之外，视之蔑如；加以残贼安忍，久为将帅，威振内外，其诸子年长，皆典兵权；陛下在，自当无他，恐非少主之臣也。宜早除之，以便大计。"勒曰："今天下未安，大雅冲幼，宜得强辅。中山王骨肉至亲，有佐命之功，方当委以伊、霍之任，何至如卿所言？卿正恐不得擅帝舅之权耳；吾亦当参卿顾命，勿过忧也。"遐泣曰："臣所虑者公事，陛下乃以私计拒之，忠言何自而入乎？中山王虽为皇太后所养，非陛下天属，虽有微功，陛下酬其父子恩荣亦足矣，而其志愿无极，岂将来有益者乎？若不除之，臣见宗庙不血食矣。"勒不听。

遐退，告徐光，光曰："中山王常切齿于吾二人，恐非但危国，亦将为家祸也。"他日，光承间言于勒曰："今国家无事，而陛下神色若有不怡，何也？"勒曰："吴、蜀未平，吾恐后世不以吾为受命之王也。"光曰："魏承汉运，刘备虽兴于蜀，汉岂得为不亡乎？孙权在吴，犹今之李氏也。陛下苞括二都[④]，平荡八州[⑤]，帝王之统不在陛下，当复在谁？且陛下不忧腹心之疾，而更忧四支乎？中山王藉陛下威略，所向辄克，而天下皆言其英武亚于陛下。且其资性不仁，见利忘义，父子并据权位，势倾王室；而耿耿常有不满之心；近于东宫侍宴，有轻皇太子之色。臣恐陛下万年之后，不可复制也。"勒默然，始命太子省可尚书奏事，且以中常侍严震参综可否，惟征伐断斩大事乃呈之。于是严震之权过于主相，中山王虎之门可设雀罗矣。虎愈怏怏不悦。

【注释】

①鹿死谁手：最后胜利属于谁。鹿，是猎取的对象，代称政权。汉初人蒯通最先采用这一比喻，详见本书卷第十二汉高帝十一年（前196）。②礧（lěi 垒）：同"磊"。　③"郭敬"句：郭敬退戍樊城，见本书卷第九十四晋成帝咸和五年（330）。　④二都：指长安、洛阳。　⑤八州：指冀州、幽州、并州、青州、兖州、豫州、司州、雍州。

秋，赵郭敬南掠江西，太尉侃遣其子平西参军斌及南中郎将桓宣乘虚攻樊城，悉俘其众。敬旋救樊，宣与战于涅水[①]，破之，皆得其所掠。侃兄子臻及竟陵太守李阳攻新野，拔之。敬惧，遁去；宣遂拔襄阳。

侃使宣镇襄阳。宣招怀初附，简刑罚，略威仪，劝课农桑，或载钼耒于轺轩[②]，亲帅民芸获。在襄阳十余年，赵人再攻之，宣以寡弱拒守，赵人不能胜；时人以为亚于祖逖、周访。

成大将军寿寇宁州，以其征东将军费黑为前锋，出广汉，镇南将军任回出越嶲，以分宁州之兵。

冬，十月，寿、黑至朱提，朱提太守董炳城守，宁州刺史尹奉遣建宁太守霍彪引兵助之。寿欲逆拒彪，黑曰：“城中食少，宜纵彪入城，共消其谷，何为拒之？”寿从之。城久不下，寿欲急攻之。黑曰：“南中险阻难服[3]，当以日月制之，待其智勇俱困，然后取之，溷牢之物[4]，何足汲汲也。”寿不从，攻果不利，乃悉以军事任黑。

十一月，壬子朔，进太尉侃为大将军，剑履上殿，入朝不趋，赞拜不名；侃固辞不受。

十二月，庚戌，帝迁于新宫。

是岁，凉州僚属劝张骏称凉王，领秦、凉二州牧，置公卿百官如魏武、晋文故事[5]。骏曰：“此非人臣所宜言也。敢言此者，罪不赦！”然境内皆称之为王。骏立次子重华为世子。

【注释】

①涅水：即今河南西南部白河支流赵河。 ②钽（chú 除）：同“锄”。轺（yáo 尧）轩：一匹马拉的轻便车。 ③南中：相当于今四川南部及云南、贵州地区。 ④溷（hùn 混）：厕所、猪圈。 ⑤“置公”句：魏武帝事见本书卷第六十七汉献帝建安二十一年（216）；晋文帝事见本书卷第七十八魏元帝咸熙元年（264）。

八年 春，正月，成大将军李寿拔朱提，董炳、霍彪皆降，寿威震南中。

丙子，赵主勒遣使来修好，诏焚其币。

三月，宁州刺史尹奉降于成，成尽有南中之地；大赦，以大将军寿领宁州。

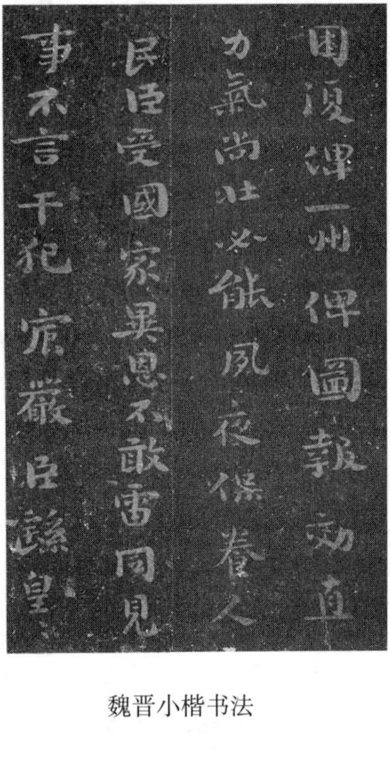

魏晋小楷书法

夏，五月，甲寅，辽东武宣公慕容廆卒。六月，世子皝以平北将军行平州刺史，督摄部内；赦系囚。以长史裴开为军咨祭酒，郎中令高诩为玄菟太守。皝以带方太守王诞为左长史，诞以辽东太守阳骛为才而让之[1]；皝从之，以诞为右长史。

赵主勒寝疾，中山王虎入侍禁中，矫诏，群臣亲戚皆不得入；疾之增损，外无知者。又矫诏召秦王宏、彭城王堪还襄国。勒疾小瘳[2]，见宏，惊曰："吾使王处藩镇，正备今日，有召王者邪，将自来邪？有召者，当按诛之！"虎惧曰："秦王思慕，暂还耳，今遣之。"仍留不遣。数日，复问之，虎曰："受诏即遣，今已半道矣。"广阿有蝗[3]，虎密使其子冀州刺史邃帅骑三千游于蝗所。

秋，七月，勒疾笃，遗命曰："大雅兄弟，宜善相保，司马氏，汝曹之前车也。中山王宜深思周、霍，勿为将来口实。"戊辰，勒卒。中山王虎劫太子弘使临轩，收右光禄大夫程遐、中书令徐光，下廷尉，召邃使将兵入宿卫，文武皆奔散。弘大惧，自陈劣弱，让位于虎。虎曰："君终，太子立，礼之常也。"弘涕泣固让，虎怒曰："若不堪重任，天下自有大义，何足豫论！"弘乃即位。大赦。杀程遐、徐光。夜，以勒丧潜瘗山谷，莫知其处。己卯[4]，备仪卫，虚葬于高平陵。谥曰明帝，庙号高祖。

赵将石聪及谯郡太守彭彪，各遣使来降。聪本晋人，冒姓石氏。朝廷遣督护乔球将兵救之，未至，聪等为虎所诛。

慕容皝遣长史勃海王济等来告丧。

八月，赵主弘以中山王虎为丞相、魏王、大单于，加九锡，以魏郡等十三郡为国，总摄百揆。虎赦其境内，立妻郑氏为魏王后；子邃为魏太子，加使持节、侍中、都督中外诸军事、大将军、录尚书事[5]；次子宣为使持节、车骑大将军、冀州刺史，封河间王；韬为前锋将军、司隶校尉，封乐安王；遵封齐王，鉴封代王，苞封乐平王，徙平原王斌为章武王。勒文武旧臣，皆补散任[6]；虎之府寮亲属，悉署台省要职。以镇军将军夔安领左仆射，尚书郭殷为右仆射。更命太子宫曰崇训宫，太后刘氏以下皆徙居之。选勒宫人及车马、服玩之美者，皆入丞相府。

【注释】

①鹜(wù 勿):同“务”。 ②瘳(chōu 抽):病愈。 ③广阿:县名,治今河北隆尧县东。 ④己卯:七月戊申朔,无己卯,安葬当为八月时事。 ⑤使持节:职官名,权力高于持节和假节,可在未经上报的情况下诛杀二千石以下官员。 ⑥散任:有官名而无固定职事的职位。文官方面的有开府仪同三司、特进、光禄大夫等,武官方面的有骠骑将军、辅国将军、镇军将军等。

宇文乞得归为其东部大人逸豆归所逐,走死于外。慕容皝引兵讨之,军于广安[①];逸豆归惧而请和,遂筑榆阴、安晋二城而还[②]。

成建宁、牂柯二郡来降[③],李寿复击取之。

赵刘太后谓彭城王堪曰:“先帝甫晏驾,丞相遽相陵藉如此。帝祚之亡,殆不复久,王将若之何?”堪曰:“先帝旧臣,皆被疏斥,军旅不复由人,宫省之内,无可为者,臣请奔兖州,挟南阳王恢为盟主,据廪丘,宣太后诏于牧、守、征、镇,使各举兵以诛暴逆,庶几犹有济也。”刘氏曰:“事急矣!当速为之。”九月,堪微服、轻骑袭兖州,不克,南奔谯城。丞相虎遣其将郭太追之,获堪于城父[④],送襄国,炙而杀之。征南阳王恢还襄国。刘氏谋泄,虎废而杀之,尊弘母程氏为皇太后。堪本田氏子,数有功,赵主勒养以为子。刘氏有胆略,勒每与之参决军事,佐勒建功业,有吕后之风,而不妒忌更过之。

赵河东王生镇关中,石朗镇洛阳。冬,十月,生、朗皆举兵以讨丞相虎;生自称秦州刺史,遣使来降。氐帅蒲洪自称雍州刺史,西附张骏。

虎留太子邃守襄国,将步骑七万攻朗于金墉;金墉溃,获朗,刖而斩之[⑤];进向长安,以梁王挺为前锋大都督。生遣将军郭权帅鲜卑涉璝众二万为前锋以拒之,生将大军继发,军于蒲阪。权与挺战于潼关,大破之,挺及丞相左长史刘隗皆死,虎还奔渑池,枕尸三百余里。鲜卑潜与虎通谋,反击生。生不知挺已死,惧,单骑奔长安。权收余众,退屯渭汭[⑥]。生遂弃长安,匿于鸡头山[⑦]。将军蒋英据长安拒守,虎进兵击英,斩之。生麾下斩生以降;权奔陇右。

虎分命诸将屯汧、陇，遣将军麻秋讨蒲洪。洪帅户二万降于虎，虎迎拜洪光烈将军、护氐校尉[8]。洪至长安，说虎徙关中豪桀及氐、羌以实东方，曰："诸氐皆洪家部曲，洪帅以从，谁敢违者？"虎从之，徙秦、雍民及氐、羌十余万户于关东。以洪为龙骧将军、流民都督，使居枋头[9]；以羌帅姚弋仲为奋武将军、西羌大都督，使帅其众数万徙居清河之滠头[10]。

虎还襄国，大赦。赵主弘命虎建魏台，一如魏武王辅汉故事。

【注释】

①广安：城名，在今辽宁朝阳市南。 ②榆阴、安晋：城名，二城在今辽宁朝阳市西。 ③牂（zāng 臧）柯：郡名，治今贵州凯里市西北。④城父：县名，治今安徽亳州市东南城父集。 ⑤刖（yuè 乐）：砍掉脚的酷刑。 ⑥渭汭（ruì 瑞）：地名，即今陕西渭河入黄河处。 ⑦鸡头山：山名，在今宁夏隆德县东。 ⑧护氐校尉：后赵职官名，负责管理境内氐族。当为仿汉代的护羌校尉而命名。 ⑨枋头：地名，在今河南浚县西南淇门渡。 ⑩滠头：地名，在今河北枣强县东北。

慕容皝初嗣位，用法严峻，国人多不自安，主簿皇甫真切谏，不听。

皝庶兄建威将军翰、母弟征虏将军仁，有勇略，屡立战功，得士心；季弟昭，有才艺；皆有宠于廆。皝忌之，翰叹曰："吾受事于先公，不敢不尽力，幸赖先公之灵，所向有功，此乃天赞吾国，非人力也。而人谓吾之所办，以为雄才难制，吾岂可坐而待祸邪？"乃与其子出奔段氏。段辽素闻其才，冀收其用，甚爱重之。

仁自平郭来奔丧[1]，谓昭曰："吾等素骄，多无礼于嗣君，嗣君刚严，无罪犹可畏，况有罪乎！"昭曰："吾辈皆体正嫡，于国有分。兄素得士心，我在内未为所疑，伺其间隙，除之不难。兄趣举兵以来，我为内应，事成之日，与我辽东。男子举事，不克则死，不能效建威偷生异域也。"仁曰："善！"遂还平郭。闰月，仁举兵而西。

或以仁、昭之谋告皝，皝未之信，遣使按验。仁兵已至黄水[2]，知事露，杀使者，还据平郭。皝赐昭死，遣军祭酒封奕慰抚辽东。

以高诩为广武将军，将兵五千与庶弟建武将军幼、稚、广威将军军、宁远将军汗、司马辽东佟寿共讨仁。与仁战于汶城北[3]，㲹兵大败，幼、稚、军皆为仁所获；寿尝为仁司马，遂降于仁。前大农孙机等举辽东城以应仁。封奕不得入，与汗俱还。东夷校尉封抽、护军平原乙逸、辽东相太原韩矫皆弃城走，于是仁尽有辽东之地；段辽及鲜卑诸部皆与仁遥相应援。㲹追思皇甫真之言，以真为平州别驾。

【注释】

①平郭：县名，治今辽宁营口市熊岳镇东。 ②黄水：河流名，即潢水，在今辽宁台安县东南。 ③汶城：城名，初为汶县县城，在今辽宁营口市东南。西晋末年，汶县被撤销。

十二月，郭权据上邽，遣使来降；京兆、新平、扶风、冯翊、北地皆应之。

初，张骏欲假道于成以通表建康，成主雄不许。骏乃遣治中从事张淳称藩于成以假道；雄伪许之，将使盗覆诸东峡[1]。蜀人桥赞密以告淳。淳谓雄曰："寡君使小臣行无迹之地，万里通诚于建康者，以陛下嘉尚忠义，能成人之美故也。若欲杀臣者，当斩之都市，宣示众目曰：'凉州不忘旧德，通使琅邪[2]，主圣臣明，发觉杀之。'如此，则义声远播，天下畏威。今使盗杀之江中，威刑不显，何足以示天下乎？"雄大惊曰："安有此邪？"

司隶校尉景骞言于雄曰："张淳壮士，请留之。"雄曰："壮士安肯留？且试以卿意观之。"骞谓淳曰："卿体丰大，天热，可且遣下吏，小住须凉。"淳曰："寡君以皇舆播越，梓宫未返，生民涂炭，莫之振救，故遣淳通诚上都[3]。所论事重，非下吏所能传；使下吏可了，则淳亦不来矣。虽火山汤海，犹将赴之，岂寒暑之足惮哉？"雄谓淳曰："贵主英名盖世，土险兵强，何不亦称帝自娱一方？"淳曰："寡君祖考以来，世笃忠贞，以仇耻未雪，枕戈待旦，何自娱之有？"雄甚惭，曰："我之祖考本亦晋臣，遭天下大乱，与六郡之民避难此州，为众所推，遂有今日。琅邪若能中兴大晋于中国者，亦当帅众辅之。"厚为淳礼而遣之。淳卒致命于建康。

长安之失守也，敦煌计吏耿访自汉中入江东，屡上书请遣大使慰抚凉州。朝廷以访守侍书御史，拜张骏镇西大将军，选陇西贾陵等十二人配之。访至梁州，道不通，以诏书付贾陵，诈为贾客以达之。是岁，陵始至凉州，骏遣部曲督王丰等报谢[4]。

【注释】

①东峡：即长江三峡，以在成都之东，故称东峡。 ②琅邪：东晋建国者司马睿，本为西晋琅邪王，东晋以外的人对东晋统治者仍以琅邪王相称。下文李雄也是如此。 ③上都：指东晋都城建康。 ④部曲督：下级武官。

九年 春，正月，赵改元延熙。

诏以郭权为镇西将军、雍州刺史。

仇池王杨难敌卒，子毅立，自称龙骧将军、左贤王、下辨公；以叔父坚头之子盘为冠军将军、右贤王、河池公，遣使来称藩。

二月，丁卯，诏遣耿访、王丰赍印绶授张骏大将军、都督陕西、雍、秦、凉州诸军事。自是每岁使者不绝。

慕容仁以司马翟楷领东夷校尉，前平州别驾庞鉴领辽东相。

段辽遣兵袭徒河，不克，复遣其弟兰与慕容翰共攻柳城，柳城都尉石琮、城大慕舆泥并力拒守[1]，兰等不克而退。辽怒，切责兰等，必令拔之。休息二旬，复益兵来攻。士皆重袍蒙盾，作飞梯，四面俱进，昼夜不息。琮、泥拒守弥固，杀伤千余人，卒不能拔。慕容皝遣慕容汗及司马封奕等共救之。皝戒汗曰："贼气锐，勿与争锋。"汗性骁果，以千余骑为前锋，直进。封奕止之，汗不从。与兰遇于牛尾谷[2]，汗兵大败，死者太半；奕整陈力战，故得不没。

兰欲乘胜穷追，慕容翰恐遂灭其国，止之曰："夫为将当务慎重，审己量敌，非万全不可动。今虽挫其偏师，未能屈其大势。皝多权诈，好为潜伏，若悉国中之众自将以拒我，我悬军深入，众寡不敌，此危道也。且受命之日，正求此捷；若违命贪进，万一取败，功名俱丧，何以返面？"兰曰："此已成擒，无有余理，卿正虑遂灭卿国耳！今千年在东，若进而得志，吾将迎之以为国嗣，终不负卿，使宗庙不祀也。"千年者，慕容仁小字也。翰曰："吾投身相依，无复还理;国之存亡,于我何有?但欲为大国之计,且相为惜功名耳。"乃命所部欲独还,兰不得已而从之。

三月,成主雄分宁州置交州[3],以霍彪为宁州刺史,爨深为交州刺史。

赵丞相虎遣其将郭敖及章武王斌帅步骑四万西击郭权,军于华阴;夏,四月,上邽豪族杀权以降。虎徙秦州三万余户于青、并二州。长安人陈良夫奔黑羌[4],与北羌王薄句大等侵扰北地、冯翊。章武王斌、乐安王韬合击,破之,句大奔马兰山[5]。郭敖乘胜逐北,为羌所败,死者什七八。斌等收军还三城[6]。虎遣使诛郭敖。秦王宏有怨言,虎幽之。

慕容仁自称平州刺史、辽东公。

【注释】

①城大:一城之长,负责全城事务。如后世城主、市长。　②牛尾谷:地名,在今辽宁朝阳市西南。　③"成主"句:成国分出宁州的兴古、永昌、牂柯、越嶲、夜郎嶲等郡置增交州。　④黑羌:羌族中的一个支派。⑤马兰山:山名,在今陕西铜川市北。　⑥三城:城名,在今陕西延安市东南。

长沙桓公陶侃,晚年深以满盈自惧,不预朝权,屡欲告老归国,佐吏等苦留之。六月,侃疾笃,上表逊位。遣左长史殷羡奉送所假节、麾、幢、曲盖、侍中貂蝉、太尉章,荆、江、雍、梁、交、广、益、宁八州刺史印传、棨戟[1];军资、器仗、牛马、舟船,皆有定簿,封印仓库,侃自加管钥。以后事付右司马王愆期,加督护统领文武。甲寅,舆

东晋青瓷羊形烛台

车出，临津就船，将归长沙，顾谓愆期曰："老子婆娑，正坐诸君[2]！"乙卯，薨于樊溪[3]。侃在军四十一年，明毅善断，识察纤密，人不能欺；自南陵迄于白帝[4]，数千里中，路不拾遗。及薨，尚书梅陶与亲人曹识书曰："陶公机神明鉴似魏武，忠顺勤劳似孔明，陆抗诸人不能及也。"谢安每言[5]："陶公虽用法而恒得法外意。"安，鲲之从子也。

成主雄生疡于头。身素多金创，及病，旧痕皆脓溃，诸子皆恶而远之；独太子班昼夜侍侧，不脱衣冠，亲为吮脓。雄召大将军建宁王寿受遗诏辅政。丁卯，雄卒，太子班即位。以建宁王寿录尚书事，政事皆委于寿及司徒何点、尚书王环[6]，班居中行丧礼，一无所预。

辛未，加平西将军庾亮征西将军、假节、都督江、荆、豫、益、梁、雍六州诸军事、领江、豫、荆三州刺史，镇武昌。亮辟殷浩为记室参军。浩，羡之子也，与豫章太守褚裒、丹阳丞杜乂，皆以识度清远，善谈《老》《易》，擅名江东，而浩尤为风流所宗。裒，䂮之孙[7]；乂，锡之子也。桓彝尝谓裒曰："季野有皮里《春秋》[8]。"言其外无臧否而内有褒贬也。谢安曰："裒虽不言，而四时之气亦备矣。"

秋，八月，王济还辽东，诏遣侍御史王齐祭辽东公廆，又遣谒者徐孟策拜慕容皝镇军大将军、平州刺史、大单于、辽东公、持节、承制封拜，一如廆故事。船下马石津[9]，皆为慕容仁所留。

九月，戊寅，卫将军江陵穆公陆晔卒。

【注释】

①麾：主帅特用的旌旗。幢：作仪仗用的以羽毛为饰的旗帜。曲盖：仪仗用的曲柄伞。侍中貂蝉：侍中入宫耳际悬挂的貂尾和蝉饰。棨（qǐ 起）戟：有缯衣或油漆的木戟，用为官吏出行时前导的仪仗。 ②"老子"句：意为"老汉步履蹒跚，都是因各位苦苦相留，没有早日辞位的缘故"。婆娑（suō 梭），腿脚不灵便的样子。 ③樊溪：地名，在今湖北鄂州市西。 ④南陵：地名，在今安徽池州市贵池区西南。白帝：在今重庆奉节县东。⑤谢安：东晋著名政治家、淝水之战获胜的决策人，详见本书晋孝武帝诸卷。 ⑥尚书王环：据《晋书·李班载记》，当作"尚书令王

瑰”。 ⑦褚䂮（lüè 略）：魏晋之际官吏。河南阳翟（今河南禹州市）人。有气量，以才干著称。魏末为豫州主簿，晋初官至安东将军。 ⑧季野：褚裒表字。皮里《春秋》：藏在内心里的对人对事的褒贬评论。皮，肚皮；《春秋》，春秋时期的鲁国史书，因书中常常褒贬善恶，这里借用来指评判好坏。 ⑨马石津：地名，在今辽宁大连市旅顺口区西南。

成主雄子之车骑将军越屯江阳[1]，奔丧至成都。以太子班非雄所生，意不服，与其弟安东将军期谋作乱。班弟玝劝班遣越还江阳。以期为梁州刺史，镇葭萌[2]。班以未葬，不忍遣，推心待之，无所疑间，遣玝出屯于涪。冬，十月，癸亥朔[3]，越因班夜哭，杀之于殡宫，并杀班兄领军将军都；矫太后任氏令，罪状班而废之。

初，期母冉氏贱，任氏母养之。期多才艺，有令名；及班死，众欲立越，越奉期而立之。甲子，期即皇帝位。谥班曰戾太子。以越为相国，封建宁王；加大将军寿大都督，徙封汉王；皆录尚书事。以兄霸为中领军、镇南大将军；弟保为镇西大将军、汶山太守；从兄始为征东大将军，代越镇江阳。丙寅，葬雄于安都陵，谥曰武皇帝，庙号太宗。

始欲与寿共攻期，寿不敢发。始怒，反谮寿于期，请杀之。期欲藉寿以讨李玝，故不许，遣寿将兵向涪。寿先遣使告玝以去就利害，开其去路，玝遂来奔。诏以玝为巴郡太守。期以寿为梁州刺史，屯涪。

赵主弘自赍玺绶诣魏宫，请禅位于丞相虎。虎曰：“帝王大业，天下自当有议，何为自论此邪？”弘流涕还宫，谓太后程氏曰：“先帝种真无复遗矣！”于是尚书奏：“魏台请依唐、虞禅让故事。”虎曰：“弘愚暗，居丧无礼，便当废之，何禅让也？”十一月，虎遣郭殷入宫，废弘为海阳王。弘安步就车，容色自若，谓群臣曰：“庸昧不堪纂承大统，夫复何言？”群臣莫不流涕，宫人恸哭。群臣诣魏台劝进，虎曰：“皇帝者盛德之号，非所敢当，且可称居摄赵天王。”幽弘及太后程氏、秦王宏、南阳王恢于崇训宫，寻皆杀之。

西羌大都督姚弋仲称疾不贺，虎累召之，乃至。正色谓虎曰：“弋仲常谓大王命世英雄，奈何把臂受托而返夺之邪？”虎曰：“吾岂乐此哉？顾海阳年少，恐不能了家事，故代之耳。”心虽不平，然察其诚实，亦不之罪。

虎以夔安为侍中、太尉、守尚书令，郭殷为司空，韩晞为尚书左仆射，魏郡申钟为侍中，郎闿为光禄大夫，王波为中书令。文武封拜各有差。虎行如信都[4]，复还襄国。

慕容皝讨辽东，甲申，至襄平[5]。辽东人王岌密信请降。师进，入城，翟楷、庞鉴单骑走，居就、新昌等县皆降[6]。皝欲悉坑辽东民，高诩谏曰：“辽东之叛，实非本图，直畏仁凶威，不得不从。今元恶犹存，始克此城，遽加夷灭，则未下之城，无归善之路矣。”皝乃止。分徙辽东大姓于棘城。以杜群为辽东相，安辑遗民。

十二月，赵徐州从事兰陵朱纵斩刺史郭祥，以彭城来降，赵将王朗攻之，纵奔淮南。

慕容仁遣兵袭新昌，督护新兴王寓击走之，遂徙新昌入襄平。

【注释】

①江阳：县名，治今四川泸州市。　②葭萌：县名，治今四川广元市西南。　③癸亥朔：十月辛丑朔，癸亥为十月二十三日。此处或衍“朔”字，或“癸”当作“辛”。　④“虎行如”句：据《晋书·石季龙载记》，石虎迷信“天子当从东北来”的谶文，故出行至东北方的信都，再返回襄国。⑤襄平：县名，治今辽宁辽阳市。　⑥居就：县名，治今辽宁辽阳市东南亮甲山。新昌：县名，治今辽宁海城市东北向阳寨。

咸康元年　春，正月，庚午朔，帝加元服[1]。大赦，改元。

成、赵皆大赦，成改元玉恒，赵改元建武。

成主期立皇后阎氏，以卫将军尹奉为右丞相，骠骑将军、尚书令王瑰为司徒。

赵王虎命太子邃省可尚书奏事，惟祀郊庙、选牧守、征伐、刑杀乃亲之。虎好治宫室，鹳雀台崩[2]，杀典匠少府任汪[3]；复使修之，倍于其旧。邃保母刘芝封宜城君，关预朝权，受纳贿赂，求仕进者多出其门。

慕容皝置左、右司马，以司马韩矫、军祭酒封奕为之。

司徒导以羸疾，不堪朝会，三月，乙酉，帝幸其府，与群臣宴于内室,拜导并拜其妻曹氏。侍中孔坦密表切谏,以为帝初加元服,动宜顾礼,帝从之。坦又以帝委政于导,从容言曰:“陛下春秋已长,圣敬日跻[4],宜博纳朝臣,咨诹善道[5]。”导闻而恶之,出坦为廷尉。坦不得意,以疾去职。

丹阳尹桓景,为人谄巧,导亲爱之。会荧惑守南斗经旬[6],导谓领军将军陶回曰:“斗,扬州之分,吾当逊位以厌天谴。”回曰:“公以明德作辅,而与桓景造膝,使荧惑何以退舍?”导深愧之。

导辟太原王濛为掾,王述为中兵属[7]。述,昶之曾孙也[8]。濛不修小廉,而以清约见称。与沛国刘惔齐名[9],友善。惔常称濛性至通而自然有节。濛曰:“刘君知我,胜我自知。”当时称风流者,以惔、濛为首。述性沉静,每坐客辩论蜂起,而述处之恬如也。年三十,尚未知名,人谓之痴。导以门地辟之。既见,唯问在东米价,述张目不答。导曰:“王掾不痴,人何言痴也?”尝见导每发言,一坐莫不赞美,述正色曰:“人非尧、舜,何得每事尽善?”导改容谢之。

赵王虎南游,临江而还。有游骑十余至历阳,历阳太守袁耽表上之,不言骑多少。朝廷震惧,司徒导请出讨之。夏,四月,加导大司马,假黄钺、都督征讨诸军事。癸丑,帝观兵广莫门[10],分命诸将救历阳及戍慈湖、牛渚、芜湖;司空郗鉴使广陵相陈光将兵入卫京师。俄闻赵骑至少,又已去,戊午,解严,王导解大司马。袁耽坐轻妄免官。

赵征虏将军石遇攻桓宣于襄阳,不克。

大旱,会稽余姚米斗五百。

【注释】

①元服:帽子。元,是头的意思,帽子为头所戴之物,故称元服。成帝本年十五岁。 ②鹳(guàn 观)雀台:即曹操在邺城建造的铜雀台。③典匠少府:负责宫室建造的最高官员,地位同于汉代的将作大匠。④跻(jī 积):上升。 ⑤诹(zōu 邹):商量、咨询。 ⑥荧惑:火星。守:停留。南斗:即斗宿。古人认为,斗宿(南斗六星)对应着地上的丞相、太宰之位,荧惑逼近南斗,显示出宰相将任乱臣贼子。事实上,火星作为行星,对于地球上人们的视运动来说,有时前进,有时逆行,有时停留,完

佛图澄像

全是由地球和火星运动速度的差别造成的。 ⑦中兵：官名。三国魏设置五兵尚书，称中、外、骑、别、都五兵。中兵曹，掌管都城的军队。晋太康中分中兵为左右，为后代所因循。 ⑧王昶（？—259）：三国魏将领。字文舒，太原晋阳（今山西太原市西南）人。著有《兵书》十多篇、《治论》二十多篇。高贵乡公时，官至骠骑将军。 ⑨惔：（tán 谈）：此处为人名用字。 ⑩广莫门：建康城北门。

秋，七月，慕容皝立子俊为世子。

九月，赵王虎迁都于邺，大赦。

初，赵主勒以天竺僧佛图澄豫言成败[1]，数有验，敬事之。及虎即位，奉之尤谨，衣以绫锦，乘以雕辇。朝会之日，太子、诸公扶翼上殿，主者唱“大和尚”，众坐皆起。使司空李农旦夕问起居，太子、诸公五日一朝。国人化之，率多事佛，澄之所在，无敢向其方面涕唾者。争造寺庙，削发出家。虎以其真伪杂糅，或避赋役为奸宄，乃下诏问中书曰：“佛，国家所奉，里闾小人无爵秩者，应事佛不？”著作郎王度等议曰：“王者祭祀，典礼具存。佛，外国之神，非天子诸华所应祠奉。汉氏初传其道[2]，唯听西域人立寺都邑以奉之，汉人皆不得出家；魏世亦然。今宜禁公卿以下毋得诣寺烧香、礼拜；其赵人为沙门者，皆返初服。”虎诏曰：“朕生自边鄙，忝君诸夏，至于飨祀，应从本俗。其夷、赵百姓乐事佛者，特听之。”

赵章武王斌帅精骑二万并秦、雍二州兵以讨薄句大，平之。

成太子班之舅罗演，与汉王相天水上官澹谋杀成主期，立班子。事觉，期杀演、瀸及班母罗氏。

期自以得志，轻诸旧臣，信任尚书令景骞、尚书姚华、田褒、中常侍许涪等，刑赏大政，皆决于数人，希复关公卿。褒无他才，尝劝成主雄立期为太子，故有宠。由是纪纲隳紊，雄业始衰。

冬，十月，乙未朔，日有食之。

慕容仁遣王齐等南还。齐等自海道趣棘城，齐遇风不至。十二月，徐孟等至棘城，慕容皝始受朝命。

段氏、宇文氏各遣使诣慕容仁，馆于平郭城外③。皝帐下督张英将百余骑间道潜行掩击之，斩宇文氏使十余人，生擒段氏使以归。

是岁，明帝母建安君荀氏卒。荀氏在禁中，尊重同于太后；诏赠豫章郡君。

代王翳槐以贺兰蔼头不恭，将召而戮之，诸部皆叛。代王纥那自宇文部入，诸部复奉之。翳槐奔邺，赵人厚遇之。

初，张轨及二子寔、茂，虽保据河右，而军旅之事无岁无之。及张骏嗣位，境内渐平。骏勤修庶政，总御文武，咸得其用，民富兵强，远近称之以为贤君。骏遣将杨宣伐龟兹、鄯善④，于是西域诸国焉耆、于阗之属⑤，皆诣姑臧朝贡。骏于姑臧南作五殿，官属皆称臣。

骏有兼秦、雍之志，遣参军麹护上疏，以为："勒、雄既死，虎、期继逆，兆庶离主，渐冉经世；先老消落，后生不识，慕恋之心，日远日忘。乞敕司空鉴、征西亮等泛舟江、沔，首尾齐举。"

【注释】

①天竺：印度的古称。佛图澄（？—348）：西晋十六国时高僧。西域人，天竺罽宾小王的长子。永嘉四年（310）到洛阳。后赵建立，以报应之说助石勒、石虎，大得信任，因此，后赵境内佛教盛行，兴立佛寺达八百多所。著名弟子有释道安、竺法雅等。　②"汉氏"句：佛教传入，事见本书卷第四十五汉明帝永平八年（65）。　③平郭：县名，治今辽宁营口市鲅鱼圈区熊岳镇东。　④龟兹：西域国名，都今新疆沙雅北六十里羊达克沁废城。鄯善：西域国名，都今新疆若羌县。　⑤焉耆：西域国名，都今新疆焉耆回族自治县西南四十里城市附近。于阗（tián 填）：西域国

名，都今新疆和田县境。

二年 春，正月，辛巳，彗星见于奎、娄[①]。

慕容皝将讨慕容仁，司马高诩曰："仁叛弃君亲，民神共怒；前此海未尝冻，自仁反以来，连年冻者三矣。且仁专备陆道，天其或者欲使吾乘海冰以袭之也。"皝从之。群僚皆言涉冰危事，不若从陆道。皝曰："吾计已决，敢沮者斩！"

壬午，皝帅其弟军师将军评等自昌黎东，践冰而进，凡三百余里。至历林口[②]，舍辎重，轻兵趣平郭。去城七里，候骑以告仁，仁狼狈出战。张英之俘二使也，仁恨不穷追；及皝至，仁以为皝复遣偏师轻出寇抄，不知皝自来，谓左右曰："今兹当不使其匹马得返矣！"乙未[③]，仁悉众陈于城之西北。慕容军帅所部降于皝，仁众沮动；皝从而纵击，大破之。仁走，其帐下皆叛，遂擒之。皝先为斩其帐下之叛者，然后赐仁死。丁衡、游毅、孙机等，皆仁所信用也，皝执而斩之；王冰自杀。慕容幼、慕容稚、佟寿、郭充、翟楷、庞鉴，皆东走；幼中道而还；皝兵追及楷、鉴，斩之；寿、充奔高丽。自余吏民为仁所诖误者[④]，皝皆赦之。封高诩为汝阳侯。

二月，尚书仆射王彬卒。

辛亥，帝临轩，遣使备六礼逆故当阳侯杜乂女陵阳为皇后[⑤]，大赦；群臣毕贺。

夏，六月，段辽遣中军将军李咏袭慕容皝。咏趣武兴[⑥]，都尉张萌击擒之。辽别遣段兰将步骑数万屯柳城西回水[⑦]，宇文逸豆归攻安晋以为兰声援。皝帅步骑五万向柳城，兰不战而遁。皝引兵北趣安晋，逸豆归弃辎重走；皝遣司马封奕帅轻骑追击，大破之。皝谓诸将曰："二虏耻无功，必将复至，宜于柳城左右设伏以待之。"乃遣封奕帅骑数千伏于马兜山[⑧]。三月[⑨]，段辽果将数千骑来寇抄。奕纵击，大破之，斩其将荣伯保。

前廷尉孔坦卒。坦疾笃，庾冰省之，流涕。坦慨然曰："大丈夫将终，不问以济国安民之术，乃为儿女子相泣邪？"冰深谢之。

九月，慕容皝遣长史刘斌、兼郎中令辽东阳景送徐孟等还建康。

【注释】

①奎:星名,二十八宿之一,白虎七宿的首宿,有星十六颗,以形似胯而得名。娄:星名,二十八宿之一,白虎七宿的第二宿,有星三颗。古代星象学家认为,奎、娄二宿对应着地下的鲁、徐州二地。 ②历林口:地名,确址待考,疑在今辽宁辽河下游以西一带。 ③乙未:正月甲子朔,无乙未。 ④诖(guà 挂)误:被别人牵连而受到损害。 ⑤六礼:古代婚制的六项礼节,一为纳采(即男方具送求婚的礼物),二为问名(询问女方具体情况),三为纳吉(求神占卜吉凶),四为纳征(男方交付聘财),五为请期(议定婚期),六为亲迎(迎娶新妇)。 ⑥武兴:城名,确址待考,疑在今辽宁大凌河上游建昌县、凌源市等县一带。 ⑦回水:河流名。据《晋书·慕容皝载记》,当作"曲水",在今辽宁朝阳市西南。 ⑧马兜山:山名,在今辽宁朝阳市境内。 ⑨三月:上文已言及六月事,此"三月"有误,或说当作"七月"。

冬,十月,广州刺史邓岳遣督护王随等击夜郎、兴古[①],皆克之。加岳督宁州。

成主期以从子尚书仆射武陵公载有隽才,忌之,诬以谋反,杀之。

十一月,诏建威将军司马勋将兵安集汉中;成汉王寿击败之。寿遂置汉中守宰,戍南郑而还。

索头郁鞠帅众三万降于赵[②],赵拜郁鞠等十三人为亲赵王,散其部众于冀、青等六州。

赵王虎作太武殿于襄国,作东、西宫于邺,十二月,皆成。太武殿基高二丈八尺,纵六十五步,广七十五步,甃以文石[③]。下穿伏室,置卫士五百人。以漆灌瓦,金珰,银楹,珠帘,玉壁,穷极工巧。殿上施白玉床、流苏帐[④],为金莲华以冠帐顶。又作九殿于显阳殿后[⑤],选士民之女以实之,服珠玉、被绮縠者万余人。教宫人占星气、马步射。置女太史,杂伎工巧,皆与外同。以女骑千人为卤簿,皆著紫纶巾,熟锦裤,金银镂带,五文织成靴,执羽仪,鸣鼓吹,游宴以自随。于是赵大旱,金一斤直粟二斗,百姓嗷然[⑥];而虎用兵不息,百役并兴。使牙门张弥徙洛阳钟虡、九龙、翁仲、铜驼、飞廉于邺[7],载以四轮缠辋车[8],辙广四尺,深二尺。一钟没于河,募浮没三百人入河,系以竹絙[9],用牛百头,鹿栌引之[10],乃出。造万斛之舟以济之。既至邺,虎大悦,为之赦二岁刑,赉百官谷帛,赐民爵一级。又用尚方令解飞之言[11],于邺南投石于河,以作飞桥,功费数千万亿,桥竟不成,役夫饥甚,乃止。使令长帅民入山泽采橡及鱼以佐食,复为权豪所夺,民无所得。

初,日南夷帅范稚[12],有奴曰范文,常随商贾往来中国;后至林邑[13],教林邑王范逸作城郭、宫室、器械,逸爱信之,使为将。文遂谮逸诸子,或徙或逃。是岁,逸卒,文诈迎逸子于他国,置毒于椰酒而杀之,文自立为王。于是出兵攻大岐界、小岐界、式仆、徐狼、屈都、乾鲁、扶单等国[14],皆灭之,有众四五万,遣使奉表入贡。

赵左校令成公段作庭燎于杠末[15],高十余丈,上盘置燎,下盘置人,赵王虎试而悦之。

【注释】

①夜郎:郡名,治今贵州关岭布依族苗族自治县南。兴古:郡名,治今云南砚山县北小维摩附近。 ②索头郁鞠:鲜卑部落酋长。该部落因编发为辫故称索头,全称用索头郁鞠,以别于黑匿郁鞠。 ③甃(zhòu 宙):砌。 ④流苏:以五彩羽毛或丝线制成的穗子。常用作车马、帷帐等的垂饰。 ⑤显阳殿:宫廷主殿。 ⑥嗷(áo 熬):哀号声。 ⑦虡(jù 具):古代悬挂钟或磬的架子两旁的柱子。翁仲:高大的铜铸人像。翁仲据传说为秦时巨人之名,其后人们仿其相貌铸成铜人以象之。后世帝王墓道石像也称翁仲。飞廉:传说中的神兽,据称可招致大风。 ⑧辋(wǎng 网):车轮周围的框子。 ⑨絙(gēng 耕):粗绳索。 ⑩鹿栌(lú 卢):滑轮,一种起重装置。 ⑪尚方令:掌管供应制造帝王所用器物的官员,隶属于少府。⑫日南:郡名,治今越南广治省甘露河与广治河合流处。 ⑬林邑:地名,在今越南中部。 ⑭大岐界、小岐界、式仆、徐狼、屈都、乾鲁、扶单:地名,都是位于今越南南部或柬埔寨境内的王国,今地皆不详,待考。 ⑮左校令:掌管工匠劳作的官员,隶属于少府。庭燎:庭中照明的火烛。

三年 春,正月,庚辰[1],赵太保夔安等文武五百余人入上尊号，庭燎油灌下盘，死者二十余人；赵王虎恶之，腰斩成公段。辛巳[②]，虎依殷、周之制，称大赵天王，即位于南郊，大赦。立其后郑氏为天王皇后，太子邃为天王皇太子，诸子为王者皆降为郡公，宗室为王者降为县侯。百官封署各有差。

国子祭酒袁瑰、太常冯怀，以江左寖安，请兴学校，帝从之。辛卯，立太学，征集生徒。而士大夫习尚老、庄，儒术终不振。瑰，涣之曾孙也。

三月，慕容皝于乙连城东筑好城以逼乙连[③]，留折冲将军兰勃守之。夏，四月，段辽以车数千两输乙连粟，兰勃击而取之。六月，辽又遣其从弟扬威将军屈云将精骑夜袭皝子遵于兴国城[④]，遵击破之。

初，北平阳裕事段疾陆眷及辽五世[⑤]，皆见尊礼。辽数与皝相攻，裕谏曰："'亲仁善邻，国之宝也[⑥]。'况慕容氏与我世婚，迭为甥舅。皝有才德，而我与之构怨；战无虚月，百姓凋弊，利不补害，臣恐社稷之忧将由此始。愿两追前失，通好如初，以安国息民。"辽不从，出裕为北平相。

【注释】

①庚辰：正月戊子朔，无庚辰。　②辛巳：正月戊子朔，无辛巳。　③乙连城：城名，确址待考，疑在今辽宁建昌县或河北青龙满族自治县一带。该城是段氏所辖区域的东部重镇。　④兴国城：城名，确址待考，疑在今辽宁大陵河上游一带。　⑤五世：即段疾陆眷、段涉复辰、段末柸、段牙、段辽五代。　⑥"亲仁"句：春秋初陈文公子五父之语，语见《左传》隐公六年。

赵太子邃素骁勇，赵王虎爱之，常谓群臣曰："司马氏父子兄弟自相残灭，故使朕得至此；如朕有杀阿铁理否[①]？"既而邃骄淫残忍，好妆饰美姬，斩其首，洗血置盘上，与宾客传观之，又烹其肉共食之。河间公宣、乐安公韬皆有宠于虎，邃疾之如仇。虎荒耽酒色，喜怒无常。使邃省可尚书事，每有所关白，虎恚曰："此小事，何足白也？"时或不闻，又恚曰："何以不白？"诮责笞棰[②]，月至再三。邃私谓中庶子李颜等曰："官家难称[③]，吾欲行冒顿之事[④]，卿从我乎?”颜等伏不敢对。秋,七月,邃称疾不视事,潜帅宫臣文武五百余骑饮于李颜别舍,因谓颜等曰:“我欲至冀州杀河间公,有不从者斩!”行数里,骑皆逃散。颜叩头固谏,邃亦昏醉而归。其母郑氏闻之,私遣中人诮让邃,邃怒,杀之。佛图澄谓虎曰:“陛下不宜数往东宫。”虎将视邃疾,思澄言而还;既而瞋目大言曰:“我为天下主,父子不相信乎?”乃命所亲信女尚书往察之。邃呼前与语,因抽剑击之。虎怒,收李颜等诘问,颜具言其状。杀颜等三十余人。幽邃于东宫,既而赦之,引见太武东堂;邃朝而不谢,俄顷即出。虎使谓之曰:“太子应朝中宫,岂可遽去?”邃径出,不顾。虎大怒,废邃为庶人。其夜,杀邃及其妃张氏,并男女二十六人同埋于一棺;诛其宫臣支党二百余人;废郑后为东海太妃。立其子宣为天王皇太子,宣母杜昭仪为天王皇后。

安定侯子光,自称佛太子,云从大秦国来[⑤],当王小秦国,聚众数千人于杜南山[⑥],自称大黄帝,改元龙兴。石广讨斩之。

九月,镇军左长史封奕等劝慕容皝称燕王;皝从之。于是备置群司,以封奕为国相,韩寿为司马,裴开为奉常,阳骛为司隶,王寓为太仆,李洪为大理,杜群为纳言令[⑦],宋该、刘睦、石琮为常伯[⑧],皇甫真、阳协为冗骑常侍[⑨],宋晃、平熙、张泓为将军,封裕为记室监。洪,臻之孙;晃,奭之子也。冬,十月,丁卯,皝即燕王位,大赦。十一月,甲寅[⑩],追尊武宣公曰武宣王,夫人段氏曰武宣后;立夫人段氏为王后,世子儁为王太子,如魏武、晋文辅政故事。

段辽数侵赵边,燕王皝遣扬烈将军宋回称藩于赵,乞师以讨辽,自请尽帅国中之众以会之,并以其弟宁远将军汗为质。赵王虎大悦,厚加慰答,辞其质,遣还;密期以明年。

是岁,赵将李穆纳拓跋翳槐于大宁[⑪],其故部落多归之。代王纥那奔燕,国人复奉翳槐,城盛乐而居之。

仇池氏王杨毅族兄初,袭杀毅,并有其众,自立为仇池公,称臣于赵。

【注释】

①阿铁:石邃的乳名。　②诮(qiào 窍):责备。棰(chuí 垂):用棍子打。　③官家:天子。　④冒顿(mò dú 默独)之事:指西汉初年匈奴

族首领冒顿杀父自立的事,详见本书卷第十一汉高帝六年(前201)。⑤大秦国:我国古代对罗马帝国的称呼。小秦国:侯子光对中国的称呼。⑥杜南山:山名,在今陕西西安市长安区东北。 ⑦纳言令:前燕职官名,职掌同于晋朝的尚书令。 ⑧常伯:前燕职官名,职掌同于晋朝的侍中。 ⑨冗骑常侍:前燕职官名,职掌同于晋朝的散骑常侍。 ⑩甲寅:十一月癸未朔,无甲寅。 ⑪大宁:城名,在今河北平泉市东北。

资治通鉴卷第九十六

晋纪十八　起著雍阉茂，尽重光赤奋若，凡四年。

显宗成皇帝中之下

咸康四年　春，正月，燕王皝遣都尉赵槃如赵，听师期。赵王虎将击段辽，募骁勇者三万人，悉拜龙腾中郎。会辽遣段屈云袭赵幽州，幽州刺史李孟退保易京[①]。虎乃以桃豹为横海将军，王华为渡辽将军，帅舟师十万出漂渝津[②]；支雄为龙骧大将军，姚弋仲为冠军将军，帅步骑七万为前锋以伐辽。

三月，赵槃还至棘城。燕王皝引兵攻掠令支以北诸城[③]。段辽将追之，慕容翰曰："今赵兵在南，当并力御之；而更与燕斗。燕王自将而来，其士卒精锐，若万一失利，将何以御南敌乎？"段兰怒曰："吾前为卿所误，以成今日之患；吾不复堕卿计中矣！"乃悉将见众追之。皝设伏以待之，大破兰兵，斩首数千级，掠五千户及畜产万计以归。

赵王虎进屯金台[④]。支雄长驱入蓟，段辽所署渔阳、上谷、代郡守相皆降，取四十余城。北平相阳裕帅其民数千家登燕山以自固[⑤]。诸将恐其为后患，欲攻之。虎曰："裕儒生，矜惜名节，耻于迎降耳，无能为也。"遂过之，至徐无[⑥]。段辽以其弟兰既败，不敢复战，帅妻子、宗族、豪大千余家，弃令支，奔密云山[⑦]。将行，执慕容翰手泣曰："不用卿言，自取败亡；我固甘心，令卿失所，深以为愧。"翰北奔宇文氏。

辽左右长史刘群、卢谌、崔悦等封库请降。虎遣将军郭太、麻秋帅轻骑二万追辽，至密云山，获其母妻，斩首三千级。辽单骑走险，遣其子乞特真奉表及献名马于赵，虎受之。

虎入令支宫，论功封赏各有差。徙段国民二万余户于司、雍、兖、豫四州；士大夫之有才行者，皆擢叙之。阳裕诣军门降。虎让之曰："卿昔为奴虏走，今为士人来，岂识知天命，将逃匿无地邪？"对曰："臣昔事王公[⑧]，不能匡济；逃于段氏，复不能全。今陛下天网高张，笼络四海，幽冀豪桀莫不风从，如臣比肩，无所独愧。生死之命，惟陛下制之！"虎悦，即拜北平太守。

【注释】

①易京：地名，在今河北雄县西北。 ②漂渝津：地名，在今天津市东。 ③令支：县名，治今河北迁安市西。 ④金台：地名，在今河北易县东南。 ⑤燕山：山名，即今河北东北部燕山山脉。 ⑥徐无：县名，治今河北遵化市东。 ⑦密云山：山名，即今河北承德市北武烈河上源诸山。 ⑧王公：指王浚。

夏，四月，癸丑，以慕容皝为征北大将军、幽州牧。领平州刺史。

成主期骄虐日甚，多所诛杀，而籍没其资财、妇女，由是大臣多不自安。汉王寿素贵重，有威名，期及建宁王越等皆忌之。寿惧不免，每当入朝，常诈为边书，辞以警急。

初，巴西处士龚壮，父、叔皆为李特所杀。壮欲报仇，积年不除丧。寿数以礼辟之，壮不应；而往见寿，寿密问壮以自安之策。壮曰："巴、蜀之民本皆晋臣，节下若能发兵西取成都[①]，称藩于晋，谁不争为节下奋臂前驱者？如此则福流子孙，名垂不朽，岂徒脱今日之祸而已！"寿然之，阴与长史略阳罗恒、巴西解思明谋入成都。

期颇闻之，数遣许涪至寿所，伺其动静；又鸩杀寿养弟安北将军攸。寿乃诈为妹夫任调书，云期当取寿；其众信之，遂帅步骑万余人自涪袭成都，许赏以城中财物；以其将李奕为前锋。期不意其至，初不设备。寿世子势为翊军校尉，开门纳之，遂克成都，屯兵宫门。期遣侍中劳寿。寿奏建宁王越、景骞、田褒、姚华、许涪及征西将军李遐、将军李西等怀奸乱政，皆收杀之。纵兵大掠，数日乃定。寿矫以太后任氏令废期为邛都县公，幽之别宫。追谥戾太子曰哀皇帝。

罗恒、解思明、李奕等劝寿称镇西将军、益州牧、成都王。称藩于晋，送邛都公于建康；任调及司马蔡兴、侍中李艳等劝寿自称帝。寿命筮之，占者曰："可数年天子。"调喜曰："一日尚足，况数年乎？"思明曰："数年天子，孰与百世诸侯？"寿曰："朝闻道，夕死可矣[②]。"遂即皇帝位，改国号曰汉，大赦，改元汉兴。以安车束帛征龚壮为太师[③]；壮誓不仕，寿所赠遗，一无所受。

寿改立宗庙，追尊父骧曰献皇帝。母昝氏曰皇太后[④]，立妃阎氏为皇后，世子势为皇太子。更以旧庙为大成庙，凡诸制度，多所更易。以董皎为相国，罗恒为尚书令，解思明为广汉太守，任调为镇北将军、梁州刺史，李奕为西夷校尉，从子权为宁州刺史。公、卿、州、郡，悉用其僚佐代之；成氏旧臣、近亲及六郡士人[⑤]，皆见疏斥。

邛都公期叹曰："天下主乃为小县公，不如死！"五月，缢而卒。寿谥曰幽公，葬以王礼。

晋捧熏炉侍俑

【注释】

①节下：秦汉时对将领的敬称，其后对使臣或封疆大吏也称节下。 ②"朝闻道"二句：春秋时孔子之语，语见《论语·里仁篇》。李寿引用此语，意在说明称帝的决心。 ③安车：用一马拉之可以坐乘的小车。古车立乘，此为坐乘，故称安车。束帛：古时聘问的礼物，帛五匹为束。 ④昝（zǎn 攒）：姓氏。 ⑤六郡士人：指当初和李特兄弟一同入蜀的

略阳、天水等六郡流民后代中的士大夫。

赵王虎以燕王皝不会赵兵攻段辽而自专其利，欲伐之。太史令赵揽谏曰："岁星守燕分[①]，师必无功。"虎怒鞭之。

皝闻之，严兵设备；罢六卿、纳言、常伯、冗骑常侍官。赵戎卒数十万，燕人震恐。皝谓内史高诩曰："将若之何？"对曰："赵兵虽强，然不足忧，但坚守以拒之，无能为也。"

虎遣使四出，招诱民夷，燕成周内史崔焘、居就令游泓、武原令常霸、东夷校尉封抽、护军宋晃等皆应之[②]，凡得三十六城。泓，邃之兄子也。冀阳流寓之士共杀太守宋烛以降于赵[③]。烛，晃之从兄也。营丘内史鲜于屈亦遣使降赵；武宁令广平孙兴晓谕吏民共收屈[④]，数其罪而杀之，闭城拒守。朝鲜令昌黎孙泳帅众拒赵[⑤]，大姓王清等密谋应赵，泳收斩之；同谋数百人惶怖请罪，泳皆释之，与同拒守。乐浪太守鞠彭以境内皆叛，选乡里壮士二百余人共还棘城。

戊子，赵兵进逼棘城。燕王皝欲出亡，帐下将慕舆根谏曰："赵强我弱，大王一举足则赵之气势遂成，使赵人收略国民，兵强谷足，不可复敌。窃意赵人正欲大王如此耳，奈何入其计中乎？今固守坚城，其势百倍，纵其急攻，犹足枝持，观形察变，间出求利；如事之不济，不失于走，奈何望风委去，为必亡之理乎？"皝乃止，然犹惧形于色。玄菟太守河间刘佩曰："今强寇在外，众心恼惧，事之安危，系于一人。大王此际无所推委，当自强以厉将士，不宜示弱。事急矣，臣请出击之，纵无大捷，足以安众。"乃将敢死数百骑出冲赵兵，所向披靡，斩获而还，于是士气自倍。皝问计于封奕，对曰："石虎凶虐已甚，民神共疾，祸败之至，其何日之有？今空国远来，攻守势异，戎马虽强，无能为患；顿兵积日，衅隙自生，但坚守以俟之耳！"皝意乃安。或说皝降，皝曰："孤方取天下，何谓降也？"

赵兵四面蚁附缘城，慕舆根等昼夜力战；凡十余日，赵兵不能克，壬辰，引退。皝遣其子恪帅二千骑追击之，赵兵大败，斩获三万余级。赵诸军皆弃甲逃溃，惟游击将军石闵一军独全。闵父瞻,内黄人[⑥],本姓冉,赵主勒破陈午,获之,命虎养以为子。闵骁勇善战,多策略,虎爱之,比于诸孙。

虎还邺,以刘群为中书令,卢谌为中书侍郎。蒲洪以功拜使持节、都督六夷诸军事、冠军大将军,封西平郡公。石闵言于虎曰:"蒲洪雄俊,得将士死力,诸子皆有非常之才,且握强兵五万,屯据近畿,宜密除之,以安社稷。"虎曰:"吾方倚其父子以取吴、蜀,奈何杀之?"待之愈厚。

燕王皝分兵讨诸叛城,皆下之。拓境至凡城[⑦],崔焘、常霸奔邺,封抽、宋晃、游泓奔高句丽。皝赏鞠彭、慕舆根等而治诸叛者,诛灭甚众;功曹刘翔为之申理,多所全活。

赵之攻棘城也,燕右司马李洪之弟普以为棘城必败,劝洪出避祸。洪曰:"天道幽远,人事难知,且当委任,勿轻动取悔!"普固请不已。洪曰:"卿意见明审者,当自行之。吾受慕容氏大恩,义无去就,当效死于此耳。"与普流涕而诀。普遂降赵,从赵军南归,死于丧乱。洪由是以忠笃著名。

赵王虎遣渡辽将军曹伏将青州之众戍海岛,运谷三百万斛以给之;又以船三百艘运谷三十万斛诣高句丽,使典农中郎将王典帅众万余屯田海滨,又令青州造船千艘,以谋击燕。

【注释】

①"岁星"句:燕分,燕国所对应的天际,即尾宿。古代星象学家认为,与岁星所在星次时应的地区,是不可进攻的。《晋书·天文志中》曰:"岁星赢缩,以其舍命国,其所居久,其国有德厚,五谷丰昌,不可伐。" ②成周:郡名,西晋末慕容廆所置,治所确址未详,当在今辽宁西南部一带。武原:县名,治所确址不详。 ③冀阳:郡名,西晋末慕容皝所置,治所确址未详,疑在今辽宁凌源市一带。 ④武宁:县名,治今辽宁朝阳市东。 ⑤朝鲜:县名,治今辽宁义县北。 ⑥内黄:县名,治今河南内黄县西北。 ⑦凡城:城名,在今河北平泉市南。

赵太子宣帅步骑二万击朔方鲜卑斛摩头,破之,斩首四万余级。

冀州八郡大蝗,赵司隶请坐守宰。赵王虎曰:"此朕失政所致，而欲委咎守宰，岂罪己之意邪？司隶不进谠言，佐朕不逮，而欲妄陷无辜，可白衣领职！”

虎使襄城公涉归、上庸公日归帅众戍长安。二归告镇西将军石广私树恩泽[1]，潜谋不轨；虎追广至邺，杀之。

乙未，以司徒导为太傅、都督中外诸军事，郗鉴为太尉，庾亮为司空。六月，以导为丞相，罢司徒官以并丞相府。

导性宽厚，委任诸将赵胤、贾宁等，多不奉法，大臣患之。庾亮与郗鉴笺曰：“主上自八九岁以及成人，入则在宫人之手，出则唯武官、小人，读书无从受音句，顾问未尝遇君子。秦政欲愚其黔首[2]，天下犹知不可，况欲愚其主哉！人主春秋既盛，宜复子明辟[3]。不稽首归政，甫居师傅之尊，多养无赖之士；公与下官并荷托付之重，大奸不扫，何以见先帝于地下乎？”欲共起兵废导，鉴不听。南蛮校尉陶称，侃之子也，以亮谋语导。或劝导密为之备，导曰：“吾与元规休戚是同，悠悠之谈，宜绝智者之口。则如君言，元规若来，吾便角巾还第[4]，复何惧哉？”又与称书，以为“庾公帝之元舅，宜善事之！”征西参军孙盛密谏亮曰：“王公常有世外之怀，岂肯为凡人事邪？此必佞邪之徒欲间内外耳。”亮乃止。盛，楚之孙也[5]。是时亮虽居外镇，而遥执朝廷之权，既据上流，拥强兵，趣势者多归之。导内不能平，常遇西风尘起，举扇自蔽，徐曰：“元规尘污人！”

导以江夏李充为丞相掾。充以时俗崇尚浮虚，乃著《学箴》[6]。以为老子云“绝仁弃义，民复孝慈”，岂仁义之道绝，然后孝慈乃生哉？盖患乎情仁义者寡而利仁义者众，将寄责于圣人而遣累乎陈迹也。凡人见形者众，及道者鲜，逐迹逾笃，离本逾远。故著《学箴》以祛其蔽，曰：“名之攸彰，道之攸废；及损所隆，乃崇所替。非仁无以长物，非义无以齐耻，仁义固不可远，去其害仁义者而已。”

【注释】

①二归：即石涉归、石日归两人。 ②秦政：即秦始皇嬴政。 ③“宜复”句：子，抚爱；辟，天子。全句意谓“应继续抚爱太子”，也就是“应把政权交还给天子”。 ④角巾：方巾。是有棱角的头巾，常为隐士的冠饰。 ⑤孙楚（？—293）：晋初名士。字子荆，太原中都（今山西平

遥县西南)人。才藻卓绝,敢于言事,曾参石苞、杨骏等人军事,替石苞作劝吴君孙晧归降的劝降书。后官至冯翊太守。 ⑥箴(zhēn 珍):古代的一种文体,以规劝告诫为主。

汉李奕从兄广汉太守乾告大臣谋废立。秋,七月,汉主寿使其子广与大臣盟于前殿,徙乾为汉嘉太守;以李闳为荆州刺史,镇巴郡。闳,恭之子也。

八月,蜀中久雨,百姓饥疫。寿命群臣极言得失。龚壮上封事称[①]:"陛下起兵之初,上指星辰,昭告天地,歃血盟众,举国称藩,天应人悦,大功克集;而论者未谕,权宜称制。今淫雨百日,饥疫并臻,天其或者将以监示陛下故也。愚谓宜遵前盟,推奉建康,彼必不爱高爵重位以报大功;虽降阶一等,而子孙无穷,永保福祚,不亦休哉?论者或言二州附晋则荣[②],六郡人事之不便。昔公孙述在蜀,羁客用事[③],刘备在蜀,楚士多贵。及吴、邓西伐,举国屠灭,宁分客主?论者不达安固之基,苟惜名位,以为刘氏守令方仕州郡;曾不知彼乃国亡主易,岂同今日义举,主荣臣显哉?论者又谓臣当为法正[④],臣蒙陛下大恩,恣臣所安;至于荣禄,无问汉、晋,臣皆不处,复何为效法正乎?"寿省书内惭,秘而不宣。

九月,汉仆射任颜谋反,诛。颜,任太后之弟也。汉主寿因尽诛成主雄诸子。

冬,十月,光禄勋颜含以老逊位。论者以"王导帝之师傅,名位隆重,百寮宜为降礼"。太常冯怀以问含。含曰:"王公虽贵重,理无偏敬。降礼之言,或是诸君事宜;鄙人老矣[⑤],不识时务。"既而告人曰:"吾闻伐国不问仁人,向冯祖思问佞于我[⑥],我岂有邪德乎?"郭璞尝遇含,欲为之筮。含曰:"年在天,位在人。修己而天不与者,命也;守道而人不知者,性也;自有性命,无劳蓍龟。"致仕二十余年,年九十三而卒。

【注释】

①封事:密封的奏章。古代百官上疏奏机密事,为防泄露,用皂囊封缄呈进,故称封事。 ②二州:指梁州、益州。 ③羁客:外地士人,指荆邯、王元、田戎、延岑等,详见本书卷第三十至三十四。 ④法正(176—

220)：三国时刘备谋士。字孝直，扶风郿县（今陕西眉县）人。汉献帝建安初入蜀，依附益州牧刘璋。奉命迎刘备入蜀，北拒张鲁。私下劝刘备夺取成都，又献策夺取汉中，备称汉中王，以法正为尚书令、护军将军。⑤鄙人：自谦的称呼，意为“鄙陋浅薄的人”。 ⑥冯祖思：即冯怀。

代王翳槐之弟什翼犍质于赵[1]，翳槐疾病，命诸大人立之。翳槐卒，诸大人梁盖等以新有大故，什翼犍在远，来未可必；比其至，恐有变乱，谋更立君。而翳槐次弟屈，刚猛多诈，不如屈弟孤仁厚，乃相与杀屈而立孤。孤不可，自诣邺迎什翼犍，请身留为质；赵王虎义而俱遣之。十一月，什翼犍即代王位于繁畤北[2]，改元曰建国；分国之半以与孤。

初，代王猗卢既卒，国多内难，部落离散[3]，拓跋氏浸衰。及什翼犍立，雄勇有智略，能修祖业，国人附之；始置百官，分掌众务。以代人燕凤为长史，许谦为郎中令。始制反逆、杀人、奸盗之法，号令明白，政事清简，无系讯连逮之烦，百姓安之。于是东自涉貊[4]，西及破落那[5]，南距阴山[6]，北尽沙漠，率皆归服，有众数十万人。

十二月，段辽自密云山遣使求迎于赵；既而中悔，复遣使求迎于燕。

赵王虎遣征东将军麻秋帅众三万迎之，敕秋曰：“受降如受敌，不可轻也！”以尚书左丞阳裕，辽之故臣，使为秋司马。

燕王皝自帅诸将迎辽，辽密与燕谋覆赵军。皝遣慕容恪伏精骑七千于密云山，大败麻秋于三藏口[7]，死者什六七。秋步走得免，阳裕为燕所执。

赵将军范阳鲜于亮失马，步缘山不能进，因止，端坐；燕兵环之，叱令起。亮曰：“身是贵人，义不为小人所屈；汝曹能杀亟杀，不能则去！”亮仪观丰伟，声气雄厉，燕兵惮之，不敢杀，以白皝。皝以马迎之，与语，大悦，用为左常侍，以崔毖之女妻之。

皝尽得段辽之众，待辽以上宾之礼，以阳裕为郎中令。

赵王虎闻麻秋败，削其官爵。

【注释】

①“代王”句:什翼犍为质于赵,见本书卷第九十四晋成帝咸和四年(329)。 ②繁畤(zhì 志):县名,治今山西浑源县西南。 ③“部落”句:部落离散,详见本书卷第八十九晋愍帝建兴四年(316)。 ④涉貊(huì mò 会默):我国古代北方少数民族名。该民族依涉水而居,涉水在今辽宁凤城市以东。 ⑤破落那:古西域国名,汉代为大宛国。又作拔汗那、沛汗、钹汗、判汗,都是渴塞城(今乌兹别克斯坦卡散赛)。 ⑥阴山:山名,即今内蒙古阴山山脉。 ⑦三藏口:地名,在今河北承德市北高寺台附近武烈河东、北、西三源会合处。

五年 春,正月,辛丑,大赦。

三月,乙丑[①],广州刺史邓岳将兵击汉宁州,汉建宁太守执其刺史霍彪以降。

征西将军庾亮欲开复中原,表桓宣为都督沔北前锋诸军事、司州刺史,镇襄阳;又表其弟临川太守怿为监梁、雍二州诸军事、梁州刺史,镇魏兴[②];西阳太守翼为南蛮校尉,领南郡太守,镇江陵;皆假节。又请解豫州,以授征虏将军毛宝。诏以宝监扬州之江西诸军事、豫州刺史,与西阳太守樊峻帅精兵万人戍邾城[③]。以建威将军陶称为南中郎将、并夏相,入沔中。称将二百人下见亮,亮素恶称轻狡,数前后罪恶,收而斩之。后以魏兴险远,命庾怿徙屯半洲[④];更以武昌太守陈嚣为梁州刺史,趣汉中。遣参军李松攻汉巴郡、江阳。夏,四月,执汉荆州刺史李闳、巴郡太守黄植送建康。汉主寿以李奕为镇东将军,代闳守巴郡。

庾亮上疏,言:“蜀甚弱而胡尚强,欲帅大众十万移镇石城,遣诸军罗布江、沔为伐赵之规。”帝下其议。丞相导请许之。太尉鉴议,以为“资用未备,不可大举”。

太常蔡谟议,以为:“时有否泰,道有屈伸,苟不计强弱而轻动,则亡不终日,何功之有?为今之计,莫若养威以俟时。时之可否系胡之强弱,胡之强弱系石虎之能否。自石勒举事,虎常为爪牙,百战百胜,遂定中原,所据之地,同于魏世。勒死之后,虎挟嗣君,诛将相;内难既平,翦削外寇,一举而拔金墉,再战而擒石生,诛石聪如拾遗，取郭权如振槁，四境之内，不失尺土。以是观之，虎为能乎，将不能也？论者以胡前攻襄阳不能拔，谓之无能为。夫百战百胜之强而以不拔一城为劣，譬如射者百发百中而一失，可以谓之拙乎？

“且石遇，偏师也，桓平北[5]，边将也，所争者疆埸之土[6]，利则进，否则退，非所急也。今征西以重镇名贤，自将大军欲席卷河南，虎必自帅一国之众来决胜负，岂得以襄阳为比哉？今征西欲与之战，何如石生？若欲城守，何如金墉？欲阻沔水，何如大江？欲拒石虎，何如苏峻？凡此数者，宜详校之。

“石生猛将，关中精兵，征西之战殆不能胜也！又当是时，洛阳、关中皆举兵击虎，今此三镇反为其用[7]；方之于前，倍半之势也；石生不能敌其半，而征西欲当其倍，愚所疑也。苏峻之强不及石虎，沔水之险不及大江；大江不能御苏峻而欲以沔水御石虎，又所疑也。昔祖士稚在谯，佃于城北界，胡来攻，豫置军屯以御其外。谷将熟。胡果至，丁夫战于外，老弱获于内，多持炬火，急则烧谷而走。如此数年，竟不得其利。当是时，胡唯据河北，方之于今，四分之一耳；士稚不能捍其一而征西欲以御其四，又所疑也。

然此但论征西既至之后耳，尚未论道路之虑也。自沔以西，水急岸高，鱼贯溯流，首尾百里。若胡无宋襄之义[8]，及我未阵而击之，将若之何？今王土与胡，水陆异势，便习不同；胡若送死，则敌之有余，若弃江远进，以我所短击彼所长，惧非庙胜之算”。

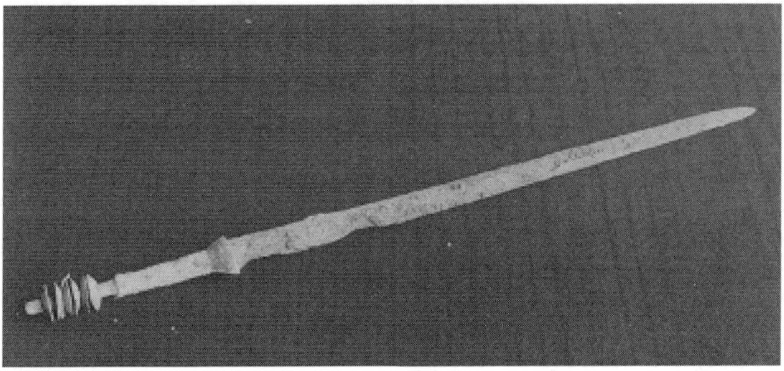

鲜卑铜柄铁剑

朝议多与谟同。乃诏亮不听移镇。

【注释】

①乙丑:三月丙子朔,无乙丑。 ②魏兴:郡名,治今陕西安康市西北。 ③邾(zhū 株)城:城名,在今湖北黄冈市西北。 ④半洲:城名,在今江西九江市西。 ⑤桓平北:即平北将军桓宣。 ⑥"所争"句:士,或言当作"土",似更文从字顺。 ⑦三镇:据《晋书·蔡谟传》,三镇是指兖州、洛阳、关中,其前文为"又是时兖州、洛阳、关中皆举兵击季龙",《通鉴》此处当有脱文。 ⑧宋襄之义:宋襄,春秋时期宋国国君襄公(?—前637)。前639年,宋襄公与楚人战于泓水(今河南柘城县东北),襄公扬言先礼后兵,在楚人未渡过河时不出击,渡河后未列好阵势不出击,结果屡失战机,宋军败绩,襄公身受重伤,困辱而死。

燕前军师慕容评、广威将军慕容军、折冲将军慕舆根、荡寇将军慕舆埿袭赵辽西,俘获千余家而去。赵镇远将军石成、积弩将军呼延晃、建威将军张支等追之,评等与战,斩晃、支首。

段辽谋反于燕,燕人杀辽及其党与数十人,送辽首于赵。

五月,代王什翼犍会诸大人于参合陂[①],议都㶟源川[②]。其母王氏曰:"吾自先世以来,以迁徙为业;今国家多难,若城郭而居,一旦寇来,无所避之。"乃止。

代人谓他国之民来附者皆为"乌桓",什翼犍分之为二部,各置大人以监之。弟孤监其北,子寔君监其南。

什翼犍求昏于燕,燕王皝以其妹妻之。

秋,七月,赵王虎以太子宣为大单于,建天子旌旗。

庚申,始兴文献公王导薨,丧葬之礼视汉博陆侯及安平献王故事[③],参用天子之礼。

导简素寡欲,善因事就功,虽无日用之益而岁计有余。辅相三世[④],仓无储谷,衣不重帛。

初,导与庾亮共荐丹杨尹何充于帝,请以为己副,且曰:"臣死之日,愿引充内侍,则社稷无虞矣。"由是加吏部尚书。及导薨,征庾亮为丞相、扬州刺史、录尚书事;亮固辞。辛酉,以充为护军将军;亮弟会稽内史冰为中书监、扬州刺史,参录尚书事。

冰既当重任，经纶时务，不舍昼夜，宾礼朝贤，升擢后进，由是朝野翕然称之，以为贤相。初，王导辅政，每从宽恕；冰颇任威刑，丹杨尹殷融谏之。冰曰："前相之贤，犹不堪其弘，况如吾者哉？"范汪谓冰曰："顷天文错度，足下宜尽消御之道。"冰曰："玄象岂吾所测，正当勤尽人事耳。"又隐实户口，料出无名万余人，以充军实。冰好为纠察，近于繁细，后益矫违，疏密自由，律令无用矣。

【注释】

①参合陂：地名，即今内蒙古凉城县东北岱海。　②湥（lěi 垒）源川：地名，今地不详，疑在湥水源头（今河北遵化市北长城外）。　③博陆侯：即霍光。安平献王：即司马懿之弟司马孚。霍光丧葬之礼见本书卷第二十四汉宣帝地节二年（前68）；司马孚丧葬之礼见本书卷第七十九晋武帝泰始八年（272）。　④三世：指晋元帝、明帝、成帝三世。

八月，壬午，复改丞相为司徒。

南昌文成公郗鉴疾笃，以府事付长史刘遐，上疏乞骸骨，且曰："臣所统错杂，率多北人，或逼迁徙，或是新附，百姓怀土，皆有归本之心；臣宣国恩，示以好恶，处与田宅，渐得少安。闻臣疾笃，众情骇动，若当北渡，必启寇心。太常臣谟，平简贞正，素望所归，谓可以为都督、徐州刺史。"诏以蔡谟为太尉军司，加侍中。辛酉[①]，鉴薨，即以谟为征北将军、都督徐、兖、青三州诸军事、徐州刺史，假节。

时左卫将军陈光请伐赵，诏遣光攻寿阳[②]，谟上疏曰："寿阳城小而固。自寿阳至琅邪，城壁相望，一城见攻，众城必救。又，王师在路五十余日，前驱未至，声息久闻，贼之邮驿，一日千里，河北之骑，足以来赴。夫以白起、韩信、项籍之勇，犹发梁焚舟，背水而阵[③]。今欲停船水渚，引兵造城，前对坚敌，顾临归路，此兵法之所诫。若进攻未拔，胡骑卒至，惧桓子不知所为而舟中之指可掬也[④]。今光所将皆殿中精兵，宜令所向有征无战。而顿之坚城之下，以国之爪士击寇之下邑，得之则利薄而不足损敌，失之则害重而足以益寇，惧非策之长者也。"乃止。

初，陶侃在武昌，议者以江北有邾城，宜分兵戍之；侃每不答，而言者不已。侃乃渡水猎，引将佐语之曰：“我所以设险而御寇者，正以长江耳。邾城隔在江北，内无所倚，外接群夷。夷中利深；晋人贪利，夷不堪命，必引虏入寇。此乃致祸之由，非以御寇也。且吴时戍此城用三万兵，今纵有兵守，亦无益于江南；若羯虏有可乘之会，此又非所资也。”

及庾亮镇武昌，卒使毛宝、樊峻戍邾城。赵王虎恶之。以夔安为大都督，帅石鉴、石闵、李农、张貉、李菟等五将军、兵五万人寇荆、扬北鄙，二万骑攻邾城。毛宝求救于庾亮，亮以城固，不时遣兵。

九月，石闵败晋兵于沔阴[5]，杀将军蔡怀；夔安、李农陷沔南；朱保败晋兵于白石[6]，杀郑豹等五将军；张貉陷邾城，死者六千人，毛宝、樊峻突围出走，赴江溺死。夔安进据胡亭[7]，寇江夏。义阳将军黄冲、义阳太守郑进皆降于赵。安进围石城，竟陵太守李阳拒战，破之，斩首五千余级，安乃退。遂掠汉东，拥七千余户迁于幽、冀。

是时庾亮犹上疏欲迁镇石城，闻邾城陷，乃止。上表陈谢，自贬三等，行安西将军[8]；有诏复位。以辅国将军庾怿为豫州刺史、监宣城、庐江、历阳、安丰四郡诸军事，假节，镇芜湖。

【注释】

①辛酉：八月癸酉朔，无辛酉。　②寿阳：县名，治今安徽寿县。本为寿春县，孝武帝时因避简文帝之母祁太后讳而改名。　③“犹发梁”句：278 年，秦将白起进攻楚国，烧毁桥梁船只，造成没有退路的局面，以激励将士的斗志；项羽“破釜沉舟”，见本书卷第八秦二世三年（前 207）；韩信“背水而阵”，见本书卷第九汉高帝三年（前 204）。　④桓子：即春秋时晋国正卿荀林父。前 597 年，统帅三军，与楚国在邲（今河南荥阳市北）交战，因内部意见不一，被击败。请求治罪，景公不许。旋攻灭赤狄潞氏（在今山西潞城市东北），受赏“狄臣千室”。　⑤沔阴：沔水南岸。古代常称汉水为沔水，此“沔阴”当为汉水南岸。下文“沔南”同此。⑥白石：山名，在今安徽巢湖市东南。　⑦胡亭：地名，在今安徽阜阳市。⑧“自贬”句：晋朝镇守一方的将领，名号依次为征、镇、安、平。庾亮由征西将军降至安西将军，又加一“行”字（代理之意），正好下降三级。

赵王虎患贵戚豪恣，乃擢殿中御史李巨为御史中丞，特加亲任，中外肃然。虎曰："朕闻良臣如猛虎，高步旷野而豺狼避路，信哉！"

虎以抚军将军李农为使持节、监辽西、北平诸军事、征东将军、营州牧，镇令支。农帅众三万与征北大将军张举攻燕凡城。燕王皝以榼卢城大悦绾为御难将军[①]，授兵一千，使守凡城。及赵兵至，将吏皆恐，欲弃城走。绾曰："受命御寇，死生以之。且凭城坚守，一可敌百，敢有妄言惑众者斩！"众然后定。绾身先士卒，亲冒矢石；举等攻之经旬，不能克，乃退。虎以辽西迫近燕境，数遭攻袭，乃悉徙其民于冀州之南。

汉主寿疾病，罗恒、解思明复议奉晋；寿不从。李演复上书言之；寿怒，杀演。

寿常慕汉武、魏明之为人，耻闻父兄时事，上书者不得言先世政教，自以为胜之也。舍人杜袭作诗十篇，托言应璩以讽谏[②]。寿报曰："省诗知意。若今人所作，乃贤哲之话言；若古人所作，则死鬼之常辞耳。"

燕王皝自以称王未受晋命，冬，遣长史刘翔、参军鞠运来献捷论功，且言权假之意，并请刻期大举，共平中原。

皝击高句丽，兵及新城[③]，高句丽王钊乞盟，乃还。又使其子恪、霸击宇文别部。霸年十三，勇冠三军。

张骏立辟雍、明堂以行礼。十一月，以世子重华行凉州事。

十二月，丁丑，赵太保桃豹卒。

丙戌，以骠骑将军琅邪王岳为侍中、司徒。

汉李奕寇巴东，守将劳杨败死。

【注释】

①榼（kē 苛）卢：地名，在今河北秦皇岛市东北山海关附近。 ②应璩（？—252）：三国魏文学家。字休琏，汝南南顿（今河南项城市西南）人。博学善属文，善为书记。文、明二帝时，历官散骑常侍。齐王曹芳时，任侍中等职。时曹爽专权，璩常以诗讽谏，多切时要，为时人所重。 ③新城：城名，在今辽宁新宾满族自治县境。

六年 春，正月，庚子朔，都亭文康侯庾亮薨。以护军将军、录尚书何充为中书令。庚戌，以南郡太守庾翼为都督江、荆、司、雍、梁、益六州诸军事、安西将军、荆州刺史，假节，代亮镇武昌。时人疑翼年少，不能继其兄。翼悉心为治，戎政严明，数年之间，公私充实，人皆称其才。

辛亥，以左光禄大夫陆玩为侍中、司空。

宇文逸豆归忌慕容翰才名；翰乃阳狂酣饮，或卧自便利，或被发歌呼，拜跪乞食。宇文举国贱之，不复省录，以故得行来自遂，山川形便，皆默记之。燕王皝以翰初非叛乱，以猜嫌出奔[①]，虽在他国，常潜为燕计；乃遣商人王车通市于宇文部以窥翰。翰见车，无言，抚膺颔之而已。皝曰："翰欲来也。"复使车迎之。翰弯弓三石余，矢尤长大，皝为之造可手弓矢，使车埋于道旁而密告之。二月，翰窃逸豆归名马，携其二子过取弓矢，逃归。逸豆归使骁骑百余追之。翰曰："吾久客思归，既得上马，无复还理。吾向日阳愚以诳汝，吾之故艺犹在，无为相逼，自取死也！"追骑轻之，直突而前。翰曰："吾居汝国久恨恨[②]，不欲杀汝；汝去我百步立汝刀，吾射之，一发中者汝可还，不中者可来前。"追骑解刀立之，一发，正中其环；追骑散走。皝闻翰至，大喜，恩遇甚厚。

庚辰，有星孛于太微[③]。

三月，丁卯，大赦。

汉人攻拔丹川[④]，守将孟彦、刘齐、李秋皆死。

代王什翼犍始都云中之盛乐宫。

【注释】

①"燕王"二句：慕容翰出奔，见本书卷第九十五晋成帝咸和八年(333)。 ②恨恨(liàng 亮)：眷念。 ③太微：星垣名。有星十颗，《晋书·天文志》云："太微，天子庭也，五帝之坐也，十二诸侯府也。" ④丹川：确址不详，疑在今云南曲靖市境。

赵王虎遗汉主寿书，欲与之连兵入寇，约中分江南。寿大喜，遣散骑常侍王嘏、中常侍王广使于赵。龚壮谏，不听。寿大修舟舰，缮兵聚粮。秋，九月，以尚书令马当为六军都督，征集士卒七万余人为舟师，大阅于成都，鼓噪盈江；寿登城观之，有吞噬江南之志。解思明谏曰："我国小兵弱，吴、会险远[①]，图之未易。"寿乃命群臣大议利害。龚壮曰："陛下与胡通，孰若与晋通？胡，豺狼也，既灭晋，不得不北面事之；若与之争天下，则强弱不敌，危亡之势也，虞、虢之事[②]，已然之戒，愿陛下熟虑之！"群臣皆以壮言为然。寿乃止。士卒咸称万岁。

晋捧熏炉侍俑

龚壮以为人之行莫大于忠孝；既报父、叔之仇，又欲使寿事晋，寿不从。乃诈称耳聋，手不制物，辞归，以文籍自娱，终身不复至成都。

赵尚书令夔安卒。

赵王虎命司、冀、青、徐、幽、并、雍七州之民，五丁取三，四丁取二，合邺城旧兵，满五十万，具船万艘，自河通海，运谷千一百万斛于乐安城[③]。徙辽西、北平、渔阳万余户于兖、豫、雍、洛四州之地[④]。自幽州以东至白狼[⑤]，大兴屯田。悉括取民马，有敢私匿者腰斩，凡得四万余匹。大阅于宛阳[⑥]，欲以击燕。

燕王皝谓诸将曰："石虎自以乐安城防守重复，蓟城南北必不设备，今若诡路出其不意，可尽破也。"冬，十月，皝帅诸军入自蠮螉塞袭赵[⑦]，戍将当道者皆禽之，直抵蓟城。赵幽州刺史石光拥兵数万，闭城不敢出。燕兵进破武遂津[⑧]，入高阳，所至焚烧积聚，略三万余家而去。石光坐懦弱征还。

【注释】

①吴、会：地名，吴郡、会稽，代指整个江东地区。 ②虞、虢（guó国）之事：前655年，晋国送礼给虞国（在今山西平陆县东），向虞国借

路，灭掉虢国（在今山西平陆县）。晋回归途中，又灭掉虞国。 ③乐安城：城名，在今河北昌黎县西南。 ④洛州：州名，后赵在邺城设置州，而把晋国的司州称作洛州。 ⑤白狼：城名，在今辽宁喀喇沁左翼蒙古族自治县西南。 ⑥宛阳：又名阅马台，在今河北临漳县西南漳河南岸故邺县城之西。 ⑦蠮螉（yē wēng 椰翁）塞：地名，确址待考，疑在今北京密云区东。 ⑧武遂津：地名，在今河北保定市徐水区西北。

赵王虎以秦公韬为太尉，与太子宣迭日省可尚书奏事，专决赏刑，不复启白。司徒申钟谏曰："人君之大柄，不可以假人，所以防微杜渐，消逆乱于未然也。太子职在视膳，不当豫政；庶人邃以豫政致败[①]，覆车未远也。且二政分权，鲜不阶祸。爱之不以道，适所以害之也。"虎不听。

中谒者令申扁以慧悟辩给有宠于虎；宣亦昵之，使典机密。虎既不省事，而宣、韬皆好酣饮、畋猎；由是除拜、生杀皆决于扁；自九卿已下率皆望尘而拜。

太子詹事孙珍病目，求方于侍中崔约，约戏之曰："溺中则愈。"珍曰："目何可溺？"约曰："卿目睕睕[②]，正耐溺中。"珍恨之，以白宣。宣于兄弟中最胡状目深，闻之怒，诛约父子。于是公卿以下畏珍侧目。

燕公斌督边州，亦好畋猎，常悬管而入。征北将军张贺度每裁谏之，斌怒，辱贺度。虎闻之，使主书礼仪持节监之[③]。斌杀仪，又欲杀贺度，贺度严卫驰白之。虎遣尚书张离帅骑追斌，鞭之三百，免官归第，诛其亲信十余人。

张骏遣别驾马诜入贡于赵，表辞蹇傲；虎怒，欲斩诜。侍中石璞谏曰："今国家所当先除者，遗晋也；河西僻陋，不足为意，今斩马诜，必征张骏，则兵力分而为二，建康复延数年之命矣。"乃止。璞，苞之曾孙也。

初，汉将李闳为晋所获，逃奔于赵，汉主寿致书于赵王虎以请之，署曰"赵王石君"。虎不悦，付外议之。中书监王波曰："令李闳以死自誓曰：'苟得归骨于蜀，当纠帅宗族，混同王化。'若其信也，则不烦一旅[④]，坐定梁、益；若有前却，不过失一亡命之人，于赵何损？李寿既僭大号，今以制诏与之，彼必酬返，不若复为书与之。”会挹娄国献楛矢石砮于赵[5]，波因请以遗汉，曰：“使其知我能服远方也。”虎从之，遣李闳归，厚为之礼。闳至成都，寿下诏曰：“羯使来庭，贡其楛矢。”虎闻之，怒，黜王波，以白衣领职。

【注释】

①“庶人”句：石邃豫政致败，事见本书卷第九十五晋成帝咸康三年(337)。 ②睆睆(wān 弯)：眼大而深。 ③主书：官名，主管文书，隶属于中书省。 ④旅：军队单位，古代行军，以五百人为一旅。 ⑤挹娄国：王国名，都今黑龙江宁安市。楛(hù 户)矢：用楛木做杆的箭。楛木，属荆类。石砮(nǔ 努)：石制的箭头。

七年 春，正月，燕王皝使唐国内史阳裕等筑城于柳城之北，龙山之西[1]，立宗庙、宫阙，命曰龙城[2]。

二月，甲子朔，日有食之。

刘翔至建康，帝引见，问慕容镇军平安[3]。对曰：“臣受遣之日，朝服拜章。”

翔为燕王皝求大将军、燕王章玺。朝议以为：“故事，大将军不处边；自汉、魏以来，不封异姓为王；所求不可许。”翔曰：“自刘、石构乱，长江以北，翦为戎薮，未闻中华公卿之胄有一人能攘臂挥戈，摧破凶逆者也。独慕容镇军父子竭力，心存本朝，以寡击众，屡殄强敌，使石虎畏惧，悉徙边陲之民散居三魏[4]，蹙国千里，以蓟城为北境。功烈如此，而惜海北之地不以为封邑，何哉？昔汉高祖不爱王爵于韩、彭，故能成其帝业；项羽刓印不忍授[5]，卒用危亡。吾之至心，非苟欲尊其所事，窃惜圣朝疏忠义之国，使四海无所劝慕耳。”

尚书诸葛恢，翔之姊夫也，独主异议，以为：“夷狄相攻，中国之利；惟器与名，不可轻许。”乃谓翔曰：“借使慕容镇军能除石虎，乃是复得一石虎也，朝廷何赖焉？”翔曰：“嫠妇犹知恤宗周之陨[6]，今晋室阽危，君位侔元、凯[7]，曾无忧国之心邪？向使靡、鬲之功不立[8]，则少康何以祀夏？桓、文之战不捷，则周人皆为左衽矣。慕容镇军枕戈待旦，志殄凶逆，而君更唱邪惑之言，忌间忠臣。四海所以未壹,良由君辈耳!”翔留建康岁余,众议终不决。

翔乃说中常侍彧弘曰:“石虎苞八州之地,带甲百万,志吞江、汉,自索头、宇文暨诸小国,无不臣服;惟慕容镇军翼戴天子,精贯白日,而更不获殊礼之命,窃恐天下移心解体,无复南向者矣。公孙渊无尺寸之益于吴,吴主封为燕王,加以九锡。今慕容镇军屡摧贼锋,威振秦、陇,虎比遣重使,甘言厚币,欲授以曜威大将军、辽西王;慕容镇军恶其非正,却而不受。今朝廷乃矜惜虚名,沮抑忠顺,岂社稷之长计乎?后虽悔之,恐无及已。”弘为之入言于帝,帝亦欲许之。会皝上表,称“庾氏兄弟擅权召乱,宜加斥退,以安社稷”。又与庾冰书,责其当国秉权,不能为国雪耻。冰甚惧,以其绝远,非所能制,乃与何充奏从其请。乙卯⑨,以慕容皝为使持节、大将军、都督河北诸军事、幽州牧、大单于、燕王,备物、典策,皆从殊礼。又以其世子俊为假节、安北将军、东夷校尉、左贤王;赐军资器械以千万计。又封诸功臣百余人,以刘翔为代郡太守,封临泉乡侯,加员外散骑常侍;翔固辞不受。

翔疾江南士大夫以骄奢酣纵相尚,尝因朝贵宴集,谓何充等曰:“四海板荡,奄逾三纪,宗社为墟,黎民涂炭,斯乃庙堂焦虑之时,忠臣毕命之秋也。而诸君宴安江沱,肆情纵欲,以奢靡为荣,以傲诞为贤;謇谔之言不闻,征伐之功不立,将何以尊主济民乎?”充等甚惭。

诏遣兼大鸿胪郭悕持节诣棘城册命燕王,与翔等偕北。公卿饯于江上,翔谓诸公曰:“昔少康资一旅以灭有穷⑩,勾践凭会稽以报强吴;蔓草犹宜早除,况寇仇乎!今石虎、李寿,志相吞噬,王师纵未能澄清北方,且当从事巴蜀。一旦石虎先人举事,并寿而有之,据形便之地以临东南,虽有智者,不能善其后矣。”中护军谢广曰:“是吾心也!”

【注释】

①龙山:山名,在今辽宁朝阳市境内。 ②龙城:城名,又称和龙城、黄龙城、龙都,在今辽宁朝阳市。 ③慕容镇军:即镇军将军慕容皝。 ④三魏:指魏郡、阳平郡、广平郡。 ⑤刓(wán 完):刻。 ⑥“嫠(lí 厘)妇”句:语本《左传》昭公二十四年“嫠不恤其纬而忧宗周之陨,为将

及焉”。意为“寡妇不操心纬线却忧虑周王室的灭亡,因为祸患也会到她头上”。 ⑦元凯:《左传》文公十八年谓高辛氏有才子八人称为八元,高阳氏有才子八人称为八恺。后人因之称皇帝的辅佐大臣为元恺,或作“元凯”。 ⑧靡、鬲之功:靡,夏代国王帝相的臣属。帝相为有穷氏国君寒浞所灭,靡逃到有鬲(今山东平原县北),收集夏王国的遗民,灭掉有穷氏,立帝相之子少康为王,史称“少康中兴”。 ⑨乙卯:二月甲子朔,无乙卯。 ⑩有穷:夏代方国名,都今山东德州市南。

三月,戊戌,皇后杜氏崩。夏,四月,丁卯,葬恭皇后于兴平陵。

诏实王公以下至庶人皆正土断、白籍[①]。

秋,七月,郭悕、刘翔等至燕,燕王皝以翔为东夷护军、领大将军长史,以唐国内史阳裕为左司马[②],典书令李洪为右司马,中尉郑林为军咨祭酒。

八月,辛酉,东海哀王冲薨。

九月,代王什翼犍筑盛乐城于故城南八里。

代王妃慕容氏卒。

冬,十月,匈奴刘虎寇代西部,代王什翼犍遣军逆击,大破之。虎卒。子务桓立,遣使求和于代,什翼犍以女妻之。务桓又朝贡于赵,赵以务桓为平北将军、左贤王。

赵横海将军王华帅舟师自海道袭燕安平[③],破之。

燕王皝以慕容恪为渡辽将军,镇平郭。自慕容翰、慕容仁之后,诸将无能继者。及恪至平郭,抚旧怀新,屡破高句丽兵,高句丽畏之,不敢入境。

十二月,兴平康伯陆玩薨。

汉主寿以其太子势领大将军、录尚书事。初,成主雄以俭约宽惠得蜀人心。及李闳、王嘏还自邺,盛称邺中繁庶,宫殿壮丽;且言赵王虎以刑杀御下,故能控制境内。寿慕之,徙旁郡民三丁以上者以实成都,大修宫室,治器玩;人有小过,辄杀以立威。左仆射蔡兴、右仆射李嶷皆坐直谏死。民疲于赋役,吁嗟满道,思乱者众矣。

【注释】

①土断：不论本地人或外地迁来的人，一律在所居郡县编著户口，纳税服役。白籍：西晋灭亡，大量北方豪族和民众迁居江南，仍称原来郡县，形成侨郡侨县，所编户籍为“白籍”，入白籍者有免役免税的特权。取消白籍后，一律编进黄籍，与当地人同样负担税役。　②典书令：据晋制，为王国所置官吏，职权相当于中央政权中的吏部尚书。　③安平：县名，治今河北安平县。

资治通鉴卷第九十七

晋纪十九　起玄黓摄提格，尽强圉协洽，凡六年。

显宗成皇帝下

咸康八年　春，正月，己未朔，日有食之。

乙丑，大赦。

豫州刺史庾怿以酒饷江州刺史王允之；允之觉其毒，饮犬，犬毙，密奏之。帝曰："大舅已乱天下，小舅复欲尔邪！"二月，怿饮鸩而卒。

三月，初以武悼后配食武帝庙[①]。

庾翼在武昌，数有妖怪，欲移镇乐乡。征虏长史王述与庾冰笺曰："乐乡去武昌千有余里；数万之众，一旦移徙，兴立城壁，公私劳扰。又江州当溯流数千里供给军府，力役增倍。且武昌实江东镇戍之中，非但扞御上流而已；缓急赴告，骏奔不难。若移乐乡，远在西陲，一朝江渚有虞，不相接救。方岳重将，固当居要害之地，为内外形势，使窥觎之心不知所向。昔秦忌亡胡之谶[②]，卒为刘、项之资；周恶檿弧之谣[③]，而成褒姒之乱。是以达人君子，直道而行，禳避之道，皆所不取；正当择人事之胜理，思社稷之长计耳。"朝议亦以为然。翼乃止。

夏，五月，乙卯[④]，帝不豫；六月，庚寅，疾笃。或诈为尚书符，敕宫门无得内宰相；众皆失色。庾冰曰："此必诈也。"推问，果然。帝二子丕、奕，皆在襁褓。庾冰自以兄弟秉权日久，恐易世之后，亲属愈疏，为他人所间，每说帝以国有强敌，宜立长君；请以母弟琅邪王岳为嗣，帝许之。中书令何充曰："父子相传，先王旧典，易之者鲜不致乱。故武王不授圣弟，非不爱也。今琅邪践阼，将如孺子何！"冰不听。下诏，以岳为嗣，并以奕继琅邪哀王。壬辰，冰、充及武陵王晞、会稽王昱、尚书令诸葛恢并受顾命。癸巳，帝崩。帝幼冲嗣位，不亲庶政；及长，颇有勤俭之德。

甲午，琅邪王即皇帝位，大赦。

己亥，封成帝子丕为琅邪王，奕为东海王。

康帝亮阴不言[⑤]，委政于庾冰、何充。秋，七月，丙辰，葬成帝于兴平陵。帝徒行送丧，至阊阖门，乃升素舆至陵所。既葬，帝临轩，庾冰、何充侍坐。帝曰："朕嗣鸿业，二君之力也。"充曰："陛下龙飞，臣冰之力也；若如臣议，不睹升平之世。"帝有惭色。己未，以充为骠骑将军、都督徐州、扬州之晋陵诸军事、领徐州刺史，镇京口，避诸庾也。

【注释】

①武悼后：即武帝杨皇后。杨皇后在惠帝永康元年（300）被幽废而死。　②亡胡之谶：秦始皇三十二年（前215），卢生向秦始皇上奏《录图书》中的谶语"亡秦者胡也"，秦始皇没有觉察到"胡"是指儿子胡亥，而认为是匈奴，于是发兵几十万，北伐匈奴。　③檿（yǎn眼）弧之谣：檿弧，山桑所制的弓。据《国语》，周宣王时有童谣说："檿弧箕服，实亡周国。"宣王于是严禁买卖桑弓和箕草做的箭袋。有一犯禁者在逃亡途中，捡到一个被抛弃的女孩，即后来嫁给周幽王的褒姒。封建史家把周幽王时的衰落归咎到褒姒身上，而推究其根源，又认为由宣王时的童谣所引起。　④乙卯：五月丁巳朔，无乙卯。　⑤康帝：即司马岳（322—344），字世同，河内温县（今河南温县西）人，晋成帝同母弟。初封吴王，后徙封琅邪王。成帝卒，他的舅父、中书令庾冰秉持国政，恐异世之后，戚属将疏，遂在国有强敌宜立长君的借口下，立岳为帝。岳在位二年卒。

冬，十月，燕王皝迁都龙城，赦其境内。

建威将军翰言于皝曰："宇文强盛日久，屡为国患。今逸豆归篡窃得国[①]，群情不附；加之性识庸暗，将帅非才，国无防卫，军无部伍。臣久在其国，悉其地形；虽远附强羯，声势不接，无益救援；今若击之，百举百克。然高句丽去国密迩，常有窥觎之志；彼知宇文既亡，祸将及己，必乘虚深入，掩吾不备。若少留兵则不足以守，多留兵则不足以行。此心腹之患也，宜先除之；观其势力，一举可克。宇文自守之虏，必不能远来争利。既取高句丽，还取宇文，如返手耳。二国既平，利尽东海，国富兵强，无返顾之忧，然后中原可图也。"皝曰："善！"

将击高句丽。高句丽有二道，其北道平阔，南道险狭，众欲从北道。翰曰："虏以常情料之，必谓大军从北道，当重北而轻南。王宜帅锐兵从南道击之，出其不意，丸都不足取也[②]。别遣偏师从北道；纵有蹉跌，其腹心已溃，四支无能为也。"皝从之。

十一月，皝自将劲兵四万出南道，以慕容翰、慕容霸为前锋，别遣长史王寓等将兵万五千出北道，以伐高句丽。高句丽王钊果遣弟武帅精兵五万拒北道，自帅羸兵以备南道。慕容翰等先至，与钊合战，皝以大众继之。左常侍鲜于亮曰："臣以俘虏蒙王国士之恩[③]，不可以不报；今日，臣死日也。"独与数骑先犯高句丽陈，所向摧陷。高句丽陈动，大众因而乘之，高句丽兵大败。左长史韩寿斩高句丽将阿佛和度加，诸军乘胜追之，遂入丸都。钊单骑走，轻车将军慕舆埿追获其母周氏及妻而还。会王寓等战于北道，皆败没，由是皝不复穷追。遣使招钊，钊不出。

南朝岳州窑青釉杯

皝将还，韩寿曰："高句丽之地，不可戍守。今其主亡民散，潜伏山谷；大军既去，必复鸠聚，收其余烬，犹足为患。请载其父尸、囚其生母而归，俟其束身自归，然后返之，抚以恩信，策之上也。"皝从之。发钊父乙弗利墓，载其尸，收其府库累世之宝，虏男女五万余口，烧其宫室，毁丸都城而还。

【注释】

①“今逸”句：逸豆归夺权，见本书卷第九十五晋成帝咸和八年(333)。 ②丸都：城名，在今吉林集安市西通沟，209年高句丽由内城(今吉林集安市东)迁都于此，至427年始迁都平壤。 ③“臣以”句：鲜于亮被俘事，见本书卷第九十六晋成帝咸康四年(338)。

十二月，壬子，立妃褚氏为皇后。征豫章太守褚裒为侍中、尚书。裒自以后父，不愿居中任事，苦求外出，乃除建威将军、江州刺史，镇半洲。

赵王虎作台观四十余所于邺，又营洛阳、长安二宫，作者四十余万人；又欲自邺起阁道至襄国。敕河南四州治南伐之备[①]，并、朔、秦、雍严西讨之资，青、冀、幽州为东征之计，皆三五发卒。诸州军造甲者五十余万人，船夫十七万人，为水所没、虎狼所食者三分居一。加之公侯、牧宰竞营私利，百姓失业愁困。贝丘人李弘因众心之怨[②]，自言姓名应谶，连结党与，署置百寮；事发，诛之，连坐者数千家。

虎畋猎无度，晨出夜归，又多微行，躬察作役。侍中京兆韦谀谏曰[③]：“陛下忽天下之重，轻行斤斧之间，猝有狂夫之变，虽有智勇，将安所施？又兴役无时，废民耘获，吁嗟盈路，殆非仁圣之所忍为也。”虎赐谀谷帛，而兴缮滋繁，游察自若。

秦公韬有宠于虎，太子宣恶之。右仆射张离领五兵尚书[④]，欲求媚于宣，说之曰：“今诸侯吏兵过限，宜渐裁省，以壮本根。”宣使离为奏：“秦、燕、义阳、乐平四公，听置吏一百九十七人，帐下兵二百人；自是以下，三分置一，余兵五万，悉配东宫。”于是诸公咸怨，嫌衅益深矣。

青州上言：“济南平陵城北石虎一夕移于城东南，有狼狐千余迹随之，迹皆成蹊。”虎喜曰：“石虎者，朕也；自西北徙而东南者，天意欲使朕平荡江南也。其敕诸州兵明年悉集，朕当亲董六师，以奉天命。”群臣皆贺，上《皇德颂》者一百七人。制：“征士五人出车一乘，牛二头，米十五斛，绢十匹，调不办者斩。”民至鬻子以供军须，犹不能给，自经于道树者相望。

【注释】

①河南四州：指洛州、豫州、徐州、兖州。　②贝丘：县名，治今山东临清市南。　③谡（xiǎo 小）：此处为人名用字。　④五兵尚书：职官名，统领中兵、外兵、骑兵、别兵、都兵，故称五兵尚书。

康　皇　帝

建元元年　春，二月，高句丽王钊遣其弟称臣入朝于燕，贡珍异以千数。燕王皝乃还其父尸，犹留其母为质。

宇文逸豆归遣其相莫浅浑将兵击燕；诸将争欲击之，燕王皝不许。莫浅浑以为皝畏之，酣饮纵猎，不复设备。皝使慕容翰出击之，莫浅浑大败，仅以身免，尽俘其众。

庾翼为人慷慨，喜功名。琅邪内史桓温，彝之子也，尚南康公主[①]，豪爽有风概，翼与之友善，相期以宁济海内。翼尝荐温于成帝曰：“桓温有英雄之才，愿陛下勿以常人遇之，常婿畜之；宜委以方、邵之任[②]，必有弘济艰难之勋。”时杜乂、殷浩并才名冠世，翼独弗之重也，曰：“此辈宜束之高阁，俟天下太平，然后徐议其任耳。”浩累辞征辟，屏居墓所，几将十年，时人拟之管、葛。江夏相谢尚、长山令王濛[③]，常伺其

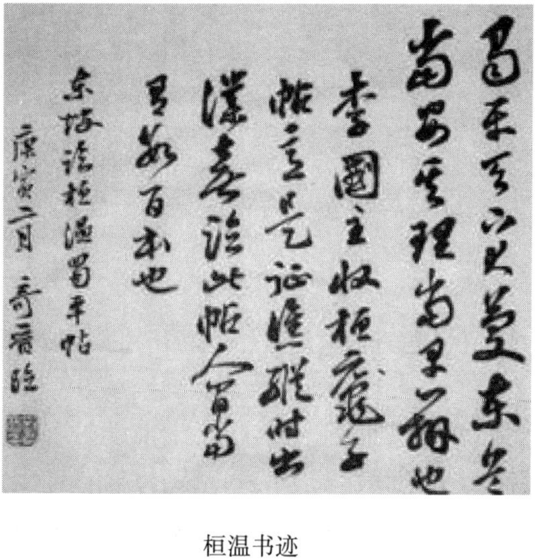

桓温书迹

出处，以卜江左兴亡。尝相与省之，知浩有确然之志，既返，相谓曰："深源不起[4]，当如苍生何？"尚，鲲之子也。翼请浩为司马；诏除侍中、安西军司，浩不应。翼遗浩书曰："王夷甫立名非真[5]，虽云谈道，实长华竞。明德君子，遇会处际，宁可然乎？"浩犹不起。

殷羡为长沙相，在郡贪残，庾冰与翼书属之。翼报曰："殷君骄豪，亦似由有佳儿，弟故小令物情容之。大较江东之政，以妪煦豪强[6]，常为民蠹；时有行法，辄施之寒劣。如往年偷石头仓米一百万斛，皆是豪将辈，而直杀仓督监以塞责[7]，山遐为余姚长，为官出豪强所藏二千户，而众共驱之，令遐不得安席。虽皆前宰之惛谬[8]，江东事去，实此之由。兄弟不幸，横陷此中，自不能拔足于风尘之外，当共明目而治之。荆州所统二十余郡，唯长沙最恶；恶而不黜，与杀督监复何异邪？"遐，简之子也。

翼以灭胡取蜀为己任，遣使东约燕王皝，西约张骏，刻期大举。朝议多以为难，唯庾冰意与之同，而桓温、谯王无忌皆赞成之。无忌，承之子也[9]。

【注释】

①南康公主：晋明帝之女。　②方、邵：即方叔、召伯虎（又作邵虎），周宣王时卿士。方叔曾受命北伐猃狁，南征荆楚，《诗经·小雅·采芑》称："方叔元老，克壮其犹。"召伯虎，为召公奭后裔。周厉王时，国人暴动，召伯虎藏匿太子姬靖于家，以己子代死。靖后即位，是为宣王，因此以召伯虎为辅佐大臣。　③长山：县名，治今浙江金华市。④深源：殷浩的表字。　⑤王夷甫：即王衍。　⑥煦（xù 序）：温和。⑦仓督监：管理仓库的官员。　⑧惛（hūn 昏）：糊涂。　⑨承：当作"丞"。

秋，七月，赵汝南太守戴开帅数千人诣翼降。丁巳，下诏议经略中原。翼欲悉所部之众北伐，表桓宣为都督司、雍、梁三州、荆州之四郡诸军事、梁州刺史[1]，前趣丹水[2]；桓温为前锋小督、假节，帅众入临淮；并发所统六州奴及车牛驴马[3]，百姓嗟怨。

代王什翼犍复求婚于燕，燕王皝使纳马千匹为礼；什翼犍不与，又倨慢无子婿礼。八月，皝遣世子俊帅前军师评等击代。什翼犍帅众避去，燕人无所见而还。

汉主寿卒，谥曰昭文，庙号中宗；太子势即位，大赦。

赵太子宣击鲜卑斛谷提，大破之，斩首三万级。

宇文逸豆归执段辽弟兰，送于赵，并献骏马万匹。赵王虎命兰帅所从鲜卑五千人屯令支。

庾翼欲移镇襄阳，恐朝廷不许，乃奏云移镇安陆。帝及朝士皆遣使譬止翼，翼遂违诏北行；至夏口，复上表请镇襄阳。翼时有众四万，诏加翼都督征讨诸军事。先是车骑将军、扬州刺史庾冰屡求出外，辛巳，以冰都督荆、江、宁、益、梁、交、广七州、豫州之四郡诸军事，领江州刺史④，假节，镇武昌，以为翼继援。征徐州刺史何充为都督扬、豫、徐州之琅邪诸军事⑤，领扬州刺史，录尚书事，辅政。以琅邪内史桓温为都督青、徐、兖三州诸军事、徐州刺史，褚裒为卫将军，领中书令。

冬，十一月，己巳，大赦。

【注释】

①荆州之四郡：即南阳、新野、襄阳、南乡。 ②丹水：河流名，即今湖北、河南、陕西三省境内汉江支流丹江。 ③六州：即江州、荆州、司州、雍州、梁州、益州。 ④豫州之四郡：即宣城、历阳、庐江、安丰。 ⑤徐州之琅邪：侨郡名，郡治江乘（今江苏句容市北）境内。

二年 春，正月，赵王虎享群臣于太武殿，有白雁百余集马道之南，虎命射之，皆不获。时诸州兵集者百余万，太史令赵揽密言于虎曰："白雁集庭，宫室将空之象，不宜南行。"虎信之，乃临宣武观大阅而罢。

汉主势改元太和；尊母阎氏为皇太后，立妻李氏为皇后。

燕王皝与左司马高诩谋伐宇文逸豆归，诩曰："宇文强盛，今不取，必为国患，伐之必克；然不利于将。"出而告人曰："吾往必不返，然忠臣不避也。"于是慕容皝自将伐逸豆归。以慕容翰为前锋将军，刘佩副之；分命慕容军、慕容恪、慕容霸及折冲将军慕舆根将兵，三道并进。高诩将发，不见其妻，使人语以家事而行。

逸豆归遣南罗大涉夜干将精兵逆战①，皝遣人驰谓慕容翰曰：

"涉夜干勇冠三军,宜小避之。"翰曰:"逸豆归扫其国内精兵以属涉夜干,涉夜干素有勇名,一国所赖也;今我克之,其国不攻自溃矣。且吾孰知涉夜干之为人,虽有虚名,实易与耳,不宜避之以挫吾兵气。"遂进战。翰自出冲陈,涉夜干出应之;慕容霸从傍邀击,遂斩涉夜干。宇文士卒见涉夜干死,不战而溃;燕军乘胜逐之,遂克其都城[②]。逸豆归走死漠北,宇文氏由是散亡。皝悉收其畜产、资货,徙其部众五千余落于昌黎,辟地千余里。更命涉夜干所居城曰威德城,使弟彪戍之而还。高诩、刘佩皆中流矢卒。

诩善天文,皝尝谓曰:"卿有佳书而不见与,何以为忠尽?"诩曰:"臣闻人君执要,人臣执职。执要者逸,执职者劳。是以后稷播种,尧不预焉。占候、天文,晨夜甚苦,非至尊之所宜亲,殿下将焉用之?"皝默然。

初,逸豆归事赵甚谨,贡献属路。及燕人伐逸豆归,赵王虎使右将军白胜、并州刺史王霸自甘松出救之[③]。比至,宇文氏已亡,因攻威德城,不克而还;慕容彪追击,破之。

慕容翰之与宇文氏战也,为流矢所中,卧病积时不出。后渐差,于其家试骋马。或告翰称病而私习骑乘,疑欲为变。燕王皝虽藉翰勇略,然中心终忌之,乃赐翰死。翰曰:"吾负罪出奔,既而复还,今日死已晚矣。然羯贼跨据中原,吾不自量,欲为国家荡壹区夏;此志不遂,没有遗恨,命矣夫!"饮药而卒。

代王什翼犍遣其大人长孙秩迎妇于燕。

【注释】

①南罗:地名,确址待考,疑在今内蒙古辽河上源西拉木伦河或老哈河流域一带。大:城大,管理一城事务者。 ②"遂克"句:宇文氏都城为紫蒙川,在今辽宁朝阳市西北。 ③甘松:地名,确址待考,疑在今河北东北部滦河上源张北县以北及内蒙古太仆寺旗一带。

夏,四月,凉州将张瓘败赵将王擢于三交城[①]。

初,赵领军王朗言于赵王虎曰:"盛冬雪寒,而皇太子使人伐宫材,引于漳水[②],役者数万,吁嗟满道,陛下宜因出游罢之。"虎从之。太子宣怒。会荧惑守房[③],宣使太史令赵揽言于虎曰:"房为天王，今荧惑守之，其殃不细。宜以贵臣以姓者当之。”虎曰：“谁可者？”揽曰：“无贵于王领军。”虎意惜朗，使揽更言其次。揽无以对，因曰：“其次唯中书监王波耳。”虎乃下诏，追罪波前议楛矢事[4]，腰斩之，及其四子，投尸漳水；既而愍其无罪，追赠司空，封其孙为侯。

赵平北将军尹农攻燕凡城，不克而还。

汉太史令韩皓上言：“荧惑守心[5]，乃宗庙不修之谴。”汉主势命群臣议之。相国董皎、侍中王嘏以为：“景、武创业[6]，献、文承基[7]，至亲不远，无宜疏绝。”乃更命祀成始祖、太宗[8]，皆谓之汉。

征西将军庾翼使梁州刺史桓宣击赵将李罴于丹水，为罴所败。翼贬宣为建威将军。宣惭愤成疾，秋，八月，庚辰，卒。翼以长子方之为义城太守[9]，代领宣众；又以司马应诞为襄阳太守，参军司马勋为梁州刺史，戍西城[10]。

中书令褚裒固辞枢要；闰月，丁巳，以裒为左将军、都督兖州、徐州之琅邪诸军事、兖州刺史，镇金城[11]。

帝疾笃，庾冰、庾翼欲立会稽王昱为嗣；中书监何充建议立皇子聃[12]，帝从之。九月，丙申，立聃为皇太子。戊戌，帝崩于式乾殿。己亥，何充以遗旨奉太子即位，大赦。由是冰、翼深恨充。尊皇后褚氏为皇太后。时穆帝方二岁[13]，太后临朝称制。何充加中书监，录尚书事。充自陈既录尚书，不宜复监中书；许之，复加侍中。

充以左将军褚裒，太后之父，宜综朝政，上疏荐裒参录尚书；乃以褚为侍中、卫将军、录尚书事，持节、督、刺史如故。裒以近戚，惧获讥嫌，上疏固请居藩；改授都督徐、兖、青三州、扬州之二郡诸军事、卫将军、徐、兖二州刺史[14]，镇京口。尚书奏：“裒见太后，在公庭则如臣礼，私觌则严父[15]。”从之。

冬，十月，乙丑，葬康帝于崇平陵。

江州刺史庾冰有疾；太后征冰辅政，冰辞，十一月，庚辰，卒。庾翼以家国情事，留子方之为建武将军，戍襄阳；方之年少，以参军毛穆之为建武司马以辅之。穆之，宝之子也。翼还镇夏口。诏翼复督江州，又领豫州刺史。翼辞豫州，复欲移镇乐乡，诏不许。

冀仍缮修军器,大佃积谷,以图后举。

赵王虎作河桥于灵昌津[16],采石为中济,石下,辄随流,用功五百余万而桥不成,虎怒,斩匠而罢。

【注释】

①三交城:城名,确址待考,一说在今陕西宝鸡市西,一说在今陕西绥德县境。 ②"而皇"句:全句语意不明,似为砍斫本应用来建筑宫廷的材料,拖运到漳水边另作他用。 ③房:星宿名。为二十八宿之一,属苍龙七宿的第四宿,有星四颗。古代星象学家认为,房宿四星象征着明堂,是天子的布政之宫,四星分别代表四位辅臣,荧惑停留在房宿,是不吉祥的征兆。 ④楛矢事:即将挹娄所献楛矢转赠汉国之事。详见本书卷第九十六晋成帝咸康六年(340)。 ⑤心:星宿名。为二十八宿之一,属苍龙七宿的第五宿,有星三颗。 ⑥景、武:即景武皇帝李特、武皇帝李雄。 ⑦献、文:即献皇帝李骧、文皇帝李寿。 ⑧始祖、太宗:分别为李特、李雄。 ⑨义城:郡名,当作"义成",治今湖北襄阳市。 ⑩西城:县名,治今陕西安康市西北汉江北岸。 ⑪金城:城名,在今江苏句容市北。 ⑫"中书监"句:据下文,何充被任命为中书监为穆帝即位后。其时,何充职位与建元元年时无异。 ⑬穆帝:即司马聃(343—361),字彭子,河内温县(今河南温县西)人,晋康帝之子。344—361在位。 ⑭扬州之二郡:指晋陵、义兴。 ⑮觌(dí敌):相见。 ⑯灵昌津:地名,又名延津,在今河南延津县东古黄河上。

孝宗穆皇帝上之上

永和元年 春,正月,甲戌朔[①],皇太后设白纱帷于太极殿,抱帝临轩。

赵义阳公鉴镇关中,役烦赋重;文武有长发者,辄拔为冠缨,余以给宫人。长史取发白赵王虎,虎征鉴还邺,以乐平公苞代镇长安。发雍、洛、秦、并州十六万人治长安未央宫[②]。

虎好猎,晚岁,体重不能跨马,乃造猎车千乘,刻期校猎。自灵昌津南至荥阳东极阳都为猎场[③],使御史监察,其中禽兽,有犯者罪至大辟。民有美女、佳牛马，御史求之不得，皆诬以犯兽，论死百余人。发诸州二十六万人修洛阳宫。发百姓牛二万头配朔州牧官。增置女官二十四等，东宫十二等，公侯七十余国皆九等，大发民女三万余人，料为三等以配之；太子、诸公私令采发者又将万人。郡县务求美色，多强夺人妻，杀其夫及夫自杀者三千余人。至邺，虎临轩简第，以使者为能，封侯者十二人。荆楚、扬、徐之民流叛略尽；守令坐不能绥怀，下狱诛者五十余人。金紫光禄大夫逯明因侍切谏，虎大怒，使龙腾拉杀之[4]。

燕王皝以牛假贫民，使佃苑中，税其什之八，自有牛者税其七。记室参军封裕上书谏，以为："古者什一而税，天下之中正也。降及魏、晋，仁政衰薄，假官田官牛者不过税其什六，自有牛者中分之，犹不取其七八也。自永嘉以来，海内荡析，武宣王绥之以德[5]，华夷之民，万里辐凑，襁负而归之者，若赤子之归父母，是以户口十倍于旧，无田者什有三四。及殿下继统，南摧强赵[6]，东兼高句丽[7]，北取宇文[8]，拓地三千里，增民十万户；是宜悉罢苑囿以赋新民，无牛者官赐之牛，不当更收重税也。且以殿下之民用殿下之牛，牛非殿下之有，将何在哉？如此，则戎旗南指之日，民谁不箪食壶浆以迎王师，石虎谁与处矣？川渎沟渠有废塞者，皆应通利，旱则灌溉，潦则疏泄。一夫耕，或受之饥，况游食数万，何以得家给人足乎？今官司猥多，虚费廪禄，苟才不周用，皆宜澄汰。工商末利，宜立常员。学生三年无成，徒塞英俊之路，皆当归之于农。殿下圣德宽明，博察刍荛[9]，参军王宪、大夫刘明并以言事忤旨，主者处以大辟，殿下虽恕其死，犹免官禁锢。夫求谏诤而罪直言，是犹适越而北行，必不获其所志矣。右长史宋该等阿媚苟容，轻劾谏士，已无骨鲠，嫉人有之，掩蔽耳目，不忠之甚者也。"皝乃下令，称："览封记室之谏，孤实惧焉。国以民为本，民以谷为命，可悉罢苑囿以给民之无田者。实贫者，官与之牛；力有余愿得官牛者，并依魏、晋旧法。沟渎各有益者，令以时修治。今戎事方兴，勋伐既多，官未可减，俟中原平壹，徐更议之。工商、学生皆当裁择。夫人臣关言于人主，至难也，虽有狂妄，当择其善者而从之。王宪、刘明，虽罪应废黜，亦由孤之无大量也，可悉复本官，仍居谏司。封生蹇蹇，深得王臣之体[10]，其赐钱五万。宣示内外，有欲陈孤过者，不拘贵贱，勿有所讳！”皝雅好文学，常亲临庠序讲授，考校学徒至千余人，颇有妄滥者，故封裕及之。

【注释】

①甲戌朔：正月辛未朔，甲戌为初四，“朔”当为衍文。 ②“发雍”句：石虎分司州之河南、弘农、荥阳，兖州之陈留、东燕设置洛州。 ③阳都：县名，治今山东沂南县南。 ④龙腾：即龙腾中郎，是石虎募集的一些骁勇之士。 ⑤武宣王：指慕容廆。 ⑥“南摧”句：慕容皝破赵见本书卷第九十六晋成帝咸康四年（338）。 ⑦“东兼”句：破高句丽见本书卷第九十六晋成帝咸康八年（342）。 ⑧“北取”句：攻破宇文氏见本卷晋康帝建元二年（344）。 ⑨刍荛（ráo 饶）：谦辞，在向别人提供意见时把自己比做草野鄙陋的人。刍，割草；荛，打柴。 ⑩“封生”句：全句系化解《周易》蹇卦“王臣蹇蹇，匪躬之故”而来。“王臣”句意为“君王的臣属忠贞耿直，不是为了自身”。

诏征卫将军褚裒，欲以为扬州刺史、录尚书事。吏部尚书刘遐、长史王胡之说裒曰：“会稽王令德雅望，国之周公也，足下宜以大政授之。”裒乃固辞，归藩。壬戌[1]，以会稽王昱为抚军大将军、录尚书六条事[2]。

昱清虚寡欲，尤善玄言，常以刘惔、王濛及颍川韩伯为谈客，又辟郗超为抚军掾，谢万为从事中郎。超，鉴之孙也，少卓荦不羁。父愔，简默冲退而啬于财，积钱至数千万，尝开库任超所取；超散施亲故，一日都尽。万，安之弟也，清旷秀迈，亦有时名。

燕有黑龙、白龙见于龙山[3]，交首游戏，解角而去。燕王皝亲祀以太牢，赦其境内，命所居新宫曰和龙。

都亭肃侯庾翼疽发于背，表子爰之行辅国将军、荆州刺史，委以后任；司马义阳朱焘为南蛮校尉，以千人守巴陵。秋，七月，庚午，卒。

翼部将干瓒等作乱，杀冠军将军曹据。朱焘与安西长史江虨、建武司马毛穆之、将军袁真等共诛之[4]。虨，统之子也。

八月，豫州刺史路永叛奔赵，赵王虎使永屯寿春。

庾翼既卒，朝议皆以诸庾世在西藩，人情所安，宜依翼所请，以庾爰之代其任。何充曰："荆楚，国之西门，户口百万，北带强胡，西邻劲蜀，地势险阻，周旋万里；得人则中原可定，失人则社稷可忧，陆抗所谓'存则吴存，亡则吴亡'者也[5]，岂可以白面少年当之哉？桓温英略过人，有文武器干，西夏之任，无出温者。"议者又曰："庾爰之肯避温乎？如今阻兵，耻惧不浅。"充曰："温足以制之，诸君勿忧。"

丹杨尹刘惔每奇温才，然知其有不臣之志，谓会稽王昱曰："温不可使居形胜之地，其位号常宜抑之。"劝昱自镇上流，以己为军司，昱不听；又请自行，亦不听。

庚辰，以徐州刺史桓温为安西将军、持节、都督荆、司、雍、益、梁、宁六州诸军事、领护南蛮校尉、荆州刺史，爰之果不敢争。又以刘惔监沔中诸军事，领义成太守，代庾方之。徙方之、爰之于豫章。

桓温尝乘雪欲猎，先过刘惔，惔见其装束甚严，谓之曰："老贼欲持此何为？"温笑曰："我不为此，卿安得坐谈乎？"

【注释】

①壬戌：正月辛未朔，无壬戌。 ②录尚书六条事：辅佐朝政的官名。始见于汉国刘聪时，权限当略低于录尚书事。 ③龙山：山名，在今辽宁朝阳市东。 ④彪（bīn 彬）：此处为人名用字。 ⑤"陆抗"句：陆抗去世前之语，详见本书卷第八十晋武帝泰始十年(274)。

汉主势之弟大将军广，以势无子，求为太弟；势不许。马当、解思明谏曰："陛下兄弟不多，若复有所废，将益孤危。"固请许之。势疑其与广有谋，收当、思明斩之，夷其三族。遣太保李奕袭广于涪城，贬广为临邛侯，广自杀。思明被收，叹曰："国之不亡，以我数人在也，今其殆矣！"言笑自若而死。思明有智略，敢谏诤；马当素得人心；及其死，士民无不哀之。

冬，十月，燕王皝使慕容恪攻高句丽，拔南苏[1]，置戍而还。

十二月，张骏伐焉耆。降之。是岁，骏分武威等十一郡为凉州[2]，以世子重华为刺史；分兴晋等八郡为河州[3]，以宁戎校尉张瓘为刺史；分敦煌等三郡及西域都护三营为沙州④，以西胡校尉杨宣为刺史。骏自称大都督、大将军、假凉王，督摄三州；始置祭酒、郎中、大夫、舍人、谒者等官，官号皆仿天朝而微变其名；车服旌旗拟于王者。

赵王虎以冠军将军姚弋仲为持节、十郡六夷大都督、冠军大将军。弋仲清俭鲠直，不治威仪，言无畏避，虎甚重之；朝之大议，每与参决，公卿皆惮而下之。武城左尉，虎宠姬之弟也，尝入弋仲营，侵扰其部众。弋仲执而数之曰："尔为禁尉，迫胁小民；我为大臣，目所亲见，不可纵也。"命左右斩之；尉叩头流血，左右固谏，乃止。

燕王皝以为古者诸侯即位，各称元年，于是始不用晋年号，自称十二年。

赵王虎使征东将军邓恒将兵数万屯乐安⑤，治攻具，为取燕之计。燕王皝以慕容霸为平狄将军，戍徒河；恒畏之，不敢犯。

【注释】

①南苏：城名，在今辽宁抚顺市东苏子河与浑河合流处。 ②凉州：州名，辖武威、武兴、西平、张掖、酒泉、建康、西郡、湟河、晋兴、须武、安故等十一郡。 ③河州：州名，辖兴晋、金城、武始、南安、永晋、大夏、武成、汉中等八郡。 ④沙州：州名，据《晋书·地理志》，辖敦煌、晋昌二郡及西域都护，另一郡失载。 ⑤乐安：城名，在今河北昌黎县西南。

二年 春，正月，丙寅，大赦。

己卯，都乡文穆公何充卒。充有器局，临朝正色，以社稷为己任，所选用皆以功效，不私亲旧。

初，夫馀居于鹿山①，为百济所侵②，部落衰散，西徙近燕，而不设备。燕王皝遣世子俊帅慕容军、慕容恪、慕舆根三将军、万七千骑袭夫馀。俊居中指授，军事皆以任恪，遂拔夫馀，虏其王玄及部落五万余口而还。皝以玄为镇军将军，妻以女。

二月，癸丑，以左光禄大夫蔡谟领司徒，与会稽王昱同辅政。

褚裒荐前光禄大夫顾和、前司徒左长史殷浩；三月，丙子，以和为尚书令，浩为建武将军、扬州刺史。和有母丧，固辞不起，谓所亲曰:“古人有释衰绖从王事者,以其才足干时故也;如和者,正足以亏孝道,伤风俗耳。”识者美之。浩亦固辞。会稽王昱与浩书曰:“属当厄运,危弊理极,足下沈识淹长,足以经济。若复深存挹退,苟遂本怀,吾恐天下之事于此去矣。足下去就,即时之废兴,则家国不异,足下宜深思之!”浩乃就职。

百济弥勒寺

夏,四月,己酉朔[3],日有食之。

五月,丙戌,西平忠成公张骏薨。官属上世子重华为使持节、大都督、太尉、护羌校尉、凉州牧、西平公、假凉王;赦其境内;尊嫡母严氏为大王太后,母马氏为王太后。

赵中黄门严生恶尚书朱轨,会久雨,生谮轨不修道路,又谤讪朝政,赵王虎囚之。蒲洪谏曰:“陛下既有襄国、邺宫,又修长安、洛阳宫殿,将以何用?作猎车千乘,环数千里以养禽兽,夺人妻女十余万口以实后宫,圣帝明王之所为,固如是乎?今又以道路不修,欲杀尚书。陛下德政不修,天降淫雨,七旬乃霁[4]。霁方二日,虽有鬼兵百万,亦未能去道路之涂潦,而况人乎?政刑如此,其如四海何,其如后代何?愿止作徒,罢苑囿,出宫女,赦朱轨,以副众望。”虎虽不悦,亦不之罪,为之罢长安、洛阳作役,而竟诛朱轨。又立私论朝政之法,听吏告其君,奴告其主。公卿以下,朝觐以目相顾,不敢复相过从谈语。

【注释】

①夫馀:王国名。鹿山:今地不详,可能是指长白山。 ②百济:王国名,在今朝鲜半岛南部。 ③己酉朔:四月甲午朔,己酉为十六日,

"朔"字当为衍文。 ④霁(jì济):雨后或雪后转晴。

赵将军王擢击张重华,袭武街[①],执护军曹权、胡宣,徙七千余户于雍州。凉州刺史麻秋、将军孙伏都攻金城,太守张冲请降,凉州震恐。

重华悉发境内兵,使征南将军裴恒将之以御赵;恒壁于广武[②],久而不战。凉州司马张耽言于重华曰:"国之存亡在兵,兵之胜败在将。今议者举将,多推宿旧。夫韩信之举,非旧德也。盖明主之举,举无常人,才之所堪,则授以大事。今强寇在境,诸将不进,人情危惧。主簿谢艾,兼资文武,可用以御赵。"重华召艾,问以方略;艾愿请兵七千人,必破赵以报。重华拜艾中坚将军,给步骑五千,使击秋。艾引兵出振武[③],夜有二枭鸣于牙中[④],艾曰:"六博得枭者胜[⑤],今枭鸣牙中,克敌之兆也。"进与赵战,大破之。斩首五千级。重华封艾为福禄伯。

麻秋之克金城也,县令敦煌车济不降,伏剑而死。秋又攻大夏[⑥],护军梁式执太守宋晏,以城应秋,秋遣晏以书诱致宛戍都尉敦煌宋矩,矩曰:"为人臣,功既不成,唯有死节耳。"先杀妻子而后自刎。秋曰:"皆义士也。"收而葬之。

冬,汉太保李奕自晋寿举兵反,蜀人多从之,众至数万。汉主势登城拒战,奕单骑突门,门者射而杀之,其众皆溃。势大赦境内,改元嘉宁。

势骄淫,不恤国事,多居禁中,罕接公卿,疏忌旧臣,信任左右,谗谄并进,刑罚苛滥,由是中外离心,蜀土先无"獠"[⑦],至是始从山出,自巴西至犍为、梓潼,布满山谷十余万落,不可禁制,大为民患;加以饥馑,四境之内,遂至萧条。

安西将军桓温将伐汉,将佐皆以为不可。江夏相袁乔劝之曰:"夫经略大事,固非常情所及,智者了于胸中,不必待众言皆合也。今为天下之患者,胡、蜀二寇而已。蜀虽险固,比胡为弱,将欲除之,宜先其易者。李势无道,臣民不附,且恃其险远,不修战备。宜以精卒万人轻赍疾趋,比其觉之,我已出其险要,可一战擒也。蜀地富饶,户口繁庶,诸葛武侯用之抗衡中夏,若得而有之,国家之大利也。论者恐大军既西，胡必窥觎，此似是而非。胡闻我万里远征，以为内有重备，必不敢动；纵有侵轶，缘江诸军足以拒守，必无忧也。”温从之。乔，瓌之子也。

十一月，辛未，温帅益州刺史周抚、南郡太守谯王无忌伐汉，拜表即行；委安西长史范汪以留事，加抚都督梁州之四郡诸军事[8]；使袁乔帅二千人为前锋。

朝廷以蜀道险远，温众少而深入，皆以为忧，惟刘惔以为必克。或问其故，惔曰：“以博知之。温，善博者也，不必得则不为。但恐克蜀之后，温终专制朝廷耳。”

【注释】

①武街：县名，治今甘肃临洮县东。 ②广武：县名，治今甘肃永登县东南。 ③振武：城名，在今甘肃永登县北。 ④枭：鸟名，即猫头鹰。⑤六博：古代的一种博戏。共十二个棋子，六黑六白，两人相博，每人六棋，故称六博。枭：博戏的采名，么为枭，价值最高。 ⑥大夏：县名，治今甘肃广河县西北。 ⑦僚：西南（今四川、贵州、云南一带）少数民族。⑧梁州之四郡：指涪陵、巴东、巴西、巴郡。

三年 春，二月，桓温军至青衣[1]。汉主势大发兵，遣叔父右卫将军福、从兄镇南将军权、前将军昝坚等将之，自山阳趋合水[2]。诸将欲设伏于江南以待晋兵，昝坚不从，引兵自江北鸳鸯碕渡向犍为[3]。

三月，温至彭模[4]；议者欲分为两军，异道俱进，以分汉兵之势。袁乔曰：“今悬军深入万里之外，胜则大功可立，不胜则噍类无遗[5]，当合势齐力，以取一战之捷。若分两军，则众心不一，万一偏败，大事去矣。不如全军而进，弃去釜甑，赍三日粮，以示无还心，胜可必也。”温从之，留参军孙盛、周楚将羸兵守辎重，温自将步卒直指成都。楚，抚之子也。

李福进攻彭模，孙盛等奋击，走之。温进，遇李权，三战三捷，汉兵散走归成都，镇东将军李位都迎诣温降。昝坚至犍为，乃知与温异道，还，自沙头津济[6]，比至，温已军于成都之十里陌[7]，坚众自溃。

势悉众出战于成都之笮桥[8]，温前锋不利，参军龚护战死，矢及温马首。众惧，欲退，而鼓吏误鸣进鼓；袁乔拔剑督士卒力战，遂大破之。温乘胜长驱至成都，纵火烧其城门。汉人惶惧，无复斗志。势夜开东门走，至葭萌，使散骑常侍王幼送降文于温，自称"略阳李势叩头死罪"，寻舆榇面缚诣军门。温解缚焚榇，送势及宗室十余人于建康；引汉司空谯献之等以为参佐，举贤旌善，蜀人悦之。

日南太守夏侯览贪纵，侵刻胡商，又科调船材，云欲有所讨，由是诸国恚愤。林邑王文攻陷日南[9]，将士死者五六千，杀览，以尸祭天；檄交州刺史朱蕃，请郡北横山为界。文既去，蕃使督护刘雄戍日南。

【注释】

①青衣：县名，治今四川雅安市名山区北。　②山阳：地名，在今四川眉山市南。合水：城名，在今四川茂县西北。　③鸳鸯碕（qí 奇）：地名，在今四川眉山市彭山区东。　④彭模：地名，又名彭亡聚，在今四川眉山市彭山区东南岷江东岸。　⑤噍（jiào 叫）类：能吃东西的动物，特指活着的人。　⑥沙头津：地名，在今四川眉山市彭山区北岷江上。⑦十里陌：地名，在今四川成都市。　⑧笮（zuó 作）桥：地名，在今四川成都市东南。　⑨林邑：王国名，都今越南广南省维川县南茶桥。

汉故尚书仆射王誓、镇东将军邓定、平南将军王润、将军隗文等皆举兵反，众各万余。桓温自击定，使袁乔击文，皆破之。温命益州刺史周抚镇彭模，斩王誓、王润。温留成都三十日，振旅还江陵。李势至建康，封归义侯。夏，四月，丁巳，邓定、隗文等入据成都，征虏将军杨谦弃涪城，退保德阳[1]。

赵凉州刺史麻秋攻枹罕。晋昌太守郎坦以城大难守[2]，欲弃外城。武成太守张悛曰[3]："弃外城则动众心，大事去矣。"宁戎校尉张璩从悛言，固守大城。秋帅众八万围堑数重，云梯地突，百道皆进；城中御之，秋众死伤数万。赵王虎复遣其将刘浑等帅步骑二万会之。郎坦恨言不用，教军士李嘉潜引赵兵千余人登城；璩督诸将力战，杀二百余人，赵兵乃退。璩烧其攻具，秋退保大夏。

虎以中书监石宁为征西将军，帅并、司州兵二万余人为秋等后继。张重华将宋秦等帅户二万降于赵。重华以谢艾为使持节、军师将军，帅步骑三万进军临河[4]。艾乘轺车，戴白帢[5]，鸣鼓而行。秋望见，怒曰："艾年少书生，冠服如此，轻我也。"命黑矟龙骧三千人驰击之[6]；艾左右大扰。或劝艾宜乘马，艾不从，下车，踞胡床，指麾处分，赵人以为有伏兵，惧不敢进。别将张瑁自间道引兵截赵军后，赵军退，艾乘势进击，大破之，斩其将杜勋、汲鱼，获首虏三千级，秋单马奔大夏。

五月，秋与石宁复帅众十二万进屯河南，刘宁、王擢略地晋兴、广武、武街，至于曲柳[7]。张重华使将军牛旋拒之，退守枹罕，姑臧大震。重华欲亲出拒之，谢艾固谏。索遐曰："君者，一国之镇，不可轻动。"乃以艾为使持节、都督征讨诸军事、行卫将军，遐为军正将军，帅步骑二万拒之。别将杨康败刘宁于沙阜[8]，宁退屯金城。

六月，辛酉，大赦。

【注释】

①德阳：县名，治今四川遂宁市东南龙凤场。 ②晋昌：郡名，治今甘肃瓜州县东南锁阳城。 ③武成：郡名，治今内蒙古清水河县北。 ④临河：县名，治今内蒙古巴彦淖尔市临河区东北乌加河南。 ⑤帢（qià 恰）：帽子。 ⑥矟（shuò 硕）：古代兵器，杆子较长的矛。 ⑦曲柳：城名，在今甘肃武威市东南。 ⑧沙阜：地名，确址待考，或以为即沙苑（在今陕西大荔县南洛、渭二河之间），似与方位不合，大体方位当在今甘肃兰州以西。

秋，七月，林邑复陷日南，杀督护刘雄。

隗文、邓定等立故国师范长生之子贲为帝而奉之，以妖异惑众，蜀人多归之。

赵王虎复遣征西将军孙伏都、将军刘浑帅步骑二万会麻秋军，长驱济河，击张重华，遂城长最[1]。谢艾建牙誓众，有风吹旌旗东南指，索遐曰："风为号令，今旌旗指敌，天所赞也。"艾军于神鸟[2]，王擢与艾前锋战，败，走还河南。八月，戊午，艾进击秋，大破

前凉铜钱

之，秋遁归金城。虎闻之，叹曰："我以偏师定九州，今以九州之力困于枹罕，彼有人焉，未可图也！"艾还，讨叛虏斯骨真等万余落，皆破平之。

赵王虎据十州之地[③]，聚敛金帛，及外国所献珍异，府库财物，不可胜纪；犹自以为不足，悉发前代陵墓，取其金宝。

沙门吴进言于虎曰："胡运将衰，晋当复兴，宜苦役晋人以厌其气。"虎使尚书张群发近郡男女十六万人，车十万乘，运土筑华林苑及长墙于邺北，广袤数十里。申钟、石璞、赵揽等上疏陈天文错乱，百姓凋弊。虎大怒曰："使苑墙朝成，吾夕没，无恨矣。"促张群使然烛夜作；暴风大雨，死者数万人。郡国前后送苍麟十六，白鹿七，虎命司虞张曷柱调之以驾芝盖[④]，大朝会列于殿庭。

九月，命太子宣出祈福于山川，因行游猎。宣乘大辂，羽葆华盖，建天子旌旗，十有六军戎卒十八万出自金明门[⑤]，虎从其后宫升陵霄观望之，笑曰："我家父子如此，自非天崩地陷，当复何愁？但抱子弄孙，日为乐耳。"

宣所舍，辄列人为长围，四面各百里，驱禽兽，至暮皆集其所，使文武皆跪立，重行围守，炬火如昼，命劲骑百余驰射其中，宣与姬妾乘辇临观，兽尽而止。或兽有迸逸，当围守者，有爵则夺马，步驱一日，无爵则鞭之一百。士卒饥冻死者万有余人，所过三州十五郡，资储皆无孑遗。

虎复命韬继出，自并州至于秦、雍亦如之。宣怒其与己钧敌，愈嫉之。宦者赵生得幸于宣，无宠于韬，微劝宣除之，于是始有杀韬之谋矣。

赵麻秋又袭张重华将张瑁，败之，斩首三千余级。枹罕护军李逵帅众七千降于赵，自河以南，氐、羌皆附于赵。

【注释】

①长最：城名，在今甘肃永登县南。　②神鸟：城名，在今甘肃武威市。　③十州之地：即幽州、并州、冀州、司州、豫州、兖州、青州、徐州、雍州、秦州。　④司虞：职官名，属太仆，掌管山泽苑囿等事务。芝盖：车盖，后指代帝王乘坐的车子。　⑤金明门：邺城西门。

冬，十月，乙丑，遣侍御史俞归至凉州，授张重华侍中、大都督、督陇右、关中诸军事、大将军、凉州刺史、西平公。归至姑臧，重华欲称凉王，未肯受诏，使所亲沈猛私谓归曰："主公奕世为晋忠臣[1]，今曾不如鲜卑，何也？朝廷封慕容皝为燕王，而主公才为大将军，何以褒劝忠贤乎？明台宜移河右[2]，共劝州主为凉王。人臣出使，苟利社稷，专之可也。"归曰："吾子失言[3]！昔三代之王也，爵之贵者莫若上公；及周之衰，吴、楚始僭号称王，而诸侯不之非，盖以蛮夷畜之也；借使齐、鲁称王，诸侯岂不四面攻之乎？汉高祖封韩、彭为王，寻皆诛灭，盖权时之宜，非厚之也。圣上以贵公忠贤，故爵以上公，任以方伯，宠荣极矣，岂鲜卑夷狄所可比哉？且吾闻之，功有大小，赏有重轻。今贵公始继世而为王，若帅河右之众，东平胡、羯，修复陵庙，迎天子返洛阳，将何以加之乎？"重华乃止。

武都氐王杨初遣使来称藩，诏以初为使持节、征南将军、雍州刺史、仇池公。

十二月，振威护军萧敬文杀征虏将军杨谦，攻涪城，陷之，自称益州牧；遂取巴西，通于汉中。

【注释】

①主公：即主上，是臣属对国君或帝王的称呼，此处指张重华。②明台：对高层官员的尊称。　③吾子：对同辈人的尊称。子，是古代对男子的美称。

资治通鉴卷第九十八

晋纪二十　起著雍涒滩，尽上章阉茂，凡三年。

孝宗穆皇帝上之下

永和四年　夏，四月，林邑寇九真，杀士民什八九。

赵秦公韬有宠于赵王虎，欲立之，以太子宣长，犹豫未决。宣尝忤旨，虎怒曰："悔不立韬也！"韬由是益骄，造堂于太尉府，号曰宣光殿，梁长九丈。宣见之，大怒，斩匠，截梁而去；韬怒，增之至十丈。宣闻之，谓所幸杨柸、牟成、赵生曰："凶竖傲愎乃敢尔！汝能杀之，吾入西宫，当尽以韬之国邑分封汝等。韬死，主上必临丧，吾因行大事，蔑不济矣。"柸等许诺。

秋，八月，韬夜与僚属宴于东明观，因宿于佛精舍。宣使杨柸等缘猕猴梯而入，杀韬，置其刀箭而去。旦日，宣奏之，虎哀惊气绝，久之方苏。将出临其丧，司空李农谏曰："害秦公者未知何人，贼在京师，銮舆不宜轻出。"虎乃止，严兵发哀于太武殿。宣往临韬丧，不哭，直言"呵呵"，使举衾观尸[①]，大笑而去。收大将军记室参军郑靖、尹武等，将委之以罪。

虎疑宣杀韬，欲召之，恐其不入，乃诈言其母杜后哀过危惙[②]；宣不谓见疑，入朝中宫，因留之。建兴人史科知其谋，告之；虎使收杨柸、牟成，皆亡去；获赵生，诘之，具服。虎悲怒弥甚，囚宣于席库，以铁环穿其颔而锁之，取杀韬刀箭舐其血，哀号震动宫殿。佛图澄曰："宣、韬皆陛下之子，今为韬杀宣，是重祸也。陛下若加慈恕，福祚犹长；若必诛之，宣当为彗星下扫邺宫。”虎不从。积柴于邺北，树标其上，标末置鹿卢，穿之以绳，倚梯柴积，送宣其下，使韬所幸宦者郝稚、刘霸拔其发，抽其舌，牵之登梯；郝稚以绳贯其颔，鹿卢绞上。刘霸断其手足，斫眼溃肠，如韬之伤。四面纵火，烟炎际天。虎从昭仪已下数千人登中台以观之[③]。火灭，取灰分置诸门交道中。杀其妻子九人。宣少子才数岁，虎素爱之，抱之而泣，欲赦之，其大臣不听，就抱中取而杀之；儿挽虎衣大叫，至于绝带，虎因此发病。又废其后杜氏为庶人。诛其四率已下三百人[④]，宦者五十人，皆车裂节解，弃之漳水。洿其东宫以养猪牛[⑤]。东宫卫士十余万人皆谪戍凉州。先是，赵揽言于虎曰：“宫中将有变，宜备之。”及宣杀韬，虎疑其知而不告，亦诛之。

【注释】

①衾（qīn 侵）：盖尸体的单被。 ②惙（chuò 辍）：忧愁。 ③中台：铜雀台。 ④四率：即东宫左、右、前、后四卫率。 ⑤洿（wū 污）：掘成水池。

朝廷论平蜀之功，欲以豫章郡封桓温，尚书左丞荀蕤曰：“温若复平河、洛，将何以赏之？”乃加温征西大将军、开府仪同三司，封临贺郡公；加谯王无忌前将军；袁乔龙骧将军，封湘西伯。蕤，崧之子也。

王羲之像

温既灭蜀，威名大振，朝廷惮之。会稽王昱以扬州刺史殷浩有盛名，朝野推服，引为心膂，与参综朝权，欲以抗温；由是与温浸相疑贰。

浩以征北长史荀羡、前江州刺史王羲之，夙有令名，翟羡为吴国内史，羲之为护军将军，以为羽翼。羡，蕤之弟；羲之，导之从子也。羲之以为内外协和，然后国家可安，劝浩不宜与温构隙；浩不从。

燕王皝有疾，召世子儁属之曰："今中原未平，方资贤杰以经世务。恪智勇兼济，才堪任重，汝其委之，以成吾志！"又曰："阳士秋士行高洁[①]，忠干贞固，可托大事，汝善待之！"九月，丙申，薨。

赵王虎议立太子，太尉张举曰："燕公斌有武略，彭城公遵有文德，惟陛下所择。"虎曰："卿言正起吾意。"戎昭将军张豺曰："燕公母贱，又尝有过[②]；彭城公母前以太子事废[③]，今立之，臣恐不能无微恨，陛下宜审思之！"初，虎之拔上邽也，张豺获前赵主曜幼女安定公主，有殊色，纳于虎，虎嬖之，生齐公世。豺以虎老病，欲立世为嗣，冀刘氏为太后，己得辅政，乃说虎曰："陛下再立太子，其母皆出于倡贱，故祸乱相寻；今宜择母贵子孝者立之。"虎曰："卿勿言，吾知太子处矣。"虎再与群臣议于东堂，虎曰："吾欲以纯灰三斛自涤其肠，何为专生恶子，年逾二十辄欲杀父？今世方十岁，比其二十，吾已老矣。"乃与张举、李农定议，令公卿上书请立世为太子。大司农曹莫不肯署名，虎使张豺问其故，莫顿首曰："天下重器，不宜立少，故不敢署。"虎曰："莫，忠臣也，然未达朕意；张举、李农知朕意矣，可令谕之。"遂立世为太子，以刘昭仪为后。

冬，十一月，甲辰，葬燕文明王；世子儁即位，赦境内；遣使诣建康告丧。以弟交为左贤王，左长史阳骛为郎中令。

十二月，以左光禄大夫、领司徒、录尚书事蔡谟为侍中、司徒。谟上疏固让，谓所亲曰："我若为司徒，将为后代所哂[④]，义不敢拜也。"

【注释】

①阳士秋：即阳骛。　②"燕公"句：指欲杀张贺度之事，详见本书卷第九十六晋成帝咸康六年（340）。　③"彭城"句：彭城公遵与从前的太子石邃为同母所生，其母被废之事详见本书卷第九十五晋成帝咸康三年（337）。　④哂（shěn 审）：讥笑。

五年　春，正月，辛未朔[①]，大赦。

赵王虎即皇帝位，大赦，改元太宁；诸子皆进爵为王。

故东宫高力等万余人谪戍凉州[②]，行达雍城，既不在赦例，又敕雍州刺史张茂送之，茂皆夺其马，使之步推鹿车，致粮戍所。高力督定阳梁犊因众心之怨，谋作乱东归，众闻之，皆踊抃大呼[③]。犊乃自称晋征东大将军，帅众攻拔下辨[④]；安西将军刘宁自安定击之，为犊所败。高力皆多力善射，一当十余人，虽无兵甲，掠民斧，施一丈柯，攻战若神，所向崩溃；戍卒皆随之，攻陷郡县，杀长吏、二千石，长驱而东，比至长安，众已十万。乐平王苞尽锐拒之，一战而败。犊遂东出潼关，进趣洛阳。赵主虎以李农为大都督、行大将军事，统卫军将军张贺度等步骑十万讨之，战于新安[⑤]，农等大败；战于洛阳，又败，退壁成皋。

犊遂东掠荥阳、陈留诸郡，虎大惧，以燕王斌为大都督、督中外诸军事，统冠军大将军姚弋仲、车骑将军蒲洪等讨之。弋仲将其众八千余人至邺，求见虎。虎病，未之见，引入领军省，赐以己所御食。弋仲怒，不食，曰："主上召我来击贼，当面见授方略，我岂为食来邪？且主上不见我，我何以知其存亡邪？"虎力疾见之，弋仲让虎曰："儿死，愁邪？何为而病？儿幼时不择善人教之，使至于为逆；既为逆而诛之，又何愁焉？且汝久病，所立儿幼，汝若不愈，天下必乱，当先忧此，勿忧贼也！犊等穷困思归，相聚为盗，所过残暴，何所能至？老羌为汝一举了之[⑥]！"弋仲性狷直，人无贵贱皆汝之，虎亦不之责。于坐授使持节、征西大将军，赐以铠马。弋仲曰："汝看老羌堪破贼否？"乃被铠跨马于庭中，因策马南驰，不辞而出。遂与斌等击犊于荥阳，大破之，斩犊首而还，讨其余党，尽灭之。虎命弋仲剑履上殿，入朝不趋，进封西平郡公；蒲洪为车骑大将军、开府仪同三司、都督雍、秦州诸军事、雍州刺史，进封略阳郡公。

始平人马勖聚兵，自称将军，赵乐平王苞讨灭之，诛三千余家。

夏，四月，益州刺史周抚、龙骧将军朱焘击范贲，斩之，益州平。

诏遣谒者陈沈如燕，拜慕容儁为使持节、侍中、大都督、督河北诸军事、幽、平二州牧、大将军、大单于、燕王。

桓温遣督护滕畯帅交、广之兵击林邑王文于卢容⑦，为文所败，退屯九真。

【注释】

①辛未朔：正月戊寅朔，无辛未。　②高力：石宣挑选身强力壮的士兵保卫东宫，称为高力，统领高力的称作高力督。　③抃（biàn变）：鼓掌。　④下辨：县名，治今甘肃成县西。　⑤新安：县名，治今河南渑池县东。　⑥老羌：姚弋仲本为羌人首领，以年老，故自称“老羌”。⑦卢容：县名，治今越南平治天省广田县东香江与蒲江合流处。

乙卯，赵王虎病甚，以彭城王遵为大将军，镇关右；燕王斌为丞相、录尚书事；张豺为镇卫大将军、领军将军、吏部尚书；并受遗诏辅政。

刘后恶斌辅政，恐不利于太子，与张豺谋去之。斌时在襄国，遣使诈谓斌曰：“主上疾已渐愈，王须猎者，可少停也。”斌素好猎、嗜酒，遂留猎，且纵酒。刘氏与豺因矫诏称斌无忠孝之心，免官归第，使豺弟雄帅龙腾五百人守之。

乙丑，遵自幽州至邺，敕朝堂受拜，配禁兵三万遣之，遵涕泣而去。是日，虎疾小瘳，问：“遵至未？”左右对曰：“去已久矣。”虎曰：“恨不见之！”

虎临西阁，龙腾中郎二百余人列拜于前，虎问：“何求？”皆曰：“圣体不安，宜令燕王入宿卫，典兵马。”或言：“乞以为皇太子。”虎曰：“燕王不在内邪？召以来！”左右言：“王酒病，不能入。”虎曰：“促持辇迎之，当付玺绶。”亦竟无行者。寻惽眩而入。张豺使张雄矫诏杀斌。

戊辰，刘氏复矫诏以豺为太保、都督中外诸军、录尚书事，如霍光故事。侍中徐统叹曰：“乱将作矣，吾无为预之。”仰药而死。

己巳，虎卒，太子世即位，尊刘氏为皇太后。刘氏临朝称制，以张豺为丞相；豺辞不受，请以彭城王遵、义阳王鉴为左右丞相，以慰其心，刘氏从之。

豺与太尉张举谋诛司空李农，举素与农善，密告之；农奔广宗[①]，帅乞活数万家保上白[②]，刘氏使张举统宿卫诸军围之。豺以张离为镇军大将军、监中外诸军事，以为己副。

彭城王遵至河内，闻丧；姚弋仲、蒲洪、刘宁及征虏将军石闵、武卫将军王鸾等讨梁犊还，遇遵于李城[③]，共说遵曰："殿下长且贤，先帝亦有意以殿下为嗣；正以末年惛惑，为张豺所误。今女主临朝，奸臣用事，上白相持未下，京师宿卫空虚，殿下若声张豺之罪，鼓行而讨之，其谁不开门倒戈而迎殿下者？"遵从之。

【注释】

①广宗：县名，治今河北威县东。 ②乞活：西晋末李恽、田徽率领的流民的后裔，屯聚在上白（在今河北威县南）。 ③李城：即今河南温县县城。

遵自李城举兵[①]，还趣邺，洛州刺史刘国帅洛阳之众往会之。檄至邺，张豺大惧，驰召上白之军。丙戌，遵军于荡阴，戎卒九万，石闵为前锋。耆旧、羯士皆曰："彭城王来奔丧，吾当出迎之，不能为张豺守城也！"逾城而出，豺斩之，不能止。张离亦帅龙腾二千，斩关迎遵。刘氏惧，召张豺入，对之悲哭曰："先帝梓宫未殡，而祸难至此！今嗣子冲幼，托之将军；将军将若之何？欲加遵重位，能弭之乎？"豺惶怖不知所出，但云"唯唯"。乃下诏，以遵为丞相，领大司马、大都督、督中外诸军，录尚书事，加黄钺、九锡。己丑，遵至安阳亭[②]，张豺惧而出迎，遵命执之。庚寅，遵擐甲曜兵，入自凤阳门，升太武前殿，擗踊尽哀[③]，退如东阁。斩张豺于平乐市，夷其三族。假刘氏令曰："嗣子幼冲，先帝私恩所授，皇业至重，非所克堪；其以遵嗣位。"于是遵即位，大赦，罢上白之围。辛卯，封世为谯王，废刘氏为太妃；寻皆杀之。

李农来归罪，使复其位。尊母郑氏为皇太后，立妃张氏为皇后，故燕王斌子衍为皇太子。以义阳王鉴为侍中、太傅，沛王冲为太保，乐平王苞为大司马，汝阴王琨为大将军，武兴公闵为都督中外诸军事、辅国大将军。

甲午，邺中暴风拔树、震电，雨雹大如盂升。太武晖华殿灾，及诸门观阁荡然无余，乘舆服御，烧者太半，金石皆尽，火月余乃灭。

时沛王冲镇蓟，闻遵杀世自立，谓其僚佐曰："世受先帝之命，遵辄废而杀之，罪莫大焉！其敕内外戒严，孤将亲讨之。"于是留宁北将军沭坚戍幽州④，帅众五万自蓟南下，传檄燕、赵，所在云集；比至常山，众十余万，军于苑乡⑤；遇遵赦书，冲曰："皆吾弟也；死者不可复追，何为复相残乎？吾将归矣。"其将陈暹曰："彭城篡弑自尊，为罪大矣！王虽北旆，臣将南辕，俟平京师，擒彭城，然后奉迎大驾。"冲乃复进。遵驰遣王擢以书喻冲，冲弗听。遵使武兴公闵及李农帅精卒十万讨之，战于平棘⑥，冲兵大败；获冲于元氏⑦，赐死；坑其士卒三万余人。

【注释】

①"遵自"句：据其他版本及下文日辰，此句前脱"五月"二字。②安阳亭：在今河北临漳县西南故邺县附近。③擗（pǐ 匹）踊：悲痛时捶胸顿足。④沭（shù 述）：姓氏。⑤苑乡：城名，在今河北邢台市任泽区东北。⑥平棘：县名，治今河北赵县东南。⑦元氏：县名，治今河北元氏县西北。

武兴公闵言于遵曰："蒲洪，人杰也；今以洪镇关中，臣恐秦、雍之地非国家之有。此虽先帝临终之命，然陛下践祚，自宜改图。"遵从之，罢洪都督，余如前制。洪怒，归枋头，遣使来降。

燕平狄将军慕容霸上书于燕王儁曰："石虎穷凶极暴，天之所弃，余烬仅存，自相鱼肉。今中国倒悬，企望仁恤，若大军一振，势必投戈。"北平太守孙兴亦表言："石氏大乱，宜以时进取中原。"儁以新遭大丧，弗许。霸驰诣龙城，言于儁曰："难得而易失者，时

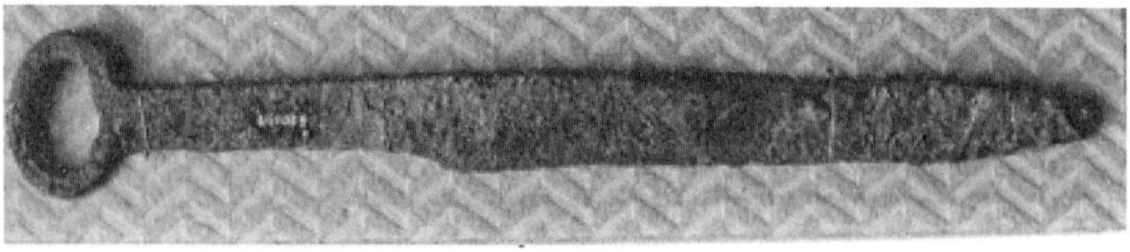

鲜卑铁刀

也。万一石氏衰而复兴,或有英雄据其成资,岂惟失此大利,亦恐更为后患。”儁曰:“邺中虽乱,邓恒据安乐[①],兵强粮足,今若伐赵,东道不可由也,当由卢龙[②],卢龙山径险狭,虏乘高断要,首尾为患,将若之何?”霸曰:“恒虽欲为石氏拒守,其将士顾家,人怀归志,若大军临之,自然瓦解。臣请为殿下前驱,东出徒河,潜趣令支,出其不意,彼闻之,势必震骇,上不过闭门自守,下不免弃城逃溃,何暇御我哉?然则殿下可以安步而前,无复留难矣。”儁犹豫未决,以问五材将军封奕,对曰:“用兵之道,敌强则用智,敌弱则用势。是故以大吞小,犹狼之食豚也;以治易乱,犹日之消雪也。大王自上世以来,积德累仁,兵强士练。石虎极其残暴,死未瞑目,子孙争国,上下乖乱。中国之民,坠于涂炭,延颈企踵,以待振拔。大王若扬兵南迈,先取蓟城,次指邺都,宣耀威德,怀抚遗民,彼孰不扶老提幼以迎大王?凶党将望旗冰碎,安能为害乎?”从事中郎黄泓曰:“今太白经天[③],岁聚毕北[④],阴国受命[⑤],此必然之验也,宜速出师,以承天意。”折冲将军慕舆根曰:“中国之民困于石氏之乱,咸思易主以救汤火之急,此千载一时,不可失也。自武宣王以来,招贤养民,务农训兵,正俟今日。今时至不取,更复顾虑,岂天意未欲使海内平定邪?将大王不欲取天下也?”儁笑而从之。以慕容恪为辅国将军,慕容评为辅弼将军,左长史阳骛为辅义将军,谓之“三辅”。慕容霸为前锋都督、建锋将军,选精兵二十余万,讲武戒严,为进取之计。

六月,葬赵王虎于显原陵,庙号太祖。

【注释】

①安乐:县名,治今北京顺义区西北。 ②卢龙:塞名,在今河北喜峰口附近一带。 ③太白:即金星,一名启明星。古代星象学家认为太白星主杀伐,当它横跨天际时必有战争发生。 ④岁:即岁星。毕:星宿名,二十八宿之一,有星八颗。 ⑤阴国:古人把昴(mǎo 卯)星(二十八宿之一,有星四颗)与毕星之间的天际称作天街,天街之阴便为阴国,而地上与之对应的国家可以得到上天的赞助,受命而王。

桓温闻赵乱,出屯安陆,遣诸将经营北方。赵扬州刺史王浃举寿春降;西中郎将陈逵进据寿春。征北大将军褚裒上表请伐赵,即日戒严,直指泗口[①]。朝议以裒事任贵重,宜先遣偏师。裒奏言:"前已遣督护王颐之等径造彭城,后遣督护麋嶷进据下邳,今宜速发,以成声势。"秋,七月,加裒征讨大都督,督徐、兖、青、扬、豫五州诸军事。裒帅众三万,径赴彭城,北方士民降附者日以千计。

朝野皆以为中原指期可复,光禄大夫蔡谟独谓所亲曰:"胡灭诚为大庆,然恐更贻朝廷之忧。"其人曰:"何谓也?"谟曰:"夫能顺天乘时济群生于艰难者,非上圣与英雄不能为也,自余则莫若度德量力。观今日之事,殆非时贤所及,必将经营分表,疲民以逞;既而才略疏短,不能副心,财殚力竭,智勇俱困,安得不忧及朝廷乎!"

鲁郡民五百余家相与起兵附晋,求援于褚裒,裒遣部将王龛、李迈将锐卒三千迎之。赵南讨大都督李农帅骑二万与龛等战于代陂[②],龛等大败,皆没于赵。八月,裒退屯广陵。陈逵闻之,焚寿春积聚,毁城遁还。裒上疏乞自贬,诏不许;命裒还镇京口,解征讨都督。时河北大乱,遗民二十余万口渡河欲来归附,会裒已还,威势不接,皆不能自拔,死亡略尽。

赵乐平王苞谋帅关右之众攻邺,左长史石光、司马曹曜等固谏,苞怒,杀光等百余人。苞性贪而无谋,雍州豪桀知其无成,并遣使告晋,梁州刺史司马勋帅众赴之。

杨初袭赵西城;破之。

九月,凉州官属共上张重华为丞相、凉王、雍、秦、凉三州牧。重华屡以钱帛赐左右宠臣;又喜博弈,颇废政事。征事索振谏曰[③]:"先王夙夜勤俭以实府库,正以仇耻未雪,志平海内故也。殿下嗣位之初,强寇侵逼,赖重饵之故,得战士死力,仅保社稷。今蓄积已虚而寇仇尚在,岂可轻有耗散,以与无功之人乎?昔汉光武躬亲万机,章奏诣阙,报不终日,故能隆中兴之业。今章奏停滞,动经时月,下情不得上通,沉冤困于囹圄,殆非明主之事也。"重华谢之。

【注释】

①泗口:地名,在今江苏淮安市西南,即古泗水入淮水之口。 ②代陂:今地不详,待考。 ③征事:职官名。自汉代以来,为丞相官属。前凉因张重华任丞相,故设置此官。

司马勋出骆谷[①],破赵长城戍[②],壁于悬钩[③]。去长安二百里,使治中刘焕攻长安,斩京兆太守刘秀离,又拔贺城[④];三辅豪桀多杀守令以应勋,凡三十余壁,众五万人。赵乐平王苞乃辍攻邺之谋,使其将麻秋、姚国等将兵拒勋。赵主遵遣车骑将军王朗帅精骑二万以讨勋为名,因劫苞送邺。勋兵少,畏朗不敢进;冬,十月,释悬钩,拔宛城,杀赵南阳太守袁景,复还梁州。

初,赵主遵之发李城也,谓武兴公闵曰:"努力!事成,以尔为太子。"既而立太子衍。闵恃功,欲专朝政,遵不听。闵素骁勇,屡立战功,夷、夏宿将皆惮之。既为都督,总内外兵权,乃抚循殿中将士,皆奏为殿中员外将军,爵关外侯。遵弗之疑,而更题名善恶以挫抑之,众咸怨怒。中书令孟准、左卫将军王鸾劝遵稍夺闵兵权,闵益恨望,准等咸劝诛之。

十一月,遵召义阳王鉴、乐平王苞、汝阴王琨、淮南王昭等入议于郑太后前,曰:"闵不臣之迹渐著,今欲诛之,如何?"鉴等皆曰:"宜然!"郑氏曰:"李城还兵,无棘奴[⑤],岂有今日?小骄纵之,何可遽杀?"鉴出,遣宦者杨环驰以告闵。闵遂劫李农及右卫将军王基密谋废遵,使将军苏彦、周成帅甲士三千人执遵于南台[⑥]。遵方与妇人弹棋[⑦],问成曰:"反者谁也?"成曰:"义阳王鉴当立。"遵曰:"我尚如是,鉴能几时!"遂杀之于琨华殿,并杀郑太后、张后、太子衍、孟准、王鸾及上光禄张斐[⑧]。

鉴即位,大赦。以武兴公闵为大将军,封武德王;司空李农为大司马,并录尚书事。郎闿为司空,秦州刺史刘群为尚书左仆射,侍中卢谌为中书监。

秦、雍流民相帅西归,路由枋头,共推蒲洪为主,众至十余万。洪子健在邺,斩关出奔枋头。鉴惧洪之逼,欲以计遣之,乃以洪为都督关中诸军事、征西大将军、雍州牧,领秦州刺史。洪会官属,议应受与不；主簿程朴请且与赵连和，如列国分境而治。洪怒曰："吾不堪为天子邪？而云列国乎？"引朴斩之。

【注释】

①骆谷：又名傥骆道。自今陕西周至县西南，循骆谷水、傥水河谷，至今洋县，是秦岭南北交通要道。 ②长城戍：在今陕西周至县西南。 ③悬钩：在今陕西周至县西南骆谷北口。 ④贺城：今地不详，待考。 ⑤棘奴：石闵的乳名。 ⑥南台：即金雀台。 ⑦弹棋：古代的一种博戏。起于汉成帝之时，白黑棋子各六枚，由两人对局。至魏改用十六枚棋子，至唐又增为二十四枚棋子。其术至宋已失传。 ⑧上光禄：即上光禄大夫。石虎设置上、中光禄大夫，地位在左、右光禄大夫之上。

都乡元侯褚裒还至京口，闻哭声甚多，以问左右，对曰："皆代陂死者之家也。"裒惭愤发疾；十二月，己酉，卒。以吴国内史荀羡为使持节、监徐兖二州、扬州之晋陵诸军事、徐州刺史，时年二十八，中兴方伯未有如羡之少者。

赵主鉴使乐平王苞、中书令李松、殿中将军张才夜攻石闵、李农于琨华殿，不克，禁中扰乱。鉴惧，伪若不知者，夜斩松、才于西中华门，并杀苞。

新兴王祗，虎之子也，时镇襄国，与姚弋仲、蒲洪等连兵，移檄中外，欲共诛闵、农；闵、农以汝阴王琨为大都督，与张举及侍中呼延盛帅步骑七万分讨祗等。

中领军石成、侍中石启、前河东太守石晖谋诛闵、农；闵、农皆杀之。龙骧将军孙伏都、刘铢等帅羯士三千伏于胡天[①]，亦欲诛闵、农。鉴在中台，伏都帅三十余人将升台挟鉴以攻之。鉴见伏都毁阁道，临问其故。伏都曰："李农等反，已在东掖门，臣欲帅卫士以讨之，谨先启知。"鉴曰："卿是功臣，好为官陈力，朕从台上观，卿勿虑无报也。"于是伏都、铢帅众攻闵、农，不克，屯于凤阳门。闵、农帅众数千毁金明门而入。鉴惧闵之杀己，驰招闵、农，开门内之，谓曰："孙伏都反，卿宜速讨之。"闵、农攻斩伏都等，自凤阳至琨华，横尸相枕，流血成渠。宣令内外六夷，敢称兵仗者斩。胡人或斩关、或逾城而出者，不可胜数。

闵使尚书王简、少府王郁帅众数千守鉴于御龙观，悬食以给之。下令城中曰："近日孙、刘构逆，支党伏诛，良善一无预也。今日已后，与官同心者留，不同者各任所之。敕城门不复相禁。"于是赵人百里内悉入城[2]，胡、羯去者填门。闵知胡之不为己用，班令内外："赵人斩一胡首送凤阳门者，文官进位三等，武官悉拜牙门。"一日之中，斩首数万。闵亲帅赵人以诛胡、羯，无贵贱、男女、少长皆斩之，死者二十余万，尸诸城外，悉为野犬豺狼所食。其屯戍四方者，闵皆以书命赵人为将帅者诛之，或高鼻多须滥死者半。

燕王儁遣使至凉州，约张重华共击赵。

高句丽王钊送前东夷护军宋晃于燕，燕王俊赦之，更名曰活，拜为中尉。

【注释】

①胡天：当为宫廷中署舍之名。 ②赵人：指汉族人。

六年 春，正月，赵大将军闵欲灭去石氏之迹，托以谶文有"继赵李"，更国号曰卫，易姓李氏，大赦，改元青龙。太宰赵庶、太尉张举、中军将军张春、光禄大夫石岳、抚军石宁，武卫将军张季及公侯、卿、校、龙腾等万余人，出奔襄国，汝阴王琨奔冀州。抚军将军张沈据滏口[1]，张贺度据石渎[2]，建义将军段勤据黎阳，宁南将军杨群据桑壁[3]，刘国据阳城，段龛据陈留，姚弋仲据滠头，蒲洪据枋头，众各数万，皆不附于闵。勤，末柸之子；龛，兰之子也。

王朗、麻秋自长安赴洛阳。秋承闵书，诛朗部胡千余人。朗奔襄国。秋帅众归邺，蒲洪使其子龙骧将军雄迎击，获之，以为军师将军。

汝阴王琨及张举、王朗帅众七万伐邺，大将军闵帅骑千余与战于城北；闵操两刃矛，驰骑击之，所向摧陷，斩首三千级，琨等大败而去。闵与李农帅骑三万讨张贺度于石渎。

闰月，卫主鉴密遣宦者赍书召张沈等，使乘虚袭邺。宦者以告闵、农，闵、农驰还，废鉴，杀之，并杀赵主虎二十八孙，尽灭石氏。姚弋仲子曜武将军益、武卫将军若帅禁兵数千斩关奔滠头。弋仲帅众讨闵，军于混桥[4]。

司徒申钟等上尊号于闵，闵以让李农，农固辞。闵曰："吾属故晋人也，今晋室犹存，请与诸君分割州郡，各称牧、守、公、侯，奉表迎晋天子还都洛阳。"尚书胡睦进曰："陛下圣德应天，宜登大位，晋氏衰微，远窜江表，岂能总驭英雄，混壹四海乎？"闵曰："胡尚书之言，可谓识机知命矣。"乃即皇帝位，大赦，改元永兴，国号大魏。

朝廷闻中原大乱，复谋进取。己丑，以扬州刺史殷浩为中军将军、假节、都督扬、豫、徐、兖、青五州诸军事；以蒲洪为氐王、使持节、征北大将军、都督河北诸军事、冀州刺史、广川郡公；蒲健为假节、右将军、监河北征讨前锋诸军事、襄国公。

姚弋仲、蒲洪各有据关右之志。弋仲遣其子襄帅众五万击洪，洪迎击，破之，斩获三万余级。洪自称大都督、大将军、大单于、三秦王，改姓苻氏[5]。以南安雷弱儿为辅国将军；安定梁楞为前将军，领左长史；冯翊鱼遵为右将军，领右长史；京兆段陵为左将军，领左司马；天水赵俱、陇西牛夷、北地辛牢皆为从事中郎，氐酋毛贵为单于辅相。

【注释】

①滏(fǔ 抚)口：地名，在今河北磁县西北鼓山，滏水(今滏阳河)发源于此。 ②石渎：地名，在今河北临漳县西南故邺县城东部。 ③桑壁：地名，在今河北石家庄市平山区东南。 ④混桥：地名，在今河北临漳县西南故邺县城东北。 ⑤"改姓"句：蒲洪因谶文中有"草付应王"之句，其孙蒲坚背上有"草付"字，故改姓为"苻"。

二月，燕王儁使慕容霸将兵二万自东道出徒河，慕舆于自西道出蠮螉塞，儁自中道出卢龙塞以伐赵。以慕容恪、鲜于亮为前驱，命慕舆泥槎山通道[1]。留世子暐守龙城，以内史刘斌为大司农，与典书令皇甫真留统后事。

霸军至三陉[2]，赵征东将军邓恒惶怖，焚仓库，弃安乐遁去[3]，与幽州刺史王午共保蓟。徒河南部都尉孙泳急入安乐，扑灭余火，籍其谷帛。霸收安乐、北平兵粮，与俊会临渠[4]。

三月，燕兵至无终[5]，王午留其将王佗以数千人守蓟，与邓恒走保鲁口[⑥]。乙巳，儁拔蓟，执王佗，斩之。儁欲悉坑其士卒千余人，慕容霸谏曰："赵为暴虐，王兴师伐之，将以拯民于涂炭而抚有中州也；今始得蓟而坑其士卒，恐不可以为王师之先声也。"儁入都于蓟，中州士女降者相继。

燕兵至范阳，范阳太守李产欲为石氏拒燕，众莫为用，乃帅八城令长出降；儁复以产为太守。

产子绩为幽州别驾，弃其家从王午在鲁口。邓恒谓午曰："绩乡里在北，父已降燕，今虽在此，恐终难相保，徒为人累，不如去之。"午曰："此何言也？夫以当今丧乱，而绩乃能立义捐家，情节之重，虽古烈士无以过；乃欲以猜嫌害之，燕、赵之士闻之，谓我直相聚为贼，了无意识。众情一散，不可复集，此为坐自屠溃也。"恒乃止。午犹虑诸将不与己同心，或致非意，乃遣绩归。绩始辞午往见燕王儁，儁让之曰："卿不识天命，弃父邀名，今日乃始来邪！"对曰："臣眷恋旧主，志存微节，官身所在，何事非君？殿下方以义取天下，臣未谓得见之晚也。"儁悦，善待之。

儁以弟宜为代郡城郎[⑦]，孙泳为广宁太守，悉置幽州郡县守宰。

甲子，儁使中部俟釐慕舆句督蓟中留事[⑧]，自将击邓恒于鲁口。军至清梁[⑨]，恒将鹿勃早将数千人夜袭燕营，半已得入，先犯前锋都督慕容霸，突入幕下，霸起奋击，手杀十余人，早不能进，由是燕军得严。儁谓慕舆根曰："贼锋甚锐，宜且避之。"根正色曰："我众彼寡，力不相敌，故乘夜来战，冀万一获利。今求贼得贼，正当击之，复何所疑？王但安卧，臣等自为王破之！"儁不能自安，内史李洪从儁出营外，屯高冢上。根帅左右精勇数百人从中牙直前击早，李洪徐整骑队还助之，早乃退走。众军追击四十余里，早仅以身免，所从士卒死亡略尽。儁引兵还蓟。

【注释】

①槎（chá 查）：斜斫木曰槎。 ②三陉：地名，在今河北滦州市境。③安乐：当作"乐安"，城名，在今河北昌黎县西南。 ④临渠：城名，在今河北三河市东。 ⑤无终：县名，治今天津蓟州区。 ⑥鲁口：城名，在今河北饶阳县。 ⑦城郎：前燕所设官职，负责城中军政事务。

⑧佚蠡:前燕所设官职,为部帅之称。 ⑨清梁:城名,一作清凉,在今河北保定市清苑区东南。

魏主闵复姓冉氏,尊母王氏为皇太后,立妻董氏为皇后,子智为皇太子,胤、明、裕皆为王。以李农为太宰,领太尉、录尚书事,封齐王,其子皆封县公。遣使者持节赦诸军屯[1];皆不从。

麻秋说苻洪曰:"冉闵、石祗方相持,中原之乱未可平也。不如先取关中,基业已固,然后东争天下,谁敢敌之?"洪深然之。既而秋因宴鸩洪,欲并其众;世子健收秋斩之。洪谓健曰:"吾所以未入关者,以为中州可定;今不幸为竖子所困。中州非汝兄弟所能办,我死,汝急入关!"言终而卒。健代统其众,乃去大都督、大将军、三秦王之号,称晋官爵,遣其叔父安来告丧,且请朝命。

十六国金铜佛像

赵新兴王祗即皇帝位于襄国,改元永宁。以汝阴王琨为相国,六夷据州郡者皆应之。祗以姚弋仲为右丞相、亲赵王,待以殊礼。弋仲子襄,雄勇多才略,士民多爱之,请弋仲以为嗣,弋仲以襄非长子,不许;请者日以千数,弋仲乃使之将兵。祗以襄为骠骑将军、豫州刺史、新昌公。又以苻健为都督河南诸军事、镇南大将军、开府仪同三司、兖州牧、略阳郡公。

夏,四月,赵主祗遣汝阴王琨将兵十万伐魏。

魏主闵杀李农及其三子,并尚书令王谟、侍中王衍、中常侍严震、赵升。闵遣使临江告晋曰:"逆胡乱中原,今已诛之;能共讨者,可遣军来也。"朝廷不应。

五月,庐江太守袁真攻魏合肥,克之,虏其居民而还。

六月,赵汝阴王琨进据邯郸,镇南将军刘国自繁阳会之[②]。魏卫将军王泰击琨,大破之,死者万余人。刘国还繁阳。

初,段兰卒于令支,段龛代领其众,因石氏之乱,拥部落南徙。秋,七月,龛引兵东据广固[③],自称齐王。

【注释】

①诸军屯:指张沈及蒲洪等人。 ②繁阳:县名,在今河南内黄县西北。 ③广固:城名,在今山东青州市西北。

八月,代郡人赵榼帅三百余家叛燕归赵并州刺史张平[①]。燕王俊徙广宁、上谷二郡民于徐无[②],代郡民于凡城[③]。

王朗之去长安也,朗司马杜洪据长安,自称晋征北将军、雍州刺史,以冯翊张琚为司马;关西夷、夏皆应之。苻健欲取之,恐洪知之,乃受赵官爵。以赵俱为河内太守,戍温;牛夷为安集将军,戍怀;治宫室于枋头,课民种麦,示无西意,有知而不种者,健杀之以徇。既而自称晋征西大将军、都督关中诸军事、雍州刺史;以武威贾玄硕为左长史,洛阳梁安为右长史,段纯为左司马,辛牢为右司马,京兆王鱼、安定程肱、胡文等为军咨祭酒,悉众而西。以鱼遵为前锋,行至盟津[④],为浮梁以济。遣弟辅国将军雄帅众五千自潼关入,兄子扬武将军菁帅众七千自轵关入。临别,执菁手曰:"若事不捷,汝死河北,我死河南,不复相见。"既济,焚桥,自帅大众随雄而进。

杜洪闻之,与健书,侮嫚之[⑤]。以张琚弟先为征虏将军,帅众万三千逆战于潼关之北。先兵大败,走还长安。洪悉召关中之众以拒健。洪弟郁劝洪迎健,洪不从;郁帅所部降于健。

健遣苻雄徇渭北。氐酋毛受屯高陵,徐蹉屯好畤,羌酋白犊屯黄白,众各数万,皆斩洪使,遣子降于健。苻菁、鱼遵所过城邑,无不降附。洪惧,固守长安。

张贺度、段勤、刘国、靳豚会于昌城[⑥],将攻邺。魏主闵自将击之,战于苍亭[⑦],贺度等大败,死者二万八千人,追斩靳豚于阴安[⑧],

尽俘其众而归。闵戎卒三十余万,旌旗、钲鼓绵亘百余里,虽石氏之盛,无以过也。

故晋散骑常侍陇西辛谧,有高名,历刘、石之世,征辟皆不就;闵备礼征为太常。谧遗闵书,以为"物极则反,致至则危。君王功已成矣,宜因兹大捷,归身晋朝,必有由、夷之廉[9],享松、乔之寿矣[10]"。因不食而卒。

【注释】

①榼(kē 棵):此处为人名用字。 ②徐无:县名,治今河北遵化市东。 ③凡城:城名,在今河北平泉市南。 ④盟津:即孟津区,在今河南洛阳市。 ⑤嫚(màn 慢):轻视、侮辱。 ⑥昌城:城名,在今河北唐山市丰南区西北。 ⑦苍亭:地名,在今山东莘县南古黄河边。 ⑧阴安:在今河南清丰县北。 ⑨由、夷:即许由、伯夷。许由,古史传说中隐君子。相传尧到晚年,想传位给他,他坚辞不受,隐居于箕山。后尧又请他出山任九州长,他不屑多听,到颍水边洗耳,以示清高。伯夷,商末孤竹国君长子。其父死时,遗命立三子叔齐。伯夷、叔齐互让,相偕至周国。武王伐纣,二人叩马而谏,未被采纳,遂逃到首阳山(今山西永济南),不食周粟而死。 ⑩松、乔:即赤松子、王子乔。赤松子,相传为神农时雨师,服水玉以教神,能入火不烧。王子乔,详见本书卷第八十四晋惠帝永宁元年(301)三月条。

九月,燕王儁南徇冀州,取章武、河间。初,勃海贾坚,少尚气节,仕赵为殿中督。赵亡,坚弃魏主闵还乡里,拥部曲数千家[1]。燕慕容评徇勃海,遣使招之,坚终不降;评与战,擒之。儁以评为章武太守,封裕为河间太守。儁与慕容恪皆爱贾坚之材,坚时年六十余,恪闻其善射,置牛百步上以试之。坚曰:"少之时能令不中,今老矣,往往中之。"乃射再发,一矢拂脊,一矢磨腹,皆附肤落毛,上下如一,观者咸服其妙。儁以坚为乐陵太守,治高城[2]。

苻菁与张先战于渭北,擒之,三辅郡县堡壁皆降。冬,十月,苻健长驱至长安,杜洪、张琚奔司竹[3]。

燕王儁还蓟,留诸将守之;儁还至龙城,谒陵庙。

十一月,魏主闵帅步骑十万攻襄国。署其子太原王胤为大单于、骠骑大将军，以降胡一千配之为麾下。光禄大夫韦谀谏曰："胡、羯皆我之仇敌，今来归附，苟存性命耳；万一为变，悔之何及。请诛屏降胡，去单于之号，以防微杜渐。"闵方欲抚纳群胡，大怒，诛谀及其子伯阳。

甲午[4]，苻健入长安，以民心思晋，乃遣参军杜山伯诣建康献捷，并修好于桓温。于是秦、雍夷、夏皆附之，赵凉州刺史石宁独据上邽不下，十二月，苻雄击斩之。

蔡谟除司徒，三年不就职；诏书屡下，太后遣使谕意，谟终不受。于是帝临轩，遣侍中纪据、黄门郎丁纂征谟；谟陈疾笃，使主簿谢攸陈让。自旦至申[5]，使者十余返，而谟不至。时帝方八岁，甚倦，问左右曰："所召人何以至今不来？临轩何时当竟？"太后以君臣俱疲，乃诏："必不来者，宜罢朝。"中军将军殷浩奏免吏部尚书江彪官。会稽王昱令曹曰："蔡公傲违上命，无人臣之礼。若人主卑屈于上，大义不行于下，亦不知所以为政矣。"公卿乃奏"谟悖慢傲上，罪同不臣，请送廷尉以正刑书"。谟惧，帅子弟诣阙稽颡，自到廷尉待罪。殷浩欲加谟大辟；会徐州刺史荀羡入朝，浩以问羡，羡曰："蔡公今日事危，明日必有桓、文之举[6]。"浩乃止。下诏免谟为庶人。

【注释】

①部曲：本为古代军队的编制单位，至魏晋时期，又成为豪门大族依附人口的称呼。这些依附者，平时为主人生产，战时为主人打仗。②高城：县名，治今河北盐山县东南。　③司竹：园林名，一名芒竹，在今陕西周至县东南，周围百里。　④甲午：十一戊戌朔，无甲午。　⑤申：时刻名，即下午三点至五点。　⑥桓、文之举：齐桓公、晋文公的举动，代指有人起兵问罪。

资治通鉴卷第九十九

晋纪二十一　起重光大渊献，尽阏逢摄提格，凡四年。

孝宗穆皇帝中之上

永和七年　春，正月，丁酉，日有食之。

苻健左长史贾玄硕等请依刘备称汉中王故事[①]，表健为都督关中诸军事、大将军、大单于、秦王。健怒曰："吾岂堪为秦王邪？且晋使未返，我之官爵，非汝曹所知也。"既而密使梁安讽玄硕等上尊号，健辞让再三，然后许之。丙辰，健即天王、大单于位，国号大秦，大赦，改元皇始。追尊父洪为武惠皇帝，庙号太祖；立妻强氏为天王后，子苌为太子，靓为平原公，生为淮南公，觌为长乐公[②]，方为高阳公，硕为北平公，腾为淮阳公，柳为晋公，桐为汝南公，廋为魏公，武为燕公，幼为赵公。以苻雄为都督中外诸军事、丞相，领车骑大将军、雍州牧、东海公；苻菁为卫大将军、平昌公，宿卫二宫[③]；雷弱儿为太尉，毛贵为司空，略阳姜伯周为尚书令，梁楞为左仆射，王堕为右仆射，鱼遵为太子太师，强平为太傅，段纯为太保，吕婆楼为散骑常侍。伯周，健之舅；平，王后之弟；婆楼，本略阳氐酋也。

段龛请以青州内附；二月；戊寅，以龛为镇北将军，封齐公。

魏主闵攻围襄国百余日。赵主祗危急，乃去皇帝之号，称赵王，遣太尉张举乞师于燕，许送传国玺；中军将军张春乞师于姚弋仲。弋仲遣其子襄帅骑二万八千救赵，诫之曰："冉闵弃仁背义，屠灭石氏。我受人厚遇，当为复仇，老病不能自行；汝才十倍于闵，若不枭擒以来，不必复见我也！”弋仲亦遣使告于燕；燕主儁遣御难将军悦绾将兵三万往会之。

冉闵闻儁欲救赵，遣大司马从事中郎广宁常炜使于燕[4]。儁使封裕诘之曰：“冉闵，石氏养息，负恩作逆，何敢辄称大号？”炜曰：“汤放桀，武王伐纣，以兴商、周之业；曹孟德养于宦官，莫知所出，卒立魏氏之基；苟非天命，安能成功？推此而言，何必致问？”裕曰：“人言冉闵初立，铸金为己像以卜成败，而像不成，信乎？”炜曰：“不闻。”裕曰：“南来者皆云如是，何故隐之？”炜曰：“奸伪之人欲矫天命以惑人者，乃假符瑞、托蓍龟以自重。魏主握符玺，据中州，受命何疑？而更反真为伪，取决于金像乎？”裕曰：“传国玺果安在？”炜曰：“在邺。”裕曰：“张举言在襄国。”炜曰：“杀胡之日，在邺者殆无孑遗；时有迸漏者，皆潜伏沟渎中耳，彼安知玺之所在乎？彼求救者，为妄诞之辞，无所不可，况一玺乎？”

儁犹以张举之言为信，乃积柴其旁，使裕以其私诱之，曰：“君更熟思，无为徒取灰灭！”炜正色曰：“石氏贪暴，亲帅大兵攻燕国都；虽不克而返，然志在必取。故运资粮、聚器械于东北者，非以相资，乃欲相灭也。魏主诛翦石氏，虽不为燕；臣子之心，闻仇雠之灭，义当如何？而更为彼责我，不亦异乎？吾闻死者骨肉下于土，精魂升于天。蒙君之惠，速益薪纵火，使仆得上诉于帝足矣！”左右请杀之，儁曰：“彼不惮杀身以徇其主，忠臣也。且冉闵有罪，使臣何预焉！”使出就馆。夜，使其乡人赵瞻往劳之，且曰：“君何不以实言？王怒，欲处君于辽、碣之表[5]，奈何？”炜曰：“吾结发以来，尚不欺布衣，况人主乎？曲意苟合，性所不能；直情尽言，虽沉东海，不敢避也！”遂卧向壁，不复与瞻言。瞻具以白儁，儁乃囚炜于龙城。

赵并州刺史张平遣使降秦，秦王以平为大将军、冀州牧。

燕主儁还蓟。

【注释】

①“苻健”句：刘备称汉中王的旧例，见本书卷第六十八汉献帝建安二十四年(219)。 ②觌(dí 敌)：此处为人名用字。 ③二宫：皇宫及

太子宫。 ④炜(wěi 伟):此处为人名用字。 ⑤辽、碣:即辽海(渤海)、碣石(在今河北昌黎县西北仙台山)。

三月,姚襄及赵汝阴王琨各引兵救襄国。冉闵遣车骑将军胡睦拒襄于长芦[1],将军孙威拒琨于黄丘[2],皆败还,士卒略尽。

闵欲自出击之,卫将军王泰谏曰:"今襄国未下,外救云集,若我出战,必覆背受敌,此危道也。不若固垒以挫其锐,徐观其衅而击之。陛下亲临行陈,如失万全,则大事去矣。"闵将止,道士法饶进曰:"陛下围襄国经年,无尺寸之功;今贼至,又避不击,将何以使将士乎？且太白入昴,当杀胡王[3],百战百克,不可失也!"闵攘袂大言曰:"吾战决矣,敢沮众者斩!"乃悉众出,与襄、琨战。悦绾适以燕兵至,去魏兵数里,疏布骑卒,曳柴扬尘,魏人望之恟惧,襄、琨、绾三面击之,赵王祗自后冲之,魏兵大败,闵与十余骑走还邺。降胡栗特康等执大单于胤及左仆射刘琦以降赵,赵王祗杀之。胡睦及司空石璞、尚书令徐机、中书监卢谌等并将士死者凡十余万人。闵潜还,人无知者。邺中震恐,讹言闵已没。射声校尉张艾请闵亲郊以安众心,闵从之,讹言乃息。闵支解法饶父子,赠韦谀大司徒。姚襄还滠头,姚弋仲怒其不擒闵,杖之一百。

初,闵之为赵相也,悉散仓库以树私恩,与羌、胡相攻,无月不战。赵所徙青、雍、幽、荆四州之民及氐、羌、胡、蛮数百万口,以赵法禁不行,各还本土;道路交错,互相杀掠,其能达者什有二、三。中原大乱,因以饥疫,人相食,无复耕者。

赵王祗使其将刘显帅众七万攻邺,军于明光宫[4],去邺二十三里。魏主闵恐,召王泰,欲与之谋;泰恚前言之不从,辞以疮甚。闵亲临问之,泰固称疾笃。闵怒,还宫,谓左右曰:"巴奴[5],乃公岂假汝为命邪[6]？要将先灭群胡,却斩王泰。"乃悉众出战,大破显军,追奔至阳平斩首三万余级。显惧,密使请降,求杀祗以自效,闵乃引归。有告王泰欲叛入秦者,闵杀之,夷其三族。

【注释】

①长芦:水名,自今河北新河县西承古漳水、东北经新河县南及冀州市、衡水市西,东北复入古漳水。其水久堙。 ②黄丘:地名,在今河北

深泽县境。　③“且太白”句:《晋书·天文志》说:“昴七星,天之耳目也……又为旄头,胡星也。”意即昴宿代表胡人兴衰,而太白星进入昴宿,预示胡人首领有被杀之灾。④明光宫:在邺城附近,为石虎时所建。⑤巴奴:冉闵对王泰的侮辱性称呼。据有关资料,王泰为巴郡蛮族,故被称为“巴奴”。　⑥乃公:犹今语“老子”,这里为冉闵傲慢的自称语。

前秦“大秦龙兴化牟古圣”瓦当

秦王健分遣使者问民疾苦,搜罗隽异,宽重敛之税,弛离宫之禁①,罢无用之器,去侈靡之服,凡赵之苛政不便于民者,皆除之。

杜洪、张琚遣使召梁州刺史司马勋;夏,四月,勋帅步骑三万赴之,秦王健御之于五丈原②。勋屡战皆败,退归南郑。健以中书令贾玄硕始者不上尊号,衔之,使人告玄硕与司马勋通,并其诸子皆杀之。

渤海人逄约因赵乱③,拥众数千家,附于魏,魏以约为渤海太守。故太守刘准,隗之兄子也;土豪封放,奕之从弟也;别聚众自守。闵以准为幽州刺史,与约中分渤。燕王儁使封奕讨约,使昌黎太守高开讨准、放。开,瞻之子也④。

奕引兵直抵约垒,遣人谓约曰:“相与乡里⑤,隔绝日久,会遇甚难。时事利害,人皆有心,非所论也。愿单出一相见,以写伫结之情⑥。”约素信重奕,即出,见奕于门外;各屏骑卒,单马交语。奕与论叙平生毕,因说之曰:“与君累世同乡,情相爱重,诚欲君享祚无穷;今既获展奉⑦,不可不尽所怀。冉闵乘石氏之乱,奄有成资,是宜天下服其强矣,而祸乱方始,固知天命不可力争也。燕王奕世载德,奉义讨乱,所征无敌。今已都蓟,南临赵、魏,远近之民,襁负归之。民厌荼毒,咸思有道。冉闵之亡,匪朝伊夕,成败之形,昭然易见。且燕王肇开王业,虚心贤隽;君能翻然改图,则功参绛、灌[8]，庆流苗裔，孰与为亡国将、守孤城以待必至之祸哉？”约闻之，怅然不言。奕给使张安[9]，有勇力；奕豫戒之，俟约气下，安突前持其马鞚[10]，因挟之而驰。至营，奕与坐，谓曰：“君计不能自决，故相为决之，非欲取君以邀功，乃欲全君以安民也。”

高开至渤海，准、放迎降。儁以放为渤海太守，准为左司马，约参军事。以约诱于人而遇获，更其名曰钧。

刘显弑赵王祗及其丞相乐安王炳、太宰赵庶等十余人，传首于邺。骠骑将军石宁奔柏人[11]。魏主闵焚祗首于通衢[12]，拜显上大将军、大单于、冀州牧。

五月，赵兖州刺史刘启自鄄城来奔。

【注释】

①离宫：古代帝王在正式宫殿以外建造、以供随时游乐的宫室。②五丈原：地名，在今陕西眉县西南斜谷口西侧。 ③逄（páng 旁）：姓氏。 ④高瞻：事迹详见本书卷第九十一晋元帝太兴二年（319）。⑤“相与”句：封奕本为渤海人，晋怀帝永嘉五年（311），依附于慕容廆，详见本书卷第八十七。 ⑥伫（zhù 注）结：思念之情，积集于心。⑦展奉：见面承教。旧时客套语。 ⑧绛、灌：即绛侯周勃、灌婴，皆为西汉初名将。 ⑨给使：在左右供差遣的人。 ⑩马鞚（kòng 控）：马笼头。 ⑪柏人：县名，治今河北隆尧县西尧城西北。 ⑫通衢（qú 渠）：四通八达的道路。

秋，七月，刘显复引兵攻邺，魏主闵击败之。显还，称帝于襄国。

八月，魏徐州刺史周成、兖州刺史魏统、荆州刺史乐弘、豫州牧张遇以廪丘、许昌等诸城来降；平南将军高崇、征虏将军吕护执洛州刺史郑系，以其地来降。

燕王儁遣慕容恪攻中山，慕容评攻王午于鲁口，魏中山太守上谷侯龛闭城拒守。恪南徇常山，军于九门[1]，魏赵郡太守辽西李邽举郡降，恪厚抚之，将邽还围中山，侯龛乃降。恪入中山，迁其将帅、土豪数十家诣蓟，余皆安堵，军令严明，秋豪不犯。慕容评至南安，王午遣其将郑生拒战，评击斩之。

悦绾还自襄国，儁乃知张举之妄而杀之。常炜有四男二女在中山，儁释炜之囚，使诸子就见之。炜上疏谢恩，儁手令答曰："卿本不为生计，孤以州里相存耳[2]。今大乱之中，诸子尽至，岂非天所念邪？天且念卿，况于孤乎！"赐妾一人，谷三百斛，使居凡城。以北平太守孙兴为中山太守；兴善于绥抚，中山遂安。

库傉官伟帅部众自上党降燕[3]。

姚弋仲遣使来请降。冬，十月，以弋仲为使持节、六夷大都督、督江北诸军事、车骑大将军、开府仪同三司、大单于、高陵郡公；又以其子襄为持节、平北将军、都督并州诸军事、并州刺史、平乡县公。

逢钓亡归渤海，招集旧众以叛燕。乐陵太守贾坚使人告谕乡人，示以成败，钓部众稍散，遂来奔。

吐谷浑叶延卒，子碎奚立[4]。

【注释】

①九门：县名，治今河北石家庄市藁城区西北。　②"孤以"句：慕容儁住在昌黎，常炜住在广宁，二郡皆属幽州，故以"州里"相称。③库傉官伟：渔阳乌桓部落酋长。库傉官，三字姓氏。　④碎奚：据《晋书·四夷传》及本书卷第一百三晋简文帝咸安元年（371）记事，当作"辟奚"。

初，桓温闻石氏乱，上疏请出师经略中原；事久不报。温知朝廷杖殷浩以抗己，甚忿之；然素知浩之为人，亦不之惮也。以国无他衅，遂得相持弥年，羁縻而已[1]，八州士众资调殆不为国家用[2]，屡求北伐，诏书不听。十二月，辛未，温拜表辄行，帅众四五万顺流而下，军于武昌。朝廷大惧。

殷浩欲去位以避温，又欲以驺虞幡驻温军。吏部尚书王彪之言于会稽王昱曰："此属皆自为计，非能保社稷，为殿下计也。若殷浩去职，人情离骇，天子独坐，当此之际，必有任其责者，非殿下而谁乎？"又谓浩曰："彼若抗表问罪，卿为之首。事任如此，猜衅已成，欲作匹夫，岂有全地邪？且当静以待之。令相王与手书[3]，示以款诚，为陈成败，彼必旋师；若不从，则遣中诏；又不从，乃当以正义相裁。奈何无故匆匆,先自猖獗乎?”浩曰:“决大事正自难,顷日来欲使人闷。闻卿此谋,意始得了。”彪之,彬之子也。

抚军司马高崧言于昱曰:“王宜致书,谕以祸福,自当返旆。如其不尔,便六军整驾,逆顺于兹判矣!”乃于坐为昱草书曰:“寇难宜平,时会宜接④。此实为国远图,经略大算,能弘斯会,非足下而谁?但以比兴师动众,要当以资实为本;运转之艰,古人所难,不可易之于始而不熟虑。顷所以深用为疑,惟在此耳。然异常之举,众之所骇,游声噂喈⑤,想足下亦少闻之。苟患失之,无所不至⑥。或能望风振扰,一时崩散。如此则望实并丧,社稷之事去矣。皆由吾暗弱,德信不著,不能镇静群庶,保固维城⑦。所以内愧于心,外惭良友。吾与足下,虽职有内外,安社稷,保国家,其致一也。天下安危,系之明德⑧;当先思宁国而后图其外,使王基克隆,大义弘著,所望于足下。区区诚怀,岂可复顾嫌而不尽哉?”温即上疏惶恐致谢,回军还镇。

朝廷将行郊祀。会稽王昱问于王彪之曰:“郊祀应有赦否?”彪之曰:“自中兴以来⑨,郊祀往往有赦,愚意常谓非宜;凶愚之人,以为郊必有赦,将生心于徼幸矣!”昱从之。

燕王儁如龙城。

丁零翟鼠帅所部降燕,封为归义王。

【注释】

①羁縻(mí 迷):羁,马笼头;縻,牛绳。比喻联络、维系。 ②八州:指荆、司、雍、益、梁、宁、交、广八州。 ③相王:指担任宰相的会稽王司马昱。 ④时会:指中原豪桀相继来降,东晋有着重新统一天下的机会。⑤噂喈(zǔn tà 尊上踏):议论纷纷。 ⑥“苟患”句:语出《论语·阳货篇》,意为“假若生怕失去,会无所不用其极了”。 ⑦维城:连城以卫国。语出《诗经·大雅·板》“怀德维宁,宗子维城”,全句大意为“关心人民,国家安泰,宗子(周王的嫡子)就像是城墙”。 ⑧明德:有完美的德性的人,此处代指桓温。 ⑨中兴:由衰落而重新兴盛。此处指东晋的建立。

八年 春,正月,辛卯,日有食之。

秦丞相雄等请秦王健正尊号，依汉、晋之旧，不必效石氏之初[1]。健从之，即皇帝位，大赦，诸公皆进爵为王。且言单于所以统一百蛮，非天子所宜领，以授太子苌。

司马勋既还汉中，杜洪、张琚屯宜秋[2]。洪自以右族轻琚[3]，琚遂杀洪，自立为秦王，改元建昌。

刘显攻常山，魏主闵留大将军蒋干使辅太子智守邺，自将八千骑救之。显大司马清河王宁以枣强降魏[4]。闵击显，贬之，追奔至襄国。显大将军曹伏驹开门纳闵，闵杀显及其公卿已下百余人，焚襄国宫室，迁其民于邺。赵汝阴王琨以其妻妾来奔，斩于建康市，石氏遂绝。

尚书左丞孔严言于殷浩曰："比来众情，良可寒心，不知使君当何以镇之。愚谓宜明受任之方，韩、彭专征伐，萧、曹守管籥[5]，内外之任，各有攸司；深思廉、蔺屈身之义[6]，平、勃交欢之谋[7]，令穆然无间[8]，然后可以保大定功也[9]。观近日降附之徒[10]，皆人面兽心，贪而无亲，恐难以义感也。"浩不从。严，愉之从子也。

浩上疏请北出许、洛，诏许之，以安西将军谢尚、北中郎将荀羡为督统[11]，进屯寿春。谢尚不能抚尉张遇，遇怒，据许昌叛，使其将上官恩据洛阳，乐弘攻督护戴施于仓垣，浩军不能进。三月，命荀羡镇淮阴，寻加监青州诸军事，又领兖州刺史，镇下邳。

乙巳，燕王儁还蓟，稍徙军中文武兵民家属于蓟。

姚弋仲有子四十二人，及病，谓诸子曰："石氏待吾厚，吾本欲为之尽力。今石氏已灭，中原无主；我死，汝亟自归于晋，当固执臣节，无为不义也！"弋仲卒，子襄秘不发丧，帅户六万南攻阳平、元城、发干[12]，破之，屯于碻磝津[13]；以太原王亮为长史，天水尹赤为司马，太原薛瓒、略阳权翼为参军。

襄与秦兵战，败，亡三万余户，南至荥阳，始发丧。又与秦将高昌、李历战于麻田[14]，马中流矢而毙。弟苌以马授襄，襄曰："汝何以自免？"苌曰："但令兄济，竖子必不敢害苌！"会救至，俱免。尹赤奔秦，秦以赤为并州刺史，镇蒲阪。

襄遂帅众归晋，送其五弟为质。诏襄屯谯城。襄单骑渡淮，见谢尚于寿春。尚闻其名，命去仗卫，幅巾待之，欢若平生。襄博学，善谈论，江东人士皆重之。

【注释】

①“依汉、晋”二句：汉、晋开国皇帝都是在称王后便称帝的，而石虎兄弟却是称王后，又改称天王才最后称帝的。 ②宜秋：县名，在今陕西泾阳县西北。 ③右族：古代以右为尊，故称豪门大族为右族。 ④枣强：县名，治今河北枣强县东南。 ⑤韩、彭：指韩信、彭越，西汉初名将。萧、曹：萧何、曹参，西汉初名臣。管籥（yuè 越）：钥匙。此处代指朝政。⑥廉、蔺：廉颇、蔺（lìn 吝）相如，分别为战国时赵国将相。屈身之义：指蔺相如为国家利益忍受廉颇的污辱，其后廉颇深明大义，主动负荆请罪的高风亮节，详见本书卷第四周赧王三十六年（前279）。 ⑦平、勃：陈平、周勃，分别为汉初丞相、太尉。交欢之谋：指陈平、周勃在陆贾劝说下，将相和调，全力对付外戚吕氏的策谋，详见本书卷第十三汉高后七年（前181）。 ⑧穆然：沉静、和睦，此处意在劝殷浩与桓温两释猜疑，同心协力地考虑国事。 ⑨保大定功：语出《左传》宣公十二年，为楚庄王所述“武德”中的两种，保大，意为保持强大；定功，意为巩固功业。⑩降附之徒：指段龛、张遇、姚襄等人。 ⑪督统：统领一方军队的长官。当时谢尚镇守寿春，荀羡镇守京口，殷浩想两路并进，故以二人同时为督统。 ⑫元城：县名，治今河北大名县东。发干：县名，治今山东冠县东南。 ⑬碻磝（áo 熬）津：地名，又作敲嚣津，在今山东聊城市茌平区西南古黄河上，南岸有碻磝城。 ⑭麻田：地名，在今河北洛阳市东。

魏主闵既克襄国，因游食常山、中山诸郡[①]。赵立义将军段勤聚胡、羯万余人保据绎幕[②]，自称赵帝。夏，四月，甲子，燕王儁遣慕容恪等击魏，慕容霸等击勤。

魏主闵将与燕战，大将军董闰、车骑将军张温谏曰：“鲜卑乘胜锋锐，且彼众我寡，宜且避之；俟其骄惰，然后益兵以击之。”闵怒曰：“吾欲以此众平幽州，斩慕容儁；今遇恪而避之，人谓我何？”司徒刘茂、特进郎闿相谓曰：“吾君此行，必不还矣，吾等何为坐待戮辱？”皆自杀。

闵军于安喜[③]，慕容恪引兵从之。闵趣常山，恪追之，及于魏昌之廉台[④]。闵与燕兵十战，燕兵皆不胜。闵素有勇名，所将兵精锐，燕人惮之。慕容恪巡陈，谓将士曰：“冉闵勇而无谋，一夫敌耳！其士卒饥疲，甲兵虽精，其实难用，不足破也！”闵以所将多步卒，而燕皆骑兵，引兵将趣林中。恪参军高开曰：“吾骑兵利平地，若闵得入林，不可复制。宜亟遣轻骑邀之，既合而阳走，诱致平地，然后可击也。”恪从之。魏兵还就平地，恪分军为三部，谓诸将曰：“闵性轻锐，又自以众少，必致死于我。我厚集中军之阵以待之，俟其合战，卿等从旁击之，无不克矣。”乃择鲜卑善射者五千人，以铁锁连其马，为方阵而前。闵所乘骏马曰朱龙，日行千里。闵左操两刃矛，右执钩戟[⑤]，以击燕兵，斩首三百余级。望见大幢[⑥]，知其为中军，直冲之；燕两军从旁夹击，大破之。围闵数重，闵溃围东走二十余里，朱龙忽毙，为燕兵所执。燕人杀魏仆射刘群，执董闵、张温及闵[⑦]，皆送于蓟。闵子操奔鲁口。高开被创而卒。慕容恪进屯常山，儁命恪镇中山。

己卯，冉闵至蓟。儁大赦。立闵而责之曰：“汝奴仆下才，何得妄称帝？”闵曰：“天下大乱，尔曹夷狄禽兽之类犹称帝，况我中土英雄，何得不称帝邪？”儁怒，鞭之三百，送于龙城。

慕容霸军至绎幕，段勤与弟思聪举城降。

甲申，儁遣慕容评及中尉侯龛帅精骑万人攻邺。癸巳[⑧]，至邺，魏蒋干及太子智闭城拒守，城外皆降于燕，刘宁及弟崇帅胡骑三千奔晋阳。

秦以张遇为征东大将军、豫州牧。

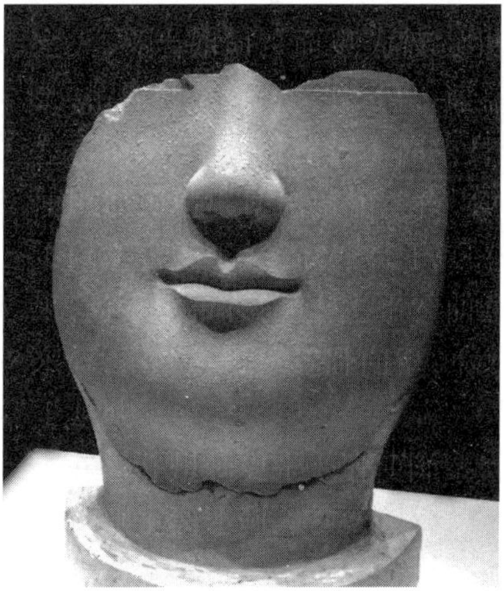

北魏永宁寺佛头像

【注释】

①游食：当时军粮供应困难，军队便在各地流动以谋取食物，这样可以减少京城的负担。 ②绎幕：县名，治今山东平原县西北。 ③安喜：县名，治今河北定州市东南。 ④魏昌：县名，治今河北定州市东南。廉台：地名，在今河北无极县东北。

⑤钩戟:兵器名,带钩的铁戟。 ⑥大幢(chuáng 床):主帅的旗帜。幢,古代常作为仪仗的以羽毛为饰的一种旗帜。 ⑦董闵:据上文,当作“董闰”。 ⑧癸巳:四月庚申朔,无癸巳。

五月,秦主健攻张琚于宜秋,斩之。

邺中大饥,人相食,故赵时宫人被食略尽。蒋干使侍中缪嵩、詹事刘猗奉表请降,且求救于谢尚。庚寅,燕王儁遣广威将军慕容军、殿中将军慕舆根、右司马皇甫真等帅步骑二万助慕容评攻邺。

辛卯,燕人斩冉闵于龙城。会大旱、蝗,燕王儁谓闵为祟[①],遣使祀之,谥曰悼武天王。

初,谢尚使戴施据枋头,施闻蒋干求救,乃自仓垣徙屯棘津[②],止干使者求传国玺。刘猗使缪嵩还邺白干,干疑尚不能救,沉吟未决。六月,施帅壮士百余人入邺,助守三台,绐之曰:“今燕寇在外,道路不通,玺未敢送也。卿且出以付我,我当驰白天子。天子闻玺在吾所,信卿至诚,必多发兵粮以相救饷。”干以为然,出玺付之。施宣言使督护何融迎粮,阴令怀玺送于枋头。甲子,蒋干帅锐卒五千及晋兵出战,慕容评大破之,斩首四千级,干脱走入城。

甲申,秦主健还长安。

谢尚、姚襄共攻张遇于许昌。秦主健遣丞相东海王雄、卫大将军平昌王菁略地关东,帅步骑二万救之。丁亥,战于颍水之诫桥[③],尚等大败,死者万五千人。尚奔还淮南,襄弃辎重,送尚于芍陂[④];尚悉以后事付襄。殷浩闻尚败,退屯寿春。秋,七月,秦丞相雄徙张遇及陈、颍、许、洛之民五万余户于关中,以右卫将军杨群为豫州刺史,镇许昌。谢尚降号建威将军。

赵故西中郎将王擢遣使请降,拜擢秦州刺史。

丁酉,以武陵王晞为太宰。

丙辰,燕王俊如中山。

王午闻魏败,时邓恒已死,午自称安国王。八月,戊辰,燕王儁遣慕容恪、封奕、阳骛攻之,午闭城自守,送冉操诣燕军,燕人掠其禾稼而还。

庚午，魏长水校尉马愿等开邺城纳燕兵，戴施、蒋干悬缒而下，奔于仓垣。慕容评送魏后董氏、太子智、太尉申钟、司空条枚及乘舆服御于蓟。尚书令王简、左仆射张乾、右仆射郎肃皆自杀。燕王儁诈云董氏得传国玺献之，赐号奉玺君，赐冉智爵海宾侯。以申钟为大将军右长史；命慕容评镇邺。

桓温使司马勋助周抚讨萧敬文于涪城[⑤]，斩之。

谢尚自枋头迎传国玺至建康，百寮毕贺。

秦以雷弱儿为大司马，毛贵为太尉，张遇为司空。

【注释】

①为祟：鬼神作怪，给人带来灾难。 ②棘津：地名，又称石济津、南津，在今河南滑县西南古黄河上。 ③诚桥：地名，确址待考，疑在今河南临颍、西华二县之间颍水上。 ④芍陂：地名，又名龙泉陂，在今安徽寿县南。 ⑤“桓温”句：萧敬文据涪城，始于晋穆帝永和八年(352)，详见本书卷第九十七。

殷浩之北伐也，中军将军王羲之以书止之，不听。既而无功，复谋再举。羲之遗浩书曰：“今以区区江左，天下寒心[①]，固已久矣，力争武功，非所当作。自顷处内外之任者，未有深谋远虑，而疲竭根本，各从所志，竟无一功可论，遂令天下将有土崩之势；任其事者，岂得辞四海之责哉？今军破于外，资竭于内，保淮之志，非所复及，莫若还保长江，督将各复旧镇；自长江以外，羁縻而已。引咎责躬，更为善治，省其赋役，与民更始，庶可以救倒悬之急也！使君起于布衣，任天下之重，当董统之任，而败丧至此，恐阖朝群贤未有与人分其谤者。若犹以前事为未工，故复求之于分外，宇宙虽广，自容何所？此愚智所不解也。”

又与会稽王昱笺曰：“为人臣谁不愿尊其主，比隆前世；况遇难得之运哉？顾力有所不及，岂可不权轻重而处之也！今虽有可喜之会，内求诸己，而所忧乃重于所喜。功未可期，遗黎歼尽，劳役无时，征求日重，以区区吴、越经纬天下十分之九，不亡何待？而不度德量力，不弊不已，此封内所痛心叹悼而莫敢吐诚者也。‘往者不可谏，来者犹可追[②]。’愿殿下更垂三思，先为不可胜之基，须根立势举，谋之未晚。若不行，恐麋鹿之游[3]，将不止林薮而已[4]！愿殿下暂废虚远之怀[5]，以救倒悬之急，可谓以亡为存，转祸为福也。”不从。

九月，浩屯泗口[6]，遣河南太守戴施据石门[7]，荥阳太守刘遁据仓垣。浩以军兴，罢遣太学生徒，学校由此遂废。

冬，十月，谢尚遣冠军将军王侠攻许昌，克之，秦豫州刺史杨群退屯弘农。征尚为给事中，戍石头。

丁卯，燕王儁还。

故赵将拥兵据州郡者，各遣使降燕；燕王儁以王擢为益州刺史，夔逸为秦州刺史，张平为并州刺史，李历为兖州刺史，高昌为安西将军，刘宁为车骑将军。

慕容恪屯安平[8]，积粮，治攻具，将讨王午。丙戌[9]，中山苏林起兵于无极[10]，自称天子；恪自鲁口还讨林。闰月，戊子，燕王俊遣广威将军慕舆根助恪攻林，斩之。王午为其将秦兴所杀。吕护杀兴，复自称安国王。

燕群僚共上尊号于燕王儁，儁许之。十一月，丁卯，始置百官，以国相封奕为太尉，左长史阳骛为尚书令，右司马皇甫真为尚书左仆射，典书令张悕为右仆射；其余文武，拜授有差。戊辰，俊即皇帝位，大赦；自谓获传国玺，改元元玺。追尊武宣王为高祖武宣皇帝，文明王为太祖文明皇帝[11]。时晋使适至燕，儁谓曰：“汝还白汝天子，我承人乏，为中国所推，已为帝矣！”改司州为中州；建留台于龙都[12]。以玄菟太守乙逸为尚书，专委留务。

秦丞相雄攻王擢于陇西，擢奔凉州，雄还屯陇东[13]。张重华以擢为征虏将军、秦州刺史，特宠待之。

【注释】

①寒心：失望而痛心；害怕。此处指江东地域狭小，民众对能否自保感到担心。 ②“往者”句：语出《论语·微者篇》，为楚国狂人接舆对孔子说的话，意为“过去的不可再挽回，未来的还可补救”。 ③麋鹿之游：语本《史记·淮南王刘安传》中伍被之言：“臣闻(伍)子胥谏吴王，吴王不用，乃曰臣今见麋鹿游姑苏之台也。”(意为姑苏城将化为废墟，成为麋鹿的活动场所。)此处借这个典故说明北伐将失败，建康将丧失。

④“将不”句：意为麋鹿的活动场所将不仅在山林川泽，还会到覆灭后的建康城。 ⑤虚远之怀：玄虚高远的心怀，此处借以讥讽司马昱的清谈作风。 ⑥泗口：地名，在今江苏淮安市西南，即古泗水入淮水之口。 ⑦石门：地名，在今河南荥阳市北。 ⑧安平：地名，治今河南柘城县安平镇。 ⑨丙戌：十月丁巳朔，无丙戌，下月即闰月朔日为丙戌，此处时序疑有误。 ⑩无极：县名，当作“毋极”，治今河北无极县西。 ⑪武宣王：即慕容廆。文明王：即慕容皝。 ⑫留台：即留都。龙都：即龙城。 ⑬陇东：地名，在今甘肃平凉市。

九年 春，正月，乙卯朔，大赦。

二月，庚子，燕王儁立其妃可足浑氏为皇后，世子暐为皇太子，皆自龙城迁于蓟宫。

张重华遣将军张弘、宋修会王擢帅步骑万五千伐秦；秦丞相雄、卫将军菁拒之，大败凉兵于龙黎[1]，斩首万二千级，虏张弘、宋修；王擢弃秦州，奔姑臧。秦主健以领军将军苻愿为秦州刺史，镇上邽。

三月，交州刺史阮敷讨林邑，破五十余垒。

赵故卫尉常山李犊聚众数千人叛燕。

西域胡刘康诈称刘曜子，聚众于平阳，自称晋王；夏，四月，秦左卫将军苻飞讨擒之。

以安西将军谢尚为尚书仆射。

五月，张重华复使王擢帅众二万伐上邽，秦州郡县多应之；苻愿战败，奔长安。重华因上疏请伐秦，诏进重华凉州牧。

燕主儁遣卫将军恪讨李犊，犊降，遂东击吕护于鲁口。

六月，秦苻飞攻氐王杨初于仇池，为初所败。丞相雄、平昌王菁帅步骑四万屯于陇东。

秦主健纳张遇继母韩氏为昭仪，数于众中谓遇曰：“卿，吾假子也。”遇耻之，因雄等精兵在外，阴结关中豪桀，欲灭苻氏，以其地来降。秋，七月，遇与黄门刘晃谋夜袭健，晃约开门以待之。会健使晃出外，晃固辞，不得已而行。遇不知，引兵至门，门不开；事觉，伏诛。于是孔持起池阳[2]，刘珍、夏侯显起鄠[3]，乔秉起雍，胡阳赤起司竹，呼延毒起灞城[4]，众数万人，各遣使来请兵。

秦以左仆射鱼遵为司空。

九月，秦丞相雄帅众二万还长安，遣平昌王菁略定上洛[5]，置荆州于丰阳川[6]，以步兵校尉金城郭敬为刺史。雄与清河王法、苻飞分讨孔持等。

【注释】

①龙黎：地名，在今陕西陇县东南。 ②池阳：县名，治今陕西泾阳县西北。 ③鄠（hù 户）：县名，治今陕西西安市鄠邑区北。 ④灞（bà 坝）城：县名，治今陕西西安市东北。 ⑤上洛：县名，治今陕西商洛市。 ⑥丰阳川：地名，在今陕西山阳县。

姚襄屯历阳，以燕、秦方强，未有北伐之志，乃夹淮广兴屯田，训厉将士。殷浩在寿春，恶其强盛，囚襄诸弟，屡遣刺客刺之，刺客皆以情告襄。安北将军魏统卒，弟憬代领部曲。浩潜遣憬帅众五千袭之，襄斩憬，并其众。浩愈恶之，使龙骧将军刘启守谯，迁襄于梁国蠡台[1]，表授梁国内史。

魏憬子弟数往来寿春，襄益疑惧，遣参军权翼使于浩，浩曰："身与姚平北共为王臣[2]，休戚同之；平北每举动自专，甚失辅车之理[3]，岂所望也？"翼曰："平北英姿绝世，拥兵数万远归晋室者，以朝廷有道，宰辅明哲故也。今将军轻信谗慝之言[4]，与平北有隙，愚谓猜嫌之端，在此不在彼也。"浩曰："平北姿性豪迈，生杀自由，又纵小人掠夺吾马；王臣之体，固如是乎？"翼曰："平北归命圣朝，岂肯妄杀无辜？奸宄之人，亦王法所不容也，杀之何害？"浩曰："然则掠马何也？"翼曰："将军谓平北雄武难制，终将讨之，故取马欲以自卫耳。"浩笑曰："何至是也？"

初，浩阴遣人诱梁安、雷弱儿，使杀秦主健，许以关右之任；弱儿伪许之，且请兵应接。浩闻张遇作乱，健兄子辅国将军黄眉自洛阳西奔，以为安等事已成。冬，十月，浩自寿春帅众七万北伐，欲进据洛阳，修复园陵。吏部尚书王彪之上会稽王昱笺，以为："弱儿等容有诈伪，浩未应轻进。"不从。

浩以姚襄为前驱。襄引兵北行，度浩将至，诈令部众夜遁，阴伏甲以邀之。浩闻而追襄至山桑[5];襄纵兵击之,浩大败,弃辎重,走保谯城。襄俘斩万余,悉收其资仗,使兄益守山桑,襄复如淮南。会稽王昱谓王彪之曰:“君言无不中,张、陈无以过也!”

【注释】

①蠡(lí 梨)台:地名,在今河南商丘市南古睢阳城内。 ②姚平北:即平北将军姚襄。 ③辅车:辅车相依。辅,古代在车两旁加的横木;一说指车两轮外壁加的直木。车,车辆。比喻事物之间相互依存。 ④谗慝(tè 特):恶言恶意。 ⑤山桑:县名,治今安徽蒙城县北。

西平敬烈公张重华有疾,子曜灵才十岁,立为世子,赦其境内。重华庶兄长宁侯祚,有勇力、吏干,而倾巧善事内外,与重华嬖臣赵长、尉缉等结异姓兄弟。都尉常据请出之,重华曰:“吾方以祚为周公,使辅幼子,君是何言也?”

谢艾以枹罕之功有宠于重华[1],左右疾之,谮艾,出为酒泉太守。艾上疏言:“权幸用事,公室将危,乞听臣入侍。”且言:“长宁侯祚及赵长等将为乱,宜尽逐之。”十一月,己未,重华疾甚,手令征艾为卫将军、监中外诸军事,辅政;祚、长等匿而不宣。

丁卯,重华卒,世子曜灵立,称大司马、凉州刺史、西平公。赵长等矫重华遗令,以长宁侯祚为都督中外诸军事、抚军大将军,辅政。

殷浩使部将刘启、王彬之攻姚益于山桑,姚襄自淮南击之,启、彬之皆败死。襄进据芍陂。

赵末,乐陵朱秃、平原杜能、清河丁娆、阳平孙元各拥兵分据城邑,至是皆请降于燕;燕主俊以秃为青州刺史,能为平原太守,娆为立节将军,元为兖州刺史,各留抚其营。

秦丞相雄克池阳,斩孔持。十二月,清河王法、苻飞克鄠,斩刘珍、夏侯显。

姚襄济淮,屯盱眙[2],招掠流民,众至七万,分置守宰,劝课农桑;遣使诣建康罪状殷浩,并自陈谢。诏以谢尚都督江西、淮南诸军事、豫州刺史,镇历阳。

凉右长史赵长等建议[3],以为“时难未夷,宜立长君,曜灵冲幼，请立长宁侯祚”。张祚先得幸于重华之母马氏[4]，马氏许之，乃废张曜灵为凉宁侯，立祚为大都督、大将军、凉州牧、凉公。祚既得志，恣为淫虐，杀重华妃裴氏及谢艾。

燕卫将军恪、抚军将军军、左将军彪等屡荐给事黄门侍郎霸有命世之才[5]，宜总大任。是岁，燕主俊以霸为使持节、安东将军、北冀州刺史[6]，镇常山。

【注释】

①枹罕之功：保卫枹罕的功劳。详见本书卷第九十七晋穆帝永和三年(347)。　②盱眙：县名，治今江苏盱眙县东北都梁山东北麓。③“凉右长史”句：西晋灭亡后，张轨及其子孙割据以凉州为中心的西北地区，史称前凉。但自张轨至张曜灵，一直自称晋臣，奉行西晋愍帝的年号，正式爵位仅为公爵，直到张祚始称王称帝。故司马光记前凉史事，开始一概不称国名，而视其为晋国的藩属。一段之首用国名，本段是首例。④“张祚”句：依字面意义，本句可理解为张祚原先就得到马氏的宠爱，实则不够确切，据《晋书·张轨传》，“祚先烝重华母马氏”，意为张祚原先已跟马氏通奸(下淫上曰烝)。　⑤给事黄门侍郎：职官名，和侍中一同掌管门下省事务，地位低于侍中。　⑥北冀州：州名，前燕所置，治今河北正定县南。以方位在冀州(治今河北高邑县西南)的北面，故称北冀州。

十年　春，正月，张祚自称凉王，改建兴四十二年为和平元年[1]，立妻辛氏为王后，子太和为太子；封弟天锡为长宁侯，子庭坚为建康侯，曜灵弟玄靓为凉武侯；置百官，郊祀天地，用天子礼乐。尚书马岌切谏，坐免官。郎中丁琪复谏曰：“我自武公以来[2]，世守臣节，抱忠履谦五十余年[3]，故能以一州之众，抗举世之虏，师徒岁起，民不告疲。殿下勋德未高于先公，而亟谋革命[4]，臣未见其可也。彼士民所以用命，四远所以归向者，以吾能奉晋室故也。今而自尊，则中外离心，安能以一隅之地拒天下之强敌乎？”祚大怒，斩之于阙下。

故魏降将周成反[5]，自宛袭洛阳。辛酉，河南太守戴施奔鲔渚[6]。

秦丞相雄克司竹；胡阳赤奔霸城，依呼延毒。

中军将军、扬州刺史殷浩连年北伐，师徒屡败，粮械都尽；征西将军桓温因朝野之怨，上疏数浩之罪，请废之。朝廷不得已，免浩为庶人，徙东阳之信安[7]。自此内外大权一归于温矣。

浩少与温齐名，而心竞不相下，温常轻之。浩既废黜，虽愁怨不形辞色，常书空作"咄咄怪事"字[8]。久之，温谓掾郗超曰："浩有德有言，向为令仆，足以仪刑百揆[9]，朝廷用违其才耳。"将以浩为尚书令，以书告之。浩欣然许焉，将答书，虑有谬误，开闭者十数，竟达空函。温大怒，由是遂绝，卒于徙所。以前会稽内史王述为扬州刺史。

二月，乙丑[10]，桓温统步骑四万发江陵；水军自襄阳入均口[11]，至南乡[12]；步兵自淅川趣武关[13]；命司马勋出子午道以伐秦[14]。

燕卫将军恪围鲁口，三月，拔之。吕护奔野王[15]，遣弟奉表谢罪于燕，燕以护为河内太守。

姚襄遣使降燕。

燕王儁以慕容评为镇南将军，都督秦、雍、益、梁、江、扬、荆、徐、兖、豫十州诸军事，权镇洛水；以慕容强为前锋都督，督荆、徐二州、缘淮诸军事，进据河南。

【注释】

①"改建兴"句：前凉自张轨起，一直行西晋愍帝年号，至本年为建兴四十二年（354）。　②武公：张轨的谥号。　③"抱忠"句：前凉自张轨于西晋惠帝永宁元年（301）担任凉州刺史算起，至本年已有53年。④革命：实施变革以应天命。古人认为帝王受命于天，因之称朝代更替为革命。　⑤"故魏"句：周成投降见本卷永和七年（351）。　⑥鲔渚（wěi zhǔ 委煮）：地名，在今河南巩义市西南。　⑦东阳：郡名，治今浙江金华市。信安：县名，治今浙江衢州市。　⑧咄（duō 多）咄怪事：令人惊奇并难以理解的怪事。咄咄，叹词，表示惊诧。　⑨仪刑：作为楷模的法式。百揆：百官。　⑩乙丑：二月己卯朔，无乙丑。　⑪均口：地名，即今湖北丹江口市，当古均水入汉江之口。　⑫南乡：县名，治今河南淅川县西南旧淅川县城东南原丹江南岸（今已成水库）。　⑬淅川：县名，当作析县，治今河南西峡县。武关：地名，在今陕西商洛市西南丹江北岸。

⑭子午道：地名，又名蚀中，自今陕西西安市长安区子午镇南穿秦岭，通往今安康市境。⑮野王：县名，治今河南沁阳市。

桓温别将攻上洛，获秦荆州刺史郭敬；进击青泥[①]，破之。司马勋掠秦西鄙，凉秦州刺史王擢攻陈仓以应温。秦主健遣太子苌、丞相雄、淮南王生、平昌王菁、北平王硕帅众五万军于峣柳以拒温[②]。夏，四月，己亥，温与秦兵战于蓝田。秦淮南王生单骑突陈，出入以十数，杀伤晋将士甚众。温督众力战，秦兵大败；将军桓冲又败秦丞相雄于白鹿原[③]。冲，温之弟也。温转战而前，壬寅，进至灞上。秦太子苌等退屯城南，秦主健与老弱六千固守长安小城，悉发精兵三万，遣大司马雷弱儿等与苌合兵以拒温。三辅郡县皆来降。温抚谕居民，使安堵复业。民争持牛酒迎劳，男女夹路观之，耆老有垂泣者，曰："不图今日复睹官军！"

秦丞相雄帅骑七千袭司马勋于子午谷，破之，勋退屯女娲堡[④]。

戊申[⑤]，燕主儁封抚军将军军为襄阳王，左将军彭为武昌王；以卫将军恪为大司马、侍中、大都督、录尚书事，封太原王；镇南将军评为司徒、骠骑将军，封上庸王；封安东将军霸为吴王；左贤王友为范阳王，散骑常侍厉为下邳王，散骑常侍宜为庐江王，宁北将军度为乐浪王；又封弟桓为宜都王，逮为临贺王，徽为河间王，龙为历阳王，纳为北海王，秀为兰陵王，岳为安丰王，德为梁公，默为始安公，偻为南康公；子咸为乐安王，亮为勃海王，温为带方王，涉为渔阳王，暐为中山王；以尚书令阳骛为司空，仍守尚书令。

命冀州刺史吴王霸徙治信都。初，燕王皝奇霸之才，故名之曰霸，将以为世子；群臣谏而止，然宠遇犹逾于世子。由是儁恶之，以其尝坠马折齿，更名曰䨲[⑥]；寻以其应谶文，更名曰垂；迁侍中，录留台事，徙镇龙城。垂大得东北之和，儁愈恶之，复召还。

五月，江西流民郭敞等执陈留内史刘仕[⑦]，降于姚襄。建康震骇，以吏部尚书周闵为中军将军，屯中堂[⑧]，豫州刺史谢尚自历阳还卫京师，固江备守。

王擢拔陈仓，杀秦扶风内史毛难。

北海王猛，少好学，倜傥有大志，不屑细务，人皆轻之。猛悠然自得，隐居华阴。闻桓温入关，披褐诣之[9]，扪虱而谈当世之务[10]，旁若无人。温异之，问曰："吾奉天子之命，将锐兵十万为百姓除残贼，而三秦豪桀未有至得，何也？"猛曰："公不远数千里，深入敌境，今长安咫尺而不渡灞水，百姓未知公心，所以不至。"温嘿然无以应，徐曰："江东无卿比也！"乃署猛军谋祭酒。

温与秦丞相雄等战于白鹿原，温兵不利，死者万余人。初，温指秦麦以为粮，既而秦人悉芟麦[11]，清野以待之，温军乏食。六月，丁丑，徙关中三千余户而归。以王猛为高官督护[12]，欲与俱还，猛辞不就。

呼延毒帅众一万从温还。秦太子苌等随温击之，比至潼关，温军屡败，失亡以万数。

温之屯灞上也，顺阳太守薛珍劝温径进逼长安；温弗从。珍以偏师独济，颇有所获。及温退，乃还，显言于众，自矜其勇而咎温之持重；温杀之。

秦丞相雄击司马勋、王擢于陈仓，勋奔汉中，擢奔略阳。

王猛像

【注释】

①青泥：地名，在今陕西蓝田县东南。 ②峣（yáo 尧）柳：地名，在今陕西蓝田县南。 ③白鹿原：地名，一名霸陵源，在今陕西蓝田西灞、浐二水之间，南连秦岭，北止灞岸，东西十五里，南北四十里。④女娲（wā 洼）堡：地名，确址待考，疑在今陕西秦岭北麓西安市鄠邑区或周至县境。 ⑤戊申：四月戊寅朔，无戊申。 ⑥鈌（quē 缺）：

此处为人名用字，义同“缺”。 ⑦江西：地名，隋唐以前，习惯上称长江下游北岸淮水以南地区为江西。 ⑧中堂：朝廷议事的正堂。或将其视为地名，不妥。 ⑨褐（hè 赫）：粗布或粗布衣服。 ⑩扪虱（mén shī 门施）：摸捉虱子，形容放达任性，毫无拘束。 ⑪芟（shān 山）：割，除去。⑫高官督护：另外授予高官的督护。督护是本身的职务，高官是荣誉性的，属加官之列。

秦以光禄大夫赵俱为洛阳刺史[1]，镇宜阳[2]。

秦东海敬武王雄攻乔秉于雍；丙申，卒。秦主健哭之呕血，曰：“天不欲吾平四海邪？何夺吾元才之速也[3]？”赠魏王；葬礼依晋安平献王故事[4]。雄以佐命元勋，权侔人主，而谦恭泛爱，遵奉法度，故健重之，常曰：“元才，吾之周公也。”

子坚袭爵。坚性至孝，幼有志度，博学多能，交结英豪，吕婆楼、强汪及略阳梁平老皆与之善。

燕乐陵太守慕容钩，翰之子也，与青州刺史朱秃共治厌次[5]。钩自恃宗室，每陵侮秃。秃不胜忿，秋，七月，袭钩，杀之，南奔段龛。

秦太子苌攻乔秉于雍，八月，斩之，关中悉平。秦主健赏拒桓温之功，以雷弱儿为丞相，毛贵为太傅，鱼遵为太尉，淮南王生为中军大将军，平昌王菁为司空。健勤于政事，数延公卿咨讲治道；承赵人苛虐奢侈之后，易以宽简、节俭、崇礼儒士，由是秦人悦之。

燕大调兵众，因发诏之日，号曰“丙戌举”[6]。

九月，桓温还自伐秦，帝遣侍中、黄门劳温于襄阳。

或告燕黄门侍郎宋斌等谋奉冉智为主而反，皆伏诛。斌，烛之子也。

秦太子苌之拒桓温也，为流矢所中，冬，十月，卒，谥曰献哀。

燕王儁如龙城。

桓温之入关也，王擢遣使告凉王祚，言温善用兵，其志难测。祚惧，且畏擢之叛己，遣人刺之。事泄，祚益惧，大发兵，声言东伐，实欲西保敦煌，会温还而止。既而遣秦州刺史牛霸等帅兵三千击擢，破之。十一月，擢帅众降秦，秦以擢为尚书，以上将军啖铁为秦州刺史。

秦王健叔父武都王安自晋还，为姚襄所虏，以为洛州刺史。十二月，安亡归秦，健以安为大司马、骠骑大将军、并州刺史，镇蒲阪。

是岁，秦大饥，米一升直布一匹。

【注释】

①洛阳：诸本皆作“洛州”。 ②宜阳：地名，在今河南宜阳县西。③元才：苻雄的表字。 ④晋安平献王：即司马懿之弟司马孚。其葬礼详见本书卷第八十晋武帝秦始八年(272)。 ⑤厌次：地名，在今山东阳信县东南。 ⑥丙戌举：丙戌日的征调。丙戌，为八月十一日。

资治通鉴卷第一百

晋纪二十二　起旃蒙单阏，尽屠维协洽，凡五年。

孝宗穆皇帝中之下

永和十一年　春，正月，故仇池公杨毅弟宋奴使其姑子梁式王刺杀杨初；初子国诛式王及宋奴，自立为仇池公。桓温表国为镇北将军、秦州刺史。

二月，秦大蝗，百草无遗，牛马相啖毛①。

夏，四月，燕主儁自和龙还蓟②。先是，幽、冀之人以儁为东迁，互相惊扰，所在屯结。群臣请讨之，儁曰："群小以朕东巡，故相惑为乱耳；今朕既至，寻当自定，不足讨也。"

兰陵太守孙黑、济北太守高柱、建兴太守高瓮及秦河内太守王会、黎阳太守韩高皆以郡降燕③。

秦淮南王生幼无一目，性粗暴。其祖父洪尝戏之曰："吾闻瞎儿一泪，信乎？"生怒，引佩刀自刺出血，曰："此亦一泪也。"洪大惊，鞭之。生曰："性耐刀槊，不堪鞭棰！"洪谓其父健曰："此儿狂悖，宜早除之；不然，必破人家。"健将杀之，健弟雄止之曰："儿长自应改，何可遽尔？"及长，力举千钧，手格猛兽，走及奔马，击刺骑射，冠绝一时。献哀太子卒，强后欲立少子晋王柳；秦主健以谶文有"三羊五眼"，乃立生为太子④。以司空、平昌公菁为太尉，尚书令王堕为司空，司隶校尉梁楞为尚书令。

姚襄所部多劝襄北还，襄从之。五月，襄攻冠军将军高季于外黄[5]，会季卒，襄进据许昌。

六月，丙子，秦主健寝疾。庚辰，平昌公菁勒兵入东宫[6]，将杀太子生而自立。时生侍疾西宫，菁以为健已卒，攻东掖门。健闻变，登端门，陈兵自卫。众见健惶惧，皆舍仗逃散。健执菁，数而杀之，余无所问。

壬午，以大司马、武都王安都督中外诸军事。甲申，健引太师鱼遵、丞相雷弱儿、太傅毛贵、司空王堕、尚书令梁楞、左仆射梁安、右仆射段纯、吏部尚书辛牢等受遗诏辅政。健谓太子生曰："六夷酋帅及大臣执权者，若不从汝命，宜渐除之。"

臣光曰：顾命大臣，所以辅导嗣子，为之羽翼也。为之羽翼而教使翦之，能无毙乎？知其不忠，则勿任而已矣；任以大柄，又从而猜之，鲜有不召乱者也。

乙酉，健卒；谥曰景明皇帝，庙号高祖。丙戌，太子生即位，大赦，改元寿光。群臣奏曰："未逾年而改元，非礼也。"生怒，穷推议主，得右仆射段纯，杀之。

【注释】

①啖(dàn 但)：吃。 ②和龙：地名，即龙城，在今辽宁朝阳市。 ③瓫(pén 盆)：同"盆"或"溢"。 ④"秦主"句：三只羊本应有六只眼，谶文称"三羊五眼"，是一眼已盲，这正应在苻生身上。 ⑤外黄：县名，治今河南民权县西北。 ⑥平昌公：当作"平昌王"。

秋，七月，以吏部尚书周闵为左仆射。

或告会稽王昱曰："武陵王第中大修器仗[1]，将谋非常。"昱以告太常王彪之，彪之曰："武陵王之志，尽于驰骋畋猎而已耳，深愿静之，以安异同之论，勿复以为言！"昱善之。

秦主生尊母强氏曰皇太后，立妃梁氏为皇后。梁氏，安之女也。以其嬖臣太子门大夫南安赵韶为右仆射[2]，太子舍人赵诲为中护军，著作郎董荣为尚书。

凉王祚淫虐无道，上下怨愤。祚恶河州刺史张瓘之强，遣张掖太守索孚代瓘守枹罕，使瓘讨叛胡，又遣其将易揣、张玲帅步骑万三千以袭瓘。张掖人王鸾知术数[3]，言于祚曰："此军出，必不还，凉国将危。”并陈祚三不道。祚大怒，以鸾为妖言，斩以徇。鸾临刑曰：“我死，军败于外，王死于内，必矣！”祚族灭之。瓘闻之，斩孚，起兵击祚，传檄州郡，废祚，以侯还第，复立凉宁侯曜灵。易揣、张玲军始济河，瓘击破之。揣等单骑奔还，瓘军蹑之，姑臧振恐。骁骑将军敦煌宋混兄修，与祚有隙，惧祸。八月，混与弟澄西走，合众万余人以应瓘，还向姑臧。祚遣杨秋胡将曜灵于东苑，拉其腰而杀之，埋于沙坑，谥曰哀公。

秦主生封卫大将军黄眉为广平王，前将军飞为新兴王，皆素所善也。征大司马武都王安领太尉。以晋王柳为征东大将军、并州牧，镇蒲阪；魏王庾为镇东大将军、豫州牧，镇陕城。

中书监胡文、中书令王鱼言于生曰：“比有星孛于大角④，荧惑入东井⑤。大角，帝坐；东井，秦分；于占不出三年，国有大丧，大臣戮死；愿陛下修德以禳之！”生曰：“皇后与朕对临天下，可以应大丧矣。毛太傅、梁车骑、梁仆射受遗辅政，可以应大臣矣。”九月，生杀梁后及毛贵、梁楞、梁安。贵，后之舅也。

右仆射赵韶、中护军赵诲，皆洛州刺史俱之从弟也，有宠于生，乃以俱为尚书令。俱固辞以疾，谓韶、诲曰：“汝等不复顾祖宗，欲为灭门之事！毛、梁何罪，而诛之？吾何功，而代之？汝等可自为，吾其死矣！”遂以忧卒。

【注释】

①武陵王：指司马晞。　②太子门大夫：职官名，隶属于太子少傅，掌管东宫门户。　③术数：用阴阳五行生克制化的数理来推断人事吉凶的方术，如占候、卜筮、星命等。　④大角：星名，是北部天际的亮星，属亢宿，古代星象学家视大角为“天王帝廷”。　⑤东井：星宿名，简称井宿，有星八颗，属双子座。

凉宋混军于武始大泽①，为曜灵发哀。闰月，混军至姑臧，凉王祚收张瓘弟琚及子嵩，将杀之。琚、嵩闻之，募市人数百，扬言：“张祚无道，我兄大军已至城东，敢举手者诛三族！”遂开西门纳混兵。领军将军赵长等惧罪②，入阁呼张重华母马氏出殿，立凉武侯玄靓为主。易揣等引兵入殿，收长等，杀之。祚按剑殿上，大呼，叱左右力战。祚素失众心，莫肯为之斗者，遂为兵人所杀。混等枭其首，宣示中外，暴尸道左，城内咸称万岁。以庶人礼葬之，并杀其二子。混、琚上玄靓为大将军、凉州牧、西平公，赦境内，复称建兴四十三年。时玄靓始七岁。

张瓘至姑臧，推玄靓为凉王，自为使持节、都督中外诸军事、尚书令、凉州牧、张掖郡公，以宋混为尚书仆射。陇西人李俨据郡，不受瓘命，用江东年号[③]，众多归之。瓘遣其将牛霸讨之，未至，西平人卫綝亦据郡叛，霸兵溃，奔还。瓘遣弟琚击綝，败之。酒泉太守马基起兵以应綝，瓘遣司马张姚、王国击斩之。

冬，十月，以豫州刺史谢尚督并、冀、幽三州，镇寿春。

镇北将军段龛与燕主儁书，抗中表之仪[④]，非其称帝。儁怒，十一月，以太原王恪为大都督、抚军将军，阳骛副之，以击龛。

秦以辛牢守尚书令，赵韶为左仆射，尚书董荣为右仆射，中护军赵诲为司隶校尉。

十二月，高句丽王钊遣使诣燕纳质修贡，以请其母[⑤]。燕主儁许之，遣殿中将军刁龛送钊母周氏归其国；以钊为征东大将军、营州刺史，封乐浪公，王如故。

上党人冯鸯逐燕太守段刚，据安民城[⑥]，自称太守，遣使来降。

秦丞相雷弱儿性刚直，以赵韶、董荣乱政，每公言于朝，见之常切齿。韶、荣谮之于秦主生，生杀弱儿及其九子、二十七孙。于是

“晋归义氐王”金印

诸羌皆有离心[⑦]。

生虽谅阴[⑧],游饮自若,弯弓露刃,以见朝臣,锤钳锯凿,可以害人之具,备置左右。即位未几,后妃、公卿已下至于仆隶,凡杀五百余人,截胫、拉胁、锯项、刳胎者[⑨],比比有之。

燕主儁以段龛方强,谓太原王恪曰:"若龛遣军拒河,不得渡者,可直取吕护而还。"恪分遣轻军先至河上,具舟楫以观龛志趣。龛弟罴,骁勇有智谋,言于龛曰:"慕容恪善用兵,加之众盛,若听其济河,进至城下,恐虽乞降,不可得也。请兄固守,罴帅精锐拒之于河,幸而战捷,兄帅大众继之,必有大功。若其不捷,不若早降,犹不失为千户侯也。"龛不从。罴固请不已,龛怒,杀之。

【注释】

①武始大泽:地名,在今甘肃武威市西。 ②"领军"句:赵长等因请求立张祚为国君而担心治罪。立张祚事见本书卷第九十九晋穆帝永和九年(353)。 ③江东年号:即晋穆帝的"永和"年号。 ④"抗中"句:父亲姊妹(姑母)的儿女叫外表,母亲的兄弟(舅父)姊妹(姨母)的儿女叫内表,互相间称中表。慕容儁的母亲是段龛的姑母,二人正为中表,故段龛仗恃这层关系,指责慕容儁称帝。 ⑤"高句丽"句:燕国囚禁高句丽国王高钊之母,详见本书卷第九十七晋成帝咸康八年(342)。 ⑥安民城:城名,在今山西襄垣县北。 ⑦"于是"句:雷弱儿为南安羌人首领,无罪被杀,故羌人都有反叛的心理。 ⑧谅阴:帝王居丧。 ⑨刳(kū 枯):剖开;挖空。

十二年 春,正月,燕太原王恪引兵济河,未至广固百余里,段龛帅众三万逆战。丙申,恪大破龛于淄水[①],执其弟钦,斩右长史袁范等。齐王友辟闾蔚被创[②],恪闻其贤,遣人求之,蔚已死,士卒降者数千人。龛脱走,还城固守,恪进军围之。

秦司空王堕性刚峻,右仆射董荣、侍中强国皆以佞幸进,堕疾之如仇,每朝,见荣未尝与之言。或谓堕曰:"董君贵幸无比,公宜小降意接之。"堕曰:"董龙是何鸡狗[③],而令国士与之言乎?"会有天变,荣与强国言于秦主生曰:"今天谴甚重,宜以贵臣应之。"生曰:"贵臣惟有大司马及司空耳。"荣曰:"大司马国之懿亲[④],不可杀也。"乃杀王堕。将刑，荣谓之曰："今日复敢比董龙于鸡狗乎？"堕瞋目叱之。洛州刺史杜郁，堕之甥也，左仆射赵韶恶之，谮于生，以为贰于晋而杀之。

壬戌[⑤]，生宴群臣于太极殿，以尚书令辛牢为酒监，酒酣，生怒曰："何不强人酒而犹有坐者？"引弓射牢，杀之。群臣惧，莫敢不醉，偃仆失冠，生乃悦。

匈奴大人刘务桓卒，弟阏头立[⑥]，将贰于代。二月，代王什翼犍引兵西巡临河，阏头惧，请降。

燕太原王恪招抚段龛诸城。己丑[⑦]，龛所署徐州刺史阳都公王腾举众降，恪命腾以故职还屯阳都。

秦征东大将军晋王柳遣参军阎负、梁殊使于凉，以书说凉王玄靓。负、殊至姑臧，张瓘见之曰："我，晋臣也；臣无境外之交，二君何以来辱？"负、殊曰："晋王与君邻藩[⑧]，虽山河阻绝，风通道会，故来修好，君何怪焉？"瓘曰："吾尽忠事晋，于今六世矣[⑨]。若与苻征东通使，是上违先君之志，下隳士民之节[⑩]，其可乎？"负、殊曰："晋室衰微，坠失天命，固已久矣；是以凉之二王北面二赵[⑪]，唯知机也。今大秦威德方盛，凉王若欲自帝河右，则非秦之敌；欲以小事大，则曷若舍晋事秦，长保福禄乎？"瓘曰："中州好食言，向者石氏使车适返，而戎骑已至[⑫]，吾不敢信也。"负、殊曰："自古帝王居中州者，政化各殊，赵为奸诈，秦敦信义，岂得一概待之乎？张先、杨初皆阻兵不服，先帝讨而擒之[⑬]，赦其罪戾，宠以爵秩，固非石氏之比也。"瓘曰："必如君言，秦之威德无敌，何不先取江南，则天下尽为秦有，征东何辱命焉？"负、殊曰："江南文身之俗[⑭]，道污先叛，化隆后服。主上以为江南必须兵服，河右可以义怀，故遣行人先申大好。若君不达天命，则江南得延数年之命，而河右恐非君之土也。"瓘曰："我跨据三州[⑮]，带甲十万，西苞葱岭[⑯]，东距大河，伐人有余，况于自守，何畏于秦？"负、殊曰："贵州山河之固，孰若殽、函[⑰]？民物之饶，孰若秦、雍？杜洪、张琚，因赵氏成资，兵强财富，有囊括关中、席卷四海之志，先帝戎旗西指，冰消云散，旬月之间，不觉易主[⑱]。主上若以贵州不服，赫然奋怒，控弦百万，鼓行而西，未知贵州将何以待之？"瓘笑曰："兹事当决于之王，非身所了。"

负、殊曰："凉王虽英睿夙成，然年在幼冲；君居伊、霍之任，国家安危，系君一举耳。"瓘惧，乃以玄靓之命遣使称藩于秦，秦因玄靓所称官爵而授之。

【注释】

①淄(zī 资)水：河流名，即今山东淄河。 ②齐王友：职官名。段龛自称齐王，依当时制度，王国例置师、友、文学等各一人，协助军事政治与文书方面的事务。 ③董龙：即董荣，"龙"是董荣的乳名。 ④大司马：即武都王苻安。 ⑤壬戌：正月丁卯朔，无壬戌。 ⑥阏：(yān 烟)：此处为人名用字。 ⑦己丑：二月丁酉朔，无己丑。 ⑧"晋王"句：晋王，指秦国的晋王苻柳。苻柳镇守蒲阪，并不与前凉接壤，称"邻藩"不过是为着游说的需要。 ⑨六世：指张轨、张寔、张茂、张骏、张重华、张曜灵六世，张祚不在其内。 ⑩隳(huī 恢)：毁坏。 ⑪"是以"句：指张茂称藩于前赵，张骏称藩于后赵。 ⑫"向者"句：指晋穆帝永和二年(346)之事，当时张重华称藩于石虎，石虎随后又派王擢进犯。详见本书卷第九十七。 ⑬"张先"句：秦擒张先，见本书卷第九十八晋穆帝永和六年(350)；杨初并未擒获，仅打败而已。 ⑭文身：古代民俗，在身体上刺画有色的图案或花纹，据说可以逃避蛟龙的伤害。不过，东晋时江南已基本上废除了这种风俗，此处是阎负、梁殊对江南的贬低之辞。 ⑮三州：指凉州、河州、沙州。 ⑯葱岭：山名，即今帕米尔高原和喀喇昆仑山脉的总称。 ⑰殽(xiáo 淆)、函：即崤山(在今河南洛宁县西北，西接三门峡市陕州区界，东接渑池县界)、函谷关。 ⑱"不觉"句：杜洪、张琚失败之事，见本书卷第九十八晋穆帝永和六年(350)。

将军刘度攻青州刺史王朗于卢氏[①]；燕将军慕舆长卿入轵关，攻秦幽州刺史强哲于裴氏堡[②]。秦主生遣前将军新兴王飞拒度，建节将军邓羌拒长卿。飞未至而度退。羌与长卿战，大破之，获长卿及甲首二千余级。

桓温请移都洛阳，修复园陵，章十余上；不许。拜温征讨大都督，督司、冀二州诸军事，以讨姚襄。

三月，秦主生发三辅民治渭桥[③]，金紫光禄大夫程肱谏，以为妨农；生杀之。

夏，四月，长安大风，发屋拔木。秦宫中惊扰，或称贼至，宫昼闭，五日乃止。秦主生推告贼者，刳出其心。左光禄大夫强平谏曰："天降灾异，陛下当爱民事神，缓刑崇德以应之，乃可弭也。"生怒，凿其顶而杀之。卫将军广平王黄眉、前将军新兴王飞、建节将军邓羌，以平太后之弟，叩头固谏；生弗听，出黄眉为左冯翊、飞为右扶风，羌行咸阳太守[4]，犹惜其骁勇，故皆弗杀。五月，太后强氏以忧恨卒，谥曰明德。

姚襄自许昌攻周成于洛阳。

六月，秦主生下诏曰："朕受皇天之命，君临万邦；嗣统以来，有何不善，而谤讟之音[5]扇满天下？杀不过千，而谓之残虐！行者比肩，未足为希。方当峻刑极罚，复如朕何！"

自去春以来[6]，潼关之西，至于长安，虎狼为暴，昼则继道，夜则发屋，不食六畜，专务食人，凡杀七百余人。民废耕桑，相聚邑居，而为害不息。秋，七月，秦群臣奏请禳灾，生曰："野兽饥则食人，饱当自止，何禳之有？且天岂不爱民哉？正以犯罪者多，故助朕杀之耳！"

丙子，燕献怀太子晔卒。

【注释】

①卢氏：县名，治今河南卢氏县。 ②裴氏堡：地名，确址待考，疑在今山西垣曲县或绛县一带。 ③渭桥：桥名，本称秦横桥，在今陕西咸阳市东北秦咸阳城南渭河上。 ④咸阳：郡名，前秦所置，治今陕西咸阳市东北汉长陵。 ⑤讟（dú 读）：诽谤、怨言。 ⑥去春：已经过去的春天，指本年春天。或释作"去年春天"，不妥，本段记述怪异现象，认为是在苻生的暴虐造成的，而苻生是在上年六月才登位的，故"去春"非"去年春天"是不言而喻的。

姚襄攻洛阳，逾月不克。长史王亮谏曰："明公英名盖世，兵强民附。今顿兵坚城之下，力屈威挫，或为他寇所乘，此危亡之道也！"襄不从。

桓温自江陵北伐，遣督护高武据鲁阳[1]，辅国将军戴施屯河上，自帅大兵继进。与寮属登平乘楼[2]，望中原，叹曰："遂使神州陆沉，百年丘墟，王夷甫诸人不得不任其责[3]！"记室陈郡袁宏曰：

"运有兴废,岂必诸人之过?"温作色曰:"昔刘景升有千斤大牛[④]。噉刍豆十倍于常牛,负重致远,曾不若一羸牸[⑤],魏武入荆州,杀以享军。"

八月,己亥,温至伊水,姚襄撤围拒之,匿精锐于水北林中,遣使谓温曰:"承亲帅王师以来,襄今奉身归命,愿敕三军小却,当拜伏道左。"温曰:"我自开复中原,展敬山陵,无豫君事。欲来者便前,相见在近,无烦使人。"襄拒水而战,温结陈而前,亲被甲督战,襄众大败,死者数千人。襄帅麾下数千骑奔于北山[⑥],其夜,民弃妻子随襄者五千余人。襄勇而爱人,虽战屡败,民知襄所在,辄扶老携幼,奔驰而赴之。温军中传言襄病创已死,许、洛士民为温所得者,无不北望而泣。襄西走,温追之不及。弘农杨亮自襄所来奔,温问襄之为人,亮曰:"襄神明器宇,孙策之俦[⑦],而雄武过之。"

周成帅众出降,温屯故太极殿前,既而徙屯金墉城。己丑[⑧],谒诸陵,有毁坏者修复之,各置陵令[⑨]。表镇西将军谢尚都督司州诸军事,镇洛阳。以尚未至,留颍川太守毛穆之、督护陈午、河南太守戴施以二千人戍洛阳,卫山陵,徙降民三千余家于江、汉之间,执周成以归。

姚襄奔平阳,秦并州刺史尹赤复以众降襄[⑩],襄遂据襄陵。秦大将军张平击之,襄为平所败,乃与平约为兄弟,各罢兵。

段龛遣其属段蕴来求救[⑪],诏徐州刺史荀羡将兵随蕴救之。羡至琅邪,惮燕兵之强不敢进。王腾寇鄄城,羡进攻阳都,会霖雨,城坏,获腾,斩之。

【注释】

①鲁阳:县名,治今河南鲁山县。　②平乘楼:大船上的高楼。③王夷甫:即王衍。　④刘景升:即东汉末年的刘表。　⑤羸牸(léi zì 雷字):瘦弱的母牛。本句中,桓温意在以牛比袁宏,挖苦他只是耗费俸禄而无报效国家的才能。　⑥北山:山名,即北芒山,在今河南洛阳市北。　⑦俦(chóu 筹):同辈、伴侣。　⑧己丑:八月甲午朔,无己丑。⑨陵令:职官名。自汉以来,皇帝陵墓,各置陵令管理,隶属于太常。⑩"秦并州"句:尹赤原来为姚襄部属,叛襄事见本书卷第九十九晋穆帝永和八年(352)。　⑪蕴(wēn 温):此处为人名用字。

冬，十月，癸巳朔，日有食之。

秦主生夜食枣多，旦而有疾，召太医令程延[①]，使诊之，延曰："陛下无他疾，食枣多耳。"生怒曰："汝非圣人，安知吾食枣？"遂斩之。

燕大司马恪围段龛于广固，诸将请急攻之，恪曰："用兵之势，有宜缓者，有宜急者，不可不察。若彼我势敌，外有强援，恐有腹背之患，则攻之不可不急。若我强彼弱，无援于外，力足制之者，当羁縻守之，以待其毙；兵法十围五攻[②]，正谓此也。龛兵尚众，未有离心；济南之战[③]，非不锐也，但龛用之无术，以取败耳。今凭阻坚城，上下戮力，我尽锐攻之，计数日可拔，然杀吾士卒必多矣。自有事中原，兵不暂息，吾每念之，夜而忘寐，奈何轻用其死乎？要在取之，不必求功之速也！"诸将皆曰："非所及也。"军中闻之，人人感悦。于是为高墙深堑以守之。齐人争运粮以馈燕军。

龛婴城自守，樵采路绝，城中人相食。龛悉众出战，恪破之于围里[④]，先分骑屯诸门，龛身自冲荡，仅而得入，余兵皆没。于是城中气沮，莫有固志。十一月，丙子，龛面缚出降，并执朱秃送蓟。恪抚安新民，悉定齐地，徙鲜卑、胡、羯三千余户于蓟。燕王俊具朱秃五刑[⑤]，以段龛为伏顺将军。恪留慕容尘镇广固，以尚书左丞鞠殷为东莱太守，章武太守鲜于亮为齐郡太守，乃还。

殷，彭之子也。彭时为燕大长秋，以书戒殷曰："王弥、曹嶷，必有子孙，汝善招抚，勿寻旧怨[⑥]，以长乱源！"殷推求，得弥从子立、嶷孙岩于山中，请与相见，深结意分，彭复遣使遗以车马衣服，郡民由是大和。

荀羡闻龛已败，退还下邳，留将军诸葛攸、高平太守刘庄将三千人守琅邪，参军谯国戴逯等将二千人守泰山[⑦]。燕将慕容兰屯汴城[⑧]，羡击斩之。

诏遣兼司空、散骑常侍车灌等持节如洛阳，修五陵[⑨]。十二月，庚戌，帝及群臣皆服缌[⑩]，临于太极殿三日。

司州都督谢尚以疾不行，以丹杨尹王胡之代之。胡之，廙之子也[⑪]。

是岁，仇池公杨国从父俊杀国自立；以俊为仇池公。国子安奔秦。

【注释】

①太医令：职官名，主管宫廷医务，隶属于少府。 ②十围五攻：兵力超过敌人十倍可以包围；超过五倍，可以攻城。语出《孙子·谋攻篇》"故用兵之法，十则围之，五则攻之"。 ③济南之战：指淄水边的交战，以在济水之南，故称"济南之战"。 ④围里：包围圈之中。当时慕容恪在城外筑成长围，故交战在长围之内。 ⑤五刑：五种轻重不等的刑法，一为墨刑，即在脸上刺字；二为劓刑，即削鼻；三为剕刑，即砍下脚趾；四为宫刑，即破坏生殖机能；五为大辟，即处死。 ⑥"勿寻"句：旧怨是指三十七年前，鞠彭受曹嶷逼攻而投奔慕容廆之事。详见本书卷第九十一晋元帝太兴二年(319)。 ⑦逯(dùn 盾)：同"遁"。 ⑧汴城：城名，在今山东泗水县东南。 ⑨五陵：指晋宣帝、景帝、文帝、武帝、惠帝的五座陵墓。 ⑩缌(sī 思)：细麻布。 ⑪王廙：王敦的堂弟，事迹详见本书卷第八十九晋愍帝建兴三年(315)。

升平元年 春，正月，壬戌朔，帝加元服；太后诏归政，大赦，改元，太后徙居崇德宫。

燕主儁征幽州刺史乙逸为左光禄大夫。逸夫妇共载鹿车[1]；子璋从数十骑，服饰甚丽，奉迎于道。逸大怒。闭车不与言，到城，深责之，璋犹不悛[2]。逸常忧其败，而璋更被擢任，历中书令、御史中丞。逸乃叹曰："吾少自修立，克己守道，仅能免罪。璋不治节检，专为奢纵，而更居清显，此岂惟璋之忝幸，实时世之陵夷也。"

二月，癸丑，燕主儁立其子中山王暐为太子，大赦，改元光寿。

太白入东井。秦有司奏："太白罚星，东井秦分，必有暴兵起京师。"秦主生曰："太白入井，自为渴耳，何所怪乎？"

姚襄将图关中，夏，四月，自北屈进屯杏城[3]，遣辅国将军姚兰略地敷城[4]，曜武将军姚益生、左将军王钦卢各将兵招纳诸羌、胡。兰，襄之从兄；益生，襄之兄也。羌、胡及秦民归之者五万余户。秦将苻飞龙击兰，擒之。襄引兵进据黄落[5]；秦主生遣卫大将军广

北魏立佛三尊像

平王黄眉、平北将军苻道、龙骧将军东海王坚、建节将军邓羌将步骑万五千以御之。襄坚壁不战。羌谓黄眉曰："襄为桓温、张平所败，锐气丧矣。然其为人强狠[6]，若鼓噪扬旗，直压其垒，彼必忿恚而出，可一战擒也。"五月，羌帅骑三千压其垒门而陈，襄怒，悉众出战。羌阳不胜而走，襄追之至于三原[7]，羌回骑击之，黄眉等以大众继至，襄兵大败。襄所乘骏马曰黧眉騧[8]，马倒，秦兵擒而斩之，弟苌帅其众降。襄载其父弋仲之柩在军中，秦主生以王礼葬弋仲于孤磐[9]，亦以公礼葬襄。黄眉等还长安，生不之赏，数众辱黄眉。黄眉怒，谋弑生；发觉，伏诛；事连王公亲戚，死者甚众。

戊寅，燕主儁遣抚军将军垂、中军将军虔、护军将军平熙帅步骑八万攻敕勒于塞北[10]，大破之，俘斩十余万，获马十三万匹，牛羊亿万头[11]。

匈奴单于贺赖头帅部落三万五千口降燕，燕人处之代郡平舒城[12]。

【注释】

①鹿车：用人力推挽的小车。 ②悛（quān 圈）：悔改。 ③北屈：县名，治今山西吉县东北。杏城：城名，在今陕西黄陵县西南。 ④敷城：城名，即今陕西洛川县东南鄜城。 ⑤黄落：城名，即今陕西铜川市西南黄堡镇。 ⑥强（jiàng 匠）狠：固执倔强、争强好胜。 ⑦三原：地名，在今陕西三原县境。 ⑧黧（lí 黎）眉騧（guā 瓜）：骏马名。黧，黑中带黄。騧，黑嘴的黄马。 ⑨孤磐：地名，在今甘肃甘谷县境。 ⑩敕勒：北方部族名，也称铁勒。其祖先为匈奴，后为突厥族所吞并。 ⑪亿

万:古代记数,亿万有时与现在一万亿相等,有时相当于现在的十亿。但此处是虚数,极言其多而已。 ⑫平舒城:城名,在今山西广宁县西。

秦主生梦大鱼食蒲[1],又长安谣曰:“东海大鱼化为龙,男皆为王女为公。”生乃诛太师、录尚书事、广宁公鱼遵并其七子、十孙。金紫光禄大夫牛夷惧祸,求为荆州;生不许,以为中军将军,引见,调之曰:“牛性迟重,善持辕轭[2];虽无骥足,动负百石。”夷曰:“虽服大车,未经峻壁;愿试重载,乃知勋绩。”生笑曰:“何其快也!公嫌所载轻乎?朕将以鱼公爵位处公。”夷惧,归而自杀。

生饮酒无昼夜,或连月不出。奏事不省,往往寝落,或醉中决事;左右因以为奸,赏罚无准。或至申酉乃出视朝[3],乘醉多所杀戮。自以眇目[4],讳言“残、缺、偏、只、少、无、不具”之类,误犯而死者,不可胜数。好生剥牛、羊、驴、马,焊鸡、豚、鹅、鸭[5],纵之殿前,数十为群。或剥人面皮,使之歌舞,临观以为乐。尝问左右曰:“自吾临天下,汝外间何所闻?”或对曰:“圣明宰世,赏罚明当,天下唯歌太平。”怒曰:“汝媚我也!”引出斩之。他日又问,或对曰:“陛下刑罚微过。”又怒曰:“汝谤我也!”亦斩之。勋旧亲戚,诛之殆尽,群臣得保一日,如度十年。

东海王坚,素有时誉,与故姚襄参军薛赞、权翼善。赞、翼密说坚曰:“主上猜忍暴虐,中外离心,方今宜主秦祀者,非殿下而谁?愿早为计,勿使他姓得之!”坚以问尚书吕婆楼,婆楼曰:“仆,刀环上人耳[6],不足以办大事。仆里舍有王猛,其人谋略不世出,殿下宜请而咨之。”坚因婆楼以招猛,一见如旧友;语及时事,坚大悦,自谓如刘玄德之遇诸葛孔明也。

【注释】

①“秦主”句:秦国君主姓氏,原本为“蒲”,故梦中大鱼食“蒲”,是很令其不安的。 ②辕:车前驾牲畜的两根直木。轭(è 厄):牛马等拉东西时架在脖子上的器具。 ③申酉:时刻名,相当现在的下午三点至七点。 ④眇(miǎo 秒):一只眼睛瞎了。 ⑤焊(xún 寻):煮肉以热水脱毛,再在汤中煮熟。 ⑥刀环上人:魏晋时,凶残的人时常把别人用刀柄击死。吕婆楼认为自己随时可能被苻生杀死,故自称“刀环上人”。

六月，太史令康权言于秦主生曰："昨夜三月并出，孛星入太微[1]，连东井，自去月上旬，沉阴不雨，以至于今，将有下人谋上之祸。"生怒，以为妖言，扑杀之[2]。

特进、领御史中丞梁平老等谓坚曰："主上失德，上下嗷嗷[3]，人怀异志，燕、晋二方，伺隙而动，恐祸发之日，家国俱亡。此殿下之事也，宜早图之！"坚心然之，畏生趫勇[4]，未敢发。

生夜对侍婢言曰："阿法兄弟亦不可信，明当除之。"婢以告坚及坚兄清河王法。法与梁平老及特进光禄大夫强汪帅壮士数百潜入云龙门[5]，坚与吕婆楼帅麾下三百人鼓噪继进，宿卫将士皆舍仗归坚。生犹醉寐，坚兵至，生惊问左右曰："此辈何人？"左右曰："贼也！"生曰："何不拜之？"坚兵皆笑。生又大言："何不速拜，不拜者斩之！"坚兵引生置别室，废为越王，寻杀之，谥曰厉王。

坚以位让法，法曰："汝嫡嗣[6]，且贤，宜立。"坚曰："兄年长，宜立。"坚母苟氏泣谓群臣曰："社稷事重，小儿自知不能，他日有悔，失在诸君。"群臣皆顿首请立坚。坚乃去皇帝之号，称大秦天王，即位于太极殿；诛生幸臣中书监董荣、左仆射赵韶等二十余人。大赦，改元永兴。追尊父雄为文桓皇帝，母苟氏为皇太后，妃苟氏为皇后，世子宏为皇太子，以清河王法为都督中外诸军事、丞相、录尚书事、东海公，诸王皆降爵为公。以从祖右光禄大夫、永安公侯为太尉，晋公柳为车骑大将军、尚书令。封弟融为阳平公，双为河南公，子丕为长乐公，晖为平原公，熙为广平公，睿为巨鹿公。以汉阳李威为左仆射，梁平老为右仆射，强汪为领军将军，吕婆楼为司隶校尉，王猛为中书侍郎。

融好文学，明辨过人，耳闻则诵，过目不忘；力敌百夫，善骑射击刺，少有令誉；坚爱重之，常与共议国事。融经综内外，刑政修明，荐才扬滞，补益弘多。丕亦有文武才干。治民断狱，皆亚于融。

威，苟太后之姑子也，素与魏王雄友善，生屡欲杀坚，赖威营救得免。威得幸于苟太后，坚事之如父。威知王猛之贤，常劝坚以国事任之；坚谓猛曰："李公知君，犹鲍叔牙之知管仲也[7]。"猛以兄事之。

【注释】

①太微：星垣名，古代星象学家将其视为“天帝南宫”。 ②扑杀：古代把犯人从高处掷到地上的法外刑罚。 ③嗷嗷（áo 熬）：象声词，哀号声。 ④趫（qiáo 桥）：便捷、骁勇。 ⑤云龙门：魏明帝时建洛阳宫，把宫城正南门称为云龙门。苻氏据长安，遂仿其例。 ⑥嫡嗣：嫡子。苻坚的母亲苟氏，是苻雄的正妃，故苻法称苻坚为“嫡嗣”。 ⑦鲍叔牙：春秋时齐国大夫。少时与管仲友善，为莫逆之交。管仲家贫母老，叔牙予以资助；襄公乱政时，管仲随公子纠奔鲁，叔牙随公子小白奔莒（今山东莒县）。及襄公被杀，小白回国为君，是为桓公，拟以叔牙为上卿，叔牙力劝桓公释管仲之囚，使代己位，而以身下之。为此，管仲有“生我者父母，知我者鲍子”之言。

燕主儁杀段龛，坑其徒三千余人。

秋，七月，秦大将军冀州牧张平遣使请降，拜并州刺史。

八月，丁未，立皇后何氏。后，故散骑侍郎庐江何准之女也。礼如咸康而不贺[①]。

秦王坚以权翼为给事黄门侍郎，薛赞为中书侍郎，与王猛并掌机密。九月，追复太师鱼遵等官，以礼改葬，子孙存者皆随才擢叙。

张平据新兴、雁门、西河、太原、上党、上郡之地[②]，壁垒三百余[③]，夷、夏十余万户，拜置征镇，欲与燕、秦为敌国。冬，十月，平寇略秦境，秦王坚以晋公柳都督并、冀州诸军事，加并州牧，镇蒲阪以御之。

十一月，癸酉，燕主儁自蓟徙都邺。

秦太后苟氏游宣明台，见东海公法之第门车马辐凑，恐终不利于秦王坚，乃与李威谋，赐法死。坚与法诀于东堂，恸哭欧血；谥曰献哀公，封其子阳为东海公，敷为清河公。

十二月，乙巳，燕主儁入邺宫，大赦。复作铜雀台。

以太常王彪之为左仆射。

秦王坚行至尚书，以文案不治，免左丞程卓官，以王猛代之。

坚举异材，修废职，课农桑，恤困穷，礼百神，立学校，旌节义，继绝世；秦民大悦。

【注释】

①"礼如"句：即仿照咸康二年(336)晋成帝迎娶杜陵阳的礼仪，详见本书卷第九十五晋成帝咸康二年(336)。 ②新兴：郡名，治今山西忻州市。雁门：郡名，治今山西代县西南古城。西河：郡名，治今山西吕梁市。 ③壁垒：各地豪强在战乱期间，为了自卫而建立的小城堡。

二年 春，正月，司徒昱稽首归政；帝不许。

初，冯鸯既以上党来降，又附于张平，又自归于燕，既而复叛燕。二月，燕司徒上庸王评讨之，不克。

秦王坚自将讨张平，以邓羌为前锋督护，帅骑五千，军于汾上；平使养子蚝御之[①]，蚝多力趫捷。能曳牛却走；城无高下，皆可超越。与羌相持旬余，莫能相胜。三月，坚至铜壁[②]，平尽众出战，蚝单马大呼，出入秦陈者四五。坚募人生致之，鹰扬将军吕光刺蚝，中之，邓羌擒蚝以献，平众大溃。平惧，请降。坚拜平右将军，以蚝为虎贲中郎将。蚝，本姓弓，上党人也；坚宠待甚厚，常置左右。秦人称邓羌、张蚝皆万人敌。光，婆楼之子也。坚徙张平部民三千余户于长安。

甲戌，燕主儁遣领军将军慕舆根将兵助司徒评攻冯鸯。根欲急攻之，评曰："鸯壁坚，不如缓之。"根曰："不然。公至城下经月，未尝交锋。贼谓国家力止于此，遂相固结，冀幸万一。今根兵初至，形势方振，贼众恐惧，皆有离心，计虑未定，从而攻之，无不克者。"遂急攻之。鸯与其党果相猜忌，鸯奔野王依吕护，其众尽降。

夏，四月，秦王坚如雍，祠五畤[③]；六月，如河东，祠后土[④]。

秋，八月，豫州刺史谢奕卒。奕，安之兄也。司徒昱以建武将军桓云代之。云，温之弟也。访于仆射王彪之，彪之曰："云非不才，然温居上流，已割天下之半，其弟复处西藩[⑤]；兵权萃于一门，非深根固蒂之宜。人才非可豫量，但当令不与殿下作异者耳。"昱颔之曰："君言是也。"壬申，以吴兴太守谢万为西中郎将，监司、豫、冀、并四州诸军事、豫州刺史。

王羲之与桓温笺曰:“谢万才流经通[6],使之处廊庙,固是后来之秀;今以之俯顺荒余[7],近是违才易务矣。”又遗万书曰:“以君迈往不屑之韵[8],而俯同群碎,诚难为意也。然所谓通识,正当随事行藏耳[9]。愿君每与士卒之下者同甘苦,则尽善矣。”万不能用。

徐、兖二州刺史荀羡有疾,以御史中丞郗昙为军司。昙,鉴之子也。

【注释】

①毦(háo 豪):此处为人名用字。 ②铜壁:地名,在今山西太原市西南。 ③五畤(zhì 至):祭礼天地五帝的处所,在今陕西宝鸡市凤翔区南。 ④后土:古时称地神或土神为后土。 ⑤西藩:东晋时,豫州刺史镇守长江下游北岸淮水以南地区,在建康之西,故称西藩。 ⑥才流经通:才能足以治国,在当代人中堪称通达。 ⑦俯顺:屈身招抚。荒余:经过战乱后的地区。 ⑧迈往不屑:一往无前、不屑于琐碎事务。 ⑨行藏:语出《论语·述而篇》“用之则行,舍之则藏”。谓出仕则行其所学之道,否则退隐藏道以待时机。后世因之以“行藏”表示适应环境的变化而进退。

九月,庚辰[1],秦王坚还长安,以太尉侯守尚书令。于是秦大旱;坚减膳彻乐,命后妃以下悉去罗纨[2];开山泽之利,公私共之,息兵养民;旱不为灾。

王猛日亲幸用事,宗亲勋旧多疾之,特进、姑臧侯樊世,本氐豪,佐秦主健定关中,谓猛曰:“吾辈耕之,君食之邪?”猛曰:“非徒使君耕之,又将使君炊之!”世大怒曰:“要当悬汝头于长安城门;不然,吾不处世!”猛以白坚,坚曰:“必杀此老氐,然后百寮可肃。”会世入言事,与猛争论于坚前,世欲起击猛;坚怒,斩之。于是群臣见猛皆屏息。

赵之亡也,其将张平、李历、高昌皆遣使降燕,已而降晋,又降秦,各受爵位,欲中立以自固。燕主儁使司徒评讨张平于并州,司空阳骛讨高昌于东燕[3],乐安王臧讨李历于濮[4]。阳骛攻昌别将于黎阳[5],不拔。历奔荥阳,其众皆降。并州壁垒百余降于燕,儁以右仆射悦绾为并州刺史以抚之。平所署征西将军诸葛骧等帅壁垒百三十八降于燕，儁皆复其官爵。平帅众三千奔平阳，复请降于燕。

冬，十月，泰山太守诸葛攸攻燕东郡[6]，入武阳[7]，燕主儁遣大司马恪统阳骛及乐安王臧之兵以击之。攸败走，还泰山，恪遂渡河，略地河南，分置守宰。

燕主儁欲经营秦、晋，十二月，令州郡校实见丁[8]，户留一丁，余悉发为兵，欲使步卒满一百五十万，期来春大集洛阳。武邑刘贵上书[9]，极陈"百姓凋弊，发兵非法，必致土崩之变"。儁善之，乃更令三五发兵，宽其期日，以来冬集邺。

时燕调发繁数，官司各遣使者，道路旁午[10]，郡县苦之。太尉、领中书监封奕请"自今非军期严急，不得遣使，自余赋发皆责成州郡，其群司所遣弹督先在外者，一切摄还"。俊从之。

【注释】

①庚辰：九月壬午朔，无庚辰。 ②罗纨（wán 丸）：质地轻软、经纬组织分明的丝织品。 ③东燕：县名，治今河南延津县东北。 ④濮：县名，治今山东鄄城。 ⑤黎阳：县名，治今河南浚县东北。 ⑥东郡：郡名，治今山东鄄城县北旧城。 ⑦武阳：县名，治今山东莘县西南。 ⑧见（xiàn 现）丁：现有的壮丁。 ⑨武邑：县名，治今河北武邑县。 ⑩旁午：交错、纷繁。

燕泰山太守贾坚屯山茌[1]，荀羡引兵击之；坚所将才七百余人，羡兵十倍于坚。坚将出战，诸将皆曰："众少，不如固守。"坚曰："固守亦不能免，不如战也。"遂出战，身先士卒，杀羡兵千余人，复还入城。羡进攻之，坚叹曰："吾自结发[2]，志立功名，而每值穷厄，岂非命乎？与其屈辱而生，不若守节而死。"乃谓将士曰："今危困，计无所设，卿等可去，吾将止死。"将士皆泣曰："府君不出，众亦俱死耳。"乃扶坚上马，坚曰："我如欲逃，必不相遣。今当为卿曹决斗，若势不能支，卿等可趣去。勿复顾我也！"乃开门直出。羡兵四集，坚立马桥上，左右射之，皆应弦而倒。羡兵众多，从堑下斫桥，坚人马俱陷，生擒之。遂拔山茌。羡谓坚曰："君父、祖世为晋臣，奈何背本不降？"坚曰："晋自弃中华，非吾叛也。民既无主，强则托命。既已事人，安可改节？吾束脩自立[3]，涉赵历燕，未尝易志[4]，君何匆匆相谓降乎？”羡复责之，坚怒曰：“竖子，儿女御乃公！”羡怒，执置雨中；数日，坚愤惋而卒。

燕青州刺史慕容尘遣司马悦明救泰山，羡兵大败，燕复取山茌。燕主俊以贾坚子活为任城太守。

荀羡疾笃，征还，以郗昙为北中郎将、都督徐、兖、青、冀、幽五州诸军事[5]、徐、兖二州刺史，镇下邳。

燕吴王垂娶段末柸女，生子令、宝。段氏才高性烈，自以贵姓，不尊事可足浑后，可足浑氏衔之。燕主儁素不快于垂，中常侍涅皓，因希旨告段氏及吴国典书令辽东高弼为巫蛊，欲以连污垂，儁收段氏及弼下大长秋、廷尉考验[6]，段氏及弼志气确然，终无挠辞。掠治日急，垂愍之，私使人谓段氏曰：“人生会当一死，何堪楚毒如此！不若引服[7]。”段氏叹曰：“吾岂爱死者耶！若自诬以恶逆，上辱祖宗，下累于王，固不为也！”辩答益明；故垂得免祸，而段氏竟死于狱中。出垂为平州刺史，镇辽东。垂以段氏女弟为继室；可足浑氏黜之，以其妹长安君妻垂；垂不悦，由是益恶之。

匈奴刘阏头部落多叛，惧而东走，乘冰渡河，半渡而冰解，后众悉归刘悉勿祈，阏头奔代。悉勿祈，务桓之子也。

【注释】

①山茌（chí 持）：县名，治今山东济南市长清区东南。 ②结发：古代男子自成童开始束发，因此称童年或年轻时为结发。 ③束脩：十条干肉，古代上下亲友之间相互赠献的一种礼物。孔子教授学生，以“束脩”为酬金，后世因之以束脩为致送教师酬金的代称。 ④“未尝”句：贾坚初仕赵，赵亡归乡里，不肯降燕，被擒后始仕于燕。详见本书卷第九十八晋穆帝永和六年（350）。 ⑤五州：五州之中，晋国实际占有者仅徐州，称五州都督不过壮大军威而已。 ⑥“儁收”句：大长秋为中宫主要官员，由大长秋主持审理段氏及高弼，便于皇后操纵。 ⑦引服：根据告发的罪行招认。

三年　春，二月，燕主儁立子泓为济北王，冲为中山王。

燕人杀段勤[1]，勤弟思来奔。

燕主儁宴群臣于蒲池[2]，语及周太子晋[3]，潸然流涕曰[4]："才子难得，自景先之亡[5]，吾鬓发中白。卿等谓景先何如？"司徒左长史李绩对曰："献怀太子之在东宫，臣为中庶子，太子志业，敢不知之[6]！太子大德有八：至孝，一也；聪敏，二也；沉毅，三也；疾谀喜直，四也；好学，五也；多艺，六也；谦恭，七也；好施，八也。"儁曰："卿誉之虽过，然此儿在，吾死无忧矣。景茂何如[7]？"时太子暐侍侧，绩曰："皇太子天资岐嶷[8]，虽八德已闻，然二阙未补，好游畋而乐丝竹[9]，此其所以损也。"儁顾谓暐曰："伯阳之言[10]，药石之惠也[11]，汝宜诫之！"暐甚不平。

儁梦赵王虎啮其臂，乃发虎墓，求尸不获，购以百金；邺女子李菟知而告之，得尸于东明观下[12]，僵而不腐。儁蹋而骂之曰："死胡，何敢怖生天子？"数其残暴之罪而鞭之，投于漳水。尸倚桥柱不流。及秦灭燕，王猛为之诛李菟，收而葬之。

秦平羌护军高离据略阳叛，永安威公侯讨之，未克而卒。夏，四月，骁骑将军邓羌、秦州刺史啖铁讨平之。

匈奴刘悉勿祈卒，弟卫辰杀其子而代之。

五月，秦王坚如河东；六月，大赦，改元甘露。

凉州牧张瓘，猜忌苛虐，专以爱憎为赏罚。郎中殷郇谏之[13]，瓘曰："虎生三日，自能食肉，不须人教也。"由是人情不附。辅国将军宋混，性忠鲠，瓘惮之，欲杀混及弟澄，因废凉王玄靓而代之；征兵数万，集姑臧。混知之，与澄帅壮士杨和等四十余骑奄入南城[14]，宣告诸营曰："张瓘谋逆，被太后令诛之。"俄而众至二千，瓘帅众出战，混击破之。瓘麾下玄胪刺混，不能穿甲，混擒之，瓘众悉降。瓘与弟琚皆自杀，混夷其宗族。玄靓以混为使持节、都督中外诸军事、骠骑大将军、酒泉郡侯，代瓘辅政。混乃请玄靓去凉王之号，复称凉州牧。混谓玄胪曰："卿刺我，幸而不伤，今我辅政，卿其惧乎？"胪曰："胪受瓘恩，唯恨刺节下不深耳[15]，窃无所惧！"混义之，任为心膂。

高昌不能拒燕，秋，七月，自白马奔荥阳[16]。

【注释】

①"燕人"句：段勤降燕，见本书卷第九十九晋穆帝永和八年(352)。

②蒲池：地名，在邺城之内。 ③周太子晋：即周灵王的太子姬晋，姬晋自幼聪颖，但去世很早。他的弟弟姬贵继承父位，是为景王，在位期间，国势衰微。 ④潸（shān 删）然：流泪的样子。 ⑤景先：已故太子慕容暐的表字。 ⑥“臣为”三句：太子中庶子为太子官属，隶属于太子少傅，职责是随身侍奉太子，协助处理各类事务，顾问应对，故对太子的情况知之最详。 ⑦景茂：太子慕容暐的表字。 ⑧岐嶷：幼年聪慧。 ⑨丝竹：弦乐器和竹管乐器，也泛指音乐。 ⑩伯阳：李绩的表字。 ⑪药石：药物的总称。药，方药，石，砭（biān 边）石（治病用的石针）。后世也把规诫的言辞比喻为药石。 ⑫东明观：楼阁名，在今河北临漳县西南故邺城东侧。 ⑬郇（xún 循）：此处为人名用字。 ⑭南城：姑臧城中的政治中心，前凉统治者张氏的集中住地。 ⑮节下：对高级官员的敬称。 ⑯白马：县名，治今河南滑县东。

秦王坚自河东还，以骁骑将军邓羌为御史中丞。八月，以咸阳内史王猛为侍中、中书令，领京兆尹。特进、光禄大夫强德，太后之弟也，酗酒，豪横，掠人财货、子女，为百姓患。猛下车收德，奏未及报，已陈尸于市；坚驰使赦之，不及。与邓羌同志，疾恶纠案，无所顾忌，数旬之间，权豪、贵戚，杀戮、刑免者二十余人，朝廷震栗，奸猾屏气，路不拾遗。坚叹曰：“吾始今知天下之有法也！”

泰山太守诸葛攸将水陆二万击燕，入自石门[①]，屯于河渚。燕上庸王评、长乐太守傅颜帅步骑五万与攸战于东阿[②]，攸兵大败。

冬，十月，诏谢万军下蔡，郗昙军高平以击燕。万矜豪傲物，但以啸咏自高，未尝抚众。兄安深忧之，谓万曰：“汝为元帅，宜数接对诸将以悦其心，岂有傲诞如此而能济事也？”万乃召集诸将，一无所言，直以如意指四坐云[③]：“诸将皆劲卒[④]。”诸将益恨之。安虑万不免，乃自队帅以下[⑤]，无不亲造，厚相亲托。既而万帅众入涡、颍以援洛阳[⑥]，郗昙以病退屯彭城。万以为燕兵大盛，故昙退，即引兵还，众遂惊溃。万狼狈单归，军士欲因其败而图之，以安故而止。既至，诏废万为庶人，降昙号建武将军。于是许昌、颍川、谯、沛诸城相次皆没于燕。

秦王坚以王猛为吏部尚书，寻迁太子詹事，十一月，为左仆射，余官如故。

十二月，封武陵王晞子瑨为梁王[⑦]。

大旱。

辛酉，燕主俊寝疾，谓大司马太原王恪曰："吾病必不济。今二方未平[⑧]，景茂冲幼，国家多难，吾欲效宋宣公[⑨]，以社稷属汝，何如？"恪曰："太子虽幼，胜残致治之主也。臣实何人，敢干正统？"俊怒曰："兄弟之间，岂虚饰邪？"恪曰："陛下若以臣能荷天下之任者，岂不能辅少主乎？"俊喜曰："汝能为周公，吾复何忧？李绩清方忠亮，汝善遇之。"召吴王垂还邺。

秦王坚以王猛为辅国将军、司隶校尉，居中宿卫，仆射、詹事、侍中、中书令、领选如故。猛上疏辞让，因荐散骑常侍阳平公融、光禄、散骑西河任群、处士京兆朱肜自代。坚不许，而以融为侍中、中书监、左仆射，任群为光禄大夫、领太子家令[⑩]，朱肜为尚书侍郎，领太子庶子。猛时年三十六，岁中五迁，权倾内外；人有毁之者，坚辄罪之，于是群臣莫敢复言。以左仆射李威领护军；右仆射梁平老为使持节、都督北垂诸军事、镇北大将军[⑪]，戍朔方之西；丞相司马贾雍为云中护军，戍云中之南。

燕所征郡国兵悉集邺城。

【注释】

①石门：地名，在今河南荥阳市北。　②东阿：县名，治今山东阳谷县东北阿城镇。　③如意：器物名，柄端作手指形，用以搔痒，可如人意，因而得名。又有柄端作心字形的，以骨、角、竹、木、玉、石、铜、铁等制成，长约三尺。　④"诸将"句：奋战在军阵的人，忌讳别人称为兵卒，谢万把将领们也称为"卒"，故将领们更加怨恨。　⑤队帅：军中主将。《世说新语·简傲篇》中叙述这件事情，作"队主将帅"。　⑥涡：水名，即今豫东、皖北淮河支流涡河。　⑦瑨（jìn 金）：此处为人名用字。　⑧二方：指晋国、秦国。　⑨宋宣公：春秋时宋国国君，前 747—前 729 年在位。宣公有太子与夷，但临终时将国君之位传给了自己的弟弟，弟和即位，是为穆公。　⑩太子家令：职官名，为太子官属，隶属于太子少傅，掌管刑狱、饮食、谷货等事务。职位与司农、少府同。　⑪北垂：北方边陲。

资治通鉴卷第一百一

晋纪二十三　起上章涒滩，尽著雍执徐，凡九年。

孝宗穆皇帝下

升平四年　春，正月，癸巳，燕主儁大阅于邺，欲使大司马恪、司空阳骛将之入寇；会疾笃，乃召恪、骛及司徒评、领军将军慕舆根等受遗诏辅政。甲午，卒。戊子[①]，太子暐即皇帝位。年十一，大赦，改元建熙。

秦王坚分司、隶置雍州，以河南公双为都督雍、河、凉三州诸军事、征西大将军、雍州刺史[②]，改封赵公，镇安定。封弟忠为河南公。

仇池公杨俊卒，子世立。

二月，燕人尊可足浑后为皇太后。以太原王恪为太宰，专录朝政；上庸王评为太傅，阳骛为太保，慕舆根为太师，参辅朝政。

根性木强[③]，自恃先朝勋旧，心不服恪，举动倨傲。时太后可足浑氏颇预外事，根欲为乱，乃言于恪曰："今主上幼冲，母后干政，殿下宜防意外之变，思有以自全。且定天下者，殿下之功也。兄亡弟及，古今成法，俟毕山陵[④]，宜废主上为王，殿下自践尊位，以为大燕无穷之福。"恪曰："公醉邪？何言之悖也！吾与公受先帝遗诏，云何而遽有此议？"根愧谢而退。恪以告吴王垂，垂劝恪诛之。恪曰："今新遭大丧，二邻观衅[⑤]，而宰辅自相诛夷，恐乖远近之望，且可忍之。"秘书监皇甫真言于恪曰："根本庸竖，过蒙先帝厚恩，引参顾命。而小人无识，自国哀已来，骄很日甚[⑥]，将成祸乱。明公今日居周公之地，当为社稷深谋，早为之所。”恪不听。

根又言于可足浑氏及燕主暐曰：“太宰、太傅将谋不轨，臣请帅禁兵以诛之。”可足浑氏将从之。暐曰：“二公，国之亲贤，先帝选之，托以孤嫠[⑦]，必不肯尔；安知非太师欲为乱也？”乃止。根又思恋东土[⑧]，言于可足浑氏及暐曰：“今天下萧条，外寇非一，国大忧深，不如还东。”恪闻之，乃与太傅评谋，密奏根罪状；使右卫将军傅颜就内省诛根，并其妻子、党与。大赦。是时新遭大丧，诛夷狼籍，内外恟惧，太宰恪举止如常，人不见其有忧色，每出入，一人步从。或说以宜自严备，恪曰：“人情方惧，当安重以镇之，奈何复自惊扰，众将何仰？”由是人心稍定。

恪虽综大任，而朝廷之礼，兢兢严谨，每事必与司徒评议之，未尝专决，虚心待士，谘询善道，量才授任，人不逾位；官属、朝臣或有过失，不显其状，随宜他叙，不令失伦，唯以此为贬；时人以为大愧，莫敢犯者。或有小过，自相责曰：“尔复欲望宰公迁官邪？”朝廷初闻燕主儁卒，皆以为中原可图。桓温曰：“慕容恪尚在，忧方大耳。”

三月，己卯，葬燕主儁于龙陵[⑨]，谥曰景昭皇帝，庙号烈祖。所征郡国兵，以燕朝多难，互相惊动，往往擅自散归，自邺以南，道路断塞，太宰恪以吴王垂为使持节、征南将军、都督河南诸军事、兖州牧、荆州刺史，镇梁国之蠡台，孙希为并州刺史，傅颜为护军将军，帅骑二万，观兵河南，临淮而还；境内乃安。希，泳之弟也[⑩]。

【注释】

①戊子：正月甲戌朔，戊子为正月十五日，然慕容儁在甲午日即二十一日去世，慕容暐即位当在甲午之后，“戊子”显然有误，疑为“戊戌”（二十五日）。 ②三州：其时河州、凉州并未为秦国所有。苻双所督实

北朝人面纹瓦饰

土，仅安定等五郡而已。 ③木强（jiàng 匠）：质朴而倔强。 ④山陵：把去世的皇帝安葬到陵墓中。 ⑤二邻：指晋国、秦国。 ⑥骄很：骄横凶暴。很，通“狠”。 ⑦孤嫠（lí 厘）：孤儿寡妇。 ⑧东土：指龙城及其周围地区。龙城在邺城东北，故称东土。 ⑨龙陵：陵墓名，以陵在龙城，故称龙陵。 ⑩孙泳：燕国官吏，曾奋力抵御赵国进攻，事迹详见本书卷第九十六晋成帝咸康四年（338）。

匈奴刘卫辰遣使降秦，请田内地，春来秋返；秦王坚许之。夏，四月，云中护军贾雍遣司马徐赟帅骑袭之[①]，大获而还。坚怒曰：“朕方以恩信怀戎狄，而汝贪小利以败之，何也？”黜雍以白衣领职，遣使还其所获，慰抚之。卫辰于是入居塞内，贡献相寻。

夏，六月，代王什翼犍妃慕容氏卒。秋，七月，刘卫辰如代会葬，因求婚，什翼犍以女妻之。

八月，辛丑朔，日有食之，既。

谢安像

谢安少有重名，前后征辟，皆不就；寓居会稽，以山水、文籍自娱。虽为布衣，时人皆以公辅期之。士大夫至相谓曰：“安石不出，当如苍生何？”安每游东山[②]，常以妓女自随。司徒昱闻之，曰：“安石既与人同乐，必不得不与人同忧，召之必至。”安妻，刘惔之妹也。见家门贵盛而安独静退[③]，谓曰：“丈夫不如此也[④]？”安掩鼻曰：“恐不免耳。”及弟万废黜，安始有仕进之志，时已年四十余。征西大将军桓温请为司马，安乃赴召，温大喜，深礼重之。

冬，十月，乌桓独孤部、鲜卑没奕干各帅众数万降秦[⑤]，秦王坚处之塞南。阳平公融谏曰："戎狄人面兽心，不知仁义。其稽颡内附，实贪地利，非怀德也；不敢犯边，实惮兵威，非感恩也。今处之塞内，与民杂居，彼窥郡县虚实，必为边患，不如徙之塞外以防未然。"坚从之。

十一月，封桓温为南郡公，温弟冲为丰城县公，子济为临贺县公。

燕太宰恪欲以李绩为右仆射；燕主暐不许。恪屡以为请。暐曰："万机之事，皆委之叔父；伯阳一人，暐请独裁。"出为章武太守，以忧卒。

【注释】

①赟（yūn 晕）：此处为人名用字。 ②东山：山名，在今浙江绍兴市上虞区南。 ③"见家"句：晋穆帝时期，谢安的堂兄谢尚、哥哥谢奕都官至四州都督，弟弟谢万官至四州监军，故谢安妻认为谢氏"家门贵盛"。 ④"丈夫"句：这句话，《世说新语·排调篇》作"大丈夫不当如此乎"。《晋书·谢安传》引用时，删去"大"字"当"字，改"乎"字为"也"字，语气就有了很大差别。而《通鉴》是沿用《晋书》的文字。为与后文"恐不免耳"呼应，本句当作问句处理。 ⑤独孤部：《晋书·苻坚传》作"独孤"。没奕干：《晋书·苻坚传》作"没奕于"。

五年 春，正月，戊戌，大赦。

刘卫辰掠秦边民五十余口为奴婢以献于秦；秦王坚责之，使归所掠。卫辰由是叛秦，专附于代。

东安简伯郗昙卒。二月，以东阳太守范汪都督徐、兖、冀、青、幽五州诸军事，兼徐、兖二州刺史。

平阳人举郡降燕[①]；燕以建威将军段刚为太守，遣督护韩苞将兵共守平阳。

方士丁进有宠于燕主暐，欲求媚于太宰恪，说恪令杀太傅评；恪大怒，奏收斩之。

高昌卒，燕河内太守吕护并其众，遣使来降；拜护冀州刺史。护欲引晋兵以袭邺。三月，燕太宰恪将兵五万，冠军将军皇甫真将兵万人，共讨之。燕兵至野王，护婴城自守。护军将军傅颜请急攻之，以省大费。恪曰："老贼经变多矣，观其守备，未易猝攻，而多杀士卒。顷攻黎阳[2]，多杀精锐，卒不能拔，自取困辱。护内无蓄积，外无救援，我深沟高垒，坐而守之。休兵养士，离间其党，于我不劳而贼势日蹙[3]，不过十旬，取之必矣，何为多杀士卒以求旦夕之功乎？"乃筑长围守之。

夏，四月，桓温以其弟黄门郎豁都督沔中七郡诸军事[4]，兼新野、义城二郡太守，将兵取许昌，破燕将慕容尘。

凉骠骑大将军宋混疾甚，张玄靓及其祖母马氏往省之，曰："将军万一不幸，寡妇孤儿将何所托？欲以林宗继将军，可乎？"混曰："臣子林宗幼弱，不堪大任。殿下尚未弃臣门，臣弟澄政事愈于臣，但恐其儒缓[5]，机事不称耳。殿下策励而使之，可也。"混戒澄及诸子曰："吾家受国大恩，当以死报，无恃势位以骄人。"又见朝臣，皆戒之以忠贞。及卒，行路为之挥涕。玄靓以澄为领军将军，辅政。

五月，丁巳，帝崩，无嗣。皇太后令曰："琅邪王丕，中兴正统[6]，义望情地，莫与为比，其以王奉大统！"于是百官备法驾迎于琅邪第。庚申，即皇帝位，大赦。壬戌，改封东海王奕为琅邪王。秋，七月，戊午，葬穆帝于永平陵，庙号孝宗。

燕人围野王数月，吕护遣其将张兴出战，傅颜击斩之，城中日蹙。皇甫真戒部将曰："护势穷奔突，必择虚隙而投之；吾所部士卒多羸，器甲不精，宜深为之备。"乃多课橹楯[7]；亲察行夜者。护食尽，果夜悉精锐趋真所部，突围，不得出；太宰恪引兵击之，护众死伤殆尽，弃妻子奔荥阳。恪存抚降民，给其廪食；徙士人、将帅于邺，自余各随所乐；以护参军广平梁琛为中书著作郎。

【注释】

①"平阳"句：平阳当时属于张平控制范围。 ②"顷攻"句：攻打黎阳事，见本书卷第一百晋穆帝升平二年（358）。 ③蹙（cù 促）：紧迫。④沔中七郡：指魏兴、新城、上庸、襄阳、义成、竟陵、江夏。 ⑤儒缓：迂缓迟钝。古代儒生，大都行为舒缓，不能见机行事建立奇功，故称儒缓。⑥"中兴"句：东晋以来，元帝、明帝、成帝，都是正统相传。司马丕为成

帝长子,由他继位,正为“中兴正统”。 ⑦橹楯(dùn 盾):大盾牌。

九月,戊申,立妃王氏为皇后。后,濛之女也。穆帝何皇后,称穆皇后,居永安宫。

凉右司马张邕恶宋澄专政,起兵攻澄,杀之,并灭其族。张玄靓以邕为中护军,叔父天锡为中领军,同辅政。

张平袭燕平阳,杀段刚、韩苞;又攻雁门,杀太守单男[①]。既而为秦所攻,平复谢罪于燕以求救。燕人以平反覆,弗救也,平遂为秦所灭。

乙亥[②],秦大赦。

徐、兖二州刺史范汪,素为桓温所恶,温将北伐,命汪帅众出梁国。冬,十月,坐失期,免为庶人,遂废,卒于家。

子宁,好儒学,性质直,常谓王弼、何晏之罪深于桀、纣[③]。或以为贬之太过,宁曰:“王、何蔑弃典文,幽沈仁义,游辞浮说,波荡后生,使搢绅之徒翻然改辙[④],以至礼坏乐崩[⑤],中原倾覆,遗风余俗,至今为患。桀、纣纵暴一时,适足以丧身覆国,为后世戒,岂能回百姓之视听哉?故吾以为一世之祸轻,历代之患重;自丧之恶小,迷众之罪大也!”

吕护复叛,奔燕,燕人赦之,以为广州刺史[⑥]。

凉张邕骄矜淫纵,树党专权,多所刑杀,国人患之。张天锡所亲敦煌刘肃谓天锡曰:“国家事欲未静!”天锡曰:“何谓也?”肃曰:“今护军出入,有似长宁[⑦]。”天锡惊曰:“我固疑之,未敢出口,计将安出?”肃曰:“正当速除之耳!”天锡曰:“安得其人?”肃曰:“肃即其人也!”肃时年未二十。天锡曰:“汝年少,更求其助。”肃曰:“赵白驹与肃二人足矣。”十一月,天锡与邕俱入朝,肃与白驹从天锡,肃斫之不中,白驹继之,又不克,二人与天锡俱入宫中,邕得逸走,帅甲士三百余人攻宫门。天锡登屋大呼曰:“张邕逆无道,既灭宋氏,又欲倾覆我家。汝将士世为凉臣,何忍以兵相向邪?今所取者,止张邕耳,他无所问!”于是邕兵悉散走,邕自刎死,尽灭其族党。玄靓以天锡为使持节、冠军大将军、都督中外诸军事,辅政。十二月,始改建兴四十九年,奉升平年号[⑧]。诏以玄靓为大都督、督陇右诸军事、凉州刺史、护羌校尉、西平公。

燕大赦。

秦王坚命牧伯守宰各举孝悌、廉直、文学、政事,察其所举,得人者赏之,非其人者罪之。由是人莫敢妄举,而请托不行,士皆自励;虽宗室外戚,无才能者皆弃不用。当是之时,内外之官,率皆称职;田畴修辟,仓库充实,盗贼屏息。

是岁,归义侯李势卒。

【注释】

①单(shàn 善):姓氏。 ②乙亥:九月乙未朔,无乙亥。 ③王弼、何晏:魏晋玄学的首倡者。王弼(226—249),字辅嗣,魏国山阳(今河南焦作市)人。幼而察慧,官至谒者仆射。著有《老子注》《周易注》《周易略例》等书,提出了“贵无论”等著名论点。何晏(190—249),字平叔,南阳(今河南南阳市)人。尚曹魏公主,官至尚书,因反对司马懿而被杀。好老庄之言,著有《道德二论》《无名论》和《论语集解》等书。 ④搢绅(jìn shēn 进申):插笏于带间。搢,插;绅,束腰的大带。古时仕宦者垂绅搢笏,因之称士大夫为搢绅。 ⑤礼坏乐崩:礼仪音乐都遭到破坏而荡然无存。在古代,礼乐是统治秩序的重要组成部分,它的崩坏被视为社会秩序的瓦解。也作“礼崩乐坏”。 ⑥“以为”句:燕国无广州,不过以刺史之名授予吕护而已。 ⑦长宁:指长宁侯张祚。 ⑧“始改”二句:前凉州除张祚在位的一年外,一直使用西晋愍帝的年号,至本年才首次使用东晋的年号。

哀　皇　帝[①]

隆和元年　春,正月,壬子,大赦,改元。

甲寅,减田租,亩收二升。

燕豫州刺史孙兴请攻洛阳,曰:“晋将陈祐弊卒千余,介守孤城,不足取也!”燕人从其言,遣宁南将军吕护屯河阴[②]。

二月,辛未,以吴国内史庾希为北中郎将、徐、兖二州刺史,镇下邳,龙骧将军袁真为西中郎将、监护豫、司、并、冀四州诸军事、豫州刺史，镇汝南；并假节。希，冰之子也。

丙子，拜帝母周贵人为皇太妃，仪服拟于太后。

燕吕护攻洛阳。三月，乙酉[3]，河南太守戴施奔宛，陈祐告急。五月，丁巳，桓温遣庾希及竟陵太守邓遐帅舟师三千人助祐守洛阳。遐，岳之子也。

温上疏请迁都洛阳，自永嘉之乱播流江表者[4]，一切北徙，以实河南。朝廷畏温，不敢为异；而北土萧条，人情疑惧，虽并知不可，莫敢先谏。散骑常侍领著作郎孙绰上疏曰："昔中宗龙飞[5]，非惟信顺协于天人，实赖万里长江画而守之耳。今自丧乱已来，六十余年，河、洛丘墟，函夏萧条[6]。士民播流江表，已经数世[7]，存者老子长孙，亡者丘陇成行，虽北风之思感其素心，目前之哀实为交切。若迁都旋轸之日[8]，中兴五陵[9]，即复缅成遐域。泰山之安，既难以理保，烝烝之思[10]，岂不缠于圣心哉？温今此举，诚欲大览始终，为国远图；而百姓震骇，同怀危惧，岂不以反旧之乐赊，而趋死之忧促哉？何者？植根江外，数十年矣，一朝顿欲拔之，驱蹙于穷荒之地[11]；提挈万里[12]，逾险浮深，离坟墓，弃生产，田宅不可复售，舟车无从而得，舍安乐之国，适习乱之邦，将顿仆道涂，飘溺江川，仅有达者。此仁者所宜哀矜，国家所宜深虑也！臣之愚计，以为且宜遣将帅有威名、资实者，先镇洛阳，扫平梁、许，清壹河南。运漕之路既通，开垦之积已丰，豺狼远窜，中夏小康，然后可徐议迁徙耳。奈何舍百胜之长理，举天下而一掷哉？"绰，楚之孙也。少慕高尚，尝著《遂初赋》以见志[13]。温见绰表，不悦，曰："致意兴公[14]，何不寻君《遂初赋》，而知人家国事邪？"

时朝廷忧惧，将遣侍中止温，扬州刺史王述曰："温欲以虚声威朝廷耳，非事实也；但从之，自无所至。"乃诏温曰："在昔丧乱，忽涉五纪[15]，戎狄肆暴，继袭凶迹，眷言西顾，慨叹盈怀。知欲躬帅三军，荡涤氛秽，廓清中畿[16]，光复旧京；非夫外身徇国，孰能若此？诸所处分，委之高算。但河、洛丘墟，所营者广，经始之勤[17]，致劳怀也。"事果不行。

温又议移洛阳钟虡，述曰："永嘉不竞，暂都江左，方当荡平区宇，旋轸旧京。若其不尔，宜改迁园陵，不应先事钟虡[18]！"温乃止。

朝廷以交、广辽远，改授温都督并、司、冀三州；温表辞不受。

秦王坚亲临太学，考第诸生经义，与博士讲论，自是每月一至焉。

六月，甲戌，燕征东参军刘拔刺杀征东将军、冀州刺史、范阳王友于信都。

秋，七月，吕护退守小平津[19]，中流矢而卒。燕将段崇收军北渡，屯于野王。邓遐进屯新城；八月，西中郎将袁真进屯汝南，运米五万斛以馈洛阳。

冬，十一月，代王什翼犍纳女于燕，燕人亦以女妻之。

十二月，戊午朔，日有食之。

庾希自下邳退屯山阳，袁真自汝南退屯寿阳。

【注释】

①哀皇帝：即司马丕（341—365），字千龄，河内温县（今河南温县西）人，晋成帝长子。咸康八年（342），封琅邪王。永和元年（345），拜散骑常侍，十二年加中军将军，升平三年（359），除骠骑将军。五年，穆帝（司马丕的堂弟）去世，无子，丕被选立为帝。在位共四年时间。 ②河阴：县名，治今河南洛阳市东北。 ③乙酉：三月壬辰朔，无乙酉。 ④永嘉之乱：西晋怀帝永嘉年间（307—313）的祸乱。永嘉五年，京城洛阳被匈奴人刘聪的汉国攻陷，怀帝为其所俘。怀帝之后虽还有末帝愍帝，但西晋灭亡的命运已在怀帝时就注定，故史称“永嘉之乱”。 ⑤中宗：即元帝司马睿，中宗是他的庙号。龙飞：比喻皇帝的兴起或即位。 ⑥函夏：函，包含、容纳；夏，华夏，中国的别称。函夏指全中国。 ⑦数世：几个世代。古代以三十年为一世。 ⑧旋轸（zhěn 诊）：车马回转。轸，车后的横木，借指车。 ⑨中兴五陵：即元帝建平陵、明帝武平陵、成帝兴平陵、康帝崇平陵、穆帝永平陵。 ⑩烝烝（zhēng 争）：淳厚的样子。 ⑪驱踧（cù 促）：驱逐。 ⑫提挈（qiè 切）：带领、携带。 ⑬《遂初赋》：赋名，内容大意是希望实现隐遁的初衷。 ⑭公兴：孙绰的表字。 ⑮五纪：六十年。古代以十二年为一纪。 ⑯中畿：王畿，即京城及其郊区。《周礼》中有九畿，王畿方千里，其为侯、甸、男、采、卫、蛮、夷、镇、蕃，依次相距五百里，王畿在九畿之中，故称中畿。 ⑰经始：开始营建。语出《诗经·大雅·灵台》：“经始灵台，经之营之。”（大意为“开始规划造灵台，仔细经营巧安排”）。 ⑱钟虡（jù 具）：悬挂编钟的木架。⑲小平

津：地名，在今河南洛阳市孟津区东北黄河上。

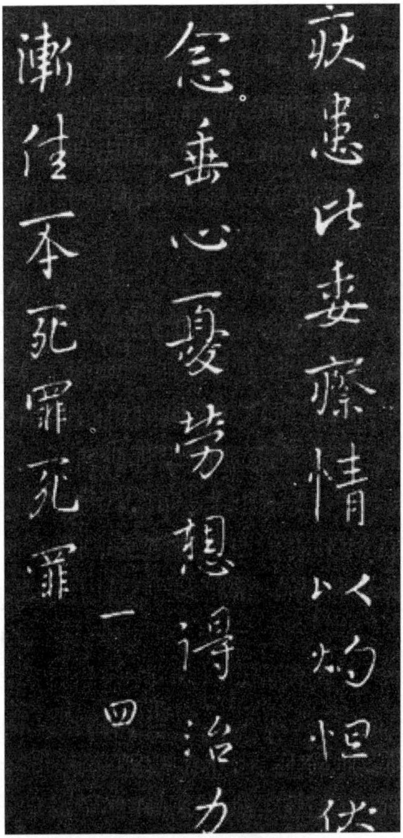

晋哀帝司马丕书迹

兴宁元年 春，二月，己亥[1]，大赦，改元。

三月，壬寅，皇太妃周氏薨于琅邪第。癸卯，帝就第治丧，诏司徒会稽王昱总内外众务。帝欲为太妃服三年。仆射江彪启："于礼，应服缌麻[2]。"又欲降服期[3]，彪曰："厌屈私情，所以上严祖考。"乃服缌麻。

夏，四月，燕宁东将军慕容忠攻荥阳太守刘远，远奔鲁阳。

五月，加征西大将军桓温侍中、大司马、都督中外诸军、录尚书事、假黄钺。温以抚军司马王坦之为长史。坦之，述之子也。又以征西掾郗超为参军，王珣为主簿，每事必与二人谋之。府中为之语曰："髯参军，短主簿[4]，能令公喜，能令公怒。"温气概高迈，罕有所推，与超言，常自谓不能测，倾身待之；超亦深自结纳。珣，导之孙也，与谢玄皆为温掾，温俱重之，曰："谢掾年四十必拥旄杖节[5]，王掾当作黑头公[6]，皆未易才也。"玄，奕之子也。

以西中郎将袁真都督司、冀、并三州诸军事，北中郎将庾希都督青州诸军事。

癸卯，燕人拔密城[7]，刘远奔江陵。

秋，八月，有星孛于角、亢[8]。

张玄靓祖母马氏卒，尊庶母郭氏为太妃。郭氏以张天锡专政，与大臣张钦等谋诛之；事泄，钦等皆死。玄靓惧，以位让天锡；天锡不受。右将军刘肃等劝天锡自立。闰月，天锡使肃等夜帅兵入宫，弑玄靓，宣言暴卒，谥曰冲公。天锡自称使持节、大都督、大将军、凉州牧、西平公，时年十八。尊母刘美人曰太妃。遣司马纶骞奉章诣建康请命，并送御史俞归东还⑨。

癸亥⑩，大赦。

冬，十月，燕镇南将军慕容尘攻陈留太守袁披于长平；汝南太守朱斌乘虚袭许昌，克之。

代王什翼犍击高车⑪。大破之，俘获万余口，马、牛、羊百余万头。

以征虏将军桓冲为江州刺史。十一月，姚襄故将张骏杀江州督护赵毗，帅其徒北叛；冲讨斩之。

【注释】

①己亥：二月丁巳朔，无己亥。　②缌麻：丧服名，是五服中（斩衰、齐衰、大功、小功、缌麻）中最轻的一种。用疏织细麻布制成孝服，服丧三月。凡疏远亲属、亲戚如高祖父母、曾伯叔祖父母、族伯叔父母、外祖父母、岳父母、中表兄弟、婿、外孙等都服缌麻。晋穆帝既已出继“大宗”，已不再算作生母的儿子，不能以儿子的身份哀思生母，只能用对族伯叔父母的礼仪，服丧三月。　③服期（jī 基）：服丧一年。期，周年。④“髯参”二句：郗超的胡须多，王珣的个头矮，故被分别称为“髯参军”“短主簿”。　⑤拥旄：拥有以旄牛尾为饰的旗帜。旗帜以旄牛尾为装饰物，是主将的标志。　⑥黑头公：年轻而登三公高位的人。黑头，头发乌黑，比喻年轻。　⑦密城：城名，在今河南新密市东南。　⑧角、亢：即角宿、亢宿，皆为二十八宿之一。　⑨“并送”句：俞归出使前凉，时为穆帝永和三年（347），至本年才返回。　⑩癸亥：闰八月癸未朔，无癸亥。⑪高车：部族名，敕勒族的别称。因敕勒所用车轮高大、辐数至多而得名。后为突厥族所吞并。

二年　春，正月，丙辰，燕大赦。

二月，燕太傅评、龙骧将军李洪略地河南。

三月，庚戌朔，大阅户口，令所在土断，严其法禁，谓之《庚戌制》。

帝信方士言，断谷饵药以求长生。侍中高崧谏曰："此非万乘所宜为；陛下兹事，实日月之食[①]。"不听。辛未，帝以药发，不能亲万机，褚太后复临朝摄政。

夏，四月，甲辰，燕李洪攻许昌、汝南，败晋兵于悬瓠[②]，颍川太守李福战死，汝南太守朱斌奔寿春，陈郡太守朱辅退保彭城。大司马温遣西中郎将袁真等御之，温帅舟师屯合肥。燕人遂拔许昌、汝南、陈郡，徙万余户于幽、冀二州，遣镇南将军慕容尘屯许昌。

五月，戊辰，以扬州刺史王述为尚书令。加大司马温扬州牧、录尚书事。壬申，使侍中召温入参朝政；温辞不至。

王述每受职，不为虚让，其所辞必于不受。及为尚书令，子坦之白述："故事当让。"述曰："汝谓我不堪邪？"坦之曰："非也，但克让自美事耳。"述曰："既谓堪之，何为复让？人言汝胜我，定不及也。"

六月，秦王坚遣大鸿胪拜张天锡为大将军、凉州牧、西平公。

秋，七月，丁卯，诏复征大司马温入朝。八月，温至赭圻[③]，诏尚书车灌止之，温遂城赭圻居之，固让内录[④]，遥领扬州牧。

秦汝南公腾谋反，伏诛。腾，秦主生之弟也。是时，生弟晋公柳等犹有五人，王猛言于坚曰："不去五公，终必为患。"坚不从。

燕侍中慕舆龙诣龙城，徙宗庙及所留百官皆诣邺。

燕太宰恪将取洛阳，先遣人招纳士民，远近诸坞皆归之；乃使司马悦希军于盟津，豫州刺史孙兴军于成皋。

初，沈充之子劲，以其父死于逆乱[⑤]，志欲立功以雪旧耻；年三十余，以刑家不得仕。吴兴太守王胡之为司州刺史，上疏称劲才行，请解禁锢，参其府事；朝廷许之。会胡之以病，不行。及燕人逼洛阳，冠军将军陈守之，众不过二千。劲自表求配祐效力；诏以劲补冠军长史，令自募壮士，得千余人以行。劲屡以少击燕众，摧破之。而洛阳粮尽援绝，祐自度不能守，乃以救许昌为名，九月，留劲以五百人守洛阳，祐帅众而东。劲喜曰："吾志欲致命，今得之矣。"祐闻许昌已没，遂奔新城。燕悦希引兵略河南诸城，尽取之。

秦王坚命公国各置三卿[6]，并余官皆听自采辟，独为置郎中令。富商赵掇等车服僭侈，诸公竞引以为卿；黄门侍郎安定程宪请治之。坚乃下诏称："本欲使诸公延选英儒，乃更猥滥如是！宜令有司推检，辟召非其人者，悉降爵为侯，自今国官皆委之铨衡[7]，自非命士已上[8]，不得乘车马；去京师百里内，工商皂隶[9]，不得服金银、锦绣，犯者弃市。"于是平阳、平昌、九江、陈留、安乐五公皆降爵为侯。

【注释】

①日月之食：日食月食，比喻君子的过失。语出《论语·子张篇》："君子之过也，如日月之食。" ②悬瓠（hù 互）：城名，在今河南汝南县。③赭（zhě 者）圻：城名，在今安徽芜湖市繁昌区西北长江北岸。 ④内录：指录尚书事。 ⑤"以其"句：沈充参与王敦反叛事，详见本书卷第九十三晋明帝太宁二年（324）。 ⑥三卿：指郎中令、中尉、大农。⑦铨衡：衡量轻重的器具，代指官吏铨选之事与掌管铨选的官员。魏晋时代，管铨选者为吏部尚书。 ⑧命士：朝廷任命过的士人，即政府官员。 ⑨皂隶：奴隶。皂，差役，地位低于平民。

三年 春，正月，庚申，皇后王氏崩。

刘卫辰复叛代，代王什翼犍东渡河，击走之。

什翼犍性宽厚，郎中令许谦盗绢二匹，什翼犍知而匿之，谓左长史燕凤曰："吾不忍视谦之面，若谦惭而自杀，是吾以财杀士也。"尝讨西部叛者，流矢中目；既而获射者，群臣欲脔割之[1]，什翼犍曰："彼各为其主斗耳，何罪？"遂释之。

大司马温移镇姑孰。二月，乙未，以其弟右将军豁监荆州、扬州之义城、雍州之京兆诸军事[2]，领荆州刺史。加江州刺史桓冲监江州及荆、豫八郡诸军事[3]，并假节。

司徒昱闻陈祐弃洛阳，会大司马温于洌洲[4]，共议征讨。丙申，帝崩于西堂[5]，事遂寝。

帝无嗣；丁酉，皇太后诏以琅邪王奕承大统。百官奉迎于琅邪第，是日，即皇帝位，大赦。

秦大赦，改元建元。

燕太宰恪、吴王垂共攻洛阳。恪谓诸将曰："卿等常患吾不攻，今洛阳城高而兵弱，易克也，勿更畏懦而怠惰！"遂攻之。三月，克之，执扬武将军沈劲。劲神气自若，恪将宥之。中军将军慕舆虔曰："劲虽奇士，观其志度，终不为人用，今赦之，必为后患。"遂杀之。恪略地至崤、渑，关中大震，秦王坚自将屯陕城以备之。

燕人以左中郎将慕容筑为洛州刺史，镇金墉；吴王垂为都督荆、扬、洛、徐、兖、豫、雍、益、凉、秦十州诸军事、征南大将军、荆州牧，配兵一万，镇鲁阳。

太宰恪还邺，谓僚属曰："吾前平广固[6]，不能济辟闾蔚；今定洛阳，使沈劲为戮；虽皆非本情，然身为元帅，实有愧于四海。"朝廷嘉劲之忠，赠东阳太守。

臣光曰：沈劲可谓能子矣！耻父之恶，致死以涤之，变凶逆之族为忠义之门。《易》曰："干父之蛊，用誉[7]。"《蔡仲之命》曰[8]："尔尚盖前人之愆，惟忠惟孝[9]。"其是之谓乎！

太宰恪为将，不事威严，专用恩信；抚士卒务综大要，不为苛令，使人人得便安。平时营中宽纵，似若可犯；然警备严密，敌至莫能近者，故未尝负败。

壬申，葬哀帝及静皇后于安平陵[10]。

【注释】

①脔(luán 峦)割：分割；切碎。 ②扬州之义城、雍州之京兆：侨置郡名(即西晋末年某地民众流亡到新的地区，仍保留原郡县名，或虽用新郡县名而仍管辖原来某地的民众)，治所都在襄阳(今湖北襄阳市)。③江州及荆、豫八郡：《晋书·桓冲传》作"进监江荆豫三州之六郡军事"。六郡，据胡三省注，为荆州的江夏、随郡，豫州的汝南、西阳、新蔡、颍川。另二郡，当在江州境内。 ④洌(liè 烈)洲：地名，呈作溧洲，在今江苏南京市西南江宁区西长江中。 ⑤西堂：太极殿的西堂，为皇帝的休息之处。 ⑥"前平"句：事见本书卷第一百晋穆帝永和十二年(356)。 ⑦"干父"句：语出《周易·蛊卦》，为六五爻辞。干，匡正，纠正；蛊，本指人腹中的寄生虫，代指邪恶、过失之处。 ⑧《蔡仲之命》：

伪《古文尚书》篇名。 ⑨“尔尚盖”句:盖,掩盖;弥补。愆(qiān 迁),罪过、过失之意。 ⑩静皇后:王皇后的谥号,《晋书·后妃传》中,“静”作“靖”。

夏,四月,壬午,燕太尉武平匡公封奕卒。以司空阳骛为太尉,侍中、光禄大夫皇甫真为司空,领中书监。骛历事四朝[①],年耆望重,自太宰恪以下皆拜之。而骛谦恭谨厚,过于少时;戒束子孙,虽朱紫罗列[②],无敢违犯其法度者。

六月,戊子,益州刺史建城襄公周抚卒。抚在益州三十余年[③],甚有威惠。诏以其子犍为太守楚代之。

秋,七月,已酉,徙会稽王昱复为琅邪王[④]。

壬子,立妃庾氏为皇后。后,冰之女也。

甲申[⑤],立琅邪王昱子昌明为会稽王;昱固让,犹自称会稽王。

匈奴右贤王曹毂、左贤王刘卫辰皆叛秦。毂帅众二万寇杏城,秦王坚自将讨之,使卫大将军李威、左仆射王猛辅太子宏留守长安。八月,坚击毂,破之,斩毂弟活,毂请降,徙其主豪桀六千余户于长安。建节将军邓羌讨卫辰,擒之于木根山[⑥]。

九月,坚如朔方,巡抚诸胡。冬,十月,征北将军、淮南公幼帅杏城之众乘虚袭长安[⑦],李威击斩之。

鲜卑秃发椎斤卒,年一百一十,子思复鞬代统其众。椎斤,树机能从弟务丸之孙也[⑧]。

梁州刺史司马勋,为政酷暴,治中、别驾及州之豪右,言语忤意,即于坐枭斩之,或亲射杀之。常有据蜀之志,惮周抚,不敢发。及抚卒,勋遂举兵反;别驾雍端、西戎司马隗粹切谏,勋皆杀之,自号梁、益二州牧、成都王。十一月,勋引兵入剑阁,攻涪,西夷校尉毌丘暐弃城走。乙卯,围益州刺史周楚于成都。大司马温表鹰扬将军江夏相义阳朱序为征讨都护以救之。

秦王坚还长安,以李威守太尉,加侍中。以曹毂为雁门公,刘卫辰为夏阳公,各使统其部落。

十二月,戊戌,以尚书王彪之为仆射。

【注释】

①四朝：指慕容廆、慕容皝、慕容儁、慕容暐四朝。 ②朱紫：朱衣紫绶，是古代高级官员的服色。 ③"抚在"句：晋穆帝永和三年（347），桓温平蜀，留周抚镇守，至本年为十九年。大概是在得蜀之前，晋在巴东置益州刺史，抚先已为益州刺史，故合在一起，算作"三十余年"。 ④"徙会"句：晋元帝永昌元年（322），司马昱被封为琅邪王，奉祖父琅邪恭王后。成帝咸和元年（326），生母郑夫人去世，奕要求服重丧，故徙封会稽王。是后，康帝、哀帝和海西公都由琅邪王而被立为皇帝。司马昱被复封为琅邪王，为日后登上帝位奠定了基础。 ⑤甲申：七月癸卯朔，无甲申。 ⑥木根山：山名，在今内蒙古鄂托克旗西南。 ⑦淮南公幼：已去世的前秦君主苻生的弟弟。 ⑧树机能：鲜卑族首领。事迹详见本书卷第七十九晋武帝泰始六年（270）及卷第八十晋武帝咸宁五年（279）。

海西公上[①]

太和元年 春，三月，荆州刺史桓豁使督护桓罴攻南郑，讨司马勋。

燕太宰、大司马恪，太傅、司徒评，稽首归政，上章绶，请归第；燕主暐不许。

夏，五月，戊寅，皇后庾氏崩。

朱序、周楚击司马勋，破之，擒勋及其党，送大司马温；温皆斩之，传首建康。

代王什翼犍遣左长史燕凤入贡于秦。

秋，七月，癸酉，葬孝皇后于敬平陵[②]。

秦辅国将军王猛、前将军杨安、扬武将军姚苌等帅众二万寇荆州，攻南乡郡；荆州刺史桓豁救之，八月，军于新野。秦兵掠安阳民万余户而还[③]。

九月，甲午，曲赦梁、益二州[④]。

冬，十月，加司徒昱丞相、录尚书事，入朝不趋，赞拜不名，剑履上殿。

张天锡遣使至秦境上，告绝于秦[5]。

燕抚军将军下邳王厉寇兖州，拔鲁、高平数郡，置守宰而还。

初，陇西李俨以郡降秦，既而复通于张天锡[6]。十二月，羌敛岐以略阳四千家叛秦，称臣于俨；俨于是拜置牧守，与秦、凉绝。

南阳督护赵亿据宛城降燕，太守桓澹走保新野；燕人遣南中郎将赵盘自鲁阳戍宛。

徐、兖二州刺史庾希，以后族故，兄弟贵显，大司马温忌之。

【注释】

①海西公：即司马奕（342—386），字延龄，河内温县（今河南温县西）人，晋成帝之子、哀帝同母弟。成帝咸康八年（342），封为东海王。穆帝永和八年（352），拜散骑常侍，不久加授镇军将军；升平四年（360），拜车骑将军。五年，改封琅邪王。哀帝初年，转侍中、骠骑大将军、开府仪同三司。哀帝去世，无子嗣，司马奕被立为皇帝。在位六年，为桓温所废，仍为东海王。简文帝咸安二年（372）被降封为海西县公。 ②孝皇后：即庾皇后。孝，庾皇后谥号。 ③安阳：县名，治今河南正阳县西南。《晋书·苻坚载记》中，“安阳”作“汉阳”。胡三省注以为，汉阳，“谓汉水之北也，当从《载记》为是”。 ④曲赦：因特殊情况而赦免，往往仅一国的局部地区。本条中曲赦梁、益二州，是在平定司马勋之乱后，赦免他的支党及胁从者。 ⑤“张天锡”句：前凉与前秦相通，见本书卷第一百晋穆帝永和十二年（356）。 ⑥“陇西”句：李俨据陇西，见本书卷第一百晋穆帝永和十一年（355）。

二年 春，正月，庾希坐不能救鲁、高平，免官。

二月，燕抚军将军下邳王厉、镇北将军宜都王桓袭敕勒。

秦国将军王猛、陇西太守姜衡、南安太守南安邵羌、扬武将军姚苌等率众七千讨敛岐。三月，张天锡遣前将军杨遹向金城，征东将军常据向左南[1]，游击将军张统向白土[2]，天锡自将三万人屯仓松[3]，以讨李俨。敛岐部落先属姚弋仲，闻姚苌至，皆降；王猛遂克略阳，敛岐奔白马[4]。秦王坚以苌为陇东太守。

夏，四月，燕慕容尘寇竟陵，太守罗崇击破之。

张天锡攻李俨大夏、武始二郡[5]，下之。常据败俨兵于葵谷[6]，天锡进屯左南。俨惧，退守枹罕，遣其兄子纯谢罪于秦，且请救。秦王坚使前将军杨安、建威将军王抚帅骑二万，会王猛以救俨。

猛遣邵羌追敛岐，王抚守侯和[7]，姜衡守白石[8]，猛与杨安救枹罕。天锡遣杨遹逆战于枹罕东，猛大破之，俘斩万七千级，与天锡相持于城下。邵羌禽敛岐于白马，送之。猛遗天锡书曰："吾受诏救俨，不令与凉州战，今当深壁高垒，以听后诏。旷日持久，恐二家俱弊，非良算也。若将军退舍，吾执俨而东，将军徙民西旋，不亦可乎？"天锡谓诸将曰："猛书如此；吾本来伐叛，不来与秦战。"遂引兵归。

李俨犹未纳秦师，王猛白服乘舆[9]，从者数十人，请与俨相见。俨开门延之，未及为备，将士继入，遂执俨。以立忠将军彭越为平西将军、凉州刺史，镇枹罕。

张天锡之西归也，李俨将贺肫说俨曰："以明公神武，将士骁悍，奈何束手于人？王猛孤军远来，士卒疲弊，且以我请救，必不设备，若乘其怠而击之，可以得志。"俨曰："求救于人以免难，难既免而击之，天下其谓我何？不若固守以老之，彼将自退。"猛责俨以不即出迎，俨以贺肫之谋告；猛斩肫，以俨归。至长安，坚以俨为光禄勋，赐爵归安侯。

【注释】

①左南：县名，前凉置，治今青海民和回族土族自治县西北黄河北岸。 ②白土：城名，在今青海化隆回族自治县东南。 ③仓松：县名，治今甘肃武威市东。 ④白马：地名，在今甘肃成县境。 ⑤大夏：郡名，前凉置，治今甘肃广河县西北。武始：郡名，前凉置，治今甘肃临洮县。 ⑥葵谷：地名，在今甘肃永靖县境。 ⑦侯和：地名，今地不详，待考。 ⑧白石：县名，治今甘肃临夏回族自治州。 ⑨白服：白色的衣服，代指平民的衣服、便服。

燕太原桓王恪言于燕主暐曰："吴王垂，将相之才十倍于臣，先帝以长幼之次，故臣得先之。臣死之后，愿陛下举国以听吴王。"五月，壬辰[1]，恪疾笃，暐亲视之，问以后事。恪曰："臣闻报恩莫大于荐贤，贤者虽在板筑，犹可为相[2]，况至亲乎？吴王文武兼资,管、萧之亚,陛下若任以大政,国家可安;不然,秦、晋必有窥窬之计[3]。”言终而卒。

秦王坚闻恪卒,阴有图燕之计,欲觇其可否,命匈奴曹毂发使如燕朝贡,以西戎主簿郭辩为之副。燕司空皇甫真兄腆及从子奋、覆皆仕秦,腆为散骑常侍。辩至燕,历造公卿,谓真曰:“仆本秦人,家为秦所诛,故寄命曹王[4],贵兄常侍及奋、覆兄弟并相知有素。”真怒曰:“臣无境外之交,此言何以及我?君似奸人,得无因缘假托乎?”白暐,请穷治之;太傅评不许。辩还,为坚言:“燕朝政无纲纪,实可图也。鉴机识变,唯皇甫耳。”坚曰:“以六州之众[5],岂得不使有智士一人哉?”

曹毂寻卒,秦分其部落为二,使其二子分统之,号东、西曹。

荆州刺史桓豁、竟陵太守罗崇攻宛,拔之;赵亿走,赵盘退归鲁阳。豁追击盘于雉城[6],擒之,留兵戍宛而还。

秋,七月,燕下邳王厉等破敕勒,获马牛数万头。

初,厉兵过代地,犯其穄田[7];代王什翼犍怒。燕平北将军武强公泥以幽州兵戍云中。八月,什翼犍攻云中,泥弃城走,振威将军慕舆贺辛战没。

以会稽内史郗愔为都督徐、兖、青、幽、扬州之晋陵诸军事、徐、兖二州刺史[8],镇京口。

秦淮南公幼之反也,征东大将军、并州牧、晋公柳,征西大将军、秦州刺史、赵公双,皆与之通谋;秦王坚以双,母弟至亲,柳,健之爱子,隐而不问。柳、双复与镇东将军、洛州刺史魏公庾,安西将军、雍州刺史燕公武谋作乱,镇东主簿南安姚眺谏曰:“明公以周、邵之亲[9],受方面之任,国家有难,当竭力除之,况自为难乎?”庾不听。坚闻之,征柳等诣长安。冬,十月,柳据蒲阪,双据上邽,庾据陕城,武据安定,皆举兵反。坚遣使谕之曰:“吾待卿等,恩亦至矣,何苦而反?今止不征,卿宜罢兵,各定其位,一切如故。”各啮梨以为信[10]。皆不从。

代王什翼犍击刘卫辰,河冰未合,什翼犍命以苇絙约流澌[11]。俄而冰合,然犹未坚;乃散苇于其上,冰草相结,有如浮梁,代兵乘之以渡。卫辰不意兵猝至,与宗族西走,什翼犍收其部落什六七而还。卫辰奔秦,秦王坚送卫辰还朔方,遣兵戍之。

十二月,甲子[12],燕太尉建宁敬公阳骛卒。以司空皇甫真为侍中、太尉,光禄大夫李洪为司空。

【注释】

①壬辰:五月壬戌朔,无壬辰。 ②“贤者”句:商朝时,国王武丁任用筑墙工人傅说(yuè 悦)为宰,国家进入极盛时期。 ③窥窬(yú 余):伺隙而动。也作“觊觎”。 ④曹王:指曹毂。 ⑤六州:指幽、并、冀、司、兖、豫六州。 ⑥雉城:城名,在今河南南召县东南。 ⑦穄(jì 祭)田:种植穄子的田地。穄子,一年生草本植物,形状跟黍子相似,但子实不粘。 ⑧“以会”句:西晋永嘉之乱后,北方百姓大量流亡到淮南或江南,其中被安置到晋陵的很多,都设立侨郡侨县以便管理。郗愔所督四州皆为侨立于淮南的四州。 ⑨周、邵:即西周初政治家姬旦、姬奭(shì 式),皆为周文王之子,是周成王的叔父。本条中苻廋、苻武为苻健之子,是苻坚的叔父,故称“周、邵之亲”。 ⑩“各啮”句:啮(niè 聂),咬,梨肉易咬,比喻亲属内讧,则国力脆弱,将为敌人所利用。故咬梨交付使者,作为凭信。 ⑪緪(gēng 更):粗绳索。流澌(sī 斯):江河解冻(或尚未冻结)时流动的冰块。 ⑫甲子:十二月戊子朔,无甲子。

三年 春,正月,秦王坚遣后将军杨成世、左将军毛嵩分讨上邽、安定,辅国将军王猛、建节将军邓羌攻蒲阪,前将军杨安、广武将军张蚝攻陕城。坚命蒲、陕之军皆距城三十里,坚壁勿战,俟秦、雍已平[1],然后并力取之。

初,燕太宰恪有疾,以燕主暐幼弱,政不在己,太傅评多猜忌,恐大司马之任不当其人,谓暐兄乐安王臧曰:“今南有遗晋,西有强秦,二国常蓄进取之志,顾我未有隙耳。夫国之兴衰,系于辅相。大司马总统六军,不可任非其人,我死之后,以亲疏言之,当在汝及冲。汝曹虽才识明敏,然年少,未堪多难。吴王天资英杰,智略超世,汝曹若能推大司马以授之,必能混壹四海,况外寇,不足惮也;慎无冒利而忘害[2],不以国家为意也。”又以语太傅评。及恪卒,评不用其言。二月,以车骑将军中山王冲为大司马。冲,暐之弟也。以荆州刺史吴王垂为侍中、车骑大将军、仪同三司。

秦魏公廋以陕城降燕，请兵应接；秦人大惧，盛兵守华阴[③]。

燕魏尹范阳王德上疏，以为："先帝应天受命，志平六合[④]；陛下纂统，当继而成之。今苻氏骨肉乖离，国分为五[⑤]，投诚请援，前后相寻，是天以秦赐燕也。天与不取，反受其殃，吴、越之事[⑥]，足以观矣。宜命皇甫真引并、冀之众径趋蒲阪，吴王垂引许、洛之兵驰解廋围，太傅总京师虎旅为二军后继，传檄三辅，示以祸福，明立购赏，彼必望风响应，浑壹之期，于此乎在矣！"时燕人多请救陕，因图关中者，太傅评曰："秦，大国也，今虽有难，未易可图。朝廷虽明[⑦]，未如先帝；吾等智略，又非太宰之比。但能闭关保境足矣，平秦非吾事也。"

魏公廋遗吴王垂及皇甫真笺曰："苻坚、王猛，皆人杰也，谋为燕患久矣；今不乘机取之，恐异日燕之君臣将有甬东之悔矣[⑧]！"垂谓真曰："方今为人患者必在于秦，主上富于春秋，观太傅识度，岂能敌苻坚、王猛乎？"真曰："然，吾虽知之，如言不用何？"

【注释】

①"俟秦"句：苻双占据上邽，上邽属秦州，苻武占据安定，安定属雍州。　②冒利：贪图利益；忌妒别人得利。冒，同"媢"(mào 帽)，忌妒之意。　③"盛兵"句：华阴在陕城的西里，有潼关为险阻，为防备燕军进攻，故陈兵于此。　④六合：天地四方；天下。　⑤"国分"句：指晋公苻柳等四人各占一地，苻坚占据京城，一国分为五个部分。　⑥吴、越之事：前496年，吴王夫差打败越王勾践，但他不采纳大臣伍员灭越以除心腹之患的建议，而同越议和。前473年，越在国力强盛后，反过来灭掉了吴国。　⑦朝廷：帝王的代称。　⑧甬东之悔：前473年，越王勾践灭掉吴国，打算把吴王夫差放逐到甬东(据考证，甬东为今浙江舟山群岛)，夫差对往日姑息勾践追悔莫及，就自杀了。这便是"甬东之悔"的来历。

三月，丁巳朔，日有食之。

癸亥，大赦。

秦杨成世为赵公双将苟兴所败，毛嵩亦为燕公武所败，奔还。秦王坚复遣武卫将军王鉴、宁朔将军吕光、将军冯翊郭将、翟傉等帅众三万讨之。夏，四月，双、武乘胜至于榆眉[①]，以苟兴为前锋。

王鉴欲速战，吕光曰："兴新得志，气势方锐，宜持重以待之。彼粮尽必退，退而击之，蔑不济矣！"二旬而兴退。光曰："兴可击矣。"遂追之；兴败。因击双、武，大破之，斩获万五千级，武弃安定，与双皆奔上邽；鉴等进攻之。

晋公柳数出挑战，王猛不应。柳以猛为畏之，五月，留其世子良守蒲阪，帅众二万西趋长安。去蒲阪百余里，邓羌帅精骑七千夜袭，败之。柳引军还，猛邀击之。尽俘其众。柳与数百骑入城，猛、羌进攻之。

秋，七月，王鉴等拔上邽，斩双、武，宥其妻子。以左卫将军苻雅为秦州刺史。八月，以长乐公丕为雍州刺史。

九月，王猛等拔蒲阪，斩晋公柳及其妻子。猛屯蒲阪，遣邓羌与王鉴等会攻陕城。

燕王公、贵戚多占民为荫户[②]，国之户口，少于私家，仓库空竭，用度不足。尚书左仆射广信公悦绾曰："今三方鼎峙[③]，各有吞并之心。而国家政法不立，豪贵恣横，至使民户殚尽，委输无人，吏断常俸，战士绝廪，官贷粟帛以自赡给；既不可闻于邻敌，且非所以为治，宜一切罢断诸荫户，尽还郡县。"燕主暐从之，使绾专治其事，纠擿奸伏[④]，无敢蔽匿，出户二十余万，举朝怨怒。绾先有疾，自力厘校户籍，疾遂亟。冬，十一月，卒。

十二月，秦王猛等拔陕城，获魏公廋，送长安。秦王坚问其所以反，对曰："臣本无反心，但以弟兄屡谋逆乱，臣惧并死，故谋反耳。"坚泣曰："汝素长者，固知非汝心也；且高祖不可以无后[⑤]。"乃赐廋死，原其七子，以长子袭魏公，余子皆封县公，以嗣越厉王及诸弟之无后者[⑥]。苟太后曰："廋与双俱反，双独不得置后，何也？"坚曰："天下者，高祖之天下，高祖之子不可以无后。至于仲群[⑦]，不顾太后，谋危宗庙，天下之法，不可私也！"以范阳公抑为征东大将军、并州刺史，镇蒲阪；邓羌为建武将军、洛州刺史，镇陕城。擢姚眺为汲郡太守。

加大司马温殊礼，位在诸侯王上。

是岁，以仇池公杨世为秦州刺史，世弟统为武都太守。世亦称臣于秦，秦以世为南秦州刺史[⑧]。

【注释】

①榆眉:城名,在今陕西千阳县东。 ②荫户:为私家所占有、未编入国家户籍因而也不向国家纳税、不为国家服役的户口。 ③三方:指东晋、前秦、前燕三国,前凉不在其内。 ④纠擿(tī 梯):纠举、揭发。⑤高祖:指苻健。 ⑥越厉王:即苻生。生被废后为越王,谥号为厉王。⑦仲群:苻双的表字。 ⑧南秦州:州名,前秦苻坚置,治今甘肃成县西北。

资治通鉴卷第一百二

晋纪二十四　起屠维大荒落，尽上章敦牂，凡二年。

海西公下

太和四年　春，三月，大司马温请与徐、兖二州刺史郗愔、江州刺史桓冲、豫州刺史袁真等伐燕。初，愔在北府①，温常云："京口酒可饮，兵可用。"深不欲愔居之；而愔暗于事机，乃遗温笺，欲共奖王室，请督所部出河上。愔子超为温参军，取视，寸寸毁裂，乃更作愔笺，自陈非将帅才，不堪军旅，老病，乞闲地自养，劝温并领己所统。温得笺大喜，即转愔冠军将军、会稽刺史。温自领徐、兖二州刺史。夏，四月，庚戌，温帅步骑五万发姑孰。

甲子，燕主暐立皇后可足浑氏，太后从弟尚书令豫章公翼之女也。

大司马温自兖州伐燕。郗超曰："道远，汴水又浅②，恐漕运难通。"温不从。六月，辛丑③，温至金乡④，天旱，水道绝，温使冠军将军毛虎生凿巨野三百里⑤，引汶水会于清水⑥。虎生，宝之子也。温引舟师自清水入河，舳舻数百里⑦。郗超曰："清水入河，难以通运。若寇不战，运道又绝，因敌为资，复无所得，此危道也。不若尽举见众直趋邺城，彼畏公威名，必望风逃溃，北归辽、碣。若能出战，则事可立决。若欲城邺而守之，则当此盛夏，难为功力，百姓布野，尽为官有，易水以南必交臂请命矣⑧。但恐明公以此计轻锐，胜负难必，欲务持重，则莫若顿兵河、济，控引漕运，俟资储充

东晋青黄釉盘托高柱镂孔熏炉

备，至来夏乃进兵；虽如赊迟，然期于成功而已。舍此二策而连军北上，进不速决，退必愆乏。贼因此势以日月相引，渐及秋冬，水更涩滞。且北土早寒，三军裘褐者少，恐于时所忧，非独无食而已。”温又不从。

温遣建威将军檀玄攻湖陆[9]，拔之。获燕宁东将军慕容忠。燕主暐以下邳王厉为征讨大都督，帅步骑二万逆战于黄墟[10]，厉兵大败，单马奔还。高平太守徐翻举郡来降。前锋邓遐、朱序败燕将傅颜于林渚[11]。暐复遣乐安王臧统诸军拒温，臧不能抗；乃遣散骑常侍李凤求救于秦。

秋，七月，温屯武阳[12]，燕故兖州刺史孙元帅其族党起兵应温，温至枋头[13]。暐及太傅评大惧，谋奔和龙。吴王垂曰：“臣请击之；若其不捷，走未晚也。”暐乃以垂代乐安王臧为使持节、南讨大都督，帅征南将军范阳王德等众五万以拒温。垂表司徒左长史申胤、黄门侍郎封孚、尚书郎悉罗腾皆从军。胤，钟之子；孚，放之子也。

暐又遣散骑侍郎乐嵩请救于秦，许赂以虎牢以西之地[14]。秦王坚引群臣议于东堂，皆曰：“昔桓温伐我[15]，至灞上，燕不救我；今温伐燕，我何救焉？且燕不称藩于我，我何为救之！”王猛密言于坚曰：“燕虽强大，慕容评非温敌也。若温举山东，进屯洛邑，收幽、冀之兵，引并、豫之粟，观兵崤、渑，则陛下大事去矣。今不如与燕合兵以退温；温退，燕亦病矣，然后我承其弊而取之，不亦善乎？”坚从之。八月，遣将军苟池、洛州刺史邓羌帅步骑二万以救燕，出自洛阳，军至颍川；又遣散骑侍郎姜抚报使于燕。以王猛为尚书令。

【注释】

①北府:东晋定都建康,以京口为北府,历阳为西府,姑孰为南州,北府兵是东晋最精锐的部队。 ②汴水:河流名,又称汴梁,自今河南荥阳市东北接黄河,东南经今开封市南、民权县与商丘市北,复东南经今安徽砀山县、萧县北,至江苏徐州市北入泗水。魏晋时为中原通往东南沿海地区的重要水运干道。 ③辛丑:六月庚戌朔,无辛丑。 ④金乡:县名,治今山东嘉祥县南。 ⑤巨野:地名,在今山东巨野县北。 ⑥汶水:河流名,即今山东西部大汶河,自今东平县西南注入济水。清水:河流名,古济水下游别名,故道起今山东梁山县,东北经东阿、平阴、长清、历城、济阳、博兴等区县,以至于海。 ⑦舳舻(zhú lú 竹卢):首尾衔接的船只。舳,船尾;舻,船头。 ⑧易水:河流名,水道共三条,称北易、中易、南易,皆发源于今河北易县。本条中当指南易,即流经今河北保定市徐水区境的水道(今称瀑河)。 ⑨湖陆:县名,治今山东鱼台县东南。⑩黄墟:地名,在今河南开封市东。 ⑪林渚:地名,在今河南新郑市东北。 ⑫武阳:县名,全称为"东武阳",治今山东莘县西南朝城。⑬枋头:地名,在今河南浚县西南淇门渡。 ⑭虎牢:关隘名,在今河南荥阳市西北汜水镇。 ⑮"昔桓"句:事见本书卷第九十九晋穆帝永和十年(354)。

太子太傅封孚问于申胤曰:"温众强士整,乘流直进,今大军徒逡巡高岸[①],兵不接刃,未见克殄之理,事将何如?"胤曰:"以温今日声势,似能有为,然在吾观之,必无成功。何则?晋室衰弱,温专制其国,晋之朝臣未必皆与之同心。故温之得志,众所不愿也,必将乖阻以败其事[②]。又,温骄而恃众,怯于应变。大众深入,值可乘之会,反更逍遥中流,不出赴利,欲望持久,坐取全胜,若粮廪愆悬,情见势屈,必不战自败,此自然之数。"

温以燕降人段思为乡导,悉罗腾与温战,生擒思;温使故赵将李述徇赵、魏,腾又与虎贲中郎将染干津击斩之;温军夺气。

初,温使豫州刺史袁真攻谯、梁,开石门以通水运,真克谯、梁而不能开石门,水运路塞。

九月,燕范阳王德帅骑一万、兰台侍御史刘当帅骑五千屯石门,豫州刺史李邽帅州兵五千断温粮道。当,佩之子也。德使将军慕容宙帅骑一千为前锋，与晋兵遇，宙曰："晋人轻剽，怯于陷敌，勇于乘退，宜设饵以钓之。"乃使二百骑挑战，分余骑为三伏。挑战者兵未交而走，晋兵追之，宙帅伏以击之，晋兵死者甚众。

温战数不利，粮储复竭，又闻秦兵将至，丙申，焚舟，弃辎重、铠仗，自陆道奔还。以毛虎生督东燕等四郡诸军事，领东燕太守。

温自东燕出仓垣，凿井而饮[3]，行七百余里。燕之诸将争欲追之，吴王垂曰："不可，温初退惶恐，必严设警备，简精锐为后拒，击之未必得志，不如缓之。彼幸吾未至，必昼夜疾趋；俟其士众力尽气衰，然后击之，无不克矣。"乃帅八千骑徐行蹑其后。温果兼道而进。数日，垂告诸将曰："温可击矣。"乃急追之，及温于襄邑[4]。范阳王德先帅劲骑四千伏于襄邑东涧中，与垂夹击温，大破之，斩首三万级。秦苟池邀击温于谯，又破之，死者复以万计。孙元遂据武阳以拒燕，燕左卫将军孟高讨擒之。

冬，十月，己巳，大司马温收散卒，屯于山阳。温深耻丧败，乃归罪于袁真，奏免真为庶人；又免冠军将军邓遐官。真以温诬己，不服，表温罪状；朝廷不报。真遂据寿春叛降燕，且请救；亦遣使如秦。温以毛虎生领淮南太守，守历阳。

【注释】

①逡（qūn 囷）巡：有所顾虑而徘徊或不敢前进。　②乖阻：从中阻挠破坏。乖，背离、不一致。　③"凿井"句：汴水、济水都是由北向南流动，桓温惧怕追兵在上流放毒，故凿井而饮。　④襄邑：县名，治今河南睢县。

燕、秦既结好，使者数往来。燕散骑侍郎郝晷、给事黄门侍郎梁琛相继如秦。晷与王猛有旧，猛接以平生，问以东方之事[1]。晷见燕政不修而秦大治，阴欲自托于猛，颇泄其实。

琛至长安，秦王坚方畋于万年，欲引见琛，琛曰："秦使至燕，燕之君臣朝服备礼，洒扫宫庭，然后敢见。今秦王欲野见之，使臣不敢闻命！"尚书郎辛劲谓琛曰："宾客入境，惟主人所以处之，君焉得专制其礼？且天子称乘舆，所至曰行在所，何常居之有[2]？又，《春秋》亦有遇礼[3]，何为而不可？"琛曰："晋室不纲，灵祚归德[4],二方承运[5],俱受明命。而桓温猖狂,窥我王略[6],燕危秦孤,势不独立,是以秦主同恤时患,要结好援[7]。东朝君臣[8],引领西望,愧其不竞,以为邻忧,西使之辱[9],敬待有加。今强寇既退,交聘方始,谓宜崇礼笃义以固二国之欢,若忽慢使臣,是卑燕也,岂修好之义乎?夫天子以四海为家,故行曰乘舆,止曰行在。今海县分裂[10],天光分曜,安得以乘舆、行在为言哉?礼,不期而见曰遇;盖因事权行,其礼简略,岂平居容与之所为哉[11]?客使单行,诚势屈于主人;然苟不以礼,亦不敢从也。"坚乃为之设行宫[12],百僚陪位,然后延客,如燕朝之仪。

事毕,坚与之私宴,问:"东朝名臣为谁?"琛曰:"太傅上庸王评,明德茂亲,光辅王室;车骑大将军吴王垂,雄略冠世,折冲御侮;其余或以文进,或以武用,官皆称职,野无遗贤。"

琛从兄奕为秦尚书郎,坚使典客馆琛于奕舍[13]。琛曰:"昔诸葛瑾为吴聘蜀,与诸葛亮惟公朝相见,退无私面,余窃慕之。今使之即安私室,所不敢也。"乃不果馆。奕数来就邸舍,与琛卧起,间问琛东国事[14]。琛曰:"今二方分据,兄弟并蒙荣宠,论其本心,各有所在。琛欲言东国之美,恐非西国之所欲闻[15];欲言其恶,又非使之所得论也。兄何用问为?"

坚使太子延琛相见。秦人欲使琛拜太子,先讽之曰:"邻国之君,犹其君也;邻国之储君,亦何以异乎?"琛曰:"天子之子视元士[16],欲其由贱以登贵也。尚不敢臣其父之臣,况他国之臣乎?苟无纯敬,则礼有往来,情岂忘恭?但恐降屈为烦耳。"乃不果拜。

王猛劝坚留琛,坚不许。

燕主暐遣大鸿胪温统拜袁真使持节、都督淮南诸军事、征南大将军、扬州刺史,封宣城公。统未逾淮而卒。

【注释】

①东方:指燕国。　②乘舆:皇帝乘坐的车子,后用作皇帝的代称。行在所:皇帝所到的地方。本处辛劲显然是在借用事物的名称,为皇帝无常居的观点进行诡辩,是一种文字游戏。　③遇礼:不期而遇时的礼遇。《春秋》隐公四年记载:"公及宋公遇于清。"西晋人杜预注曰:"遇者,草次(即造次,犹言仓促)之期,二国各简其礼,若道路相逢遇也。"辛

劲提到的"遇礼",本于此。 ④灵祚:神明的赐福。灵,神灵、神明。 ⑤二方:指燕、秦二国。 ⑥王略:王土。略,疆界、地域。 ⑦要(yāo腰)结:邀约、连结。 ⑧东朝:指燕国。以燕在秦东面,故称东朝。 ⑨西使:秦国的使者。 ⑩海县:天下。在古代,中国有赤县神州之称,而神州外有大海环绕,故称天下为海县。 ⑪容与:安闲自得、从容。 ⑫行宫:京城以外供帝王出行时居住的宫殿。 ⑬典客:职官名,掌管接待境外客人的官员。 ⑭东国:指燕国。 ⑮西国:指秦国。 ⑯元士:周代的职官名,地位在公侯伯子男之下。《仪礼·士冠礼》:"天子之元子,犹士也,天下无生而贵者也。"这段话是梁琛的理论依据,话的大意是,太子开始的地位同于元士,人无一出生就高贵的,太子也得经过低贱阶段。

吴王垂自襄邑还邺,威名益振,太傅评愈忌之。垂奏:"所募将士忘身立效,将军孙盖等摧锋陷陈,应蒙殊赏。"评皆抑而不行。垂数以为言,与评廷争,怨隙愈深。太后可足浑氏素恶垂,毁其战功,与评密谋诛之。太宰恪之子楷及垂舅兰建知之,以告垂曰:"先发制人,但除评及乐安王臧,余无能为矣。"垂曰:"骨肉相残而首乱于国,吾有死而已,不忍为也。"顷之,二人又以告:"内意已决[①],不可不早发。"垂曰:"必不可弥缝,吾宁避之于外,余非所议。"

垂内以为忧,而未敢告诸子。世子令请曰:"尊比者如有忧色[②],岂非以主上幼冲,太傅疾贤,功高望重,愈见猜邪?"垂曰:"然。吾竭力致命以破强寇,本欲保全家国,岂知功成之后,返令身无所容。汝既知吾心,何以为吾谋?"令曰:"主上暗弱,委任太傅,一旦祸发,疾于骇机[③],今欲保族全身,不失大义,莫若逃之龙城,逊辞谢罪,以待主上之察,若周公之居东,庶几感寤而得还[④],此幸之大者也。如其不然,则内抚燕、代[⑤],外怀群夷,守肥如之险以自保[⑥],亦其次也。"垂曰:"善!"

十一月,辛亥朔[⑦],垂请畋于大陆[⑧],因微服出邺,将趣龙城;至邯郸,少子麟,素不为垂所爱,逃还告状,垂左右多亡叛。太傅评白燕主暐,遣西平公强帅精骑追之,及于范阳[⑨];世子令断后,强不敢逼。会日暮,令谓垂曰:“本欲保东都以自全[⑩],今事已泄,谋不及设;秦主方招延英杰,不如往归之。”垂曰:“今日之计,舍此安之?”乃散骑灭迹,傍南山复还邺[⑪],隐于赵之显原陵[⑫]。俄有猎者数百骑四面而来,抗之则不能敌,逃之则无路,不知所为。会猎者鹰皆飞飏,众骑散去,垂乃杀白马以祭天,且盟从者。

世子令言于垂曰:“太傅忌贤疾能,构事以来,人尤忿恨。今邺城之中,莫知尊处,如婴儿之思母,夷、夏同之,若顺众心,袭其无备,取之如指掌耳。事定之后。革弊简能,大匡朝政,以辅主上,安国存家,功之大者也。今日之便,诚不可失,愿给骑数人,足以办之。”垂曰:“如汝之谋,事成诚为大福,不成悔之何及!不如西奔,可以万全。”子马奴潜谋逃归,杀之而行。至河阳,为津吏所禁,斩之而济。遂自洛阳与段夫人、世子令、令弟宝、农、隆、兄子楷、舅兰建、郎中令高弼俱奔秦[⑬],留妃可足浑氏于邺。乙泉戍主吴归追及于阌乡[⑭],世子令击之而退。

【注释】

①内意:可足浑太后的主意。 ②尊:父亲。 ③骇机:突然触发的弩机,比喻猝发的祸难。 ④“若周”句:据《尚书·金縢篇》,周武王病重,其弟周公姬旦祈求祖先的在天之灵,请求以自身代替武王去死,祝辞收藏于金縢中。武王去世,成王继位,周公辅政。为平定国内叛乱,周公东征洛阳,驻守二年。成王受人挑唆,怀疑周公。后上帝以狂风暴雨示警,成王从金縢中见到周公的祝辞,消除了对周公的疑心,迎接周公从东方回到京城。 ⑤燕、代:指春秋战国时燕国、代国所辖区域。燕地,在今河北北部;代地,在今山西北部。 ⑥肥如:县名,治今河北卢龙县北。肥如之险:指卢龙塞。 ⑦辛亥朔:十一月丁丑朔,无辛亥。 ⑧大陆:地名,又名巨鹿泽、广阿泽,在今河北邢台市隆尧县、巨鹿县、任泽区三区县之间,汇集太行山区之水,下流泄入漳水。今已淤为平地。 ⑨范阳:县名,治今河北定兴县西南固城镇。 ⑩东都:燕国迁都到邺城后,以龙城为东都。 ⑪“傍南”句:从范阳沿南山而行至邺城,当是从中山、常山山谷向南行走的。 ⑫显原陵:后赵国君石虎的假墓。 ⑬郎中令:指吴王封国中的郎中令。 ⑭乙泉:地名,即一泉坞,在今河南洛宁县东北洛河北岸。阌(wén 纹)乡:地名,在今河南灵宝市西北文乡。

初，秦王坚闻太宰恪卒，阴有图燕之志，惮垂威名，不敢发。及闻垂至，大喜，郊迎，执手曰："天生贤杰，必相与共成大功，此自然之数也。要当与卿共定天下，告成岱宗[①]，然后还卿本邦，世封幽州，使卿去国不失为子之孝，归朕不失事君之忠，不亦美乎？"垂谢曰："羁旅之臣，免罪为幸；本邦之荣，非所敢望！"坚复爱世子令及慕容楷之才，皆厚礼之。赏赐巨万，每进见，属目观之。关中士民素闻垂父子名，皆向慕之。王猛言于坚曰："慕容垂父子，譬如龙虎，非可驯之物，若借以风云，将不可复制，不如早除之。"坚曰："吾方收揽英雄以清四海，奈何杀之？且其始来，吾已推诚纳之矣；匹夫犹不弃言，况万乘乎？"乃以垂为冠军将军，封宾徒侯，楷为积弩将军。

燕魏尹范阳王德素与垂善，及车骑从事中郎高泰，皆坐免官。尚书右丞申绍言于太傅评曰："今吴王出奔，外口籍籍[②]，宜征王僚属之贤者显进之，粗可消谤。"评曰："谁可者？"绍曰："高泰其领袖也。"乃以泰为尚书郎。泰，瞻之从子；绍，胤之子也。

秦留梁琛月余，乃遣归。琛兼程而进，比至邺，吴王垂已奔秦。琛言于太傅评曰："秦人日阅军旅，多聚粮于陕东；以琛观之，为和必不能久。今吴王又往归之，秦必有窥燕之谋，宜早为之备。"评曰："秦岂肯受叛臣而败和好哉？"琛曰："今二国分据中原，常有相吞之志；桓温之入寇，彼以计相救，非爱燕也；若燕有衅，彼岂忘其本志哉？"评曰："秦主何如人？"琛曰："明而善断。"问王猛，曰："名不虚得。"评皆不以为然。琛又以告燕主暐，暐亦不然之。以告皇甫真，真深忧之，上疏言："苻坚虽聘问相寻，然实有窥上国之心[③]，非能慕乐德义，不忘久要也[④]。前出兵洛川[⑤]，及使者继至，国之险易虚实，彼皆得之矣。今吴王垂又往从之，为其谋主；伍员之祸[⑥]，不可不备。洛阳、太原、壶关[⑦]，皆宜选将益兵，以防未然。"暐召太傅评谋之，评曰："秦国小力弱，恃我为援；且苻坚庶几善道，终不肯纳叛臣之言，绝二国之好；不宜轻自惊扰以启寇心。"卒不为备。

秦遣黄门郎石越聘于燕，太傅评示之以奢，欲以夸燕之富盛。高泰及太傅参军河间刘靖言于评曰："越言诞而视远，非求好也，乃观衅也。宜耀兵以示之，用折其谋。今乃示之以奢，益为其所轻矣。”评不从。泰遂谢病归。

【注释】

①告成：将成事上报，此处指把灭燕的业绩禀报上天。岱宗：即泰山。岱，泰山的别名，以泰山为四岳所宗，故称岱宗。 ②籍籍：纷扰；议论纷纷。 ③上国：指燕国。 ④久要：旧日的约定。要，约。 ⑤“前出”句：指苟池、邓羌出洛阳，至颍川救燕之事。洛川，指洛水流域。 ⑥伍员之祸：伍员那样的祸乱。伍员（？—前484），春秋时楚国人，父为国事直谏被杀，员逃到吴国，辅助吴王阖庐整军经武，一举攻灭楚国京城郢都（今湖北荆州市北）。 ⑦壶关：县名，治今山西长治市北。境内有壶关山，跨今山西壶关县界，绵延百余里，地势险要。

是时太后可足浑氏侵桡国政[1]，太傅评贪昧无厌，货赂上流[2]，官非才举，群下怨愤。尚书左丞申绍上疏，以为：“守宰者，致治之本。今之守宰，率非其人，或武臣出于行伍，或贵戚生长绮纨[3]，既非乡曲之选，又不更朝廷之职。加之黜陟无法，贪惰者无刑罚之惧，清修者无旌赏之劝。是以百姓困弊，寇盗充斥，纲颓纪紊，莫相纠摄。又官吏猥多，逾于前世，公私纷然，不胜烦扰。大燕户口，数兼二寇[4]，弓马之劲，四方莫及；而比者战则屡北，皆由守宰赋调不平，侵渔无已，行留俱窘，莫肯致命故也。后宫之女四千余人，僮侍厮役尚在其外，一日之费，厥直万金；士民承风，竞为奢靡。彼秦、吴僭僻[5]，犹能条治所部，有兼并之心，而我上下因循，日失其序；我之不修，彼之愿也。谓宜精择守宰，并官省职，存恤兵家，使公私两遂，节抑浮靡，爱惜用度，赏必当功，罚必当罪。如此则温、猛可枭，二方可取，岂特保境安民而已哉！又，索头什翼犍疲病昏悖，虽乏贡御，无能为患，而劳兵远戍，有损无益。不若移于并土，控制西河[6]，南坚壶关，北重晋阳，西寇来则拒守，过则断后，犹愈于戍孤城守无用之地也。”疏奏，不省。

辛丑，丞相昱与大司马温会涂中[7]，以谋后举；以温世子熙为豫州刺史、假节。

初，燕人许割虎牢以西赂秦；晋兵既退，燕人悔之，谓秦人曰：

"行人失辞[8]。有国有家者,分灾救患,理之常也。"秦王坚大怒,遣辅国将军王猛、建威将军梁成、洛州刺史邓羌帅步骑三万伐燕。十二月,进攻洛阳。

大司马温发徐、兖州民筑广陵城,徙镇之。时征役既频,加之疫疠[9],死者什四五,百姓嗟怨。秘书监孙盛作《晋春秋》,直书时事。大司马温见之,怒,谓盛子曰:"枋头诚为失利[10],何至乃如尊君所言[11]! 若此史遂行,自是关君门户事!"其子遽拜谢请改之。时盛年老家居,性方严,有轨度,子孙虽斑白,待之愈峻。至是诸子乃共号泣稽颡,请为百口切计[12]。盛大怒,不许;诸子遂私改之。盛先已写别本,传之外国。及孝武帝购求异书,得之于辽东人,与见本不同,遂两存之。

【注释】

①侵桡(náo 挠):侵夺扰乱。桡,削弱。 ②"货赂"句:胡三省注说:"上流,谓其逆其常理也。"似与文义不合。或以为大意是财货流入上层官员手中,于义为长。 ③绮纨(qǐ wán 起丸):富贵人家子弟。④二寇:指秦国、晋国。 ⑤"彼秦"句:吴,指晋国,因地处东南三吴之地而称之为吴。全句大意为秦国僭号、晋国僻处一隅。 ⑥西河:地域名,黄河流域的一段,本处指今山西、陕西二省之间黄河河段。 ⑦涂(chú 除)中:地域名,指今安徽、江苏境内滁水流域。 ⑧"行人"句:行人,使者。全句谓使者说错了话,造成了误会。 ⑨疫疠(lì 厉):瘟疫。⑩"枋头"句:指桓温在枋头被燕国慕容垂打败的事。 ⑪尊君:对别人父亲的敬称。 ⑫百口:全家,或近亲一族。

五年 春,正月,己亥,袁真以梁国内史沛郡朱宪及弟汝南内史斌阴通大司马温,杀之。

秦王猛遗燕荆州刺史武威王筑书曰:"国家今已塞成皋之险,杜盟津之路,大驾虎旅百万,自轵关取邺都,金墉穷戍,外无救援,城下之师,将军所监,岂三百弊卒所能支也!"筑惧,以洛阳降;猛陈师受之。燕卫大将军乐安王臧城新乐[1],破秦兵于石门,执秦将杨猛。

王猛之发长安也,请慕容令参其军事,以为乡导。将行,造慕容垂饮酒,从容谓垂曰:“今当远别,何以赠我?使我睹物思人。”垂脱佩刀赠之。猛至洛阳,赂垂所亲金熙,使诈为垂使者,谓令曰:“吾父子来此,以逃死也。今王猛疾人如仇,谗毁日深;秦王虽外相厚善,其心难知。丈夫逃死而卒不免,将为天下笑。吾闻东朝比来始更悔悟,主、后相尤。吾今还东,故遣告汝:吾已行矣,便可速发。”令疑之,踌躇终日[②],又不可审覆。乃将旧骑,诈为出猎,遂奔乐安王臧于石门。猛表令叛状,垂惧而出走,及蓝田,为追骑所获。秦王坚引见东堂,劳之曰:“卿家国失和,委身投朕。贤子心不忘本,犹怀首丘[③],亦各其志,不足深咎。然燕之将亡,非令所能存,惜其徒入虎口耳。且父子兄弟,罪不相及,卿何为过惧而狼狈如是乎?”待之如旧。燕人以令叛而复还,其父为秦所厚,疑令为反间,徙之沙城[④],在龙都东北六百里。

臣光曰:昔周得微子而革商命[⑤],秦得由余而霸西戎[⑥],吴得伍员而克强楚,汉得陈平而诛项籍[⑦],魏得许攸而破袁绍[⑧];彼敌国之材臣,来为己用,进取之良资也。王猛知慕容垂之心久而难信,独不念燕尚未灭,垂以材高功盛,无罪见疑,穷困归秦,未有异心,遽以猜忌杀之,是助燕为无道而塞来者之门也,如何其可哉?故秦王坚礼之以收燕望,亲之以尽燕情,宠之以倾燕众,信之以结燕心,未为过矣。猛何汲汲于杀垂,及为市井鬻卖之行,有如嫉其宠而谗之者,岂雅德君子所宜为哉?

乐安王臧进屯荥阳,王猛遣建威将军梁成、洛州刺史邓羌击走之;留羌镇金墉,以辅国司马桓寅为弘农太守,代羌戍陕城而还。

秦王坚以王猛为司徒、录尚书事,封平阳郡侯。猛固辞曰:“今燕、吴未平,戎车方驾,而始得一城,即受三事之赏[⑨],若克殄二寇,将何以加之?”坚曰:“苟不暂抑朕心,何以显卿谦光之美?已诏有司权听所守;封爵酬庸,其勉从朕命!”

【注释】

①新乐:城名,即今河南新乡市。 ②踌躇(chóu chú 筹除):犹豫。③首丘:头向山丘。典出《礼记·檀弓篇》:“古之人有言曰:‘狐死正丘

首,仁也。'""狐死正丘首"是说狐狸死时总是把头朝向自己生长的那个山丘。比喻人们永远怀念故乡。 ④沙城:城名,在今辽宁朝阳市东北约250公里处。 ⑤微子:商纣王庶兄。名启,一作开,受封于微(今山东梁山县西北)。他因国势危险,民心动乱,多次强谏,但纣王不悔悟,微子于是愤而出走,周灭商时,他投向军前乞降,后以殷嗣受封,为宋国始祖。⑥由余:春秋时秦国大夫。一作繇余。先世为晋人,流亡入戎。他为戎王聘秦,受秦穆公礼待,在穆公询问伐戎策略时,他建议"遗之女乐,以乱其政"。几年,秦发兵攻戎,获大胜,开地千里,遂霸西戎。 ⑦"汉得"句:事见本书卷第九汉高帝二至四年(前205至前203)。 ⑧"魏得"句:事见本书卷第六十三汉献帝建安五年(200)。 ⑨三事:即三公。古代三公虽无职,而参与六卿之事,故称三事大夫。

二月,癸酉,袁真卒。陈郡太守朱辅立真子瑾为建威将军、豫州刺史,以保寿春,遣其子乾之及司马爨亮如邺请命[①]。燕人以瑾为扬州刺史,辅为荆州刺史。

三月,秦王坚以吏部尚书权翼为尚书右仆射。夏,四月,复以王猛为司徒、录尚书事;猛固辞,乃止。

燕、秦皆遣兵助袁瑾,大司马温遣督护竺瑶等御之。燕兵先至,瑶等与战于武丘[②],破之。南顿太守桓石虔克其南城。石虔,温之弟子也。

秦王坚复遣王猛督镇南将军杨安等十将步骑六万以伐燕。

慕容令自度终不得免,密谋起兵,沙城中谪戍士数千人,令皆厚抚之。五月,庚午[③],令杀牙门孟妫。城大涉圭惧,请自效。令信之,引置左右。遂帅谪戍士东袭威德城[④],杀城郎慕容仓,据城部署,遣人招东西诸戍,翕然皆应之。镇东将军勃海王亮镇龙城,令将袭之;其弟麟以告亮,亮闭城拒守。癸酉[⑤],涉圭因侍直击令,令单马走,其党皆溃。涉圭追令至薛黎泽[⑥],擒而杀之,诣龙城白亮。亮为诛涉圭,收令尸而葬之。

六月,乙卯,秦王坚送王猛于灞上,曰:"今委卿以关东之任,当先破壶关,平上党,长驱取邺,所谓'疾雷不及掩耳'[⑦]。吾当亲督万众,继卿星发,舟车粮运,水陆俱进,卿勿以为后虑也。"猛曰:

"臣杖威灵，奉成算，荡平残胡，如风扫叶，愿不烦銮舆亲犯尘雾[8]，但愿速敕所司部置鲜卑之所。"坚大悦。

秋，七月，癸酉朔，日有食之。

秦王猛攻壶关，杨安攻晋阳。八月，燕主暐命太傅上庸王评将中外精兵三十万以拒秦。暐以秦寇为忧，召散骑侍郎李凤、黄门侍郎梁琛、中书侍郎乐嵩问曰："秦兵众寡何如？今大军既出，秦能战乎？"凤曰："秦国小兵弱，非王师之敌；景略常才[9]，又非太傅之比，不足忧也。"琛、嵩曰："胜败在谋，不在众寡。秦远来为寇，安肯不战？且吾当用谋以求胜，岂可冀其不战而已乎！"暐不悦。王猛克壶关，执上党太守南安王越，所过郡县，皆望风降附，燕人大震。

黄门侍郎封孚问司徒长史申胤曰："事将何如？"胤叹曰："邺必亡矣，吾属今兹将为秦虏。然越得岁而吴伐之，卒受其祸[10]。秦虽得志，而燕之复建，不过一纪耳。"

大司马温自广陵帅众二万讨袁瑾；以襄城太守刘波为淮南内史，将五千人镇石头。波，隗之孙也。癸丑，温败瑾于寿春，遂围之。燕左卫将军孟高将骑兵救瑾，至淮北，未渡，会秦伐燕，燕召高还。

广汉妖贼李弘，诈称汉归义侯李势之子，聚众万余人，自称圣王，年号凤凰。陇西人李高，诈称成主雄之子，攻破涪城，逐梁州刺史杨亮。九月，益州刺史周楚遣子琼讨高，又使琼子梓潼太守虓讨弘，皆平之。

【注释】

①爨（cuàn 窜）：姓氏。　②武丘：地名，在今河南沈丘县东南。③庚午：五月甲戌朔，无庚午。　④威德城：城名，确址待考，疑在今内蒙古西辽河上源西拉木伦河或老哈河流域一带。　⑤癸酉：五月甲戌朔，无癸酉。　⑥薛黎泽：地名，确址待考，疑在今内蒙古西辽河流域。⑦"所谓"句：疾雷是指急猛的雷，炸雷，疾雷不及掩耳是说炸雷使人来不及捂住耳朵。比喻突然袭来，使人来不及防备。现常作"迅雷不及掩耳"。　⑧銮（luán 峦）驾：天子的车驾，代指天子。　⑨景略：王猛的表字。　⑩"然越"二句：语出《左传》昭公三十二年，史墨评论吴伐越之事

时说:“越得岁而吴伐之,必受其凶。”大意是说,岁星本年行进到与越国对应的天际,吴国征伐越国,最终必受祸殃。

秦杨安攻晋阳,晋阳兵多粮足,久之未下。王猛留屯骑校尉苟长戍壶关,引兵助安攻晋阳,为地道,使虎牙将军张蚝帅壮士数百潜入城中,大呼斩关,纳秦兵。辛巳,猛、安入晋阳,执燕并州刺史东海王庄。太傅评畏猛不敢进,屯于潞川[①]。冬,十月,辛亥,猛留将军武都毛当戍晋阳,进兵潞川,与慕容评相持。

壬戌,猛遣将军徐成觇燕军形要,期以日中;及昏而返,猛怒,将斩之。邓羌请之曰:“今贼众我寡,诘朝将战;成,大将也,宜且宥之。”猛曰:“若不杀成,军法不立。”羌固请曰:“成,羌之郡将也[②],虽违期应斩,羌愿与成效战以赎之。”猛弗许。羌怒,还营。严鼓勒兵,将攻猛。猛问其故,羌曰:“受诏讨远贼;今有近贼,自相杀,欲先除之!”猛谓羌义而有勇,使语之曰:“将军止,吾今赦之。”成既免,羌诣猛谢。猛执其手曰:“吾试将军耳,将军于郡将尚尔,况国家乎?吾不复忧贼矣!”

太傅评以猛悬军深入,欲以持久制之。评为人贪鄙,鄣固山泉,鬻樵及水,积钱帛如丘陵;士卒怨愤,莫有斗志。猛闻之,笑曰:“慕容评真奴才,虽亿兆之众不足畏[③],况数十万乎?吾今兹破之必矣。”乃遣游击将军郭庆帅骑五千,夜从间道出评营后,烧评辎重,火见邺中。燕主暐惧,遣侍中兰伊让评曰:“王,高祖之子也,当以宗庙社稷为忧,奈何不抚战士而榷卖樵水[④],专以货殖为心乎?府库之积,我与王共之,何忧于贫?若贼兵遂进,家国丧亡,王持钱帛欲安所置之?”乃命悉以其钱帛散之军士,且趋使战。评大惧,遣使请战于猛。

甲子,猛陈于渭源而誓之[⑤],曰:“王景略受国厚恩,任兼内外,今与诸君深入贼地,当竭力致死,有进无退,共立大功,以报国家;受爵明君之朝,称觞父母之室[⑥],不亦美乎?”众皆踊跃,破釜弃粮,大呼竞进。

猛望燕兵之众,谓邓羌曰:“今日之事,非将军不能破勍敌[⑦],成败之机,在此一举,将军勉之!”羌曰:“若能以司隶见与者,公勿以为忧。”猛曰：“此非吾所及也，必以安定太守、万户侯相处。”羌不悦而退。俄而兵交，猛召羌，羌寝不应。猛驰就许之，羌乃大饮帐中，与张蚝、徐成等跨马运矛，驰赴燕陈，出入数四，旁若无人，所杀伤数百。及日中，燕兵大败，俘斩五万余人，乘胜追击，所杀及降者又十万余人。评单骑走还邺。

> 崔鸿曰：邓羌请郡将以挠法，徇私也；勒兵欲攻王猛，无上也；临战豫求司隶，邀君也；有此三者，罪孰大焉！猛能容其所短，收其所长，若驯猛虎，驭悍马，以成大功。《诗》云：“采葑采菲，无以下体。”[8]猛之谓矣。

【注释】

①潞（lù 路）川：河流名，即今山西浊漳水，在今山西黎城县境。②郡将：官名，即太守。郡守兼领武事，故称。 ③亿兆：极言其多。兆，古代计数名，下数以十万为亿，十亿为兆；中数以万万为亿，万亿为兆；上数以亿亿为兆。 ④榷（què 雀）卖：专卖。 ⑤渭源：地名。按渭水不流经今山西黎城县，地名恐有误。司马光《稽古录》中作“清原”，杜佑《通典》中作“潞源”，都与王猛当日列阵处不合。据胡三省注：“《水经注》有涅水出潞县西覆甑山。或者‘渭’字其‘涅’字之误乎？”其说近是。⑥称觞（shāng 商）：举杯祝酒。觞，酒怀。 ⑦勍（qíng 晴）敌：强敌。⑧“采葑”句：语出《诗经·国风·谷风篇》。葑（fēng 封），菜名，即蔓菁，俗称大头菜；菲，菜名，即葸菜，是萝卜一类的菜。下体，菜的根部。葑菜、菲菜既可吃叶，又可吃根，但根部时好时坏，故采集者往往丢弃根部。全句诗大意是说“采葑菜采菲菜，叶好不管根部坏”。

秦兵长驱而东，丁卯，围邺。猛上疏称：“臣以甲子之日，大歼丑类[1]，顺陛下仁爱之志，使六州士庶，不觉易主，自非守迷违命，一无所害。”秦王坚报之曰：“将军役不逾时，而元恶克举，勋高前古。朕今亲帅六军，星言电赴[2]，将军其休养将士，以待朕至，然后取之。”

猛之未至也，邺旁剽劫公行，及猛至，远近帖然；号令严明，军无私犯，法简政宽，燕民各安其业，更相谓曰：“不图今日复见太原王[3]！”王猛闻之，叹曰：“慕容玄恭信奇士也[4]，可谓古之遗爱矣！”

设太牢以祭之。

十一月，秦王坚留李威辅太子守长安，阳平公融镇洛阳，自帅精锐十万赴邺，七日而至安阳，宴祖父时故老⑤，猛潜入安阳谒坚，坚曰："昔周亚夫不迎汉文帝⑥，今将军临敌而弃军，何也？"猛曰："亚夫前却人主以求名，臣窃少之。且臣奉陛下威灵，击垂亡之虏，譬如釜中之鱼，何足虑也！监国冲幼⑦，銮驾远临，脱有不虞，悔之何及！陛下忘臣灞上之言邪？"

初，燕宜都王桓帅众万余屯沙亭⑧，为太傅评后继，闻评败，引兵屯内黄。坚使邓羌攻信都。丁丑，桓帅鲜卑五千奔龙城。戊寅，燕散骑侍郎余蔚帅扶馀、高句丽及上党质子五百余人，夜开邺北门纳秦兵，燕主暐与上庸王评、乐安王臧、定襄王渊、左卫将军孟高、殿中将军艾朗等奔龙城。辛巳，秦王坚入邺宫。

慕容垂见燕公卿大夫及故时僚吏，有愠色。高弼言于垂曰："大王凭祖宗积累之资，负英杰高世之略，遭值迍厄⑨，栖集外邦。今虽家国倾覆，安知其不为兴运之始邪？愚谓国之旧人，宜恢江海之量，有以慰结其心，以立覆篑之基⑩，成九仞之功，奈何以一怒捐之，愚窃为大王不取也！"垂悦，从之。

燕主暐之出邺也，卫士犹千余骑，既出城，皆散，惟十余骑从行；秦王坚使游击将军郭庆追之。时道路艰难，孟高扶侍暐，经护二王⑪，极其勤瘁，又所在遇盗，转斗而前。数日，行至福禄⑫，依冢解息，盗二十余人猝至，皆挟弓矢，高持刀与战，杀伤数人。高力极，自度必死，乃直前抱一贼，顿击于地，大呼曰："男儿穷矣！"余贼从旁射高，杀之。艾朗见高独战，亦还趋贼，并死。暐失马步走，郭庆追及于高阳⑬，部将巨武将缚之，暐曰："汝何小人，敢缚天子？"武曰："我受诏追贼，何谓天子！"执以诣秦王坚，坚诘其不降而走之状，对曰："狐死首丘，欲归死于先人坟墓耳。"坚哀而释之，令还宫，帅文武出降。暐称孟高、艾朗之忠于坚，坚命厚加敛葬，拜其子为郎中。

【注释】

①"臣以"句：周武王灭商，也为甲子日（见《尚书·牧誓篇》）。王猛特地标举"甲子之日"，是将灭燕与周武王灭商相提并论。 ②星言：语

出《诗经·国风·定之方中篇》“星言夙驾，说于桑田”。解说不一，清人姚际恒释为“星夜”，近是。 ③太原王：即慕容恪。 ④慕容玄恭：即慕容恪。玄恭，慕容恪的表字。 ⑤“宴祖”句：即宴请祖父苻洪时代的长辈父老。苻洪父子曾屯驻枋头，那时的父老尚有活下来的，听说苻坚到来，到安阳迎接，所以宴请他们。 ⑥“昔周”句：事见本书卷第十五汉文帝后元六年（前158）。 ⑦监国：古代君王外出，太子留守，代行处理国政，称为监国。 ⑧沙亭：地名，又名沙鹿邑、五鹿墟，在今河北大名县东。 ⑨迍（zhūn 谆）厄：境遇受挫折，不顺当。 ⑩覆篑（kuì 溃）：积小成大。篑，盛土的筐子。 ⑪二王：指乐安王慕容臧、定襄王慕容渊。⑫福禄：地名，今地不详，待考。 ⑬高阳：县名，治今河北高阳县东旧城。

郭庆进至龙城，太傅评奔高句丽，高句丽执评，送于秦。宜都王桓杀镇东将军勃海王亮，并其众，奔辽东。辽东太守韩稠，先已降秦，桓至，不得入，攻之，不克。郭庆遣将军朱嶷击之，桓弃众单走，嶷获而杀之。

诸州牧守及六夷渠帅尽降于秦，凡得郡百五十七，户二百四十六万，口九百九十九万。以燕宫人、珍宝分赐将士。下诏大赦曰：“朕以寡薄，猥承休命，不能怀远以德，柔服四维，至使戎车屡驾，有害斯民，虽百姓之过，然亦朕之罪也。其大赦天下，与之更始。”

初，梁琛之使秦也，以侍辇苟纯为副[①]。琛每应对，不先告纯；纯恨之，归言于燕主暐曰：“琛在长安，与王猛甚亲善，疑有异谋。”琛又数称秦王坚及王猛之美，且言秦将兴师，宜为之备。已而秦果伐燕，皆如琛言，暐乃疑琛知其情。及慕容评败，遂收琛系狱。秦王坚入邺而释之，除中书著作郎，引见，谓之曰：“卿昔言上庸王、吴王皆将相奇材，何为不能谋画，自使亡国？”对曰：“天命废兴，岂二人所能移也！”坚曰：“卿不能见几而作，虚称燕美，忠不自防，反为身祸，可谓智乎？”对曰：“臣闻‘几者动之微，吉凶之先见者也’[②]。如臣愚暗，实所不及。然为臣莫如忠，为子莫如孝，自非有一至之心者，莫能保忠孝之始终。是以古之烈士，临危不改，见死不避，以徇君亲。彼知几者，心达安危，身择去就，不顾家国，臣就使知之，尚不忍为，况非所及邪？”

坚闻悦绾之忠[③]，恨不及见，拜其子为郎中。

坚以王猛为使持节、都督关东六州诸军事、车骑大将军、开府仪同三司、冀州牧，镇邺，进爵清河郡侯，悉以慕容评第中之物赐之。赐杨安爵博平县侯，以邓羌为使持节、征虏将军、安定太守，赐爵真定郡侯；郭庆为持节、都督幽州诸军事、幽州刺史，镇蓟，赐爵襄城侯。其余将士封赏各有差。

坚以京兆韦钟为魏郡太守，彭豹为阳平太守；其余州县牧、守、令、长，皆因旧以授之。以燕常山太守申绍为散骑侍郎，使与散骑侍郎京兆韦儒俱为绣衣使者[④]，循行关东州郡，观省风俗，劝课农桑，振恤穷困，收葬死亡，旌显节行，燕政有不便于民者，皆变除之。

【注释】

①侍辇：官名，当为燕国所置的近臣。　②“臣闻”句：“几者动之微，吉之先见者也”，语出《周易大传》，“吉”后当脱“凶”字。几，是指事物的动向、征兆。全句大意是说征兆是一切行为、事物的精微之处，是预先显示吉凶的。　③“坚闻”句：悦绾之忠，事见本书卷第一百二晋海西公太和三年(368)。　④绣衣使者：天子特遣的使者。他们身穿绣衣，表示受到国家的宠信。

十二月，秦王坚迁慕容暐及燕后妃、王公、百官并鲜卑四万余户于长安。

王猛表留梁琛为主簿，领记室督[①]，他日，猛与僚属宴，语及燕朝使者，猛曰：“人心不同，昔梁君至长安，专美本朝；乐君但言桓温军盛；郝君微说国弊。[②]”参军冯诞曰：“今三子皆为国臣，敢问取臣之道何先？”猛曰：“郝君知几为先。”诞曰：“然则明公赏丁公而诛季布也[③]。”猛大笑。

秦王坚自邺如枋头，宴父老，改枋头曰永昌，复之终世。甲寅，至长安，封慕容暐为新兴侯；以燕故臣慕容评为给事中，皇甫真为奉车都尉，李洪为驸马都尉，皆奉朝请；李邽为尚书，封衡为尚书郎，慕容德为张掖太守，燕国平睿为宣威将军，悉罗腾为三署郎[④]；其余封署各有差。衡，裕之子也。

燕故太史黄泓叹曰："燕必中兴，其在吴王乎！恨吾老，不及见耳！"汲郡赵秋曰："天道在燕，不及十五年，秦必复为燕有。"

慕容桓之子凤，年十一，阴有复仇之志，鲜卑、丁零有气干者。皆倾身与之交结。权翼见而谓之曰："儿方以才望自显，勿效尔父不识天命！"凤厉色曰："先王欲建忠而不遂，此乃人臣之节；君侯之言，岂奖劝将来之义乎？"翼改容谢之，言于秦王坚曰："慕容凤慷慨有才器；但狼子野心，恐终不为人用耳。"

秦省雍州。

是岁，仇池公杨世卒，子纂立，始与秦绝。叔父武都太守统与之争国，起兵相攻。

【注释】

①记室督：职官名，为三公等一品官员僚属，负责章表书记文檄之类事务。 ②"昔梁"四句：梁君，指梁琛；乐君，指乐嵩；郝君，指郝晷。③"然则"句：丁公、季布兄弟二人都是楚汉相争期间的人物，为项羽将领，多次打败刘邦，但丁公在一次战役中曾对刘邦手下留情。刘邦夺得天下后却赦免了季布，杀了丁公，理由是丁公为臣不忠。事详见本书卷第十一汉高帝五年(前202)。冯诞引用这一典故在于说明王猛的取臣之道与刘邦不同。 ④三署郎：职官名。汉代有五官署郎、左署郎、右署郎，其后因称为三署郎。

资治通鉴卷第一百三

晋纪二十五　起重光协洽，尽旃蒙大渊献，凡五年。

太宗简文皇帝[1]

咸安元年　春，正月，袁瑾、朱辅求救于秦，秦王坚以瑾为扬州刺史，辅为交州刺史，遣武卫将军武都王鉴、前将军张蚝帅步骑二万救之。大司马温遣淮南太守桓伊、南顿太守桓石虔等击鉴、蚝于石桥[2]，大破之，秦兵退屯慎城[3]。伊，宣之子也。丁亥，温拔寿春，擒瑾及辅，并其宗族送建康，斩之。

秦王坚徙关东豪桀及杂夷十五万户于关中，处乌桓于冯翊、北地，丁零翟斌于新安、渑池。诸因乱流移，欲还旧业者，悉听之。

二月，秦以魏郡太守韦钟为青州刺史，中垒将军梁成为兖州刺史，射声校尉徐成为并州刺史，武卫将军王鉴为豫州刺史，左将军彭越为徐州刺史，太尉司马皇甫覆为荆州刺史，屯骑校尉天水姜宇为凉州刺史，扶风内史王统为益州刺史，秦州刺史、西县侯雅为使持节、都督秦、晋、凉、雍州诸军事、秦州牧，吏部尚书杨安为使持节、都督益、梁州诸军事、梁州刺史。复置雍州，治蒲阪；以长乐公丕为使持节、征东大将军、雍州刺史。成，平老之子；统，擢之子也。坚以关东初平，守令宜得人，令王猛以便宜简召英俊，补六州守令，授讫，言台除正。

三月，壬辰，益州刺史建成定公周楚卒。

秦后将军金城俱难攻兰陵太守张闵子于桃山[4]，大司马温遣兵击却之。

秦西县侯雅、杨安、王统、徐成及羽林左监朱肜、扬武将军姚苌帅步骑七万伐仇池公杨纂。

代将长孙斤谋弑代王什翼犍，世子寔格之，伤胁，遂执斤，杀之。

夏，四月，戊午，大赦。

【注释】

①太宗简文皇帝：即司马昱（320—372），字道万，河内温县（今河南温县西）人，晋元帝少子。初封琅邪王，后徙封会稽王。自穆帝时起，辅佐朝政，历任录尚书六条事、司徒、丞相、录尚书事等职。海西公即位之初，复封昱为琅邪王。前371年，海西公被废，昱被立为帝。在位二年卒。 ②石桥：地名，一作石梁，在今安徽寿县北肥河上。 ③慎城：城名，在今安徽肥东县东北梁园。 ④桃山：地名，在今山东滕州市东南。

秦兵至鹫峡[①]；杨纂帅众五万拒之。梁州刺史弘农杨亮遣督护郭宝、卜靖帅千余骑助纂，与秦兵战于峡中；纂兵大败，死者什三四，宝等亦没；纂收散兵遁还。西县侯雅进攻仇池，杨统帅武都之众降秦。纂惧，面缚出降，雅送纂于长安。以统为南秦州刺史[②]；加杨安都督南秦州诸军事，镇仇池。

王猛之破张天锡于枹罕也[③]，获其将敦煌阴据及甲士五千人。秦王坚既克杨纂，遣据帅其甲士还凉州，使著作郎梁殊、阎负送之，因命王猛为书谕天锡曰："昔贵先公称藩刘、石者[④]，惟审于强弱也。今论凉土之力，则损于往时；语大秦之德，则非二赵之匹；而将军翻然自绝，无乃非宗庙之福也欤！以秦之威，旁振无外，可以回弱水使东流[⑤]，返江、河使西注，关东既平，将移兵河右，恐非六郡士民所能抗也[⑥]。刘表谓汉南可保，将军谓西河可全，吉凶在身，元龟不远，宜深算妙虑，自求多福，无使六世之业一旦而坠地也[⑦]！"天锡大惧，遣使谢罪称藩。坚拜天锡使持节、都督河右诸军事、骠骑大将军、开府仪同三司、凉州刺史、西平公。

吐谷浑王辟奚闻杨纂败，五月，遣使献马千匹、金银五百斤于秦。秦以辟奚为安远将军、漒川侯。辟奚，叶延之子也，好学，仁厚而无威断，三弟专恣，国人患之。长史钟恶地，西灄羌豪也[8]，谓司马乞宿云曰："三弟纵横，势出王右，几亡国矣。吾二人位为元辅，岂得坐而视之？诘朝月望[9]，文武并会，吾将讨焉。王之左右皆吾羌子，转目一顾，立可擒也。"宿云请先白王，恶地曰："王仁而无断，白之必不从；万一事泄，吾属无类矣。事已出口，何可中变！"遂于坐收三弟，杀之。辟奚惊怖，自投床下，恶地、宿云趋而扶之曰："臣昨梦先王赖臣云'三弟将为逆，不可不讨'。故诛之耳。"辟奚由是发病恍惚，命世子视连曰："吾祸及同生，何以见之于地下？国事大小，任汝治之，吾余年残命，寄食而已。"遂以忧卒。

视连立，不饮酒游畋者七年，军国之事，委之将佐。钟恶地谏，以为人主当自娱乐，建威布德。视连泣曰："孤自先世以来，以仁孝忠恕相承。先王念友爱之不终，悲愤而亡。孤虽纂业，尸存而已，声色游娱，岂所安也？威德之建，当付之将来耳。"

代世子寔病伤而卒。

【注释】

①鹫(jiù 救)峡：地名，在今甘肃西和东南。 ②"以统"句：前秦在此之前已在上邽设置秦州，仇池在上邽以南，故称南秦州。 ③"王猛"句：王猛打败张天锡，事见本书卷第一百一晋海西公太和二年(367)。 ④"昔贵"句：张茂向刘曜称臣，事见本书卷第九十二晋明帝太宁元年(323)；张骏向石勒称臣，事见本书卷第九十四晋成帝咸和五年(330)。 ⑤弱水：河流名，上游为今甘肃山丹河，下游即今山丹河与甘州河合流后的黑河，入内蒙古境称额济纳河。 ⑥六郡：指张轨初镇河西时的武威、张掖、酒泉、敦煌、西郡、西海等六郡。其后，前凉所置郡大大超出此数。 ⑦六世：自张轨至张天锡，前凉已有九个统治者，此处未将张曜灵、张祚、张玄靓计算在内。 ⑧西灄：地名，羌人居住在灄川(今甘肃卓尼县)，分为东西两部，钟恶地属西部。 ⑨月望：指农历每月十五日，因这一天月亮与太阳相望(日落前月已出)而得名。

秋，七月，秦王坚如洛阳。

代世子寔娶东部大人贺野干之女，有遗腹子，甲戌，生男，代王什翼犍为之赦境内,名曰涉圭。

大司马温以梁、益多寇,周氏世有威名,八月,以宁州刺史周仲孙监益、梁二州诸军事,领益州刺史。仲孙,光之子也[①]。

秦以光禄勋李俨为河州刺史,镇武始。

王猛以潞川之功[②],请以邓羌为司隶。秦王坚下诏曰:“司隶校尉,董牧皇畿,吏责甚重,非所以优礼名将。光武不以吏事处功臣[③],实贵之也。羌有廉、李之才,朕方委以征伐之事,北平匈奴,南荡吴、越,羌之任也,司隶何足以婴之?其进号镇军将军,位特进。”

九月,秦王坚还长安。归安元侯李俨卒于上邽,坚复以俨子辩为河州刺史。

冬,十月,秦王坚如邺,猎于西山,旬余忘返。伶人王洛叩马谏曰[④]:“陛下群生所系,今久猎不归,一旦患生不虞,奈太后、天下何?”紧为之罢猎还宫。王猛因进言曰:“畋猎诚非急务,王洛之言,不可忘也。”坚赐洛帛百匹,拜官箴左右[⑤],自是不复猎。

大司马温,恃其材略位望,阴蓄不臣之志,尝抚枕叹曰:“男子不能流芳百世,亦当遗臭万年!”术士杜炅能知人贵贱,温问炅以禄位所至。炅曰:“明公勋格宇宙,位极人臣。”温不悦。温欲先立功河朔以收时望,还受九锡。及枋头之败[⑥],威名顿挫。既克寿春,谓参军郗超曰:“足以雪枋头之耻乎?”超曰:“未也。”久之,超就温宿,中夜,谓温曰:“明公都无所虑乎?”温曰:“卿欲有言邪?”超曰:“明公当天下重任,今以六十之年,败于大举,不建不世之勋,不足以镇惬民望!”温曰:“然则奈何?”超曰:“明公不为伊、霍之举者,无以立大威权,镇压四海。”温素有心,深以为然,遂与之定议。以帝素谨无过,而床笫易诬[⑦],乃言:“帝早有痿疾[⑧],嬖人相龙、计好、朱灵宝等,参侍内寝,二美人田氏、孟氏生三男,将建储立王,倾移皇基”。密播此言于民间,时人莫能审其虚实。

十一月,癸卯,温有广陵将还姑孰,屯于白石[⑨]。丁未,诣建康,讽褚太后,请废帝立丞相会稽王昱,并作令草呈之。太后方在佛屋烧香,内侍启云:“外有急奏。”太后出,倚户视奏数行,乃曰:“我本自疑此!”至半,便止,索笔益之曰:“未亡人不幸罹此百忧[⑩],感念存没,心焉如割!”

【注释】

①周光:周抚的弟弟,事迹详见本书卷第九十三晋明帝太宁二年(324)。 ②“王猛”句:潞川之役,见本书卷第一百二晋海西公太和五年(370)。 ③“光武”句:光武帝对功臣不委任行政职务,事见本书卷第四十三汉光武帝建武十三年(37)。 ④伶(líng零)人:古代乐人。相传黄帝时伶伦作乐,故称乐官及戏剧演员为伶人。 ⑤官箴左右:职官名,据《左传》襄公四年,周朝时辛甲担任太史,命令官员们劝诫天子的过失,在《虞人之箴》中,有告诫不要打猎的内容。苻坚因王洛告诫他不要恣意畋猎,于是仿照古制,委任他为官箴左右。 ⑥“及枋”句:枋头战役的失败,详见本书卷第一百二晋海西公太和四年(369)。 ⑦床笫(zǐ子):床席。笫,竹篾编的席子。 ⑧痿(wěi委)疾:中医指身体某一部分萎缩或失去机能的病,如下痿、阳痿等。 ⑨白石:地名,在今安徽当涂县采石矶西南。 ⑩未亡人:古代寡妇自称之词。

己酉,温集百官于朝堂。废立既旷代所无,莫有识其故典者,百官震栗。温亦色动,不知所为。尚书左仆射王彪之知事不可止,乃谓温曰:“公阿衡皇家[①],当倚傍先代。”乃命取《汉书·霍光传》,礼度仪制,定于须臾[②]。彪之朝服当阶,神彩毅然,曾无惧容,文武仪准,莫不取定,朝廷以此服之。于是宣太后令,废帝为东海王,以丞相、录尚书事、会稽王昱统承皇极。百官入太极前殿,温使督护竺瑶、散骑侍郎刘亨收帝玺绶。帝著白帢单衣[③],步下西堂,乘犊车出神虎门[④],群臣拜辞,莫不歔欷。侍御史、殿中监将兵百人卫送东海第[⑤]。温帅百官具乘舆法驾,迎会稽王于会稽邸。王于朝堂变服,著平巾帻、单衣[⑥],东向流涕,拜受玺绶,是日,即皇帝位,改元。温出次中堂,分兵屯卫。温有足疾,诏乘舆入殿。温撰辞,欲陈述废立本意,帝引见,便泣下数十行,温兢惧,竟不能一言而出。

太宰武陵王晞,好习武事,为温所忌,欲废之,以事示王彪之。彪之曰:“武陵亲尊[⑦],未有显罪,不可以猜嫌之间便相废徙。公建立圣明,当崇奖王室,与伊、周同美:此大事,宜更深详!”温曰:“此已成事，卿勿复言!”乙卯，温表“晞聚纳轻剽，息综矜忍；袁真叛逆，事相连染。顷日猜惧，将成乱阶。请免晞官，以王归藩”。从之。并免其世子综、梁王璲等官。温使魏郡太守毛安之帅所领宿卫殿中。安之，虎生之弟也。

庚戌，尊褚太后曰崇德太后。

初，殷浩卒，大司马温使人赍书吊之。浩子涓不答，亦不诣温，而与武陵王晞游。广州刺史庾蕴，希之弟也，素与温有隙。温恶殷、庾宗强，欲去之。辛亥，使其弟祕逼新蔡王晃诣西堂叩头自列，称与晞及子综、著作郎殷涓、太宰长史庾倩、掾曹秀、舍人刘强、散骑常侍庾柔等谋反；帝对之流涕，温皆收付廷尉。倩、柔，皆蕴之弟也。癸丑，温杀东海王三子及其母[⑧]。甲寅，御史中丞谯王恬承温旨，请依律诛武陵王晞。诏曰：“悲惋惶怛[⑨]，非所忍闻，况言之哉？其更详议!”恬，承之孙也。乙卯，温重表固请诛晞，词甚酷切。帝乃赐温手诏曰：“若晋祚灵长，公便宜奉行前诏；如其大运去矣，请避贤路。”温览之，流汗变色，乃奏废晞及其三子，家属皆徙新安郡。丙辰，免新蔡王晃为庶人，徙衡阳，殷涓、庾倩、曹秀、刘强、庾柔皆族诛，庾蕴饮鸩死。蕴兄东阳太守友子妇，桓豁之女也，故温特赦之。庾希闻难，与弟会稽参军邈及子攸之逃于海陵陂泽中[⑩]。

温既诛殷、庾，威势翕赫，侍中谢安见温遥拜。温惊曰：“安石，卿何事乃尔?”安曰：“未有君拜于前，臣揖于后。”

戊午，大赦，增文武位二等。

己未，温如白石，上书求归姑孰。庚申，诏进温丞相，大司马如故，留京师辅政；温固辞，乃请还镇。辛酉，温自白石还姑孰。

秦王坚闻温废立，谓群臣曰：“温前败灞上[⑪]，后败枋头，不能思愆自贬以谢百姓，方更废君以自说，六十之叟，举动如此，将何以自容于四海乎？谚曰：‘怒其室而作色于父’，其桓温之谓矣。”

【注释】

①阿衡：商朝官名，最初为阿衡的是伊尹。后世引申为辅导帝王，主持国政。又因伊尹曾放逐太甲，阿衡也有废黜天子之意。　②“定于”句：指采用霍光废黜西汉第九位皇帝刘贺的旧例。　③白帢（qià 恰）：

古代未仕者戴的白帽。单衣:单层的薄衣,是东晋时人们会见尊贵者时的衣服。 ④神虎门:建康宫廷西门。 ⑤殿中监:职官名,负责天子服饰车驾之类事务。 ⑥平巾帻(zé 责):平顶的头巾。 ⑦"武陵"句:武陵王司马晞是晋元帝的儿子,出继武陵王司马喆,故地位"亲尊"。 ⑧"温杀"句:即杀死田氏、孟氏二美人及其所生三子。 ⑨惶怛(dá 答):惶恐悲伤。怛,忧伤、悲苦。 ⑩海陵:县名,治今江苏泰州市。 ⑪"温前"句:桓温在灞上失败,事见本书卷第九十九晋穆帝永和十年(354)。

秦车骑大将军王猛,以六州任重,言于秦王坚,请改授亲贤;及府选便宜,辄已停寝,别乞一州自效。坚报曰:"朕之于卿,义则君臣,亲逾骨肉,虽复桓、昭之有管、乐,玄德之有孔明,自谓逾之。夫人主劳于求才,逸于得士。既以六州相委,则朕无东顾之忧,非所以为优崇,乃朕自求安逸也。夫取之不易,守之亦难,苟任非其人,患生虑表,岂独朕之忧,非所以为优崇,乃朕自求安逸也。夫取之不易,守之亦难,苟任非其人,患生虑表,岂独朕之忧,亦卿之责也,故虚位台鼎而以分陕为先①。卿未照朕心,殊乖素望。新政俟才,宜速铨补;俟东方化洽,当衮衣西归②。"仍遣侍中梁谠诣邺谕旨,猛乃视事如故。

十二月,大司马温奏:"废放之人,屏之以远,不可以临黎元。东海王宜依昌邑故事③,筑第吴郡。"太后诏曰:"使为庶人,情有不忍,可特封王。"温又奏:"可封海西县侯。"庚寅,封海西县公。

温威振内外,帝虽处尊位,拱默而已,常惧废黜。先是,荧惑守太微端门④,逾月而海西废。辛卯,荧惑逆行入太微,帝甚恶之。中书侍郎郗超在直,帝谓超曰:"命之修短,本所不计,故当无复近日事邪?"超曰:"大司马臣温,方内固社稷,外恢经略,非常之事,臣以百口保之。"及超请急省其父⑤,帝曰:"致意尊公⑥,家国之事,遂至于此,由吾不能以道匡卫,愧叹之深,言何能谕?"因咏庾阐诗云⑦:"志士痛朝危,忠臣哀主辱。"遂泣下沾襟。帝美风仪,善容止,留心典籍,凝尘满席,湛如也。虽神识恬畅,然无济世大略,谢安以为惠帝之流,但清谈差胜耳。

郗超以温故，朝中皆畏事之。谢安尝与左卫将军王坦之共诣超，日旰未得前，坦之欲去，安曰："独不能为性命忍须臾邪？"

秦以河州刺史李辩领兴晋太守，还镇枹罕。徙凉州治金城。张天锡闻秦有兼并之志，大惧，立坛于姑臧西，刑三牲，帅其官属，遥与晋三公盟。遣从事中郎韩博奉表送盟文，并献书于大司马温，期以明年夏会于上邽。

是岁，秦益州刺史王统攻陇西鲜卑乞伏司繁于度坚山⑧，司繁帅骑三万拒统于苑川⑨。统潜袭度坚山，司繁部落五万余皆降于统；其众闻妻子已降秦，不战而溃。司繁无所归，亦诣统降。秦王坚以司繁为南单于，留之长安；以司繁从叔吐雷为勇士护军⑩，抚其部众。

【注释】

①分陕：相传周初周公、召公分陕而治，周公治陕以东，召公治陕以西。陕即今陕西三门峡市陕州区。后来封建王朝的中央官员出任地方长官，也称分陕。 ②衮(gǔn 滚)衣：古代帝王及上公绣龙的礼服。 ③"东海"句：汉代昌邑王被废后，封国被除，仅赐汤沐邑。详见本书卷第二十四汉昭帝元平元年(前 74)。 ④太微端门：太微星垣南蕃中二星之间的天际称为端门。 ⑤请急：请假。按晋制，五日为一急，一年请假以六十日为限。 ⑥尊公：对别人父亲的尊称。 ⑦庾阐：东晋文学家。字仲初，颍川鄢陵(今河南鄢陵县西北)人。西晋末随舅父孙氏南渡，历任彭城内史、大著作郎等职。原有集十卷，已散佚，所著诗、赋、铭、颂，现存二十余篇，《太伯碑文》《扬都赋》尤为世所重，《吊贾谊文》也颇著名。 ⑧度坚山：山名，在今甘肃靖远县西。 ⑨苑川：地名，在今甘肃榆中县东北。 ⑩勇士护军：勇士，汉代县名，治今甘肃榆中县东北，晋代省去此县。前秦沿用汉代县名而置护军。

二年　春，二月，秦以清河房旷为尚书左丞，征旷兄默及清河崔逞、燕国韩胤为尚书郎，北平阳陟、田勰、阳瑶为著作佐郎，郝略为清河相；皆关东士望，王猛所荐也。瑶，骛之子也。

冠军将军慕容垂言于秦王坚曰："臣叔父评，燕之恶来辈也①，不宜复污圣朝，愿陛下为燕戮之。"坚乃出评为范阳太守，燕之诸王悉补边郡。

臣光曰:古之人,灭人之国而人悦,何哉?为人除害故也。彼慕容评者,蔽君专政,忌贤疾功,愚暗贪虐,以丧其国,国亡不死,逃遁见禽。秦王坚不以为诛首,又从而宠秩之,是爱一人而不爱一国之人也,其失人心多矣。是以施恩于人而人莫之恩,尽诚于人而人莫之诚,卒于功名不遂,容身无所,由不得其道故也。

三月,戊午,遣侍中王坦之征大司马温入辅;温复辞。

秦王坚诏:"关东之民学通一经、才成一艺者[②],在所郡县以礼送之。在官百石以上[③],学不通一经、才不成一艺者,罢遣还民。"

夏,四月,徙海西公于吴县西柴里[④],敕吴国内史刁彝防卫,又遣御史顾允监察之。彝,协之子也。

六月,癸酉,秦以王猛为丞相、中书监、尚书令、太子太傅、司隶校尉,特进、常侍、持节、将军、侯如故;阳平公融为使持节、都督六州诸军事、镇东大将军、冀州牧。

庾希、庾邈与故青州刺史武沈之子遵聚众夜入京口城,晋陵太守卞眈逾城奔曲阿。希诈称受海西公密旨诛大司马温。建康震扰,内外戒严。卞眈发诸县兵二千人击希,希败,闭城自守。温遣东海内史周少孙讨之。秋,七月,壬辰,拔其城,擒希、邈及其亲党,皆斩之。眈,壸之子也。

甲寅,帝不豫,急召大司马温入辅,一日一夜发四诏;温辞不至。初,帝为会稽王,娶王述从妹为妃,生世子道生及弟俞生。道生疏躁无行,母子皆以幽废死。余三子,郁、朱生、天流,皆早夭。诸姬绝孕将十年,王使善相者视之,皆曰:"非其人。"又使视诸婢媵,有李陵容者,在织坊中,黑而长,宫人谓之"昆仑"[⑤],相者惊曰:"此其人也!"王召之侍寝,生子昌明及道子。己未,立昌明为皇太子,生十年矣。以道子为琅邪王,领会稽国,以奉帝母郑太妃之祀。遗诏:"大司马温依周公居摄故事。"又曰:"少子可辅者辅之,如不可,君自取之。"侍中王坦之自持诏入,于帝前毁之。帝曰:"天下,傥来之运[⑥],卿何所嫌?"坦之曰:"天下,宣、元之天下,陛下何得专之?"帝乃使坦之改诏曰:"家国事一禀大司马,如诸葛武侯、王丞相故事[7]。"是日，帝崩。

群臣疑惑，未敢立嗣，或曰："当须大司马处分。"尚书仆射王彪之正色曰："天子崩，太子代立，大司马何容得异？若先面咨，必反为所责。"朝议乃定。太子即皇帝位，大赦。崇德太后令，以帝冲幼，加在谅闇[8]，令温依周公居摄故事。事已施行，王彪之曰："此异常大事，大司马必当固让，使万机停滞，稽废山陵，未敢奉令，谨具封还。"事遂不行。

温望简文临终禅位于己，不尔便当居摄。既不副所望，甚愤怨，与弟冲书曰："遗诏使吾依武侯、王公故事耳。"温疑王坦之，谢安所为，心衔之。诏谢安征温入辅；温又辞。

【注释】

①恶来：商纣王之臣。有勇力，好进谗言，武王伐纣时被杀。②"关东"句：经指《诗》《书》《礼》《乐》《易》《春秋》等六经；艺指儒家的礼、乐、射、御、书、数等六艺。 ③百石：官吏级别名，仅高于斗食，属下层官吏。 ④西柴里：地名，在今江苏苏州市城内。 ⑤昆仑：古代泛称今中印半岛南部及南洋诸岛之地或其居民为昆仑。昆仑的居民皮肤很黑，故李陵容被比喻为"昆仑"。 ⑥倘来：无意中得来。简文帝原本为王，只因海西公被废，才得以登位。皇位于他确属"倘来之运"。 ⑦王丞相：指王导。 ⑧谅闇（ān 安）：天子、诸侯居丧称谅闇，一说为居丧之所。

八月，秦丞相猛至长安，复加都督中外诸军事。猛辞曰："元相之重，储傅之尊，端右事繁，京牧任大，总督戎机，出纳帝命[1]，文武两寄，巨细并关，以伊、吕、萧、邓之贤，尚不能兼，况臣猛之无似[2]？"章三四上，秦王坚不许，曰："朕方混壹四海，非卿无可委者；卿之不得辞宰相，犹朕不得辞天下也。"

猛为相，坚端拱于上，百官总己于下，军国内外之事，无不由之。猛刚明清肃，善恶著白，放黜尸素[3]，显拔幽滞，劝课农桑，练习军旅，官必当才，刑必当罪。由是国富兵强，战无不克，秦国大治。坚敕太子宏及长乐公丕等曰："汝事王公，如事我也。"

阳平公融在冀州，高选纲纪[4]，以尚书郎房默、河间相申绍为治中别驾，清河崔宏为州从事，管记室。融年少，为政好新奇，贵苛察；申绍数规正，导以宽和，融虽敬之，未能尽从。后绍出为济北太守，融屡以过失闻，数致谴让，乃自恨不用绍言。

融尝坐擅起学舍为有司所纠，遣主簿李纂诣长安自理；纂忧惧，道卒。融问申绍："谁可使者？"绍曰："燕尚书郎高泰，清辩有胆智，可使也。"先是丞相猛及融屡辟泰，泰不起，至是，融谓泰曰："君子救人之急，卿不得复辞！"泰乃从命。至长安，猛见之，笑曰："高子伯于今乃来[5]，何其迟也！"泰曰："罪人来就刑，何问迟速！"猛曰："何谓也？"泰曰："昔鲁僖公以泮宫发颂[6]，齐宣王以稷下垂声[7]，今阳平公开建学宫，追踪齐、鲁，未闻明诏褒美，乃更烦有司举劾。明公阿衡圣朝，惩劝如此，下吏何所逃其罪乎？"猛曰："是吾过也。"事遂得释。猛因叹曰："高子伯岂阳平所宜吏乎？"言于秦王坚。坚召见，悦之，问以为治之本。对曰："治本在得人，得人在审举，审举在核真，未有官得其人而国家不治者也。"坚曰："可谓辞简而理博矣。"以为尚书郎；泰固请还州，坚许之。

九月，追尊故会稽王妃王氏曰顺皇后，尊帝母李氏为淑妃。

冬，十月，葬简文帝于高平陵。

彭城妖人卢悚自称大道祭酒[8]，事之者八百余家。十一月，遣弟子许龙如吴，晨，到海西公门，称太后密诏，奉迎兴复；公初欲从之，纳保母谏而止[9]。龙曰："大事垂捷，焉用儿女子言乎？"公曰："我得罪于此，幸蒙宽宥，岂敢妄动？且太后有诏，便应官属来，何独使汝也？汝必为乱！"因叱左右缚之，龙惧而走。甲午，悚帅众三百人，晨攻广莫门[10]，诈称海西公还，由云龙门突入殿庭，略取武库甲仗，门下吏士骇愕不知所为。游击将军毛安之闻难，帅众直入云龙门，手自奋击；左卫将军殷康、中领军桓祕入止车门[11]，与安之并力讨诛之，并党与死者数百人。海西公深虑横祸，专饮酒，恣声色，有子不育，时人怜之。朝廷知其安于屈辱，故不复为虞。

秦都督北蕃诸军事、镇北大将军、开府仪同三司、朔方桓侯梁平老卒。平老在镇十余年，鲜卑、匈奴惮而爱之。

三吴大旱，人多饿死。

【注释】

①“元相”六句：元相，指丞相；储傅，指太子太傅；端右，指尚书令；京牧，指司隶校尉；总督戎机，指都督中外诸军事；出纳帝命，指中书监、散骑常侍。 ②无似：不肖，谦词。 ③尸素：即尸位素餐，意为居位食禄而不理事。 ④纲纪：公府及州郡主簿等主要官属。 ⑤高子伯：即高泰，泰字子伯。 ⑥“昔鲁”句：泮宫，古代学宫，鲁僖公修泮宫，《诗经·鲁颂·泮水》有赞美的诗句。 ⑦“齐宣”句：稷下，战国时齐国都城临淄稷门。齐宣王喜爱文学游说之士，在稷门设馆，招驺衍、淳于髡、田骈、接子、慎到、环渊等七十六人，赐第，为上大夫，不治事而议论，有稷下学士之称，后世以为美谈。 ⑧妖人：以邪说迷惑众人的人。 ⑨保母：古代宫廷中为帝王抚养子女的女子。 ⑩广莫门：建康城北门。 ⑪止车门：宫廷前大臣停车之处。

烈宗孝武皇帝上之上[①]

宁康元年 春，正月，己卯朔[②]，大赦，改元。

二月，大司马温来朝；辛巳，诏吏部尚书谢安、侍中王坦之迎于新亭[③]。是时，都下人情恟恟，或云欲诛王、谢，因移晋室。坦之甚惧，安神色不变，曰：“晋祚存亡，决于此行。”温既至，百官拜于道侧。温大陈兵卫，延见朝士；有位望者皆战慑失色；坦之流汗沾衣，倒执手版。安从容就席，坐定，谓温曰：“安闻诸侯有道，守在四邻[④]，明公何须壁后置人邪？”温笑曰：“正自不能不尔。”遂命左右撤之，与安笑语移日[⑤]。郗超常为温谋主，安与坦之见温，温使超卧帐中听其言。风动帐开，安笑曰：“郗生可谓入幕之宾矣。”时天子幼弱，外有强臣，安与坦之尽忠辅卫，卒安晋室。

温治卢悚入宫事，收尚书陆始付廷尉，免桓祕官，连坐者甚众；迁毛安之为右卫将军。桓祕由是怨温。

三月，温有疾，停建康十四日，甲午，还姑孰。

夏，代王什翼犍使燕凤入贡于秦。

秋，七月，己亥，南郡宣武公桓温薨。

初,温疾笃,讽朝廷求九锡,屡使人趣之。谢安、王坦之故缓其事,使袁宏具草。宏以示王彪之,彪之叹其文辞之美,因曰:“卿固大才,安可以此示人?”谢安见其草,辄改之,由是历旬不就。宏密谋于彪之,彪之曰:“闻彼病日增,亦当不复支久,自可更小迟回。”

温弟江州刺史冲,问温以谢安、王坦之所任,温曰:“渠等不为汝所处分[⑥]。”其意以为,己存,彼必不敢立异,死则非冲所制;若害之,无益于冲,更失时望故也。

温以世子熙才弱,使冲领其众。于是桓祕与熙弟济谋共杀冲,冲密知之,不敢入。俄顷,温薨,冲先遣力士拘录熙、济而后临丧。祕遂被废弃,熙、济俱徙长沙。诏葬温依汉霍光及安平献王故事[⑦]。冲称温遗命,以少子玄为嗣,时方五岁,袭封南郡公。

庚戌,加右将军荆州刺史桓豁征西将军、督荆、杨、雍、交、广五州诸军事。桓冲为中军将军、都督扬、豫、江三州诸军事、扬、豫二州刺史,镇姑孰;竟陵太守桓石秀为宁远将军、江州刺史,镇寻阳。石秀,豁之子也。冲既代温居任,尽忠王室;或劝冲诛除时望,专执时权;冲不从。始,温在镇,死罪皆专决不请。冲以为生杀之重,当归朝廷,凡大辟皆先上,须报,然后行之。

谢安以天子幼冲,新丧元辅,欲请崇德太后临朝。王彪之曰:“前世人主幼在襁褓,母子一体,故可临朝;太后亦不能决事,要须顾问大臣。今上年出十岁,垂及冠婚,反令从嫂临朝[⑧],示人主幼弱,岂所以光扬圣德乎?诸公必欲行此,岂仆所制,所惜者大体耳。”安不欲委任桓冲,故使太后临朝,己得以专献替裁决[⑨],遂不从彪之之言。八月,壬子[⑩],太后复临朝摄政。

【注释】

①烈宗孝武皇帝:即司马曜(362—396),字昌明,河内温县(今河南温县西)人,简文帝第三子。初封会稽王。咸安二年(372)立为皇太子,随之即皇帝位,在位二十五年。幼年时聪颖有悟性,威权己出后,颇有君主之量,既而沉溺于酒色。后为张贵人所弑。 ②己卯朔:正月己丑朔,无己卯,“卯”当为“丑”之误。 ③新亭:地名,在今江苏南京市南。④“安闻”句:语出《左传》昭公二十三年,“诸侯守在四邻,诸侯卑,守在

四境”。大意为，诸侯结交四邻之国作为援助，诸侯地位下降，就只得守卫四方边境了。谢安这里仅取“诸侯守在四邻”一句之义，似与整段文义不尽相合。 ⑤移日：日影移动，比喻时间很长。 ⑥渠等：他们，古代吴地方言。 ⑦安平献王：即司马孚。安葬礼仪详见本书卷第七十九晋武帝泰始八年(272)。 ⑧“反令”句：孝武帝与康帝皆为晋元帝的孙子，康帝是孝武帝的从兄(堂兄)，而褚太后为康帝的皇后，故褚太后于孝武帝为从嫂。 ⑨献替：为“献可替否”的略语，意为诤言进谏(进献可行者，除去不可行者)。 ⑩壬子：八月丙辰朔，无壬子。

梁州刺史杨亮遣其子广袭仇池，与秦梁州刺史杨安战，广兵败，沮水诸戍皆委城奔溃[①]。亮惧，退守磬险[②]。九月，安进攻汉川[③]。

丙申，以王彪之为尚书令，谢安为仆射，领吏部，共掌朝政。安每叹曰：“朝廷大事，众所不能决者，以咨王公，无不立决！”

以吴国内史刁彝为徐、兖二州刺史，镇广陵。

冬，秦王坚使益州刺史王统、秘书监朱肜帅卒二万出汉川，前禁将军毛当、鹰扬将军徐成帅卒三万出剑门，入寇梁、益；梁州刺史杨亮帅巴獠万余拒之，战于青谷[④]，亮兵败，奔固西城[⑤]。肜遂拔汉中。徐成攻剑阁，克之。杨安进攻梓潼，梓潼太守周虓固守涪城，遣步骑数千送母、妻自汉水趣江陵[⑥]，朱肜邀而获之。虓遂降于安。十一月，安克梓潼。荆州刺史桓豁遣江夏相竺瑶救梁、益；瑶闻广汉太守赵长战死，引兵退。益州刺史周仲孙勒兵拒朱肜于绵竹，闻毛当将至成都，仲孙帅骑五千奔于南中[⑦]。秦遂取梁、益二州，邛、莋、夜郎皆附于秦[⑧]。秦王坚以杨安为益州牧，镇成都；毛当为梁州刺史，镇汉中；姚苌为宁州刺史，屯垫江[⑨]；王统为南秦州刺史，镇仇池。

秦王坚欲以周虓为尚书郎，虓曰：“蒙晋厚恩，但老母见获，失节于此。母子获全，秦之惠也。虽公侯之贵，不以为荣，况郎官乎？”遂不仕。每见坚，或箕踞而坐[⑩]，呼为氐贼。尝值元会[⑪]，仪卫甚盛，坚问之曰：“晋朝元会，与此何如？”虓攘袂厉声曰：“犬羊相聚，何敢比拟天朝！”秦人以虓不逊，屡请杀之；坚待之弥厚。

周仲孙坐失守免官。桓冲以冠军将军毛虎生为益州刺史，领建平太守，以虎生子球为梓潼太守。虎生与球伐秦，至巴西⑫，以粮乏，退屯巴东。

以侍中王坦之为中书令，领丹杨尹。

是岁，鲜卑勃寒掠陇右，秦王坚使乞伏司繁讨之，勃寒请降；遂使司繁镇勇士川⑬。

有彗星出于尾箕⑭，长十余丈，经太微，扫东井；自四月始见，及秋冬不灭。秦太史令张孟言于秦王坚曰："尾、箕，燕分；东井，秦分。今彗起尾、箕而扫东井，十年之后，燕当灭秦；二十年之后，代当灭燕。慕容暐父子兄弟，我之仇敌，而布列朝廷，贵盛莫二，臣窃忧之，宜翦其魁桀者以消天变。"坚不听。

阳平公融上疏曰："东胡跨据六州⑮，南面称帝，陛下劳师累年，然后得之，本非慕义而来。今陛下亲而幸之，使其父兄子弟森然满朝，执权履职，势倾勋旧。臣愚以为狼虎之心，终不可养，星变如此，愿少留意！"坚报曰："朕方混六合为一家，视夷狄为赤子，汝宜息虑，勿怀耿介⑯，夫惟修德可以禳灾，苟能内求诸己，何惧外患乎？"

【注释】

①沮水：河流名，即今陕西西南部汉江北源黑河。　②磬险：地名，在今陕西勉县北。　③汉川：地区名，即汉中郡之地。　④青谷：地名，在今陕西洋县东北。　⑤西城：县名，治今陕西安康市西北汉江北岸。⑥汉水：河流名，指今四川境内注入涪水的西汉水。　⑦南中：地区名，相当于今四川南部及云南、贵州地区。　⑧邛（qióng 穷）：地名，即邛都，在今四川西昌市东南。莋（zuó 作）：地名，即莋都，在今四川汉源县东北。夜郎：地名，在今贵州关岭布依族苗族自治县南。　⑨垫江：县名，治今重庆合川区。　⑩箕踞：古代无椅凳，坐在席上，恭敬的姿势是跪坐着。如果伸出两脚，则手按膝，如同箕形。箕踞是傲慢不敬的坐姿。⑪元会：皇帝在正月初一朝见群臣称正会，也称元会。　⑫巴西：郡名，治今四川阆中市。　⑬勇士川：地名，即今甘肃榆中县大营川。　⑭尾箕：星名，即尾宿和箕宿，分别为二十八宿中东方苍龙七宿的第六、第七宿。　⑮东胡：此处指鲜卑人。⑯耿介：忧愁，心中不安。

二年 春，正月，癸未朔，大赦。

己酉，刁彝卒。二月，癸丑，以王坦之为都督徐、兖、青三州诸军事、徐、兖二州刺史，镇广陵。诏谢安总中书。安好声律，期功之惨[1]，不废丝竹，士大夫效之，遂以成俗。王坦之屡以书苦谏之曰："天下之宝，当为天下惜之。"安不能从。

三月，秦太尉建宁烈公李威卒。

夏，五月，蜀人张育、杨光起兵击秦，有众二万，遣使来请兵。秦王坚遣镇军将军邓羌帅甲士五万讨之。益州刺史竺瑶、威远将军桓石虔帅众三万攻垫江，姚苌兵败，退屯五城[2]，瑶、石虔屯巴东。张育自号蜀王，与巴獠酋帅张重、尹万万余人进围成都。六月，育改元黑龙。秋，七月，张育与张重等争权，举兵相攻，秦杨安、邓羌袭育，败之，育与杨光退屯绵竹。八月，邓羌败晋兵于涪西[3]。九月，杨安败张重、尹万于成都南，重死，斩首二万三千级。邓羌击张育、杨光于绵竹，皆斩之。益州复入于秦。

冬，十二月，有人入秦明光殿大呼曰："甲申、乙酉[4]，鱼羊食人[5]，悲哉无复遗！"秦王坚命执之，不获。秘书监朱肜、秘书侍郎略阳赵整固请诛诸鲜卑，坚不听。整，宦官也，博闻强记，能属文；好直言，上书及面谏，前后五十余事。慕容垂夫人得幸于坚，坚与之同辇游于后庭，整歌曰："不见雀来入燕室，但见浮云蔽白日。"坚改容谢之，命夫人下辇。

是岁，代王什翼犍击刘卫辰，南走。

【注释】

①期（jī 机）功：古代丧服的名称。期，服丧一年。功，指大功和小功，大功服丧九月，小功服丧五月。 ②五城：县名，治今四川中江县东南。 ③涪西：地名，当指涪县西，在今四川绵竹市东。 ④甲申、乙酉：即甲申年、乙酉年，在本年之后的甲申、乙酉年为晋孝武帝太元九年、十年，即 384 年、385 年。 ⑤"鱼羊"句："鱼羊"合在一起为"鲜"字，指鲜卑，全句意谓鲜卑将反叛。

三年 春，正月，辛亥，大赦。

夏，五月，丙午，蓝田献侯王坦之卒；临终与谢安、桓冲书，惟以国家为忧，言不及私。

桓冲以谢安素有重望，欲以扬州让之，自求外出，桓氏族党皆以为非计，莫不扼腕苦谏，郗超亦深止之，冲皆不听，处之澹然[1]。甲寅，诏以冲都督徐、豫、兖、青、扬五州诸军事、徐州刺史，镇京口；以安领扬州刺史，并加侍中。

六月，秦清河武侯王猛寝疾，秦王坚亲为之祈南、北郊及宗庙、社稷，分遣侍臣遍祷河、岳诸神。猛疾少瘳，为之赦殊死以下。猛上疏曰："不图陛下以臣之命而亏天地之德，开辟已来，未之有也。臣闻报德莫如尽言，谨以垂没之命，窃献遗款。伏惟陛下，威烈振乎八荒[2]，声教光乎六合[3]，九州百郡，十居其七，平燕定蜀，有如拾芥。夫善作者不必善成，善始者不必善终，是以古先哲王，知功业之不易，战战兢兢，如临深谷[4]。伏惟陛下，追踪前圣，天下幸甚。"坚览之悲恸。秋，七月，坚亲至猛第视疾，访以后事。猛曰："晋虽僻处江南，然正朔相承[5]，上下安和，臣没之后，愿勿以晋为图。鲜卑、西羌，我之仇敌，终为人患，宜渐除之，以便社稷。"言终而卒。坚比敛，三临哭，谓太子宏曰："天不欲使吾平壹六合邪？何夺吾景略之速也[6]？"葬之如汉霍光故事。

八月，癸巳，立皇后王氏，大赦。后，濛之孙也。以后父晋陵太守蕴为光禄大夫，领五兵尚书，封建昌县侯；蕴固辞不受。

九月，帝讲《孝经》，始览典籍，延儒士。谢安荐东莞徐邈补中书舍人，每被顾问，多所匡益。帝或宴集，酣乐之后，好为手诏诗章以赐侍臣，或文词率尔，所言秽杂；邈应时收敛还省刊削，皆使可观，经帝重览，然后出之。时议以此多邈。

冬，十月，癸酉朔，日有食之。

秦王坚下诏曰："新辅，百司或未称朕心，可置听讼观于未央南，朕五日一临，以求民隐。今天下虽未大定，权可偃武修文，以称武侯雅旨[7]。其增崇儒教；禁老、庄、图谶之学，犯者弃市。"妙简学生，太子及公侯百寮之子皆就学受业；中外四禁、二卫、四军长上将士[8]，皆令受学。二十人给一经生，教读音句，后宫置典学以教掖庭，选阉人及女隶敏慧者诣博士授经。尚书郎王佩读谶，坚杀之；学谶者遂绝。

【注释】

①澹(dàn 旦)然:同“淡然”。 ②八荒:八方荒远的地方。 ③六合:天地四方。 ④“战战”二句:语出《诗经·小宛》“惴惴小心,如临于谷;战战兢兢,如履薄冰”。比喻建功立业时要像面临深渊、足踏薄冰时一样分外小心。 ⑤正朔:指帝王新颁的历法,此处代指正统。 ⑥景略:王猛的表字。 ⑦武侯:王猛的谥号。 ⑧中外:指中军、外军将军。四禁:指前禁、后禁、左禁、右禁将军。二卫:指左卫、右卫将军。四军:指卫军、抚军、镇军、冠军将军。长上:宫廷武官名,所统领的卫士不轮换。

资治通鉴卷第一百四

晋纪二十六　起柔兆困敦，尽玄黓敦牂，凡七年。

烈宗孝武皇帝上之中

太元元年　春，正月，壬寅朔，帝加元服；皇太后下诏归政，复称崇德太后。甲辰，大赦，改元。丙午，帝始临朝。以会稽内史郗愔为镇军大将军、都督浙江东五郡诸军事[①]；徐州刺史桓冲为车骑将军、都督豫、江二州之六郡诸军事[②]，自京口徙镇姑孰。谢安欲以王蕴为方伯，故先解冲徐州。乙卯，加谢安中书监、录尚书事。

二月，辛卯，秦王坚下诏曰："朕闻王者劳于求贤，逸于得士，斯言何其验也！往得丞相[③]，常谓帝王易为。自丞相违世，须发中白，每一念之，不觉酸恸。今天下既无丞相，或政教沦替，可分遣侍臣周巡郡县，问民疾苦。"

三月，秦兵寇南乡，拔之，山蛮三万户降秦。

夏，五月，甲寅，大赦。

初，张天锡之杀张邕也[④]，刘肃及安定梁景皆有功，二人由是有宠，赐姓张氏，以为己子，使预政事。天锡荒于酒色，不亲庶务，黜世子大怀而立嬖妾之子大豫，以焦氏为左夫人，人情愤怨；从弟从事中郎宪舆榇切谏，不听。

秦王坚下诏曰："张天锡虽称藩受位，然臣道未纯，可遣使持节、武卫将军苟苌、左将军毛盛、中书令梁熙、步兵校尉姚苌等将兵临西河；尚书郎阎负、梁殊奉诏征天锡入朝，若有违王命，即进师扑讨。”是时，秦步骑十三万，军司段铿谓周虓曰：“以此众战，谁能敌之？”虓曰：“戎狄以来，未之有也。”坚又命秦州刺史苟池、河州刺史李辩、凉州刺史王统帅三州之众为苟苌后继。

秋，七月，阎负、梁殊至姑臧。张天锡会官属谋之，曰：“今入朝，必不返；如其不从，秦兵必至，将若之何？”禁中录事席仂曰[⑤]：“以爱子为质，赂以重宝，以退其师，然后徐为之计，此屈伸之术也。”众皆怒，曰：“吾世事晋朝，忠节著于海内。今一旦委身贼庭，辱及祖宗，丑莫大焉！且河西天险，百年无虞，若悉境内精兵，右招西域，北引匈奴以拒之，何遽知其不捷也？”天锡攘袂大言曰：“孤计决矣，言降者斩！”使谓阎负、梁殊曰：“君欲生归乎，死归乎？”殊等辞气不屈，天锡怒，缚之军门，命军士交射之，曰：“射而不中，不与我同心者也。”其母严氏泣曰：“秦主以一州之地，横制天下，东平鲜卑，南取巴、蜀，兵不留行；汝若降之，犹可延数年之命。今以蕞尔一隅[⑥]，抗衡大国，又杀其使者，亡无日矣！”天锡使龙骧将军马建帅众二万拒秦。

【注释】

①五郡：指会稽、东阳、临海、永嘉、新安等五郡。 ②六郡：指豫州的历阳、淮南、庐江、安丰、襄城五郡和江州的寻阳。 ③丞相：指王猛。④“张天锡”句：张天锡杀张邕，事见本书卷第一百一晋穆帝升平五年(361)。 ⑤禁中录事：前凉所置职官名，总管宫廷中事务。 ⑥蕞(zuì最)尔：形容小(多指地区小)。

秦人闻天锡杀阎负、梁殊，八月，梁熙、姚苌、王统、李辩济自清石津[①]，攻凉骁烈将军梁济于河会城[②]，降之。甲申，苟苌济自石城津[③]，与梁熙会攻缠缩城[④]，拔之。马建惧，自杨非退屯清塞[⑤]。天锡又遣征东将军掌据帅众三万军于洪池[⑥]，天锡自将余众五万，军于金昌城[⑦]。安西将军敦煌宋皓言于天锡曰：“臣昼察人事，夜观天文，秦兵不可敌也，不如降之。”天锡怒，贬皓为宣威护军。广武太守辛章曰：“马建出于行陈，必不为国家用。”苟苌使姚苌帅甲士三千为前驱。庚寅，马建帅万人迎降，余兵皆散走。辛卯，苟苌及掌据战于洪池，据兵败，马为乱兵所杀，其属董儒授之以马，据曰:“吾三督诸军,再秉节钺,八将禁旅,十总禁兵,宠任极矣。今卒困于此,此吾之死地也,尚安之乎?”乃就帐免胄,西向稽首,伏剑而死。秦兵杀军司席仂。癸巳,秦兵入清塞,天锡遣司兵赵充哲帅众拒之[⑧]。秦兵与充哲战于赤岸[⑨],大破之。俘斩三万八千级,充哲死。天锡出城自战,城内又叛。天锡与数千骑奔还姑臧。甲午,秦兵至姑臧,天锡素车白马,面缚舆榇,降于军门。苟苌释缚焚榇,送于长安,凉州郡县悉降于秦。

九月,秦王坚以梁熙为凉州刺史,镇姑臧。徙豪右七千余户于关中,余皆按堵如故。封天锡为归义侯,拜北部尚书[⑩]。初,秦兵之出也,先为天锡筑第于长安,至则居之。以天锡晋兴太守陇西彭和正为黄门侍郎,治中从事武兴苏膺、敦煌太守张烈为尚书郎,西平太守金城赵凝为金城太守,高昌杨干为高昌太守,余皆随才擢叙。

桓伊像

梁熙清俭爱民,河右安之;以天锡武威太守敦煌索泮为别驾,宋皓为主簿。西平郭护起兵攻秦,熙以皓为折冲将军,讨平之。

桓冲闻秦攻凉州,遣兖州刺史朱序、江州刺史桓石秀与荆州督护桓罴游军沔、汉,为凉州声援;又遣豫州刺史桓伊帅众向寿阳,淮南太守刘波泛舟淮、泗,欲桡秦以救凉。闻凉州败没,皆罢兵。

【注释】

①清石津:地名,确址待考,疑在今甘肃永靖县北黄河边。　②河会城:城名,在今甘肃永登县南湟水入黄河处。③石城津:地名,在今甘肃兰州市西北

黄河边。 ④缠缩城：城名，在今甘肃永登县南。 ⑤杨非：地名，在今甘肃永登县西北庄浪河西岸。清塞：地名，确址待考，疑在今甘肃古浪县境。 ⑥洪池：地名，在今甘肃武威市东南。 ⑦金昌城：城名，确址待考，疑在今甘肃武威市东南。 ⑧司兵：职官名，前凉所置，职掌略同于晋朝的五兵尚书。 ⑨赤岸：地名，确址待考，疑在今甘肃武威市东南。⑩北部尚书：职官名，前秦所置，主管北部边境事务。

初，哀帝减田租，亩收二升[①]。乙巳，除度田收租之制[②]，王公以下，口税米三斛，蠲在役之身[③]。

冬，十月，移淮北民于淮南。

刘卫辰为代所逼，求救于秦，秦王坚以幽州刺史行唐公洛为北讨大都督，帅幽、冀兵十万击代；使并州刺史俱难、镇军将军邓羌、尚书赵迁、李柔、前将军朱肜、前禁将军张蚝、右禁将军郭庆帅步骑二十万，东出和龙，西出上郡，皆与洛会，以卫辰为乡导。洛，菁之弟也。

苟苌之伐凉州也，遣扬武将军马晖、建武将军杜周帅八千骑西出恩宿[④]，邀张天锡走路，期会姑臧。晖等行泽中，值水失期，于法应斩，有司奏征下狱。秦王坚曰："水春冬耗竭，秋夏盛涨，此乃苟苌量事失宜，非晖等罪。今天下方有事，宜宥过责功。命晖等回赴北军，击索虏以自赎[⑤]。"众咸以为万里召将，非所以应速，坚曰："晖等喜于免死，不可以常事疑也。"晖等果倍道疾驱，遂及东军。

十一月，己巳朔[⑥]，日有食之。

代王什翼犍使白部、独孤部南御秦兵，皆不胜，又使南部大人刘库仁将十万骑御之。库仁者，卫辰之族，什翼犍之甥也，与秦兵战于石子岭[⑦]，库仁大败；什翼犍病，不能自将，乃帅诸部奔阴山之北[⑧]。高车杂种尽叛，四面寇钞，不得刍牧，什翼犍复渡漠南[⑨]。闻秦兵稍退，十二月，什翼犍还云中。

初，什翼犍分国之半以授弟孤[⑩]，孤卒，子斤失职怨望。世子寔及弟翰早卒，寔子珪尚幼，慕容妃之子阏婆、寿鸠、纥根、地干、力真、窟咄皆长，继嗣未定。时秦兵尚在君子津[⑪]，诸子每夜执兵警卫。斤因说什翼犍之庶长子寔君曰:“王将立慕容妃之子,欲先杀汝,故顷来诸子每夜戎服,以兵遶庐帐[12],伺便将发耳。”寔君信之,遂杀诸弟,并弑什翼犍。是夜,诸子妇及部人奔告秦军,秦李柔、张蚝勒兵趋云中,部众逃溃,国中大乱。珪母贺氏以珪走依贺讷。讷,野干之子也。

【注释】

①“哀帝”句:减田租事,见本书卷第一百一晋哀帝隆和元年(362)。②度田收租之制:以田亩为单位的征税制度。东晋初,大体上是沿袭西晋制度,田租征收,不论占田多少,一律实行丁男课田五十亩、丁女二十亩、次丁男半之的标准。 ③蠲(juān 涓):免除。 ④恩宿:地名,在今甘肃永昌县南。 ⑤索虏:此处指代国。代国本为鲜卑索头种落,故蔑称为索虏。 ⑥己巳朔:十一月丁酉朔,无己巳。 ⑦石子岭:地名,在今内蒙古鄂托克旗东北。 ⑧阴山:山名,即今内蒙古阴山山脉。⑨漠南:地名,指今内蒙古高原大沙漠以南地区。 ⑩“什翼犍”句:拓跋什翼犍赐国土给弟弟拓跋孤,事见本书卷第九十六晋成帝咸康四年(338)。 ⑪君子津:地名,在今内蒙古准格尔旗东北黄河边。 ⑫遶(rào 绕):围绕。庐帐:帐棚,帐幕做的房子,类似蒙古包。

秦王坚召代长史燕凤,问其所以乱故,凤具以状对。坚曰:“天下之恶一也[1]。”乃执寔君及斤,至长安,车裂之。坚欲迁珪于长安,凤固请曰:“代王初亡,群下叛散,遗孙冲幼,莫相统摄。其别部大人刘库仁,勇而有智,铁弗卫辰[2],狡猾多变,皆不可独任。宜分诸部为二,令此两人统之;两人素有深仇,其势莫敢先发。俟其孙稍长,引而立之,是陛下有存亡继绝之德于代,使其子子孙孙永为不侵不叛之臣[3],此安边之良策也。”坚从之。分代民为二部,自河以东属库仁,自河以西属卫辰,各拜官爵,使统其众。贺氏以珪归独孤部,与南部大人长孙嵩、元佗等皆依库仁。行唐公洛以什翼犍子窟咄年长,迁之长安。坚使窟咄入太学读书。

下诏曰:“张天锡承祖父之资,藉百年之业,擅命河右,叛换偏隅。索头世跨朔北,中分区域,东宾秽貊[4],西引乌孙,控弦百万,虎视云中。爰命两师,分讨黠虏,役不淹岁,穷殄二凶,俘降百万,辟土九千，五帝之所未宾，周、汉之所未至，莫不重译来王，怀风率职。有司可速班功受爵，戎士悉复之五岁，赐爵三级。”于是加行唐公洛征西将军，以邓羌为并州刺史。

阳平国常侍慕容绍私谓其兄楷曰：“秦恃其强大，务胜不休，北戍云中，南守蜀、汉，转运万里，道殣相望⑤，兵疲于外，民困于内，危亡近矣。冠军叔仁智度英拔⑥，必能恢复燕祚，吾属但当爱身以待时耳！”

初，秦人既克凉州，议讨西障氐、羌，秦王坚曰：“彼种落杂居，不相统壹，不能为中国大患，宜先抚谕，征其租税，若不从命，然后讨之。”乃使殿中将军张旬前行宣慰，庭中将军魏曷飞帅骑二万七千随之。曷飞忿其恃险不服，纵兵击之，大掠而归。坚怒其违命，鞭之二百，斩前锋督护储安以谢氐、羌。氐、羌大悦，降附贡献者八万三千余落。雍州士族先因乱流寓河西者，皆听还本。

刘库仁招抚离散，恩信甚著，奉事拓跋珪恩勤周备，不以废兴易意，常谓诸子曰：“此儿有高天下之志，必能恢隆祖业，汝曹当谨遇之。”秦王坚赏其功，加广武将军，给幢麾鼓盖⑦。

刘卫辰耻在库仁之下，怒杀秦五原太守而叛。库仁击卫辰，破之，追至阴山西北千余里，获其妻子。又西击库狄部，徙其部落，置之桑乾川⑧。久之，坚以卫辰为西单于，督摄河西杂类，屯代来城⑨。

是岁，乞伏司繁卒，子国仁立。

拓跋珪像

【注释】

①“天下”句：语出《左传》庄公十二年，为卫国大夫石祁子之言，意谓恶人为天下所共

愤，绝不姑息。 ②铁弗卫辰：即刘卫辰。刘卫辰本为匈奴铁弗部落中人，故又称作“铁弗卫辰”。 ③“使其”句：此句系活用《左传》襄公十四年中戎子驹支之言。 ④秽貊：古代北方少数民族名。当作“涉（wèi卫）貊”。因依涉水（今辽宁凤城市以东）而居，故名。 ⑤殣（jìn晋）：饿死。 ⑥冠军叔仁：指慕容垂。慕容垂在前燕曾任冠军将军，是慕容楷、慕容绍的叔父，故二人称慕容垂为“冠军叔父”。“叔仁”当为“叔父”之误。 ⑦幢麾鼓盖：是旌旗和伞盖之类仪仗器物。 ⑧桑乾川：地名，在今山西山阴县境。 ⑨代来城：城名，在今内蒙古伊金霍洛旗西北。

二年 春，高句丽、新罗、西南夷皆遣使入贡于秦[①]。

赵故将作功曹熊邈屡为秦王坚言石氏宫室器玩之盛，坚以邈为将作长史，领将作丞，大修舟舰、兵器，饰以金银，颇极精巧。慕容农私言于慕容垂曰：“自王猛之死，秦之法制，日以颓靡，今又重之以奢侈，殃将至矣，图谶之言，行当有验。大王宜结纳英杰以承天意，时不可失！”垂笑曰：“天下事非尔所及！”

桓豁表兖州刺史朱序为梁州刺史，镇襄阳。

秋，七月，丁未[②]，以尚书仆射谢安为司徒，安让不拜；复加侍中、都督扬、豫、徐、兖、青五州诸军事。

丙辰[③]，征西大将军、荆州刺史桓豁卒。冬，十月，辛丑，以桓冲都督江、荆、梁、益、宁、交、广七州诸军事，领荆州刺史；以冲子嗣为江州刺史。又以五兵尚书王蕴都督江南诸军事，领徐州刺史；征西司马领南郡相谢玄为兖州刺史，领广陵相、监江北诸军事。

桓冲以秦人强盛，欲移阻江南，奏自江陵徙镇上明[④]，使冠军将军刘波守江陵，咨议参军杨亮守江夏。

王蕴固让徐州，谢安曰：“卿居后父之重，不应妄自菲薄，以亏时遇。”蕴乃受命。

初，中书郎郗超自以其父愔位遇应在谢安之右，而安入掌机权，愔优游散地[⑤]，常愤邑形于辞色，由是与谢氏有隙。是时朝廷方以秦寇为忧，诏求文武良将可以镇御北方者，谢安以兄子玄应诏。超闻之，叹曰：“安之明，乃能违众举亲；玄之才，足以不负所举。”众咸以为不然。超曰：“吾尝与玄共在桓公府[6]，见其使才，虽履屐间未尝不得其任[7]，是以知之。”

玄募骁勇之士，得彭城刘牢之等数人。以牢之为参军，常领精锐为前锋，战无不捷。时号“北府兵”[8]，敌人畏之。

壬寅，护军将军、散骑常侍王彪之卒。初，谢安欲增修宫室，彪之曰：“中兴之初，即东府为宫[9]，殊为俭陋。苏峻之乱，成帝止兰台都坐[10]，殆不蔽寒暑，是以更营新宫[11]。比之汉、魏则为俭，比之初过江则为侈矣。今寇敌方强，岂可大兴功役，劳扰百姓邪？”安曰：“宫室弊陋，后人谓人无能。”彪之曰：“凡任天下之重者，当保国宁家，缉熙政事[12]，乃以修室屋为能邪？”安不能夺其议，故终彪之之世，无所营造。

十二月，临海太守郗超卒。初，超党于桓氏，以父愔忠于王室，不令知之。及病甚，出一箱书授门生曰：“公年尊，我死之后，若以哀惋害寝食者，可呈此箱；不尔，即焚之。”既而愔果哀惋成疾，门生呈箱，皆与桓温往反密计。愔大怒曰：“小子死已晚矣！”遂不复哭。

【注释】

①新罗：朝鲜古国名，都金城（在今韩国庆州）。　②丁未：七月癸亥朔，无丁未。　③丙辰：七月癸亥朔，无丙辰。　④上明：城名，在今湖北松滋市西北长江南岸。　⑤散地：闲散的官职。此处指郗愔由徐、兖二州刺史转任会稽内史，事见本书卷第一百一晋海西公太和四年（369）。　⑥桓公：指桓温。　⑦履屐（jī 机）：鞋子。履，单底的鞋；屐，木头鞋。此处是以鞋的简陋比喻身份的低微。　⑧北府兵：东晋人称京口为北府，京口是徐州治所，谢玄所募骁勇之士多为徐州人，其后又兼任徐州刺史，故称其部队为北府兵。　⑨东府：建康台城以东的官府。⑩兰台都坐：御史台官员集中办公的地方。兰台，即御史台。　⑪“是以”句：成帝建新宫，见本书卷第九十四晋成帝咸和五年（330）。　⑫缉熙：语出《诗经·大雅·文王篇》“穆穆文王，于缉熙敬止”。及《周颂·敬之篇》“日就月将，学有缉熙于光明”。意为逐渐积累以至于光明。后世因之以缉熙指光明。缉，继续；熙，扩大。

三年 春，二月，乙巳，作新宫，帝移居会稽王邸。

秦王坚遣征南大将军、都督征讨诸军事、守尚书令、长乐公丕、武卫将军苟苌、尚书慕容暐帅步骑七万寇襄阳，以荆州刺史杨安帅樊、邓之众为前锋，征虏将军始平石越帅精骑一万出鲁阳关[1]，京兆尹慕容垂、扬武将军姚苌帅众五万出南乡，领军将军苟池、右将军毛当、强弩将军王显帅众四万出武当，会攻襄阳。夏，四月，秦兵至沔北，梁州刺史朱序以秦无舟楫，不以为虞。既而石越帅骑五千浮渡汉水，序惶骇，固守中城；越克其外郭，获船百余艘以济余军。长乐公丕督诸将攻中城。

序母韩氏闻秦兵将至，自登城履行，至西北隅，以为不固，帅百余婢及城中女丁筑邪城于其内[2]。及秦兵至，西北隅果溃，众移守新城，襄阳人谓之夫人城。

桓冲在上明拥众七万，惮秦兵之强，不敢进。

丕欲急攻襄阳，苟苌曰："吾众十倍于敌，糗粮山积[3]，但稍迁汉、沔之民于许、洛，塞其运道，绝其援兵，譬如网中之禽，何患不获，而多杀将士，急求成功哉？"丕从之。慕容垂拔南阳，执太守郑裔，与丕会襄阳。

秋，七月，新宫成；辛巳，帝入居之。

秦兖州刺史彭超请攻沛郡太守戴逯于彭城，且曰："愿更遣重将攻淮南诸城，为征南棋劫之势[4]，东西并进，丹阳不足平也！"秦王坚从之，使都督东讨诸军事；后将军俱难、右禁将军毛盛、洛州刺史邵保帅步骑七万寇淮阳、盱眙。超，越之弟；保，羌之从弟也。八月，彭超攻彭城。诏右将军毛虎生帅众五万镇姑孰以御秦兵。

秦梁州刺史韦钟围魏兴太守吉挹于西城。

九月，秦王坚与群臣饮酒，以秘书监朱肜为正，人以极醉为限。秘书侍郎赵整作《酒德之歌》曰："地列酒泉，天垂酒池[5]，杜康妙识[6]，仪狄先知[7]。纣丧殷邦，桀倾夏国[8]，由此言之，前危后则。"坚大悦，命整书之以为酒戒，自是宴群臣，礼饮而已。

秦凉州刺史梁熙遣使入西域，扬秦威德。冬，十月，大宛献汗血马[9]。秦王坚曰："吾尝慕汉文帝之为人，用千里马何为[10]？"命群臣作《止马之诗》而反之。

巴西人赵宝起兵凉州[11]，自称晋西蛮校尉、巴郡太守。

秦豫州刺史北海公重镇洛阳，谋反；秦王坚曰："长史吕光忠正，必不与之同。"即命光收重，槛车送长安，赦之，以公就第。重，洛之兄也。

十二月，秦御史中丞李柔劾奏："长乐公丕等拥众十万，攻围小城，日费万金，久而无效，请征下廷尉。"秦王坚曰："丕等广费无成，实宜贬戮；但师已淹时，不可虚返，其特原之，令以成功赎罪。"使黄门侍郎韦华持节切让丕等，赐丕剑曰："来春不捷，汝可自裁，勿复持面见吾也！"

周虓在秦，密与桓冲书，言秦阴计；又逃奔汉中，秦人获而赦之。

【注释】

①鲁阳关：地名，一作鲁关，在今河南南召县东北、鲁山县西南，当豫、荆间交通要道。 ②郛城：紧挨着原来的内城修筑的第三重城墙。 ③糗（qiǔ 丘上）粮：干粮。 ④征南：指征南大将军苻丕。棋劫：围棋术语，黑白双方在同一处各围住对方一子，若黑方提白一子，按规定白方须于他处下一子，待黑方应一子后，方可返提一子。这种双方都必须间隔一步才能提子的着法称为"劫"。本段话中彭超是以棋势比喻兵势，意思是要使晋国军队到处应战。 ⑤"地列"二句：据《三国志·崔琰传》注引张璠《汉纪》载，曹操曾禁酒，孔融写信嘲笑说："天有酒旗之星，地列酒泉之郡。"赵整的诗句当系据此演化而来。 ⑥杜康：传说中用高粱酿酒的发明者。后成为酒的代名词，曹操有"何以解忧，惟有杜康"的著名诗句。 ⑦仪狄：传说为夏禹时发明酿酒的人，进酒于禹，禹饮后称道酒的甘美，并预言"后世必有以酒亡国者"，于是疏远了仪狄。 ⑧"纣丧"二句：传说商纣王曾在酒池肉林中作长夜之饮，赵整当系据此而推断夏、商是因饮酒过度而灭亡的。 ⑨大宛：西域国名，国都在贵山城（在今乌兹别克斯坦卡散赛）。汗血马：古代的一种骏马，汗从其前肩髆出，如血，能日行千里。 ⑩"吾尝"句：汉文帝拒绝千里马之事，见本书卷第十三汉文帝元年（前179）。 ⑪凉州：据其他版本及史实，当作"梁州"。

四年 春，正月，辛酉，大赦。

秦长乐公丕等得诏惶恐，乃命诸军并力攻襄阳。秦王坚欲自将攻襄阳，诏阳平公融以关东六州之兵会寿春，梁熙以河西之兵为后继。阳平公融谏曰："陛下欲取江南，固当博谋熟虑，不可仓猝。若止取襄阳，又岂足亲劳大驾乎？未有动天下之众而为一城者，所谓'以随侯之珠弹千仞之雀'也[①]！"梁熙谏曰："晋主之暴，未如孙皓，江山险固，易守难攻。陛下必欲廓清江表，亦不过分命将帅，引关东之兵，南临淮、泗，下梁、益之卒，东出巴、峡，又何必亲屈鸾辂[②]，远幸沮泽乎？昔汉光武诛公孙述，晋武帝擒孙皓，未闻二帝自统六师，亲执枹鼓[③]，蒙矢石也。"坚乃止。

诏冠军将军南郡相刘波帅众八千救襄阳，波畏秦，不敢进。朱序屡出战，破秦兵，引退稍远，序不设备。二月，襄阳督护李伯护密遣其子送款于秦，请为内应；长乐公丕命诸军进攻之。戊午[④]，克襄阳，执朱序，送长安。秦王坚以序能守节，拜度支尚书；以李伯护为不忠，斩之。

谢玄像

秦将军慕容越拔顺阳[⑤]，执太守谯国丁穆。坚欲官之，穆固辞不受。坚以中垒将军梁成为荆州刺史，配兵一万，镇襄阳，选其才望，礼而用之。

桓冲以襄阳陷没，上疏送章节，请解职；不许。诏免刘波官，俄复以为冠军将军。

秦以前将军张蚝为并州刺史。

兖州刺史谢玄帅众万余救彭城，军于泗口。欲遣间使报戴逯而不可得；部曲将田泓请没水潜行趣彭城，玄遣之。泓为秦人所获，厚赂之，使云南军已败；泓伪许之，既而告城中曰：“南军垂至，我单行来报，为贼所得，勉之！”秦人杀之。彭超置辎重于留城[6]，谢玄扬声遣后军将军何谦向留城。超闻之，释彭城围，引兵还保辎重。戴逯帅彭城之众，随谦奔玄，超遂据彭城，留兖州治中徐褒守之，南攻盱眙。俱难克淮阴，留邵保戍之。

【注释】

①“所谓”句：随珠，传说中的宝珠。据说春秋时随国君主救过一条受伤的蛇，后来这条蛇衔给他一颗明珠作为回报，世称随珠。千仞之雀：高飞几百丈的鸟雀。“以随侯之珠弹千仞之雀”，语出《吕氏春秋》。②鸾辂：天子的车驾。 ③枹（fú 服）鼓：鼓槌和鼓。 ④戊午：二月甲申朔，无戊午。 ⑤顺阳：郡名，治今河南淅川县南。 ⑥留城：城名，在今江苏沛县东南。

三月，壬戌，诏以“疆埸多虞，年谷不登，其供御所须，事从俭约；九亲供给[1]，众官廪俸，权可减半。凡诸役费，自非军国事要，皆宜停省。”

癸未[2]，使右将军毛虎生帅众三万击巴中[3]，以救魏兴。前锋督护赵福等至巴西，为秦将张绍等所败，亡七千余人。虎生退屯巴东。蜀人李乌聚众二万，围成都以应虎生，秦王坚使破虏将军吕光击灭之。夏，四月，戊申，韦钟拔魏兴，吉挹引刀欲自杀，左右夺其刀；会秦人至，执之，挹不言不食而死。秦王坚叹曰：“周孟威不屈于前[4]，丁彦远洁己于后[5]，吉祖冲闭口而死[6]，何晋氏之多忠臣也？”挹参军史颖逃归，得挹临终手疏，诏赠益州刺史。

秦毛当、王显帅众二万自襄阳东会俱难、彭超攻淮南。五月，乙丑，难、超拔盱眙，执高密内史毛璪之。秦兵六万围幽州刺史田洛于三阿[7]，去广陵百里；朝廷大震，临江列戍，遣征虏将军谢石帅舟师屯涂中。石，安之弟也。

右卫将军毛安之等帅众四万屯堂邑[8]。秦毛当、毛盛帅骑二万袭堂邑，安之等惊溃。兖州刺史谢玄自广陵救三阿。丙子，难、超战败，退保盱眙。六月，戊子，玄与田洛帅众五万进攻盱眙，难、超又败，退屯淮阴。玄遣何谦等帅舟师乘潮而上，夜，焚淮桥[9]。

邵保战死，难、超退屯淮北。玄与何谦、戴逯、田洛共追之，战于君川[⑩]，复大破之，难、超北走，仅以身免。谢玄还广陵，诏进号冠军将军，加领徐州刺史。

秦王坚闻之，大怒。秋，七月，槛车征超下廷尉，超自杀。难削爵为民。

以毛当为徐州刺史，镇彭城；毛盛为兖州刺史，镇湖陆[⑪]；王显为扬州刺史，戍下邳。

谢安为宰相，秦人屡入寇，边兵失利，安每镇之以和静。其为政，务举大纲，不为小察。时人比安于王导，而谓其文雅过之。

八月，丁亥，以左将军王蕴为尚书仆射，顷之，迁丹阳尹。蕴自以国姻，不欲在内，苦求外出，复以为都督浙江东五郡诸军事、会稽内史。

是岁，秦大饥。

【注释】

①九亲：即九族，这里指晋王室成员。　②癸未：三月癸丑朔，无癸未。　③巴中：指巴郡。　④周孟威：即周虓，虓字孟威。　⑤丁彦远：即丁穆，穆字彦远。　⑥吉祖冲：即吉挹，挹字祖冲。　⑦三阿：地名，即今江苏金湖县东南平阿西村，东晋时侨置幽州治北。　⑧堂邑：郡名，治今江苏南京市六合区北。　⑨淮桥：秦国军队在淮水上架的浮桥。　⑩君川：地名，在今江苏盱眙县北。　⑪湖陆：县名，治今山东鱼台县东南。

五年　春，正月，秦王坚复以北海公重为镇北大将军，镇蓟。

二月，作教武堂于渭城，命太学生明阴阳兵法者教授诸将，秘书监朱肜谏曰："陛下东征西伐，所向无敌，四海之地，什得其八，虽江南未服，盖不足言。是宜稍偃武事，增修文德。乃更始立学舍，教人战斗之术，殆非所以驯致升平也[①]。且诸将皆百战之余，何患不习于兵，而更使受教于书生？非所以强其志气也。此无益于实而有损于名，惟陛下图之！"坚乃止。

秦征北将军、幽州刺史行唐公洛，勇而多力，能坐制奔牛，射洞犁耳[②]；自以有灭代之功，求开府仪同三司不得，由是怨愤。三月，秦王坚以洛为使持节、都督益、宁、西南夷诸军事、征南大将军、益州牧，使自伊阙趋襄阳，溯汉而上。洛谓官属曰："孤，帝室至亲，不得入为将相，而常摈弃边鄙；今又投之西裔，复不听过京师，此必有阴计，欲使梁成沉孤于汉水耳！"幽州治中平规曰："逆取顺守，汤、武是也[3]；因祸为福，桓、文是也[4]。主上虽不为昏暴，然穷兵黩武，民思有所息肩者，十室而九。若明公神旗一建，必率土云从。今跨据全燕，地尽东海，北总乌桓、鲜卑，东引句丽、百济[5]，控弦之士不减五十余万，奈何束手就征，蹈不测之祸乎？"洛攘袂大言曰："孤计决矣，沮谋者斩！"于是自称大将军、大都督、秦王。以平规为幽州刺史，玄菟太守吉贞为左长史，辽东太守赵赞为左司马，昌黎太守王缊为右司马，辽西太守王琳、北平太守皇甫杰、牧官都尉魏敷等为从事中郎。分遣使者征兵于鲜卑、乌桓、高句丽、百济、新罗、休忍诸国[6]，遣兵三万助北海公重戍蓟。诸国皆曰："吾为天子守藩，不能从行唐公为逆。"洛惧，欲止，犹豫未决。王缊、王琳、皇甫杰、魏敷知其无成，欲告之；洛皆杀之。吉贞、赵赞曰："今诸国不从，事乖本图，明公若惮益州之行者，当遣使奉表乞留，主上亦不虑不从。"平规曰："今事形已露，何可中止？宜声言受诏，尽幽州之兵，南出常山，阳平公必郊迎，因而执之，进据冀州；总关东之众以图西土，天下可指麾而定也！"洛从之。夏，四月，洛帅众七万发和龙。

秦王坚召群臣谋之，步兵校尉吕光曰："行唐公以至亲为逆，此天下所共疾。愿假臣步骑五万，取之如拾遗耳。"坚曰："重、洛兄弟，据东北一隅，兵赋全资，未可轻也。"光曰："彼众迫于凶威，一时蚁聚耳。若以大军临之，势必瓦解，不足忧也。"坚乃遣使让洛，使还和龙，当以幽州永为世封。洛谓使者曰："汝还白东海王[7]，幽州褊狭[8]，不足以容万乘[9]，须王秦中以承高祖之业[10]。若能迎驾潼关者，当位为上公，爵归本国。"坚怒，遣左将军武都窦冲及吕光帅步骑四万讨之；右将军都贵驰传诣邺，将冀州兵三万为前锋；以阳平公融为征讨大都督。

北海公重悉蓟城之众与洛会，屯中山，有众十万。五月，窦冲等与洛战于中山，洛兵大败，生擒洛，送长安。北海公重走还蓟，吕光追斩之。屯骑校尉石越自东莱帅骑一万，浮海袭和龙，斩平规，幽州悉平。坚赦洛不诛，徙凉州之西海郡。

臣光曰：夫有功不赏，有罪不诛，虽尧、舜不能为治，况他人乎？秦王坚每得反者辄宥之，使其臣狃于为逆⑪，行险徼幸，虽力屈被擒，犹不忧死，乱何自而息哉？《书》曰："威克厥爱，允济；爱克厥威，允罔功⑫。"《诗》云："毋纵诡随，以谨罔极；式遏寇虐，无俾作慝⑬。"今坚违之，能无亡乎？

朝廷以秦兵之退为谢安、桓冲之功，拜安卫将军，与冲皆开府仪同三司。

【注释】

①驯致：逐渐达到。 ②犁耳：铁犁上的耳子，厚而坚硬。 ③"逆取"二句：意谓商汤、周武王分别夺取夏、商天下，是不以正道取之，但却能以正道守成。 ④"因祸"二句：齐桓公、晋文公都是因兄弟争权而夺位称霸的，故称"因祸为福"。 ⑤百济：古国名，在今朝鲜半岛西南部。本出扶馀，古为马韩诸国之一。传说为后汉末夫馀王尉仇台之后，初以百家济海而立国，因以为名。晋时据有辽西晋平二郡。其盛时屡与高句丽、新罗争夺地盘。 ⑥休忍：古国名，在今朝鲜半岛。 ⑦东海王：指苻坚。苻坚做君主之前，封爵为东海王。 ⑧褊（biǎn 扁）狭：狭小。 ⑨万乘：周代时天子拥有兵车一万乘，后世因之以万乘指代天子。 ⑩秦中：指今陕西中部平原地区。 ⑪狃（niǔ 纽）：因袭、习惯。 ⑫"威克"四句：语出《伪古文尚书·胤征篇》。威，威严。爱，恩爱、个人情感。允，诚信，必定。济，成功。 ⑬"毋纵"四句：语出《诗经·大雅·民劳篇》。罔极：行为不正，没有准则。慝（tè 特）：邪恶。

六月，甲子，大赦。

丁卯，以会稽王道子为司徒；固让不拜。

秦王坚召阳平公融为侍中、中书监、都督中外诸军事、车骑大将军、司隶校尉、录尚书事；以征南大将军、守尚书令、长乐公丕为都督关东诸军事、征东大将军、冀州牧。坚以诸氐种类繁滋，秋，七月，分三原、九嵕、武都、汧、雍氐十五万户①，使诸宗亲各领之，散居方镇，如古诸侯。长乐公丕领氐三千户，以仇池氐酋射声校尉杨膺为征东左司马，九嵕氐酋长水校尉齐午为右司马，各领一千五百户，为长乐世卿[2]。长乐郎中令略阳垣敞为录事参军，侍讲扶风韦干为参军事，申绍为别驾。膺，丕之妻兄也；午，膺之妻父也。八月，分幽州置平州，以石越为平州刺史，镇龙城。中书令梁谠为幽州刺史，镇蓟城。抚军将军毛兴为都督河、秦二州诸军事、河州刺史，镇枹罕。长水校尉王腾为并州刺史，镇晋阳。河、并二州各配氐户三千。兴、腾并苻氏婚姻，氐之崇望也。平原公晖为都督豫、洛、荆、南兖、东豫、阳六州诸军事、镇东大将军、豫州牧[3]，镇洛阳。移洛州刺史治丰阳[4]。巨鹿公睿为雍州刺史。各配氐户三千二百。

坚送丕至灞上，诸氐别其父兄，皆恸哭，哀感路人。赵整因侍宴，援琴而歌曰："阿得脂[5]，阿得脂，博劳舅父是仇绥[6]，尾长翼短不能飞。远徙种人留鲜卑，一旦缓急当语谁？"坚笑而不纳。

九月，癸未，皇后王氏崩。

冬，十月，九真太守李逊据交州反。

秦王坚以左禁将军杨壁为秦州刺史，尚书赵迁为洛州刺史，南巴校尉姜宇为宁州刺史。

十一月，乙酉，葬定皇后于隆平陵[7]。

十二月，秦以左将军都贵为荆州刺史，镇彭城[8]。

置东豫州，以毛当为刺史，镇许昌。

是岁，秦王坚遣高密太守毛璪之等二百余人来归。

【注释】

①三原：地名，在今陕西三原县。九嵕（zōng 宗）：地名，在今陕西礼泉县东北。　②世卿：世代享有卿的职位。　③"平原"句：六州中的"阳州"当为"扬州"。　④丰阳：县名，治今陕西山阳县。　⑤阿得脂：声辞，有音无意。　⑥博劳：鸟名，即伯劳，额部和头部的两旁黑色，颈部蓝灰色，背部棕红色，有黑色波状横纹，吃昆虫和小鸟。现在有的地区称为虎不拉。仇绥：动物名，具体情况不详。　⑦定皇后：即晋孝武帝王皇后。　⑧镇彭城：据《晋书·孝武帝纪》及同书《苻坚载记》《桓冲传》，都贵的镇所为襄阳，"彭城"当有误。

六年 春，正月，帝初奉佛法，立精舍于殿内[①]，引诸沙门居之[②]。尚书左丞王雅表谏，不从。雅，肃之曾孙也。

丁酉，以尚书谢石为仆射。

二月，东夷、西域六十二国入贡于秦。

夏，六月，庚子朔，日有食之。

秋，七月，甲午，交趾太守杜瑗斩李逊，交州平。

冬，十月，故武陵王晞卒于新安[③]，追封新宁郡王，命其子遵为嗣。

十一月，己亥[④]，以前会稽内史郗愔为司空；愔固辞不起。

秦荆州刺史都贵遣其司马阎振、中兵参军吴仲帅众二万寇竟陵，桓冲遣南平太守桓石虔、卫军参军桓石民等帅水陆二万拒之。石民，石虔之弟也。十二月，甲辰，石虔袭击振、仲，大破之，振、仲退保管城[⑤]。石虔进攻之，癸亥，拔管城，获振、仲，斩首七千级，俘虏万人。诏封桓冲子谦为宜阳侯。以桓石虔领河东太守[⑥]。

是岁，江东大饥。

【注释】

①精舍：道士、僧人修炼居住之所。 ②沙门：僧徒、和尚。也作"桑门"，梵语中室罗摩拏的音译，义译为勤息、勤修善法、止息恶行之义。③"故武陵王"句：司马晞被迁徙到新安，事见本书卷第一百三晋简文帝咸安元年（371）。 ④己亥：十一月戊辰朔，无己亥。 ⑤管城：地名，在今湖北钟祥市西北。 ⑥河东：东晋侨置郡名，全称为南河东郡，治今湖北松滋市西北。

七年 秦大司农东海公阳、员外散骑侍郎王皮、尚书郎周虓谋反，事觉，收下廷尉。阳，法之子；皮，猛之子也。秦王坚问其反状，阳曰："臣父哀公死不以罪[①]，臣为父复仇耳。"坚泣曰："哀公之死，事不在朕，卿岂不知之？"王皮曰："臣父丞相，有佐命之勋，而臣不免贫贱，故欲图富贵耳。"坚曰："丞相临终托卿，以十具牛为治田之资，未尝为卿求官；知子莫若父，何其明也！"周虓曰："虓世荷晋恩，生为晋臣，死为晋鬼，复何问乎？"先是，虓屡谋反叛，左右皆请杀之；坚曰："孟威烈士，秉志如此，岂惮死乎？杀之适足成其名耳!"皆赦,不诛,徙阳于凉州之高昌郡,皮、虓于朔方之北。虓卒于朔方。阳勇力兼人,寻复徙鄯善[②]。及建元之末[③],秦国大乱,阳劫鄯善之相欲求东归,鄯善王杀之。

秦王坚徙邺铜驼、铜马、飞廉、翁仲于长安。

夏,四月,坚扶风太守王永为幽州刺史。永,皮之兄也。皮凶险无行,而永清修好学,故坚用之。以阳平公融为司徒;融固辞不受。坚方谋伐晋,乃以融为征南大将军、开府仪同三司。

五月,幽州蝗生,广袤千里。秦王坚使散骑常侍彭城刘兰发幽、冀、青、并民扑除之。

秋,八月,癸卯,大赦。

秦王坚以谏议大夫裴元略为巴西、梓潼二郡太守,使密具舟师。

九月,车师前部王弥窴、鄯善王休密驮入朝于秦[④],请为乡导,以伐西域之不服者,因如汉法置都护以统理之。秦王坚以骁骑将军吕光为使持节、都督西域征讨诸军事,与凌江将军姜飞、轻车将军彭晃、将军杜进、康盛等总兵十万,铁骑五千,以伐西域。阳平公融谏曰:"西域荒远,得其民不可使,得其地不可食,汉武征之[⑤],得不补失,今劳师万里之外,以踵汉氏之过举,臣窃惜之。"不听。

桓冲使扬威将军朱绰击秦荆州刺史都贵于襄阳,焚践沔北屯田,掠六百余户而还。

【注释】

①"臣父"句:苻法之死,见本书卷第一百晋穆帝升平元年(357)。 ②鄯(shàn 擅)善:西域国名,都伊循城(今新疆若羌县东)。 ③建元:苻坚的年号。本年为苻坚建元十八年(382),苻坚死于两年后,"建元之末"当指建元二十年(384)。 ④车师前部:西域国名,都交河城(今新疆吐鲁番市西北雅尔湖村附近)。窴(tián 田):"填"的本字。 ⑤"汉武"句:指汉武帝征伐大宛,打败楼兰、姑师,屯田车师之事。

冬,十月,秦王坚会群臣于太极殿,议曰:"自吾承业,垂三十载,四方略定[①],唯东南一隅,未沾王化[②]。今略计吾士卒,可得九十七万,吾欲自将以讨之,何如?"秘书监朱肜曰:"陛下恭行天罚,必有征无战，晋主不衔璧军门[3]，则走死江海，陛下返中国士民，使复其桑梓，然后回舆东巡，告成岱宗[4]，此千载一时也。"坚喜曰："是吾志也。"

尚书左仆射权翼曰："昔纣为无道，三仁在朝，武王犹为之旋师[5]。今晋虽微弱，未有大恶；谢安、桓冲皆江表伟人，君臣辑睦，内外同心，以臣观之，未可图也！"坚嘿然良久，曰："诸君各言其志。"

太子左卫率石越曰："今岁镇守斗[6]，福德在吴，伐之必有天殃。且彼据长江之险，民为之用，殆未可伐也！"坚曰："昔武王伐纣，逆岁违卜[7]。天道幽远，未易可知。夫差、孙皓皆保据江湖，不免于亡。今以吾之众，投鞭于江，足断其流，又何险之足恃乎？"对曰："三国之君皆淫虐无道[8]，故敌国取之，易于拾遗。今晋虽无德，未有大罪，愿陛下且按兵积谷，以待其衅。"于是群臣各言利害，久之不决。坚曰："此所谓筑室道傍，无时可成[9]。吾当内断于心耳！"

群臣皆出，独留阳平公融，谓之曰："自古定大事者，不过一二臣而已。今众言纷纷，徒乱人意，吾当与汝决之。"对曰："今伐晋有三难：天道不顺，一也；晋国无衅，二也；我数战兵疲，民有畏敌之心，三也。群臣言晋不可伐者，皆忠臣也，愿陛下听之。"坚作色曰："汝亦如此，吾复何望？吾强兵百万，资仗如山；吾虽未为令主，亦非暗劣。乘累捷之势，击垂亡之国，何患不克？岂可复留此残寇，使长为国家之忧哉？"融泣曰："晋未可灭，昭然甚明。今劳师大举，恐无万全之功。且臣之所忧，不止于此。陛下宠育鲜卑、羌、羯，布满畿甸，此属皆我之深仇。太子独与弱卒数万留守京师，臣惧有不虞之变生于腹心肘掖，不可悔也。臣之顽愚，诚不足采；王景略一时英杰，陛下常比之诸葛武侯，独不记其临没之言乎[10]？"坚不听。于是朝臣进谏者众，坚曰："以吾击晋，校其强弱之势，犹疾风之扫秋叶，而朝廷内外皆言不可，诚吾所不解也！"

太子宏曰："今岁在吴分，又晋君无罪，若大举不捷，恐威名外挫，财力内竭，此群下所以疑也！"坚曰："昔吾灭燕，亦犯岁而捷，天道固难知也。秦灭六国，六国之君岂皆暴虐乎？"

冠军、京兆尹慕容垂言于坚曰："弱并于强，小并于大，此理势自然，非难知也。以陛下神武应期，威加海外，虎旅百万，韩、白满朝，而蕞尔江南[11]，独违王命，岂可复留之以遗子孙哉？《诗》云：'谋夫孔多，是用不集[12]。'陛下断自圣心足矣，何必广询朝众？晋武平吴，所仗者张、杜二三臣而已，若从朝众之言，岂有混壹之功乎？"坚大悦曰："与吾共定天下者，独卿而已。"赐帛五百匹。

【注释】

①略定：经略平定。　②"未沾"句：沾，滋润，濡染，比喻恩泽所被。王化：帝王的教化。　③衔璧军门：双手反缚，口衔璧玉，到军营前投降。这是古代国君投降的仪式。　④岱宗：即泰山。　⑤"三仁"二句：三仁，三位仁人，指箕子、微子、比干。据《史记·周本纪》，周武王即位的第九年东征，诸侯不期而会的八百国，都认为"纣可伐矣"，但武王因三位仁人还在商王朝中，时机不成熟，便退兵了。　⑥岁镇守斗：岁星、镇星停留在斗宿所在天际。岁星，即木星；镇星，即土星。古人认为，岁、镇二星运行到什么地方，那时就当运。斗宿是吴、越、扬州分野，象征东南地区。　⑦逆岁：冲犯岁星。《荀子·儒效篇》称："武王之诛纣也，行之日以兵忌，东南而迎太岁。"违卜：违背卜辞。《史记·齐世家》载："武王将伐纣，卜龟，兆不吉，风雨暴至，群公尽惧。唯太公(即姜子牙)强之，劝武王，武王遂行。"　⑧三国之君：指商纣王、夫差、孙晧。　⑨"此所"二句：语出《诗经·小雅·小旻篇》："如彼筑室于道谋，是用不溃于成。"大意是如同在路旁造房子，向过路人征求意见，结果因各人主张不同，以致房子造不成功。　⑩"独不"句：指王猛临终时希望不要伐晋的遗言，详见本书卷第一百三晋孝武帝宁康三年(375)。　⑪蕞(zuì 最)尔：地区狭小。　⑫"谋夫"二句：语出《诗经·小雅·小旻篇》。大意是参谋顾问一大串，议来议去不算数。谋夫，出谋画策的人；孔，甚，很；集，成功。

坚锐意欲取江东，寝不能旦。阳平公融谏曰："'知足不辱，知止不殆[1]。'自古穷兵极武，未有不亡者。且国家本戎狄也，正朔会不归人[2]。江东虽微弱仅存，然中华正统，天意必不绝之。"坚曰："帝王历数，岂有常邪？惟德之所在耳！刘禅岂非汉之苗裔邪？终为魏所灭。汝所以不如吾者，正病此不达变通耳！"

坚素信重沙门道安[③]，群臣使道安乘间进言。十一月，坚与道安同辇游于东苑，坚曰："朕将与公南游吴、越，泛长江，临沧海，不亦乐乎？"安曰："陛下应天御世，居中土而制四维，自足比隆尧、舜；何必栉风沐雨，经略遐方乎？且东南卑湿，沴气易构[④]，虞舜游而不归，大禹往而不复[⑤]，何足以上劳大驾也？"坚曰："天生烝民而树之君，使司牧之，朕岂敢惮劳，使彼一方独不被泽乎？必如公言，是古之帝王皆无征伐也！"道安曰："必不得已，陛下宜驻跸洛阳[⑥]，遣使者奉尺书于前[⑦]，诸将总六师于后，彼必稽首入臣，不必亲涉江、淮也。"坚不听。

坚所幸张夫人谏曰："妾闻天地之生万物[⑧]，圣王之治天下，皆因其自然而顺之，故功无不成。是以黄帝服牛乘马，因其性也[⑨]，禹浚九川，障九泽，因其势也[⑩]；后稷播殖百谷，因其时也；汤、武帅天下而攻桀、纣，因其心也；皆有因则成，无因则败。今朝野之人皆言晋不可伐，陛下独决意行之，妾不知陛下何所因也。《书》曰：'天聪明自我民聪明[⑪]'天犹因民，而况人乎？妾又闻王者出师，必上观天道，下顺人心。今人心既不然矣，请验之天道。谚云：'鸡夜鸣者不利行师，犬群嗥者宫室将空，兵动马惊，军败不归。'自秋、冬以来，众鸡夜鸣，群犬哀嗥，厩马多惊，武库兵器自动有声，此皆非出师之祥也。"坚曰："军旅之事，非妇人所当预也！"

坚幼子中山公诜最有宠，亦谏曰："臣闻国之兴亡，系贤人之用舍。今阳平公，国之谋主，而陛下违之，晋有谢安、桓冲，而陛下伐之，臣窃惑之！"坚曰："天下大事，孺子安知？"

秦刘兰讨蝗，经秋冬不能灭。十二月，有司奏请征兰下廷尉。秦王坚曰："灾降自天，非人力能所除，此由朕之失政，兰何罪乎？"

是岁，秦大熟，上田亩收七十石，下者三十石，蝗不出幽州之境，不食麻豆，上田亩收百石，下者五十石[⑫]。

【注释】

①"知足"二句：语出《老子》第四十四章，意谓知道满足就不会受到污辱，知道适可而止就不会遇到危险。　②"正朔"句：意谓统治权的改变（正朔的改变）大概不会归于外族人手中。正：正月。朔：初一。会：大概。古代改朝换代，通常会重新改定历法。　③道安（314—385）：东

晋名僧。常山扶柳(今河北衡水市冀州区西北)人。本姓卫氏,十二岁出家,游学至邺城,皈依佛图澄,为大弟子,在北方传教多年,主张“本无”(即性空)之说。后南奔襄阳,编《众经目录》,制定戒规,为寺院所取法。又分遣弟子竺法、慧远、法和等往长江上下游布教,扩大社会影响。宁康三年(375),北上长安,受苻坚礼召,主持译出佛经百余万言,进一步宣扬佛教哲学,在中国佛教史上影响颇大。 ④沴(lì 历)气:灾气,恶气。构:通“遘”,遭受,沾染。 ⑤“虞舜”二句:传说虞舜到南方巡察,死于苍梧(即九疑山,在今湖南宁远县南);夏禹到东方巡察,死于会稽(山名,在今浙江绍兴市东)。 ⑥驻跸(bì 毕):帝王出行时沿途停留暂住。跸,禁止行人往来。 ⑦尺书:信札,书信。在纸张使用以前,信件通常用一尺长的简牍写就,故称尺书。 ⑧妾:古代妇女自称之辞。⑨“是以”二句:意谓黄帝驾牛乘马,是顺应牛马任重致远的本性。服,乘、驾之意。 ⑩“禹浚”三句:意谓夏禹疏通河道、挡住泽陂,是顺应地理的高下形势。九川、九泽:本义为九条大河、九处泽陂,比喻众多河道泽陂。障:筑堤防卫。 ⑪“天聪”句:语出《尚书·皋陶谟篇》,意谓上天以人民的视听为自己的视听。 ⑫“是岁”以下各句:魏晋时期,亩产通常在三四石左右,前秦境内几十石的亩产恐不可信。

资治通鉴卷第一百五

晋纪二十七　起昭阳协洽，尽阏逢涒滩，凡二年。

烈宗孝武皇帝上之下

太元八年　春，正月，秦吕光发长安，以鄯善王休密驮、车师前部王弥窴为乡导。

三月，丁巳，大赦。

夏，五月，桓冲帅众十万伐秦，攻襄阳；遣前将军刘波等攻沔北诸城；辅国将军杨亮攻蜀，拔五城，进攻涪城；鹰扬将军郭铨攻武当。六月，冲别将攻万岁、筑阳[①]，拔之。秦王坚遣征南将军巨鹿公睿、冠军将军慕容垂等帅步骑五万救襄阳，兖州刺史张崇救武当，后将军张蚝、步兵校尉姚苌救涪城；睿军于新野，垂军于邓城[②]。桓冲退屯沔南。秋，七月，郭铨及冠军将军桓石虔败张崇于武当，掠二千户以归。巨鹿公睿遣慕容垂为前锋，进临沔水。垂夜命军士人持十炬，系于树枝，光照数十里。冲惧，退还上明。张蚝出斜谷；杨亮引兵还。冲表其兄子石民领襄城太守[③]，戍夏口。冲自求领江州刺史；诏许之。

秦王坚下诏大举入寇，民每十丁遣一兵；其良家子年二十已下[④]，有材勇者，皆拜羽林郎。又曰："其以司马昌明为尚书左仆射，谢安为吏部尚书，桓冲为侍中；势还不远，可先为起第。"良家子至者三万余骑，拜秦州主簿赵盛之为少年都统[⑤]。是时，朝臣皆不欲坚行，独慕容垂、姚苌及良家子劝之。阳平公融言于坚曰：

“鲜卑、羌虏，我之仇雠，常思风尘之变以逞其志，所陈策画，何可从也？良家少年皆富饶子弟，不闲军旅，苟为谄谀之言以会陛下之意耳。今陛下信而用之，轻举大事，臣恐功既不成，仍有后患，悔无及也！”坚不听。

八月，戊午，坚遣阳平公融督张蚝、慕容垂等步骑二十五万为前锋；以兖州刺史姚苌为龙骧将军、督益、梁州诸军事。坚谓苌曰：“昔朕以龙骧建业，未尝轻以授人，卿其勉之！”左将军窦冲曰：“王者无戏言，此不祥之征也！”坚默然。

慕容楷、慕容绍言于慕容垂曰：“主上骄矜已甚，叔父建中兴之业，在此行也！”垂曰：“然。非汝，谁与成之！”

甲子，坚发长安，戎卒六十余万，骑二十七万，旗鼓相望，前后千里。九月，坚至项城⑥，凉州之兵始达咸阳，蜀、汉之兵方顺流而下，幽、冀之兵至于彭城，东西万里，水陆齐进，运漕万艘。阳平公融等兵三十万，先至颍口⑦。

诏以尚书仆射谢石为征虏将军、征讨大都督，以徐、兖二州刺史谢玄为前锋都督，与辅国将军谢琰、西中郎将桓伊等众共八万拒之；使龙骧将军胡彬以水军五千援寿阳⑧。琰，安之子也。

谢琰像

是时秦兵既盛，都下震恐。谢玄入，问计于谢安，安夷然⑨，答曰：“已别有旨。”既而寂然。玄不敢复言，乃令张玄重请。安遂命驾出游山墅，亲朋毕集，与玄围棋赌墅。安棋常劣于玄，是日，玄惧，便为敌手而又不胜⑩。安遂游陟，至夜乃还。桓冲深以根本为忧，遣精锐三千人卫京师；谢安固却之，曰：“朝廷处分已定，兵甲无阙，西藩宜留以为防[11]。”冲对佐吏叹曰：“谢安石有庙堂之量[12]，不闲将略。今大敌垂至，方游谈不暇，遣诸不经事少年拒之，众又寡弱，天下事已可知，吾其左衽矣[13]！”

以琅邪王道子录尚书六条事。

【注释】

①筑阳：县名，治今湖北谷城县北。万岁：地名，当接近筑阳。②邓城：县名，治今湖北襄阳市西北。③襄城：郡名，治今安徽芜湖市繁昌区东北。或说当作“襄阳”，但未知所据。《晋书·桓彝传》亦作“襄城”。④良家子：指所谓家世清白而有财产的人家（即地主富豪）的子弟。⑤少年都统：职官名，统领应征良家子的主要官员。都统之名，起始于此。⑥项城：地名，在今河南项城市东南。⑦颍口：地名，即今安徽颍上县东南颍河入淮河之口。⑧寿阳：县名，治今安徽寿县。⑨夷然：坦然无事，一点也不着急的样子。⑩“便为”句：意谓谢玄和谢安成了不相上下的对手，谢玄还不能胜谢安。⑪西藩：西面的边防、屏障。桓冲当时为荆州刺史，在建康之西，所以称西藩。⑫庙堂之量：做宰相的度量。⑬“吾其”句：语出《论语·宪问篇》，意谓我们将穿外族服装了，也就是说晋国将要灭亡了。衽（rèn 任）：衣襟；左衽：古代少数民族的服装，前襟向左，不同于中原一带人民的右衽。

冬，十月，秦阳平公融等攻寿阳；癸酉，克之，执平虏将军徐元喜等。融以其参军河南郭褒为淮南太守。慕容垂拔郧城[1]。胡彬闻寿阳陷，退保硖石[2]，融进攻之。秦卫将军梁成等帅众五万屯于洛涧[3]，栅淮以遏东兵[4]。谢石、谢玄等去洛涧二十五里而军，惮成不敢进。胡彬粮尽，潜遣使告石等曰：“今贼盛粮尽，恐不复见大军！”秦人获之，送于阳平公融。融驰使白秦王坚曰：“贼少易擒，但恐逃去，宜速赴之！”坚乃留大军于项城，引轻骑八千，兼道就融于寿阳。遣尚书朱序来说谢石等，以为：“强弱异势，不如速降。”序私谓石等曰：“若秦百万之众尽至，诚难与为敌。今乘诸军未集，宜速击之；若败其前锋，则彼已夺气，可遂破也。”

石闻坚在寿阳，甚惧，欲不战以老秦师。谢琰劝石从序言。十一月，谢玄遣广陵相刘牢之帅精兵五千趣洛涧，未至十里，梁成阻涧为陈以待之[⑤]。牢之直前渡水，击成，大破之，斩成及弋阳太守王咏；又分兵断其归津，秦步骑崩溃，争赴淮水，士卒死者万五千人。执秦扬州刺史王显等，尽收其器械军实。于是谢石等诸军，水陆并进。秦王坚与阳平公融登寿阳城望之，见晋兵部阵严整，又望八公山上草木[⑥]，皆以为晋兵，顾谓融曰："此亦勍敌[⑦]，何谓弱也！"怃然始有惧色[⑧]。

秦兵逼肥水而陈[⑨]，晋兵不得渡。谢玄遣使谓阳平公融曰："君悬军深入，而置陈逼水，此乃持久之计，非欲速战者也。若移陈少却，使晋兵得渡，以决胜负，不亦善乎！"秦诸将皆曰："我众彼寡，不如遏之，使不得上，可以万全。"坚曰："但引兵少却，使之半渡，我以铁骑蹙而杀之[⑩]，蔑不胜矣！"融亦以为然，遂麾兵使却。秦兵遂退，不可复止。谢玄、谢琰、桓伊等引兵渡水击之。融驰骑略陈，欲以帅退者，马倒，为晋兵所杀，秦兵遂溃。玄等乘胜追击，至于青冈[⑪]；秦兵大败，自相蹈藉而死者，蔽野塞川。其走者闻风声鹤唳，皆以为晋兵且至，昼夜不敢息，草行露宿，重以饥冻，死者什七、八。初，秦兵少却，朱序在陈后呼曰："秦兵败矣！"众遂大奔。序因与张天锡、徐元喜皆来奔。获秦王坚所乘云母车[⑫]。复取寿阳，执其淮南太守郭褒。

【注释】

①郧城：城名，在今湖北安陆市。　②硖石：地名，在今安徽寿县西北。　③洛涧：河流名，即今安徽洛河，源出肥东县北，流经定远县、寿县间，过淮南市东，至怀远西南入淮河。　④栅淮：沿淮河设置栅栏，构筑防御工事。东兵：指从东面增援的晋国军队。　⑤阻涧为陈：以洛涧为依托，摆开阵势。　⑥八公山：山名，在今安徽淮南市西。　⑦勍（qíng 情）敌：强敌。　⑧怃（wǔ 五）然：失望的样子。　⑨肥水：河流名，即今安徽境内东肥河，源出肥西县西北，北流经寿县城东，折西北入淮河。⑩蹙（cù 促）：踏。　⑪青冈：地名，在今安徽寿县西北约三十里处。⑫云母车：用云母镶饰车窗的车子。云母晶体透明，成板状，有色彩，古代用以饰车，以示贵重。

坚中流矢，单骑走至淮北，饥甚，民有进壶飧、豚髀者[①]，坚食之，赐帛十匹、绵十斤。辞曰："陛下厌苦安乐，自取危困。臣为陛下子，陛下为臣父，安有子饲其父而求报乎？"弗顾而去。坚谓张夫人曰："吾今复何面目治天下乎？"潸然流涕②。

是时，诸军皆溃，惟慕容垂所将三万人独全，坚以千余骑赴之。世子宝言于垂曰："家国倾覆，天命人心皆归至尊，但时运未至，故晦迹自藏耳。今秦主兵败，委身于我，是天借之便以复燕祚，此时不可失也，愿不以意气微恩忘社稷之重！"垂曰："汝言是也。然彼以赤心投命于我，若之何害之？天苟弃之，不患不亡。不若保护其危以报德，徐俟其衅而图之，既不负宿心，且可以义取天下。"奋威将军慕容德曰："秦强而并燕，秦弱而图之，此为报仇雪耻，非负宿心也；兄奈何得而不取，释数万之众以授人乎？"垂曰："吾昔为太傅所不容③，置身无所，逃死于秦，秦主以国士遇我，恩礼备至。后复为王猛所卖④，无以自明，秦主独能明之，此恩何可忘也？若氐运必穷，吾当怀集关东⑤，以复先业耳，关西会非吾有也。"冠军行参军赵秋曰："明公当绍复燕祚，著于图谶；今天时已至，尚复何待？若杀秦主，据邺都鼓行而西，三秦亦非苻氏之有也！"垂亲党多劝垂杀坚，垂皆不从，悉以兵授坚。平南将军慕容暐屯郧城，闻坚败，弃其众遁去；至荥阳，慕容德复说暐起兵以复燕祚，暐不从。

谢安得驿书，知秦兵已败，时方与客围棋，摄书置床上，了无喜色，围棋如故。客问之，徐答曰："小儿辈遂已破贼。"既罢，还内，过户限，不觉屐齿之折⑥。

丁亥，谢石等归建康，得秦乐工，能习旧声，于是宗庙始备金石之乐。乙未，以张天锡为散骑常侍，朱序为琅邪内史。

【注释】

①壶飧（sūn 孙）：飧，通常是指熟食；壶飧，胡三省注引《字林》释为"水浇饭"。豚髀（bì 毕）：小猪的大腿肉。　②潸（shān 山）然：流泪的样子。　③"吾昔"句：太傅，指前燕慕容暐时的太傅慕容评，评与太后可足浑氏密谋诛杀慕容垂，垂被迫投奔秦国。事见本书卷第一百二晋海西公太和四年（369）。　④"后复"句：370 年，王猛伐前燕，以慕容垂的儿子慕容令参军事，任向导。令至洛阳，猛派人诈称慕容垂的使者，让慕

容令背叛前秦，想借此机会诛杀慕容垂。事见本书卷第一百二晋海西公太和五年(370)。 ⑤怀集：招徕。 ⑥“不觉”句：屐(jī鸡)齿，木头鞋的底齿。全句大意为谢安喜悦过甚，过门限步履不正常，竟折断屐齿而未发觉。

秦王坚收集离散，比至洛阳，众十余万，百官、仪物、军容粗备。

慕容农谓慕容垂曰：“尊不迫人于险[①]，其义声足以感动天地。农闻秘记曰：‘燕复兴当在河阳。’夫取果于未熟与自落，不过晚旬日之间，然其难易美恶，相去远矣！”垂心善其言，行至渑池，言于坚曰：“北鄙之民，闻王师不利，轻相扇动，臣请奉诏书以镇慰安集之，因过谒陵庙。”坚许之。权翼谏曰：“国兵新破，四方皆有离心，宜征集名将，置之京师，以固根本，镇枝叶。垂勇略过人，世豪东夏[②]，顷以避祸而来，其心岂止欲作冠军而已哉？譬如养鹰，饥则附人，每闻风飙之起，常有陵霄之志，正宜谨其绦笼[③]，岂可解纵，任其所欲哉？”坚曰：“卿言是也。然朕已许之，匹夫犹不食言，况万乘乎！若天命有废兴，固非智力所能移也。”翼曰：“陛下重小信而轻社稷，臣见其往而不返，关东之乱，自此始矣。”坚不听，遣将军李蛮、闵亮、尹国帅众三千送垂。又遣骁骑将军石越帅精卒三千戍邺，骠骑将军张蚝帅羽林五千戍并州，镇军将军毛当帅众四千戍洛阳。权翼密遣壮士邀垂于河桥南空仓中[④]，垂疑之，自凉马台结草筏以渡[⑤]，使典军程同衣己衣，乘己马，与僮仆趣河桥。伏兵发，同驶马获免。

十二月，秦王坚至长安，哭阳平公而后入，谥曰哀公。大赦，复死事者家。

庚午，大赦。以谢石为尚书令。进谢玄号前将军；固让不受。

谢安婿王国宝，坦之之子也；安恶其为人，每抑而不用，以为尚书郎。国宝自以望族，故事唯作吏部，不为余曹[⑥]，固辞不拜，由是怨安。国宝从妹为会稽王道子妃，帝与道子皆嗜酒，狎昵邪谄[⑦]，国宝乃谮安于道子，使离间之于帝。安功名既盛，而险诐求进之徒[⑧]，多毁短安，帝由是稍疏忌之。

初开酒禁[⑨],增民税米,口五石。

秦吕光行越流沙三百余里,焉耆等诸国等皆降[⑩],惟龟兹王帛纯拒之[⑪],婴城固守,光进军攻之。

秦王坚之入寇也,以乞伏国仁为前将军,领先锋骑;会国仁叔父步颓反于陇西,坚遣国仁还讨之。步颓闻之,大喜,迎国仁于路。国仁置酒,大言曰:"苻氏疲民逞兵,殆将亡矣,吾当与诸君共建一方之业。"及坚败,国仁遂迫胁诸部,有不从者,击而并之,众至十余万。

【注释】

①尊:尊长、长辈。此处用来称呼父辈。 ②东夏:华夏东部。 ③绦(tāo 掏):用丝线编织而成的带子。 ④河桥:桥名,西晋泰始中建于富平津,在今河南孟州市西南、洛阳市孟津区东北黄河上。 ⑤凉马台:地名,在河桥之西。 ⑥"故事"二句:在晋代,尚书省各部之下设置若干曹,西晋时有三十五曹,东晋后期,减至十五曹。诸曹之中,吏部最为清贵。 ⑦狎(xiá 侠)昵:过分亲近而态度轻佻。 ⑧险诐(bì 壁):邪谄不正。诐,不正派。 ⑨"初开"句:东汉末,曹操发布禁酒令。此后一百多年,私自酿酒都被视为违法行为。 ⑩焉耆:西域国名,都员渠城(在今新疆焉耆回族自治县西南四十里城市附近)。等诸国等:第二个"等"字为衍文。 ⑪龟兹:西域国名,都延城(在今新疆库车市东郊皮朗旧城)。

慕容垂至安阳,遣参军田山修笺于长乐公丕。丕闻垂北来,疑其欲为乱,然犹身自迎之。赵秋劝垂于座取丕,因据邺起兵;垂不从。丕谋袭击垂,侍郎天水姜让谏曰:"垂反形未著,而明公擅杀之,非臣子之义;不如待以上宾之礼,严兵卫之,密表情状,听敕而后图之。"丕从之,馆垂于邺西。

垂潜与燕之故臣谋复燕祚,会丁零翟斌起兵叛秦[①],谋攻豫州牧平原公晖于洛阳,秦王坚驿书使垂将兵讨之。石越言于丕曰:"王师新败,民心未安,负罪亡匿之徒,思乱者众,故丁零一唱,旬日之中,众已数千,此其验也。慕容垂,燕之宿望,有兴复旧业之心,今复资之以兵,此为虎傅翼也。"丕曰:"垂在邺如藉虎寝蛟[②],

常恐为肘腋之变，今远之于外，不犹愈乎？且翟斌凶悖，必不肯为垂下，使两虎相毙，吾从而制之，此卞庄子之术也[3]。”乃以羸兵二千及铠仗之弊者给垂，又遣广武将军苻飞龙帅氐骑一千为垂之副。密戒飞龙曰：“垂为三军之帅，卿为谋垂之将，行矣，勉之！”

垂请入邺城拜庙，丕弗许，乃潜服而入；亭吏禁之[4]，垂怒，斩吏烧亭而去。石越言于丕曰：“垂敢轻侮方镇，杀吏烧亭，反形已露，可因此除之。”丕曰：“淮南之败，垂侍卫乘舆，此功不可忘也。”越曰：“垂尚不忠于燕，安能尽忠于我？失今不取，必为后患。”丕不从。越退，告人曰：“公父子好为小仁，不顾大计，终当为人禽耳。”

垂留慕容农、慕容楷、慕容绍于邺，行之安阳之汤池[5]，闵亮、李毗自邺来，以丕与苻飞龙所谋告垂。垂因激怒其众曰：“吾尽忠于苻氏，而彼专欲图吾父子，吾虽欲已，得乎？”乃托言兵少，停河内募兵，旬日间，有众八千。

平原公晖遣使让垂，趣使进兵。垂谓飞龙曰：“今寇贼不远，当昼止夜行，袭其不意。”飞龙以为然。壬午，夜，垂遣世子宝将兵居前，少子隆勒兵从己，令氐兵五人为伍[6]，阴与宝约，闻鼓声，前后合击氐兵及飞龙，尽杀之，参佐家在西者皆遣还，并以书遗秦王坚，言所以杀飞龙之故。

初垂从坚入邺[7]，以其子麟屡尝告变于燕[8]，立杀其母，然犹不忍杀麟，置之外舍，希得侍见。及杀苻飞龙，麟屡进策画，启发垂意，垂更奇之，宠待与诸子均矣。

慕容凤及燕故臣之子燕郡王腾、辽西段延等闻翟斌起兵，各帅部曲归之。平原公晖使武平武侯毛当讨斌。慕容凤曰：“凤今将雪先王之耻[9]，请为将军斩此氐奴。”乃擐甲直进，丁零之众随之，大败秦兵，斩毛当；遂进攻陵云台戍[10]，克之，收万余人甲仗。

癸未，慕容垂济河焚桥，有众三万，留辽东鲜卑可足浑谭集兵于河内之沙城[11]。垂遣田山如邺，密告慕容农等使起兵相应。时日已暮，农与慕容楷留宿邺中；慕容绍先出，至蒲池[12]，盗丕骏马数百匹以待农、楷。甲申晦，农、楷将数十骑微服出邺，遂同奔列人[13]。

【注释】

①"会丁零"句:丁零部落本居住在中山,苻坚灭燕时,将其迁徙到新安(治今河南渑池县东)。 ②藉虎寝蛟:坐卧在老虎和蛟龙身边。藉,坐卧其上。 ③卞庄子:春秋时鲁国大夫。有勇力,能搏击猛虎。《史记·张仪列传》记其刺虎事,是在两虎为争食而相斗,两败俱伤时"从伤而刺之"的。 ④亭吏:看守门亭的小官吏。 ⑤汤池:地名,今地不详。 ⑥伍:军队中的基层编制单位。 ⑦"初垂"句:慕容垂随苻坚入邺,事见本书卷第一百二晋海西公太和五年(370)。 ⑧"以其"句:慕容麟向燕国君主慕容暐报告慕容垂逃跑情状,详见本书卷第一百二晋海西公太和四年(369)。告变:预告非常事变。 ⑨先王:指慕容凤的父亲慕容桓。慕容桓之死详见本书卷第一百二晋海西公太和五年(370)。 ⑩陵云台:楼台名,在今河南洛阳市东北魏晋洛阳城内。 ⑪沙城:城名,在今河南宝丰县北。 ⑫蒲池:地名,在今河北临漳县西南故邺城外。 ⑬列人:县名,治今河北邯郸市肥乡区东北。

九年 春,正月,乙酉朔,秦长乐公丕大会宾客,请慕容农不得,始觉有变;遣人四出求之,三日,乃知其在列人,已起兵矣。

慕容凤、王腾、段延皆劝翟斌奉慕容垂为盟主;斌从之。垂欲袭洛阳,且未知斌之诚伪,乃拒之曰:"吾来救豫州[①],不来赴君。君既建大事,成享其福,败受其祸,吾无预焉。"丙戌,垂至洛阳,平原公晖闻其杀苻飞龙,闭门拒之。翟斌复遣长史郭通往说垂,垂犹未许。通曰:"将军所以拒通者,岂非以翟斌兄弟山野异类,无奇才远略,必无所成故邪?独不念将军今日凭之,可以济大业乎?"垂乃许之。于是斌帅其众来与垂会,劝垂称尊号。垂曰:"新兴侯[②],吾主也,当迎归返正耳。"

垂以洛阳四面受敌,欲取邺而据之,乃引兵而东。故扶馀王馀蔚为荥阳太守,及昌黎鲜卑卫驹各帅其众降垂。垂至荥阳,群下固请上尊号,垂乃依晋中宗故事[③],称大将军、大都督、燕王,承制行事,谓之统府。群下称臣,文表奏疏,封拜官爵,皆如王者。以弟德为车骑大将军,封范阳王;兄子楷为征西大将军,封太原王;翟斌为建义大将军,封河南王;馀蔚为征东将军、统府左司马,封扶馀王；卫驹为鹰扬将军，慕容凤为建策将军。帅众二十余万，自石门济河，长驱向邺。

慕容农之奔列人也，止于乌桓鲁利家，利为之置馔[④]，农笑而不食。利谓其妻曰："恶奴[⑤]，郎贵人[⑥]，家贫无以馔之，奈何？"妻曰："郎有雄才大志，今无故而至，必将有异，非为饮食来也。君亟出，远望以备非常。"利从之。农谓利曰："吾欲集兵列人以图兴复，卿能从我乎？"利曰："死生唯郎是从。"农乃诣乌桓张骧，说之曰："家王已举大事[⑦]，翟斌等咸相推奉，远近响应，故来相告耳。"骧再拜曰："得旧主而奉之，敢不尽死？"于是农驱列人居民为士卒，斩桑榆为兵，裂襜裳为旗[⑧]，使赵秋说屠各毕聪。聪与屠各卜胜、张延、李白、郭超及东夷馀和、敕勒、易阳乌桓刘大各帅部众数千赴之[⑨]。农假张骧辅国将军，刘大安远将军，鲁利建威将军。农自将攻破馆陶[⑩]，收其军资器械，遣兰汗、段赞、赵秋、慕舆悕略取康台牧马数千匹[⑪]。汗，燕王垂之从舅，赞，聪之子也。于是步骑云集，众至数万，骧等共推农为使持节、都督河北诸军事、骠骑大将军，监统诸将，随才部署，上下肃然。农以燕王垂未至，不敢封赏将士。赵秋曰："军无赏，士不往，今之来者，皆欲建一时之功，规万世之利，宜承制封拜，以广中兴之基。"农从之，于是赴者相继，垂闻而善之。农间招库傉官伟于上党，东引乞特归于东阿，北召光烈将军平睿及睿兄汝阳太守幼于燕国，伟等皆应之。又遣兰汗攻顿丘[⑫]，克之。农号令整肃，军无私掠，士女喜悦。

【注释】

①豫州：指前秦平原公苻晖，其时晖为豫州牧，镇守洛阳。 ②新兴侯：即慕容暐，前秦灭前燕，以暐为新兴侯。 ③"垂乃"句：晋中宗，即晋元帝司马睿，睿称王承制之事，见本书卷第九十晋元帝建武元年(317)。 ④馔(zhuàn 传)：饭食。 ⑤恶奴：当是魏晋时丈夫责骂妻子的用语。 ⑥郎：仆人对主人的称谓用语。鲁利恐怕是前燕时慕容垂的部属。 ⑦家王：指慕容垂。慕容农是慕容垂的儿子，故称"家王"。⑧襜(chān 掺)裳：古代遮至膝前的短衣，即围裙。 ⑨易阳：县名，治今河北邯郸市永年区东南。 ⑩馆陶：县名，治今河北馆陶县。 ⑪康台：地名，在今河北曲周县东南。 ⑫顿丘：县名，治今河南浚县北。

长乐公丕使石越将步骑万余讨之。农曰："越有智勇之名，今不南拒大军而来此，是畏王而陵我也[1]，必不设备，可以计取之。"众请治列人城，农曰："善用兵者，结士以心，不以异物。今起义兵，唯敌是求，当以山河为城池，何列人之足治也？"辛卯，越至列人西，农使赵秋及参军綦毋滕击越前锋，破之。参军太原赵谦言于农曰："越甲仗虽精，人心危骇，易破也，宜急击之。"农曰："彼甲在外，我甲在心，昼战，则士卒见其外貌而惮之，不如待暮击之，可以必克。"令军士严备以待，毋得妄动。越立栅自固，农笑谓诸将曰："越兵精士众，不乘初至之锐以击我，方更立栅，吾知其无能为也。"向暮，农鼓噪出，陈于城西，牙门刘木请先攻越栅，农笑曰："凡人见美食，谁不欲之，何得独请？然汝猛锐可嘉，当以先锋惠汝。"木乃帅壮士四百腾栅而入，秦兵披靡；农督大众随之，大败秦兵，斩越，送首于垂。越与毛当，皆秦之骁将也，故秦王坚使助二子镇守[2]；既而相继败没，人情骚动，所在盗贼群起。

庚戌，燕王垂至邺，改秦建元二十年为燕元年[3]，服色朝仪，皆如旧章。以前岷山公库傉官伟为左长史，前尚书段崇为右长史[4]，荥阳郑豁等为从事中郎。慕容农引兵会垂于邺，垂因其所称之官而授之[5]。立世子宝为太子，封从弟拔等十七人及甥宇文输、舅子兰审皆为王；其余宗族及功臣封公者三十七人，侯、伯、子、男者八十九人。可足浑谭集兵得二万余人，攻野王，拔之，引兵会攻邺。平幼及弟睿、规亦帅众数万会垂于邺。

长乐公丕使姜让诮让燕王垂，且说之曰："过而能改，今犹未晚也。"垂曰："孤受主上不世之恩，故欲安全长乐公，使尽众赴京师[6]，然后修复国家之业，与秦永为邻好。何故暗于机运，不以邺城见归？若迷而不复，当穷极兵势，恐单马求生，亦不可得也。"让厉色责之曰："将军不容于家国，投命圣朝，燕之尺土，将军岂有分乎？主上与将军风殊类别[7]，一见倾心，亲如宗戚，宠逾勋旧，自古君臣际遇，有如是之厚者乎？一旦因王师小败，遽有异图！长乐公，主上元子，受分陕之任，宁可束手输将军以百城之地乎？将军欲裂冠毁冕[8]，自可极其兵势，奚更云云？但惜将军以七十之年[9]，悬首白旗，高世之忠，更为逆鬼耳！”垂默然。左右请杀之，垂曰：“彼各为其主耳，何罪？”礼而归之，遗丕书及上秦王坚表，陈述利害，请送丕归长安。坚及丕怒，复书切责之。

【注释】

①王：指燕王慕容垂。 ②二子：即苻晖、苻丕。 ③“改秦”句：慕容垂所重建的燕国，史称后燕。 ④“以前”句：职官名前加“前”字的，都是前燕时的职位。 ⑤“垂因”句：即将张骧等人推举的职位正式授予慕容农。 ⑥京师：指前秦都城长安。 ⑦风殊类别：氐族处于函谷关以西，鲜卑处于东北地带，不仅风俗不同，而且族类有别。 ⑧裂冠毁冕：语出《左传》昭公九年，为周景王斥责晋平公时的用语，字面意义是毁裂冠冕，比喻诸侯背弃礼法，侵犯天子的直接领地。 ⑨“但惜”句：慕容垂本年五十八岁，不知何故称其为“七十之年”，当是极言其年岁之高。

鹰扬将军刘牢之攻秦谯城，拔之。桓冲遣上庸太守郭宝攻秦魏兴、上庸、新城三郡，拔之。将军杨佺期进据城固，击秦梁州刺史潘猛，走之。佺期，亮之子也。

壬子，燕王垂攻邺，拔其外郭，长乐公丕退守中城。关东六州郡县多送任请降于燕。癸丑，垂以陈留王绍行冀州刺史，屯广阿。

丰城宣穆公桓冲闻谢玄等有功，自以失言，惭恨成疾；二月，辛巳，卒。朝议欲以谢玄为荆、江二州刺史。谢安自以父子名位太盛，又惧桓氏失职怨望，乃以梁郡太守桓石民为荆州刺史，河东太守桓石虔为豫州刺史，豫州刺史桓伊为江州刺史。

燕王垂引丁零、乌桓之众二十余万为飞梯地道以攻邺，不拔；乃筑长围守之，分处老弱于肥乡[①]，筑新兴城以置辎重[②]。

秦征东府官属疑参军高泰，燕之旧臣，有贰心，泰惧，与同郡虞曹从事吴韶逃归勃海。韶曰：“燕军近在肥乡，宜从之。”泰曰：“吾以避祸耳；去一君，事一君，吾所不为也！”申绍见而叹曰：“去就以道，可谓君子矣！”

燕范阳王德击秦枋头，取之，置戍而还。

东胡王晏据馆陶，为邺中声援，鲜卑、乌桓及郡县民据坞壁不从燕者尚众；燕王垂遣太原王楷与镇南将军陈留王绍讨之。楷谓绍曰："鲜卑、乌桓及冀州之民，本皆燕臣，今大业始尔，人心未洽[3]，所以小异；唯宜绥之以德，不可震之以威。吾当止一处，为军声之本，汝巡抚民夷，示以大义，彼必当听从。"楷乃屯于辟阳[4]。绍帅骑数百往说王晏，为陈祸福，晏随绍诣楷降，于是鲜卑、乌桓及坞民降者数十万口。楷留其老弱，置守宰以抚之，发其丁壮十余万，与王晏诣邺。垂大悦曰："汝兄弟才兼文武，足以继先王矣[5]！"

【注释】

①肥乡：县名，治今河北邯郸市肥乡区西南。 ②新兴城：城名，在今河北邯郸市肥乡区境内。 ③洽：协调一致；和睦。 ④辟阳：县名，治今河北衡水市冀州区东南。 ⑤先王：指慕容楷、慕容绍的父亲慕容恪。

三月，以卫将军谢安为太保。

秦北地长史慕容泓闻燕王垂攻邺，亡奔关东，收集鲜卑，众至数千，还屯华阴，败秦将军强永，其众遂盛；自称都督陕西诸军事、大将军、雍州牧、济北王，推垂为丞相、都督陕东诸军事、领大司马、冀州牧、吴王。

秦王坚谓权翼曰："不用卿言，使鲜卑至此。关东之地，吾不复与之争，将若泓何？"乃以广平公熙为雍州刺史，镇蒲阪。征雍州牧巨鹿公睿为都督中外诸军事、卫大将军、录尚书事，配兵五万；以左将军窦冲为长史，龙骧将军姚苌为司马，以讨泓。

平阳太守慕容冲亦起兵于平阳，有众二万，进攻蒲阪；坚使窦冲讨之。

库傉官伟帅营部数万至邺，燕王垂封伟为安定王。

秦冀州刺史阜城侯定守信都，高城男绍在其国[1]，高邑侯亮、重合侯谟守常山，固安侯鉴守中山。燕王垂遣前将军、乐浪王温督诸军攻信都，不克；夏，四月，丙辰，遣抚军大将军麟益兵助之。定、鉴，秦王坚之从叔；绍、谟，从弟；亮，从子也。温，燕王垂之弟子也。

慕容泓闻秦兵且至，惧，帅众将奔关东。秦巨鹿愍公睿粗猛轻敌，欲驰兵邀之。姚苌谏曰："鲜卑皆有思归之志，故起而为乱，宜驱令出关，不可遏也。夫执鼷鼠之尾[2]，犹能反噬于人。彼自知困穷，致死于我，万一失利，悔将何及。但可鸣鼓随之，彼将奔败不暇矣。"睿弗从，战于华泽[3]，睿兵败，为泓所杀。苌遣龙骧长史赵都、参军姜协诣秦王坚谢罪；坚怒，杀之。苌惧，奔渭北马牧，于是天水尹纬、尹详、南安庞演等纠扇羌豪，帅其户口归苌者五万余家，推苌为盟主。苌自称大将军、大单于、万年秦王[4]，大赦，改元白雀，以尹详、庞演为左、右长史，南安姚晃及尹纬为左、右司马，天水狄伯支等为从事中郎，羌训等为掾属[5]，王据等为参军，王钦卢、姚方成等为将帅。

十六国高圈足双耳铜鍑

秦窦冲击慕容冲于河东，大破之；冲帅鲜卑骑八千奔慕容泓。泓众至十余万，遣使谓秦王坚曰："吴王已定关东，可速资备大驾，奉送家兄皇帝[6]，泓当帅关中燕人翼卫乘舆，还返邺都，与秦以虎牢为界，永为邻好。"坚大怒，召慕容暐责之曰："今泓书如此，卿欲去者，朕当相资。卿之宗族，可谓人面兽心，不可以国士期也！"暐叩头流血，涕泣陈谢。坚久之曰："此自三竖所为[7]，非卿之过。"复其位，待之如初。命暐以书招谕泓、冲及垂。暐密遣使谓泓曰："吾笼中之人，必无还理；且燕室之罪人也，不足复顾。汝勉建大业，以吴王为相国，中山王为太宰[8]，领大司马，汝可为大将军、领司徒，承制封拜，听吾死问，汝便即尊位。"泓于是进向长安，改元燕兴。

【注释】

①高城：县名，治今河北盐山县东南。 ②鼷（xī 希）鼠：小家鼠。嘴部尖而长，耳朵较大，尾巴细长，全身灰黑色或灰褐色，是传播鼠疫的媒介。 ③华泽：地名，在今陕西华阴市境内。 ④“苌自”句：姚苌所建秦国，为与苻氏所建秦国加以区别，史称“后秦”。⑤羌训：《晋书·姚苌载记》作“姜训”。 ⑥家兄皇帝：指慕容暐。慕容泓为慕容暐之弟，故称暐为“家兄皇帝”。 ⑦三竖：三个小丑，指慕容垂、慕容泓、慕容冲。⑧中山王：即慕容冲。

燕王垂以邺城犹固，会僚佐议之。右司马封衡请引漳水灌之；从之。垂行围，因饮于华林园，秦人密出兵掩之，矢下如雨，垂几不得出，冠军大将军隆将骑冲之，垂仅而得免。

竟陵太守赵统攻襄阳，秦荆州刺史都贵奔鲁阳[①]。

五月，秦洛州刺史张五虎据丰阳来降[②]。

梁州刺史杨亮帅众五万伐蜀，遣巴西太守费统将水陆兵三万为前锋。亮屯巴郡，秦益州刺史王广遣巴西太守康回等拒之。

秦苻定、苻绍皆降于燕；燕慕容麟引兵西攻常山。

后秦王苌进屯北地，秦华阴、北地、新平、安定羌胡降之者十余万。

六月，癸丑朔，崇德太后褚氏崩。

秦王坚自帅步骑二万以击后秦，军于赵氏坞[③]，使护军将军杨璧等分道攻之；后秦兵屡败，斩后秦王苌之弟镇军将军尹买。后秦军中无井，秦人塞安公谷、堰同官水以困之[④]。后秦人恼惧，有渴死者。会天大雨，后秦营中水三尺，绕营百步之外，寸余而已，后秦军复振。秦王坚叹曰：“天亦佑贼乎？”

慕容泓谋臣高盖等以泓德望不如慕容冲，且持法苛峻，乃杀泓，立冲为皇太弟，承制行事，置百官；以盖为尚书令。后秦王苌遣子嵩为质于冲以请和。

将军刘春攻鲁阳，都贵奔还长安。

后秦王苌帅众七万击秦，秦王坚遣杨璧等拒之，为苌所败；获杨璧及右将军徐成、镇军将军毛盛等将吏数十人，苌皆礼而遣之。

燕慕容麟拔常山，秦苻亮、苻谟皆降。麟进围中山，秋，七月，克之，执苻鉴。麟威声大振，留屯中山。

秦幽州刺史王永、平州刺史苻冲帅二州之众以击燕。燕王垂遣宁朔将军平规击永，永遣昌黎太守宋敞逆战于范阳，敞兵败，规进据蓟南。

秦平原公晖帅洛阳、陕城之众七万归于长安。

【注释】

①鲁阳：县名，治今河南鲁山县。 ②丰阳：县名，治今陕西山阳县。 ③赵氏坞：地名，确址待考，疑在今陕西铜川市耀州区境。 ④安公谷、同官水：均河流名，皆在今陕西铜川市耀州区境内。

秦王坚闻慕容冲去长安浸近，乃引兵归，遣抚军大将军方成骊山，拜平原公晖为都督中外诸军事、车骑大将军、录尚书事，配兵五万以拒冲。冲与晖战于郑西①，大破之。坚之遣前将军姜宇与少子河间公琳帅众三万拒冲于灞上；琳、宇皆败死，冲遂据阿房城②。

秦康回兵数败，退还成都。梓潼太守垒袭以涪城来降。荆州刺史桓石民据鲁阳，遣河南太守高茂北戍洛阳。

己酉，葬康献皇后于崇平陵③。

燕翟斌恃功骄纵，邀求无厌；又以邺城久不下，潜有贰心。太子宝请除之，燕王垂曰："河南之盟，不可负也；若其为难，罪由于斌。今事未有形而杀之，人必谓我忌惮其功能；吾方收揽豪桀以隆大业，不可示人以狭，失天下之望也。藉彼有谋，吾以智防之，无能为也。"范阳王德、陈留王绍、骠骑大将军农皆曰："翟斌兄弟恃功而骄，必为国患。"垂曰："骄则速败，焉能为患？彼有大功，当听其自毙耳！"礼遇弥重。

斌讽丁零及其党请斌为尚书令。垂曰："翟王之功，宜居上辅④；但台既未建，此官不可遽置耳。"斌怒，密与前秦长乐公丕通谋⑤，使丁零决堤溃水；事觉，垂杀斌及其弟檀、敏，余皆赦之。

斌兄子真，夜将营众北奔邯郸，引兵还向邺围，欲与丕内外相应；太子宝与冠军大将军隆击破之。真还走邯郸。

太原王楷、陈留王绍言于垂曰:“丁零非有大志,但宠过为乱耳。今急之则屯聚为寇,缓之则自散,散而击之,无不克矣。”垂从之。

龟兹王帛纯窘急,重赂狯胡以求救[⑥];狯胡王遣其弟呐龙、侯将馗帅骑二十余万[⑦],并引温宿、尉头等诸国兵合七十余万以救龟兹[⑧];秦吕光与战于城西,大破之。帛纯出走,王侯降者三十余国。光入其城,城如长安市邑,宫室甚盛。光抚宁西域,威恩甚著,远方诸国,前世所不能服者,皆来归附,上汉所赐节传;光皆表而易之,立帛纯弟震为龟兹王。

【注释】

①郑西:地名,即郑县西郊,在今陕西渭南市华州区。 ②阿房城:地名,即阿房宫,在今陕西西安市西南阿房村、古城村、胸家庄一带。③康献皇后:即崇德褚太后。 ④上辅:宰相的尊称。 ⑤“密与”句:《通鉴》中,凡记苻氏所建秦国之事,皆称“秦”,此处称“前秦”,“前”当为衍文。 ⑥狯胡:西城国名,都城当在今新疆库车市以西。 ⑦侯将:职官名。在汉代,西域各国有辅国侯、安国侯、左右将,侯将当系其合并而成。(馗 kuí)魁:侯将之名,姓氏不详。 ⑧温宿:西域国名,都温宿(今新疆乌什县)。尉头:西域国名,都尉头(今新疆阿合奇县东境)。

八月,翟真自邯郸北走,燕王垂遣太原王楷、骠骑大将军农帅骑追之,及于下邑[①]。楷欲战,农曰:“士卒饥倦,且视贼营不见丁壮,殆有他伏。”楷不从,进战,燕兵大败。真北趋中山,屯于承营[②]。

邺中刍粮俱尽,削松木以饲马。燕王垂谓诸将曰:“苻丕穷寇,必无降理;不如退屯新城[③],开丕西归之路,以谢秦王畴昔之恩,且为讨翟真之计。”丙寅夜,垂解围趋新城。遣慕容农徇清河、平原,征督租赋。农明立约束,均适有无,军令严整,无所侵暴,由是谷帛属路,军资丰给。

戊寅,南昌文穆公郗愔薨。

太保安奏请乘苻氏倾败,开拓中原,以徐、兖二州刺史谢玄为前锋都督,帅豫州刺史桓石虔伐秦。玄至下邳,秦徐州刺史赵迁弃彭城走，玄进据彭城。

秦王坚闻吕光平西域，以光为都督玉门以西诸军事、西域校尉。道绝，不通。

秦幽州刺史王永求救于振威将军刘库仁[4]，库仁遣其妻兄公孙希帅骑三千救之，大破平规于蓟南，乘胜长驱，进据唐城[5]。

九月，谢玄使彭城内史刘牢之攻秦兖州刺史张崇。辛卯，崇弃鄄城奔燕。牢之据鄄城，河南城堡皆来归附。

太保安上疏自求北征；加安都督扬、江等十五州诸军事[6]，加黄钺。

慕容冲进逼长安，秦王坚登城观之，叹曰："此虏何从出哉？"大呼责冲曰："奴何苦来送死！"冲曰："奴厌奴苦，欲取汝为代耳！"冲少有宠于坚，坚遣使以锦袍称诏遗之。冲遣詹事称皇太弟令答之曰："孤今心在天下，岂顾一袍小惠！苟能知命，君臣束手，早送皇帝，自当宽贷苻氏以酬曩好。"坚大怒曰："吾不用王景略、阳平公之言，使白虏敢至于此[7]！"

【注释】

①下邑：地名，今地不详，待考。　②承营：地名，在今河北定州市附近。　③新城：城名，即肥乡的新兴城（在今河北邯郸市肥乡区境内）。④"秦幽"句：在此之前，前秦当曾任命刘库仁为振威将军。　⑤唐城：城名，在今河北唐县。　⑥十五州：当即扬、徐、南徐、兖、南兖、豫、南豫、江、青、冀、幽、并、司、荆、雍等十五州。　⑦白虏：氐族苻氏对鲜卑人的侮辱性称呼。

冬，十月，辛亥朔，日有食之。

乙丑，大赦。

谢玄遣阴陵太守高素攻秦青州刺史苻朗，军至琅邪，朗来降。朗，坚之从子也。

翟真在承营，与公孙希、宋敞遥相首尾。长乐公丕遣宦者冗从仆射清河光祚将兵数百赴中山，与真相结。又遣阳平太守邵兴将数千骑招集冀州故郡县，与祚期会襄国。是时，燕军疲弊，秦势复振，冀州郡县皆观望成败，赵郡人赵粟等起兵柏乡以应兴[1]。燕王垂遣冠军大将军隆、龙骧将军张崇将兵邀击兴，命骠骑大将军隆自清河引兵会之。隆与兴战于襄国，大破之；兴走至广阿，遇慕容农，执之。光祚闻之，循西山走归邺[2]。隆遂击赵粟等，皆破之，冀州郡县复从燕。

刘库仁闻公孙希已破平规，欲大举兵以救长乐公丕，发雁门、上谷、代郡兵，屯繁畤[3]。燕太子太保慕舆句之子文、零陵公慕舆虔之子常时在库仁所，知三郡兵不乐远征，因作乱，夜攻库仁，杀之，窃其骏马，奔燕。公孙希之众闻乱自溃，希奔翟真。库仁弟头眷代领库仁部众。

秦长乐公丕遣光祚及参军封孚召骠骑将军张蚝、并州刺史王腾于晋阳以自救；蚝、腾以众少不能赴。丕进退路穷，谋于僚佐。司马杨膺请自归于晋，丕未许。会谢玄遣龙骧将军刘牢之等据碻磝，济阳太守郭满据滑台，将军颜肱、刘袭军于河北[4]，丕遣将军桑据屯黎阳以拒之。刘袭夜袭据，走之，遂克黎阳。丕惧，乃遣从弟就与参军焦逵请救于玄，致书称："欲假途求粮，西赴国难，须援军既接，以邺与之。若西路不通，长安陷没，请帅所领保守邺城。"逵与参军姜让密谓膺曰："今丧败如此，长安阻绝，存亡不可知。屈节竭诚以求粮援，犹惧不获；而公豪气不除，方设两端[5]，事必无成。宜正书为表，许以王师之至，当致身南归；如其不从，可逼缚与之。"膺自以力能制丕，乃改书而遣之。

谢玄遣晋陵太守滕恬之渡河守黎阳。恬之，修之曾孙也。朝廷以兖、青、司、豫既平，加玄都督徐、兖、青、司、冀、幽、并七州诸军事。

【注释】

①柏乡：地名，在今河北柏乡县。　②西山：指太行山西麓。　③繁畤（zhì 至）：县名，治今山西浑源县西南。　④河北：黄河北岸，此处指滑台（在今河南滑县）北岸。　⑤两端：态度左右不定，脚踏两只船。

后秦王苌闻慕容冲攻长安，会群僚议进止，皆曰："大王宜先取长安，建立根本，然后经营四方。"苌曰："不然。燕人因其众有思归之心以起兵，若得其志，必不久留关中，吾当移屯岭北[1]，广收资实，以待秦亡燕去，然后拱手取之耳。”乃留其长子兴守北地，使宁北将军姚穆守同官川，自将其众攻新平。

初，新平人杀其郡将，秦王坚缺其城角以耻之[②]，新平民望深以为病，欲立忠义以雪之。及后秦王苌至新平，新平太守南安苟辅欲降之，郡人辽西太守冯杰、莲勺令冯羽、尚书郎赵义、汶山太守冯苗谏曰：“昔田单以一城存齐[③]，今秦之州镇，犹连城过百，奈何遽为叛臣乎？”辅喜曰：“此吾志也，但恐久而无救，郡人横被无辜。诸君能尔，吾岂顾生哉？”于是凭城固守。后秦为土山地道，辅亦于内为之，或战地下，或战山上，后秦之众死者万余人。辅诈降以诱苌，苌将入城，觉之而返；辅伏兵邀击，几获之，又杀万余人。

陇西处士王嘉，隐居倒虎山[④]，有异术，能知未然；秦人神之。秦王坚、后秦王苌及慕容冲皆遣使迎之。十一月，嘉入长安，众闻之，以为坚有福，故圣人助之，三辅堡壁及四山氐、羌归坚者四万余人。坚置嘉及沙门道安于外殿，动静咨之。

燕慕容农自信都西击丁零翟辽于鲁口[⑤]，破之。辽退屯无极[⑥]，农屯藁城以逼之[⑦]。辽，真之从兄也。

鲜卑在长安城中犹千余人，慕容绍之兄肃，与慕容暐阴谋结鲜卑为乱。十二月，暐白坚，以其子新昏，请坚幸其家，置酒，欲伏兵杀之。坚许之，会天大雨，不果往。事觉，坚召暐及肃，肃曰：“事必泄矣，入则俱死。今城内已严，不如杀使者驰出，既得出门，大众便集。”暐不从，遂俱入。坚曰：“吾相待何如，而起此意？”暐饰辞以对。肃曰：“家国事重，何论意气[⑧]？”坚先杀肃，乃杀暐及其宗族，城内鲜卑无少长、男女，皆杀之。燕王垂幼子柔，养于宦者宋牙家为牙子，故得不坐，与太子宝之子盛乘间得出，奔慕容冲。

燕慕容麟、慕容农合兵袭翟辽，大破之，辽单骑奔翟真。

燕王垂以秦长乐公丕犹据邺不去，乃更引兵围邺，开其西走之路。焦逵见谢玄，玄欲征丕任子，然后出兵；逵固陈丕款诚，并述杨膺之意，玄乃遣刘牢之、滕恬之等帅众二万救邺。丕告饥，玄水陆运米二千斛以馈之。

秦梁州刺史潘猛弃汉中，奔长安。

【注释】

①岭北:指九嵕(zōng 宗)山以北。九嵕山,在今陕西礼泉县东北。②“秦王”句:后赵末年,清河人崔悦担任新平相,被郡人杀害。悦子液仕于前秦,为尚书郎,自表父仇,不愿处于关中,请求回到冀州。苻坚同情他,禁锢新平人,削去新平城墙的一角,作为新平人的一种耻辱。③“昔田单”句:田单,战国时齐国将领。齐湣王时,任临淄市掾。燕将乐毅攻齐,连下七十余城,田单率宗人走保即墨(今山东平度市东南),被推为将军,据城拒燕。燕昭王死,田单施反间计于燕惠王,使其调走乐毅。随之用计打败燕军,收复失地,迎襄王复位,以功封安平君。 ④倒虎山:山名,又作倒兽山、元象山,在今陕西渭南市东南。 ⑤鲁口:城名,在今河北饶阳县。 ⑥无极:县名,治今河北无极县。 ⑦藁城:城名,在今河北柏乡县北。 ⑧意气:情谊、恩义。

资治通鉴卷第一百六

晋纪二十八　起旃蒙作噩，尽柔兆阉茂，凡二年。

烈宗孝武皇帝中之上

太元十年　春，正月，秦王坚朝飨群臣。时长安饥，人相食，诸将归，吐肉以饲妻子。

慕容冲即皇帝位于阿房，改元更始[①]。冲有自得之志，赏罚任情。慕容盛年十三，谓慕容柔曰："夫十人之长，亦须才过九人，然后得安。今中山王才不逮人，功未有成，而骄汰已甚，殆难济乎！"

后秦王苌留诸将攻新平，自引兵击安定，擒秦安西将军勃海

白渠遗迹

公珍,岭北诸城悉降之。

甲寅[②],秦王坚与西燕主冲战于仇班渠[③],大破之。乙卯[④],战于雀桑[⑤],又破之。甲子[⑥],战于白渠[⑦],秦兵大败。西燕兵围秦王坚,殿中将军邓迈力战却之,坚乃得免。壬申[⑧],冲遣尚书令高盖夜袭长安,入其南城,左将军窦冲、前禁将军李辩等击破之,斩首八百级,分其尸而食之。乙亥[⑨],高盖引兵攻渭北诸垒,太子宏与战于成贰壁[⑩],大破之,斩首三万。

燕带方王佐与宁朔将军平规共攻蓟,王永兵屡败。二月,永使宋敞烧和龙及蓟城宫室,帅众三万奔壶关;佐等入蓟。

慕容农引兵会慕容麟于中山,与共攻翟真。麟、农先帅数千骑至承营,观察形势。翟真望见,陈兵而出。诸将欲退,农曰:"丁零非不劲勇,而翟真懦弱,今简精锐,望真所在而冲之,真走,众必散矣,乃邀门而蹙之[⑪],可尽杀也。"使骁骑将军慕容国帅百余骑冲之,真走,其众争门,自相蹈藉,死者太半,遂拔承营外郭。

癸未[⑫],秦王坚与西燕主冲战于城西,大破之,追奔至阿城[⑬]。诸将请乘胜入城,坚恐为冲所掩,引兵还。

乙酉[⑭],秦益州刺史王广以蜀人江阳太守李丕为益州刺史,守成都。己丑[⑮],广帅所部奔还陇西,蜀人随之者三万余人。

刘牢之至枋头。杨膺、姜让谋泄,长乐公丕收杀之。牢之闻之,盘桓不进。

【注释】

①"慕容"句:慕容冲所建燕国,史称"西燕"。 ②甲寅:正月己卯朔,无甲寅。 ③仇班渠:地名,确址待考,疑在今陕西西安市以西一带。 ④乙卯:正月无此日。 ⑤雀桑:地名,在今陕西泾阳县西北。 ⑥甲子:正月无此日。 ⑦白渠:渠道名,自谷口(今陕西礼泉县西北)郑国渠南引泾水东南流,经今陕西西安市高陵区及西安市临潼区东北栎阳镇附近,至渭南市北下邽镇南注入渭水,全长二百里。 ⑧壬申:正月无此日。 ⑨乙亥:正月无此日。 ⑩成贰壁:地名,确址待考,疑在今陕西西安市高陵区境。 ⑪蹙(cù促):踢、踏,同"蹴"。 ⑫癸未:二月己酉朔,无癸未。 ⑬阿城:即阿房宫。 ⑭乙酉:二月无此日。 ⑮己酉:二月无此日。

秦平原悼公晖数为西燕主冲所败，秦王坚让之曰："汝，吾之才子也，拥大众与白虏小儿战，而屡败，何用生为？"三月，晖愤恚自杀。

前禁将军李辩、都水使者陇西彭和正恐长安不守，召集西州人屯于韭园[①]；坚召之，不至。

西燕主冲攻秦高阳愍公方于骊山，杀之，执秦尚书韦钟，以其子谦为冯翊太守，使招集三辅之民。冯翊垒主邵安民等责谦曰："君雍州望族，今乃从贼，与之为不忠不义，何面目以行于世乎？"谦以告钟，钟自杀，谦来奔。

秦左将军苟池、右将军俱石子与西燕主战于骊山，兵败。西燕将军慕容永斩苟池，俱石子奔邺。永，廆弟运之孙；石子，难之弟也。秦王坚遣领军将军杨定击冲，大破之，虏鲜卑万余人而还，悉坑之。定，佛奴之孙也。

荥阳人郑燮以郡来降。

燕王垂攻邺，久不下，将北诣冀州，乃命抚军大将军麟屯信都，乐浪王温屯中山，召骠骑大将军农还邺；于是远近闻之，以燕为不振，颇怀去就。

农至高邑[②]，遣从事中郎眭邃近出[③]，违期不还。长史张攀言于农曰："邃目下参佐[④]，敢欺罔不还，请回军讨之。"农不应，敕备假版[⑤]，以邃为高阳太守，参佐家在赵北者，悉假署遣归。凡举补太守三人，长史二十余人，退谓攀曰："君所见殊误，当今岂可自相鱼肉？俟吾北还，邃等自当迎于道左，君但观之。"

乐浪王温在中山，兵力甚弱，丁零四布，分据诸城；温谓诸将曰："以吾之众，攻则不足，守则有余。骠骑、抚军，首尾连兵，会须灭贼，但应聚粮厉兵以俟时耳。"于是抚旧招新，劝课农桑，民归附者相继，郡县壁垒争送军粮，仓库充溢。翟真夜袭中山，温击破之，自是不敢复至。温乃遣兵一万运粮以饷垂，且营中山宫室。

刘牢之攻燕黎阳太守刘抚于孙就栅[⑥]，燕王垂留慕容农守邺围，自引兵救之。秦长乐公丕闻之，出兵乘虚夜袭燕营，农击败之。刘牢之与垂战，不胜，退屯黎阳，垂复还邺。

吕光以龟兹饶乐，欲留居之。天竺沙门鸠摩罗什谓光曰[⑦]：

北朝兽面瓦饰

“此凶亡之地，不足留也；将军但东归，中道自有福地可居。”光乃大飨将士，议进止，众皆欲还。乃以驼二万余头载外国珍宝奇玩，驱骏马万余匹而还。

【注释】

①西州：指凉州，相当今甘肃中部及西北部一带。韭园：地名，在今陕西西安市西。②高邑：县名，治今河北柏乡县北。③眭（suī 虽）：姓氏。④目下参佐：身边的参谋人员。目下，眼前，极言其近。⑤假版：临时委任官职的方版。⑥孙就栅：地名，在今河南浚县境。⑦天竺：印度的古称。鸠摩罗什（344—413）：十六国时后秦高僧。一名鸠摩罗耆婆，祖籍天竺，西域龟兹（今新疆库车市）人。七岁出家，以颖悟通达名传西域诸国。佛学兼大、小二乘，又谙悉汉文，勤于译作。前秦时，苻坚命吕光迎接东来。淝水之战后，后秦姚兴奉为国师，弘扬佛学，与弟子僧肇等八百余沙门译校佛经，写成《摩诃般若波罗密经》《妙法莲华经》及《中论》《百论》《十二门论》等三百余卷，为后世“三论宗”之祖。

夏，四月，刘牢之进兵至邺，燕王垂逆战而败，遂撤围，退屯新城，乙卯，自新城北遁。牢之不告秦长乐公丕，即引兵追之。丕闻之，发兵继进。庚申，牢之追及垂于董唐渊①。垂曰：“秦、晋瓦合，相待为强②，一胜则俱豪，一失则俱溃，非同心也。今两军相继，势既未合，宜急击之。”牢之军疾趋二百里，至五桥泽③，争燕辎重，垂邀击，大破之，斩首数千级；牢之单马走，会秦救至，得免。

燕冠军将军宜都王凤每战奋不顾身，前后大小二百五十七战，未尝无功。垂戒之曰：“今大业甫济，汝当先自爱！”使为车骑将军德之副，以抑其锐。

邺中饥甚，长乐公丕帅众就晋谷于枋头。刘牢之入邺城，收集亡散，兵复少振；坐军败，征还。

燕、秦相持经年，幽、冀大饥，人相食，邑落萧条。燕之军士多饿死；燕王垂禁民养蚕，以桑椹为军粮[4]。

垂将北趣中山，以骠骑大将军农为前驱，前所假授吏眭邃等皆来迎候，上下如初，李攀乃服农之智略[5]。

会稽王道子好专权，复为奸谄者所构扇[6]，与太保安有隙。安欲避之，会秦王坚来求救，安乃请自将救之。壬戌，出镇广陵之步丘[7]，筑垒曰新城而居之[8]。

蜀郡太守任权攻拔成都，斩秦益州刺史李丕，复取益州。

新平粮竭矢尽，外救不至。后秦王苌使人谓苟辅曰：“吾方以义取天下，岂仇忠臣邪？卿但帅城中之人还长安，吾正欲得此城耳。”辅以为然，帅民五千口出城，苌围而坑之，男女无遗，独冯杰子终得脱，奔长安。秦王坚追赠辅等官爵，皆谥曰节愍侯，以终为新平太守。

【注释】

①董唐渊：地名，又名澄湖、澄泉、黄塘泉，在今河北曲周、鸡泽、广宗、威县之间。 ②“秦、晋”二句：瓦合，如瓦器破而相合，比喻勉强凑合。待：据胡三省注，当作“恃”。 ③五桥泽：地名，确址待考，疑在今河北广宗县北境一带。 ④桑椹（shèn 甚）：桑树的果穗，成熟时黑紫色或白色，味甜，可食用。 ⑤李攀：前文中作“张攀”。 ⑥构扇：连结扇动。 ⑦步丘：地名，在今江苏扬州市北。 ⑧新城：城名，即今江苏扬州市北邵伯镇。

翟真自承营徙屯行唐[1]，真司马鲜于乞杀真及诸翟，自立为赵王。营人共杀乞，立真从弟成为主；其众多降于燕。

五月，西燕主冲攻长安，秦王坚身自督战，飞矢满体，流血淋漓。冲纵兵暴掠，关中士民流散，道路断绝，千里无烟。有堡壁三十余，推平远将军赵敖为主，相与结盟，冒难遣兵粮助坚，多为西燕所杀。坚谓之曰："闻来者率不善达，此诚忠臣之义，然今寇难殷繁，非一人之力所能济也，徒相随入虎口，何益？汝曹宜为国自爱，畜粮厉兵，以俟天时，庶几善不终否[②]，有时而泰也！"

三辅之民为冲所略者，遣人密告坚，请遣兵攻冲，欲纵火为内应。坚曰："甚哀诸卿忠诚！然吾猛士如虎豹，利兵如霜雪，困于乌合之虏，岂非天乎！恐徒使诸卿坐致夷灭，吾不忍也！"其人固请不已，乃遣七百骑赴之。冲营纵火者，反为风火所烧，其得免者什一二，坚祭而哭之。

卫将军杨定与冲战于城西，为冲所擒。定，秦之骁将也。坚大惧，以谶书云"帝出五将久长得[③]"，乃留太子宏守长安，谓之曰："天其或者欲导予出外。汝善守城，勿与贼争利，吾当出陇收兵运粮以给汝。"遂帅骑数百与张夫人及中山公诜、二女宝、锦出奔五将山，宣告州郡，期以孟冬救长安[④]。坚过袭韭园，李辩奔燕，彭和正惭，自杀。

闰月，以广州刺史罗友为益州刺史，镇成都。

庚戌，燕王垂至常山，围翟成于行唐。命带方王佐镇龙城。六月，高句丽寇辽东，佐遣司马郝景将兵救之，为高句丽所败，高句丽遂陷辽东、玄菟。

秦太子宏不能守长安，将数千骑与母、妻、宗室西奔下辨[⑤]；百官逃散，司隶校尉权翼等数百人奔后秦。西燕主冲入据长安，纵兵大掠，死者不可胜计。

【注释】

①行唐：县名，治今河北行唐县东北。　②善不终否（pǐ 匹）：做善事的人终究不会遭厄运。否，不好的命运。　③"以谶"句：谶书，据《晋书·苻坚载记》，此谶书称《古符传贾录》。五将，山名，在今陕西岐山县东北。"帝出"句，大意为"帝王出走到五将山能长久保住天下"。④孟冬：冬季第一个月，即农历十月。　⑤下辨：县名，治今甘肃成县西。

秋，七月，旱，饥，井皆竭。

后秦王苌自故县如新平[①]。

秦王坚至五将山，后秦王苌遣骁骑将军吴忠帅骑围之。秦兵皆散走，独侍御十数人在侧，坚神色自若，坐而待之，召宰人进食[②]。俄而忠至，执之，送诣新平，幽于别室。

太子宏至下辨；南秦州刺史杨璧拒之。璧妻，坚之女顺阳公主也，弃其夫从宏。宏奔武都，投氐豪强熙，假道来奔，诏处之江州。

长乐公丕帅众三万自枋头将归邺城，龙骧将军檀玄击之，战于谷口[③]，玄兵败，丕复入邺城。

燕建节将军馀岩叛，自武邑北趣幽州。燕王垂驰使敕幽州将平规曰："固守勿战，俟吾破丁零自讨之。"规出战，为岩所败。岩入蓟，掠千余户而去，遂据令支。癸酉，翟成长史鲜于得斩成出降，垂屠行唐，尽坑成众。

太保安有疾求还，诏许之；八月，安至建康。

甲午，大赦。

丁酉，建昌文靖公谢安薨。诏加殊礼，如大司马温故事。庚子，以司徒琅邪王道子领扬州刺史、录尚书、都督中外诸军事；以尚书令谢石为卫将军。

后秦王苌使求传国玺于秦王坚曰："苌次应历数[④]，可以为惠。"坚瞋目叱之曰："小羌敢逼天子，五胡次序，无汝羌名[⑤]。玺已送晋，不可得也！"苌复遣右司马尹纬说坚，求为禅代；坚曰："禅代，圣贤之事，姚苌叛贼，何得为之！"坚与纬语，问纬："在朕朝何官？"纬曰："尚书令史[⑥]。"坚叹曰："卿，王景略之俦，宰相才也，而朕不知卿，宜其亡也。"坚自以平生遇苌有恩，尤忿之，数骂苌求死，谓张夫人曰："岂可令羌奴辱吾儿。"乃先杀宝、锦。辛丑，苌遣人缢坚于新平佛寺。张夫人、中山公诜皆自杀。后秦将士皆为之哀恸。苌欲隐其名，谥坚曰壮烈天王。

臣光曰：论者皆以为秦王坚之亡，由不杀慕容垂、姚苌故也。臣独以为不然。许劭谓魏武帝治世之能臣，乱世之奸雄[⑦]。使坚治国无失其道，则垂、苌皆秦之能臣也，乌能为乱哉？坚之所以亡，由骤胜而骄故也。魏文侯问李克[⑧]，吴之所以亡，对曰："数战数胜。"文侯曰："数战数胜，国之福也，何故亡？"对曰："数战则民疲，数胜则主骄，以骄主御疲民，未有不亡者也。”秦王坚似之矣。

【注释】

①故县：即安定县，治今甘肃泾川县北泾河北岸。 ②宰人：为帝王掌管膳食的官员。 ③谷口：地名，在今河南浚县西南淇门渡西。 ④“苌次”句：次，新陈代谢的顺序、次第；历数，天道，也指朝代更替的顺序。 ⑤“五胡”二句：五胡，指匈奴、羯、鲜卑、氐、羌五个周边民族。“无汝羌名”，没有你们羌人的名字，这当是指谶文中没有羌人称王称帝的文字。 ⑥尚书令史：职官名，隶属于尚书令，掌管文书，地位低于尚书郎，级别为二百石。 ⑦许劭(150—195)：东汉末名士。字子将，汝南平舆(今河南平舆县北)人。少峻名节，好究人伦。初为郡功曹，为太守徐璆所敬重。与从兄许靖俱有高名，好共评论人物，每月更换名目，时称汝南“月旦评”。评曹操之事，详见本书卷第五十八汉灵帝中平元年(184)。 ⑧魏文侯(？—前396)：战国初魏国建立者。前445—前396年在位。三家分晋后，一度满足前人业绩，晚年任李悝为相，吴起、乐羊为将，奖励耕战，变法图强，从此魏国日益富强，称雄诸侯。李克(前445—前395)：即战国初政治家李悝。魏国人，自前406年起，任魏文侯相，主持变法。经济上发展个体小农生产，政治上废除世袭贵族特权，军事上建立常备的“武卒”制度，数年间就使国力大增。他还汇集各国刑典，著成《法经》六篇，第一次用成文形式把封建法权固定下来。

长乐公丕在邺，将西赴长安，幽州刺史王永在壶关，遣使招丕，丕乃帅邺中男女六万余口西如潞川，骠骑将军张蚝、并州刺史王腾迎之入晋阳。丕始知长安不守，坚已死，乃发丧，即皇帝位，追谥坚曰宣昭皇帝，庙号世祖，大赦，改元大安。

燕王垂以鲁王和为南中郎将，镇邺。遣慕容农出蠮螉塞，历凡城，趣龙城，会兵讨馀岩，慕容麟、慕容隆自信都徇勃海、清河。麟击勃海太守封懿，执之，因屯历口[①]。懿，放之子也。

鲜卑刘头眷击破贺兰部于善无[②]，又破柔然于意亲山[③]。头眷子罗辰言于头眷曰：“此来行兵，所向无敌；然心腹之疾，愿早图之！”头眷曰：“谁也？”罗辰曰：“从兄显，忍人也，必将为乱。”头眷不听。显库仁之子也。

顷之，显果杀头眷自立。又将杀拓跋珪[④]，显弟亢泥妻，珪之姑也，以告珪母贺氏。显谋主梁六眷，代王什翼犍之甥也，亦使其部人穆崇、奚牧密告珪，且以其爱妻、骏马付崇曰："事泄，当以此自明。"贺氏夜饮显酒，令醉，使珪阴与旧臣长孙犍、元他、罗结轻骑亡去。向晨，贺氏故惊厩中群马，使显起视之。贺氏哭曰："吾子适在此，今皆不见，汝等谁杀之邪？"显以故不急追。珪遂奔贺兰部，依其舅贺讷。讷惊喜曰："复国之后，当念老臣！"珪笑曰："诚如舅言，不敢忘也。"

显疑梁六眷泄其谋，将囚之。穆崇宣言曰："六眷不顾恩义，助显为逆，我掠得其妻马，足以解忿。"显乃舍之。

贺氏从弟外朝大人贺悦举所部以奉珪[⑤]。显怒，将杀贺氏，贺氏奔亢泥家，匿神车中三日[⑥]，亢泥举家为之请，乃得免。

故南部大人长孙嵩帅所部七百余家叛显，奔五原[⑦]。时拓跋寔君之子渥亦聚众自立，嵩欲归之；乌渥谓嵩曰："逆父之子[⑧]，不足从也。不如归珪。"嵩从之。久之，刘显所部有乱，故中部大人庾和辰奉贺氏奔珪。

贺讷弟染干以珪得众心，忌之，使其党侯引七突杀珪；代人尉古真知之，以告珪，侯引七突不敢发。染干疑古真泄其谋，执而讯之，以两车轮夹其头，伤一目，不伏，乃免之。染干遂举兵围珪，贺氏出，谓染干曰："汝等欲于何置我，而杀吾子乎？"染干惭而去。

长孙嵩画像

【注释】

①历口：地名，在今河北景县

西南。②善无：县名，治今山西右玉县东南。③意亲山：山名，在今内蒙古二连浩特市西南。④"又将"句：拓跋珪归附刘库仁，见本书卷第一百四晋孝武帝太元元年（376）。⑤外朝大人：代国职官名，负责传达诏令，充当使节，参与主持大丧大礼事务。⑥神车：供奉神位的车辆。游牧部落没有固定的宫室，逐水草而居，故置神位于车中。⑦"故南"二句：职官名前用"故"字者，皆为代王拓跋什翼犍时的职位。下同。五原：地名，在今内蒙古包头市西北。⑧"逆父"句：拓跋寔君杀害拓跋什翼犍，见本书卷第一百四晋孝武帝太元元年（376）。

九月，秦主丕以张蚝为侍中、司空，王永为侍中、都督中外诸军事、车骑大将军、尚书令，王腾为中军大将军、司隶校尉，苻冲为尚书左仆射，封西平王；又以左长史杨辅为右仆射，右长史王亮为护军将军，立妃杨氏为皇后，子宁为皇太子，寿为长乐王，锵为平原王，懿为勃海王，昶为济北王。

吕光自龟兹还至宜禾[①]，秦凉州刺史梁熙谋闭境拒之。高昌太守杨翰言于熙曰："吕光新破西域，兵强气锐，闻中原丧乱，必有异图。河西地方万里，带甲十万，足以自保。若光出流沙，其势难敌。高梧谷口险阻之要[②]，宜先守之而夺其水；彼既穷渴，可以坐制。如以为远，伊吾关亦可拒也[③]。度此二厄，虽有子房之策[④]，无所施矣！"熙弗听。美水令犍为张统谓熙曰[⑤]："今关中大乱，京师存亡不可知。吕光之来，其志难测，将军何以拒之？"熙曰："忧之，未知所出。"统曰："光智略过人，今拥思归之士，乘战胜之气，其锋未易当也。将军世受大恩，忠诚夙著，立勋王室，宜在今日。行唐公洛，上之从弟，勇冠一时，为将军计，莫若奉为盟主以收众望，推忠义以帅群豪，则光虽至，不敢有异心也。资其精锐，东兼毛兴[⑥]，连王统、杨璧[⑦]，合四州之众，扫凶逆，宁帝室，此桓、文之举也。"熙又弗听，杀洛于西海[⑧]。

光闻杨翰之谋，惧，不敢进。杜进曰："梁熙文雅有余，机鉴不足，终不能用翰之谋，不足忧也。宜及其上下离心，速进以取之。"光从之。进至高昌，杨翰以郡迎降。至玉门[⑨]，熙移檄责光擅命还师，以子胤为鹰扬将军，与振威将军南安姚皓、别驾卫翰帅众五万拒光于酒泉。敦煌太守姚静、晋昌太守李纯以郡降光。光报檄凉州,责熙无赴难之志而遏归国之众;遣彭晃、杜进、姜飞为前锋,与胤战于安弥[10],大破,擒之。于是四山胡、夷皆附于光。武威太守彭济执熙以降,光杀之。

光入姑臧,自领凉州刺史,表杜进为武威太守,自余将佐,各受职位。凉州郡县皆降于光,独酒泉太守宋皓、西郡太守宋泮城守不下[11]。光攻而执之,让泮曰:"吾受诏平西域,而梁熙绝我归路,此朝廷之罪人,卿何为附之?"泮曰:"将军受诏平西域,不受诏乱凉州,梁公何罪而将军杀之?泮但苦力不足,不能报君父之仇耳[12],岂肯如逆氐彭济之所为乎?主灭臣死,固其常也。"光杀泮及皓。

主簿尉祐,奸佞倾险,与彭济俱执梁熙,光宠信之;祐谮杀名士姚皓等十余人,凉州人由是不悦。光以祐为金城太守,祐至允吾[13],袭据其城以叛;姜飞击破之,祐奔据兴城[14]。

乞伏国仁自称大都督、大将军、单于、领秦、河二州牧,改元建义[15],以乙旃童泥为左相,屋引出支为右相,独孤匹蹄为左辅,武群勇士为右辅,弟乾归为上将军,分其地置武城等十二郡[16],筑勇士城而都之[17]。

秦尚书令、魏昌公纂自关中奔晋阳;秦主丕拜纂太尉,封东海王。

【注释】

①宜禾:县名,治今甘肃瓜州县南。 ②高梧谷口:地名,在今新疆吐鲁番市境。 ③伊吾关:地名,在今新疆哈密市境。 ④子房:汉初著名政治家张良的表字。 ⑤美水:县名,今地不详。 ⑥"东兼"句:毛兴当时任河州刺史。兼,连结之意。 ⑦"连王"句:王统当时任秦州刺史,杨壁任南秦州刺史。 ⑧"杀洛"句:苻洛被迁徙到西海,见本书卷第一百四晋孝武帝太元五年(380)。 ⑨玉门:地名,即玉门关,在今甘肃敦煌市西北。 ⑩安弥:县名,治今甘肃酒泉市东。 ⑪宋泮:《晋书·苻登载记》作"索泮"。 ⑫君父:对长官的尊称。魏晋时期,人身依附关系严重,长官和下属的关系俨然如同君臣、父子、主仆,故下属称长官为君父。 ⑬允吾:县名,治今甘肃永靖县西北湟水南岸。 ⑭兴

城：地名，在今甘肃永靖县境。 ⑮"改元"句：乞伏国仁改年号，所建立的国家，史称西秦。 ⑯十二郡：据《晋书·乞伏国仁载记》，为武城、武阳、安固、武始、汉阳、天水、略阳、漒川、甘松、匡朋、白马、苑川等十二郡。⑰勇士城：城名，在今甘肃榆中县东北。

冬，十月，西燕主冲遣尚书令高盖帅众五万伐后秦，战于新平南，盖大败，降于后秦。初，盖以杨定为子，及盖败，定亡奔陇右，复收集其旧众。

苻定、苻绍、苻谟、苻亮闻秦主丕即位，皆自河北遣使谢罪[①]；中山太守王兖，本新平氏也，固守博陵，为秦拒燕。十一月，丕以兖为平州刺史，定为冀州牧，绍为冀州都督，谟为幽州牧，亮为幽、平二州都督，并进爵郡公。左将军窦冲据兹川[②]，有众数万，与秦州刺史王统、河州刺史毛兴、益州刺史王广、南秦州刺史杨璧、卫将军杨定皆自陇右遣使邀丕，共击后秦。丕以定为雍州牧，冲为梁州牧，加统镇西大将军，兴车骑大将军，璧征南大将军，并开府仪同三司，加广安西将军，皆进位州牧。

杨定寻徙治历城，置储蓄于百顷[③]，自称龙骧将军、仇池公，遣使来称藩；诏因其所号假之。其后又取天水、略阳之地，自称秦州刺史、陇西王。

绎幕人蔡匡据城以叛燕[④]，燕慕容麟、慕容隆共攻之。泰山太守任泰潜师救匡，至匡垒南八里，燕人乃觉之。诸将以匡未下而外敌奄至，甚患之。隆曰："匡恃外救，故不时下。今计泰之兵不过数千人，及其未合，击之，泰败，匡自降矣。"乃释匡击泰，大破之，斩首千余级。匡遂降，燕王垂杀之，且屠其垒。

慕容农至龙城，休士马十余日。诸将皆曰："殿下之来，取道甚速，今至此久留不进，何也？"农曰："吾来速者，恐馀岩过山钞盗[⑤]，侵扰良民耳。岩才不逾人，诳诱饥儿，乌集为群，非有纲纪；吾已扼其喉，久将离散，无能为也。今此田善熟，未取而行，徒自耗损，当俟收毕，往则枭之，亦不出旬日耳。"顷之，农将步骑三万至令支，岩众震骇，稍稍逾城归农。岩计穷出降，农斩之；进击高句丽，复辽东、玄菟二郡。还至龙城，上疏请缮修陵庙。

燕王垂以农为使持节、都督幽、平二州、北狄诸军事、幽州牧，镇龙城。徙平州刺史带方王佐镇平郭[6]。农于是创立法制，事从宽简，清刑狱，省赋役，劝课农桑，居民富赡，四方流民前后至者数万口。先是幽、冀流民多入高句丽，农以骠骑司马范阳庞渊为辽东太守，招抚之。

慕容麟攻王兖于博陵，城中粮竭矢尽，功曹张猗逾城出，聚众以应麟。兖临城数之曰："卿是秦民，吾是卿君，卿起兵应贼，自号'义兵'，何名实之相违也？古人求忠臣于孝子之门[7]，卿母在城，弃而不顾，吾何有焉！今人取卿一切之功则可矣，宁能忘卿不忠不孝之事乎？不意中州礼义之邦，乃有如卿者也！"十二月，麟拔博陵，执兖及苻鉴，杀之。昌黎太守宋敞帅乌桓、索头之众救兖，不及而还。秦主丕以敞为平州刺史。

燕王垂北如中山，谓诸将曰："乐浪王招流离[8]，实仓廪，外给军粮，内营宫室，虽萧何之功，何以加之？"丙申，垂始定都中山。

秦苻定据信都以拒燕，燕王垂以从弟北地王精为冀州刺史，将兵攻之。

拓跋珪从曾祖纥罗与其弟建及诸部大人共请贺讷推珪为主。

北魏鎏金观世音铜像

【注释】

①"苻定"二句：苻定等人投降后燕，事见本书卷第一百五晋孝武帝太元九年(384)。②兹川：河流名，即今陕西渭水支流灞河。 ③百顷：山名，又称仇池山、翟堆，在今甘肃西和西南。 ④绛幕：县名，治今山东平原县西北。 ⑤"恐馀"句：本句中的"山"指白狼

山(即今辽宁喀喇沁左翼蒙古族自治县东境白鹿山)。 ⑥平郭:地名,在今辽宁营品市鲅鱼圈区熊岳镇东。 ⑦“古人”句:“求忠臣必于孝子之门”,据《后汉书·韦彪传》,为《孝经纬》之文。 ⑧乐浪王:指慕容温。

十一年 春,正月,戊申,拓跋珪大会于牛川[①],即代王位,改元登国[②]。以长孙嵩为南部大人,叔孙普洛为北部大人,分治其众。以上谷张衮为左长史,许谦为右司马,广宁王建、代人和跋、叔孙建、庾岳等为外朝大人,奚牧为治民长[③],皆掌宿卫及参军国谋议;长孙道生、贺毗等侍从左右,出纳教命[④]。王建娶代王什翼犍之女;岳,和辰之弟;道生,嵩之从子也。

燕王垂即皇帝位。

后秦王苌如安定。

南安秘宜帅羌、胡五万余人攻乞伏国仁,国仁将兵五千逆击,大破之。宜奔还南安。

鲜于乞之杀翟真也,翟辽奔黎阳,黎阳太守滕恬之甚爱信之。恬之喜畋猎,不喜士卒,辽潜施奸惠以收众心。恬之南攻鹿鸣城[⑤],辽于后闭门拒之,恬之东奔鄄城,辽追执之,遂据黎阳。豫州刺史朱序遣将军秦膺、童斌与淮、泗诸郡共讨之。

秦益州牧王广自陇西引兵攻河州牧毛兴于枹罕,兴遣建节将军卫平帅其宗人一千七百夜袭广,大破之。二月,秦州牧王统遣兵助广攻兴,兴婴城自守。

燕大赦,改元建兴,置公卿尚书百官,缮宗庙、社稷。

西燕主冲乐在长安,且畏燕主垂之强,不敢东归,课农筑室,为久安之计;鲜卑咸怨之;左将军韩延因众心不悦,攻冲,杀之,立冲将段随为燕王,改元昌平。

【注释】

①牛川:河流名,即今内蒙古乌兰察布市境内塔布河(锡拉木林河)。 ②“改元”句:拓跋珪所重建的国家,初称代国,几个月后又改称魏国,为与曹魏、冉魏相区别,史称北魏。 ③治民长:代国职官名,职掌大约相当于晋国的尚书令。 ④教命:命令。魏晋时期,王公及上层官

员的命令称作“教”。 ⑤鹿鸣城：城名，在今河南浚县东南。

初，张天锡之南奔也[1]，秦长水校尉王穆匿其世子大豫，与俱奔河西，依秃发思复鞬，思复鞬送魏安[2]。魏安人焦松、齐肃、张济等聚兵数千人迎大豫为主，攻吕光昌松郡[3]，拔之，执太守王世强。光使辅国将军杜进击之，进兵败，大豫进逼姑臧。王穆谏曰：“光粮丰城固，甲兵精锐，逼之非利；不如席卷岭西[4]，砺兵积粟，然后东向与之争，不及期年，光可取也。”大豫不从，自号抚军将军、凉州牧，改元凤凰，以王穆为长史，传檄郡县，使穆说谕岭西诸郡[5]，建康太守李隰、祁连都尉严纯皆起兵应之[6]，有众三万，保据杨坞[7]。

代王珪徙居定襄之盛乐[8]，务农息民，国人悦之。

三月，大赦。

泰山太守张愿以郡叛降翟辽。初，谢玄欲使朱序屯梁国，玄自屯彭城，以北固河上，西援洛阳。朝议以征役既久，欲令玄置戍而还。会翟辽、张愿继叛，北方骚动，玄谢罪，乞解职，诏慰谕，令还淮阴。

燕主垂追尊母兰氏为文昭皇后；欲迁文明段后[9]，以兰氏配享太祖[10]，诏百官议之，皆以为当然。博士刘详、董谧以为：“尧母为帝喾妃[11]，位第三，不以贵陵姜原[12]，明圣之道，以至公为先；文昭后宜立别庙。”垂怒，逼之，详、谧曰：“上所欲为，无问于臣。臣按经奉礼，不敢有贰。”垂乃不复问诸儒，卒迁段后，以兰后代之。又以景昭可足浑后倾覆社稷[13]，追废之；尊烈祖昭仪段氏为景德皇后[14]，配享烈祖。

崔鸿曰[15]：齐桓公命诸侯无以妾为妻。夫之于妻，犹不可以妾代之，况子而易其母乎？《春秋》所称母以子贵者[16]，君母既没，得以妾母为小君也[17]；至于享祀宗庙，则成风终不得配庄公也[18]。君父之所为，臣子必习而效之，犹形声之于影响也；宝之逼杀其母[19]，由垂为之渐也。尧、舜之让，犹为之、哙之祸[20]，况违礼而纵私者乎？昔文姜得罪于桓公，《春秋》不之废[21]，可足浑氏虽有罪于前朝，然小君之礼成矣；垂以私憾废之，又立兄妾之无子者，皆非礼也。

【注释】

①“张天锡”句：张天锡投奔晋国，见本书卷第一百五晋孝武帝太元八年（383）。　②魏安：郡名，治今甘肃古浪县东。　③昌松郡：郡名，治今甘肃武威市东南汉苍松县南十里。　④岭西：地名，指今甘肃永昌县南九条岭之西。　⑤岭西诸郡：指西郡、张掖、酒泉、建康、晋昌等郡。⑥建康：郡名，治今甘肃高台县西南。祁连：郡名，治今甘肃张掖市南。⑦杨坞：地名，在今甘肃武威市西。　⑧盛乐：城名，即今内蒙古和林格尔县西北土城子。　⑨文明段后：即文明皇帝慕容皝的元妃。　⑩太祖：慕容皝的庙号。　⑪帝喾（kù库）：相传为炎黄部落联盟重要首领之一，号高辛氏。能掌三辰（日、月、星）以利民，取地之材而节用，对“观时”“治气”发展农业生产均有所贡献。　⑫姜原：传说中周始祖后稷之母。有邰氏（在今陕西武功县西）之女，嫁为帝喾元妃。　⑬“又以”句：景昭可足浑后，为景昭皇帝慕容儁的元妃，其倾覆燕国事，详见本书卷第一百二晋海西公太和四年（369）。　⑭烈祖：慕容儁的庙号。　⑮崔鸿：北魏史学家。字彦鸾，东清河鄃（今山东高唐县东北）人。少博览群史，历任中散大夫、司徒长史、齐州大中正等职。曾修孝文、宣武两朝起居注。所撰《十六国春秋》一百卷，附序例、年表二卷，以传记形式记述十六国割据政权史事，颇具史料价值。是书北宋时散佚，清人有《十六国春秋辑补》。　⑯“《春秋》”句：母以子贵，母亲因儿子得立而尊贵，语出《春秋公羊传》隐公元年。　⑰君母：封建宗法等级制度中，庶子称父亲的正妻为君母。小君：古时对诸侯妻子的称呼。　⑱成风：春秋时鲁庄公的妾、鲁僖公的母亲。庄公的正妻为姜氏，姜氏与人私通，谋杀鲁闵公，后被齐桓公诛杀。鲁僖公即位后，迎回姜氏灵柩，仍以国君正妻（夫人）的礼仪安葬，而自己的生母成风仍不能升到庄公正妻的地位。⑲“宝之”句：慕容宝杀母，详见本书后文卷第一百八晋孝武帝太元二十一年（396）。　⑳之、哙之祸：指战国时燕王哙禅让王位于燕相子之而造成的祸乱，详见本书卷第三周慎靓王五年（前316）。　㉑“昔文”二句：文姜，鲁桓公夫人。文姜与齐襄公私通，桓公贬谪她，文姜告诉给齐襄公，齐襄公杀了鲁桓公。但《春秋》一书仍未因此否定文姜的夫人身份。是书庄公二十一年载：“夫人姜氏薨。”二十二年载：“葬我小君文姜。”

刘显自善无南走马邑[1]，其族人奴真帅所部请降于代。奴真有兄犍，先居贺兰部，奴真言于代王珪，请召犍而以所部让之；珪许之。犍既领部，遣弟去斤遗贺讷金马。贺染干谓去斤曰："我待汝兄弟厚，汝今领部，宜来从我。"去斤许之。奴真怒曰："我祖父以来，世为代忠臣，故我以部让汝等，欲为义也。今汝等无状，乃谋叛国，义于何在？"遂杀犍及去斤。染干闻之，引兵攻奴真，奴真奔代。珪遣使责染干，染干乃止。

西燕左仆射慕容恒、尚书慕容永袭段随，杀之；立宜都王子𫖮为燕王[2]，改元建明，帅鲜卑男女四十余万口去长安而东。恒弟护军将军韬诱𫖮，杀之于临晋，恒怒，舍韬去。永与武卫将军刁云帅众攻韬，韬败，奔恒营。恒立西燕主冲之子瑶为帝，改元建平，谥冲曰威皇帝。众皆去瑶奔永，永执瑶，杀之，立慕容泓子忠为帝，改元建武。忠以永为太尉，守尚书令，封河东公。永持法宽平，鲜卑安之。至闻喜，闻燕主垂已称尊号，不敢进，筑燕熙城而居之[3]。

鲜卑既东，长安空虚。前荥阳高陵赵谷等招杏城卢水胡郝奴帅户四千入于长安[4]，渭北皆应之，以谷为丞相。扶风王骥有众数千，保据马嵬[5]，奴遣弟多攻之。夏，四月，后秦王苌自安定伐之，骥奔汉中。苌执多而进，奴惧，请降，拜镇北将军、六谷大都督。

癸巳，以尚书仆射陆纳为左仆射，谯王恬为右仆射。纳，玩之子也。

毛兴袭击王广，败之，广奔秦州；陇西鲜卑匹兰执广送于后秦。兴复欲攻王统于上邽，枹罕诸氐皆厌苦兵事，乃共杀兴，推卫平为河州刺史，遣使请命于秦。

燕主垂封其子农为辽西王，麟为赵王，隆为高阳王。

代王珪初改称魏王。

张大豫自杨坞进屯姑臧城西，王穆及秃发思复鞬子奚于帅众三万屯于城南；吕光出击，大破之，斩奚于等二万余级。

秦大赦，以卫平为抚军将军、河州刺史，吕光为车骑大将军、凉州牧。使者皆没于后秦，不能达。

燕主垂以范阳王德为尚书令，太原王楷为左仆射，乐浪王温为司隶校尉。

【注释】

①马邑:县名,治今山西朔州市。 ②宜都王:当指前燕宜都王慕容桓。 ③燕熙城:城名,在今山西闻喜县境。 ④“前荥”句:据其他版本,“荥阳”后当有“太守”二字。杏城:城名,即今陕西黄陵县西南故邑。⑤马嵬(wéi 唯):地名,在今陕西兴平市西。

后秦王苌即皇帝位于长安,大赦,改元建初,国号大秦。追尊其父弋仲为景元皇帝,立妻虵氏为皇后[①],子兴为皇太子,置百官。苌与群臣宴,酒酣,言曰:“诸卿皆与朕北面秦朝,今忽为君臣,得无耻乎?”赵迁曰:“天不耻以陛下为子,臣等何耻为臣?”苌大笑。

魏王珪东如陵石[②],护佛侯部帅侯辰、乙佛部帅代题皆叛走。诸将请追之,珪曰:“侯辰等累世服役,有罪且当忍之。方今国家草创,人情未壹,愚者固宜前却[③],不足追也!”

六月,庚寅,以前辅国将军杨亮为雍州刺史,镇卫山陵[④]。荆州刺史桓石民遣将军晏谦击弘农,下之。初置湖、陕二戍[⑤]。

西燕刁云等杀西燕主忠,推慕容永为使持节、大都督中外诸军事、大将军、大单于、雍、秦、梁、凉四州牧、录尚书事、河东王,称藩于燕。

燕主垂遣太原王楷、赵王麟、陈留王绍、章武王宙攻秦苻定、苻绍、苻谟、苻亮等;楷先以书与之,为陈祸福,定等皆降。垂封定等为侯,曰:“以酬秦主之德[⑥]。”

秦主丕以都督中外诸军事、司徒、录尚书事王永为左丞相,太尉、东海王纂为大司马,司空张蚝为太尉,尚书令咸阳徐义为司空,司隶校尉王腾为骠骑大将军、仪同三司。永传檄四方公侯、牧守、垒主、民豪,共讨姚苌、慕容垂,令各帅所统,以孟冬上旬会大驾于临晋。于是天水姜延、冯翊寇明、河东王昭、新平张晏、京兆杜敏、扶风马朗、建忠将军、高平牧官都尉扶风王敏等咸承檄起兵[⑦],各有众数万,遣使诣秦,丕皆就拜将军、郡守,封列侯。冠军将军邓景拥众五千据彭池[⑧],与窦冲为首尾,以击后秦。丕以景为京兆尹。景,羌之子也。

后秦主苌徙安定五千余户于长安。

【注释】

①虵(shé 蛇):姓氏。 ②陵石:地名,在今内蒙古和林格尔县之东。 ③前却:进退,比喻归附、叛变,反复无常。 ④"镇卫"句:晋国雍州刺史治所本在襄阳,而山陵(即西晋王室陵墓)在洛阳,杨亮既受命"镇卫山陵",刺史职位当具附带性质。 ⑤湖、陕:即湖县、陕县,前者治今河南灵宝市西北,后者治今河南三门峡市西陕州区。 ⑥秦主:指苻坚。 ⑦高平:地名,在今宁夏固原市。牧官都尉:职官名,职责为掌管官府牧场。 ⑧彭池:地名,据胡注,恐为"彪池"之误,彪池在今陕西西安市西。

秋,七月,秦平凉太守金熙、安定都尉没弈干与后秦左将军姚方成战于孙丘谷[①],方成兵败。后秦主苌以其弟征虏将军绪为司隶校尉,镇长安;自将至安定击熙等,大破之。金熙本东胡之种[②];没弈干,鲜卑多兰部帅也。

北魏坐佛三尊像

枹罕诸氐以卫平衰老,难与成功,议废之,而惮其宗强,累日不决。氐啖青谓诸将曰:"大事宜时定,不然,变生。诸君但请卫公为会,观我所为。"会七夕大宴[③],青抽剑而前曰:"今天下大乱,吾曹休戚同之,非贤主不可以济大事。卫公老,宜返初服以避贤路[④]。狄道长苻登,虽王室疏属,志略雄明,请共立之,以赴大驾。诸君有不同者,即下异议。"乃奋剑攘袂,将斩异己者。众皆从之,莫敢仰视。于是推登为使持节、都督陇右诸军事、抚军大将军、雍、河二州牧、略阳公，帅众五万，东下陇，攻南安，拔之，驰使请命于秦。登，秦主丕之族子也。

秘宜与莫侯悌眷帅其众三万余户降于乞伏国仁，国仁拜宜东秦州刺史，悌眷梁州刺史。

己酉，魏王珪还盛乐，代题复以部落来降，十余日，又奔刘显；珪使其孙倍斤代领其众。刘显弟肺泥帅众降魏。

八月，燕主垂留太子宝守中山。以赵王麟为尚书右仆射，录留台[5]。庚午，自帅范阳王德等南略地，使高阳王隆东徇平原。丁零鲜于乞保曲阳西山[6]，闻垂南伐，出营望都[7]，剽掠居民。赵王麟自出讨之，诸将皆曰："殿下虚镇远征，万一无功而返，亏损威重，不如遣诸将讨之。"麟曰："乞闻大驾在外，无所畏忌，必不设备，一举可取，不足忧也。"乃声言至鲁口[8]，夜，回趣乞，比明，至其营，掩击，擒之。

翟辽寇谯，朱序击走之。

秦主丕以苻登为征西大将军、开府仪同三司、南安王，持节、州牧、都督，皆因其所称而授之。又以徐义为右丞相。留王腾守晋阳，右仆射杨辅戍壶关，帅众四万，进屯平阳。

初，后秦主苌之弟硕德统所部羌居陇上，闻苌起兵，自称征西将军，聚众于冀城以应之；以兄孙详为安远将军，据陇城[9]，从孙训为安西将军，据南安之赤亭，与秦秦州刺史王统相持。苌自安定引兵会硕德攻统，天水屠各、略阳羌胡应之者二万余户。秦略阳太守王皮降之。

【注释】

①孙丘谷：地名，今地不详，疑在今甘肃泾川县境内。　②东胡：前、后秦对居住在辽河流域的鲜卑人的称呼。　③七夕：农历七月初七夜。④初服：辞去官职，重新穿上入仕前的衣服。代指官吏退职。　⑤留台：政府留守机构。　⑥曲阳：县名，治今河北晋州市西。　⑦望都：县名，治今河北唐县东北。　⑧鲁口：城名，在今河北饶阳县。　⑨陇城：城名，在今甘肃秦安县东北陇城镇。

初，秦灭代，迁代王什翼犍少子窟咄于长安[1]。从慕容永东徙，永以窟咄为新兴太守。刘显遣其弟亢泥迎窟咄，以兵随之，逼魏南境，诸部骚动。魏王珪左右于桓等与部人谋执珪以应窟咄，幢将代人莫题等亦潜与窟咄交通[2]。桓舅穆崇告之，珪诛桓等五人，莫题等七姓悉原不问。珪惧内难，北逾阴山，复依贺兰部，遣外朝大人辽东安同求救于燕，燕主垂遣赵王麟救之。

九月，王统以秦州降于后秦。后秦主苌以姚硕德为使持节、都督陇右诸军事、秦州刺史，镇上邽。

吕光得秦王坚凶问，举军缟素，谥曰文昭皇帝。冬，十月，大赦，改元大安。

西燕慕容永遣使诣秦主丕求假道东归，丕弗许，与永战于襄陵，秦兵大败，左丞相王永、卫大将军俱石子皆死。初，东海王纂自长安来，麾下壮士三千余人，丕忌之，既败，惧为纂所杀，帅骑数千南奔东垣[3]，谋袭洛阳。扬威将军冯该自陕邀击之，杀丕，执其太子宁、长乐王寿，送建康，诏赦不诛，以付苻宏。纂与其弟尚书永平侯师奴帅秦众数万走据杏城，其余王公百官皆没于永。

永遂进据长子，即皇帝位，改元中兴。将以秦后杨氏为上夫人，杨氏引剑刺永，为永所杀。

甲申，海西公奕薨于吴。

燕寺人吴深据清河反，燕主垂攻之，不克。

后秦主苌还安定。

秦南安王登既克南安，夷、夏归之者三万余户，遂进攻姚硕德于秦州，后秦主苌自往救之。登与苌战于胡奴阜[4]，大破之，斩首二万余级，将军啖青谢苌，中之。苌创重，走保上邽，姚硕德代之统众。

燕赵王麟军未至魏，拓跋窟咄稍前逼魏王珪，贺染干侵魏北部以应之。魏众惊扰，北部大人叔孙普洛亡奔刘卫辰。麟闻之，遽遣安同等归。魏人知燕军在近，众心少安。窟咄进屯高柳[5]，珪引兵与麟会击之，窟咄大败，奔刘卫辰，卫辰杀之。珪悉收其众，以代人库狄干为北部大人。麟引兵还中山。

刘卫辰居朔方，士马甚盛。后秦主苌以卫辰为大将军、大单于、河西王、幽州牧，西燕主永以卫辰为大将军、朔州牧。

【注释】

①"迁代"句:窟咄被迁于长安,详见本书卷第一百四晋孝武帝太元元年(376)。 ②幢将:禁卫军的将领。 ③东垣:县名,治今河南新安县东。 ④胡奴阜:地名,在今甘肃天水市西。 ⑤高柳:县名,治今山西阳高县西北。

十一月,秦尚书寇遗奉勃海王懿、济北王昶自杏城奔南安,南安王登发丧行服,谥秦主丕曰哀平皇帝。登议立懿为主,众曰:"勃海王虽先帝之子,然年在幼冲,未堪多难。今三虏窥觎[①],宜立长君,非大王不可。"登乃为坛于陇东,即皇帝位,大赦,改元太初,置百官。

慕容柔、慕容盛及盛弟会皆在长子,盛谓柔、会曰:"主上已中兴幽、冀,东西未壹[②],吾属居嫌疑之地,为智为愚,皆将不免,不若以时东归,无为坐待鱼肉也!"遂相与亡归燕。后岁余,西燕主永悉诛燕主俊及燕主垂之子孙,男女无遗。

张大豫自西郡入临洮,掠民五千余户,保据俱城[③]。

十二月,吕光自称使持节、侍中、中外大都督、督陇右、河西诸军事、大将军、凉州牧、酒泉公。

秦主登立世祖神主于军中[④],载以辎軿[⑤],建黄旗青盖,以虎贲三百人卫之,凡所欲为,必启主而后行。引兵五万,东击后秦,将士皆刻锌、铠为"死""休"字[⑥];每战以剑矟为方圆大阵[⑦],知有厚薄,从中分配,故人自为战,所向无前。

初,长安之将败也[⑧],中垒将军徐嵩、屯骑校尉胡空各聚众五千,结垒自固;既而受后秦官爵。后秦主苌以王礼葬秦主坚于二垒之间。及登至,嵩、空以众降之。登拜嵩雍州刺史,空京兆尹,改葬坚以天子之礼。

乙酉,燕主垂攻吴深垒,拔之,深单马走。垂进屯聊城之逢关陂[⑨]。初,燕太子洗马温详来奔,以为济北太守,屯东阿。燕主垂遣范阳王德、高阳王隆攻之,详遣从弟攀守河南岸,子楷守碻磝以拒之。

燕主垂以魏王珪为西单于,封上谷王;珪不受。

【注释】

①三虏：三个敌国，即后秦、后燕、西燕。 ②“主上”二句：主上，指后燕君主慕容垂。东西，指位处东方的后燕与位处西方的西燕。 ③俱城：城名，在今甘肃岷县境内。 ④世祖：即苻坚。 ⑤辎軿（píng 平）：四周有障蔽的车辆。 ⑥鉾（móu 谋）：古代兵器，同“鍪”。 ⑦矟（shuò 朔）：古代兵器，同“槊”，是杆子较长的矛。 ⑧“长安”句：指苻坚受西燕慕容冲围困之时。 ⑨聊城：县名，治今山东聊城市西北。

资治通鉴卷第一百七

晋纪二十九　起强圉大渊献，尽重光单阏，凡五年。

烈宗孝武皇帝中之下

太元十二年　春，正月，乙巳，以朱序为青、兖二州刺史，代谢玄镇彭城；序求镇淮阴，许之。以玄为会稽内史。

丁未，大赦。

燕主垂观兵河上[①]，高阳王隆曰："温详之徒，皆白面儒生，乌合为群，徒恃长河以自固；若大军济河，必望旗震坏，不待战也。"垂从之。戊午，遣镇北将军兰汗、护军将军平幼于碻磝西四十里济河，隆以大众陈于北岸。温攀、温楷果走趣城[②]，平幼追击，大破之。详夜将妻子奔彭城，其众三万余户皆降于燕。垂以太原王楷为兖州刺史，镇东阿。

初，垂在长安，秦王坚尝与之交手语，冗从仆射光祚言于坚曰："陛下颇疑慕容垂乎？垂非久为人下者也。"坚以告垂。及秦主丕自邺奔晋阳，祚与黄门侍郎封孚、巨鹿太守封劝皆来奔。劝，奕之子也。垂之再围邺也[③]，秦故臣西河朱肃等各以其众来奔。诏以祚等为河北诸郡太守，皆营于济北、濮阳，羁属温详；详败，俱诣燕军降。垂赦之，抚待如旧。垂见光祚，流涕沾衿[④]，曰："秦王待我深，吾事之亦尽；但为二公猜忌[⑤]，吾惧死而负之，每一念之，中宵不寐。"祚亦悲恸。垂赐祚金帛，祚固辞，垂曰："卿犹复疑邪？"祚曰："臣昔者唯知忠于所事，不意陛下至今怀之，臣敢逃其死?”垂曰:“此乃卿之忠,固吾所求也,前言戏之耳。”待之弥厚,以为中常侍。

翟辽遣其子钊寇陈、颍,朱序遣将军秦膺击走之。

秦主登立妃毛氏为皇后,勃海王懿为太弟。后,兴之女也。遣使拜东海王纂为使持节、都督中外诸军事、太师、领大司马,封鲁王;纂弟师奴为抚军大将军、并州牧,封朔方公。纂怒谓使者曰:“勃海王先帝之子,南安王何以不立而自立乎?”长史王旅谏曰:“南安已立,理无中改;今寇虏未灭,不可宗室之中自为仇敌也。”纂乃受命。于是卢水胡彭沛谷、屠各董成、张龙世、新平羌雷恶地等皆附于纂,有众十余万。

后秦主苌徙秦州豪桀三万户于安定。

【注释】

①观兵:检阅军队,向人显示兵威。 ②“温攀”句:所趣之城,当指东阿城。 ③“垂之”句:慕容垂第二次包围邺城,见本书卷第一百五晋孝武帝太元九年(384)。 ④衿(jīn 今):同“襟”。 ⑤二公:指前秦长乐公苻丕、平原公苻晖。

初,安次人齐涉聚众八千余家据新栅[1],降燕,燕主垂拜涉魏郡太守。既而复叛,连张愿,愿自帅万余人进屯祝阿之瓮口[2],招翟辽,共应涉。

高阳王隆言于垂曰:“新栅坚固,攻之未易猝拔。若久顿兵于其城下,张愿拥帅流民,西引丁零,为患方深。愿众虽多,然皆新附,未能力斗。因其自至,宜先击之。愿父子恃其骁勇,必不肯避去,可一战擒也。愿破,则涉不能存矣。”垂从之。

二月,遣范阳王德、陈留王绍、龙骧将军张崇帅步骑二万会隆击愿。军至斗城[3],去瓮口二十余里,解鞍顿息。愿引兵奄至,燕人惊遽,德兵退走,隆勒兵不动。愿子龟出冲陈,隆遣左右王末逆击,斩之。隆徐进战,愿兵乃退。德行里余,复整兵,还与隆合,谓隆曰:“贼气方锐,宜且缓之。”隆曰:“愿乘人不备,宜得大捷;而吾士卒皆以悬隔河津,势迫之故,人思自战[4],故能却之。今贼不得利,气竭势衰,皆有进退之志,不能齐奋,宜亟击之。”德曰:“吾唯卿所为耳。”遂进,战于瓮口,大破之,斩首七千八百级;愿脱身保三布口[5]。燕人进军历城[6],青、兖、徐州郡县壁垒多降。垂以陈留王绍为青州刺史,镇历城。德等还师,新栅人冬鸾执涉送之。垂诛涉父子,余悉原之。

三月,秦主登以窦冲为南秦州牧,杨定为益州牧,杨壁为司空、梁州牧,乞伏国仁为大将军、大单于、苑川王。

燕上谷人王敏杀太守封戢,代郡人许谦逐太守贾闰,各以郡附刘显。

燕乐浪王温为尚书右仆射。

夏,四月,戊辰,尊帝母李氏为皇太妃,仪服如太后。

后秦征西将军姚硕德为杨定所逼,退守泾阳[7]。定与秦鲁王纂共攻之,战于泾阳,硕德大败。后秦主苌自阴密救之[8],纂退屯敷陆[9]。

燕主垂自碻磝还中山,慕容柔、慕容盛、慕容会来自长子。庚子[10],垂为之大赦。垂问盛:“长子人情如何,为可取乎?”盛曰:“西军扰扰,人有东归之志,陛下唯当修仁政以俟之耳。若大军一临,必投戈而来,若孝子之归慈父也。”垂悦。癸未,封柔为阳平王,盛为长乐公,会为清河公。

【注释】

①安次:县名,治今河北廊坊市西北。新栅:地名,在今河北清河县西。 ②祝阿:县名,治今山东禹城市西南。瓮口:城名,即今山东禹城市。③斗城:地名,在今山东禹城市西南。 ④“而吾”三句:意谓军队被河水阻隔,前有强敌,退则溺死,故人人奋力作战。 ⑤三布口:地名,在今山东肥城市东。 ⑥历城:县名,治今山东济南市。 ⑦泾阳:县名,治今甘肃平凉市西北。 ⑧阴密:县名,治今甘肃灵台县西南。 ⑨敷陆:城名,在今陕西洛川县东南。 ⑩庚子:四月丙寅朔,无庚子。其他版本作“庚辰”(即十五日),似可从。

高平人翟畅执太守徐含远,以郡降翟辽。燕主垂谓诸将曰:“辽以一城之众,反覆三国之间[1],不可不讨。”五月,以章武王宙监中外诸军事,辅太子宝守中山;垂自帅诸将南攻辽,以太原王楷为前锋都督。辽众皆燕、赵之人，闻楷至，皆曰："太原王子[2]，吾之父母也！"相帅归之。辽惧，遣使请降；垂以辽为徐州牧，封河南公，前至黎阳，受降而还。

井陉人贾鲍[3]，招引北山丁零翟遥等五千余人，夜袭中山，陷其外郭。章武王宙以奇兵出其外，太子宝鼓噪于内，合击，大破之，尽俘其众，唯遥、鲍单马走免。

刘显地广兵强，雄于北方。会其兄弟乖争，魏长史张衮言于魏王珪曰："显志在并吞，今不乘其内溃而取之[4]，必为后患。然吾不能独克，请与燕共攻之。"珪从之，复遣安同乞师于燕。

诏征会稽处士戴逵，逵累辞不就；郡县敦逼不已，逵逃匿于吴。谢玄上疏曰："逵自求其志[5]，今王命未回，将罹风霜之患。陛下既已爱而器之，亦宜使其身名并存，请绝召命。"帝许之。逵，遁之兄也。

秦主登以其兄同成为司徒、守尚书令，封颍川王；弟广为中书监，封安成王；子崇为尚书左仆射，封东平王。

燕主垂自黎阳还中山。

吴深杀燕清河太守丁国，章武人王祖杀太守白钦，勃海人张申据高城以叛[6]；燕主垂命乐浪王温讨之。

苑川王国仁帅骑三万袭鲜卑大人密贵、裕苟、提伦三部于六泉[7]。秋，七月，与没弈干、金熙战于渴浑川[8]，没弈干、金熙大败，三部皆降。

秦主登军于瓦亭[9]，后秦主苌攻彭沛谷堡[10]，拔之，谷奔杏城。苌还阴密，以太子兴镇长安。

燕赵王麟讨王敏于上谷，斩之。

刘卫辰献马于燕，刘显掠之。燕主垂怒，遣太原王楷将兵助赵王麟击显，大破之。显奔马邑西山，魏王珪引兵会麟击显于弥泽[11]，又破之。显奔西燕，麟悉收其部众，获马牛羊以千万数。

吕光将彭晃、徐炅攻张大豫于临洮，破之。大豫奔广武，王穆奔建康。八月，广武人执大豫送姑臧，斩之。穆袭据酒泉，自称大将军、凉州牧。

【注释】

①三国：指晋国、后燕、西燕。 ②太原王：指前燕太原王慕容恪。恪曾做前燕的宰相，有德于民，燕、赵地区的人民怀念他，故乐意归顺于他的儿子。 ③井陉：县名，治今河北井陉县西北。 ④"今不"句：指刘奴真、刘肺泥相继归附后燕之事。 ⑤自求其志：语出《论语·季氏篇》"隐居以求其志"，后世因之以"求其志"代指隐居。 ⑥高城：县名，治今河北盐山县东南。 ⑦六泉：地名，在今宁夏固原市。 ⑧渴浑川：地名，在今甘肃榆中县。 ⑨瓦亭：地名，在今宁夏固原市南。 ⑩彭沛谷堡：彭沛谷构筑的小城堡，在今陕西黄陵县西北。 ⑪弥泽：地名，在今山西朔州市南。

辛巳，立皇子德宗为太子，大赦。

燕主垂立刘显弟可泥为乌桓王，以抚其众，徙八千余落于中山。

秦冯翊太守兰椟帅众二万自频阳入和宁[①]，与鲁王纂谋攻长安。纂弟师奴劝纂称尊号，纂不从；师奴杀纂而代之，椟遂与师奴绝。西燕主永攻椟，椟请救于后秦，后秦主苌欲自救之。尚书令姚旻、左仆射尹纬曰："苻登近在瓦亭，将乘虚袭吾后。"苌曰："苻登众盛，非旦夕可制；登迟重少决[②]，必不能轻军深入。比两月间，吾必破贼而返，登虽至，无能为也。"九月，苌军于泥源[③]。师奴逆战，大败，亡奔鲜卑。后秦尽收其众，屠各董成等皆降。

秦主登进据胡空堡[④]，戎、夏归之十余万。

冬，十月，翟辽复叛燕，遣兵与王祖、张申寇抄清河、平原。

后秦主苌进击西燕王永于河西[⑤]，永走。兰椟复列兵拒守，苌攻之；十二月，禽椟，遂如杏城。

后秦姚方成攻秦雍州刺史徐嵩垒，拔之，执嵩而数之。嵩骂曰："汝姚苌罪当万死，苻黄眉欲斩之，先帝止之[⑥]。授任内外，荣宠极矣。曾不如犬马识所养之恩，亲为大逆[⑦]。汝羌辈岂可以人理期也，何不速杀我？"方成怒，三斩嵩[⑧]，悉坑其士卒，以妻子赏军。后秦主苌掘秦主坚尸，鞭挞无数，剥衣倮形，荐之以棘，坎土而埋之。

凉州大饥，米斗直钱五百，人相食，死者太半。

吕光西平太守康宁自称匈奴王，杀湟河太守强禧以叛[9]。张掖太守彭晃亦叛，东结康宁，西通王穆。光欲自击晃，诸将皆曰："今康宁在南，伺衅而动，若晃、穆未诛，康宁复至，进退狼狈，势必大危。"光曰："实如卿言。然我今不往，是坐待其来也。若三寇连兵，东西交至，则城外皆非吾有，大事去矣。今晃初叛，与宁、穆情契未密，出其仓猝，取之差易耳。"乃自帅骑三万，倍道兼行。既至，攻之二旬，拔其城，诛晃。

初，王穆起兵，遣使招敦煌处士郭瑀，瑀叹曰："今民将左衽，吾忍不救之邪！"乃与同郡索嘏起兵应穆，运粟三万石以饷之，穆以瑀为太府左长史、军师将军，嘏为敦煌太守。既而穆听谗言，引兵攻嘏，瑀谏不听，出城大哭，举手谢城曰："吾不复见汝矣！"还而引被覆面，不与人言，不食而卒。吕光闻之曰："二虏相攻，此成禽也，不可以惮屡战之劳而失永逸之机也。"遂帅步骑二万攻酒泉，克之，进屯凉兴[10]，穆引兵东还，未至，众溃，穆单骑走，骍马令郭文斩其首送之[11]。

【注释】

①频阳：县名，治今陕西富平县东北美原镇西南。和宁：地名，在今陕西黄陵县东南。 ②迟重：迟钝、过于稳重。 ③泥源：地名，当为泥水之源，泥水即今甘肃泾河支流马莲河及其上流东河。 ④胡空堡：前秦屯骑校尉胡空构筑的小城堡，在今陕西彬州市境内。 ⑤西燕王：据全书体例，当作"西燕主"。河西：指龙门至华阴的黄河西岸地区。 ⑥"先帝"句：苻黄眉欲杀姚苌之事，见本书卷第一百晋穆帝升平元年(357)。 ⑦"亲为"句：指姚苌在新平佛寺杀死苻坚之事。 ⑧三斩：在足、腰、颈三处进行斩杀。 ⑨湟河：郡名，治今青海化隆回族自治县黄河北岸。 ⑩凉兴：郡名，治今甘肃瓜州县东。 ⑪骍(xīng 星)马：县名，治今甘肃玉门市东北。

十三年 春，正月，康乐献武公谢玄卒。

二月，秦主登军朝那[1]，后秦主苌军武都[2]。

翟辽遣司马眭琼诣燕谢罪；燕主垂以其数反覆，斩琼以绝之。

辽乃自称魏天王,改元建光,置百官。

燕青州刺史陈留王绍为平原太守辟闾浑所逼,退屯黄巾固[③]。燕主垂更以绍为徐州刺史。浑,蔚之子也,因苻氏乱,据齐地来降。

三月,乙亥,燕主垂以太子宝录尚书事,授之以政,自总大纲而已。

燕赵王麟击许谦,破之,谦奔西燕。遂废代郡,悉徙其民于龙城。

吕光之定凉州也,杜进功居多,光以为武威太守,贵宠用事,群僚莫及。光甥石聪从关中来,光问之曰:"中州人言我为政何如?"聪曰:"但闻有杜进耳,不闻有舅。"光由是忌进而杀之。

光与群寮宴,语及政事,参军京兆段业曰:"明公用法太峻。"光曰:"吴起无恩而楚强,商鞅严刑而秦兴。"业曰:"起丧其身,鞅亡其家[④],皆残酷之致也。明公方开建大业,景行尧、舜[⑤],犹惧不济;乃慕起、鞅之为治,岂此州士女所望哉!"光改容谢之。

夏,四月,戊午,以朱序为都督司、雍、梁、秦四州诸军事、雍州刺史,戍洛阳。以谯王恬代序为都督兖、冀、幽、并诸军事、青、兖二州刺史[⑥]。

苑川王国仁破鲜卑越质叱黎于平襄[⑦],获其子诘归。

丁亥[⑧],燕主垂立夫人段氏为皇后,以太子宝领大单于。段氏,右光禄大夫仪之女;其妹适范阳王德。仪,宝之舅也。追谥前妃段氏为成昭皇后。

五月,秦太弟懿卒,谥曰献哀。

翟辽徙屯滑台。

【注释】

①朝那:县名,治今宁夏固原市东南。 ②武都:城名,确址待考,疑在今甘肃镇原县境。 ③黄巾固:地名,在今山东济南市章丘区北。④"起丧"二句:吴起被杀,见本书卷第一周安王二十一年(前381)。商鞅被杀,见本书卷第二周显王三十一年(前338)。 ⑤景行:语出《诗经·小雅·车辖》"高山仰止,景行行止",意为效法大德。 ⑥"以谯王"句:据其他版本,"并"字下当有"四州"二字。 ⑦平襄:县名,治今

甘肃通渭县西。　⑧丁亥：四月庚寅朔，无丁亥。

北魏绿釉陶三联杯

六月，苑川王乞伏国仁卒，谥曰宣烈，庙号烈祖。其子公府尚幼，群下推国仁弟乾归为大都督、大将军、大单于、河南王，大赦，改元太初。

魏王珪破库莫奚于弱落水南[①]，秋，七月，库莫奚复袭魏营，珪又破之。库莫奚者，本属宇文部，与契丹同类而异种[②]，其先皆为燕王皝所破，徙居松漠之间[③]。

秦、后秦自春相持，屡战，互有胜负，至是各解归。关西豪桀以后秦久无成功，多去而附秦。

河南王乾归立其妻边氏为王后；置百官，仿汉制，以南川侯出连乞都为丞相，梁州刺史悌眷为御史大夫，金城边芮为左长史，东秦州刺史祕宜为右长史，武始翟勍为左司马，略阳王松寿为主簿，从弟轲弹为梁州牧，弟益州为秦州牧，屈眷为河州牧。

八月，秦主登立子崇为皇太子，弁为南安王，尚为北海王。

燕护军将军平幼会章武王宙讨吴深，破之，深走保绎幕。

魏王珪阴有图燕之志，遣九原公仪奉使至中山，燕主垂诘之曰："魏王何以不自来？"仪曰："先王与燕并事晋室[④]，世为兄弟，臣今奉使，于理未失。"垂曰："吾今威加四海，岂得以昔日为比！"仪曰："燕若不修德礼，欲以兵威自强，此乃将帅之事，非使臣所知也。"仪还，言于珪曰："燕主衰老，太子暗弱，范阳王自负材气，非少主臣也。燕主既没，内难必作，于时乃可图也。今则未可。"珪善之。仪，珪母弟翰之子也。

九月，河南王乾归迁都金城。

张申攻广平，王祖攻乐陵；壬午，燕高阳王隆将兵讨之。

冬，十月，后秦主苌还安定；秦主登就食新平，帅众万余围苌营，四面大哭，苌命营中哭以应之，登乃退。

十二月，庚子，尚书令南康襄公谢石卒。

燕太原王楷、赵王麟将兵会高阳王隆于合口[5]，以击张申；王祖帅诸垒共救之，夜犯燕军，燕人逆击，走之。隆欲追之，楷、麟曰："王祖老贼，或恐诈而设伏，不如俟明。"隆曰："此白地群盗，乌合而来，徼幸一决，非素有约束，能壹其进退也。今失利而去，众莫为用，乘势追之，不过数里，可尽擒也。申之所恃，唯在于祖，祖破，则申降矣。"乃留楷、麟守申垒，隆与平幼分道击之，比明，大获而还，悬所获之首以示申。甲寅，申出降，祖亦归罪。

秦以颍川王同成为太尉。

【注释】

①弱落水：河流名，又作饶乐水、浇水、浇落水，即今内蒙古西拉木伦河。　②契丹：古民族名，为东胡族的一支，居今辽河上游西拉木伦河一带，以游牧为生。北魏时自号契丹，分属八部。唐代于此设松漠都督府，以契丹首领为都督。唐代末年耶律阿保机统一各部，于916年建契丹国，自称皇帝，后改国名为辽。　③松漠：地名，即今内蒙古西拉木伦河流域。　④"先王"句：魏国、燕国同属鲜卑，两国统治者的先人拓跋力微、慕容涉归都曾为晋国的臣子。　⑤合口：城名，在今河北沧州市西南。

十四年　春，正月，燕以阳平王柔镇襄国。

辽西王农在龙城五年，庶务修举，乃上表曰："臣顷因征即镇[1]，所统将士安逸积年，青、徐、荆、雍遗寇尚繁，愿时代还，展竭微效，生无余力，没无遗恨，臣之志也！"庚申，燕主垂召农为侍中、司隶校尉；以高阳王隆为都督幽、平二州诸军事、征北大将军、幽州牧；建留台于龙城，以隆录留台尚书事。又以护军将军平幼为征北长史，散骑常侍封孚为司马，并兼留台尚书。隆因农旧规，修而广之，辽、碣遂安[2]。

后秦主苌以秦战屡胜，谓得秦王坚之神助，亦于军中立坚像而祷之曰："臣兄襄敕臣复仇[3]，新平之祸[4]，臣行襄之命，非臣罪也。苻登，陛下疏属，犹欲复仇，况臣敢忘其兄乎？且陛下命臣以龙骧建业[5]，臣敢违之！今为陛下立像，陛下勿追计臣过也。"秦主登升楼，遥谓苌曰："为臣弑君，而立像求福，庸有益乎！"因大呼曰："弑君贼姚苌何不自出，吾与汝决之！"苌不应。久之，以战未有利，军中每夜数惊，乃斩像首以送秦。

秦主登以河南王乾归为大将军、大单于、金城王。

甲寅[6]，魏王珪袭高车，破之。

二月，吕光自称三河王，大赦，改元麟嘉，置百官。光妻石氏、子绍、弟德世自仇池来至姑臧，光立石氏为妃，绍为世子。

癸巳，魏王珪击吐突邻部于女水[7]，大破之，尽徙其部落而还。

秦主登留辎重于大界[8]，自将轻骑万余攻安定羌密造保[9]，克之。

【注释】

①因征即镇：因出征而留下来镇守。事详见本书卷第一百六晋孝武帝太元十年(385)。 ②辽、碣：地名，即辽水、碣石地区，约相当于现在的河北北部及辽宁省。 ③"臣兄"句：姚襄被前秦所杀，见本书卷第一百晋穆帝升平元年(357)。 ④新平之祸：指姚苌在新平佛寺杀死苻坚之事，见本书卷第一百六晋孝武帝太元十年(385)。 ⑤"且陛下"句：苻坚授予姚苌龙骧将军职务及勉励之语，见本书卷第一百五晋孝武帝太元八年(383)。 ⑥甲寅：正月丙辰朔，无甲寅。 ⑦女水：河流名，在今内蒙古武川县境内。 ⑧大界：地名，确址待考，当在今陕西彬州市、甘肃泾川县之间。 ⑨密造保：据胡注，当作"密造堡"。

夏，四月，翟辽寇荥阳，执太守张卓。

燕以长乐公盛镇蓟城，修缮旧宫。

五月，清河民孔金斩吴深，送首中山。

金城王乾归击侯年部，大破之。于是秦、凉、鲜卑、羌、胡多附乾归，乾归悉授以官爵。

后秦主苌与秦主登战数败，乃遣中军将军姚崇袭大界；登邀击之于安丘[1]，又败之。

燕范阳王德、赵王麟击贺讷，追奔至勿根山[2]，讷穷迫请降，徙之上谷，质其弟染干于中山。

秋，七月，以骠骑长史王忱为荆州刺史、都督荆、益、宁三州诸军。忱，国宝之弟也。

秦主登攻后秦右将军吴忠等于平凉，克之。八月，登据苟头原以逼安定[③]。诸将劝后秦主苌决战。苌曰："与穷寇竞胜，兵家之忌也；吾将以计取之。"乃留尚书令姚旻守安定，夜，帅骑三万袭秦辎重于大界，克之，杀毛后及南安王尚[④]，擒名将数十人，驱掠男女五万余口而还。毛氏美而勇，善骑射，后秦兵入其营，毛氏犹弯弓跨马，帅壮士数百人战，众寡不敌，为后秦所执。苌将纳之，毛氏骂且哭曰："姚苌，汝先已杀天子[⑤]，今又欲辱皇后，皇天后土，宁汝容乎！"苌杀之。诸将欲因秦军骇乱击之，苌曰："登众虽乱，怒气犹盛，未可轻也。"遂止。登收余众屯胡空堡。苌使姚硕德镇安定，徙安定千余家于阴密，遣其弟征南将军靖镇之。

九月，庚午，以左仆射陆纳为尚书令。

秦主登之东也，后秦主苌使姚硕德置秦州守宰，以从弟常戍陇城，邢奴戍冀城，姚详戍略阳。杨定攻陇、冀，克之，斩常，执邢奴；详弃略阳，奔阴密。定自称秦州牧、陇西王，秦因其所称而授之。

【注释】

①安丘：地名，在今甘肃灵台县境。 ②勿根山：山名，今地不详，待考。 ③苟头原：地名，在今甘肃泾川县西北。 ④"杀毛后"句：据其他版本，"南安王"下脱"弁北海王"四字。 ⑤天子：指苻坚。

冬，十月，秦主登以窦冲为大司马、都督陇东诸军事、雍州牧，杨定为左丞相、都督中外诸军事、秦、梁二州牧，约共攻后秦；又约监河西诸军事、并州刺史杨政、都督河东诸军事、冀州刺史杨楷各帅其众会长安。政、楷皆河东人。秦主丕既败，政、楷收集流民数万户，政据河西，楷据湖、陕之间，遣使请命于秦，登因而授之。

燕乐浪悼王温为冀州刺史，翟辽遣丁零故堤诈降于温帐，乙西，刺温，杀之，并其长史司马驱，帅守兵二百户奔西燕。燕辽西王农邀击刺温者于襄国，尽获之，惟堤走免。

十一月，枹罕羌彭奚念附于乞伏乾归，以奚念为北河州刺史[①]。

初，帝既亲政事，威权己出，有人主之量。已而溺于酒色，委事于琅邪王道子；道子亦嗜酒，日夕与帝以酣歌为事。又崇尚浮屠[②]，穷奢极费，所亲昵者皆姏姆[③]、僧尼。左右近习，争弄权柄，交通请托，贿赂公行，官赏滥杂，刑狱谬乱。尚书令陆纳望宫阙叹曰："好家居，纤儿欲撞坏之邪[④]？"左卫领营将军会稽许营上疏曰[⑤]："今台府局吏、直卫武官及仆隶婢儿取母之姓者[⑥]，本无乡邑品第，皆得为郡守县令，或带职在内，及僧尼乳母，竞进亲党，又受货赂；辄临官领众，政教不均，暴滥无罪，禁令不明，劫盗公行。昔年下书敕群下尽规，而众议兼集，无所采用。臣闻佛者，清远玄虚之神，今僧尼往往依傍法服[⑦]，五诫粗法尚不能遵[⑧]，况精妙乎？而流惑之徒，竞加敬事，又侵渔百姓，取材为惠，亦未合布施之道也[⑨]。"疏奏，不省。

道子势倾内外，远近奔凑；帝渐不平，然犹外加优崇。侍中王国宝以谗佞有宠于道子，扇动朝众，讽八座启道子宜进位丞相、扬州牧[⑩]，假黄钺，加殊礼。护军将军南平车胤曰："此乃成王所以尊周公也。今主上当阳[⑪]，非成王之比；相王在位[⑫]，岂得为周公乎！"乃称疾不署。疏奏，帝大怒，而嘉胤有守。

【注释】

①"以奚念"句：乞伏乾归已在境内设置河州刺史，故以彭奚念为北河州刺史，治枹罕。 ②浮屠："佛"的梵语音译。 ③姏（mán 蛮）姆：老年妇女。这里当指从事迷信活动和低贱职业的三姑六婆。 ④纤儿：小儿，含鄙视意。 ⑤左卫领营将军：职官名。以左卫将军的身份统领营兵，故称左卫领营将军。 ⑥台府局：尚书台、公府及各官府。取母之姓者：官私婢女与人私合所生的子女。 ⑦法服：佛教徒的法衣，即袈裟。 ⑧五诫：佛教的五种戒律，即不杀生、不偷盗、不邪淫、不妄语、不饮酒食肉。 ⑨布施：佛教用语，分为三种，一为财施，即施舍财物救济贫民，二为法施，即说法度人，三为无畏施，即以无畏施于他人，救人厄难。 ⑩八座：尚书省主要官员。东汉时，以六曹尚书、令、仆射为八座；魏晋南朝，以五曹尚书、二仆射、一令为八座。 ⑪当阳：天子南面向明而治。 ⑫相王：指司马道子。

中书侍郎范宁、徐邈为帝所亲信，数进忠言，补正阙失，指斥奸党。王国宝，宁之甥也，宁尤疾其阿谀，劝帝黜之。陈郡袁悦之有宠于道子，国宝使悦之因尼妙音致书于太子母陈淑媛云[1]："国宝忠谨，宜见亲信。"帝知之，发怒，以他事斩悦之。国宝大惧，与道子共谮范宁出为豫章太守。宁临发，上疏言："今边烽不举而仓库空匮[2]；古者使民岁不过三日[3]，今之劳扰，殆无三日之休，至有生儿不复举养，鳏寡不敢嫁娶。厝火积薪[4]，不足喻也。"宁又上言："中原士民流寓江左，岁月渐久，人安其业。凡天下之人，原其先祖，皆随世迁移，何至于今而独不可。谓宜正其封疆[5]，户口皆以土断。又，人性无涯，奢俭由势；今并兼之室，亦多不赡，非其财力不足，盖由用之无节，争以靡丽相高，无有限极故也。礼十九为长殇[6]，以其未成人也。今以十六为全丁[7]，十三为半丁。所任非复童幼之事，岂不伤天理、困百姓乎！谓宜以二十为全丁，十六为半丁，则人无夭折，生长繁滋矣。"帝多纳用之。

宁在豫章，遣十五议曹下属城[8]，采求风政；并吏假还，讯问官长得失。徐邈与宁书曰："足下听断明允，庶事无滞，则吏慎其负[9]，而人听不惑矣，岂须邑至里诣，饰其游声哉！非徒不足致益，实乃蚕渔之所资[10]，岂有善人君子而干非其事，多所告白者乎！自古以来，欲为左右耳目，无非小人，皆先因小忠而成其大不忠，先藉小信而成其大不信，遂使谗谄并进，善恶倒置，可不戒哉！足下慎选纲纪[11]，必得国士以摄诸曹，诸曹皆得良吏以掌文按，又择公方之人以为监司[12]，则清浊能否，与事而明；足下但平心处之，何取于耳目哉！昔明德马后未尝顾左右与言[13]，可谓远识，况大丈夫而不能免此乎！"

十二月，后秦主苌使其东门将军任瓮诈遣使招秦主登，许开门纳之。登将从之，征东将军雷恶地将兵在外，闻之，驰骑见登，曰："姚苌多诈，不可信也！"登乃止。苌闻恶地诣登，谓诸将曰："此羌见登，事不成矣！"登以恶地勇略过人，阴惮之。恶地惧，降于后秦，苌以恶地为镇军将军。

秦以安成王广为司徒。

【注释】

①淑媛:后宫嫔妃名号。 ②边烽:边境上的烽火。烽火是古代边防报警的信号。 ③“古者”句:古代服役“岁不过三日”,语出《礼记·王制》,当具推测性质。 ④厝(cuò 措)火积薪:把火放在堆积的柴草底下,比喻潜伏着很大的危险。 ⑤正其封疆:统一行政区划。东晋初,北方流民大量涌入南方,政府依其原有籍贯,在南方设立侨郡侨县来安置他们。时间一长,行政管理、赋税征收极为不便,故范宁主张实行土断,统一行政区划。 ⑥长殇:男女未成人而死称为殇,其中十六至十九岁之间死去为长殇。 ⑦全丁:能够负担赋税劳役的成年男子,也称正丁。负担一半赋役的称半丁或次丁男。 ⑧“遣十五”句:议曹,郡守所辟属吏的名称。其时,豫章辖有南昌、海昏、新淦、建成、望蔡、永修、建昌、吴平、豫章、彭泽、艾县、康乐、丰城、新昌、宜丰、钟陵等十六县,南昌为郡治所,不再派人,故派遣议曹人数为十五人。 ⑨负:罪过。 ⑩蚕渔:侵占剥夺。 ⑪纲纪:胡三省曰:郡以僚佐为纲纪。 ⑫公方:正直无私。 ⑬明德马后:即东汉明帝马皇后。

十五年 春,正月,乙亥,谯敬王恬薨。

西燕主永引兵向洛阳,朱序自河阴北济河,击败之。序追至白水[1],会翟辽谋向洛阳,序乃引兵还,击走之,留鹰扬将军朱党戍石门,使其子略督护洛阳,以参军赵蕃佐之,身还襄阳。

琅邪王道子恃宠骄恣,侍宴酣醉,或亏礼敬。帝益不能平,欲选时望为藩镇以潜制道子,问于太子左卫率王雅曰:“吾欲用王恭、殷仲堪何如?”雅曰:“王恭风神简贵,志气方严;仲堪谨于细行,以文义著称。然皆峻狭自是,且干略不长;若委以方面,天下无事,足以守职,若其有事,必为乱阶矣!”帝不从。恭,蕴之子;仲堪,融之孙也。二月,辛巳,以中书令王恭为都督青、兖、幽、并、冀五州诸军事、兖、青二州刺史,镇京口。

三月,戊辰,大赦。

后秦主苌攻秦扶风太守齐益男于新罗堡[2],克之,益男走。秦主登攻后秦天水太守张业生于陇东,苌救之,登引去。

夏,四月,秦镇东将军魏揭飞自称冲天王,帅氐、胡攻后秦安北将军姚当成于杏城；镇军将军雷恶地叛应之，攻镇东将军姚汉得于李润[3]。后秦主苌欲自击之，群臣皆曰："陛下不忧六十里苻登[4]，乃忧六百里魏揭飞，何也？"苌曰："登非可猝灭，吾城亦非登所能猝拔。恶地智略非常，若南引揭飞，东结董成[5]，得杏城、李润而据之，长安东北非吾有也。"乃潜引精兵一千六百赴之。揭飞、恶地有众数万，氐、胡赴之者前后不绝。苌每见一军至，辄喜。群臣怪而问之，苌曰："揭飞等扇诱同恶，种类甚繁，吾虽克其魁帅，余党未易猝平；今乌集而至，吾乘胜取之，可一举无余也。"揭飞等见后秦兵少，悉众攻之；苌固垒不战，示之以弱，潜遣其子中军将军崇帅骑数百出其后。揭飞兵扰乱，苌遣镇远将军王超等纵兵击之，斩揭飞及其将士万余级。恶地请降，苌待之如初。恶地谓人曰："吾自谓智勇杰出一时，而每遇姚翁辄困，固其分也！"

苌命姚当成于所营之地，每栅孔中辄树一木以旌战功。岁余，问之，当成曰："营地太小，已广之矣。"苌曰："吾自结发以来，与人战，未尝如此之快，以千余兵破三万之众，营地惟小为奇，岂以大为贵哉！"

吐谷浑视连遣使献见于金城王乾归，乾归拜视连沙州牧、白兰王。

丙寅[6]，魏王珪会燕赵王麟于意辛山[7]，击贺兰、纥突邻、纥奚三部，破之，纥突邻、纥奚皆降于魏。

【注释】

①白水：河流名，即今山西晋城市境丹水支流白河。　②新罗堡：地名，在今陕西眉县东南。　③李润：地名，在今陕西蒲城县东北。　④"陛下"句：当时苻登已抵达新丰（治今陕西西安市临潼区东北阴盘城）的千户固，离长安六十里。　⑤"东结"句：董成当时驻扎在北地（治今陕西铜川市耀州区东）。　⑥丙寅：四月己卯朔，无丙寅。　⑦意辛山：山名，又作意亲山，在今内蒙古二连浩特市西南。

秋，七月，冯翊人郭质起兵于广乡以应秦[1]，移檄三辅曰："姚苌凶虐，毒被神人。吾属世蒙先帝尧、舜之仁[2]，非常伯、纳言之子[3]，即卿校、牧守之孙也。与其含耻而存，孰若蹈道而死。"于是三辅壁垒皆应之;独郑县人苟曜聚众数千附于后秦。秦以质为冯翊太守。后秦以曜为豫州刺史。

刘卫辰遣子直力鞮攻贺兰部,贺讷困急,请降于魏。丙子,魏王珪引兵救之,直力鞮退。珪徙讷部落,处之东境。

八月,刘牢之击翟钊于鄄城,钊走河北;又败翟辽于滑台,张愿来降。

九月,北平人吴柱聚众千余,立沙门法长为天子,破北平郡,转寇广都[④],入白狼城[⑤],燕幽州牧高阳王隆方葬其夫人,郡县守宰皆会之,众闻柱反,请隆还城,遣大兵讨之。隆曰:"今闾阎安业[⑥],民不思乱,柱等以诈谋惑愚夫,诱胁相聚,无能为也。"遂留葬讫,遣广平太守、广都令先归[⑦],续遣安昌侯进将百余骑趋白狼城,柱众闻之,皆溃,穷捕,斩之。

以侍中王国宝为中书令,俄兼中领军。

丁未,以吴郡太守王珣为尚书右仆射。

吐谷浑视连卒,子视罴立。视罴以其父祖慈仁,为四邻所侵侮[⑧],乃督厉将士,欲建功业。冬,十月,金城王乾归遣使拜视罴沙州牧、白兰王;视罴不受。

十二月,郭质及苟曜战于郑东,质败,奔洛阳。

越质诘归据平襄,叛金城王乾归。

【注释】

①广乡:地名,在今陕西渭南市华州区西。 ②先帝:指苻坚。 ③常伯、纳言:即侍中、尚书。 ④广都:县名,治所今地不详,待考。 ⑤白狼城:城名,在今辽宁喀喇沁左翼蒙古族自治县西南。 ⑥闾阎:泛指民间。 ⑦广平:据胡注,当作"北平"。 ⑧"为四邻"句:慕容视罴的祖父慕容辟奚、父亲慕容视连,事迹详见本书卷第一百三晋简文帝咸安元年(371)。

十六年 春,正月,燕置行台于蓟[①],加长乐公盛录行台尚书事。

金城王乾归击越质诘归;诘归降,乾归以宗女妻之。

贺染干谋杀其兄讷,讷知之,举兵相攻。魏王珪告于燕,请为乡导以讨之。二月，甲戌[2]，燕主垂遣赵王麟将兵击讷，镇北将军兰汗帅龙城之兵击染干。

三月，秦主登自雍攻后秦安东将军金荣于范氏堡[3]，克之；遂渡渭水，攻京兆太守韦范于段氏堡[4]，不克；进据曲牢[5]。

夏，四月，燕兰汗破贺染干于牛都[6]。

苟曜有众一万，密召秦主登，许为内应；登自曲牢向繁川[7]，军于马头原[8]。五月，后秦主苌引兵逆战，登击破之，斩其右将军吴忠。苌收众复战，姚硕德曰："陛下慎于轻战，每欲以计取之，今战失利而更前逼贼，何也？"苌曰："登用兵迟缓，不识虚实。今轻兵直进，遥据吾东，此必苟曜竖子与之有谋也。缓之则其谋得成，故及其交之未合，急击之以败散其事耳。"遂进战，大破之。登退屯于郿[9]。

秦兖州刺史强金槌据新平，降后秦，以其子逵为质。后秦主苌将数百骑入金槌营。群下谏之，苌曰："金槌既去苻登，又欲图我，将安所归乎？且彼初来款附，宜推心以结之，奈何复以不信疑之乎？"既而群氐欲取苌，金槌不从。

六月，甲辰，燕赵王麟破贺讷于赤城[10]，禽之，降其部落数万。燕主垂命麟归讷部落，徙染干于中山。麟归，言于垂曰："臣观拓跋珪举动，终为国患，不若摄之还朝，使其弟监国事。"垂不从。

西燕主永寇河南，太守杨佺期击破之。

【注释】

①行台：在地方代表朝廷行使尚书省职权的机构。常由军事征伐而设置，如任职的人权位特重，则称大行台。 ②甲戌：二月甲辰朔，无甲戌。 ③范氏堡：地名，今址不详，待考。 ④段氏堡：地名，今址不详，待考。 ⑤曲牢：地名，确址待考，疑在今陕西西安市长安区境。 ⑥牛都：地名，在今山西大同市西北。 ⑦繁川：地名，当即"樊川"，在今陕西西安市长安区境内。 ⑧马头原：地名，确址待考，疑在今陕西西安市附近一带。 ⑨郿（méi眉）：县名，治今陕西眉县东渭河北岸。 ⑩赤城：城名，在今内蒙古托克托县东南黄河西岸。

秋，七月，壬申，燕主垂如范阳。

魏王珪遣其弟觚献见于燕；燕主垂衰老，子弟用事，留觚以求良马。魏王珪弗与，遂与燕绝；使长史张衮求好于西燕。觚逃归，燕太子宝追获之，垂待之如初。

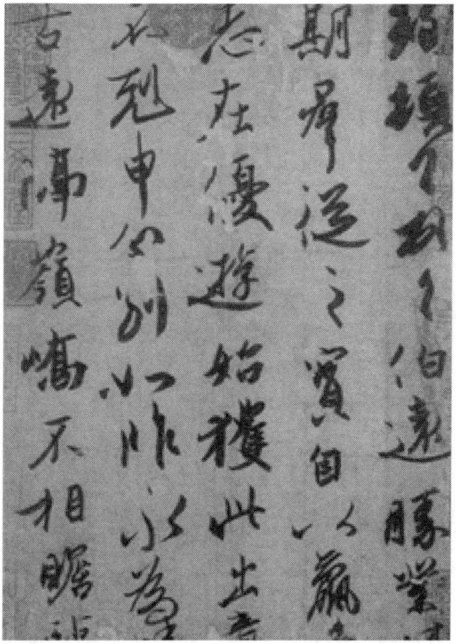

王珣帖

秦主登攻新平，后秦主苌救之，登引去。

秦骠骑将军没弈干以其二子为质于金城王乾归，请共击鲜卑大兜。乾归与没弈干攻大兜于鸣蝉堡[①]，克之。兜微服走，乾归收其部众而还，归没弈干二子。没弈干寻叛，东合刘卫辰。八月，乾归帅骑一万讨没弈干，没弈干奔他楼城[②]，乾归射之，中目。

九月，癸未，以尚书右仆射王珣为左仆射，太子詹事谢琰为右仆射。太学博士范弘之论殷浩宜加赠谥，因叙桓温不臣之迹。是时桓氏犹盛，王珣，温之故吏也，以为温废昏立明，有忠贞之节；黜弘之为余杭令。弘之，汪之孙也。

冬，十月，壬辰[③]，燕主垂还中山。

初，柔然部人世服于代[④]，其大人郁久闾地粟袁卒[⑤]，部落分为二：长子匹候跋继父居东边，次子缊纥提别居西边。秦王坚灭代，柔然附于刘卫辰。

及魏王珪即位，攻击高车等，诸部率皆服从，独柔然不事魏。戊戌[⑥]，珪引兵击之，柔然举部遁走，珪追奔六百里。诸将因张衮言于珪曰："贼远粮尽，不如早还。"珪问诸将："若杀副马[⑦]，为三日食，足乎？"皆曰："足。"乃复倍道追之，及于大碛南床山下[⑧]，大破之，虏其半部，匹候跋及别部帅屋击各收余众遁走。珪遣长孙嵩、长孙肥追之。珪谓将佐曰:“卿曹知吾前问三日粮意乎?”曰:“不知也。”珪曰:“柔然驱畜产奔走数日,至水必留;我以轻骑追之,计其道里,不过三日及之矣。”皆曰:“非所及也。”嵩追斩屋击于平望川[9]。肥追匹候跋至涿邪山[10],匹候跋举众降,获缊纥提之子曷多汗、兄子社仑、斛律等宗党数百人。缊纥提将奔刘卫辰,珪追及之,缊纥提亦降,珪悉徙其部众于云中。

【注释】

①鸣蝉堡:地名,确址待考,疑在今甘肃庄浪县和张家川回族自治县一带。 ②他楼城:地名,在今宁夏同心县东南。 ③壬辰:十月庚子朔,无壬辰。 ④柔然:古代民族名。北朝译为蠕蠕,南朝译为芮芮。本属东胡族的支属,初属拓跋部,其后建立政权,因内乱频仍,在西魏废帝时被突厥所灭。 ⑤郁久闾:三字姓氏。 ⑥戊戌:十月庚子朔,无戊戌。 ⑦副马:备用的马。北方骑兵远征,各骑一马,又有一马备用,称副马。 ⑧南床山:山名,今地不详,当在大沙漠之西。 ⑨平望川:地名,今地不详,待考。 ⑩涿邪山:山名,一作涿涂山,约当今蒙古阿尔泰山脉东南部一带。

翟辽卒,子钊代立,改元定鼎。攻燕鄴城,燕辽西王农击却之。

三河王光遣兵乘虚伐金城王乾归;乾归闻之,引兵还,光兵亦退。

刘卫辰遣子直力鞮帅众八九万攻魏南部。十一月,己卯,魏王珪引兵五六千人拒之,壬午,大破直力鞮于铁岐山南[1],直力鞮单骑走。乘胜追之,戊子,自五原金津南济河[2],径入卫辰国,卫辰部落骇乱。辛卯,珪直抵其所居悦跋城[3],卫辰父子出走。壬辰,分遣诸将轻骑追之,将军伊谓禽直力鞮于木根山[4],卫辰为其部下所杀。十二月,珪军于盐池[5],诛卫辰宗党五千余人,皆投尸于河,自河以南诸部悉降,获马三十余万匹,牛羊四百余万头,国用由是遂饶。

卫辰少子勃勃亡奔薛干部,珪使人求之。薛干部帅太悉伏出勃勃以示使者曰:“勃勃国破家亡,以穷归我,我宁与之俱亡,何忍执以与魏。”乃送勃勃于没弈干，没弈干以女妻之。

戊申，燕主垂如鲁口。

秦主登攻安定，后秦主苌如阴密以拒之，谓太子兴曰：“苟曜闻吾北行，必来见汝，汝执诛之。”曜果见兴于长安，兴使尹纬让而诛之。

苌败登于安定城东，登退据路承堡⑥。苌置酒高会，诸将皆曰：“若值魏武王⑦，不令此贼至今，陛下将牢太过耳⑧。”苌笑曰：“吾不如亡兄有四。身长八尺五寸，臂垂过膝，人望而畏之，一也；将十万之众，与天下争衡，望麾而进，前无横陈，二也；温古知今，讲论道艺，收罗英隽，三也；董帅大众，上下咸悦，人尽死力，四也。所以得建立功业，驱策群贤者，正望算略中有片长耳。”群臣咸称万岁。

【注释】

①铁岐山：山名，在今内蒙古固阳县西北。　②金津：渡口名，在今内蒙古包头市西南黄河上。　③悦跋城：城名，又称代来城，在今内蒙古伊金霍洛旗西北。　④木根山：山名，在今内蒙古鄂托克旗西南。⑤盐池：地名，在今内蒙古乌拉特前旗境。　⑥路承堡：城堡名，今地不详，待考。　⑦魏武王：姚苌对姚襄追封的爵位谥号。　⑧将牢：稳重、谨慎。

资治通鉴卷第一百八

晋纪三十　起玄黓执徐，尽柔兆涒滩，凡五年。

烈宗孝武皇帝下

太元十七年　春，正月，己巳朔，大赦。

秦主登立昭仪陇西李氏为皇后。

二月，壬寅，燕主垂自鲁口如河间、渤海、平原。翟钊遣其将翟都侵馆陶，屯苏康垒[①]。三月，垂引兵南击钊。

秦骠骑将军没弈干帅众降于后秦，后秦以为车骑将军，封高平公。

后秦主苌寝疾，命姚硕德镇李润，尹纬守长安，召太子兴诣行营。征南将军姚方成言于兴曰："今寇敌未灭，上复寝疾。王统等皆有部曲，终为人患，宜尽除之。"兴从之，杀王统、王广、苻胤、徐成、毛盛。苌怒曰："王统兄弟，吾之州里，实无他志；徐成等皆前朝名将，吾方用之，奈何辄杀之！"

燕主垂进逼苏康垒。夏，四月，翟都南走滑台。翟钊求救于西燕，西燕主永谋于群臣，尚书郎渤海鲍遵曰："使两寇相弊，吾承其后，此卞庄子之策也[②]。"中书侍郎太原张腾曰："垂强钊弱，何弊之承！不如速救之，以成鼎足之势。今我引兵趋中山，昼多疑兵，夜多火炬，垂必惧而自救。我冲其前，钊蹑其后，此天授之机，不可失也。"永不从。

燕大赦。

五月，丁卯朔，日有食之。

六月，燕主垂军黎阳，临河欲济，翟钊列兵南岸以拒之。辛亥，垂徙营就西津[3]，去黎阳西四十里，为牛皮船百余艘，伪列兵仗，溯流而上。钊亟引兵趣西津，垂潜遣中垒将军桂林王镇等自黎阳津夜济[4]，营于河南，比明而营成。钊闻之，亟还，攻镇等营，垂命镇等坚壁勿战。钊兵往来疲暍[5]，攻营不能拔，将引去；镇等引兵出战，骠骑将军农自西津济，与镇等夹击，大破之。钊走还滑台，将妻子，收遗众，北济河，登白鹿山[6]，凭险自守，燕兵不得进。农曰："钊无粮，不能久居山中。"乃引兵还，留骑候之。钊果下山，还兵掩击，尽获其众，钊单骑奔长子。西燕主永以钊为车骑大将军、兖州牧，封东郡王。岁余，钊谋反，永杀之。

初，郝晷、崔逞及清河崔宏、新兴张卓、辽东夔腾、阳平路纂皆仕于秦，避秦乱来奔，诏以为冀州诸郡，各将部曲营于河南；既而受翟氏官爵，翟氏败，皆降于燕，燕主垂各随其材而用之。钊所统七郡三万余户，皆按堵如故。以章武王宙为兖、豫二州刺史，镇滑台；徙徐州民七千余户于黎阳，以彭城王脱为徐州刺史，镇黎阳。脱，垂之弟子也。垂以崔荫为宙司马。

初，陈留王绍为镇南将军，太原王楷为征西将军，乐浪王温为征东将军，垂皆以荫为之佐。荫才干明敏强正，善规谏，四王皆严惮之；所至简刑法，轻赋役，流民归之，户口滋息。

秋，七月，垂如邺，以太原王楷为冀州牧，右光禄大夫馀蔚为左仆射。

【注释】

①苏康垒：城堡名，当在今河北馆陶县境内。 ②"此下庄子"句：卞庄子之事，详见本书卷第十汉高帝三年（前204）。 ③西津：渡口名，在今河南浚县东北古黄河上。 ④黎阳津：渡口名，在今河南浚县东南古黄河上。 ⑤暍（yē 耶）：中暑。 ⑥白鹿山：山名，在今河南获嘉县北。

秦主登闻后秦主苌疾病，大喜，告祠世祖神主，大赦，百官进位二等，秣马厉兵，进逼安定，去城九十余里。八月，苌疾小瘳，出拒之。登引兵出营，将逆战，苌遣安南将军姚熙隆别攻秦营，登惧而还。苌夜引兵旁出以蹑其后，旦而候骑告曰："贼诸营已空，不知所向。"登惊曰："彼为何人，去令我不知，来令我不觉，谓其将死，忽然复来，朕与此羌同世，何其厄哉！"登遂还雍，苌亦还安定。

三河王光遣其弟右将军宝等攻金城王乾归，宝及将士死者万余人。又遣其子虎贲中郎将纂击南羌彭奚念，纂亦败归。光自将击奚念于枹罕，克之，奚念奔甘松[①]。

冬，十月，辛亥，荆州刺史王忱卒。

雍州刺史朱序以老病求解职；诏以太子右卫率郗恢为雍州刺史，代序镇襄阳。恢，昙之子也。

巴蜀人在关中者皆叛后秦，据弘农以附秦。秦主登以窦冲为左丞相，冲徙屯华阴。郗恢遣将军赵睦守金墉，河南太守杨佺期帅众军湖城[②]，击冲，走之。

十一月，癸酉，以黄门郎殷仲堪为都督荆、益、宁三州诸军事、荆州刺史，镇江陵。仲堪虽有英誉，资望犹浅，议者不以为允。到官，好行小惠，纲目不举。

南郡公桓玄负其才地[③]，以雄豪自处，朝廷疑而不用；年二十三，始拜太子洗马。玄尝诣琅邪王道子，值其酣醉，张目谓众客曰："桓温晚涂欲作贼[④]，云何？"玄伏地流汗，不能起；由是益不自

南朝供献画像砖

安，常切齿于道子。后出补义兴太守，郁郁不得志，叹曰："父为九州伯[⑤]，儿为五湖长[⑥]！"遂弃官归国，上疏自讼曰："先臣勤王匡复之勋[⑦]，朝廷遗之，臣不复计。至于先帝龙飞[⑧]，陛下继明，请问谈者，谁之由邪？"疏寝不报。

玄在江陵，仲堪甚敬惮之。桓氏累世临荆州，玄复豪横，士民畏之，过于仲堪。尝于仲堪听事前戏马，以稍拟仲堪。仲堪中兵参军彭城刘迈谓玄曰："马稍有余，精理不足。"玄不悦，仲堪为之失色。玄出，仲堪谓迈曰："卿，狂人也！玄夜遣杀卿，我岂能相救邪？"使迈下都避之，玄使人追之，迈仅而获免。

征虏参军豫章胡藩过江陵，见仲堪，说之曰："桓玄志趣不常，每怏怏于失职，节下崇待太过[⑨]，恐非将来之计也！"仲堪不悦。藩内弟罗企生为仲堪功曹，藩退，谓企生曰："殷侯倒戈以授人，必及于祸。君不早图去就，后悔无及矣！"

庚寅，立皇子德文为琅邪王，徙琅邪王道子为会稽王。

十二月，燕主垂还中山，以辽西王农为都督兖、豫、荆、徐、雍五州诸军事，镇邺。

休官权千成据显亲[⑩]，自称秦州牧。

清河人李辽上表请敕兖州修孔子庙，给户洒扫。仍立庠序[⑪]，收教学者，曰："事有如赊而实急者，此之谓也！"表不见省。

【注释】

①甘松：郡名，治今甘肃宕昌县西南。 ②湖城：城名，在今河南灵宝市西北。 ③才地：才能与门第。 ④作贼：造反、叛乱。 ⑤九州伯：九州的首长。九州，指全国。 ⑥五湖长：闲散而无权的地方官。五湖，太湖及其附近的四个小湖，义兴正在这一区域内。 ⑦先臣：在君主面前对自己亡故的父亲的称呼。 ⑧先帝：指简文帝。 ⑨节下：秦汉以来对将领的敬称，其后对使臣或地方疆吏也以节下为敬称。 ⑩休官：杂夷部落之名。显亲：县名，治今甘肃秦安县西北。 ⑪庠（xiáng 详）序：古代的学校。

十八年 春，正月，燕阳平孝王柔卒。

权千成为秦所逼，请降于金城王乾归，乾归以为东秦州刺史、休官大都统、显亲公。

夏，四月，庚子，燕主垂加太子宝大单于；以安定王库傉官伟为太尉，范阳王德为司徒，太原王楷为司空，陈留王绍为尚书右仆射。五月，立子熙为河间王，朗为渤海王，鉴为博陵王。

秦右丞相窦冲矜才尚人，自请封天水王；秦主登不许。六月，冲自称秦王，改元元光。

金城王乾归立其子炽磐为太子。炽磐勇略明决，过于其父。

秋，七月，秦主登攻窦冲于野人堡[①]，冲求救于后秦。尹纬言于后秦主苌曰："太子仁厚之称，著于远近，而英略未著，请使击苻登以著之。"苌从之。太子兴将兵攻胡空堡，登解冲围以赴之。兴因袭平凉，大获而归。苌使兴还镇长安。

魏王珪以薛干太悉伏不送刘勃勃[②]，八月，袭其城，屠之，太悉伏奔秦。

氐帅杨佛嵩叛，奔后秦，杨佺期、赵睦追之，九月，丙戌[③]，败佛嵩于潼关。后秦将姚崇救佛嵩，败晋兵，赵睦死。

冬，十月，后秦主苌疾甚，还长安。

燕主垂议伐西燕，诸将皆曰："永未有衅，我连年征讨，士卒疲弊，未可也。"范阳王德曰："永既国之枝叶，又僭举位号，惑民视听，宜先除之，以壹民心。士卒虽疲，庸得已乎！"垂曰："司徒意正与吾同。吾比老，叩囊底智，足以取之，终不复留此贼以累子孙也。"遂戒严。

十一月，垂发中山步骑七万，遣镇西将军、丹杨王缵、龙骧将军张崇出井陉，攻西燕武乡公友于晋阳，征东将军平规攻镇东将军段平于沙亭[④]。西燕主永遣其尚书令刁云、车骑将军慕容钟帅众五万守潞川[⑤]。友，永之弟也。十二月，垂至邺。

己亥[⑥]，后秦主苌召太尉姚旻、仆射尹纬、姚晃、将军姚大目、尚书狄伯支入禁中，受遗诏辅政。苌谓太子兴曰："有毁此诸公者，慎勿受之。汝抚骨肉以恩，接大臣以礼，待物以信，遇民以仁，四者不失，吾无忧矣。"姚晃垂涕问取苻登之策，苌曰："今大业垂成，兴才智足办，奚所复问！"庚子[⑦]，苌卒。兴秘不发丧，以其叔父绪镇安定，硕德镇阴密，弟崇守长安。

或谓硕德曰:“公威名素重,部曲最强,今易世之际,必为朝廷所疑,不如且奔秦州,观望事势。”硕德曰:“太子志度宽明,必无他虑。今苻登未灭而骨肉相攻,是自亡也;吾有死而已,终不为也。”遂往见兴,兴优礼而遣之。兴自称大将军,以尹纬为长史,狄伯支为司马,帅众伐秦。

【注释】

①野人堡:城堡名,在今陕西蒲城县西北。 ②“魏王”句:太悉伏不交刘勃勃给魏国,见本书卷第一百七晋孝武帝太元十六年(391)。③丙戌:九月己丑朔,无丙戌。 ④沙亭:地名,一作沙庭,在今河北临漳县西南。 ⑤潞川:河流名,即今山西浊漳河。 ⑥己亥:十二月丁巳朔,无己亥。 ⑦庚子:十二月丁巳朔,无庚子。

十九年 春,秦主登闻后秦主苌卒,喜曰:“姚兴小儿,吾折杖笞之耳。”乃大赦,尽众而东,留司徒安成王广守雍,太子崇守胡空堡;遣使拜金城王乾归为左丞相、河南王,领秦、梁、益、凉、沙五州牧,加九锡。

初,秃发思复鞬卒[①],子乌孤立。乌孤雄勇有大志,与大将纷陁谋取凉州。纷陁曰:“公必欲得凉州,宜先务农讲武,礼俊贤,修政刑,然后可也。”乌孤从之。三河王光遣使拜乌孤冠军大将军、河西鲜卑大都统。乌孤与其群下谋之曰:“可受乎?”皆曰:“吾士马众多,何为属人!”石真若留不对。乌孤曰:“卿畏吕光邪?”石真若留曰:“吾根本未固,小大非敌,若光致死于我,何以待之!不如受以骄之,俟衅而动,蔑不克矣。”乌孤乃受之。

二月,秦主登攻屠各姚奴、帛蒲二堡[②],克之。

燕主垂留清河公会镇邺,发司、冀、青、兖兵,遣太原王楷出滏口[③],辽西王农出壶关,垂自出沙庭以击西燕,标榜所趣,军各就顿。西燕主永闻之,严兵分道拒守,聚粮台壁[④],遣从子征东将军小逸豆归、镇东将军王次多、右将军勒马驹帅众万余人戍之[⑤]。

夏[⑥],秦主登自六陌趣废桥[⑦],后秦始平太守姚详据马嵬堡以拒之。太子兴遣尹纬将兵救详,纬据废桥以待秦。秦兵争水,不能得,渴死者什二三,因急攻纬。兴驰遣狄伯支谓纬曰:“苻登穷寇，宜持重以挫之。"纬曰："先帝登遐，人情扰惧，今不因思奋之力以禽敌，大事去矣！"遂与秦战，秦兵大败。其夜，秦众溃，登单骑奔雍，太子崇及安成王广闻败，皆弃城走；登至，无所归，乃奔平凉，收集遗众，入马毛山[8]。

燕主垂顿军邺西南，月余不进。西燕主永怪之，以为太行道宽，疑垂欲诡道取之，乃悉敛诸军屯轵关[9]，杜太行口，惟留台壁一军。甲戌，垂引大军出滏口，入天井关[10]。五月，乙酉，燕军至台壁，永遣从兄太尉大逸豆归救之，平规击破之。小逸豆归出战，辽西王农又击破之，斩勒马驹，禽王次多，遂围台壁。永召太行军还，自将精兵五万以拒之。刁云、慕容钟震怖，帅众降燕，永诛其妻子。己亥，垂陈于台壁南，遣骁骑将军慕容国伏千骑于涧下；庚子，与永合战，垂伪退，永众追之，行数里，国骑从涧中出，断其后，诸军四面俱进，大破之，斩首八千余级，永走归长子。晋阳守将闻之，弃城走。丹杨王瓒等进取晋阳。

【注释】

①"秃发"句：秃发思复鞬事迹，见本书卷第一百一晋哀帝兴宁三年(365)。 ②"秦主"句：姚奴、帛蒲二堡，在胡空堡之东。胡空堡在今陕西彬州市西南。 ③滏(fǔ 斧)口：地名，在今河北磁县西北鼓山。 ④台壁：地名，在今山西襄垣县东北。 ⑤小逸豆归：西燕当时有两个称为逸豆归的，身份为叔侄，身为侄儿的称小逸豆归。 ⑥夏：据其他版本及本书体例，"夏"字下当有"四月"二字。 ⑦六陌：地名，在今陕西乾县西北。废桥：地名，在今陕西兴平市东南。 ⑧马毛山：山名，在今甘肃平凉市西。 ⑨轵(zhǐ 纸)关：地名，在今河南济源市西北。 ⑩天井关：地名，一名太行关，在今山西晋城市南太行山上。

后秦太子兴始发丧，即皇帝位于槐里，大赦，改元皇初；遂如安定；谥后秦主苌曰武昭皇帝，庙号太祖。

六月，壬子[1]，追尊会稽王太妃郑氏曰简文宣太后[2]。群臣谓宣太后应配食元帝，太子前率徐邈曰[3]："宣太后平素之时，不伉俪于先帝[4]；至于子孙，岂可为祖考立配！"国学明教东莞臧焘曰："今尊号既正，则罔极之情申[5]；别建寝庙[6]，则严祢之义显[7]；系子为称[8],兼明贵之所由。一举而允三义,不亦善乎!"乃立庙于太庙路西。

燕主垂进军围长子。西燕主永欲奔后秦,侍中兰英曰:"昔石虎伐龙都,太祖坚守不去[9],卒成大燕之基。今垂七十老翁,厌苦兵革,终不能顿兵连岁以攻我也;但当城守以疲之。"永从之。

秦主登遣其子汝阴王宗为质于河南王乾归以请救,进封乾归梁王,纳其妹为梁王后;乾归遣前军将军乞伏益州等帅骑一万救之。秋,七月,登引兵出迎乾归兵,后秦主兴自安定如泾阳,与登战于山南,执登,杀之。悉散其部众,使归农业;徙阴密三万户于长安,以李后赐姚晃。益州等闻之,引兵还。秦太子崇奔湟中[10],即帝位,改元延初。谥登曰高皇帝,庙号太宗。

后秦安南将军强熙、镇远将军杨多叛,推窦冲为主。后秦主兴自将讨之,军至武功[11],多兄子良国杀多而降,熙奔秦州,冲奔汧川[12],汧川氐仇高执送之。

三河王光以子覆为都督玉门以西诸军事、西域大都护,镇高昌;命大臣子弟随之。

八月,己巳,尊皇太妃李氏为皇太后,居崇训宫。

【注释】

①壬子:六月甲辰朔,无壬子。 ②"追尊"句:郑氏为晋元帝司马睿的妃子、简文帝司马昱的母亲、孝武帝的祖母,故追尊为"简文宣太后"。 ③太子前率:职官名,太子前卫率的简称。 ④伉俪:配偶、妻子,古时多指正妃、嫡妻。先帝:指晋元帝。 ⑤罔极:没有穷尽。语出《诗经·小雅·蓼莪篇》"欲报之德,昊天罔极",后世常用来指代父母养育之恩。 ⑥寝庙:古代宗庙中的寝(放置祖先衣冠的后殿)和庙(供祖先牌位的前殿)的合称。 ⑦严祢(nǐ 拟):尊敬父亲。祢,古时父死在宗庙中立牌位后的称谓。 ⑧"系子"句:意为把儿子(简文帝)的谥号加在母亲(宣太后)的名号之前。 ⑨"太祖"句:太祖,指慕容皝。慕容皝坚守龙都之事,见本书卷第九十六晋成帝咸康四年(338)。 ⑩湟中:地名,指今青海湟水两岸一带。 ⑪武功:县名,治今陕西眉县东四十里渭河南岸。 ⑫汧(qiān 牵)川:河流名,又作汧水,即今陕西西部渭河支流千水。

西燕主永困急，遣其子常山公弘等求救于雍州刺史郗恢，并献玉玺一纽。恢上言："垂若并永，为患益深，不如两存之，可以乘机双毙。"帝以为然，诏青、兖二州刺史王恭、豫州刺史庾楷救之。楷，亮之孙也。永恐晋兵不出，又遣其太子亮来为质，平规追亮及于高都[1]，获之。永又告急于魏，魏王珪遣陈留公虔、将军庾岳帅骑五万东渡河，屯秀容以救之[2]。虔，纥根之子也。晋、魏兵皆未至，大逸豆归部将伐勤等开门内燕兵，燕人执永，斩之，并斩其公卿大将刁云、大逸豆归等三十余人，得永所统八郡七万余户及秦乘舆、服御、伎乐、珍宝甚众。燕主垂以丹杨王瓒为并州刺史，镇晋阳；宜都王凤为雍州刺史，镇长子。永尚书仆射昌黎屈遵、尚书阳平王德、秘书监中山李先、太子詹事渤海封则、黄门郎太山胡母亮、中山郎张腾、尚书郎燕郡公孙表皆随才擢叙。

九月，垂自长子如邺。

冬，十月，秦主崇为梁王乾归所逐，奔陇西王杨定。定留司马邵强守秦州，帅众二万与崇共攻乾归，乾归遣凉州牧轲弹、秦州牧益州、立义将军诘归帅骑三万拒之。益州与定战，败于平州[3]，轲弹、诘归皆引退，轲弹司马翟瑥奋剑怒曰："主上以雄武开基[4]，所向无敌，威振秦、蜀。将军以宗室居元帅之任，当竭力致命以佐国家，今秦州虽败，二军尚全，奈何望风退衄[5]，将何面以见主上乎！瑥虽无任，独不能以便宜斩将军乎！"轲弹谢曰："向者未知众心何如耳。果能若是，吾敢爱死！"乃帅骑进战，益州、诘归亦勒兵继之，大败定兵，杀定及崇，斩首万七千级。乾归于是尽有陇西之地。

定无子，其叔父佛狗之子盛，先守仇池，自称征西将军、秦州刺史、仇池公，谥定为武王；仍遣使来称藩。秦太子宣奔盛，分氐、羌为二十部护军，各为镇戍，不置郡县。

燕主垂东巡阳平、平原，命辽西王农济河，与安南将军尹国略地青、兖，农攻廪丘，国攻阳城，皆拔之。东平太守韦简战死，高平、泰山、琅邪诸郡皆委城奔溃，农进军临海，遍置守宰。

柔然曷多汗弃其父[6]，与社仑率众西走；魏长孙肥追之，及于上郡跋那山[7]，斩曷多汗。社仑收其余众数百，奔疋候跋，疋候跋处之南鄙。社仑袭疋候跋,杀之;疋候跋子启跋、吴颉等皆奔魏。社仑掠五原以西诸部,走度漠北。

十一月,燕辽西王农败辟闾浑于龙水[8],遂入临淄。十二月,燕主垂召农等还。

秦主兴遣使与燕结好[9],并送太子宝之子敏于燕,燕封敏为河东公。

梁王乾归自称秦王[10],大赦。

【注释】

①高都:县名,治今山西晋城市。 ②秀容:地名,在今山西朔州市北。 ③平州:地名,据《晋书·乞伏乾归载记》,当"平川"。平川,在今甘肃礼县北。 ④主上:指乞伏乾归。 ⑤衄(nǜ 女去):同"朒",退缩之意。 ⑥"柔然"句:柔然投降魏国,见本书卷第一百七晋孝武帝太元十六年(391)。 ⑦跋那山:山名,在今内蒙古乌拉特前旗东南。 ⑧龙水:河流名,在今山东青州市南。 ⑨"秦主"句:《通鉴》从本处开始,称后秦为"秦"。 ⑩"梁王"句:乞伏乾归所建立的秦国,史称"西秦"。

二十年 春,正月,燕主垂遣散骑常侍封则报聘于秦;遂自平原狩于广川、勃海、长乐而归[1]。

西秦王乾归以太子炽磐领尚书令,左长史边芮为左仆射,右长史祕宜为右仆射,置官皆如魏武、晋文故事,然犹称大单于、大将军。边芮等领府佐如故。

薛干太悉伏自长安亡归岭北。上郡以西鲜卑杂胡皆应之。

二月,甲寅,尚书令陆纳卒。

三月,庚辰朔,日有食之。

皇太子出就东宫,以丹杨尹王雅领少傅。

时会稽王道子专权奢纵,嬖人赵牙本出倡优,茹千秋本钱唐捕贼吏,皆以谄赂得进。道子以牙为魏郡太守[2],千秋为骠骑咨议参军。牙为道子开东第,筑山穿池,功用巨万。帝尝幸其第,谓道子曰:"府内乃有山,甚善;然修饰太过。"道子无以对。帝去,道子谓牙曰:"上若知山是人力所为,尔必死矣!"牙曰:"公在,牙何敢死!"营作弥甚。千秋卖官招权,聚货累亿。博平令吴兴闻人奭上疏言之，帝益恶道子，而逼于太后，不忍废黜。乃擢时望及所亲幸王恭、郗恢、殷仲堪、王珣、王雅等，使居内外要任以防道子；道子亦引王国宝及国宝从弟琅邪内史绪以为心腹。由是朋党竞起，无复向时友爱之欢矣[3]；太后每和解之。中书侍郎徐邈从容言于帝曰："汉文明主，犹悔淮南[4]；世祖聪达，负愧齐王[5]；兄弟之际，实为深慎。会稽王虽有酣媟之累[6]，宜加弘贷，消散群议，外为国家之计，内慰太后之心。"帝纳之，复委任道子如故。

初，杨定之死也，天水姜乳袭据上邽；夏，四月，西秦王乾归遣乞伏益州帅骑六千讨之。左仆射边芮、民部尚书王松寿曰："益州屡胜而骄，不可专任，必以轻敌取败。"乾归曰："益州骁勇，诸将莫及，当以重佐辅之耳。"乃以平北将军韦虔为长史，左禁将军务和为司马。至大寒岭[7]，益州不设部伍，听将士游畋纵饮，令曰："敢言军事者斩！"虔谏不听，乳逆击，大破之。

【注释】

①广川：郡名，治今河北枣强县东南。　②魏郡：侨置郡名，治所在建康，下有肥县、元氏二侨县。　③向：从前、旧时。　④"汉文"句：指汉文帝对废黜淮南王刘长而刘长绝食身亡深感后悔的事，详见本书卷第十四汉文帝六年（前174）。　⑤"世祖"句：指晋武帝外放齐王司马攸致使司马攸愤怨而死之事，详见本书卷第八十一晋武帝太康四年（283）。⑥媟（xiè 卸）：轻慢、不恭敬。　⑦大寒岭：山名，在今甘肃天水市西。

魏王珪叛燕，侵逼附塞诸部。五月，甲戌[1]，燕主垂遣太子宝、辽西王农、赵王麟帅众八万，自五原伐魏，范阳王德、陈留王绍别将步骑万八千为后继。散骑常侍高湖谏曰："魏与燕世为昏姻，彼有内难，燕实存之[2]，其施德厚矣，结好久矣。间以求马不获而留其弟[3]，曲在于我，奈何遽兴兵击之？拓跋涉珪沉勇有谋[4]，幼历艰难，兵精马强，未易轻也。皇太子富于春秋，志果气锐，今委之专征，必小魏而易之，万一不如所欲，伤威毁重，愿陛下深图之！"言颇激切，垂怒，免湖官。湖，泰之子也。

六月，癸丑，燕太原元王楷卒。

西秦王乾归迁于西城[5]。

秋，七月，三河王光帅众十万伐西秦，西秦左辅密贵周、左卫将军莫者羖羝劝西秦王乾归称藩于光，以子敕勃为质。光引兵还，乾归悔之，杀周及羖羝。

魏张衮闻燕军将至，言于魏王珪曰："燕狃于滑台、长子之捷[⑥]，竭国之资力以来，有轻我之心，宜羸形以骄之，乃可克也。"珪从之，悉徙部落畜产，西渡河千余里以避之。燕军至五原，降魏别部三万余家，收穄田百余万斛[⑦]，置黑城[⑧]，进军临河，造船为济具。珪遣右司马许谦乞师于秦。

秃发乌孤击乙弗、折掘等诸部，皆破降之，筑廉川堡而都之[⑨]。广武赵振，少好奇略，闻乌孤在廉川，弃家从之。乌孤喜曰："吾得赵生，大事济矣！"拜左司马。三河王光封乌孤为广武郡公。

有长星见自须女[⑩]，至于哭星[⑪]。帝心恶之，于华林园举酒祝之曰："长星，劝汝一杯酒；自古何有万岁天子邪！"

【注释】

①甲戌：五月己卯朔，无甲戌。　②"彼有"二句：燕助魏平定内难事，见本书卷第一百六晋孝武帝太元十一年、卷第一百七晋孝武帝太元十二年(386、387)。　③"间以"句：燕为向魏索取马匹而扣留拓跋珪之弟拓跋觚，事见本书卷第一百七晋孝武帝太元十六年(391)。　④拓跋涉圭：即拓跋珪，珪字涉圭。　⑤西城：城名，即苑川城，在今甘肃榆中县东北，有东、西二城相对。　⑥狃(niǔ 扭)：因袭、拘泥。　⑦穄(jì 祭)：穄子，是一年生草本植物，形状跟黍子相似，但子实不黏。　⑧黑城：城名，在今内蒙古呼和浩特市西北。　⑨廉川堡：城名，在今青海民和回族土族自治县西北。　⑩长星：光芒最长的彗星。有时二三丈，有时十丈，有时则划破晴空，从天的这一边直到天的那一边。须女：星座名，即女宿，有星四颗，在织女星之南。须，是贱妾的称呼，故古代星象学家认为须女星座掌管、预示低贱事务。　⑪哭星：主死丧的星宿。古代星象学家认为虚宿二星、危宿三星分别为二十八宿中北方玄武的第四、第五宿，属于哭星。

八月，魏王珪治兵河南；九月，进军临河。燕太子宝列兵将济，暴风起，漂其船数十艘泊南岸。魏获其甲士三百余人，皆释而遣之。

宝之发中山也，燕主垂已有疾，既至五原，珪使人邀中山之路，伺其使者，尽执之。宝等数月不闻垂起居，珪使所执使者临河告之曰："若父已死，何不早归！"宝等忧恐，士卒骇动。

珪使陈留公虔将五万骑屯河东，东平公仪将十万骑屯河北[①]，略阳公遵将七万骑塞燕军之南。遵，寿鸠之子也。秦主兴遣杨佛嵩将兵救魏。

燕术士靳安言于太子宝曰："天时不利，燕必大败，速去可免。"宝不听。安退，告人曰："吾辈皆当弃尸草野，不得归矣！"

燕、魏相持积旬，赵王麟将慕舆嵩等以垂为实死，谋作乱，奉麟为主；事泄，嵩等皆死，宝、麟等内自疑。冬，十月，辛未，烧船夜遁。时河冰未结，宝以魏兵必不能渡，不设斥候。十一月，己卯，暴风，冰合，魏王珪引兵济河，留辎重，选精锐二万余骑急追之。

燕军至参合陂[②]，有大风，黑气如堤，自军后来，临覆军上。沙门支昙猛言于宝曰："风气暴迅，魏兵将至之候，宜遣兵御之。"宝以去魏军已远，笑而不应。昙猛固请不已，麟怒曰："以殿下神武，师徒之盛，足以横行沙漠，索虏何敢远来！而昙猛妄言惊众，当斩以徇！"昙猛泣曰："苻氏以百万之师[③]，败于淮南，正由恃众轻敌，不信天道故也！"司徒德劝宝从昙猛言，宝乃遣麟帅骑三万居军后以备非常。麟以昙猛为妄，纵骑游猎，不肯设备。宝遣骑还诇魏兵[④]，骑行十余里，即解鞍寝。

魏军晨夜兼行，乙酉，暮，至参合陂西。燕军在陂东，营于蟠羊山南水上[⑤]。魏王珪夜部分诸将，掩覆燕军，士卒衔枚束马口潜进[⑥]。丙戌，日出，魏军登山，下临燕营，燕军将东引，顾见之，士卒大惊扰乱。珪纵兵击之，燕兵走赴水，人马相腾蹑，压溺死者以万数。略阳公遵以兵邀其前，燕兵四五万人，一时放仗敛手就禽，其遗迸去者不过数千人，太子宝等皆单骑仅免。杀燕右仆射陈留悼王绍，生禽鲁阳王倭奴、桂林王道成、济阴公尹国等文武将吏数千人，兵甲粮货以巨万计。道成，垂之弟子也。

魏王珪择燕臣之有才用者代郡太守广川贾闰、闰从弟骠骑长史昌黎太守彝、太史郎晁崇等留之，其余欲悉给衣粮遣还，以招怀中州之人。中部大人王建曰:“燕众强盛,今倾国而来,我幸而大捷,不如悉杀之,则其国空虚,取之为易。且获寇而纵之,无乃不可乎!”乃尽坑之。十二月,珪还云中之盛乐[7]。

燕太子宝耻于参合之败,请更击魏。司徒德言于燕主垂曰:“虏以参合之捷,有轻太子之心,宜及陛下神略以服之,不然,将为后患。”垂乃以清河公会录留台事,领幽州刺史,代高阳王隆镇龙城;以阳城王兰汗为北中郎将,代长乐公盛镇蓟,命隆、盛悉引其精兵还中山,期以明年大举击魏。

是岁,秦主兴封其叔父绪为晋王,硕德为陇西王,弟崇为齐公,显为常山公。

【注释】

①“珪使”句:河东、河北都在河套地区,没有越过黄河。 ②参合陂:地名,在今内蒙古凉城县东北岱海。 ③苻氏:指前秦苻坚。 ④诇(xiòng 兄去):刺探。 ⑤蟠羊山:山名,在今内蒙古兴和县西南。⑥衔枚:古代军队秘密行动时,让兵士口中横衔着枚(像筷子一样的东西),以免喧哗。 ⑦盛乐:城名,即今内蒙古和林格尔县西北土城子。

二十一年 春,正月,燕高阳王隆引龙城之甲入中山,军容精整,燕人之气稍振。

休官权万世帅众降西秦。

燕主垂遣征东将军平规发兵冀州。二月,规以博陵、武邑、长乐三郡兵反于鲁口,其从子冀州刺史喜谏,不听。规弟海阳令翰亦起兵于辽西以应之[1]。垂遣镇东将军馀嵩击规,嵩败死。垂自将击规,至鲁口,规弃众,将妻子及平喜等数十人走渡河,垂引兵还。翰引兵趣龙城,清河公会遣东阳公根等击翰,破之,翰走山南[2]。

三月,庚子,燕主垂留范阳王德守中山,引兵密发,逾青岭[3],经天门[4],凿山通道,出魏不意,直指云中。魏陈留公虔帅部落三万余家镇平城;垂至猎岭[5],以辽西王农、高阳王隆为前锋以袭之。是时,燕兵新败,皆畏魏,惟龙城兵勇锐争先。虔素不设备,闰月,乙卯,燕军至平城,虔乃觉之,帅麾下出战,败死,燕军尽收其部落。魏王珪震怖欲走，诸部闻虔死，皆有贰心，珪不知所适。

垂之过参合陂也，见积骸如山，为之设祭，军士皆恸哭，声震山谷。垂惭愤呕血，由是发疾，乘马舆而进，顿平城西北三十里。太子宝等闻之，皆引还。燕军叛者奔告于魏云："垂已死，舆尸在军。"魏王珪欲追之，闻平城已没，乃引还阴山。

垂在平城积十日，疾转笃，乃筑燕昌城而还[6]。夏，四月，癸未，卒于上谷之沮阳[7]，秘不发丧。丙申，至中山；戊戌，发丧，谥曰成武皇帝，庙号世祖。壬寅，太子宝即位，大赦，改元永康。

五月，辛亥，以范阳王德为都督冀、兖、青、徐、荆、豫六州诸军事、车骑大将军、冀州牧，镇邺；辽西王农为都督并、雍、益、梁、秦、凉六州诸军事、并州牧，镇晋阳。又以安定王库傉官伟为太师，夫馀王蔚为太傅。甲寅，以赵王麟领尚书左仆射，高阳王隆领右仆射，长乐公盛为司隶校尉，宜都王凤为冀州刺史。

乙卯，以散骑常侍彭城刘该为徐州刺史，镇鄄城。

甲子，以望蔡公谢琰为尚书左仆射。

【注释】

①海阳：县名，治今河北滦州市西南。 ②山南：地名，指白狼山（即今辽宁喀喇沁左翼蒙古族自治县东境白鹿山）、徐无山（在今河北玉田县东北）一带地区。 ③青岭：山名，一名青陉，在今河北迁安市北。 ④天门：地名，在今河北涞源县南。 ⑤猎岭：山名，在今山西代县东北。 ⑥燕昌城：城名，在今山西大同市西北。 ⑦沮阳：县名，治今河北怀来县东南。

初，燕主垂先段后生子令、宝，后段后生子朗、鉴[1]，爱诸姬子麟、农、隆、柔、熙。宝初为太子，有美称，已而荒怠，中外失望。後段后尝言于垂曰："太子遭承平之世，足为守成之主；今国步艰难，恐非济世之才。辽西、高阳二王，陛下之贤子，宜择一人，付以大业。赵王麟奸诈强愎，异日必为国家之患，宜早图之。"宝善事垂左右，左右多誉之，故垂以为贤，谓段氏曰："汝欲使我为晋献公乎[2]！"段氏泣而退，告其妹范阳王妃曰："太子不才，天下所知，吾为社稷言之，主上乃以吾为骊姬[3]，何其苦哉！观太子必丧社稷，范阳王有非常器度，若燕祚未尽，其在王乎！”宝及麟闻而恨之。

乙丑，宝使麟谓段氏曰：“后常谓主上不能守大业，今竟能不？宜早自裁，以全段宗！”段氏怒曰：“汝兄弟不难逼杀其母，况能守先业乎！吾岂爱死，但念国亡不久耳。”遂自杀。宝议以段后谋废適统[4]，无母后之道，不宜成丧。群臣咸以为然。中书令眭邃飏言于朝曰：“子无废母之义，汉安思阎后亲废顺帝[5]，犹得配飨太庙，况先后暧昧之言，虚实未可知乎？”乃成丧。

六月，癸酉，魏王珪遣将军王建等击燕广宁太守刘亢泥，斩之，徙其部落于平城。燕上谷太守开封公详弃郡走。详，眺之曾孙也。

丁亥，魏贺太妃卒。

燕主宝定士族旧籍，分辨清浊[6]，校阅户口，罢军营封荫之户，悉属郡县；由是士民嗟怨，始有离心。

三河王吕光即天王位，国号大凉[7]，大赦，改元龙飞；备置百官，以世子绍为太子，封子弟为公侯者二十人；以中书令王详为尚书左仆射，著作郎段业等五人为尚书。

光遣使者拜秃发乌孤为征南大将军、益州牧、左贤王。乌孤谓使者曰：“吕王诸子贪淫[8]，三甥暴虐[9]，远近愁怨，吾安可违百姓之心，受不义之爵乎！吾当为帝王之事耳。”乃留其鼓吹、羽仪，谢而遣之。

平规收合余党据高唐，燕主宝遣高阳王隆将兵讨之；东

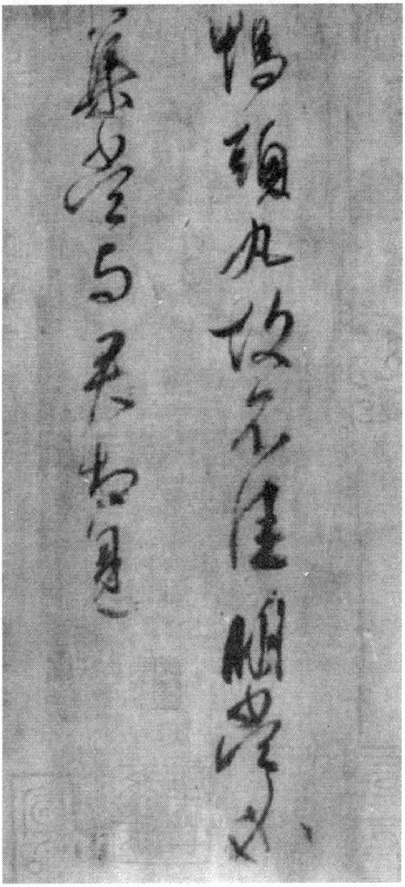

王献之《鸭头丸》帖

土之民，素怀隆惠，迎候者属路。秋，七月，隆进军临河，规弃高唐走。隆遣建威将军慕容进等济河追之，斩规于济北。平喜奔彭城。

纳故中书令王献之女为太子妃。献之，羲之之子也。

魏群臣劝魏王珪称尊号，珪始建天子旌旗，出警入跸，改元皇始。参军事上谷张恂劝珪进取中原，珪善之。

燕辽西王农悉将部曲数万口之并州，并州素乏储偫[10]，是岁早霜，民不能供其食，又遣诸部护军分监诸胡，由是民夷俱怨，潜召魏军。八月，己亥，魏王珪大举伐燕，步骑四十余万，南出马邑[11]，逾句注[12]，旌旗二千余里，鼓行而进。左将军雁门李栗将五万骑为前驱，别遣将军封真等从东道出军都[13]，袭燕幽州。

【注释】

①“燕主”二句：前燕时，慕容垂娶段氏，段氏遭谗言诬陷而死，垂称帝，追尊段为皇后，其后又娶段氏之妹。为加区别，故分别称为“先段后”“后段后”。　②“汝欲”句：春秋时，晋国国君献公听信爱妃骊姬的谗言，逼太子申生自杀而死。　③骊姬（？—前677）：春秋时骊戎（今山西晋城市西南）之女，晋献公的爱妃。生子奚齐，为让奚齐得位，向献公进谗言，迫使太子自杀。献公卒，奚齐继位，为晋卿里克所杀，骊姬也被杀。　④適（dí 笛）统：正统。適，同“嫡”。　⑤“汉安”句：东汉安帝阎皇后构谗太子刘保，致使保被废黜。在安帝去世八个月后，因继位者北乡侯刘懿病卒，保被拥立为帝，是为顺帝。在臣属劝说下，顺帝对阎太后仍以母礼相待。事详见本书卷第五十汉安帝延光三年（124）及卷第五十一汉安帝延光四年（125）、顺帝永建元年（126）。　⑥清浊：指身份的高低贵贱。　⑦“国号”句：吕光所建凉国，史称“后凉”。　⑧“吕王”句：吕光的儿子见于记载的有吕纂、吕弘、吕绍、吕覆。　⑨三甥：吕光的外甥见于记载的仅有石聪，聪诬陷杜进致使进被杀，见本书卷第一百七晋孝武帝太元十三年（388）。另二人不详。　⑩储偫（zhì 治）：储备。⑪马邑：县名，治今山西朔州市。　⑫句（gōu 勾）注：山名，又称陉岭、西陉山，在今山西代县西北。　⑬军都：县名，治今北京昌平区西南。

燕征北大将军、幽、平二州牧、清河公会母贱而年长，雄俊有器艺，燕主垂爱之。宝之伐魏也，垂命会摄东宫事、总录，礼遇一如太子。及垂伐魏，命会镇龙城，委以东北之任，国官府佐，皆选一时才望。垂疾笃，遗言命宝以会为嗣；而宝爱少子濮阳公策，意不在会。长乐公盛与会同年，耻为之下，乃与赵王麟共劝宝立策，宝从之。乙亥，立妃段氏为皇后，策为皇太子，会、盛皆进爵为王。策年十一，素惷弱①，会闻之，心愠怼②。

九月，章武王宙奉燕主垂及成哀段后之丧葬于龙城宣平陵③，宝诏宙悉徙高阳王隆参佐、部曲、家属还中山，会违诏，多留部曲不遣④。宙年长属尊，会每事陵侮之，见者皆知其有异志。

戊午，魏军至阳曲⑤，乘西山，临晋阳，遣骑环城大噪而去。燕辽西王农出战，大败，奔还晋阳，司马慕舆嵩闭门拒之。农将妻子帅数千骑东走，魏中领将军长孙肥追之，及于潞川，获农妻子。燕军尽没，农被创，独与三骑逃归中山。

魏王珪遂取并州。初建台省，置刺史、太守、尚书郎以下官，悉用儒生为之。士大夫诣军门，无少长，皆引入存慰，使人人尽言，少有才用，咸加擢叙。己未，遣辅国将军奚收略地汾川，获燕丹杨王买德及离石护军高秀和。以中书侍郎张恂等为诸郡太守，招抚离散，劝课农桑。

燕主宝闻魏军将至，议于东堂。中山尹苻谟曰："今魏军众强，千里远斗，乘胜气锐，若纵之使入平土，不可敌也，宜杜险以拒之。"中书令眭邃曰："魏多骑兵，往来剽速，马上赍粮，不过旬日；宜令郡县聚民，千家为一堡，深沟高垒，清野以待之，彼至无所掠，不过六旬，食尽自退。"尚书封懿曰："今魏兵数十万，天下之勍敌也，民虽筑堡，不足以自固，是聚兵及粮以资之也。且动摇民心，示之以弱，不如阻关拒战，计之上也。"赵王麟曰："魏今乘胜气锐，其锋不可当，宜完守中山，待其弊而乘之。"于是修城积粟，为持久之备。命辽西王农出屯安喜⑥，军事动静，悉以委麟。

【注释】

①惷(chōng 充)：愚笨。 ②怼(duì 对)：怨恨。 ③成哀段后：即被慕容宝逼迫而自杀的后段后。 ④"多留"句：慕容隆去年从龙城回中山，部属没有带回，慕容会接替隆镇守龙城，又以其为部属，故不受诏遣回。 ⑤阳曲：县名，治今山西太原市北阳曲镇。 ⑥安喜：县名，治

今河北定州市东南。

帝嗜酒，流连内殿，醒治既少，外人罕得进见。张贵人宠冠后宫，后宫皆畏之。庚申，帝与后宫宴，妓乐尽侍；时贵人年近三十，帝戏之曰："汝以年亦当废矣，吾意更属少者。"贵人潜怒，向夕，帝醉，寝于清暑殿，贵人遍饮宦者酒，散遣之，使婢以被蒙帝面，弑之，重赂左右，云"因魇暴崩[1]"。时太子暗弱，会稽王道子昏荒，遂不复推问。王国宝夜叩禁门，欲入为遗诏，侍中王爽拒之曰："大行晏驾，皇太子未至，敢入者斩！"国宝乃止。爽，恭之弟也。辛酉，太子即皇帝位，大赦。

癸亥，有司奏：会稽王道子宜进位太傅、扬州牧，假黄钺，诏内外众事动静咨之。

安帝幼而不慧[2]，口不能言，至于寒暑暴饥饱亦不能辨，饮食寝兴皆非己出。母弟琅邪王德文，性恭谨，常侍左右，为之节适[3]，始得其宜。

初，王国宝党附会稽王道子，骄纵不法，屡为御史中丞褚粲所纠。国宝起斋，侔清暑殿，孝武帝甚恶之；国宝惧，遂更求媚于帝而疏道子，帝复宠昵之。道子大怒，尝于内省面责国宝，以剑掷之，旧好尽矣。及帝崩，国宝复事道子，与王绪共为邪谄，道子更惑之，倚为心腹，遂参管朝权，威震内外，并为时之所疾。

王恭入赴山陵，每正色直言，道子深惮之。恭罢朝，叹曰："榱栋虽新[4]，便有黍离之叹[5]！"绪说国宝，因恭入朝，劝相王伏兵杀之[6]，国宝不许，道子欲辑和内外，乃深布腹心于恭，冀除旧恶；而恭每言及时政，辄厉声色。道子知恭不可和协，遂有相图之志。

或劝恭因入朝以兵诛国宝，恭以豫州刺史庾楷士马甚盛，党于国宝，惮之，不敢发。王珣谓恭曰："国宝虽终为祸乱，要之罪逆未彰，今遽先事而发，必大失朝野之望。况拥强兵窃发于京辇，谁谓非逆！国宝若遂不改，恶布天下，然后顺众心以除之，亦无忧不济也。"恭乃止。既而谓珣曰："比来视君一似胡广[7]。"珣曰："王陵廷争，陈平慎默[8]，但问岁晏何如耳！"

冬，十月，甲申，葬孝武帝于隆平陵。王恭还镇，将行，谓道子曰："主上谅闇，冢宰之任，伊、周所难，愿大王亲万几，纳直言，放郑声[⑨]，远佞人。"国宝等愈惧。

魏王珪使冠军将军代人于栗磾、宁朔将军公孙兰帅步骑二万，潜自晋阳开韩信故道[⑩]。己酉[⑪]，珪自井陉趋中山。李先降魏，珪以为征东左长史。

西秦凉州牧轲弹与秦州牧益州不平，轲弹奔凉。

【注释】

①魇（yǎn 眼）：梦中惊骇、噩梦。 ②安帝：即司马德宗（382—418），字德宗，河内温县（今河南温县西）人，晋孝武帝长子。太元十二年（387）立为皇太子，二十一年继位。在位二十二年，后被刘裕缢死。不慧：白痴。 ③节适：加以节制，使饮食穿戴不超过限度。 ④榱（cuī 崔）栋：椽子与脊檩。 ⑤黍离：《诗经·王风》有《黍离》篇，《诗序》认为是西周灭亡后，周大夫路过从前的宗庙宫室，见到处是禾黍，彷徨不忍离去，就写下这首诗。后世用来表示感慨亡国触景生情之词。 ⑥相王：指司马道子。 ⑦胡广（91—172）：东汉官吏。字伯始，南郡华容（今湖北监利市北）人。安帝时举孝廉，后任司空、司徒、太尉、太傅等职位，历事安、顺、冲、质、桓、灵六帝。谦恭柔媚，熟习典章，时人有"天下中庸有胡公"之谚。本处以胡广比王珣，意思是说王珣像胡广那样，依违于权势之间以保禄位。 ⑧"王陵"二句：王陵、陈平都是西汉初大臣，王陵因在朝廷中当面争执而免官，陈平谨慎沉默，最终安定汉王室。 ⑨郑声：春秋战国时郑国的俗乐。因音调与雅乐不同，受到儒家攻击，后世因之以"郑声"指代淫荡的乐歌或文学作品。 ⑩韩信故道：指前204年韩信穿过井陉，消灭赵国时所走的道路。 ⑪己酉：十月辛未朔，无己酉。

魏王珪进攻常山，拔之，获太守苟延；自常山以东，守宰或走或降，诸郡县皆附于魏，惟中山、邺、信都三城为燕守。十一月，珪命东平公仪将五万骑攻邺，冠军将军王建、左将军李栗攻信都。戊午，珪进军中山；己未，攻之。燕高阳王隆守南郭，帅众力战，自旦至晡[①]，杀伤数千人，魏兵乃退。珪谓诸将曰："中山城固，宝必不肯出战，急攻则伤士，久围则费粮，不如先取邺、信都，然后图之。"丁卯，珪引兵而南。

章武王宙自龙城还，闻有魏寇，驰入蓟，与镇北将军阳城王兰乘城固守。兰,垂之从弟也。魏别将石河头攻之,不克,退屯渔阳。

珪军于鲁口,博陵太守申永奔河南,高阳太守崔宏奔海渚。珪素闻宏名,遣骑追求,获之,以为黄门侍郎,与给事黄门侍郎张衮对掌机要,创立制度。博陵令屈遵降魏,珪以为中书令,出纳号令,兼总文诰。

燕范阳王德使南安王青等夜击魏军于邺下,破之,魏军退屯新城[②]。青等请追击之,别驾韩諲曰:“古人先计而后战。魏军不可击者四:悬军远客,利在野战,一也;深入近畿,顿兵死地,二也;前锋既败,后阵方固,三也;彼众我寡,四也。官军不宜动者三:自战其地[③],一也;动而不胜,众心难固,二也;城隍未修,敌来无备,三也。今魏无资粮,不如深垒固军以老之。”德从之,召青还。青,详之兄也。

十二月,魏辽西公贺赖卢帅骑二万会东平公仪攻邺。赖卢,讷之弟也。

魏别部大人没根有胆勇,魏王珪恶之。没根惧诛,己丑,将亲兵数十人降燕,燕主宝以为镇东大将军,封雁门公。没根求还袭魏,宝难与重兵,给百余骑。没根效其号令,夜入魏营,至中仗,珪乃觉之,狼狈惊走,没根以所从人少,不能坏其大众,多获首虏而还。

杨盛遣使来请命;诏拜盛镇南将军、仇池公。盛表苻宣为平北将军。

是岁,越质诘归帅户二万叛西秦降于秦[④],秦人处之成纪[⑤],拜镇西将军、平襄公。

秦陇西王硕德攻姜乳于上邽,乳率众降。秦以硕德为秦州牧,镇上邽;征乳为尚书。强熙、权千成帅众三万共围上邽,硕德击破之,熙奔仇池,遂来奔。硕德西击千成于略阳,千成降。

西燕既亡,其所署河东太守柳恭等各拥兵自守。秦主兴遣晋王绪攻之,恭等临河拒守,绪不得济。

初,永嘉之乱,汾阴薛氏聚其族党,阻河自固,不仕刘、石[⑥]。及苻氏兴,乃以礼聘薛强,拜镇东将军。强引秦兵自龙门济[⑦],遂入蒲阪，恭等皆降，兴以绪为并、冀二州牧，镇蒲阪。

【注释】

①晡（bū 逋）：申时，即午后三时至五时。 ②新城：城名，即 384 年慕容垂攻打邺城时，在列人（今河北邯郸市肥乡区）建筑的新兴城。 ③“自战”句：意谓在自己的国土上作战，一有失败，军队就容易自行溃散。 ④“越质”句：越质诘归投降西秦，见本书卷第一百七晋孝武帝太元十六年（391）。 ⑤成纪：县名，治今甘肃静宁县西南。 ⑥刘、石：刘氏、石氏，指前赵、后赵。 ⑦龙门：地名，又名伊阙，在今河南洛阳市南。

资治通鉴卷第一百九

晋纪三十一 强圉作噩，一年。

安皇帝甲

隆安元年 春，正月，己亥朔，帝加元服，改元。以左仆射王珣为尚书令，领军将军王国宝为左仆射，领选；仍加后将军、丹杨尹。会稽王道子悉以东宫兵配国宝，使领之。

燕范阳王德求救于秦，秦兵不出，邺中恟惧。贺赖卢自以魏王珪之舅，不受东平公仪节度，由是与仪有隙。仪司马丁建阴与德通，从而构间之，射书入城中言其状。甲辰，风霾[①]，昼晦，赖卢营有火，建言于仪曰："赖卢烧营为变矣。"仪以为然，引兵退；赖卢闻之，亦退；建帅其众诣德降，且言仪师老可击。德遣桂阳王镇、南安王青帅骑七千追击魏军，大破之。

燕主宝使左卫将军慕舆腾攻博陵，杀魏所置守宰。

王建等攻信都，六十余日不下，士卒多死。庚申，魏王珪自攻信都。壬戌夜，燕宜都王凤逾城奔中山。癸亥，信都降魏。

凉王光以西秦王乾归数反覆，举兵伐之。乾归群下请东奔成纪以避之，乾归曰："军之胜败，在于巧拙，不在众寡。光兵虽众而无法，其弟延勇而无谋，不足惮也。且其精兵尽在延所，延败，光自走矣。"光军于长最[②]，遣太原公纂等帅步骑三万攻金城；乾归帅众二万救之，未至，纂等拔金城。光又遣其将梁恭等以甲卒万余出阳武下峡[③]，与秦州刺史没弈干攻其东，天水公延以枹罕之众攻临洮、武始、河关④，皆克之。乾归使人给延云："乾归众溃，奔成纪。"延欲引轻骑追之，司马耿稚谏曰："乾归勇略过人，安肯望风自溃！前破王广、杨定⑤，皆羸师以诱之。今告者视高色动，殆必有奸，宜整陈而前，使步骑相属，俟诸军毕集，然后击之，无不克矣。"延不从，进，与乾归遇，延战死。稚与将军姜显收散卒，还屯枹罕。光亦引兵还姑臧。

秃发乌孤自称大都督、大将军、大单于、西平王，大赦，改元太初。治兵广武，攻凉金城，克之，凉王光遣将军窦苟伐之，战于街亭⑥，凉兵大败。

【注释】

①霾(mái 埋)：空气中因悬浮着大量的烟、尘等微粒而形成的混浊现象。 ②长最：城名，在今甘肃永登县南。 ③阳武下峡：地名，在今甘肃靖远县境黄河上。 ④河关：县名，治所确址待考，疑在今青海贵德县西南。 ⑤"前破"句：破杨定，见本书卷第一百八晋孝武帝太元十九年(394)。太元十一年(386)，王广为鲜卑首领匹兰所执，送于后秦；此时乞伏乾归尚未统国事。乞伏乾归打败王广，当在乞伏国仁之时。 ⑥街亭：地名，在今甘肃古浪县南庄浪河北岸。

燕主宝闻魏王珪攻信都，出屯深泽①，遣赵王麟攻杨城②，杀守兵三百。宝悉出珍宝及宫人募郡国群盗以击魏。

二月，己巳朔，珪还屯杨城。没根兄子丑提为并州监军，闻其叔父降燕，惧诛，帅所部兵还国作乱。珪欲北还，遣其国相涉延求和于燕，且请以其弟为质。宝闻魏有内难，不许，使冗从仆射兰真责珪负恩，悉发其众步卒十二万、骑三万七千屯于曲阳之柏肆③，营于滹沱水北以邀之④。丁丑，魏军至，营于水南。宝潜师夜济，募勇敢万余人袭魏营，宝陈于营北以为之援。募兵因风纵火，急击魏军，魏军大乱，珪惊起，弃营跣走⑤；燕将军乞特真帅百余人至其帐下，得珪衣靴。既而募兵无故自惊，互相斫射，珪于营外望见之，乃击鼓收众，左右及中军将士稍稍来集，多布火炬于营外，纵骑冲之。募兵大败，还赴宝陈，宝引兵复渡水北。戊寅，魏整众而至，与燕相持，燕军夺气。宝引还中山，魏兵随而击之，燕兵屡败。

北朝彩绘武士俑

宝惧，弃大军，帅骑二万奔还，时大风雪，冻死者相枕。宝恐为魏军所及，命士卒皆弃袍仗、兵器数十万，寸刃不返，燕之朝臣将卒降魏及为魏所系虏者甚众。

先是，张衮尝为魏王珪言燕秘书监崔逞之材，珪得之，甚喜，以逞为尚书，使录三十六曹⑥，任以政事。

魏军士有自柏肆亡归者，言大军败散，不知王处。道过晋阳，晋阳守将封真因起兵攻并州刺史曲阳侯素延，素延击斩之。

南安公顺守云中，闻之，欲自摄国事。幢将代人莫题曰："此大事，不可轻尔，宜审待后问，不然，为祸不细。"顺乃止。顺，什翼犍之孙也⑦。贺兰部帅附力眷、纥邻部帅匿物尼、纥奚部帅叱奴根皆举兵反，顺讨之，不克。珪遣安远将军庾岳帅万骑还讨三部，皆平之，国人乃安。

珪欲抚慰新附，深悔参合之诛，素延坐讨反者杀戮过多，免官；以奚牧为并州刺史。牧与东秦主兴书称"顿首"⑧，与之均礼。兴怒，以告珪，珪为之杀牧。

己卯夜，燕尚书郎慕舆皓谋弑燕主宝，立赵王麟；不克，斩关出奔魏，麟由是不自安。

三月，燕以仪同三司武乡张崇为司空。

【注释】

①深泽：县名，治今河北深泽县。　②杨城：城名，在今河北宁晋县。③柏肆：地名，在今河北石家庄市藁城区北。　④滹（hū 呼）沱水：河流名，即今河北境内滹沱河。　⑤跣（xiǎn 险）：赤脚。　⑥三十六曹：尚

书省下属各办事机构。 ⑦什翼鞬:当作“什翼犍”。 ⑧东秦:其时,乞伏乾归在陇西建国称“秦”,故史家称姚氏秦国为“东秦”,以加以区别。顿首:周礼九拜之一,即头叩地而拜,是比“稽首”要轻的礼仪。

初,燕清河王会闻魏军东下,表求赴难,燕主宝许之。会初无去意,使征南将军库傉官伟、建威将军馀崇将兵五千为前锋。崇,嵩之子也。伟等顿卢龙近百日,无食,啖马牛且尽[1],会不发。宝怒,累诏切责;会不得已,以治行简练为名,复留月余。时道路不通,伟欲使轻军前行通道,侦魏强弱,且张声势;诸将皆畏避不欲行。馀崇奋曰:“今巨寇滔天,京都危逼,匹夫犹思致命以救君父,诸君荷国宠任,而更惜生乎!若社稷倾覆,臣节不立,死有余辱;诸君安居于此,崇请当之。”伟喜,简给步骑五百人。崇进至渔阳,遇魏千余骑。崇谓其众曰:“彼众我寡,不击则不得免。”乃鼓噪直进,崇手杀十余人。魏骑溃去,崇亦引还,斩首获生,具言敌中阔狭,众心稍振。会乃上道徐进,是月,始达蓟城。

魏围中山既久,城中将士皆思出战。征北大将军隆言于宝曰:“涉珪虽屡获小利,然顿兵经年,凶势沮屈,士马死伤太半,人心思归,诸部离解[2],正是可破之时也。加之举城思奋,若因我之锐,乘彼之衰,往无不克。如其持重不决,将卒气丧,日益困逼,事久变生,后虽欲用之,不可得也!”宝然之。而卫大将军麟每沮其议,隆成列而罢者,前后数四。

宝使人请于魏王珪,欲还其弟觚,割常山以西皆与魏以求和[3];珪许之;既而宝悔之。己酉,珪如卢奴[4],辛亥,复围中山。燕将士数千人俱自请于宝曰:“今坐守穷城,终于困弊,臣等愿得一出乐战[5],而陛下每抑之,此为坐自摧败也。且受围历时,无他奇变,徒望积久寇贼自退。今内外之势,强弱悬绝,彼必不自退明矣,宜从众一决。”宝许之。隆退而勒兵,召诸参佐谓之曰:“皇威不振,寇贼内侮,臣子同耻,义不顾生。今幸而破贼,吉还固善;若其不幸,亦使吾志节获展。卿等有北见吾母者,为吾道此情也!”乃被甲上马,诣门俟命。麟复固止宝,众大忿恨,隆涕泣而还。

是夜,麟以兵劫左卫将军北地王精,使帅禁兵杀宝。精以义拒之，麟怒，杀精，出奔西山[6]，依丁零余众。于是城中人情震骇。

【注释】

①啖（dàn 但）：吃或给别人吃。 ②“诸部”句：指贺兰、纥邻、纥奚三部反叛。 ③常山以西：即并州之地。 ④卢奴：县名，治今河北定州市。 ⑤乐战：拼死命决一死战。 ⑥西山：指曲阳（治今河北晋州市西）的西山。

宝不知麟所之，以清河王会军在近，恐麟夺会军，先据龙城，乃召隆及骠骑大将军农，谋去中山，走保龙城。隆曰：“先帝栉风沐雨以成中兴之业，崩未期年而天下大坏，岂得不谓之孤负邪[1]！今外寇方盛而内难复起，骨肉乖离，百姓疑惧，诚不可以拒敌，北迁旧都，亦事之宜。然龙川地狭民贫，若以中国之意取足其中，复朝夕望有大功，此必不可。若节用爱民，务农训兵，数年之中，公私充实，而赵、魏之间，厌苦寇暴，民思燕德，庶几返旆，克复故业。如其未能，则凭险自固，犹足以优游养锐耳。”宝曰：“卿言尽理，朕一从卿意耳。”

辽东高抚，善卜筮，素为隆所信厚，私谓隆曰：“殿下北行，终不能达，太妃亦不可得见。若使主上独往，殿下潜留于此，必有大功。”隆曰：“国有大难，主上蒙尘，且老母在北，吾得北首而死，犹无所恨。卿是何言也！”乃遍召僚佐，问其去留，唯司马鲁恭、参军成岌愿从，余皆欲留，隆并听之。

农部将谷会归说农曰：“城中之人，皆涉珪参合所杀者父兄子弟，泣血踊跃，欲与魏战，而为卫军所抑[2]。今闻主上当北迁，皆曰：‘得慕容氏一人奉而立之，以与魏战，死无所恨。’大王幸而留此，以副众望，击退魏军，抚宁畿甸，奉迎大驾，亦不失为忠臣也。”农欲杀归而惜其材力，谓之曰：“必如此以望生，不如就死！”

壬子，夜，宝与太子策、辽西王农、高阳王隆、长乐王盛等万余骑出赴会军，河间王熙、勃海王朗、博陵王鉴皆幼，隆还入迎之，自为鞁乘[3]，俱得免。燕将王沈等降魏。乐浪王惠、中书侍郎韩范、员外郎段宏、太史令刘起等帅工伎三百奔邺。

中山城中无主，百姓惶惑，东门不闭。魏王珪欲夜入城，冠军将军王建志在虏掠，乃言恐士卒盗府库物，请俟明旦，珪乃止。燕开封公详从宝不及，城中立以为主，闭门拒守；珪尽众攻之，连日不拔。使人登巢车④，临城谕之曰："慕容宝已弃汝走，汝曹百姓空自取死，欲谁为乎？"皆曰："群小无知，恐复如参合之众，故苟延旬月之命耳。"珪顾王建而唾其面，使中领将军长孙肥、左将军李栗将三千骑追宝至范阳，不及，破其新城戍而还⑤。

【注释】

①孤负：亏负、辜负。 ②卫军：指卫大将军慕容麟。 ③鞁（bèi被）：驾车之具。 ④巢车：攻城战车。车上有用辘轳升降的活动瞭望台，人在台中，如鸟在巢，故称巢车。 ⑤新城戍：燕国防守据点，在今河北保定市徐水区西南。

甲寅，尊皇太后李氏为太皇太后。戊午，立皇后王氏。

燕主宝出中山，与赵王麟遇于阱城①。麟不意宝至，惊骇，帅其众奔蒲阴②，复出屯望都③，土人颇供给之。慕容详遣兵掩击麟，获其妻子，麟脱走，入山中。

甲寅，宝至蓟，殿中亲近散亡略尽，惟高阳王隆所领数百骑为宿卫。清河王会帅骑卒二万迎于蓟南，宝怪会容止怏怏有恨色，密告隆及辽西王农。农、隆俱曰："会年少，专任方面，习骄所致，岂有他也！臣等当以礼责之。"宝虽从之，然犹诏解会兵以属隆，隆固辞，乃减会兵分给农、隆。又遣西河公库傉官骥帅兵三千助守中山。

丙辰，宝尽徙蓟中府库北趣龙城。魏石河头引兵追之，戊午，及宝于夏谦泽④。宝不欲战，清河王会曰："臣抚教士卒，惟敌是求。今大驾蒙尘，人思效命，而虏敢自送，众心忿愤。《兵法》曰⑤：'归师勿遏。'又曰：'置之死地而后生。'今我皆得之，何患不克！若其舍去，贼必乘人，或生余变。"宝乃从之。会整陈与魏兵战，农、隆等将南来骑冲之，魏兵大败，追奔百余里，斩首数千级。隆又独追数十里而还，谓故吏留台治书阳璆曰："中山城中积兵数万，不得展吾意，今日之捷，令人遗恨。"因慷慨流涕。

会既败魏兵，矜很滋甚；隆屡训责之，会益忿恚。会以农、隆皆尝镇龙城，属尊位重，名望素出己右，恐至龙城，权政不复在己，又知终无为嗣之望，乃谋作乱。

幽、平之兵皆怀会恩，不乐属二王[6]，请于宝曰："清河王勇略高世，臣等与之誓同生死，愿陛下与皇太子、诸王留蓟宫，臣等从王南解京师之围，还迎大驾。"宝左右皆恶会，言于宝曰："清河王不得为太子，神色甚不平。且其才武过人，善收人心；陛下若从众请，臣恐解围之后，必有卫辄之事[7]。"宝乃谓众曰："道通年少[8]，才不及二王，岂可当专征之任！且朕方自统六师，杖会以为羽翼，何可离左右也！"众不悦而退。

左右劝宝杀会。侍御史仇尼归闻之，告会曰："大王所恃者父，父已异图；所杖者兵，兵已去手；欲于何所自容乎！不如诛二王，废太子，大王自处东宫，兼将相之任，以匡复社稷，此上策也。"会犹豫未许。

【注释】

①阡（qiān 谦）城：城名，今址不详，待考。　②蒲阴：县名，治今河北顺平县东南。　③望都：县名，治今河北顺平县东北。　④夏谦泽：地名，又分别作夏泽、谦泽。在今河北三河市西南、香河县以北、大厂回族自治县一带。　⑤《兵法》：指《孙子兵法》。　⑥二王：指高阳王慕容隆、辽西王慕容农。　⑦卫辄之事：春秋时卫国公室内讧之事。前 496 年，卫灵公太子卫蒯聩谋杀灵公宠妾南子失败，逃奔宋国。前 493 年，灵公去世，卫蒯聩之子卫辄继位。卫蒯聩欲返回，为卫辄所拒绝。　⑧道通：慕容会的表字。

宝谓农、隆曰："观道通志趣，必反无疑，宜早除之。"农、隆曰："今寇敌内侮，中土纷纭，社稷之危，有如累卵。会镇抚旧都，远赴国难，其威名之重，足以震动四邻。逆状未彰而遽杀之，岂徒伤父子之恩，亦恐大损威望。"宝曰："会逆志已成，卿等慈恕，不忍早杀，恐一旦为变，必先害诸父[1]，然后及吾，至时勿悔自负也！"会闻之，益惧。

夏，四月，癸酉，宝宿广都黄榆谷[2]，会遣其党仇尼归、吴提染干帅壮士二十余人分道袭农、隆，杀隆于帐下；农被重创，执仇尼归，逃入山中。会以仇尼归被执，事终显发，乃夜诣宝曰：“农、隆谋逆，臣已除之。”宝欲讨会，阳为好言以安之曰：“吾固疑二王久矣，除之甚善。”

甲戌，旦，会立仗严备，乃引道。会欲弃隆丧，馀崇涕泣固请，乃听载随军。农出，自归，宝呵之曰：“何以自负邪？”命执之。行十余里，宝顾召群臣食，且议农罪。会就坐，宝目卫军将军慕舆腾使斩会，伤其首，不能杀。会走赴其军，勒兵攻宝。宝帅数百骑驰二百里，晡时，至龙城。会遣骑追至石城③，不及。

乙亥，会遣仇尼归攻龙城，宝夜遣兵袭击，破之。会遣使请诛左右佞臣，并求为太子；宝不许。会尽收乘舆器服，以后宫分给将帅，置署百官，自称皇太子、录尚书事，引兵向龙城，以讨慕舆腾为名；丙子，顿兵城下。宝临西门，会乘马遥与宝语，宝责让之。会命军士向宝大噪以耀威，城中将士皆愤怒，向暮出战，大破之。会兵死伤太半，走还营。侍御郎高云夜帅敢死士百余人袭会军，会众皆溃。会将十余骑奔中山，开封公详杀之。宝杀会母及其三子。

丁丑，宝大赦，凡与会同谋者，皆除罪，复旧职；论功行赏，拜将军、封侯者数百人。辽西王农骨破见脑，宝手自裹创，仅而获济。以农为左仆射，寻拜司空、领尚书令。馀崇出自归，宝嘉其忠，拜中坚将军，使典宿卫。赠高阳王隆司徒，谥曰康。

宝以高云为建威将军，封夕阳公，养以为子。云，高句丽之支属也，燕王皝破高句丽，徙于青山④，由是世为燕臣。云沉厚寡言，时人莫知，惟中卫将军长乐冯跋奇其志度⑤，与之为友。跋父和，事西燕主永为将军，永败，徙和龙。

【注释】

①诸父：对同宗族伯叔辈的通称。　②广都：县名，治今辽宁建昌县境。黄榆谷：地名，在今辽宁建昌县一带。　③石城：城名，在今辽宁朝阳市南。　④青山：山名，在今辽宁义县东北。　⑤长乐：郡名，治今河北衡水市冀州区。

仆射王国宝、建威将军王绪依附会稽王道子，纳贿穷奢，不知纪极。恶王恭、殷仲堪，劝道子裁损其兵权；中外恟恟不安。恭等各缮甲勒兵，表请北伐；道子疑之，诏以盛夏妨农，悉使解严。

恭遣使与仲堪谋讨国宝等。桓玄以仕不得志，欲假仲堪兵势以作乱[①]，乃说仲堪曰："国宝与君诸人素已为对，唯患相毙之不速耳。今既执大权，与王绪相表里，其所回易，无不如志；孝伯居元舅之地[②]，必未敢害之。君为先帝所拔，超居方任，人情皆以君为虽有思致，非方伯才。彼若发诏征君为中书令，用殷觊为荆州[③]，君何以处之？"仲堪曰："忧之久矣，计将安出？"玄曰："孝伯疾恶深至，君宜潜与之约，'兴晋阳之甲以除君侧之恶'[④]，东西齐举[⑤]，玄虽不肖，愿帅荆、楚豪桀，荷戈先驱，此桓、文之勋也！"

仲堪心然之，乃外结雍州刺史郗恢，内与从兄南蛮校尉觊、南郡相陈留江绩谋之。觊曰："人臣当各守职分，朝廷是非，岂藩屏之所制也！晋阳之事，不敢预闻。"仲堪固邀之，觊怒曰："吾进不敢同，退不敢异。"绩亦极言其不可。觊恐绩及祸，于坐和解之。绩曰："大丈夫何至以死相胁邪！江仲元行年六十[⑥]，但未获死所耳！"仲堪惮其坚正，以杨佺期代之。朝廷闻之，征绩为御史中丞。觊遂称散发[⑦]，辞位，仲堪往省之，谓觊曰："兄病殊为可忧。"觊曰："我病不过身死，汝病乃当灭门。宜深自爱，勿以我为念！"郗恢亦不肯从。仲堪疑未决，会王恭使至，仲堪许之。恭大许。甲戌，恭上表罪状国宝，举兵讨之。

初，孝武帝委任王珣，及帝暴崩，不及受顾命，珣一旦失势，循默而已[⑧]。丁丑，王恭表至，内外戒严，道子问珣曰："二藩作逆，卿知之乎？"珣曰："朝政得失，珣弗之预，王、殷作难，何由可知！"王国宝惶惧，不知所为，遣数百人戍竹里[⑨]，夜遇风雨，各散归。王绪说国宝矫相王之命召王珣、车胤杀之，以除时望，因挟君相发兵以讨二藩。国宝许之。珣、胤至，国宝不敢害，更问计于珣。珣曰："王、殷与卿素无深怨，所竞不过势利之间耳。"国宝曰："将曹爽我乎[⑩]？"珣曰："是何言欤！卿宁有爽之罪，王孝伯岂宣帝之俦邪？"又问计于胤，胤曰："昔桓公围寿阳，弥时乃克[⑪]，今朝廷遣军，恭必城守。若京口未拔而上流奄至，君将何以待之？"国宝尤惧，遂上疏解职，诣阙待罪；既而悔之，诈称诏复其本官。道子暗懦，欲求姑息，乃委罪国宝，遣骠骑咨议参军谯王尚之收国宝付廷尉。尚之，恬之子也。甲申，赐国宝死，斩绪于市，遣使诣恭，深谢愆失；恭乃罢兵还京口。国宝兄侍中恺、骠骑司马愉并请解职；道子以恺、愉与国宝异母，又素不协，皆释不问。戊子，大赦。

殷仲堪虽许王恭，犹豫不敢下；闻国宝等死，乃始抗表举兵，遣杨佺期屯巴陵。道子以书止之，仲堪乃还。

会稽世子元显，年十六，有俊才，为侍中，说道子以王、殷终必为患，请潜为之备。道子乃拜元显征虏将军，以其卫府及徐州文武悉配之。

【注释】

①“桓玄”二句：桓玄不得志，见本书卷第一百七晋孝武帝太元十五年(390)。 ②孝伯：王恭的表字。元舅：皇帝的舅舅；王恭是孝武帝王皇后(安帝嫡母)的弟弟。 ③“用殷觊”句：殷觊当时为南蛮校尉，按资次可以担任荆州刺史。 ④“兴晋阳”句：语本《春秋公羊传》定公十三年“晋赵鞅取晋阳之甲……逐君侧之恶人”之语。当时的晋国，六卿执政，其中的赵鞅发采邑晋阳(今山西太原市)的军队，攻打范氏、中行氏，而以清君侧(清除君主身边奸邪的小人)为名，后世遂被作为典故而引用。 ⑤“东西”句：江陵在西，京口在东，故称东西齐举。 ⑥江仲元：即江绩，绩字仲元。 ⑦散发：服食寒食散所引发的疾病。寒食散，道家药物，相传吃后可长寿延年，但不少人却造成残疾，性情乖戾。 ⑧循默：缄默无言。 ⑨竹里：地名，在今江苏句容市北。 ⑩“将曹爽”句：249 年，司马懿乘曹爽出京之机发动政变，曹爽在蒋济劝说下放弃兵权，后被司马懿灭族，详见本书卷第七十五魏邵厉公嘉平元年。本处在于指出王珣的劝说如同蒋济劝说曹爽一样。 ⑪“昔桓公”二句：桓公，指桓温；桓温围寿阳事，见本书卷第一百二晋海西公太和五年(370)、卷第一百三晋简文帝咸安元年(371)。

魏王珪以军食不给，命东平公仪去邺，徙屯巨鹿，积租杨城[①]。慕容详出步卒六千人，伺间袭魏诸屯；珪击破之，斩首五千，生擒七百人，皆纵之。

初，张掖卢水胡沮渠罗仇，匈奴沮渠王之后也，世为部帅。凉王光以罗仇为尚书，从光伐西秦。及吕延败死，罗仇弟三河太守

北凉莫高窟第275窟交脚弥勒菩萨塑像

麴粥谓罗仇曰："主上荒耄信谗[2]，今军败将死，正其猜忌智勇之时也。吾兄弟必不见容，与其死而无名，不若勒兵向西平，出苕藋[3]，奋臂一呼，凉州不足定也。"罗仇曰："诚如汝言。然吾家世以忠孝著于西土，宁使人负我，我不忍负人也。"光果听谗，以败军之罪杀罗仇及麴粥。罗仇弟子蒙逊，雄杰有策略，涉猎书史，以罗仇、麴粥之丧归葬；诸部多其族姻，会葬者凡万余人。蒙逊哭谓众曰："吕王昏荒无道，多杀不辜。吾之上世。虎视河西，今欲与诸部雪二父之耻，复上世之业，何如？"众咸称万岁。遂结盟起兵，攻凉临松郡[4]，拔之，屯据金山[5]。

司徒左长史王廞，导之孙也，以母丧居吴。王恭之讨王国宝也，版廞行吴国内史[6]，使起兵于东方。廞使前吴国内史虞啸父等入吴兴、义兴召募兵众，赴者万计。未几，国宝死，恭罢兵，符廞去职，反丧服。廞以起兵之际，诛异己者颇多，势不得止，遂大怒，不承恭命，使其子泰将兵伐恭，笺于会稽王道子，称恭罪恶；道子以其笺送恭。五月，恭遣司马刘牢之帅五千人击泰，斩之。又与廞战于曲阿[7]，众溃，廞单骑走，不知所在。收虞啸父下廷尉，以其祖潭有功[8]，免为庶人。

燕库傉官骥入中山，与开封公详相攻。详杀骥，尽灭库傉官氏；又杀中山尹苻谟，夷其族。中山城无定主，民恐魏兵乘之，男女结盟，人自为战。

甲辰，魏王珪罢中山之围，就谷河间，督诸郡义租。甲寅，以东平公仪为骠骑大将军、都督中外诸军事、兖、豫、雍、荆、徐、扬六州牧、左丞相，封卫王。

慕容详自谓能却魏兵，威德已振，乃即皇帝位，改元建始，置百官。以新平公可足浑潭为车骑大将军、尚书令，杀拓跋觚以固众心。

邺中官属劝范阳王德称尊号，会有自龙城来者，知燕主宝犹存，乃止。

【注释】

①杨城：城名，在今河北宁晋县。 ②荒耄（mào 帽）：年老昏庸、迷乱。耄，指八九十岁的年纪，泛指老年。 ③苕藋（sháo diào 勺调）：地名，在今甘肃张掖市东。 ④临松郡：郡名，治今甘肃肃南裕固族自治县东南马蹄镇。 ⑤金山：山名，在今甘肃民乐县南。 ⑥版：授予职位。因系以白版授任，不属朝廷正式任命。 ⑦曲阿：县名，治今江苏丹阳市。 ⑧“以其”句：虞潭有讨伐苏峻的功劳。

凉王光遣太原公纂将兵击沮渠蒙逊于忽谷[①]，破之，蒙逊逃入山中。

蒙逊从兄男成为凉将军，闻蒙逊起兵，亦合众数千屯乐涫[②]。酒泉太守垒澄讨男成，兵败，澄死。

男成进攻建康[③]，遣使说建康太守段业曰：“吕氏政衰，权臣擅命，刑杀无常，人无容处。一州之地，叛者相望，瓦解之形昭然在目，百姓嗷然无所依附。府君奈何以盖世之才，欲立忠于垂亡之国！男成等既唱大义，欲屈府君抚临鄙州[④]，使涂炭之余，蒙来苏之惠[⑤]，何如？”业不从。相持二旬，外救不至，郡人高逵、史惠等劝业从男成之请。业素与凉侍中房晷、仆射王详不平，惧不自安，乃许之。男成等推业为大都督、龙骧大将军、凉州牧、建康公，改元神玺[⑥]。以男成为辅国将军，委以军国之任。蒙逊帅众归业，业以蒙逊为镇西将军。光命太原公纂将兵讨业，不克。

六月，西秦王乾归征北河州刺史彭奚念为镇卫将军[⑦]；以镇西将军屋弘破光为河州牧[⑧]；定州刺史翟瑥为兴晋太守[⑨]，镇枹罕。

秋，七月，慕容详杀可足浑潭。详嗜酒奢淫，不恤士民，刑杀无度，所诛王公以下五百余人，群下离心。城中饥窘，详不听民出采稆[10]，死者相枕，举城皆谋迎赵王麟。详遣辅国将军张骧帅五千余人督租于常山，麟自丁零入骧军，潜袭中山，城门不闭，执详，斩之。麟遂称尊号，听人四出采稆。人既饱，求与魏战，麟不从，稍复穷馁。魏王珪军鲁口，遣长孙肥帅骑七千袭中山，入其郛；麟追至泒水[11]，为魏所败而还。

八月，丙寅朔，魏王珪徙军常山之九门[12]。军中大疫，人畜多死，将士皆思归。珪问疫于诸将，对曰："在者才什四、五。"珪曰："此固天命，将若之何！四海之民，皆可为国，在吾所以御之耳，何患无民！"群臣乃不敢言。遣抚军大将军略阳公遵袭中山，入其郛而还。

燕以辽西王农为都督中外诸军事、大司马、录尚书事。

【注释】

①怱谷：地名，在今甘肃民乐县境。一作"葱谷"。 ②乐涫（guàn冠）：县名，治今甘肃酒泉市东南。 ③建康：郡名。治今甘肃高台县西南。 ④鄗州：指凉州。 ⑤来苏：从疾苦之中获得新生。语出《伪古文尚书·仲虺之诰》："徯予后，后来其苏。" ⑥"改元"句：段业所建之国，史称"北凉"。 ⑦北河州：州名，治今甘肃临夏回族自治州。 ⑧屋弘：复姓，当作"屋引"。 ⑨定州：州名，治今青海民和回族土族自治县西北湟水南岸。 ⑩稆（lǚ吕）：野生谷物。 ⑪泒（gū孤）水：河流名，即今河北中部沙河。 ⑫九门：县名，治今河北石家庄市藁城区西北。

凉散骑常侍、太常西平郭麐[1]，善天文数术，国人信重之。会荧惑守东井，麐谓仆射王详曰："凉之分野，将有大兵。主上老病，太子暗弱，太原公凶悍，一旦不讳，祸乱必起。吾二人久居内要，彼常切齿，将为诛首矣。田胡王乞基部落最强[2]，二苑之人[3]，多其旧众。吾欲与公举大事，推乞基为主，二苑之众，尽我有也。得城之后，徐更议之。"详从之。麐夜以二苑之众烧洪范门，使详为内应；事泄，详被诛，麐遂据东苑以叛。民间皆言圣人举兵，事无不成，从之者甚众。

凉王光召太原公纂使讨麐。纂将还，诸将皆曰："段业必蹑军后，宜潜师夜发。"纂曰："业无雄才，凭城自守；若潜师夜去，适足张其气势耳。"乃遣使告业曰："郭麐作乱，吾今还都；卿能决者，可早出战。"于是引还。业不敢出。

纂司马杨统谓其从兄桓曰："郭麐举事，必不虚发。吾欲杀纂，推兄为主，西袭吕弘，据张掖，号令诸郡，此千载一时也。"桓怒曰："吾为吕氏臣，安享其禄，危不能救，岂可复增其难乎！吕氏若亡，吾为弘演矣④！"统至番禾⑤，遂叛归麐。弘，纂之弟也。

纂与西安太守石元良共击麐⑥，大破之，乃得入姑臧。麐得光孙八人于东苑，及败而恚，悉投于锋上，枝分节解，饮其血以盟众，众皆掩目。

凉人张捷、宋生等招集戎、夏三千人，反于休屠城⑦。与麐共推凉后将军杨轨为盟主。轨，略阳氐也。将军程肇谏曰："卿弃龙头而从蛇尾，非计也。"轨不从；自称大将军、凉州牧、西平公。

纂击破麐将王斐于城西，麐兵势渐衰，遣使请救于秃发乌孤。九月，乌孤使其弟骠骑将军利鹿孤帅骑五千赴之。

秦太后虵氏卒。秦主兴哀毁过礼，不亲庶政。群臣请依汉、魏故事，既葬即吉。尚书郎李嵩上疏曰："孝治天下，先王之高事也。宜遵圣性以光道训，既葬之后，素服临朝。"尹纬驳曰："嵩矫常越礼，请付有司论罪。"兴曰："嵩忠臣孝子，有何罪乎！其一从嵩议。"

鲜卑薛勃叛秦，秦主兴自将讨之，勃败，奔没弈干，没弈干执送之。

秦泫氏男姚买得谋弑秦主兴⑧，不克而死。

【注释】

①麐（nún 嫩阳）：此处为人名用字。　②田胡：匈奴部落名。③二苑：后凉都城姑臧，有东苑城、西苑城，合称二苑。　④弘演（？—前660）：春秋时卫国大夫。前660年，北狄攻陷卫国，杀死卫国国君卫懿公，弘演追寻懿公尸体，尸体已粉碎，仅肝脏完整，弘演决意以自己的身体为棺木，就剖开腹部，把懿公的肝脏纳入，殉难而死。　⑤番禾：县名，治今甘肃永昌县。　⑥西安：郡名，治今甘肃张掖市东南。　⑦休屠城：

城名，在今甘肃武威市北。 ⑧泫氏：县名，治今山西高平市。男：爵位名，为公侯伯子男五等爵位中的第五等。

秦主兴入寇湖城，弘农太守陶仲山、华山太守董迈皆降之；遂至陕城，进寇上洛[1]，拔之。遣姚崇寇洛阳，河南太守夏侯宗之固守金墉，崇攻之不克，乃徙流民二万余户而还。

武都氐屠飞、啖铁等据方山以叛秦[2]，兴遣姚绍等讨之，斩飞、铁。

兴勤于政事，延纳善言，京兆杜瑾等皆以论事得显拔，天水姜龛等以儒学见尊礼，给事黄门侍郎古成诜等以文章参机密。诜刚介雅正，以风教为己任。京兆韦高慕阮籍之为人，居母丧，弹琴饮酒。诜闻之而泣，持剑求高，欲杀之，高惧而逃匿。

中山饥甚，慕容麟帅二万余人出据新市[3]。甲子晦，魏王珪进军攻之。太史令晁崇曰："不吉。昔纣以甲子亡，谓之疾日[4]，兵家忌之。"珪曰："纣以甲子亡，周武不以甲子兴乎？"崇无以对。冬，十月，丙寅，麟退阻泒水。甲戌，珪与麟战于义台[5]，大破之，斩首九千余级，麟与数十骑驰取妻子入西山，遂奔邺。

甲申，魏克中山，燕公卿、尚书、将吏、士卒降者二万余人。张骧、李沈先尝降魏，复亡去，珪入城，皆赦之。得燕玺绶，图书、府库珍宝以万数，班赏群臣将士有差。追谥弟觚为秦愍王；发慕容详冢，斩其尸；收杀觚者高霸、程同，皆夷五族[6]，以大刃剉之[7]。

丁亥，遣三万骑就卫王仪，将攻邺。

秦长水校尉姚珍奔西秦，西秦王乾归以女妻之。

河南鲜卑吐秣等十二部大人，皆附于秃发乌孤。

燕人有自中山至龙城者，言拓跋涉珪衰弱，司徒德完守邺城。会德表至，劝燕主宝南还，宝于是大简士马，将复取中原。遣鸿胪鲁邃册拜德为丞相、冀州牧，南夏公侯牧守皆听承制封拜。十一月，癸丑，燕大赦。十二月，调兵悉集，戒严在顿[8]，遣将军启仑南视形势。

乙亥，慕容麟至邺，复称赵王，说范阳王德曰："魏既克中山，将乘胜攻邺，邺中虽有蓄积，然城大难固，且人心恇惧[9]，不可守也。不如南趣滑台,阻河以待魏,伺衅而动,河北庶可复也。”时鲁阳王和镇滑台,和,垂之弟子也,亦遣使迎德;德许之。

【注释】

①上洛:县名,治今陕西商洛市。 ②啖(dàn 淡):姓氏。方山:山名,在今甘肃平凉市西。 ③新市:县名,治今河北正定县东北。 ④疾日:恶日、不吉之日。 ⑤义台:地名,在今河北新乐市东北沙河侧。 ⑥五族:五服之内的亲属。 ⑦剉(cuò 错):折伤、铡碎。 ⑧顿:止宿之所。 ⑨恇(kuāng 匡)惧:害怕、惊慌。

资治通鉴卷第一百一十

晋纪三十二 著雍阉茂，一年。

安皇帝乙

隆安二年 春，正月，燕范阳王德自邺帅户四万南徙滑台。魏卫王仪入邺，收其仓库，追德至河，弗及。

赵王麟上尊号于德，德用兄垂故事[①]，称燕王，改永康三年为元年[②]，以统府行帝制[③]，置百官。以赵王麟为司空、领尚书令，慕容法为中军将军，慕舆拔为尚书左仆射，丁通为右仆射。麟复谋反，德杀之。

庚子，魏王珪自中山南巡至高邑，得王永之子宪，喜曰："王景略之孙也。"以为本州中正，领选曹事[④]，兼掌门下。至邺，置行台，以龙骧将军日南公和跋为尚书，与左丞贾彝帅吏兵五千人镇邺。

珪自邺还中山，将北归，发卒万人治直道，自望都凿恒岭至代五百余里[⑤]。珪恐己既去，山东有变，复置行台于中山，命卫王仪镇之；以抚军大将军略阳公遵为尚书左仆射，镇勃海之合口[⑥]。

北魏木雕鸠鸟

右将军尹国督租于冀

州，闻珪将北还，谋袭信都；安南将军长孙嵩执国，斩之。

燕启伦还至龙城[7]，言中山已陷；燕主宝命罢兵。辽西王农言于宝曰："今迁都尚新，未可南征，宜因成师袭库莫奚，取其牛马以充军资，更审虚实，俟明年而议之。"宝从之。己未，北行。庚申，渡浇洛水[8]，会南燕王德遣侍郎李延诣宝，言："涉珪西上，中国空虚。"延追宝及之，宝大喜，即日引还。

辛酉，魏王珪发中山，徙山东六州吏民杂夷十余万口以实代。博陵、勃海、章武群盗并起，略阳公遵等讨平之。

广川太守贺赖卢，性豪健，耻居冀州刺史王辅之下，袭辅，杀之，驱勒守兵，掠阳平、顿丘诸郡，南渡河，奔南燕。南燕王德以赖卢为并州刺史，封广宁王。

【注释】

①"德用"句：慕容垂称燕王事，见本书卷第一百五晋孝武帝太元九年(384)。 ②"改永康"句：慕容德所建之国，史称"南燕"。 ③统府：各方镇皆统于燕王府，故称统府。 ④选曹：指吏部尚书之职。 ⑤恒岭：指恒山之岭，在今河北曲阳县西北。 ⑥合口：城名，在今河北沧州市西南。 ⑦启伦：上卷作"启岑"。 ⑧浇洛水：河流名，又称浇水，一名饶乐水，即今内蒙古西拉木伦河。

西秦王乾归遣乞伏益州攻凉支阳、鹯武、允吾三城[1]，克之；虏万余人而去。

燕主宝还龙城宫，诏诸军就顿，不听罢散，文武将士皆以家属随驾。辽西王农、长乐王盛切谏，以为兵疲力弱，魏新得志，未可与敌，宜且养兵观衅。宝将从之，抚军将军慕舆腾曰："百姓可与乐成，难与图始。今师众已集，宜独决圣心，乘机进取，不宜广采异同以沮大计。"宝乃曰："吾计决矣，敢谏者斩！"二月，乙亥，宝出就顿，留盛统后事。己卯，燕军发龙城，慕舆腾为前军，司空农为中军，宝为后军，相去各一顿[2]，连营百里。

壬午，宝至乙连[3]，长上段速骨、宋赤眉等因众心之惮征役[4]，遂作乱。速骨等皆高阳王隆旧队，共逼隆子高阳王崇为主，杀乐浪威王宙、中牟熙公段谊及宗室诸王。河间王熙素与崇善，崇拥佑之，故独得免。燕主宝将十余骑奔司空农营，农将出迎，左右抱其腰，止之曰："宜小清澄，不可便出[5]。"农引刀将斫之，遂出见宝，又驰信追慕舆腾。癸未，宝、农引兵还趣大营，讨速骨等。农营兵亦厌征役，皆弃仗走，腾营亦溃。宝、农奔还龙城。长乐王盛闻乱，引兵出迎，宝、农仅而得免。

会稽王道子忌王、殷之逼，以谯王尚之及弟休之有才略，引为腹心。尚之说道子曰："今方镇强盛，宰相权轻，宜密树腹心于外以自藩卫。"道子从之，以其司马王愉为江州刺史，都督江州及豫州之四郡军事，用为形援，日夜与尚之谋议，以伺四方之隙。

魏王珪如繁畤宫[6]，给新徙民田及牛。

珪畋于白登山，见熊将数子，谓冠军将军于栗磾曰："卿名勇健，能搏此乎？"对曰："兽贱人贵，若搏而不胜，岂不虚毙一壮士乎！"乃驱致珪前，尽射而获之。珪顾谢之。

秀容川酋长尔朱羽健从珪攻晋阳、中山有功[7]，拜散骑常侍，环其所居，割地三百里以封之。

柔然数侵魏边，尚书中兵郎李先请击之；珪从之，大破柔然而还。

【注释】

①支阳：县名，又作"枝阳"，治今甘肃永登县东南庄浪河东岸。鹯(zhān 沾)武：城名，在今甘肃兰州市郊。允吾：县名，治今甘肃永靖县西北湟水南岸。　②顿：里程单位，一顿当在 30 ~ 50 里之间。　③乙连：城名，确址待考，疑在今辽宁建昌县或河北青龙满族自治县一带。④长上：武官名。长久担任宫廷警卫而不轮番更替者，从中挑选骁勇有才干的担任长上，统领卫士。　⑤"宜小"二句：意为部众混乱，如同混水，应等部众安定，如水清澈之后再出动。　⑥繁畤：县名，治今山西浑源县西南。　⑦秀容川：地名，相当今山西西北部云中山、句注山迤西，桑干河、汾河上游和黄河东岸一带。

杨轨以其司马郭纬为西平相，帅步骑二万北赴郭麐[1]。秃发乌孤遣其弟车骑将军傉檀帅骑一万助轨。轨至姑臧，营于城北。

燕尚书顿丘王兰汗阴与段速骨等通谋，引兵营龙城之东；城中留守兵至少，长乐王盛徙内近城之民，得丁夫万余，乘城以御之。速骨等同谋才百余人，余皆为所驱胁，莫有斗志。三月，甲午，速骨等将攻城，辽西桓烈王农恐不能守，且为兰汗所诱，夜，潜出赴之，冀以自全。明旦，速骨等攻城，城上拒战甚力，速骨之众死者以百数。速骨乃将农循城，农素有忠节威名，城中之众恃以为强，忽见在城下，无不惊愕丧气，遂皆逃溃。速骨入城，纵兵杀掠，死者狼籍。宝、盛与慕舆腾、馀崇、张真、李旱、赵恩等轻骑南走。速骨幽农于殿内。长上阿交罗，速骨之谋主也，以高阳王崇幼弱，更欲立农。崇亲信鬷让、出力犍等闻之[2]，丁酉，杀罗及农。速骨即为之诛让等。农故吏左卫将军宇文拔亡奔辽西。

庚子，兰汗袭击速骨，并其党尽杀之。废崇，奉太子策，承制大赦，遣使迎宝，及于蓟城。宝欲还，长乐王盛等皆曰："汗之忠诈未可知，今单骑赴之，万一汗有异志，悔之无及。不如南就范阳王，合众以取冀州；若其不捷，收南方之众，徐归龙都，亦未晚也。"宝从之。

离石胡帅呼延铁、西河胡帅张崇等不乐徙代，聚众叛魏，魏安远将军庾岳讨平之。

魏王珪召卫王仪入辅，以略阳公遵代镇中山。夏，四月，壬戌，以征虏将军穆崇为太尉，安南将军长孙嵩为司徒。

【注释】

①"帅步骑"句：郭麐反叛后凉，见本书卷第一百九晋安帝隆安元年（397）。 ②鬷（zōng 宗）：姓氏。

燕主宝从间道过邺，邺人请留，宝不许。南至黎阳，伏于河西，遣中黄门令赵思告北地王钟曰："上以二月得丞相表，即时南征，至乙连，会长上作乱，失据来此。王亟白丞相奉迎！"钟，德之从弟也，首劝德称尊号，闻而恶之，执思付狱，以状白南燕王德。德谓群下曰："卿等以社稷大计，劝吾摄政；吾亦以嗣帝播越，民神乏主，故权顺群议以系众心。今天方悔祸，嗣帝得还，吾将具法驾奉迎，谢罪行阙[1]，何如？"黄门侍郎张华曰："今天下大乱，非雄才无以宁济群生。嗣帝暗懦，不能绍隆先统。陛下若蹈匹夫之节，舍天授之业，威权一去，身首不保，况社稷其得血食乎！”慕舆护曰：“嗣帝不达时宜，委弃国都，自取败亡，不堪多难，亦已明矣。昔蒯聩出奔，卫辄不纳[②]，《春秋》是之。以子拒父犹可，况以父拒子乎！今赵思之言，未明虚实，臣请为陛下驰往诇之[③]。”德流涕遣之。

护帅壮士数百人随思而北，声言迎卫，其实图之。宝既遣思诣钟，于后得樵者，言德已称制，惧而北走。护至，无所见，执思以还。德以思练习典故，欲留而用之；思曰：“犬马犹知恋主，思虽刑臣[④]，乞还就上。”德固留之，思怒曰：“周室东迁，晋、郑是依[⑤]。殿下亲则叔父，位为上公，不能帅先群后以匡帝室[⑥]，而幸本根之倾，为赵王伦之事[⑦]，思虽不能如申包胥之存楚[⑧]，犹慕龚君宾不偷生于莽世也[⑨]！”德斩之。

宝遣扶风忠公慕舆腾与长乐王盛收兵冀州，盛以腾素暴横，为民所怨，乃杀之。行至巨鹿、长乐，说诸豪桀，皆愿起兵奉宝。宝以兰汗祀燕宗庙，所为似顺，意欲还龙城，不肯留冀州，乃北行；至建安[⑩]，抵民张曹家。曹素武健，请为宝合众；盛亦劝宝宜且驻留，察汗情状。宝乃遣冗从仆射李旱先往见汗，宝留顿石城[⑪]。会汗遣左将军苏超奉迎，陈汗忠款。宝以汗燕王垂之舅，盛之妃父也，谓必无他，不待旱返，遂行。盛流涕固谏，宝不听，留盛在后，盛与将军张真下道避匿。

丁亥，宝至索莫汗陉[⑫]，去龙城四十里，城中皆喜。汗惶怖，欲自出请罪，兄弟共谏止之。汗乃遣弟加难帅五百骑出迎；又遣兄堤闭门止仗，禁人出入。城中皆知其将为变，而无如之何。加难见宝于陉北，拜谒已，从宝俱进。颍阴烈公馀崇密言于宝曰：“观加难形色，祸变甚逼，宜留三思，奈何径前！”宝不从。行数里，加难先执崇，崇大呼骂曰：“汝家幸缘肺附[⑬]，蒙国宠荣，覆宗不足以报。今乃敢谋篡逆，此天地所不容，计旦暮即屠灭，但恨我不得手脍汝曹耳[⑭]！”加难杀之。引宝入龙城外邸，弑之。汗谥宝曰灵帝；杀献哀太子策及王公卿士百余人；自称大都督、大将军、大单于、昌黎王，改元青龙；以堤为太尉，加难为车骑将军，封河间王熙为辽东公，如杞、宋故事[⑮]。

长乐王盛闻之，驰欲赴哀；张真止之。盛曰："我今以穷归汗，汗性愚浅，必念婚姻，不忍杀我，旬月之间，足以展吾情志。"遂往见汗。汗妻乙氏及盛妃皆泣涕请盛于汗，盛妃复顿头于诸兄弟。汗恻然哀之，乃舍盛于宫中，以为侍中、左光禄大夫，亲待如旧。堤、加难屡请杀盛，汗不从。堤骄很荒淫，事汗多无礼，盛因而间之。由是汗兄弟浸相嫌忌。

【注释】

①行阙：天子行宫前的阙门。　②"昔蒯聩"二句：其事详见本书卷第一百九晋安帝隆安元年（397）三月条注文。　③诇（xiòng 兄去）：刺探。　④刑臣：受过宫刑的臣子，指宦官。　⑤晋、郑：指晋文侯、郑武公。　⑥群后：各位王公。在先秦，诸侯称后，赵思把王公视为先秦时的诸侯，故称"群后"。　⑦"为赵"句：西晋赵王司马伦篡位之事，见本书卷第八十九晋惠帝永宁元年（301）。　⑧"思虽"句：申包胥，春秋末楚国公族。前506年，吴国破楚，他奉命前往秦国请求出兵救援，鹄立秦廷痛哭七天七夜，勺饮不入口。秦乃出车五百乘，援楚复国。　⑨"犹慕"句：龚君宾，即龚胜，龚胜在王莽时不苟且偷生之事见本书卷第三十七王莽始建国三年（11）。　⑩建安：城名，在今河北迁安市东北。　⑪石城：城名，在今辽宁朝阳市南。　⑫索莫汗陉：地名，在今辽宁朝阳市西南。⑬肺附：亲戚。　⑭脍（kuài 快）：切得很细的肉。　⑮杞、宋故事：周朝建立后，封夏朝的后裔为杞国国君、商朝的后裔为宋国国君。

凉太原公纂将兵击杨轨，郭麐救之，纂败还。

段业使沮渠蒙逊攻西郡，执太守吕纯以归。纯，光之弟子也。于是晋昌太守王德、敦煌太守赵郡孟敏皆以郡降业。业封蒙逊为临池侯，以德为酒泉太守，敏为沙州刺史。

六月，丙子，魏王珪命群臣议国号。皆曰："周、秦以前，皆自诸侯升为天子，因以其国为天下号。汉氏以来，皆无尺土之资。我国家百世相承，开基代北，遂抚有方夏[①]，今宜以代为号。"黄门侍郎崔宏曰："昔商人不常厥居，故两称殷、商；代虽旧邦，其命维新，登国之初，已更曰魏[②]。夫魏者，大名[③]，神州之上国也，宜称魏如故。"珪从之。

杨轨自恃其众，欲与凉王光决战，郭麐每以天道抑止之。凉常山公弘镇张掖，段业使沮渠男成及王德攻之；光使太原公纂将兵迎之。杨轨曰："吕弘精兵一万，若与光合，则姑臧益强，不可取矣。"乃与秃发利鹿孤共邀击纂，纂与战，大破之；轨奔王乞基。麐性褊急残忍[④]，不为士民所附，闻轨败走，降西秦；西秦王乾归以为建忠将军、散骑常侍。

弘引兵弃张掖东走，段业徙治张掖，将追击弘。沮渠蒙逊谏曰："归师勿遏，穷寇勿追，此兵家之戒也。"业不从，大败而还，赖蒙逊以免。业城西安，以其将臧莫孩为太守。蒙逊曰："莫孩勇而无谋，知进不知退；此乃为之筑冢，非筑城也！"业不从，莫孩寻为吕纂所破。

【注释】

①方夏：华夏。方，四方；夏，华夏。 ②"已更"句：代国更名为魏国，见本书卷第一百六晋孝武帝太元十一年(386)。 ③"夫魏者"二句：为春秋时晋国卜宫卜偃之语，见《左传》闵公元年。 ④褊(biǎn 扁)急：气量狭小，性情急躁。

燕太原王奇，楷之子，兰汗之外孙也，汗亦不杀，以为征南将军。得入见长乐王盛，盛潜使奇逃出起兵。奇起兵于建安，众至数千，汗遣兰堤讨之。盛谓汗曰："善驹小儿[①]，未能办此，岂非有假托其名欲为内应者乎！太尉素骄，难信，不宜委以大众。"汗然之，罢堤兵，更遣抚军将军仇尼慕将兵讨奇。

于是龙城自夏不雨至于秋七月，汗日诣燕诸庙及宝神座顿首祷请，委罪于兰加难。堤及加难闻之怒，且惧诛，乙巳，相与率所部袭仇尼慕军，败之。汗大惧，遣太子穆将兵讨之。穆谓汗曰："慕容盛我之仇雠，必与奇相表里，此乃腹心之疾，不可养也，宜先除之。"汗欲杀盛，先引见，察之。盛妃知之，密以告盛，盛称疾不出，汗亦止不杀。

李旱、卫双、刘忠、张豪、张真，皆盛素所厚也，而穆引以为腹心，旱、双得出入至盛所，潜与盛结谋。丁未，穆击堤、加难等，破之。庚戌，飨将士，汗、穆皆醉，盛夜如厕，因逾垣入于东宫，与旱等共杀穆。时军未解严，皆聚在穆舍，闻盛得出，呼跃争先，攻汗，斩之。汗子鲁公和、陈公扬分屯令支、白狼②，盛遣旱、真袭诛之。堤、加难亡匿，捕得，斩之。于是内外帖然，士女相庆。宇文拔率壮士数百来赴，盛拜拔为大宗正。

北魏女侍俑

辛亥，告于太庙，令曰："赖五祖之休③，文武之力，宗庙社稷幽而复显。不独孤以眇眇之身免不同天之责④，凡在臣民皆得明目当世。"因大赦，改元建平。盛谦不敢称尊号，以长乐王摄行统制。诸王皆降称公，以东阳公根为尚书左仆射，卫伦、阳璆、鲁恭、王滕为尚书，悦真为侍中，阳哲为中书监，张通为中领军，自余文武各复旧位。改谥宝曰惠闵皇帝，庙号烈宗。

初，太原王奇举兵建安，南、北之人翕然从之⑤，兰汗遣其兄子全讨奇，奇击灭之，匹马不返，进屯乙连。盛既诛汗，命奇罢兵。奇用丁零严生、乌桓王龙之谋，遂不受命，甲寅，勒兵三万余人进至横沟，去龙城十里。盛出击，大破之，执奇而还，斩其党与百余人，赐奇死，桓王之嗣遂绝⑥。群臣固请上尊号，盛弗许。

魏王珪迁都平城⑦，始营宫室，建宗庙，立社稷。宗庙岁五祭，用分、至及腊⑧。

【注释】

①善驹：慕容奇乳名。 ②令支：县名，治今河北迁安市西。白狼：城名，在今辽宁喀喇沁左翼蒙古族自治县西南。 ③五祖：指慕容涉归、慕容廆、慕容皝、慕容儁、慕容垂。慕容皞为慕容盛堂兄，不在五祖之内。④"不独"句："不同天"，语本《礼记·曲礼》"父之雠弗与共戴天"，意谓对杀害父母的仇人，应杀之而后已。 ⑤南、北之人：南人指从中原来的人，北人指鲜卑人。 ⑥桓王：前燕太原王慕容恪的谥号。 ⑦平城：城名，在今山西大同市东北。 ⑧腊：腊日，古时岁终祭祀百神之日，通常为农历十二月初八。

桓玄求为广州，会稽王道子忌玄，不欲使居荆州，因其所欲，以玄为督交、广二州军事、广州刺史；玄受命而不行。豫州刺史庾楷以道子割其四郡使王愉督之，上疏言："江州内地[1]，而西府北带寇戎[2]，不应使愉分督。"朝廷不许。楷怒，遣其子鸿说王恭曰："尚之兄弟复秉机权[3]，过于国宝；欲假朝威削弱方镇，惩艾前事，为祸不测，今及其谋议未成，宜早图之。"恭以为然，以告殷仲堪、桓玄。仲堪、玄许之，推恭为盟主，刻期同趣京师。

时内外疑阻，津逻严急，仲堪以斜绢为书，内箭簳中，合镝漆之[4]，因庾楷以送恭。恭发书，绢文角戾，不能复辨仲堪手书，疑楷诈为之，且谓仲堪去年已违期不赴，今必不动，乃先期举兵。司马刘牢之谏曰："将军，国之元舅；会稽王，天子叔父也。会稽王又当国秉政，向为将军戮其所爱王国宝、王绪，又送王廞书，其深伏将军已多矣。顷所授任，虽未允惬，亦非大失。割庾楷四郡以配王愉，于将军何损！晋阳之甲[5]，岂可数兴乎？"恭不从，上表请讨王愉、司马尚之兄弟。

道子使人说楷曰："昔我与卿，恩如骨肉，帐中之饮，结带之言，可谓亲矣。卿今弃旧交，结新援，忘王恭畴昔陵侮之耻乎[6]！若欲委体而臣之，使恭得志，必以卿为反覆之人，安肯深相亲信！首身且不可保，况富贵乎！"楷怒曰："王恭昔赴山陵，相王忧惧无计，我知事急，寻勒兵而至，恭不敢发[7]。去年之事，我亦俟命而动。我事相王，无相负者。相王不能拒恭，反杀国宝及绪，自尔已来，谁敢复为相王尽力者！庾楷实不能以百口助人屠灭。"时楷已应恭檄，正征士马。信返，朝廷忧惧，内外戒严。

会稽世子元显言于道子曰："前不讨王恭，故有今日之难。今若复从其欲，则太宰之祸至矣[8]。"道子不知所为，悉以事委元显，日饮醇酒而已。元显聪警，颇涉文义，志气果锐，以安危为己任。附会之者，谓元显神武，有明帝之风。

殷仲堪闻恭举兵，自以去岁后期，乃勒兵趣发。仲堪素不习为将，悉以军事委南郡相杨佺期兄弟，使佺期帅舟师五千为前锋，桓玄次之，仲堪帅兵二万，相继而下。佺期自以其先汉太尉震至父亮[9]，九世皆以才德著名，矜其门地，谓江左莫及。有以比王珣者，佺期犹恚恨。而时流以其晚过江，婚宦失类[10]；佺期及兄广、弟思平、从弟孜敬皆粗犷，每排抑之。佺期常慷慨切齿，欲因事际以逞其志，故亦赞成仲堪之谋。

八月，佺期、玄奄至湓口[11]，王愉无备，惶遽奔临川，玄遣偏军追获之。

【注释】

①内地：江州治浔阳（今江西九江市西南），在长江以南，故称内地。②西府：豫州治所为历阳（今安徽和县），历阳称西府（以地处京城建康之西而得名）。 ③尚之兄弟：指谯王司马尚之及弟弟司马休之。④镝（dí 笛）：箭头。 ⑤晋阳之甲：见本书卷第一百八晋安帝隆安元年（397）四月条注。 ⑥"忘王恭"句：王恭以帝舅之亲，又有才干，把他人不放在眼中，故司马道子把这作为庾楷的耻辱。 ⑦"王恭"五句：事见本书卷第一百八晋孝武帝太元二十一年（396）。 ⑧"则太宰"句：司马道子这时任太宰，司马元显意谓再不制服王恭，就会威胁到司马道子本人了。 ⑨杨震（？—124）：东汉大臣。字伯起，弘农华阴（今陕西华阴市东）人。少好学，受《欧阳尚书》，博览经籍，当世誉为"关西孔子"。年五十，始仕州郡，大将军邓骘辟举秀才，迁荆州刺史、东莱太守，后转涿郡太守。元初四年（117），召为太仆，迁太常，旋升任司徒、太尉。后遭中常侍樊丰诬陷，免官自杀。 ⑩"婚宦"句：杨佺期的祖父杨林，曾在前赵、后赵任职，后来才到江南，没有挤进东晋权力中心；杨佺期父子又娶平民家女子，故被认为"婚宦失类"。 ⑪湓口：地名，一作湓浦口，在今江西九江市西北，即湓浦水入长江之口。

燕以河间公熙为侍中、车骑大将军、中领军、司隶校尉，城阳公元为卫将军。元，宝之子也。又以刘忠为左将军，张豪为后将军，并赐姓慕容氏。李旱为中常侍、辅国将军，卫双为前将军，张顺为镇西将军、昌黎尹，张真为右将军，皆封公。

乙亥，燕步兵校尉马勤等谋反，伏诛；事连骠骑将军高阳公崇、崇弟东平公澄，皆赐死。

宁朔将军邓启方、南阳太守闾丘羡将兵二万击南燕，与南燕中军将军法、抚军将军和战于管城[1]，启方等兵败，单骑走免。

魏王珪命有司正封畿[2]，标道里，平权衡，审度量；遣使循行郡国，举奏守宰不法者，亲考察黜陟之。

九月，辛卯，加会稽王道子黄钺，以世子元显为征讨都督；遣卫将军王珣、右将军谢琰将兵讨王恭，谯王尚之将兵讨庾楷。

乙未，燕以东阳公根为尚书令，张通为左仆射，卫伦为右仆射；慕容豪为幽州刺史，镇肥如[3]。

己亥，谯王尚之大破庾楷于牛渚，楷单骑奔桓玄。会稽王道子以尚之为豫州刺史，弟恢之为骠骑司马、丹杨尹，允之为吴国内史，休之为襄城太守，各拥兵马以为己援。乙巳，桓玄大破官军于白石[4]。玄与杨佺期进至横江[5]；尚之退走，恢之所领水军皆没。丙午，道子屯中堂，元显守石头；己酉，王珣守北郊，谢琰屯宣阳门以备之[6]。

王恭素以才地陵物，既杀王国宝，自谓威无不行；仗刘牢之为爪牙而但以部曲将遇之[7]，牢之负其才，深怀耻恨。元显知之，遣庐江太守高素说牢之，使叛恭，许事成即以恭位号授之；又以道子书遗牢之，为陈祸福。牢之谓其子敬宣曰："王恭昔受先帝大恩，今为帝舅，不能翼戴王室，数举兵向京师，吾不能审恭之志，事捷之日，必能为天子相王之下乎？吾欲奉国威灵，以顺讨逆，何如？"敬宣曰："朝廷虽无成、康之美，亦无幽、厉之恶；而恭恃其兵威，暴蔑王室。大人亲非骨肉，义非君臣，虽共事少时，意好不协，今日讨之，于情义何有！"恭参军何澹之知其谋，以告恭。

恭以澹之素与牢之有隙，不信。乃置酒请牢之，于众中拜之为兄，精兵坚甲，悉以配之，使帅帐下督颜延为前锋。牢之至竹里[8]，斩延以降；遣敬宣及其婿东莞太守高雅之还袭恭。恭方出城曜兵，敬宣纵骑横击之，恭兵皆溃。恭将入城，雅之已闭城门。恭单骑奔曲阿，素不习马，髀中生疮。曲阿人殷确，恭故吏也，以船载恭，将奔桓玄，至长塘湖[9]，为人所告，获之，送京师，斩于倪塘[10]。恭临刑，犹理须鬓，神色自若，谓监刑者曰："我暗于信人，所以至此；原其本心，岂不忠于社稷邪！但令百世之下知有王恭耳。"并其子弟党与皆死。以刘牢之为都督兖、青、冀、幽、并、徐、扬州晋陵诸军事以代恭。

俄而杨佺期、桓玄至石头，殷仲堪至芜湖。元显自竹里驰还京师，遣丹杨尹王恺等发京邑士民数万人据石头以拒之。佺期、玄等上表理王恭，求诛刘牢之。牢之帅北府之众驰赴京师，军于新亭[11]，佺期、玄见之失色，回军蔡洲[12]。朝廷未知西军虚实，仲堪等拥众数万，充斥郊畿，内外忧逼。

左卫将军桓修，冲之子也，言于道子曰："西军可说而解也，修知其情矣。殷、桓之下，专恃王恭，恭既破灭，西军沮恐。今若以重利啖玄及佺期，二人必内喜；玄能制仲堪，佺期可使倒戈，取仲堪矣。"道子纳之，以玄为江州刺史；召郗恢为尚书，以佺期代恢为都督梁、雍、秦三州诸军事、雍州刺史。以修为荆州刺史，权领左卫文武之镇，又令刘牢之以千人送之。黜仲堪为广州刺史，遣仲堪叔父太常茂宣诏，敕仲堪回军。

【注释】

①管城：城名，在今河南荥阳市东北。　②封畿：京城郊区。　③肥如：县名，治今河北卢龙县北。　④白石：地名，在今安徽巢湖市东南。⑤横江：城名，在今安徽和县东南长江北岸。　⑥宣阳门：建康城南面西头第一门。　⑦部曲将：地位低于将军的武官。　⑧竹里：地名，在今江苏句容市北。　⑨长塘湖：湖名，又名洮湖，即今江苏南部溧阳市、常州市金坛区之间长荡湖。　⑩倪塘：地名，在今江苏南京市江宁区东南。⑪新亭：地名，在今江苏南京市南。　⑫蔡洲：地名，在今江苏南京市西南，原为长江中沙洲，今已并陆。

张骧子超收合三千余家据南皮[1]，自号乌桓王，抄掠诸郡。魏王珪命庾岳讨之。

杨轨屯廉川，收集夷、夏，众至万余。王乞基谓轨曰："秃发氏才高而兵盛，且乞基之主也，不如归之。"轨乃遣使降于西平王乌孤。轨寻为羌酋梁饥所败，西奔傉海[2]，袭乙弗鲜卑而据其地。乌孤谓群臣曰："杨轨、王乞基归诚于我，卿等不速救，使为羌人所覆，孤甚愧之。"平西将军浑屯曰："梁饥无经远大略，可一战擒也。"

饥进攻西平，西平人田玄明执太守郭幸而代之，以拒饥，遣子为质于乌孤。乌孤欲救之,群臣惮饥兵强,多以为疑。左司马赵振曰:“杨轨新败,吕氏方强,洪池以北[3],未可冀也,岭南五郡[4],庶几可取。大王若无开拓之志,振不敢言;若欲经营四方,此机不可失也。使羌得西平,华、夷震动,非我之利也。”乌孤喜曰:“吾亦欲乘时立功,安能坐守穷谷乎?”乃谓群臣曰:“梁饥若得西平,保据山河,不可复制。饥虽骁猛,军令不整,易破也。”遂进击饥,大破之。饥退屯龙支堡[5],乌孤进攻,拔之,饥单骑奔浇河[6],俘斩数万。以田玄明为西平内史。乐都太守田瑶、湟河太守张裯、浇河太守王稚皆以郡降,岭南羌、胡数万落皆附于乌孤。

西秦王乾归遣秦州牧益州、武卫将军慕兀、冠军将军翟瑥帅骑二万伐吐谷浑。

冬,十月,癸酉,燕群臣复上尊号,丙子,长乐王盛始即皇帝位,大赦,尊皇后段氏曰皇太后,太妃丁氏曰献庄皇后。初,兰汗之当国也,盛从燕主宝出亡,兰妃奉事丁后愈谨。及汗诛,盛以妃当从坐,欲杀之;丁后以妃有保全之功,固争之,得免,然终不为后。

大赦。

【注释】

①“张骧”句:张骧为乌桓首领,归附后燕见本书卷第一百五晋孝武帝太元九年(384);归附魏国见本书卷第一百九晋安帝隆安元年(397)。②㥄(líng 零)海:湖名,即今青海湖。 ③洪池:山岭名,在今甘肃武威市东南。 ④岭南五郡:岭南即洪池岭以南;五郡指广武、西平、乐都、浇河、湟河。 ⑤龙支堡:地名,在今青海民和回族土族自治县东南。 ⑥浇河:郡名,治今青海黄河南岸贵德县南。

殷仲堪得诏书,大怒,趣桓玄、杨佺期进军。玄等喜于朝命,欲受之,犹豫未决。仲堪闻之,遽自芜湖南归,遣使告谕蔡洲军士曰:“汝辈不各自散归,吾至江陵,尽诛汝余口[1]。”佺期部将刘系帅二千人先归。玄等大惧,狼狈西还,追仲堪至寻阳,及之。仲堪既失职,倚玄等为援,玄等亦资仲堪兵,虽内相疑阻,势不得不合。乃以子弟交质,壬午,盟于寻阳;俱不受朝命,连名上疏申理王恭,求诛刘牢之及谯王尚之，并诉仲堪无罪，独被降黜。朝廷深惮之，内外骚然。乃复罢桓修，以荆州还仲堪，优诏慰谕，以求和解，仲堪等乃受诏。御史中丞江绩劾奏桓修专为身计，疑误朝廷，诏免修官。

初，桓玄在荆州，所为豪纵，仲堪亲党皆劝仲堪杀之，仲堪不听。及在寻阳，资其声地[②]，推玄为盟主，玄愈自矜倨。杨佺期为人骄悍，玄每以寒士裁之[③]，佺期甚恨，密说仲堪以玄终为患，请于坛所袭之。仲堪忌佺期兄弟勇健，恐既杀玄，不可复制，苦禁之。于是各还所镇。玄亦知佺期之谋，阴有取佺期之志，乃屯于夏口，引始安太守济阴卞范之为长史以为谋主。是时，诏书独不赦庾楷，玄以楷为武昌太守。

初，郗恢为朝廷拒西军，玄未得江州，欲夺恢雍州，以恢为广州。恢闻之，惧，询于众，众皆曰："杨佺期来者，谁不戮力；若桓玄来，恐难与为敌[④]。"既而闻佺期代己，乃与闾丘羡谋阻兵拒之，佺期闻之，声言玄来入沔，以佺期为前驱。恢众信之，望风皆溃，恢请降。佺期入府，斩闾丘羡，放恢还都，至杨口[⑤]，殷仲堪阴使人杀之，及其四子，托言群蛮所杀。

西秦乞伏益州与吐谷浑王视罴战于度周川[⑥]，视罴大败，走保白兰山[⑦]，遣子宕岂为质于西秦以请和，西秦王乾归以宗女妻之。

凉建武将军李鸾以兴城降于秃发乌孤[⑧]。

【注释】

①余口：指蔡州军士留中江陵的家庭成员。 ②声地：声威和门第。③寒士：魏晋南北朝时期讲究门第，把家庭出身低微的士人称为寒士。④"恐难"句：因桓玄家族几代驻守西楚，众人对其声威抱着敬畏态度，所以难以与之对敌。 ⑤杨口：地名，在今湖北潜江市西北，即古杨水入沔水之口。 ⑥度周川：地名，确址待考，疑在今甘肃临潭县西。 ⑦白兰山：山名，即今青海黄河源西北布尔汗布达山。 ⑧兴城：城名，在今青海民和回族土族自治县东南。

十一月，以琅邪王德文为卫将军、开府仪同三司，征虏将军元显为中领军，领军将军王雅为尚书左仆射。

辛亥，魏王珪命尚书吏部郎邓渊立官制，协音律，仪曹郎清河董谧制礼仪①，三公郎王德定律令②，太史令晁崇考天象，吏部尚书崔宏总而裁之，以为永式。渊，羌之孙也。

杨轨、王乞基帅户数千自归于西平王乌孤。

十二月，己丑，魏王珪即皇帝位，大赦，改元天兴。命朝野皆束发加帽。追尊远祖毛以下二十七人皆为皇帝；谥六世祖力微曰神元皇帝，庙号始祖；祖什翼犍曰昭成皇帝，庙号高祖；父寔曰献明皇帝。魏之旧俗，孟夏祀天及东庙③，季夏帅众却霜于阴山，孟秋祀天于西郊。至是，始依仿古制，定郊庙朝飨礼乐④，然惟孟夏祀天亲行，其余多有司摄事。又用崔宏议，自谓黄帝之后，以土德王⑤。徙六州二十二郡守宰、豪桀二千家于代都⑥，东至代郡，西及善无⑦，南极阴馆⑧，北尽参合⑨，皆为畿内，其外四方、四维置八部师以监之⑩。

己亥，燕幽州刺史慕容豪、尚书左仆射张通、昌黎尹张顺坐谋反诛。

初，琅邪人孙泰学妖术于钱唐杜子恭，士民多奉之。王珣恶之，流泰于广州。王雅荐泰于孝武帝，云知养性之方，召还，累官至新安太守。泰知晋祚将终，因王恭之乱，以讨恭为名，收合兵众，聚货巨亿，三吴之人多从之；识者皆忧其为乱，以中领军元显与之善，无敢言者。会稽内史谢輶发其谋，己酉，会稽王道子使元显诱而斩之，并其六子；兄子恩逃入海，愚民犹以为泰蝉蜕不死，就海中资给恩。恩乃聚合亡命得百余人，以谋复仇。

西平王秃发乌孤更称武威王。

是岁，杨盛遣使附魏，魏以盛为仇池王。

【注释】

①仪曹郎：职官名。仪曹为尚书省下属官署，负责礼仪事务。 ②三公郎：职官名。三公曹为尚书省下属官署，掌管刑法。 ③东庙：指宗庙，以宗庙在东面而得名。 ④朝飨：帝王祭太庙称朝飨。 ⑤"自谓"二句：据《魏书·序纪》，北魏统治者自称是黄帝的后裔。黄帝少子昌意，受封在北方，因境内有大鲜卑山，因之以鲜卑为民族名号；又认为黄帝以土德王，北方称土为托，称后（帝）为跋，因之以托跋为部落名号。

⑥代都:指魏国都城平城(即今山西大同市东北古城)。 ⑦善无:县名,治今山西右玉县东南。 ⑧阴馆:县名,治今山西朔州市东南夏关城。 ⑨参合:县名,治今内蒙古凉城县西南。 ⑩“其外”句:四方指东、南、西、北四方,四维指东南、东北、西南、西北四面。八部师,据《魏书·官氏志》,当作“八部帅”。